わたくしのビートルズ　小西康陽のコラム 1992-2019

朝日新聞出版

8月 新橋文化上映ご案内

TEL 03-3431-4920

最新の情報およびクーポンはこちらで！

7/26（土）～8/1（金）

運命に翻弄され引き裂かれた男女の、切ない恋を綴る。

シェルブールの雨傘

カトリーヌ・ドヌーヴ　監督：ジャック・ドゥミ

10:00　13:40　17:20

行方不明兵となった夫を探し、女は単身シベリアへ向かう。

ひまわり

ソフィア・ローレン　マルチェロ・マストロヤンニ

11:40　15:20　19:00

8/2（土）～8（金）

冷徹なヤクザと女子高生。傷ついた魂の壮絶な出会い。

息もできない

監督・主演：ヤン・イクチュン　キム・コッピ

10:00　14:40　19:20

偏屈老人と青年の、世代と人種を越えた人間ドラマ。

グラン・トリノ

監督・主演：クリント・イーストウッド

12:30　17:10

8/9（土）～15（金）

ハイジャックされた機内で奮戦する、男たちの活躍を描く。

エグゼクティブ・デシジョン

カート・ラッセル　スティーヴン・セガール

10:00　14:40　19:20

老パイロットたちが40年ぶりに集結し、夢の宇宙飛行へと挑む。

スペース カウボーイ

監督・主演：クリント・イーストウッド　トミー・リー・ジョーンズ

12:20　17:00

8/16（土）～22（金）

組織に追われる男と幼なじみの男、二人の哀しき逃避行。

マイキー&ニッキー

ピーター・フォーク　ジョン・カサヴェテス

10:00　14:00　18:00

2人の若者の青春の終焉を描き、カルト的に支持された一作。

ウィズネイルと僕

リチャード・E・グラント　ポール・マッギャン

12:00　16:00　20:00

8/23（土）～31（日）

美女集団が殺人鬼に立ち向かう、痛快バイオレンス！

デス・プルーフ in グラインドハウス

カート・ラッセル　監督：クエンティン・タランティーノ

9:00　13:20　17:40

孤独な青年を通し、腐敗した都市の狂気と混乱を描く。

タクシードライバー

ロバート・デ・ニーロ　監督：マーティン・スコセッシ

11:10　15:30　19:50

8月31日をもちまして閉館いたします。
長い間ありがとうございました。

本書もまた杉村詩子に捧げる。

の

ズ

992-2019

ASAHI
朝日新聞出版

わたくし
ビートル

小西康陽のコラム

How to Draw Comics

I felt as if I smelt gasoline, the moment I flashed on 'Shimada Yosho' -the foreign language bookstore- in Minami Aoyama.

Although the bookstore had moved into a new shopping mall nearby few years back, which ended up closing down last fall, the store that really remains in my mind is the one at Minami Aoyama 5 chome, which was on the left hand on Kotto street, just around the corner from 246 boulevard. There must have been a gas station next to the bookstore, at the very corner of the Minami Aoyama 5 chome intersection.

I've always liked gas stations since I was a kid, and who knows why. A very simple structure with just a plain rooftop, some pillars supporting it, and beneath it are the gas pumps. Only the rationalism of the US could achieve this simple form. Those gas stations around the airport in rural areas are just awesome and breathtaking. There are photographers -like Joel Meyerowitz- who take beautiful pictures of just towers and arche-bridges with large format cameras. Still, I don't think there's anyone out there in the world, who would be taking pictures of just gas stations, needless to say, publish them. Perhaps I should go on a photographing trip on my own when I 'm retired.

Well, there are three gas stations in Tokyo I would immediately recall. The first one is in Shirokane Takanawa. This place appears in the video clip of the song called "Tokyo wa Yoru no Shichiji". They still run a business at the same place.

The next gas station that comes to my mind is the one at the intersection of Tengenji-bashi. This place was closed down long time ago, and yet the reason I can clearly recall it, is probably because I used to go to the kindergarten in Tengenji and to a Japanese calligraphy-class nearby. I used to pass by the gas station with my aunty holding my hand, seeing the dark marble pattern created by gasoline on the puddles. It is a vivid and colorful memory even today.

And the very last gas station is the one at the Minami Aoyama 5 chome intersection. It may sound weird, but I don't have any memories of rainy days, nor after dark of this place. What I always recall is a bright sunny day, fresh and pleasant touch of the breeze around the time of March through May. Why would it be? Perhaps the spring that I passed the entrance exam for Aoyama Gakuin University was unforgettable, for it gave me such a wonderful and free time as a student. Or could it be that I felt so happy when I handed in a demo tape to Mr. N of the record shop called "Pied Piper House" -which was also in Minami Aoyama- and he liked it? Each time I crossed by near the intersection, I could smell gasoline, and it was never unpleasant, rather, slightly sweet.

Speaking of Shimada Yosho, the only book that I had ever bought there was a book titled "how to draw comics", the copyright reserved and Japanese version sold by this book store. People who bought this book should remember the page showing more than 50 'Cartoonish' male facial expressions.

漫画の描き方

南青山の嶋田洋書のことを思い出した途端に、鼻先でガソリンの匂いを嗅いだような気がした。

何年か前に嶋田洋書は店舗を近くに出来たショッピングモールに移し、そして昨年の秋に閉店したが、記憶に残っているのは南青山5丁目、246から骨董通りに入ってすぐ左側にあった店舗だ。そしてその店の隣り、南青山5丁目の交差点角にガソリンスタンドはあったはずだ。

子供の頃からなぜかガソリンスタンドが好きだった。屋根と、屋根を支える柱だけがあって、その下のグラウンドに給油器が並ぶ。アメリカの合理主義が生んだフォルム。地方都市の空港近くにあるようなガソリンスタンドはどれも美しくて思わず見蕩れてしまうほどだ。ジョエル・メイエロウィッツ、という塔やアーチを大型カメラで美しく撮る写真家がいたけれど、誰か世界中を廻ってガソリンスタンドばかりを撮影した本を作る人はいないだろうか。60歳を過ぎたら、自分で撮影の旅に出掛けようか。

東京都内で、すぐに思い出すのは三ケ所だ。まずは白金高輪のガソリンスタンド。ここは「東京は夜の七時」という曲のヴィデオクリップにも登場する。いまも同じ場所で営業している。

次に思い出すのは天現寺橋の交差点にあったガソリンスタンド。ここはずいぶん前になくなってしまったが、いまでもはっきりと思い出せるのは自分が天現寺にあった幼稚園と、そのすぐ近くにあった書道教室に通っていたからだ。雨の日の夕刻、叔母に手を引いてもらいながらこのガソリンスタンドの前を通ると、水溜まりに油が滲んで暗いマーブル模様を作っていた。その記憶はいまでも鮮明なカラー映像だ。

そして三番目が南青山5丁目交差点にあったガソリンスタンドだ。ここは雨の日の記憶も、夕方以降の時間のイメージも全くない。思い出すのはいつも決まって晴天の日の光景であり、爽やかな風の吹く3月から5月にかけての感触だ。それはいったいなぜだろうか。青山学院大学の入学試験に合格して、学生としての自由な時間を手に入れた春のことが忘れられないからなのか。バンドのデモテープを、やはり南青山にあった「パイドパイパーハウス」というレコードショップのN氏に渡して、気に入ってもらったことが余程嬉しかったのか。交差点近くを横切る度に気づくガソリンの匂いは、けっして不快なものではなく、ほんのり甘い匂いだった。

ところで、嶋田洋書で買った本は一冊だけ。この店で版権を取って日本語版を販売していた「漫画の描き方」という本。この中に、男性の「漫画的な」表情を50種類以上も掲載したページがあって、この本を買った人はみなそのページを憶えているはずだ。

太陽の下に新しきことなし。（旧約聖書）

There is
no new thing
under the sun.

(The Old Testament)

わたくしのビートルズ

小西康陽のコラム　1992-2019

三月の最後の土曜日に

三月の最後の土曜日に、シネマヴェーラ渋谷で井上梅次の『三つの顔』という映画を観た。他のさまざまな映画を次々と連想させるような面白い映画だったが、いま思い出しているのはいかにも井上梅次らしいナイトクラブの場面だ。

ボクサーの水島道太郎は、新しい後援者となる安部徹から八百長試合を持ちかけられていた。

もちろんそんなことを受け入れる男ではない。だが、妻の肺病はいよいよ悪化して、もはや入院させる以外にない。その事情を知っている安部徹は、鼻先に二十万円という釣り餌を突きつけている。

当の妻にはこのことは相談できない。喀血までしたのに、気丈に振る舞う妻を見ているうちに、夫はつい癇癪を起こし、部屋を出て行く。

そんなときにやってきたクラブのバー・カウンターに、革製のダイスカップが置いてある。

映画ではすぐにホステスがやってきて、悩みなんかお酒で忘れなさいよ、と水島道太郎をそそのかすのだが、自分の興味はそのあと画面には登場しなくなってしまうそのダイスカップに留まってしまった。

都内の名画座で、昭和三十年代から四十年代にかけて作られた旧い日本映画を観ていると、しばしば酒場の小道具として革製のダイスカップが登場する。

つい何週間か前に観た映画でも、バーカウンターで若い男がダイスカップを振って骰子を積み上げる「スタッキング」を披露する場面を観たけれども、肝心の映画の題名を忘れている。

この革のダイスカップ、むかしはどこでも見かけたし、子供の頃暮らしていた叔母の家にもなぜかそれはあった。バックギャモンやポーカーをするような叔母ではなかったのに、なぜ持っていたのか。何かの景品でもらったのか。

そもそも酒場の止まり木では何のためにダイスカップを置いていたのか。酔客が隠し芸を見せるためか、女給が退屈を紛らわすためか。ヘミングウェイの小説のように、誰が酒代を払うかを賭けて骰子を振ったのか。あるいは八百長試合を迫られたボクサーのように、進退窮まった人間が、自分では決断することのできない問題の解を骰子に尋ねるのか。

その映画を観た三月の最後の日の夜、水戸の病院でぼくの最初の妻であった人は息を引き取った。映画の中の、水島道太郎の妻・新珠三千代はたぶん肺結核だったのだろう。かつての妻は肺癌だった。

彼女の逝去を知らせてくれたのは、ぼくと彼女の間に生まれた娘だった。お母さんが昨日19:00頃、亡くなりました。色々ありがとう。四月の最初の日曜日、午後に入ってきたメールだった。折り返し電話をかけると、ぼくの娘は落ち着いていた。いま市役所で手続きをしている、と教えてくれた。

いまこの原稿に向かっているじぶんの頭の中は彼女のこと、彼女の思い出ばかりなのだけれども、それをストレイトに書くことは難しい。死んだ彼女を悪く言うようなことをいまは書きたくないし、それ以上に浅はかで愚かだったじぶんのことをさらけ出す覚悟もない。

楽しかった思い出、かけがえのない思い出を書いて、彼女のことを偲ぶのがこの場にはふさわしい、とも思うが、それこそまったく何ひとつ浮かばない。彼女と知り合い、彼女と暮らした何年かを思い出すとき、いつもたどりつくのは結婚という制度がいかに馬鹿げたものであるか、ということになる。そのことを書いて、またじぶんの愚かしさを他人に晒すのも嫌だ。とはいえ、ここから先、彼女のことをいっさい何も記さないとしても、すくなくともこの文章の最初の読者であるぼくは、このページが杉村純子という女性への思いで溢れていると知るはずだ。

翌日の月曜の午後、かつて彼女と暮らしていた、そして彼女と別れることになった東京・目黒区のある街に足を運んだ。べつに彼女との思い出を辿りたくなったからではない。あの頃、ひんぱんに通った懐かしい喫茶店がまだ残っているなら、もう一度行ってみたいと思ったのだ。だが予想していた通り、「キャナル」という喫茶店はすでになかった。喫茶店だけではなく、周辺の風景も区画整理のためにすっかり変わっていた。

記憶違いでなければ、その店に夫婦揃って入ったことは一度もない。原稿や歌詞、ときには楽譜などを書くために、いつもひとりで行っていた喫茶店だ。その店に行くと必ず注文していた、温かいレモネードとデミタス・コーヒーという珍しいセットメニューは何という名前だったか。

憶えているのは、六十歳近く、胡麻塩頭を短い角刈りにした主人がひとりで切り盛りしていたこと。神保町の純喫茶「エリカ」のような木製の低いテーブル、木造のインテリアだったこと。新聞を三紙、スポーツ新聞を三紙揃えていたこと。

何よりも忘れられないのは、不思議な常連客がいたことだ。週末の午後、ときには平日の午後にも、その店に行くと必ずカウンターに座っている、やけに小柄な男。その男の声帯はこわれているらしく、じぶんが座っている壁際の席からは、その話し声はただカサコソといっているだけで、まったく内容を聞き取ることができない。けれども、小柄な男はかなり早口で喋っていて、さらに不思議なことには男を囲んで、他の常連客たち、そしてカウンターの内側の店主さえも、男の話を真剣に聞き、ときには深く頷いているのだ。

どうやら常連客たちが真剣に聞いていたのは競馬予想であるらしかった。そんな彼らを横目に見ながら、いつもその喫茶店で考えていたのは、どうしたらこの結婚生活を解消できるか、ということだった。

ちょっと書き物をしてくる、と言っては、彼女とまだ幼い娘の住む部屋から抜け出して、近所の喫茶店でコーヒーを飲み、トーストを食べ、スポーツ新聞に目を通す。競馬にも野球にも疎いじぶんが読むのは芸能記事と風俗ルポの掲載されているページだけだったが、どの新聞も見開きの三面記事の片隅に小さな占いの欄を設けていた。生まれ月、十二支、十二星座。それぞれの新聞によって切り口は異なるが、いつも何か、ひどく抽象的なアドヴァイスが書いてあった。

新しきこと始める前にもう一度考えよ。

年長者の言葉に耳を傾けよ。

行動するのはしばらく待つが吉。

できるだけ多くの意見を聞くこと。

自重せよ。きょうは言葉を慎むが得。

まずは事実を冷静に受け止めよ。

いつの間にか、ほぼ毎日その喫茶店に立ち寄り、コーヒーを飲んではスポーツ紙の占い欄を読むのが習慣となっていた。

失敗は自分の力で修復せよ。

おおらかな気持ちですべて解決。

うまい話に注意。誰かに相談せよ。

波乱運。計画は前倒しにせよ。

心に決めたことあれば必ず実行せよ。

つまり、じぶんの背中を押してくれるアドヴァイスが占い欄に表れるまで、骰子を毎日振っていたのだ。そして夏の初めの日、ぼくは最初の結婚生活から逃げ出した。


この文章の終わりに、なぜかとつぜん小泉今日子さんに登場していただくことにする。数年前にお目にかかったとき、小泉さんに最初に書いた「ＣＤＪ」という曲、アレは本当の話なんです、と打ち明けた。あなたにはお気の毒だけど、あなたの大切なレコードを割っちゃった。という曲。すると、小泉さんはこちらが思いもしなかったことを言うのだった。その人はよっぽどコニシさんのことが好きだったんだね。「ＣＤＪ」「日曜日の印象」「これは恋ではない」「恋のテレビジョン・エイジ」「マジック・カーペット・ライド」「悲しい歌」いくつもの曲を作る、そのきっかけをくれた女性だった。

わたくしのビートルズ

ビートルズ私のベスト20。

01. Got To Get You Into My Life
02. Across The Universe
03. Birthday
04. I Will
05. Sgt. Pepper's Lonely Hearts Club Band(reprise)
06. Drive My Car
07. Norwegian Wood (This Bird Has Flown)
08. We Can Work It Out
09. I Saw Her Standing There
10. She Loves You
11. I Wanna Be Your Man
12. Things We Said Today
13. Mother Nature's Son
14. Here, There And Everywhere
15. It's All Too Much
16. Little Child
17. You Can't Do That
18. I'm Happy Just To Dance With You
19. Lady Madonna
20. A Day In The Life

こういう企画に参加出来て、とても嬉しい。何よりも、自分を含め音楽ファンの多くは、彼等の作品をアルバム単位で聴いてきたはずなので、このように楽曲単位で考えることが新鮮で、多くの発見があるように思う。

いっぽう、自分の好み、ということにも改めて向き合うことになった。けっきょく好きなタイプの曲は似たような感じとなってしまう。「ノルウェーの森」を「悲しみをぶっ飛ばせ」に換えても構わない。「ヒア・ゼア・アンド・エヴリホエア」は「フォー・ノー・ワン」でもいい。「ユー・キャント・ドゥ・ザット」と「ドライヴ・マイ・カー」はブルース進行のヴァリエイションとして似ているが、どちらも好きなので選んだ。

正直なところ順位は考え抜いた結果とは言い難い。「ガット・トゥ・ゲット・ユー・イントゥ・マイ・ライフ」が1位なのは、最近7インチを入手してＤＪのときにヘヴィ・プレイ中だから。「バースデイ」も自分の中では長らくのＤＪクラシックだ。

ジョージ・ハリスンはやはり好きな曲が少ないが、「イッツ・オール・トゥ・マッチ」や「オンリー・ア・ノーザン・ソング」などは90年代以降の英国のロックを先取りしていると思う。乱暴に言えば元祖マンチェ。

そして編集部から送られてきた作品リストを見て、子供の頃に自分が「リトル・チャイルド」のような曲が大好きだったことを思い出した。あるいは「シー・ラヴス・ユー」のサビの、リンゴがフロア・タムを叩くアイデアとか。初期のオリジナル作品の持つ多幸感は、いまの自分の音楽に対する感覚を形成したはずだ。

自分はもちろんポール・マッカートニーのファンだが、バンドにジョン・レノンがいて、ジョージ・ハリスンがいたからこそ、あるいはジョージ・マーティンがいたからこそ、ポールの才能は引き出されたのだと思う。自分にとってビートルズは、ウィングスよりも好きなロック・グループだ。

ポール・マッカートニーは、20世紀以降の音楽家として理想的な人

——小西さんはビートルズと聞いた時、最初にまず何を思い浮かべますか？

うーん、人物だとポール・マッカートニーが浮かぶんですけど。でもね、

サウンドだとジョン・レノンの声が浮かぶ。そんな感じですね。

――それは4人のなかで、いちばん興味があるのがポールということですか？

　そうですね。僕もビートルズを知ってもう40年以上になるんですけど、その時その時でビートルズに対する興味が変わってきたんですよ。例えばピチカート・ファイヴをやっていた時は、僕はもしかしたらビートルズが好きなんじゃなくて、リチャード・レスター監督が演出したところの「ハード・デイズ・ナイト」と「4人はアイドル」の、あのビートルズが好きだったのかもしれないと思ってたんです。あの映画にやられたんだなって。でも、また最近変わってきて、自分が好きなのは結局、ポール・マッカートニーなのかなって思うようになったんですよね。

――それはなぜなんでしょうか？

　僕はいまのところ、人生の大半を音楽家として過ごしているんですけど、やっぱりポール・マッカートニーというのは、20世紀以降の音楽家としては理想的な人だと思うんですよね。

――その〈理想〉というのは？

　簡単に言うと、自分の好きな曲を書いて、それを商品として複製して発売して、大衆に喜んでもらえるってことですよ。

――レディメイドの大家ということでしょうか？

　そう、ほんとそうですね。

――小西さんがビートルズを最初に聴いたのは、いつ頃なんですか。

　僕は69年に、いわゆる洋楽ポップスに目覚めたんですよ。僕は小学生時代は北海道の実家から離れて、東京の叔母の家で暮らしていたんですね。それで69年にクラスのみんながGSファンだということを知って、慌てて僕もテレビでGSを追いかけるようになった。タイガースやスパイダースが出ている番組は片っ端からチェックしていったんですけど、そのうちのひとつに土曜の午後3時からフジテレビでやっていた「ビートポップス」という番組があって。タイガースを目当てにチャンネルを合わせたら洋楽のトップ30を紹介する紹介する番組で、そこで初めて外国の音楽と出会ったんです。それでゾンビーズ“Time Of The Season（ふたりのシーズン）”とかドアーズ“Touch Me”といったシングルを買うようになって、そのなかにビートルズの“Ob-La-Di, Ob-La-Da”もあったんです。

――初ビートルズは“Ob-La-Di, Ob-La-Da”

　そう。B面が“While My Guitar Gently Weeps”で。それで長距離電話で親に「ビートルズが好きになった」って言ったら、両親はビートルズのレコードをほとんど持っていたんです。それで家にあるビートルズのレコードを全部カセットに録音して送ってくれたんですよ。その後、小学6年の夏休みだったか冬休みだったかに帰省した時に、まだ持っていないビートルズのアルバム、『No.5』とかそういうのを買ってくれて。すぐにビートルズのアルバムを全部聴くことができたんです。

――ラッキーですね。小学生にとってビートルズはどんなバンドでした？

　やっぱりカッコいい存在でしたよ。確かお年玉の小遣いとかを貯めて『The Beatles（ホワイトアルバム）』を買ったんですよ。4人の写真が入っていて、「ああ、みんなカッコいいな」と思った。とにかく、親が録ってくれたカセット・テープをすごく聴いて。で、親に感想の手紙を書こうと思って、もう一回、一生懸命聴いたんですよ。そしたらいちばん良いと思ったのは『Sgt. Pepper's Lonely Hearts Club Band』だった。

――映画もリアルタイムでご覧になってたんですか？

　そうですね。特に「イエロー・サブマリン」は封切りで観てるんですよ。それも封切り初日の第一回目（笑）。あれほど待ちに待った映画はなかったですね。当時、僕は音楽以上にマンガとか美術の世界にやられてたんです。特に横尾忠則さんとか宇野亜喜良さん、伊坂芳太良さんとか。当時、イラストレイターという職業が注目を浴びてスーパー・スターみたいな存在だったんですよ。だから僕も小学生のくせに「美術手帖」とか読んでた（笑）。でも、そ

わたくしのビートルズ

ういう小学生は僕だけじゃなかったと思う。

――「イエロー・サブマリン」はいかがでしたか？

その頃、TBSテレビで朝の7時20分から「ヤング720」っていう若者向け情報番組があって、ジャックスを初めて見たのもこの番組だったんですけど、そこで「イエロー・サブマリン」の予告をやってたんだよね。これは絶対観なきゃいけないって感じがした。だから、もう待ちに待ってた感じで観て、もう最高でしたよ。瞬きができないぐらい最高の映画だった。

――なるほど。ビートルズのサウンドについてお伺いしたいのですが、これまでビートルズの曲をカヴァーしたことはありますか？

思い出せる限りではないですね。僕はビートルズが好きな一方で、彼らの音楽性というか、作曲とかにおける独特のハーモニー感覚をわりと敬遠してたところがあるんです。

――それはどうしてなんですか？

ひとつには、ギターとかピアノでビートルズの曲を弾くとすぐにわかるんですけど、結構難しいんですよね。ある意味、ビートルズの曲ってちょっとジャズっぽい。それも昔のスタンダード・ナンバーに近くて、メロディアスなメロディに、それに準じてメロディックなコードを付けていってるんですよ。コード進行がすごい説明的なの。僕は中学～高校生ぐらいからソウル・ミュージックが好きになっていったんだけど、そこでちょっとビートルズとは距離を持ったかもしれない。ソウル・ミュージックっていうのは、上のコードは変わっていってもベースの音はずっと同じだったりする。ちょっとジャズのモードとかに近い、というか、ハーモニーはそれなりに単純ではないけれど、敢えてすごくシンプルにしてるところがあるんですよ。

――そこに距離を感じて。あまりカヴァーしなかったと。

それにビートルズを通して学んだことは曲はカヴァーするものじゃなくて自分で作るものだっていうことだったから。でも、一方で、ビートルズのカヴァーは大好きなんですよね（笑）。ビートルズのオリジナルより好きかもしれない、みたいな。

――そう言えば最近、リミックス・アルバム『ATTRACTIONS!』をリリースされたばかりですが、リミックスしてみたいビートルズ・ナンバーはありますか？

いくつもありますよ。"Sgt. Pepper's Lonely Hearts Club Band"と"Back In The USSR"と"Birthday"、この3曲はやりたいですね。今回のアルバムのジャケを作っている時、CDができたらポール・マッカートニーに渡したいって、ずっと思ってたんです。

――ピチカート・ファイヴのオリジナル作品じゃなくて、リミックス・アルバムをですか？

ピチカート・ファイヴの名前はミック・ジャガーも知っていたくらいだから、ポール・マッカートニーも聞いたことがあるって言ってくれるかもしれないけど、日本語だから面白くないかも。でも、今回のアルバムは外国の曲がいくつか入っているし、ポール・マッカートニーも「ああ、なるほど」って思ってくれるかもしれないでしょう。

――収録曲のなかで、とくに聴いてもらいたい曲ってありますか？

〝マツケンサンバⅡ〟？（笑）。「ジャパニーズ・バリー・マニロウ！」なんて言ってくれるかもしれないけど（笑）。うーん、ジェイムズ・ブラウンとかシュープリームスとかトゥイギーとか、そういった人たちのリミックスは聴いてもらっていいかもしれない。それで気に入ってもらえたら、いつかビートルズのリミックスとかやってみたい。僕にとってポール・マッカートニーは、まだ会ったことのない最後の大物なんですよ。ピチカート・ファイヴでデビューする前に憧れていた人、いつか会いたいと思った人は、もうほとんど会うことができたんです。バート・バカラック、ミシェル・ルグラン、筒美京平先生。村井邦彦さんにも会ったし、小泉今日子さんにも会った。横尾忠則さんの本の帯にコメントも書いたし。ポール・マッカートニーだけだな、もう残ってるの。

――じゃあ、もし直接会ってCDを渡せるとしたら、なんて声をかけたいですか？

「You Are The Reason Why Here I Am（あなたこそ、僕がここにいる理由です）」かな。ほんと、ポール・マッカートニーって、モノを作っている人なら、こうありたいっていう理想の人生を歩んでいる人だと思うんですよね。

初めて作った「ビートルズ・マイ・ベスト」

6月『わたくしの二十世紀』というアルバムを出したのですが、制作の段階で構想を練ったりするための参考用にいくつかプレイリストを作ったんです。そのうちの一つが「ビートルズ・マイ・ベスト」というタイトルで、僕の好きなビートルズの曲だけを集めました。僕は1959年生まれで、小学5年生のときにビートルズを聴き始めてから、ほぼビートルズと一緒に歩んできたと言っても過言ではないのに、いままで一度も、それこそカセットテープでみんなが自分だけのベスト盤を編集していたときも作ったことはありませんでした。

今回初めてやってみて、曲順は「イエスタデイ」から始まって、「アクロス・ザ・ユニバース」で終わるんですけど、「イエスタデイ」なんて長い間ずっと興味のなかった曲だったんですよ。それがここ数年で見方ががらりと変わって、シンガー・ソング・ライターの音楽の元祖なんだと思うようになったし、「ノルウェーの森」「悲しみはぶっとばせ」なんかはボブ・ディランとかのフォークロックの影響を受けているんだなってことがわかって、やっぱりビートルズの曲っていいなって思いました。ピチカート・ファイヴからピチカート・ワンになって、あらためて自分の原点はビートルズだったんだなと。

ただ、選曲してみたものの、何度も聴いているうちに違うかなと思ったのが1曲あって、それが「ブラックバード」。ポールの「どうだ、俺はうまいだろう！」という驕りが感じられてちょっとイヤ（笑）。

A面 ①イエスタデイ ②悲しみはぶっとばせ ③ヒア・ゼア・アンド・エヴリホエア ④フォー・ノー・ワン ⑤ノルウェーの森 ⑥イン・マイ・ライフ ⑦フール・オン・ザ・ヒル

B面 ①マーサ・マイ・ディア ②ブラックバード ③アイ・ウィル ④ジュリア ⑤クライ・ベイビー・クライ ⑥アクロス・ザ・ユニバース

小西康陽のコント。レノン＝マッカートニー。

ジャズのスタンダード曲について、すこし調べ物をしていたら、その作者であるソングライターたちに興味が向いた。

コール・ポーターのように作詞と作曲を独りでこなす場合もあるが、多くは作詞者と作曲家が、あるいはそれぞれ独りで作詞作曲を能くする人物が二人、コンビを組んで、曲作りに励む。

いまも強い憧れを抱いてしまうのは、この作詞家と作曲家のチームだ。

作曲家がピアノの前に坐り、出来上がったばかりのメロディを聴かせている。すると、もうひとりの男がノートパッドに言葉を書き付けて見せる。おっと、ここはシラブルが一つ足りない。この脚韻は使い古されているな。じゃあ、「虹」と「肘」では？　レインボウ、エルボウ、それだ！

そのような場面を夢見て作曲家を志したはずだが、けっきょく自分は大半の作品を独りで書いた。

共作、というのも少なからずあるが、その多くは誰かが作曲したメロディに歌詞を書いたもの。作詞と編曲を担当した作品、というのも、何曲かある。もちろん、そうした作品は完全な分業であって、作曲家と膝突き合わせて、という場面は、ついぞ経験したことがない。たった一度、年長の作曲家から、しばらく一緒にコンビを組まないか、と誘いを受けたことがあったが、目の前の仕事に夢中になっていた自分はそれを断ってしまった。

その反対に昨年、脚本家の三谷幸喜氏と組んで書いたミュージカル作品では、彼が書いた歌詞にメロディを付けていく作業だったが、これもまた分業。自分が作曲のために仕事場に籠もる時点で、台本は出来上がっていた。もちろん三谷さんもまた、独り書斎で書き上げたのに違いない。

その後、芝居の稽古場にあるピアノの前で、演出家からの注文に応えて、その場でメロディを手直しすることがあって、そのときに三谷さんの素晴らしい閃きに思わず膝を打ったことは何度かあった。自分が憧れていた「驚くべき化学反応」の瞬間はあれだったのだろうか。

二人のソングライターが、ある時からコンビを組み、ひとつのペンネームで作品を発表している。さまざまなジャンルの楽曲を手掛けているが、やはり昨今ではアニメやゲーム関連の仕事でその名をよく見掛ける。

ペンネームであることは公表していないようなので、ここでは名前を書かない。女性アーティストの芸名のような名前だが、じつは男女のコンビだ。

二人が出会ったのは、下北沢の小さなライヴ・スペースで、何組かの若い歌手やバンドが出演するイヴェントが行われたときのことだった。

お互いにメインの出演者ではなかった。男は友人のシンガー・ソングライターのバックでギターを弾いていた。

かつて、知る人ぞ知る、という程度の人気を持っていたバンドの中心人物だった男のことを、彼女は知っていた。

彼女もまた、知り合いのバンドが出演するというので、その演奏よりも打ち上げを目当てに遊びに来ていた。

男が出演しているのに気づいた彼女は、イヴェントが終了した後の「ばらし」の時間を見計らって、彼に挨拶した。

40歳を過ぎた男は、まだ未成年にしか見えない彼女がかつて自分の率いていたバンドの名前を知っていることに戸惑ったが、もちろん悪い気はしない。履き古したジーンズにグレイのクルーネック・スウェーター、ケッズのスニーカーにキャスケットという服装の彼女が、とても綺麗な顔をしていることは、話していてすぐに気づいた。

自分も音楽をやっていて、じつは今年中にデビューすることが決まっている、という彼女は、自分の出演するイヴェントが来週あるから、とフライヤーを男に渡して立ち去った。

幸いその日は仕事が入っていない。好奇心から男は彼女のセットを観に行った。

ピアノを弾きながら歌う彼女の音楽は素晴らしかった。かつて自分が出していたレコードを聴いてくれている、という話も、ただの社交辞令ではない、と思った。

打ち上げの席で、男は彼女とさまざまな話をした。そんなに若いのに、どうして自分のバンドを知っているのか、と尋ねると、彼女は高校時代に付き合っていたボーイフレンドがあなたのバンドのことを教えてくれた、自分の音楽の好みはほぼ100パーセント、当時の恋人によって形成された、と言う。そして、自分はあなたが考えているほど若くはない、と笑った。

男は彼女の魅力に抗うことが出来なくなった。そのまま二人で朝まで何処かに逃げ込んでしまいたい、と考えたが、その日は顔見知りが多すぎた。けっきょく深夜を廻った頃、連絡先を交換して別れた。

17歳も年の離れた娘に恋をしてしまった。さて、どうしたものか、と考えていたところ、彼女のほうから連絡が来た。アルバイトの仕事が来たのですけれど、よかったら何か一緒に作ってみませんか?

住所を頼りに彼女の家に向かうと、そこは杉並区の住宅街だった。驚いたことに彼女はすでに結婚していた。二世帯住宅の大きな家の最上階にある彼女の部屋にはベイビー・グランドのピアノがあった。

アルバイト、というのはTVの子供番組の音楽制作だった。数日前に観たライヴでは判らなかったが、彼女が弾くピアノは驚くほど巧かった。ギターで作曲するうちに、見よう見真似で弾き始めた自分のピアノの腕とは比べ物にならない。

高級住宅街。グランド・ピアノ。結婚指輪。男は自分でも戸惑うほど不機嫌な気分に囚われてしまう。いつの間にか、屋根から白い光の降り注ぐ大きな部屋の、ピアノからいちばん遠い一隅で、男はノートと鉛筆を手に、彼女の出すアイデアを片端から否定していた。

ふたたび彼女がピアノを弾き始める。どうしてもっとシンプルに弾かないのか。彼女はピアノを弾くのを止める。いつの間にか辺りは日が落ちていた。

すまなかった。今度はぼくの仕事部屋に来ないか。彼女もようやく機嫌を直した。

翌日。飯倉の小さなマンションの一室が男の仕事部屋だった。アップライト・ピアノ。ギターやベース・ギター。キーボード。アンプ。録音機材。そしてCDやレコード、楽譜などが所狭しと置かれている。だが不思議と居心地の良い空間だった。彼女もすぐにここが気に入った。

その日はメインのモティーフとなるメロディが出来て、その変奏となる短いジングルも幾つか仕上がった。ぼくたちは良いコンビになれそうじゃないか。その狭い部屋には男が仮眠を取るための小さなベッドもあった。

それから数年間、二人はペンネームを用いて、多くの仕事を手掛けた。彼女はシンガー・ソングライターとしてデビューしたものの、アーティストとしては成功しなかった。男もいつの間にか、共同のペンネームを使った仕事が収入の中心となっていった。

順調に仕事が廻っていたある日、彼女からの連絡が途絶える。マネージャーに訊いても、いまは仕事をしたくないらしい、というばかり。

件のペンネームご指名で依頼された仕事は男が独りで請けた。

連絡が途絶えてからちょうど一年が経った頃、男がギターの伴奏で参加していたあるアーティストのライヴに、彼女が突然姿を見せた。

おやおや、久し振り。相変わらず、いや、以前にも増して、彼女は美しい。誰かと駆け落ちでもしてたのかい。そんな冗談を言うと、彼女は笑わなかった。

杉並の家を飛び出して、最初の夫とは離婚した。いまは高校時代のボーイフレンドと暮らしている。あなたの音楽のことを教えてくれた人、という。ずっと続いてたのか。絶交したり、また会ったり、の繰り返し。TVの仕事をしていて、ギターと葉っぱが何よりも好きな人。

カッコいい人？　まさか。あなたにちょっと似ているの、体型とか、喋り方とか。男は40歳を過ぎて醜く肥った自分のことを思った。

再び二人はコンビを組んだ。男の妻は作曲のパートナーが若い女性であることを知らない。結婚して十数年、妻はもう男の作っている音楽には何の関心も示さない。

月に何度か、二人は飯倉の仕事場で落ち合う。足の踏み場もなかった仕事部屋も、いまはベッドの周りだけは小奇麗になった。

作品の数だけで言えば、コンビによる名義の作品は、二人がそれぞれ自分の名前で発表した作品よりもはるかに上回ってしまった。

もっとも私たちが、いまでも共同作業をしているか、といえば、そういうわけでもないの、と彼女は説明する。最近の私たちは、ひとつのペンネームの許に、分担して作曲の仕事をこなすチーム、という感じ。お互いを認め合っているレノン＝マッカートニー、と言えばいい？

じつは彼女の作曲上のパートナーである男のことを、自分は名前しか知らない。この話は彼女の言葉だけを基に書いた。

彼女が言うには、男は他にも幾つかのペンネームを持っている、という。そして彼女も同様らしい。告白するならば、自分も彼女とは過去に何曲か一緒に作った。彼女が素晴らしい才能の持ち主であることは自分もよく知っている。

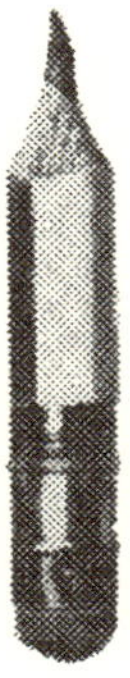

深夜料金。

　昨年出版した本の巻末に収録した日記を読んだ知人が、あなたはタクシーに乗る度に喧嘩しているみたいだ、と言っていた。もちろんそんなことはなく、ときどき不愉快な運転手に遭遇するから日記に書き留めるのです、と釈明したのだが。

　タクシーと言えば、ある友人の愉快なエピソードを思い出してしまう。例によって仲間たちと大酒して酒場を出た彼は手を挙げて捕まえたタクシーに乗り込むと、吉祥寺、と行先を伝えた。え、お客さん、吉祥寺ですか。ああ、井の頭通りに入ったら起こしてよ、と言うと、すっかり寝入ってしまった。それから小一時間、はっと目を醒ますと運転手に、いま、どこを走ってる、と尋ねた。すみませんね、まだ浜松です。そうして友人はその夜、自分が名古屋のホテルに泊まっていたことをようやく思い出す。

　むかし一緒に仕事をしていた女性歌手は、ある時期いつも同じタクシーの運転手に送迎を頼んでいた。東京都内でも外側に住んでいた彼女には、専属のタクシー運転手というのは便利だったのだろう、何度かその運転手をレコーディング・スタジオに招いては帰り支度が済むまで待たせていた。そんなとき運転手はいつも如才なく稲荷寿司などを差し入れた。気の好い大柄な男で、彼女の他にも成田に勤務する客室乗務員を何人か固定客として持っていて、いつも菓子パンや握り飯などを用意しては彼女たちが乗る度にサーヴィスとして供し、どうやら人気があるらしかった。たぶん契約している客には多少の料金の割引もしていたに違いない。

　ある晩、家の近くの交差点で黒塗りのタクシーを拾うと、偶然にもその運転手の車だった。その女性歌手がヴォーカルを務めていたバンドが解散してから一年ほど経ったときのことだ。こちらも相手もひどく驚き、自然と女性歌手の消息が話題になった。いや、あれからとんと御無沙汰しています。その言葉で話題がぷつりと途切れると、ちょうど目的地に着いた。領収書を下さい、と言って千円札を出すと、いやあ、御代は戴けません、と言う。普段は流しのお客さんはほとんど載せないんですけどね、きょうは本当に偶然でした。そう言って男はこちらの目をじっと見る。二度と乗せることはないのだから、と言うサイン。こういう乗車拒否もあるのだと知った。

やはり知り合いの男の話だ。30代後半・独身の男。アジアのある都市のホテルでエスコート・サーヴィスの日本人女性を呼んだ。まったく期待などしていなかったが、ホテルの部屋のチャイムが鳴ってドアを開けた途端、自分の人生で何か新しいことがスタートしたと気づいた、と言う。それでも、その時点ではまだ、ひどく綺麗な女性が来た、と思ったに過ぎない。

これは、と感じたのは、女性が挨拶したときだった。○○様、はじめまして。本日は宜しくお願い致します。淀みのない日本語。そう思うのも束の間、男は女を抱き寄せてくちづける。長い、無遠慮な接吻を彼女は黙って受け入れる。ようやく唇を離した男は、今夜は何時に上がるのか、と尋ねた。午前4時までです、と彼女が答えると、その時間までの料金を支払った。

けっして若くはないのだが、若く美しく見える。それだけではなくて、彼女はプロフェッショナルだった。どんな要求も受け入れ、そのサーヴィスは見事なものだった。

翌日も男は彼女を呼び、その夜の持ち時間の全てを買った。そして3日目、東京に戻る前日に男は彼女とゆっくりと言葉を交わした。あなたのことがとても気に入ったのだが、そう頻繁にはこの街に来ることは出来ない。良かったらあなたの方が東京に来てくれないか。女性は微笑みながら黙っている。

男はさらに続けた。料金は同じだけ払う。交通費と宿泊費も負担する。もしもエイジェンシーを通さないなら、あなたにとっても好条件だと思わないか？ すると女性は、週末なら出張することが出来るかも知れません。ただし週末だと土日で2500ドルは戴きたいのです、と言う。今度は男が黙り込んでしまった。

それでも二人は互いの連絡先を交換した。出張可能なとき、あるいは現在の代理店を離れるとき、連絡をくれると言っていた。そしてふたたび残り時間が尽きるまで、男は女性の完璧な接客を享受した。

東京に戻ってすぐ、女性からメールが届いた。先日は大変有難うございました。来週の週末でしたら、出張が可能なのですが、○○様のご予定はいかがでしょうか。男はすこし考えたが、けっきょく承諾した。いま付き合っているガールフレンドたちとの関係を解消して、彼女とだけ契約するほうが自分にとっては合理的なのではないか。退屈な会話の相手をすることもない。誕生日やクリスマスに仕えることもない。対価を払って、こちらの求めるものをストレイトに伝えればそれでよいのだ。

それから男は何度か彼女を東京に呼び寄せて、彼の言うところの「最高のサーヴィス」を楽しんでいるという。でもさ、虚しくなったりしないの？ 高いけど美味しいレストランなんて、美味しくて当たり前でしょう。そういうと彼は、苦笑いしながら話す。

ぼくもその女性に言ったことがありますよ。あなたと過ごす時間は深夜にタクシーに乗っているような感じだ、メーターがどんどん上がっていく、って。そうしたら、あなたのようなお客様ばかりでしたら個人営業のタクシーに切り替えても良いかも知れませんね、と言ってまたキスしてくれるんです。そのとき自分は公金を横領して外国人の女性に貢いだ男のことを思い浮かべましたね。ああ、自分もいつかそうなるのかな、って。


名古屋から吉祥寺までタクシーで帰った友人の話に戻る。酔いが醒め、ことの次第に怯んだものの、引き返すにしてもやはり大金を払わなければならない。幸いなことに財布の中には十分な金額の紙幣が入っていたし、そのタクシーはクレジット・カードで支払うことも可能だった。それならば、と彼はタクシーの窓を開け、夜風に吹かれながら贅沢な長距離ドライヴを楽しむことにしたのだという。次のパーキング・エリアで車を停め、運転手とラーメンを食べ、またウィスキーのポケット瓶を買い込んだ。月の綺麗な夜でした、と話してくれた。

東京27時。

深夜のコンビニエンス・ストア。日曜の、正確には明けて月曜の午前三時。

明るい店内には、自分の他に客はいない。おにぎりの陳列棚に、好きな〈炙り鮭ハラス〉があることを確認してから、雑誌コーナーに向かう。

誰もいないコンビニで立ち読みするのは女性向けのファッション誌。服飾の流行を知りたいわけでも、若い女性へのプレゼントを物色しているわけでもない。ただ、美しいファッション・モデルのグラヴィア・ページを眺めるだけだ。

二冊、三冊と女性誌を見ていると、背後から女性の低い声がする。お兄さん、そんな本読んで、まさか買って帰るつもり？

心臓が止まりそうになったが、慌てて立ち去るのも不自然だ。聞こえないふりをして、そのまま立ち読みを続ける。

すると、本当はこういう雑誌を買いに来たのじゃない？　と言って、女がポルノ雑誌のページを開いて、こちらの読んでいる女性誌の上に覆い被せてくる。

サングラスにトレンチ・コート、踵の高いエナメルの靴を履いた女が持っていたのは、マニアが投稿した写真を掲載する雑誌だった。よく見ると、示されたページに写っているのは、ごく細い線で目を隠されてはいるが、目の前にいるその女だった。

こういうマニアはカップルで徘徊しているはずだが、しかし店内には他に人がいない。

どうせ外から一部始終を見ているのだろう。そう思ったものの、このまま立ち去るにはあまりに魅力的な女性だった。彼女はコートのポケットから、携帯電話を取り出すと、その冷凍ケースの前で一枚撮って、と言う。こちらがカメラを構えると、彼女はコートの前を開いた。


午後八時のコンビニエンス・ストア。毎週木曜のこの時間に、肥った中年の男と、それほど若くはないが美しい女がこの店で待ち合わせをしている。仲良く腕を組んで入ってくることもあれば、男がしきりに腕時計を見ながら待っていることもある。

隣にあるラヴホテルに入室する前に、二人は必ず食べきれないほどのスナック菓子や飲み物などを買う。ときには男が女性用のストッキングを何足か、あるいはホットケーキ・ミックスの横にある蜂蜜のチューブを買う。透明のセロファンにたった一本だけ包んだバナナを男が買い物カゴに収めると、女が笑顔できょうは要らない、と拒絶する。


深夜一時。ある日、仕事場からそう遠くないコンビニエンス・ストアに行ってみると、その場所は古着屋に替わっていた。どうやらその建物ごと、もうすぐ取り壊しになる予定で、コンビニの什器や陳列棚を撤去した一階のスペースにハンガーラックをいくつも並べての仮営業らしい。屋号もない店だが、値札のない物はすべて525円、と大書したポスターが至る所に貼ってある。下北沢や高円寺などで見かける古着屋と較べるなら、海外のスリフト・ショップ、あるいは救世軍の店に近い。

だが意外なほど、いつ来ても掘り出し物がある。ひと頃は身に付けている物が上から下までその店で見つけた古着になって、我ながら苦笑した。何より真夜中に買い物出来るのが愉しい。

この店の試着スペースは、かつてペットボトルなどの飲料を売っていた奥の壁にあたる場所。ところがカーテンの奥にはドアがあって、どうやらビルの二階に通じる廊下に出るらしい。

あるとき、店に人がいなかったのを幸い、好奇心からドアを開け、階段を上がってみた。

そこには厚化粧した老婆が、丈の長いダウンのコートを着て、石油ストーブの前で暖を取っていた。こちらの顔を見るなり、ご新規の方、と尋ねてくる。いいえ、と口籠りながら、試着スペースに戻った。

深夜のコンビニエンス・ストア。スタジオでの待ち時間に暇つぶしで入った店。店の一隅に、「ノー・ブランド」というブランドの商品ばかりを扱うコーナーがあって、茶色い再生紙で作られたメモパッドを買った。

スタジオに戻って最初のページを繰ると、そこには女性の名前と電話番号がボールペンで殴り書きされていた。

さきのコンビニに戻って、同じメモパッドを店頭に出ている分だけすべて買った。やはり他のメモパッドにも別な女性の名前と、しかし同じ電話番号が書かれていた。スタジオのロビーの電話から、その番号にかけてみると、3コールで若い女の声が応えた。

ご新規の方ですか。

深夜のコンビニエンス・ストア。日曜の、正確には明けて月曜の午前三時。

明るい店内には、自分の他に客はいない。雑誌コーナーで女性向けのファッション誌を立ち読みしていると、二人連れの若い女性が店に入ってきた。

横目で彼女たちを一瞥すると、まだ大学生くらいの年齢で、古着のウールのコートを着て、足許はスニーカーを履いていた。

店を出ようか、と考える。だが彼女たちは雑誌コーナーのすぐ横のＡＴＭの器械の前で何か話している。

この時間はこのカード使えないんだね。じゃあ、こっちはどう。キャッシングなら出来るんじゃないかな。彼女たちにとって、中年の男である自分はもちろん存在していないのも同然だ。

かなり長い時間、ＡＴＭの前で操作をしていたが、とうとう現金を引き出すことを諦めたのか、店の奥の方に歩いていった。

こちらも立ち読みを終えて、昭和の漫画家の単行本とミント・キャンディをひとつ持ってレジに向かう。

このコンビニエンス・ストアの従業員が中国系の人ばかりなのは、どうしてなのだろう。そんなことを考え、領収書を受け取り、レジの前を去ると、背後からさきの若い女性たちが近づいてくるのが見えた。

コートのポケットに手を入れたまま一歩手前を歩く女の子は、意外なほど綺麗な顔立ちで、どこか微笑しているようだった。

すいません、この時間で、お金を下ろすことは、という言葉が聞こえたところで自動ドアが閉まった。

可愛い子だったな。レジ袋を提げて歩き始めた自分の背中で、たった一度、銃声が聞こえた。

お名前をフルネームで頂戴出来ますか。

かつてＤＪのときによく使っていたレコードを聴き直そうとしたら、ジャケットの内側から名刺が出てきた。素っ気ないデザインの名刺。中央に配置されているのは、女性の名前だ。白木葉子。そして店の名前と住所、電話番号が書かれている。

その名前を見て、すぐに思い出した。名刺の裏側には、子供のような文字で、こにしさんへ　アナタのＤＪ最高（笑）、と書かれている。自分はなぜこの名刺を捨てずに取っておいたのか。

もう十年近く前によく使っていたレコードだ。いまはもう閉店してしまったクラブにゲストで呼ばれてＤＪした後にバーカウンターで会って言葉を交わした女性は、見るからに華やかな雰囲気を持っていた。美容室でセットしてきた髪。派手なメイクアップ。カジュアルな服を着た女の子たちが多いクラブの中で、彼女だけはスーツを着ていて、さらにスーツの色は鮮やかな紫色だった。訊くまでもなく職業は判ったが、彼女のような女性がこんなクラブにやって来るのは珍しいはずだ。同じように派手なヘアスタイルの、だがもう少し地味な印象の女性と連れ立っていた。

いま終わったばかりのＤＪを聴いてくれていたのか、話しかけると笑顔で答えてくれた。何を話したかはほぼ忘れたが、彼女が名刺をくれてから、急に会話が弾んだことだけは憶えている。

これ、もちろんご本名ではないですよね。彼女はただ微笑むばかりだった。「あしたのジョー」のヒロインの名前だ。ちばてつやのファンですか？

それ、よく言われるんですけど、あたしは知らないんです。昔の漫画、なんでしょ。

あ、こういう名前、源氏名、というんですか、こういうのって、ご自分で付けるわけではないんですね。

うん、お店の人に、名前どうしよう、って相談されて、何でもいいです、と言ったら、これになったの。

白木葉子、ってイメージだったんですかね、あなたの第一印象が。お金持ちの、気位の高いお嬢さん、というような。マネージャーの人が漫画のファンだった、とか。

いや、そんなのじゃなくって、大抵はお店で以前に作って余っていた名刺の中から、はい、あなたは明日からこの名前で、と決めるみたい。

その答えには少し驚いた。この手の店にありがちな、女優やタレントの名前を組み合わせた、いかにも水商売ふうの趣味の悪い名前を、女性たちが宝塚のように自ら決めるとはもちろん思ってはいなかったが、少なくとも店の経営者やスカウトマンは無い智恵を絞って女性のイメージに近い名前を捻り出すのだと考えていた自分の先入観は、ロマンティックに過ぎた。

ということは、あなたは何代目かの白木葉子さん襲名だったんですね。歌舞伎役者とか、落語家みたいに代々続く由緒正しい大名跡。そう言うと彼女は、何だかお婆ちゃんになったような気分、と言って笑った。

そう書いている自分の名前は、何の捻りもない、親から貰った本名である。ここ数年、いつも考えては後悔するのはそのことだ。どうして自分は将来のことも考えず、本名のまま仕事を始めてしまったのか。

一度で読んで貰える名前ではない。そのことで大きなトラブルとなったことはいまのところないのだが、それでも芸能に係わる仕事、人気商売という言葉もある。もっと覚え易い名前、あるいは強い印象の名前でもよかったはずだ。

さらに言えば、いかにも芸名、いかにもペンネーム、という名を名乗ることで、自分は仕事と個人生活とのコントラストをより明確にすることが出来たのではないか。たとえば筒美京平氏。この名前はもちろん筆名だが、よほどの音楽マニアでなければ、その本名を知らないし、知りたいとも思わぬはずだ。素顔の筒美氏は紳士そのもの。あれほど押し出しの強い、大衆の心を鷲掴みにするようなメロディを臆面もなく作り出すことが出来るのは、やはりあのペンネームがあってのことなのだ。それに較べ自分の音楽は、やはり自分の名前と同じように退屈だ。

学生の頃からよく通っていたブティックで、あるときクレジット・カードを出したら、若い男の店員に、ご本名なのですね、と話し掛けられたことがあった。あのときの何とも厭な気分は忘れられない。それ以来、そのブティックに行くことはなくなってしまったし、やがてクレジット・カードも国内で使うことは止めてしまった。

後悔先に立たず。いまさらこの名前を捨て、新しいペンネームで仕事をするのもためらわれる。俳優の伊丹十三は「マイナスをプラスにする」と宣言して、芸名を伊丹十三と替えた。悠木千帆という女優が樹木希林と改名したのは、どんな理由だったか。イラストレイターの矢吹申彦氏の著書で読んだのは、女優の藤田弓子が千社札を作るときに「初代 藤田弓子」としたという話。自分もこの先、名前を変えるとしたら、誰かに名を譲って半ば引退するときなのだろう。リタイアするなら何も名を替える必要はないのか。

再び女性の名前の話に戻る。官能小説に登場する女性というのが、またいかにも若く美しい女性に相応しい名前ばかり。香穂里。詩織。あずさ。亜理沙。麗奈。有紀。名前とはつまり記号なのだ、ということを、改めて思い出させてくれる。以前、この種の小説の編集者に話を聞いたところでは、やはり知名度のある女優やタレントの名前を拝借したものが多くなる、という。だがあまりに直截なもの、たとえば名前を借りた女優の顔しか浮かばないようでは、読者のイマジネイションを限定することになってしまうので困る。そんなことを言っていた。

ところでこの種のポーノグラフィに於いてひどく興味深いのは、ヒロインがある瞬間から自分のことを名前で呼ぶようになる点である。自分はいつも童謡の「サッちゃん」を連想してしまう。あの歌の中でやがて引っ越して去ってしまうことになる少女は自らをサッちゃん、と呼ぶのだが、ポルノ小説に於けるヒロインは、相手の男に蹂躙され、ついに屈服するとその時点から自分のことを「さちこは、」と言うようになるのだ。

ときに自分はその変化に気づかずに読み飛ばしてしまう。おや、どの時点でこの女性は自分のことを「さちこ」と呼ぶようになったのだったか、と、ページを繰り戻しては確かめたりする。

それにしても現実に、自分のことを名前で呼んだりする女性がいるのかどうか。少なくとも自分はいままでに出会ったことがない。

ところが年少の友人は、いますよ、そういう女も、と少し自慢げに言うのだ。付き合い始めた頃はね、普通にわたし、って言ってたんです。それがキスした途端、早智子もあなたのこと好き、とか言うようになっちゃって。初めはちょっと面食らったけど、可愛いっすよ。

その女性が友人の男よりもずっと年上であるのを知っている。もちろん早智子は本当の名前ではない。

優しい人ばかりの国。

その日、彼女はサンドウィッチを作って食べたくなったのだという。自分でパンを選び、バターとマスタードを塗り、好きなものを挟んで、ピクルスを添えたサンドウィッチ。

いつも仕事の帰りに立ち寄る店では、思い描くサンドウィッチに相応しいパンはすでに売り切れているはずだ。だから帰り道にデパートの地下の食料品売り場を覗いてみるつもりで、いつもと違う方向に歩いた。

昼間降っていた雨は夜には上がって、誰もが傘を下げて歩いている。そのときだった。ＪＲの駅からこちらに向かって歩いてくる人々の中に、大学時代の先輩を偶然見つけた。

姿勢が良いのか、歩き方が他の人とはどこか違うので、すぐに判りました。そう話すと彼女はミネラルウォーターを口に含んだ。

むかし、よく自分がＤＪをしているパーティーに遊びに来てくれた彼女は、いつの間にか自分の周囲を離れ、そして再び戻ってきて、いまは婦人服のバイヤーのような仕事をしている、といっていた。

一年前に彼女に連れられて来たビルの地下にある小さなレストランで再び会ったのは、珍しく彼女が連絡を取ってきたからだった。

一年前に会ったとき彼女は、かつて自分の知り合いでもあった恋人と別れて、外国人の男性と付き合っている、と言っていた。その人と、その後は？　すると、彼女は去年の秋に、彼の母国へと一緒に旅行をした、という話をしてくれた。

素晴らしい国でした、と彼女は言った。多くの観光客がやって来る首都や、あるいは美しいビーチのある島へは行かずに、彼とその友人が念入りに組んでくれた旅行プランの通りに、たくさんの街へ行き、寺院や仏像や多くのモニュメントを観た、と話してくれた。

その国へ行ったことがあるか、と尋ねられて、たった一度、その首都に二泊三日の旅行で行ったことがある、と答えた。少人数のグループの中で、自分ひとりだけがお腹をこわした、と言った。すると彼女も、行くまでは自分も絶対に好きにならないだろうと思っていた、と話す。

ところが好きになったんだね、と訊くと、誰に会っても優しい人ばかりの国でした、と答えてくれた。でも、旅行から帰ってすぐ、その人とはお別れしました、と笑う。

それはまた、どうして。そう尋ねるより他に、話の継ぎようがない。

じつは旅行に行く前から、やはり彼とはうまく行かないだろう、と思っていたんです。でもせっかく何ヶ月も前から準備していた旅行だったから。

また話が途切れてしまう。じゃあ、いまは恋人がいない時期なんだ。

そうです。その後、もう一人、好きな人がいたのですけれど、つい最近、終わったので。

話は意外な方向へ進む。またしばらくは相槌を打つだけで済む。そこで彼女が話し出すのを待っていると、さきのサンドウィッチの話が始まったのだ。

彼は同じ大学の二年先輩だった。大学時代にも、ほんの一時期だけ付き合っていた、という。きれいな顔をした男の人で、私のほうから近づいていきました。でも、彼はそのときバンドをやっていて、自分と音楽のことだけしか考えていない、他人のことなどまったく興味がない、そんな人だったから、すぐに諦めたんです。

その人と、偶然、再会した、ということか。そう、もう二年も同じ街に通勤しているのに、彼もこの辺りで仕事をしているなんて知らなかった。あの日、サンドウィッチを食べようと思わなければ、まだ知らずにいたかもしれない。そう話す彼女が、まだその男との恋愛の中にいることだけはわかった。

その日、けっきょくサンドウィッチは食べたの？

はい。出来上がったサンドウィッチの写真を、その日、彼が名刺の裏に書いてくれたメールアドレスに送って、翌日に逢いました。いまはレコード会社で宣伝の仕事をしています。社会人になって、結婚して子供も産まれて、むかしとは別人のようでした。すごく優しい人になっていた。

むかしの恋が復活した？

どうでしょう。彼に言わせれば、大学生のときの私は、とつぜん自分の目の前に現れて、すぐにいなくなってしまった女の子だったそうです。

彼のほうこそ、あなたに遇って驚いたのではないかな？　たしかに自分は相槌だけを打っている。

ええ、とても大切にしてくれました。その日からは、ほとんど毎日逢っていたのだけど。

そこで、彼女の言葉が途切れた。だけど？

去年の暮れにとつぜん彼の奥さんから電話がかかってきて、会いましょう、と言われたんです。たぶん携帯電話のメールを読んだのでしょうね。

何も言葉を返すことが出来ずに、やはりミネラルウォーターを飲んで次の言葉を待つ。

彼と最後に会ったとき、今年は家庭を大切にする、と言っていました。

ここまで話を聴くと、デザートの皿が来た。まだ彼とは会っているんでしょう？

メールはするけど、以前のように毎日は会っていません。そう言うと彼女はこちらを見て笑った。

閉店時間にはまだすこしあったが、すでに自分たちの他に客はいなかった。預けていたコートを着た彼女は、以前よりずっと大人びて、さらに美しくなった。

それじゃ、また会いましょう。ぼくはここから車を拾うけど、よかったら駅で落としましょうか？　そして彼女もタクシーに乗り込んだ。

走り出してすぐに信号が赤になった。もうすこし遊んでいこうか。彼女は無言で小さく頷く。

タクシーの中で彼女とくちづけを交わしながら、自分には女性の気持ちがまったくわからないのだ、と思った。たぶん、永遠にわからないのだ。

シロップ漬けのチェリー。

深夜のファミリー・レストランで、女性と待ち合わせをしている。品川駅前のホテルに隣接している店で、昔からそこにあるのは知っていたが、初めて入った。週末の夜、土曜が日曜に変わるまで、あと二時間ほど。彼女はまだ来ていない。

とりあえず、コーヒーとフライド・ポテトを注文した。ファミリー・レストランにやってきたのは何年ぶりだろう。かつて自分も家族を持っていた頃は月に何度かやってきて、美味しくもない食事に金を払っていたけれども。

終夜営業だったはずのこのレストラン・チェーンも、震災の後は午前4時で一旦閉店して、再び朝7時からオープンする、という業態に変わっていた。だが、それ以外は何も変わっていない。コーヒーの味も、コーヒーのお代わりを注ぎにウェイトレスが店内を回る周期も、おそらく食事の味も。

禁煙席のフロアの壁際に面した、自分の座っている席からは、7組の客が見える。すぐ隣りのテーブルは20代の終わりくらいの年齢の女性客がひとりでコーヒーを飲んでいる。大きなバッグを抱え、携帯電話で何か喋りながら店に入ってきた女は、座席を選び、ウェイトレスにオーダーを告げ、やがてコーヒーが運ばれてきても携帯電話をずっと耳から離さない。けっして声を荒らげて話すわけではないが、きびしい表情は崩さないままだ。

自分の背中の側に位置するテーブルでは、30代後半の女性の二人連れが何か小声で話をしている。途切れ途切れに聞こえる会話の中では「その日は文化放送で」、とか、「ＮＨＫのラジオが」、といった言葉が出て来たが、彼女たちが何を話題にしているのかはどうしても把握することが出来なかった。会話を切り上げ席を立つ二人を横目で盗み見ると、まるで翌朝から軽登山にでも出発するかのような装備で、ますます彼女たちのことが判らなくなる。

入口に近い壁際のテーブルでひとり勉強をしているように見える、眼鏡を掛けた学生。参考書に線を引いている、かと思えば、フルーツパフェを食べている。次に見たときはテーブルに顔を伏せて眠っていた。そしていつの間にかいなくなっていた。

その反対側、店の奥の壁際の喫煙席で食事をしている三人連れ。男性が一人、女性が二人。いずれも若くはない年齢。背中を向けた中年男性の頭髪は薄くなっている。女性二人は、ひとりは大柄な女性で、もうひとりは小柄だ。もちろん、こちらからは会話の内容などまったく聞こえないが、楽しそうに話していることだけは判る。韓流ドラマの話とか、そんな内容ではないか、と勝手に想像した。

やはり自分の席から遠い壁際の席に向かい合って座っているのは、つい先程、店に入ってきたばかりの若い男女のカップル。といっても学生ではない。これから結婚するのか、最近結婚したばかりなのか。男は小瓶のビールを飲み、女はトマトジュースを飲みながら、何か真剣に相談しているように見える。やがて二人のテーブルに運ばれてきたのは、メニューの中でいちばん大きなステーキの皿だった。

自分の斜め右側、一段高いフロアの席に座っている、やはり若いカップル。手前に座っている若い女性は横顔しか見えないものの、鼻が高く美しい顔をしている。いっぽうの若い男は、いかにも剽軽者、といった雰囲気で愛する人をいつも笑わせようと努力しているように見える。男が甘えて頼んだのか、彼女は柔らかそうなオムレツをスプーンで男の口許に運ぶ。熱そうに口の中を動かしながら食べる男。次に彼らの方を見たとき、今度はフルーツパフェのクリームの部分を同じように男は受け入れていた。
そして自分の座っている席から近い、小さなテーブルに向かって何か書き物をしている中年の男。この店に入ってきたときから、男はずっと自分のことを観察していて、こちらがシートに座るとようやく視線を自分のテーブルの上に戻した。だが今度はこちらが男のことをつい見てしまう。両者の間に遮る物は何もない。太いペンを持って、何か考えあぐねてはペンを置き、再びペンを走らせる。やがて男は一旦席を立ち、ハンカチで手を拭きながら自分の席に戻ってくる。淡いブルーのシャツは、たぶん裾をズボンの中に入れていたものをトイレで外に出したのか、ひどく皺になっている。ネクタイも外したのだろうか。テーブルの横にはナイロンで出来た黒いブリーフケースが置いてある。夜中にファミリー・レストランで書き物をするのは、作家か、大学の講師か。それとも家族に知られたくない手紙を書かなくてはならない事情を持つ者か。待ち人を待ちながら観察していると、不意に男は書いていた紙を手に持ち、読み返していた。それは履歴書だった。

今夜、どうしていますか。一時間ほど前、携帯電話に入ったメールは、その一行だけだった。明日のリハーサルのための譜面書きをしている、と返信すると、すぐにメッセージが戻ってくる。じゃあ一時間だけ私にください。

小さなプッシュボタンでメールを打つのが苦手なので、思い切って電話を掛けるとすぐに彼女が出た。どうやら機嫌は悪くない。なぜか今夜は品川のホテルに泊まっているという。そっちへ行こうか、と訊ねると、このファミリー・レストランを指定してきたのだった。

今年で40歳となる彼女は、4年前に夫が浮気したことを知って戸籍上は離婚したのだ、という。だが、夫と二人の娘とは、いまもひとつ屋根の下で暮らしている。そして年に何度か、自分ともこんなふうにして密通を重ねている。

彼女の我儘な誘いを、自分はいつも断ることが出来ない。理由はただひとつ、彼女はいまも変わらず美しいからだ。大きな潤んだ瞳。高い鼻梁。薄い上唇と正反対に厚ぼったい下唇。小さな顎と細長い首。

ようやく彼女が現れた。こちらの顔を見るなり、隣りのバーへ行きましょう、という。千円札をテーブルに置き、釣り銭も受け取らずに彼女についていくと、レストランのトイレの向こうはホテルのロビーに連なっていた。

薄暗いラウンジに、他の客はいなかった。オーダー・ストップまであと10分、という時間だった。

彼女の注文したフローズン・ダイキリには、小さなストローが二本挿してあった。自分の目の前に運ばれてきた炭酸水のグラスには、なぜかシロップ漬けのチェリーがひとつ飾られていた。

乾杯、と彼女は言う。なぜか今夜はこの女に、無性に腹が立った。これは何の御祝い？　彼女は微笑んだまま応えない。

今夜は仕事がある、と言ったはずです。ごめんなさい、と彼女は小さな声で言い、やがて静かに嗚咽した。

泣いている女に、どうして泣いているの、と決して尋ねてはいけない。だが、彼女が泣くところは初めて見た。

わたし、おばあさんになるの。

何か言おうと考えたけれども、もう少しだけ、彼女の言葉を待った。

わたしの人生って、子育てで終わってしまうのかな。

これ以上、沈黙していることは出来ない。あなたの上の娘は、幾つだったっけ。17歳、と彼女が応えた。

それじゃあ、世界一綺麗なおばあさんが誕生した祝いか。

綺麗じゃないもの、わたし。ようやく彼女の笑顔が戻った。

炭酸水に添えられたチェリーの弦を指で摘むと、そのまま手を伸ばして泣き止んだ彼女の唇に押し当てた。彼女は果実に軽くキスしたが、こちらがその手を引き戻さないことに気づくと、親指と人差し指とチェリーを口に含んだ。ウェイターがやって来ない限り、誰にも見られることのないのを良いことに、美しい女が自分の二本の指を舐めるのをひととき眺めた。その間ずっと、さきのファミリー・レストランで恋人の口許にスプーンを運んでいた娘のことを考えた。あのカップルも、今夜はこのホテルに泊まるのだろうか。

そのとき、酒場のドアが開いて

プレイボーイの男たちはたいてい秘密主義者で、自分から交友関係を話すことなど滅多にないのだが、ときどき冗談めかして尋ねてみると、意外にも率直に答えてくれることがある。いつも顔を合わせるバーのカウンターで、新しいビールを受け取った友人に、たくさんの女性から愛される秘訣は何だい、と訊いたら、そうね、とすこし考えた後で、優しくすること、高級なところでなくて構わないからデートや食事のときは女性には一切負担させないこと、ベッドではとにかく奉仕すること、けっして他の女性の話をしないこと、そんなところかな、と笑うでもなく教えてくれた。

すこし前によく一緒にいたあの女の人、さいきん見ないけれどどうしたんだい、と尋ねると、いまでもときどき逢っている、という。一時期、都心にある彼女の勤務先のオフィスで毎晩逢い引きしていたんだ。ビジネスタワーの12階で、いつも窓から六本木の夜景を見たよ。でも彼女は転職したんだ。

それで逢わなくなったの？

そうじゃないんだ。彼はビールを飲んでから言った。その頃、彼女は南麻布に住んでいたんだけど、そこも会社が借りていた部屋だったから引き払わなくちゃならなかった。そうしたら彼女、ぼくの住んでいる場所からいちばん近い駅のそばに建てられた新しいマンションを買ってしまったんだ。

きみが毎晩訪ねて来ると思ったのか。

さあ、どうかな。ただ、ある晩、やっぱり真夜中過ぎに彼女の新しい部屋に遊びに行ったら、冷蔵庫のドアにぼくの写真がマグネットで留めてあるのを見つけたんだ。ぼくが渡したわけじゃないのに、どうやって手に入れたのか。

よっぽどきみのことが好きだったんだな。

そうかもしれない。でも、毎晩そうやって自分のことを待っている、と思うと、こっちはすこしずつ距離を措きたくなるんだよ。

女には待つ、という遺伝子が刷り込まれている。知り合いの小説家がそんなことを言っていたっけ、と話すと、どうせ酒の席で言った言葉さ、と友人は笑った。

そのとき、酒場のドアが開いて、美しい女が入ってきた。この店に集まる男たちで彼女を知らない者はいない。

やあ、半年ぶりじゃないか。そう言って彼女に軽くハグをして、耳許で囁いた。相変わらずきれいな人。

忙しかったの、いろいろと。

いますぐきみとキスしたくなった。そう耳許で囁くと、彼女は静かに頷いて、いま入ってきた扉に向かって歩きだした。ドアの外、冷たい夜風の中でふたりは長いくちづけをする。

バーに戻って、彼女は飲み物を受け取り、自分を含めて多くの男友達と乾杯する。ただ、例のプレイボーイの男とは目で挨拶を交わすだけだった。その目配せを、ぼくは見てしまった。

15分も店にいたかどうか。彼女が帰った後、プレイボーイが話し掛けてきた。待つ、という遺伝子が刷り込まれているのは女ばかりではないらしいね。

恋愛を人生の総てと考える人々

東郷青児の文章を知ったのは、『手袋』という戦前に出版された本のことをどこかで読んだからだった。

あるレコードや本の存在を知って、実物を見てみたい、いつか手に入れてみたい、と考えた直後に、そのものにめぐり会い、簡単に手に入れてしまう、という幸運に恵まれたことがいままでに何度かあったが、この本もまたそんなふうにして出会った。件の本は自分の家から歩いていける距離にある古書店に眠っていた。

もちろん画家である著者によるたくさんの装画が散りばめられた美しい本、ということで興味を抱いたのだが、すっかり魅了されてしまったのはその文章だった。

男女の恋愛の駆け引き。ただそのことばかりを、フランス語や英語を散りばめながら、淡くカラフルな筆致で書いている。何よりも魅力的だったのは、そこに描かれているラヴ・アフェアが著者自身の体験した実話とも、まったくのお伽話とも受け取れる、虚実を曖昧のままにしているところ。

こんなにしゃれたコントが、こんなにしゃれた書物が、戦前の日本で作られていたのか、という驚き。もちろん、文中には当時の世相を物語る生々しい伏せ字も至るところにあるのだが、美しい装画の中の女たちは、そんな不粋な扱いなど鼻の先で笑っているかのようである。

自分はまず何よりも先に『青インクの東京地図』に始まる安西水丸氏の、一連の短編小説を思い出した。それはやはり虚実の境目が定かではないスタイルで、著者と女性との関わりばかりを書いていて、一時期、自分はこの人の書くものを追いかけていた。もしかしたら、画家の書く文章にはひとつの系譜のようなものがあるのだろうか、と考えたのだが、少なくとも安西氏は東郷青児の文章を読んでいたのではないか。

その『手袋』という一冊だけで、自分はすっかり東郷青児の文筆作品に夢中になり、『戀愛株式會社』や『カルバドスの唇』『ロマンス・シート』などの古書をけっして安くはない値段で買い求めては悦に入っていた。

けれども、戦後に出版された『新男女百景』などの作品を読んだときには、落胆も大きかった。もはや、そこにはかつての『手袋』にあった、北園克衛の詩作にも通じる透明なタッチなど微塵もなく、まるで三流の風俗雑誌に掲載された記事のごとき安っぽい話ばかり。なのに、たとえば銀座や新橋の街角で美しい女と偶然に遭遇する、といった、かつて自分が書いたストーリーを模倣するような場面がところどころにあって、そこで自分の熱もすっかり冷めてしまった。

だが、そんな戦後の一時期といえば、洋菓子店の包装紙などで大いにその絵画のスタイルを大衆に売っていた時代。東郷じしんも、自らが画壇の大物であることを認識していたに違いなく、こうした自己模倣、あるいは作品の極端な大衆化は半ば意識的に行っていたことなのかもしれない。

青年時代の東郷の文章に繰り返し、繰り返し登場する、経済的な困窮のこと。東郷青児のような人間にとって、人生には女の美しさ、男女のロマンスの他に価値のあるものなどない、という考え方と、貧困に対する憎しみとは、つまり表裏一体なのだ。快楽のためなら、芸術を表現を安手に売り渡してしまっても良いのか、と語る人もこの世の中にはいる。だが、そんなことを言う人々は、恋愛の本当の素晴らしさ、尊さ、哀しさ、世界の風景がすっかり変わってしまうほどの恐ろしさというものを理解していないのだ。歯の浮くような文章の向こうに、美に生きるもの、恋愛を人生の総てと考えるアウトローとしての覚悟のようなものを、自分は見出す。

ここまで書いていて、先程から頭の中で数年前に観た二本の映画が甦る。ひとつは千葉泰樹監督の『女の闘い』という映画。木暮実千代と高峰三枝子という二人の美女を毒牙にかける色悪の画家、河津清三郎。あの役どころは誰がどう見たって東郷青児ではないか。そしてもう一本は溝口健二監督の『歌麿をめぐる五人の女』。美に生き、色事に人生を賭ける主人公。いや、主人公・喜多川歌麿のみならず、登場人物が揃いも揃ってそんな世捨て人ばかりの、退廃の極みのような、けれども不思議なユーモアに彩られた映画。ちょっと余談が過ぎました。

さて、そんなわけで、ここに収められている東郷の文章は、いわば「酸いも、甘いも」の甘い方ばかりということになる。この編集方針を自分はたいへんに嬉しく思う。

とりわけ、いくつかの初めて読む文章には感服した。「東京の女」という短い詩が素晴らしい。自分が学校の教科書を編む立場にあるならば、この作品を国語の、もしくは美術の、あるいは家庭科の教科書の最初のページに置くことだろう。吉田健一の「戦争に反対する唯一の手段は、各自の生活を美しくして、それに執着することである」という文章があるけれど、この「東京の女」という詩は、その軽薄にして真摯かつ切実なヴァリエイションだ。

正直なところ、自分には東郷青児の美術作品が現在ではどのように評価されているのかはわからない。否定的な意味を含めて言うのではなく、本当に美術の世界のことは知らないのだ。けれども、この人の文章はこの先、新しい読者によって親しみ愛されるだけの価値を有していると考える。とくに素晴らしいのは、こういう話なら自分にも書けるのではないか、と思わせてくれるところ。

久しぶりに「安南娘アンドレ」という短編を読んで、そうか、外国生活において東郷は自分のことをセルジュと呼ばせていたのか、と笑ったが、この作品の締め括りの文章など、やはり憎らしいほど気障で素晴らしい。これからの若い青年はみな東郷青児に憧れて、誰も等しく女の敵になればいいのだ。戦争抑止力とは、つまりそういうものではないか。

面白おかしく生きてきたけれど。

朝からカフェを渡り歩いた。

原稿書きや編曲、あるいはゲラをチェックする仕事が溜まってしまったとき、その晩は思い切って早寝することにしている。その替わり翌朝は早起きしてカフェに行って仕事するのだ。

いちばんよく行く近所のカフェは、開店時間がちょっと遅くて午前9時45分頃。もう少し早くから仕事したいときには、坂を下って地下鉄駅のそばにある2軒のカフェ。それでも朝8時から。

こちらはすっかり仕事モード、朝早くから始めて、何とかランチの前には書き上げてしまいたい、というときは、ホテルのブレックファスト・ルームに行く。

恵比寿ガーデンプレイスのウェスティンホテル東京。入ってすぐ左側の「ザ・テラス」。ここは6時30分から。せっかく来たのだから、と朝食ブッフェのサーヴィスを利用することもある。とても美味しいものばかりなのだが、仕事するつもりがあるのなら、食べ過ぎは禁物だ。

もちろんコーヒーだけを飲みながら、原稿に専念するのもいい。作詞の仕事のときは、いつもアイデアが降りてくるまで、カフェを何軒もハシゴしたものだ。

ウェスティンを出て、ガーデンプレイスへ。「マクドナルド」がやはり6時半から。エントランスパビリオンのカフェ「benugo」は7時から。ガーデンプレイスタワー1階「エクセルシオール・カフェ」は7時半から。

朝8時ともなれば、さらに多くのカフェが開店する。ガーデンプレイスタワー1階の「カフェ・コナ・ファーム」、時計広場の「サンジェルマン」、そしてエントランスパビリオンの「スムーチ」。どこへ行こうか迷ってしまうほど。

ぼくは仕事に集中しているときは、カフェでどんな音楽が流れていても、まったくお構いなしに譜面や歌詞を書くことが出来る。これはちょっとした特殊技能だろうか。でもコーヒーだけは美味しくないと駄目なのだ。

バターナイフでバターを塗る。

日本のある地方都市に、ぼくのお気に入りの喫茶店がある。はじめてその店に入ったのは、もう30年近く前のことだろうか。最初に訪れたときから、どことなく時間の止まったような、落ち着いた雰囲気があったが、素晴らしいのは今年また久しぶりにその店を訪ねたとき、店内の調度もコーヒーの味も以前とまったく変わらなかったことだ。たぶん30年前はまだオープンして間もない店だったのかもしれない。

朝の9時。ホテルで目を醒ましてからすぐに、最初のコーヒーを飲むためにその店に足を運んだ。碁盤の目のような街を歩いて5ブロック先、ビルの谷間にその喫茶店はあって、朝の8時から開いている。爽やかな朝の光の中を歩いていたら、約25年前に初めて訪れたニュー・ヨークの街のことを突然思い出した。こういう記憶のフラッシュバックは楽しい。

ドアを開けると柔らかい香りが漂う。朝の喫茶店にはテーブル席に3人連れの客が一組、カウンターの端の席に朝刊を読む男性がひとり。ぼくもカウンターのいちばん奥の席に座り、コーヒーとクロワッサンのセットを頼んだ。

その店のパンは直営の工場の石窯で焼く自家製のもの。店で出したり、小売りしているだけでなく、ランチタイムには近くのオフィス街でサンドウィッチを作って売るらしい。目の前のカウンターの中では、若い女性が何枚も重ねた食パンに一枚ずつ、バターナイフを使ってバターを塗っている。ゆっくりと時間を掛けてすべてのパンにバターを塗ると、今度は洗って水を切ったレタスを載せ、キュウリと薄く切ったハムを載せ、サンドウィッチをひとつずつ完成させてはラップに包んでいる。ぼくはそのサンドウィッチが食べたくなったが、目の前の女性に言うことが出来ずに、コーヒーをもう一杯頼んだ。それは世界でいちばん美味しいはずのハム・サンドウィッチだった。

子供たちには解らない。

久し振りに自分の作ったCDの話なのだが、お許し願えるだろうか。

ロシアの有名なアニメーション、「チェブラーシカ」と言う作品のイメージ・アルバムを作った。今年、久々の新作が完成するらしい。自分が手掛けたのは、その映画公開を盛り上げるための作品、だと認識している。

とても可愛らしい作品だが、なにしろロシアの生まれ、音楽はやけに物悲しい。そこで自分は、メロディをそのままに、まずは暖かみのあるハーモニーを付け、絵のイメージに合う楽器を加えた。これもいわゆるリミックス、ということになるのだが、もちろんダンサブルな音楽にしたわけではない。

仕事に入る前に自分もこの人形アニメの旧作版を観直した。現代の子供たちがこのアニメを観たときにやはり可愛い、と思うのだろうか。もしそう感じるなら、それはたぶんかなり幼い年齢の子供ではないか。

この作品を観て本当に可愛い、と感じるのは、じつは大人であって、その可愛いと思う感覚は、たぶん子供には解らない。

彼等は大人であるから世の中のことを大抵理解しているつもりだが、そのいっぽうで、この殺伐とした、可愛らしさのかけらもない現実を心のどこかで受け入れ難い、と思っている。せめて自分だけは受け入れまいと考えている。

そんな人たちに向けて、自分は音楽を作った。子供の頃に観た人形劇や人形アニメの記憶を辿ると、自然にマリンバやハープの音色が聴こえてきた。ファンの方ならよくご存知の挿入歌の日本語によるカヴァーや、肩の凝らないジャズ・ヴァージョンも収めた。

とはいえ、新しい映画のほうは、ぜひ親子連れで観に行くと良いのじゃないかな。ぼくもちょっと楽しみにしているのだ。

カメラと万年筆を手に入れてしまったら。

片岡義男さんから新しい著書を送って戴いた。文房具を写真に撮り、文章を添えた本。数年前に出た文房具の本は、なぜか自分の周囲の人間はみな買って持っていた。こんどの新しい本もとても美しく、楽しい。

片岡さんの写真はどれもみなシンプルで美しい。それは片岡さんの書く文章とまったく同じだ。自分の好きなものをカメラのファインダー越しにあらためて観察してみると、そこに新しい発見がある。驚きをそのまま写真に封じ込めようとする片岡さんの態度は、ジャック＝アンリ・ラルティーグや植田正治と同じく、まったく邪気がない。

毎日、写真を撮りに出掛けるのですか。そう尋ねたら、だいたい週に二日、晴れたら毎日でも出掛けたいのだけど、と話してくださった。ここ数年、片岡さんの興味を惹いているのは、街で見かける食品サンプルなのだという。古い商店街の蕎麦屋の陳列ケースの中の丼ものやざる蕎麦のサンプルは、たしかに片岡義男の世界の中にある。

ぼくも一眼レフのカメラには以前から興味を抱いている。レンズを廻すと焦点が合う、あの瞬間には憧れがある。

いつか片岡さんを誘い出して、中古カメラを見に行くことが出来たら良いのだが。たぶん片岡さんが薦めてくださるカメラなら、ぼくは多少高価なものでも思い切って買ってしまうはずだ。さらに時間が許すなら、その足で片岡さんと万年筆も買いに行きたい。だが一眼レフのカメラと万年筆を買ってしまったら、もう自分には欲しいものが無くなってしまう。

とはいうものの。相変わらずレコードと本は毎日、次から次へと欲しいものが現れる。こんど、ぼくが作ったディスクガイドの本から16枚、新たに再発してもらったCDを片岡さんに送ることにしよう。本を送る勇気は、いまのところまだないのだけれど。

死者たち。

有名なミュージシャンたちの訃報が相次いでいる。そして自分の周囲でも友人たちの悲しい報せが続いて、いささか戸惑うばかりだ。

五月にこの世を去った友人は仙台出身。つい先週亡くなった女性は熊本出身。彼らとはどちらもこの東京という街で知り合った。都会人とはけっして都会に生まれ育った人間のことではない。いつも他人との距離を慎重に測りながら、人を愛し、都会の暮らしを愛して生きる人のことだ。同じく田舎者とは田舎に生まれた人間のことではない。

七月に亡くなった女性は、自分の二十代を象徴する友人だった。そして五月に逝った友人はわが四十代を代表する存在だった。互いに知り合いではなかった彼らに共通点があるとすれば、全てに於いて好き嫌いが激しかったこと、誰よりもプライドが高かったこと、そして酒をこよなく愛したことか。

そんな二人であったから、けっして長くはなかった人生の中で、さまざまな恋愛もあったことだろう。と、あまり多くを知らないふりをしておく。じっさいのところ、自分は何も知らないのだ。若いときに知り合った友人の多くは、出会ったときには既に誰かとカップルであった。多くのカップルはやがて決裂したり、曖昧な関係となる。青春時代には、恋愛関係の解消は人の死よりも大きな出来事だった。

そして年老いてしまったいま、自分の周囲で賑やかなのは恋人たちではなく死者たちだ。通夜。告別式。初七日。四十九日。一周忌。祥月命日。死者たちが自分のスケジュール表を更新していく。誰でも結婚式が続く一時期を経験するように、やがて死者たちとの付き合いにも慣れるのか。

三年前から酒を飲まなくなった自分は最近、若い友人たちによく忠告する。お酒は飲めるうちに沢山飲んでおきなよ。友人との別れに、きょうは飲まないビールの栓を開ける。むかしの人がそうしたように、栓抜きでコンコン、と蓋を叩いてから開けるのだ。

いまのところ、まだ。

このコラムで以前、片岡義男さんと二眼レフのカメラを買いに行きたい、という話を書いた。原稿を読んだ片岡さんが電話を下さって、夏の終わりに、ついに新宿の中古カメラ店に行った。

いま手許には片岡さんお薦めのカメラ、オリンパスOM1がある。毎日ファインダーを覗いているのだが、まだシャッターを切っていない。リハーサル・スタジオと作曲のための部屋を行き来するだけの生活では、カメラに収めたいものは何もない。

ひと月ほど前、とつぜん仕事が休みになって、以前から行きたいと思っていた古書店のある街をのんびり歩いた。うろ覚えの道順を辿っていたら、不意に私鉄バスの操車場に出た。カメラを持たずに出掛けたことを後悔した。自分が写真に撮りたいのは、たとえばこんな伽藍とした風景。それが解かっただけでも好い買い物だった。

最近の買い物と言えば、新しい眼鏡と万年筆。三年前に誂えた眼鏡では、もはや小さな文字がまったく読めなくなって、同じ眼鏡店で検眼すると、驚くほど目の衰えは進行していた。受け取った新しい眼鏡は嘘のようにはっきりと文字が読める。夜半にベッドで本を読む楽しみを再び手に入れることが出来た。

万年筆はいままで何故か買うのをためらっていた。友人がプレゼントしてくれたカラフルなプラスティック樹脂のボディの万年筆で楽譜に歌詞を書き入れたところ、驚くほど滑らかな書き味。さっそく大きな文具店に行って、いろいろなブランドの物を見比べ、何本かは試し書きさせてもらった。ショウ・ウィンドウを眺めて何よりも感心したのは、万年筆という道具の価格設定の絶妙さだった。人間は退屈な人生を楽しむために実にさまざまなことを考え出す。そんなことを思い、けっきょくごく安価なものと、すこしだけ贅沢な値段のものを一本ずつ選んだ。いまのところまだ、買い物は楽しい。

ドーナツ・ショップのウェイトレス。

この春から、新宿のクラブで新しいイヴェントを始めた。ロックばかり選曲するパーティーで、タイトルを『アトラクション・タイム』という。

一緒にDJをする若い友人は、7インチのシングル盤だけをクラブに持ち込む。そのことに刺激されて、このところ自分もシングル盤ばかり集めていた。

自分にとって、レコードを買う、という行為は日常茶飯事、仕事の一部でもあるし、改めてここに書くほどの話でもないのだが、それでもシングル盤を集めるのはやはり面白い。

　子供の頃から飽きもせずレコードを蒐集している。音楽を聴き、驚いたり、心動かされたりすることは、もちろんいまも変わらない。その挙句、自分は音楽を仕事に選んでしまった。

　けれども、音楽を愛するだけなら、もっとコンサートに足を運んだり、楽器の習得に時間を費やしてもよかったはずだ。

　だが、自分はいまも情熱の総てをレコード・コレクションに注いでいる。いろいろな理由づけを探してはいたけれども、つまり自分の趣味は子供の頃の「めんこ」や「シール」、あるいは酒瓶の蓋を集める行為となんら変わりはないのだ。裏と表しかないシングル盤は、トレーディング・カードとよく似ている。

　そういえば、中央に大きな穴の開いたシングル盤のことを、かつてはドーナツ盤、とも呼んだ。そして自分がレコードを愛するようになった記憶のいちばん深いところには、レコード盤を模ったチョコレートの思い出がある。

　甘いお菓子が好きな子供。誰よりも音楽を愛している、と信じていたのだが、本当の自分はやはりこんなところかもしれない。

　新しいパーティー、次回は7月30日。新宿ＯＴＯ、というクラブで。どうぞ遊びに来てください。

ゴールデン・ハーヴェスト。

　1960年代の終わりから、1970年代の初頭にかけて、ロック・ミュージシャンや、ロックを愛する若い人たちの間で、都会を捨てて田舎へ行こう、という思想が流行したことがあった。

　すこし前まで、最新流行のサイケデリックなファッションに身を包んでいた彼らが、髪を伸ばし、着古した服を着て、共同体的な生活を送る。だが、それもまたファッション。田舎へ、と歌った音楽家は数年後、髪を切り、今度はディスコやニュー・ウェイヴといった音楽に方向転換するのだ。

　さて。街の中で育った自分には、田舎での暮らしとか、農耕生活、というのは何となく縁遠いものだと思い込んでいた。

　ところが、ここ数年、春にはサクランボを、夏には葡萄や西瓜を、秋には新米、そして栗を友人たちから戴いている。彼らとは皆、真夜中のクラブで知り合った。

　サクランボと葡萄を送ってくれるのは、ベーシストの友人。ずっと都内で活動していたが、数年前に意を決して実家の農園に戻った。その収穫物はどれも、味はもちろん、目にも美しい。こんなに素晴らしいモノを作る仕事をしているのに、彼はいまも音楽に情熱を持ったままだ。

　西瓜を贈ってくれるのは、鳥取に住む友人。結婚披露パーティーには、自分もＤＪとして出席した。去年生まれた子供が一歳になった、というメッセージと共に届いた西瓜。今年は例年より出来が良い、と書いてあった。

　新米を送ってくれる二人の友人とは、最近一緒にＤＪをしている。一人はバリバリのビジネスマンだが、週末は実家で田植えをするとか言ってはこちらを驚かせる。もうひとりは現在、休職中。実家の田畑とも、現在ちょっと距離があるらしい。

　出来ることなら次は生みたての卵を届けてくれる友人。これはもちろん文章を締め括るためのジョークです。

祈る。

中学・高校時代を札幌で過ごしたのだが、クリスマスに雪が降っていた記憶はあまりない。ただ一度、友人たちとやっていたバンドの練習の帰り。楽器をソフト・ケースに入れ、肩にかけて歩いていたら、空から粉雪が降ってきたのだ。その日も買ったばかりのレコードを小脇に抱えていたはずだ。やはりロマンティックな思い出ではない。

東京で生活するようになってからも、華やいだクリスマスの思い出など何ひとつない。表参道のクリスマスのイルミネーションを観に来たカップルたちのせいで、酷い交通渋滞に巻き込まれて仕事に遅れてしまった記憶とか。

今年のクリスマス・シーズン。いまから楽しみにしているのは、その直前の週末にクリスマス・ソングばかり掛けるパーティーに招かれていること。きっと賑やかな夜になるだろう。

いままで聴いてきたクリスマス・ソングの中で、自分は「サンタが街にやって来る」、あるいは「そり滑り」といった明るくチャーミングな曲が好みだったのだけれど、最近は静かなクリスマス・キャロルも良いと思えるようになってきた。

いつか大好きなクリスマス・ソングのカヴァー集を作ってみたい、というのが、若い頃の夢だったのだが、その夢は三年前にａｋｉｋｏさんの『ア・ホワイト・アルバム』という作品をプロデュースさせてもらうことで叶えることが出来た。そう考えると、自分はとてもラッキーだったのだ、と気づく。

懐かしいクリスマス・ソングも、豪華なディナーも、賑やかなパーティーも、素敵なプレゼントも、どれもクリスマスの楽しみだが、何よりも今年のクリスマスは、ひとり心の中で祈りたい。友人たち、家族、そして自分も、来年も健康でありますように。今年あまり会うことの出来なかった人に、来年はもっと会うことが出来ますように。いま準備している仕事が、来年は何とか形になりますように。まだ来年も音楽を愛していることが出来ますように。

夜桜を見に行く。

桜の季節が来る度に、ひと組のカップルのことを思い出す。

ひと頃よく行っていたレストランで知り合った二人はまさに美女と野獣の取り合わせだった。

インテリア・デザイナーと建築家。仕事で知り合ったのかと思ったが、そうではないらしい。同じ高校と大学の先輩後輩同士なのだ、と説明していたが、15歳も年齢は離れている。もうひとつ言えば、建築家は若い女性の方だった。

学資稼ぎにモデルの仕事をして、ミスユニヴァースのコンテストにも出たという彼女は、たしかに誰が見ても美しかった。成績優秀、容姿端麗の彼女はしかし一級建築士の国家試験にだけはなかなかすんなりと合格しなかった。

そんなとき知り合ったのが、自称インテリア・デザイナーの男だった。

最初にキスを交わしたのは、芝公園の桜の下。七分咲きの肌寒い夜、花見客はまだいなかった。それから二人は毎晩のように逢った。男には妻がいたが、逢う度に彼女は、ねえ朝まで一緒にいようよ、と駄々をこねた。男はいつも適当な口実をつけては、彼女を家まで送り届けて別れた。

　東京の桜は美しく咲くように品種改良を重ねたは良いが、その樹齢は五十年にも満たないのだという。

　翌年の桜の季節。いつものように彼女をタクシーで送り届ける。彼女の住む目黒区のマンションの前には小さな公園があって、やはり桜が咲いていた。

　くちづけを交わし、そういえば近頃は朝まで一緒にいてくれ、と甘えたりしなくなったな、と男が言うと、あたしもうすぐ結婚するんだ、と彼女が告げた。ずっと以前から付き合っていた、高校時代の同級生と急に結婚話がまとまったのだという。

　年の離れた二人の恋愛は、そこで途切れたように見えた。だが去年の春のある日、彼女の方から夜桜見物の誘いが届く。そして今年も桜の季節が巡って来る。

短い旅から戻ってきた。

いまから45年前、つまり１９６６年の恵比寿三丁目交差点に立ってみる。２０１１年の現在、一階にコンビニエンス・ストアが入っているマンションの建つ一角には、かつて二つの店が並んでいた。正村菓子店、という駄菓子とタバコを売る店。その左隣りには野田パン店、という店があった。

　正村菓子店では、量り売りの菓子も売っていたが、子供だった自分が好んで買ってもらったのは、大手の製菓会社が作ったチョコレートやキャラメルやガムだった。その頃、製菓会社の多くはＴＶの子供向けのアニメ番組や、若者向けの歌番組などのスポンサーであり、大量のコマーシャルを流していた。アニメのキャラクターのシールや、小さな「おまけ」につられて、子供たちはおやつを選ぶのだった。

　その隣りの野田パン店では、いつも叔母が食パンを買い、ときどき菓子パンやケーキを買ってくれた。ジャムパンやクリームパン、チョコレート味のクリームの入ったコロネといった菓子パンを、まだ幼かった自分は好んで食べた。

　中でもいちばん美味しかったのは、小さなカップケーキだった。紙フィルターで淹れたコーヒーを大ぶりのマグカップで飲みながら、あのカップケーキを食べてみたい。そう考えて１９６６年の恵比寿三丁目交差点に立った自分は、野田パン店に入ると、ガラス製の陳列ケースの中を指差し、カップケーキをふたつ買い求める。

　白い制帽を被った女店員が小さな紙袋に入れてくれるのを待っていると、ガラス・ケースの右端に甘食が残っているのを発見する。甘食の平たい部分にバタースプレッドを塗って食べる味を思い出し、それも買ってしまう。きっと甘食は透明なグラスに注いだ冷たい牛乳と共に食べるのが合うはずだ。

　こちらもおふたつですか。甘食の意外な程のヴォリュームを思い出した自分は、いいえ、ひとつだけ、と答えて、代金を払う。45年前の恵比寿三丁目への旅は、ここで終わった。

ブルックリン、ブロンクス、そしてクイーンズ。

　この冬、楽しみなのは友人たちと開くバーベキュー・パーティーだ。

　グラフィック・デザイナーの友人の家は玄関前

に大きなスペースがある。それがBBQを催すのに最高の場所だと気づいたのは写真家の友人だった。

かくして夏のある午後、都内の住宅街の一画でのパーティーは計画された。

写真家は、屋外で使う炭火のグリルを所有している。買い出しと多くの準備は彼が引き受けてくれた。

何と言っても肉こそが主役だ。まずは郊外にある米国資本の大型スーパーマーケットまで出掛けて肉を買い込む。牛肩ロース焼き肉用を1・5キロ。

BBQにはアメリカ牛が合う。それが友人の持論だ。オージービーフは独特の匂いが気になる。国産牛は美味しいけれども、質の良い肉は値が張るし、半端な国産牛はかえって臭う。

牛肉の仕込みに大蒜とベイリーフ。ジャーマンフランクを8本。ハムポークステーキを12枚。

素晴らしかったのは、野菜だ。炭火で焼く野菜がこんなに旨いとは。トウモロコシ。パプリカ。生しいたけ。タマネギ。ズッキーニ。アスパラガス。

サラダはトマト、レタス、バジル、モツァレラチーズ。スナックも忘れてはいけない。米国資本のスーパーで買うトルティーヤ・チップスの一袋は本当に大きい。サルサディップ。アボカドは直前に潰してディップに入れる。

缶ビールを2ダース。炭酸水を10本。酒を飲まない人のためにスパークリング葡萄ジュースを白・赤各3本。デザートにも葡萄。

ホームセンターでBBQ用の炭を6キロ。都内のスーパーで使い捨てのプラスティックのカップ。紙皿と紙ナプキン。ペッパーソルト。マヨネーズ。

写真家の一人息子は、ボーイスカウトでの経験で炭火の扱いに長けていた。

次は冬。息も白い日の夕刻から、二回目のBBQを催してみたい。ぼくはポータブル・プレイヤーとシングル盤のケースを持っていく。食事の後のお楽しみは、もちろん冬の花火だ。

あいうえ・うしうし・まみむめ・もー

年を取って、ソングライターとしては残念なことに恋愛の歌を作ることが簡単に出来なくなって、それなら子供たちに歌ってもらえる歌を作ろう、と考えるのだが、これはラヴソングを書くよりもずっとむずかしい。

子供の興味を惹くためには、言葉遊びやリズムの面白さ、そしてユーモアと詩情、というものがなくては、と思うのだが、言うは易し。上手く作るコツなどあるはずも無い。ただずっとそのことを考えていて、ある日閃きがやってくるのを待つしかないようだ。

はっぴいえんど、という日本のロックグループに「愛餓を」、という歌があって、これは「あいうえお・かきくけこ」と、ただ50音を順番に歌った歌なのだが、これは子供を楽しませるための、あるいは子供と一緒に歌うための歌としては、大変な傑作だと思う。

とても覚え易く、なおかつ美しい、メロディアスなメロディ。最後に「ん」、と歌うところは、幼い子供には嬉しい瞬間だろう。じっさい、むかし観た『日本の悪霊』、というフォーク歌手の岡林信康が出演していた映画の中で幼稚園児たちがこの歌を合唱する場面があって、子供たちは大きな声で斉唱していた。けれども「愛餓を」、という題名を考えた作者は、子供のための歌とは考えていなかったのだろう。

「あいうえうしうしまみむめもー」、という歌を知っている人は読者の中にいらっしゃるだろうか。自分は何年か前に若い友人から教わって、とある古書店で入手することが出来た。本当はここに写真を掲載したいくらい、素晴らしくチャーミングな子供のための歌なのだけれども、たぶん入手することは難しい。それはソノシートを掛けて、歌を聴きながら〈あいうえお〉50音を学習する知育玩具「ひらがなマスター器」に付いているレコードの曲だった。動画サイトで検索すれば出てくるはずなので、さきのタイトルを入れて聴いてみてください。いつか作りたいのは、こういう曲です。

悲しいうわさ。

ナイトクラブのフロアに、抜群にダンスの上手な人がいる。淡いグリーンのジャケットに、カスタード色のボタンダウンのシャツと臙脂色のニットタイ。オリーヴ色のコットンパンツはくるぶしの覗く長さでリボンベルトをしている。足許は茶色のプレイン・トウ。短く切り揃えた髪。知り合いでなかったら、ちょっと話し掛けにくいような苦み走った面構え。けれども話してみたら誰でも好きになってしまいそうなくしゃくしゃの笑顔を見せてくれるのを、知っている人は知っている。中年太りとは無縁の精悍な体型ゆえにとても信じ難いけれども、たしかもう50代も後半、という年齢のはずだ。

かつて東京のさまざまな街にあったナイトクラブやディスコテックで、夜毎遊んでいたのだろう。誰に教わるでもなく、最新流行のダンスステップをいつもスマートに踊ってみせた。いや、本当はジュークボックスにコインを入れる黒人たちのステップを、いつもさり気なく盗み見て覚えていたのだ。女性たちを紳士的にエスコートするテクニックも、きっと同じようにして手に入れたのだろう。

そんな彼をしばらく見かけない。風の噂では、身体を壊して東京を離れたという。あんなに仲のよかった美しいパートナーの女性とも別れた、と聞いた。

ＤＪはマーヴィン・ゲイの「悲しいうわさ」という曲を掛けながら、ぼんやりとダンスフロアを眺めている。あの人の好きだった曲だということは、もちろん憶えている。週末だというのに人もまばらなフロアで、たった独り何かに憑かれたように踊っている女の子がいる。彼女もまた、とてもお洒落で綺麗な顔をしているけれど、たぶん今夜のＤＪは彼女に声を掛けたりはしない。たった独りで一心不乱に踊っている女の子は、何か本当に忘れてしまいたいことがあるのだ。そんな女の子のことをどんなに口説いても無駄だ、ということをこの店の常連客たちはもちろん知っている。

新しい天体。

白い葱の、白く太い部分を約4センチの長さに切り、それをただ水で茹でる。なるべく煮崩れぬように、きれいな白い形のまま、鍋から引き上げて、少しだけ冷ましてから食べる。これがいちばん美味しいということを、さいきん知った。

塩とオリーヴオイルだけでも美味しい。香港の辣油だけでも旨い。あるいは缶入りのオイルサーディンを開けて、すこし温め、皿の上に並べた白葱の上に載せる。油もすべて葱の上に。これは白いご飯によく合いますよ。

そもそものきっかけは、去年の暮れに東北の友人から岩手県・磐井の鶏肉を頂戴したことだった。さっと炒めて、好きな具材を加えて小鍋で煮ると、それは去年食べたどんな料理よりも素晴らしかった。小鍋に添えたのは焼き豆腐と車麩とこんにゃく、それに白葱だったが、地鶏の脂が絡むと昔から知っているものがまるで別の食材に生まれ変わっていた。中でも白葱の旨さには驚いた。

以来、この冬は白葱ばかりを食べていた。やがて地鶏の脂も出汁も要らなくなった。ただ水で煮るだけでいい。中まで火が通るように、そして食べるときに中のジュースが飛び出して火傷をしないように、白葱の腹に包丁の切れ目を入れていたのだが、さいきんは食べ慣れたのでそんな手間も掛けてはいない。ただ茹でるだけだ。

そう言えばむかし、長いままの白葱を網の上に寝かせて、炭火でじっくりと焼き上げたところで火から下ろし、仲居さんが黒焦げになった外の皮を料理鋏で器用に剥いたものを関西の小料理屋で食べたことがあった。強い香りだが、食べてみると葱は甘い味がした。水煮しただけの白葱も甘みが引き立つ。今度は大きな鍋で長いままの葱を茹でてみようか。きっと箸ではうまく食べられないだろうから、ホワイト・アスパラガスを食べる時のように、ナイフとフォークを用意しよう。

この季節でしたら

何年か前、書き下ろしの本の原稿を書いていた頃、明け方近くまで営業している喫茶店でよく仕事をしていた。パソコンを持ち込み、ヘッドフォンをして原稿を書いた。

夕方から夜の時間にひとり、とても綺麗なウェイトレスの女性がいた。彼女を目当てにこの店に通っていたわけではないが、その人が注文を取りに来ると、つい仕事中も立ち姿を目が追いかけてしまった。

その店では、いつもマイルド・ブレンドのコーヒーとケーキのセットを注文した。ケーキはシフォン・ケーキとチョコレート・ケーキ、そしてモンブランの三種類の中から選ぶことが出来る。

ある時、ケーキ・セット、と注文したものの、どれを選ぼうか迷ってしまったことがある。うーん、と唸ったまま、長らく考えてしまう。その間、ウェイトレスの彼女はずっと待っていたのだが、不意に口を開いて言った。この季節でしたら、お薦めはモンブランです。国産の栗の渋皮を使っていて、とても美味しいです。

あなたもこのモンブランをよく食べるのですか？　目を上げて彼女に尋ねてみた。

ええ、ときどきテイクアウトもします。

では、モンブランをお願いします。たしかにそれは素晴らしい味だった。甘過ぎず、どこかねっとりとした舌触りだった。ブラック・コーヒーが口の中を爽やかにした。

その店では従業員は男性も女性も制服を着て働いているが、ある時、たしか深夜零時少し前、彼女が私服に着替えて、レジに立っていた別の従業員に声を掛けて店を後にするところを見掛けた。喫茶店のドア越しに、少しだけ年上と思しき男性が彼女を待っている姿を見た。その喫茶店のすぐ近くには、地下鉄の駅に続く階段がある。これから彼女は終電で家に帰るのだろうか。

それとも、ボーイフレンドと遅い夕食を摂るのだろうか。ひととき、そんなことを考えてから、再び手を付けていた仕事に戻った。

面白おかしく生きてきたけれど。

サウンド・オブ・サイレンス。

TVを持っていないし、DVDで映画を観ても集中出来ないぼくは、もっぱら映画を劇場で観ることにしている。今回の「YEBISU STYLE」の特集は自分のために組んでくれたのか、と思ったほどだ。

このところ毎日のように映画館に通っているけれど、ついこの間、劇場で初めての体験をした。

日曜の夜、品川駅の近くの劇場に封切られたばかりの新作映画の夜9時の回を観に行ったときのことだ。

それはぼくの故郷である札幌の街を舞台にした探偵アクション。第1作が好評だったのか、約2年ぶりに作られた続編だった。

真犯人が全く意外な人間だった、と判って探偵は依頼人に報告するも、時すでに遅し。女は最愛の人を殺した犯人だと思い込んでいるひとりの男を討つために大通公園での演説集会へ。被害者と依頼人の間の真実を知った探偵は彼女を追う。群集の中、凶行の刃を自らの躰で受け止める探偵。

時間にして約10分くらいだったか、このクライマックス・シーンが音楽もセリフも無い、完全なサイレントだったのだ。

なんという大胆な演出。ナイフもろとも、依頼人の女性を抱きとめる探偵。ふたりを鳥瞰で捉えた息詰まるようなシーンで突如、映像は消え、場内の照明が点り、係員がスピーカーを通さぬ肉声で話し始める。申し訳ございません、ただいま音声に不備がございましたので。

さらに10分の中断の後、けっきょく上映していた5番シアターから、既に最終回上映の終わった9番シアターへと案内され、先の一連のシーンが再映された。だが台詞も音楽も一切無い、先程の演出のほうがずっと感動的だった、という皮肉。

とはいえ、映画は素晴らしかった。『探偵はBARにいる2 ススキノ大交差点』という映画。エンドロールで流れる鈴木慶一とムーンライダースの「スカンピン」という曲が本当に美しく聴こえた。

仮装パーティー

週末の夜、ちょうどパスタを茹でていたところに、メールが届いた。今夜は仮装パーティーをやっています。あなたも来ませんか?

食後のコーヒーを飲んだ後で返信する。夕食を食べていました。これからでも構わなければ、伺います。

すぐに返信が届く。ぜひ。パーティーは一晩中やっています。

手土産にスパークリングワインを下げて、友人の部屋を訪ねたのが夜の11時少し前。キーチェーンが外されてドアが開くと、TVのモニターから古い外国の漫画映画のような音声が大きな音で聴こえてくるものの、人の話し声はない。目の前に立っているガールフレンドを見て、そうか、今夜招かれたのは自分独りだったのか、とようやく気づいた。

彼女は明らかにパーティー・グッズの店で手に入れたであろう、黒猫の仮装をしていた。黒のサテン地のチューブトップ。黒いフェイクファーの縁どりが施してあるブラ。やはり黒のサテンの生地で出来たミニスカートのお尻には尻尾が縫い付けてある。ガーターベルトで網タイツを吊るしているように見せた絵柄のストッキング。爪先に黒い羽飾りの付いたスリッパ。そして黒猫の耳のヘアバンド。

この仮装、気に入った？　もちろん。とても似合う。

彼女は黒いチョーカーを二本、持っていた。どちらも模造宝石の飾りがあしらわれていた。細いのと、太い方と、どっちが好き？

やっぱり、太いチョーカーかな。そう答えると、じゃあ、付けて下さい、と頼まれる。

チョーカーの両端には細いチェーンがあって、小さな爪を押し下げてリングを開き、そこでチェーンを結ぶ仕掛けだ。男の大きな手では簡単に着脱出来ないが、何度か試みて、ようやく結ぶことが出来た。

首輪を付けられちゃった。その言葉を聞いて彼女を抱き寄せ、くちづけた。隣りの部屋にはベッドがあるのを知っていた。彼女の言葉通り、パーティーは朝まで続いた。

ゲゲゲの鬼太郎

いままでに、屋外でDJをしたことは何度かある。

正直なことを言えば、いまだにアナログのレコードばかりで選曲しているので、屋外での仕事は引き受けたくない。黒い塩化ヴィニールは、炎天下では簡単に溶けてしまう。一陣の風はレコード・プレイヤーのトーンアームを簡単に吹き飛ばしてしまう。雨が降ったら、ジャケットは台無しになるのだし。

以前、ある地方自治体から、有名なお祭りの山車の上でDJプレイしてほしい、という依頼があって、面白そうだから是非とも引き受けたいと思ったのだが、念の為に「山車の上でレコードを掛けたら針飛びしませんか？」と尋ねたところ、ああ、そうですね、ちょっと担当の者と相談します、と言われて、その後の連絡はなかった。

二年前、恵比寿ガーデンプレイスの広場でもDJをさせていただいたことがある。秋晴れの土曜の午後、それはもう至福のひと時だった。わざわざ聴きに来て下さったお客様と、通り掛かりに賑やかな音楽を聞きつけ様子を見にきたという方と、どちらにも楽しんでもらえるようハッピーな曲ばかりを選んだつもりだ。

ちょうど二時間の自分の出番が終わると、舞台の袖に控えていらしたのは、その日のイヴェントのメインゲスト、あの名優・熊倉一雄さんだった。熊倉さんの率いる劇団「テアトルエコー」の本拠地は昔もいまも、この恵比寿の街にある。ぼくはちょうどレコードバッグの中に入っていた熊倉さん歌う『ゲゲゲの鬼太郎』のテーマソングのＥＰ盤にサインをお願いすると、おお、よくぞこんな物をお持ちで、とにこやかにサインを下さった。

　さて熊倉さんの出番。ご挨拶も手短に、あの名曲を歌い始めたが、サーヴィス精神旺盛な名優はイントロや間奏にお喋りを挟んでは、いつも歌い出しがつかめずに場内は爆笑の渦。いま考えると、あれはぜったい演出だとしか思えないのだ。

裸電球の灯りの下で

　子供の頃に住んでいた渋谷区恵比寿・豊沢町のすぐ隣り、港区白金三光町では月に三度、九の付く日ごとに縁日があって、たくさんの夜店が並んだ。豊沢町から歩いて十分ほどの渋谷区広尾の商店街の縁日はやはり月に三度、たしか五の付く日ではなかったか。

　小学生の頃、縁日は何よりいちばん楽しい行事だった。祖母から貰う百円玉を握り締めて、夜店の出る通りを歩く。独りで縁日の夜店を見て歩くようになった頃、最初の楽しみは屋台のお好み焼を買って食べることだった。円型に焼いたお好み焼には紅生姜と干しエビと花がつお、揚げ玉と葱と青のりが入っていて、ひとつ、と注文すると、半月の形に折って紙に包んで渡された。それを歩きながら食べるのが嬉しかったのだ。不衛生だ、などと考えたことなど一度もなかった。大人になっても治らない自分の買い喰いの癖の発端は、この縁日のお好み焼にある。

　つぎに夢中になったのは、古本のマンガ雑誌を買うことだった。小学校五年生から六年生にかけて、家庭教師の早大生・Ｈ先生の影響で『ガロ』や『ＣＯＭ』といった先鋭的なマンガ雑誌を知った自分は、そのバックナンバーを縁日の夜店で買い求めた。裸電球の灯りの下、戦後間もない頃に出版された米国のマンガ『ブロンディ』の古本を見つけたこともあった。とはいえ縁日で古本を買うことも、小学六年生の二学期以降はあまり興味がなくなってしまった。十日置きに祖母がくれる百円玉は使わずに貯めて、シングル盤のレコードを買うようになったからだ。

　そういえば、縁日ではときどき小学校のクラスメイトに遇った。女の子はお母さんと一緒だったり、女の子同士で歩いていた。夏には浴衣姿の級友を見かけたこともあった。記憶の中の彼女たちはみな、とても幼かった。ということはつまり、自分もひどく幼かったのだ。まだ恋愛感情とか、そういうことを一切考えていなかった頃の話だ。

大人だけが聴くことを許される

ある街で素晴らしい美術展を観た。それは20世紀前半、中国からパリに渡って美術を学んだ画家たちの作品を集めた企画展だった。

　水彩、油彩、素描。洋画の中に中国の伝統絵画のモチーフが顕れているもの。あるいは枯淡な山水画に洋画の技法が使われているもの。どれも大胆にして繊細、美しく力強い。

　明治以降、我が国の画家たちも渡仏し、多くのものを持ち帰っている。

　ただ、日本人の芸術家が死にもの狂いで西欧人になりきろう、と努力していたように映るのに対して、彼の地のアーティストは作品の内に中国人としての自我を頑なに守ろうとしているように思えた。

どちらが正しいか、と問うつもりなどない。ただ日本人と中国人の違い、をあらためて思うだけだ。

仕事のことを忘れて観ているつもりだったが、いつの間にかつまらぬことを考えていた。極端に色を抑えて描かれたこの竹林のタブロー。これをレコードのジャケットに使うとしたら。やはり現代の作曲家による交響曲か。あるいは木管楽器の小さなアンサンブルか。

展覧会の会場の中ほど、作品保護のためか照明をかなり落としてあるフロアに、裸体の女性の素描ばかりを集めた部屋があった。英文と広東語で書かれた説明文を拾い読みすると、どうやら彫刻家がモデルを描いたデッサンらしい。

ピカソの素描のようにポーノグラフィそのもの、というほどではないが、それでも強くエロティックな空気が漂ってくる。このふくよかな女性が横坐りするデッサンを大きくジャケットに使うとしたら、それは男性歌手が愛について歌うアルバム以外には考えられない。ギターの弾き語り。あるいはブラシのスネアとダブルベース、そして最小限の音だけを弾くピアノによるトリオの伴奏で、ひたすらロマンティックな性愛を語る。大人だけが聴くことを許された音楽。頭の中で何小節かメロディが鳴って、そして消えた。

私は独りで泣きます。

たまには音楽の話を。

休日にどこにも出掛ける気がしなくなって、部屋でむかし買ったレコードを聴いていた。

先月手に入れたベイビー・ワシントン、という1960年代のリズム＆ブルース歌手の三枚目にあたるアルバムに針を下ろしてみたら、素晴らしい作品だった。リズムの強い曲が前半に並ぶが、ゆったりとソフトな曲が同じくらい充実している。

ロックンロールの時代。黒人向けのマーケットでも、モータウンやスタックス・レーベルのサウンドが人気を博していたはずだが、こういうしっとりとした歌を集めたレコードも少なからず出ていた。

愛の歓び。逢いたいのに逢えない寂しさ。恋人の心変わりに対する悲しみ。まるでむかしの歌謡曲と変わらない。いや、最近のJ-ポップだってまったく同じだ。

こうした女性歌手のレコードを夜更けまで続けて聴いていた。

お気に入り、バーバラ・ルイスという歌手のアルバムは第2作を除いて5枚目までレコード棚にあった。

モータウンで活躍したメアリー・ウェルズが他のレコード会社に移籍して最初に吹き込んだアルバム。

誰も言わないが、名作と信じているケティ・レスター1962年の第1作『ラヴ・レター』。ゆったりとしたテンポで、切々と歌う恋の歌ばかりを収めたこのアルバムの良さにある日気づいたとき、自分もいつの間にか大人になった、いや、年をとってしまった、と、ため息をついた。

マキシン・ブラウンという歌手の『スポットライト』というアルバム。調べてみると、1965年に発表されている。聴き流していると耳憶えのあるメロディが出てきた。バート・バカラックとハル・デイヴィッドのコンビがディオンヌ・ワーウィックに書いた「アイ・クライ・アローン」という歌だった。ディオンヌに比べるとどこか質素に響く伴奏で、マキシン・ブラウンは穏やかに歌っている。私は独りで泣きます。

女優降臨

恵比寿ガーデンプレイスに映画館が戻ってくるそうで。これは嬉しいニュース。

二年前の春頃からほぼ毎日、映画ばかり観るようになった。家でDVDを観ても、どうも集中出来ない。だから映画はやはり映画館で観ることにしている。

都内の映画館に通いつめるようになった理由はもうひとつあって、やはり二年前、たまたま帰り道が一緒になった友人が二枚持っているから、とPASMOのカードをくれたのだった。それまで仕事で外出するときはもっぱらタクシーだった。その交通費のことを考えると二の足を踏んでしまう神保町や池袋、あるいは阿佐ヶ谷の名画座が、一枚のカードによって急に身近になったのだ。この話は以前にも書いたかもしれないが。

もちろん映画を観るのは仕事ではなくて、楽しみのため。暇つぶしのため。だから面白い映画、素晴らしい映画を観れば誰かに話すこともあるけれど、それで終わり、やがて忘れてしまう。退屈な映画も同じ。ああ、つまらなかった、残念でした。そしてやっぱり忘れてしまう。

だから映画や映画館について、あまり書く事もない。よく映画ファンの間で話題になるのが、俳優、あるいは芸能人の誰かが劇場に来ていた、という目撃情報。作品論や作家論、マニアックな話の好きな映画愛好家も、けっきょくはスターに憧れるご同輩、と考えると楽しくなる。

数年前、都内の名画座で、ある作品が上映されたときのこと。映画が始まってすぐ、最前列にいた年配の女性が立ち上がり、後方の席に移動した。大きな影でスクリーンが遮られると、場内から「なんだよ、このおばさん!」と怒声が上がった。なんと、その女性こそは映画の主演女優だったのだ。上映後、そのことを知った観客の驚きはどれほどだったか。これはその上映に居合わせた友人の話、の又聞き。よく名画座で顔を合わせる方である。

宇宙人

仕事で広島に行った翌日、初めて尾道に足を伸ばした。友人に教わった、海沿いの古い宿に泊まった。小津安二郎が『東京物語』を撮ったときに女優の原節子、香川京子と共に訪れた旅館だと聞いた。現在は一日にひと組しか宿泊客を取らないことにしているらしい。案内されたのは一番奥の、小津安二郎が泊まったという部屋だった。二間続きの部屋の窓には海が広がり、窓の下まで波が寄せるようだった。あまり贅沢な経験をしたことのない自分には、窓から波の音が聴こえる部屋に居ることが、この世でいちばんの贅沢のように思える。

ひと風呂浴びて浴衣に着替えると、すぐに夕食の時間となった。木の芽和え。蛤のお椀。白魚。太刀魚と烏賊の刺身。酢の物。鱧。天ぷら。海老。ベビーコーン。鯛の塩焼き。正確には思い出せない。

食事のときに料理の写真を撮るのは行儀のよくないことだと知っているが、一枚だけ撮らずにはいられなくなってシャッターを押した。それは手のひらの大きさの、半円形の耳のついた小さな烏賊だった。直径8センチメートルの、チョコレート色をした宇宙人は間もなく自分の口腔から体内に侵入していった。

宇宙人の姿煮を除くと、とくに珍しい料理などなかったけれども、全てが美味しくて満足した。

最後にご飯と味噌汁、香の物が運ばれてきた。炊きたてのご飯が驚くほど旨い。広島が米どころだとはいままで知らなかった。たくさん召し上がってください、と女将が言うのだが、もう満腹で入らない。きっと夜半に腹が減るのでおむすびにしてください、と頼んだ。デザートは爽やかなレモンのジェリーだった。

ざぶん。波の砕ける音がして、真夜中に目が覚めた。枕許で白く光る塩むすびと、紅い梅干し。胃袋の中から、お上がりなさい、と宇宙人が命ずる。ラップを外して、暗がりの中で握り飯を食べた。宇宙人は東山千栄子の優しい声色を使った。

午前中の時間割り

デイヴ・ブルーベックが米国コロンビア・レーベルに遺したアルバムの数々を朝の慌ただしい時間に聴くと素晴らしい、ということに最近気がついた。あの名演「テイク・ファイヴ」や「トルコ風ブルー・ロンド」を収録した『タイム・アウト』というアルバムがヒットした後、続けて発表された一連の変拍子・奇数拍子を使ったアルバムを、朝の6時から9時、10時くらいまでの時間にフレッシュなコーヒーと一緒に聴くと何とも楽しいのだ。

今月号の特集に因んで、音楽と何かのマリアージュということを考えてみたら、やはり時間、あるいはシチュエイション、との組み合わせに尽きるのだ、という結論に達した。

午前中でも10時を過ぎてしまったなら、自分はジャズよりもイージー・リスニングのレコードなどを選ぶだろう。パーシー・フェイスとか、フランク・プウルセルとか。お昼休みの時間、自宅で食事をするならチェット・アトキンスの音楽なんかどうだろう。午後の1時、2時台は1970年以降の、16ビートの感覚を持った軽いフュージョンなど。3時から5時はもちろんバッハの時間だ。夕方の5時から夜8時くらいまでは、賑やかなポップスやいま流行している音楽を流すのが好い。以前、何かの本で「ボサ・ノヴァは仕事から帰ってきた人がリラックスするために生まれた音楽だ」という文章を読んだことがあったっけ。

夜の8時過ぎ。ここからが音楽を愛する人にとっては最高の時間だ。どんなジャンルのレコードでも構わない。あなたがいま最も気に入っている音楽、あるいは長年にわたって愛聴している音楽を聴いて楽しむために秋の夜長はあるのだ。

12時を過ぎて、ベッドルームで聴く音楽。このところ自分はクラシック・ギターの独奏のレコードを好んで聴くけれど、誰にもお薦めしたい、というわけではない。真夜中過ぎに聴く音楽も、やはり誰もが自分で探し当てるのがよい、と思うのだ。

シャガールの絵

音楽に関わる仕事をしているが、楽器に対する興味というものがほぼまったくない。音楽の仕事を始めてから30年になるのに、その間に楽器屋を訪れたのは数えるほど。いや正確に記すなら4度だけだ。

それでも持っている楽器にはそれなりの思い入れがある。いま仕事場で使っているヤマハのアップライト・ピアノは小学生のとき住んでいた叔母の家で使っていたもの。子供の頃はいたずらで弾くことさえなかったけれども、大学生になって作曲に興味を覚えた時期は好きな曲のハーモニーを確かめるために毎日のように触っていた。やがて独特のくすんだ響きが自分のスタンダードとなって、気がつけばスタインウェイやベーゼンドルファーではなくて、ヤマハのピアノが置いてあるスタジオを好んで使うようになっていた。そうしていまの仕事場を使い始めるとき、叔母の家からピアノを運び入れた。けっきょくピアノの腕前はいまも大学生の頃と同じ程度だ。

もうひとつ。それは1995年、ピチカート・ファイヴの最初のワールド・ツアーのスタートする前日、サンフランシスコはバークレーの楽器店で見つけたアコースティック・ギター。ステージで弾くのは1曲のみ、現地で安いのを買えば良い、と考えて、東京からは持ってこなかった。初めて入った店で、そこそこ程度の良いものを見つけ、コレを買いたいけれどケースがないと困る、と髭面の店員に訊くと、その辺の適当なのを持っていけ、という返事。さっそくサイズの合いそうなケースを開けてみると、そこに入っていたのはボディにシャガールの絵のような色でペイントが施されたギターだった。見た瞬間に、ドノヴァンみたいだ、と思った。これは売り物？　そう尋ねると、ペイントを落としてからだね、という返事。そのままケースごと手に入れて、翌日から始まったワールドツアー以降、バンドの解散までその楽器を弾いた。いま、このギターは前園直樹さんに貸している。

半裸のミュータント

相変わらず映画ばかり観て過ごしているのだが、名画座で旧作を観ることに追われて、新しい映画を見逃してばかりいる。だからときどき知り合いと映画の話をしても妙に噛み合わず、申し訳ない気持ちになる。たぶん、観ている旧作映画と新作の本数の対比はいま、30対1、というところか。昔の映画の素晴らしいところは、何と言っても上映時間が短いことだ。

フィットネスの特集、というので思い出した映画がある。それは何週間か前に名画座で初めて観た『野獣狩り』という邦画、監督は須川栄三。伴淳三郎と藤岡弘が刑事の親子、という設定で主演を務める、1973年公開の東宝作品だ。

最近の映画では、洋画でも邦画でも主演の俳優たちがみなフィットネス・プログラムで鍛え上げた肉体を披露する。その点、昔の映画はたとえ二枚目のアクション・スターであっても、太ってはいないにせよ、それほど筋肉隆々のボディではなかった。三船敏郎や高倉健、あるいは加山雄三や菅原文太。みな美しい肉体をスクリーンに晒しているけれども、現代の二枚目俳優たちのように割れた腹筋を作り上げている訳ではない。かつてのハンサムたちが男らしさをアピールしたのは、筋肉よりもむしろ胸毛やもみあげ、ではなかったか。

ところが『野獣狩り』の藤岡弘は違った。渚まゆみとのベッドシーンでは気づかなかったのだが、雨の日の捜査から帰宅して伴淳三郎と口論しつつ濡れた服を着替える場面で一瞬だけ見せる上半身は、まさしく現代のヒーローたちと同じシェイプなのだ。

このとき藤岡弘はもちろん新人ではないが、

『仮面ライダー』シリーズで一躍人気スターとなった直後のこの主演作で全編に渡って男性的な魅力を発揮している。一瞬だけ見せる平裸の肉体はいわばサーヴィス・カットだが、当時の観客にはまるでミュータントの如き造形ではなかったか。少なくとも自分はその完璧な裸体に衝撃を受けた。

ラウンジ・アウト

夏のバーベキューの話は何年か前に書いてしまった。さあ、どうしよう、と考えていたところで、ある音楽家の素晴らしいライヴ・セットに出会ってしまった。

その音楽家の名前はエマーソン北村さん。キーボード奏者として、数多くのミュージシャンのサポートを務めている北村さんだが、ソロのライヴを観たのは初めてのこと。6月のある晩、DJとして招かれたパーティーで、自分の出番のすぐ前に演奏を聞かせてくれたのだった。

指定された入り時間にクラブに行くと、北村さんはまだ舞台の上でセッティングをしていた。スタンドの上にキーボードが一台。背後にはベースアンプやドラム・セットが設置されていたので、間もなく他のプレイヤーも舞台に上がってくるのだろう、とぼんやり眺めていたら、やがて会場のBGMが消えて不思議な電子音が流れ始めた。そうか、北村さんはワンマン・バンドだったのか。

ピンポン玉を何ダースも床に転がしたような電子音に期待と不安を抱いていると、とつぜん音楽は気持ちの良いラヴァーズ・ロック調のインストに替わる。ドラム・マシーンの刻むビートの上で北村さんの右手が甘い響きのコードを押さえ、左手がベースラインを奏でる。他の聴衆と同じく、そこで自分もすっかり心を奪われてしまった。ゆったりと身体を揺すりながら、そこにいる誰よりも気持ちよさそうに演奏する姿が忘れられない。

真夜中のクラブも良いが、このワンマン・バンドをホテルのラウンジで聴いたら、きっと誰かに話したくなるだろう。もっと似合うのは海の家。あるいはビーチサイドのレストラン。風も心地好いテラスで、45分のセットを30分毎の休憩を挟みながら、一日に何度か。そこではバーベキューかシュラスコ料理が似合うはずだ。有名なスタンダード・ナンバーをリクエストしても構いませんか、と尋ねると、北村さんは弾ける曲なら、と応えてくださった。

面白おかしく生きてきたけれど。

あなたのふざけたポーズ

カメラで
あなたのふざけたポーズを

何枚も写したのは
夏のある午後
とても晴れてた

こんな歌を書いたのは1987年のこと。『カップルズ』というアルバムに収めた歌の一節だ。

1980年代の前半、たしか大学を卒業した頃に、自分は周囲の友人たちに影響されて、初めて小さなカメラを手に入れた。日本のメーカーの、安価なコンパクトカメラ。デザインがチャーミングで、機能など一切気にしなかった。写ってさえいればそれでよかった。

秋から冬にかけては上着のポケットに入れて、上着を着ない季節はカバンに入れていつも持ち歩いていた。主に街を歩いているとき、めずらしい場所や風変わりな看板などを見かけると、カメラを取り出してシャッターを押した。

つまり、自分にとって写真とはメモの代わりだったのだ。人は手帳に何か書き留める。絵心のある人ならその場でスケッチする。ものごとを記憶することに長けた人であれば、目の前の光景のどこかに視えない付箋のようなものをつけて、あとから簡単に取り出すに違いない。

メモ帳の代用品ならば、スマートフォンに搭載されたカメラほど優れたものはない。この世界では「決定的瞬間」を切り取るチャンスが飛躍的に増えたはずだが、偉大な写真家もまた数多く生まれたのだろうか。

ところで、街角の看板や窓ガラス越しに拡がる風景ばかり嬉々としてカメラに収めていた頃、年長の友人に言われたことがあった。人物を撮らなくちゃカメラは面白くならないよ。

友人の言葉は正しかった。それから間もなく、自分はカメラを持ち歩くことに飽きてしまった。冒頭の歌詞はもちろん創作であって、何か美しい思い出を頼りに書いたものではない。じっさいにカメラで誰かのふざけたポーズを写すのはもうすこし先、子供が生まれてからのことだ。

カリイブルストと鯛茶漬け

年末年始はＤＪの仕事が多くなる。ぼくでさえそうなのだから、人気者はもっと忙しく過ごしているはずだ。

オールナイトのイヴェントが明けると、たいていは友人たちと何か食べて帰ろうか、ということになる。

東京は真夜中の三時でも朝の五時でも、食べたいものはたいてい食べられる。けれども、海外ではそんなに便利な街ばかりではなかった。

十一月後半のベルリン。パーティーが終わったのは朝の五時過ぎ。クラブのドアを開けると外はまだ暗い。ドイツ人の友人に、お腹が空いたよ、と訴えたら、朝の六時半まで待って駅にあるハンバーガーのチェーン店に行くのと、公園でまだ店を開けているカリイブルストの屋台に行くのとどっちが良い、と訊き返されて、もちろん公園に向かった。

ご承知のとおり、カリイブルストは焼いたソーセージにカレーパウダーをかけただけのスナック。日本では見たことも聞いたこともない食べ物だったが、ドイツに行ったらあまりにポピュラーなので驚いた。日本における屋台のたこ焼きとか、そういう類の食べ物なのだろうか。こんなもの、どこがおいしいの、と思う人もいるだろうけれども、まだ夜の明けない時間に大好きな友人たちと白い息を立てながら発泡スチロールの皿をつついていると、このソーセージがやけに旨いと思えてくるから不思議なものだ。ホットワインがあれば言うことなしだったが、その屋台では売っていなかった。

いままでにいちばん美味しかったのは韓国のソウルでDJをした後で行った参鶏湯の店だと思っていたけれど、ついこの間ある処で、朝の五時過ぎに食べさせてもらった鯛茶漬けにはびっくりした。

炊きたてのご飯に、胡麻だれに漬けた鯛の刺身を乗せて、一膳目はそれだけで食べる。そしてお替わりは三つ葉と刻んだ海苔、あられ、それに山葵を少々加えて、熱い出汁を掛ける。ねっとりした鯛の刺身。この店はまだしばらく教えられない。

エレベーターを降りたところに。

平日の午後、久しぶりに会った女性と食事をした。デパートのレストラン・フロアでイタリア料理のランチを食べながら、近況を報告し合い、共通の友人の消息を話した。

コーヒーを飲んだ後、きょうはこれからどうするの、と尋ねると、本屋にでも寄って帰るつもりだ、という。ぼくは映画を観るのだけれど、いっしょに行きませんか、と誘うと、それはまたいつか、と断わられてしまった。

勘定を済ませて、エレベーターのある場所へ向かう途中で、時間があるなら屋上に行ってみない、と誘われた。

このデパートの屋上に来たのは何年ぶりのことだろう。娘がまだ幼い頃、休日の午後に来たことがあった。100円硬貨を入れて動く遊具に何度も繰り返し乗って、それからソフトクリームを食べた。

あのときは晴れた初夏の日だったが、きょうは曇り空で屋上に子供連れの客はいない。子供連れどころか、スマートフォンを眺めているスーツ姿の男性と、年老いたカップルがひと組、それぞれ遠く離れたベンチに座っているだけだった。

眼下にひろがる東京のビル街がなぜかひどく懐かしい風景のように感じられる。すこし肌寒さを感じていると、タイミングよく彼女が売店でコーヒーを買ってきてくれた。

ここへはよく来るの？　そう尋ねると、ほら、エレベーターを降りたところ、ペットショップの隣りに園芸コーナーがあるでしょう、と彼女は答えた。あの店ならどこに何が置いてあるか、だいたい知り尽くしているはず。いまはベランダいっぱいの鉢植えに水をやっているうちに午前中が終わってしまう生活なの。そう言って微笑むと、彼女は紙コップのコーヒーを飲んだ。かつて自分の知っていた女性は、知らぬ間に変わっていた。もちろん、いま目の前にいる彼女もまたたいへん魅力的だ。そろそろ観たい映画の始まる時間だった。

眩しくて短い夏の物語

1957年に作られた『朝霧』という日本映画を、東宝作品の特集の一本として観た。

監督は丸山誠治。自分は『山鳩』や『男ありて』といった素晴らしい作品で、この人の名を覚えた。さらに岡田茉莉子の未見の主演作品、ということで名画座に赴いたのだが、主人公の大学生、久保明に淡い思いを寄せる娘の役を演じる彼女は、もちろん若く美しいけれども、他社での主演作と比べていくぶん存在感が希薄だった。

他にも女優は杉葉子、青山京子と華やかな顔ぶれを揃えているのだが、話が進むにつれて、たぶんこの作品は女優たちよりも主人公の大学生・久保明とその同級生である青山真二や江原達怡といった若い俳優たちの魅力に力点を置いているのだ、と気づいた。

清く貧しい若者たちが、拝金主義的な世界に生きる大人たちを否定するも、重なる不幸な出来事から挫折を味わう、というのがこの映画の大雑把な筋書きで、それは観客にとって魅力的なものではない。

この映画の魅力はつまり、溢れんばかりの夏の記号だ。

白い体操着。木陰での休息。冷やしたタオル。果樹園。にぎやかな海水浴場。学期末試験と青年教師。朝の手紙。避暑地に向かう列車。高原の白樺林。朝霧。湖のボート遊び。きらめく波しぶき。貧しい家の少女と、カンヴァスに風景を描く令嬢。酸っぱい林檎。初恋。そして何よりも美しい顔をした少年たち。

ここに欠けているのはアコースティック・ギターとスウィートな音楽だけだ。映画を観ている間、ずっと頭の片隅で思い浮かべていたCDをここに選ぶ。このジャケットとほぼ同じ光景が映画の中にも現れる。

記号に溢れているけれども、とくに傑作というわけでもない。そんな映画。とはいえ、どこか忘れ難い何かを含む、眩しくて短い夏の物語だった。

夜のアルバム、夜のつづき。

八代亜紀さんと『夜のアルバム』を作ったとき、ジャケットの写真はレコーディング・スタジオで撮影しよう、と考えた。

そのアイデアの元には、一枚のアルバムがあった。それは『イントロデューシング・ミリー・ヴァーノン』という、知る人ぞ知るジャズ・ヴォーカルのレコード。作家・向田邦子のお気に入りだった、というエピソードを読んだことがある。

黒い服を着た黒髪の女性が、レコーディング・スタジオで目を閉じて歌っている。手前に写っているのがマイクロフォンのスタンドだろうか。このスタンドと、奥の壁の時計、それに女性が手にしているスコア。モノクロの写真の中で、この三つにだけ、なぜか赤い色を付けてデザインのアクセントにしている。

奥の壁の時計が示している時刻は3時23分。たぶん午後のその時刻なのだろうが、カメラが捉えた女性のなんとも物憂げな表情を見ていると、あるいは真夜中近くからスタートしたセッションではないかと、つい想像をしてしまう。

もちろん内容もじゅうぶんに素晴らしいアルバムだが、まだ針を下ろす前にこのジャケットを眺めて夢想する音楽を上回ることができたかどうか。ここではあえて件のミリー・ヴァーノンのアルバムをお見せしないことにする。

そんなアイデアに基づいて、『夜のアルバム』は実際にリズムもヴォーカルも録音したスタジオで撮影を行った。できあがったジャケット・デザインを見たジャズ愛好家は誰もが『ヘレン・メリル・ウィズ・クリフォード・ブラウン』というアルバムを連想したようだが、それは何百枚も撮った写真の中で、マイクロフォンの前に佇む八代さんがとても良い表情をしていたので選んだカットをトリミングしたところ、偶然に似てしまったのだ。

さて新作、『夜のつづき』のジャケットは。それはまた、いつかどこかでお話しします。

坂道のピアノ

散歩、と聞いて思い浮かべる時刻は人それぞれ。爽やかな朝の散歩。静かな午後の散歩。夕方、帰宅途中に寄り道の散歩。心地よい疲れを得るための、就寝前の短い散歩。頭が冴えわたる深夜の散歩。

ぼくが最初にイメージしたのは午後の散歩だった。たぶん小学生の頃、土曜日の授業は午前中のみ、いつもよりのんびりと歩く帰り道の楽しさが忘れられないのだ。

狭い通学路の両側には、あまり大きくはない平屋の家々が並び、そのうちの何軒かは生け垣があり、丹精した花が季節を感じさせた。いまだに花の名前は知らないものばかりで恥ずかしいが子供の頃、学校から帰る途中で見たのはどれもみな小さな花だったはずだ。

家々の並ぶ道を抜けると、右側に降りて行く急な坂道に出る。坂道の途中には煙草屋があって、店先には赤電話と牛乳の販売ケースがあったことを憶えている。

ときどき坂道を右に向かわず、左側に上がっていくことがあった。そんなときはいつも、どこからかピアノを弾く音が聞こえてくる。たどたどしい練習曲はいつも同じところで音が途切れた。

この間、手に入れたクレア・フィッシャーというジャズ・ピアニストの『イージー・リヴィン』というアルバムを聴いていて思い出したのは、むかし散歩の途中で聞いたあのピアノの音だった。

ピアニストがお気に入りの曲をひとりで弾いているレコード。ごくリラックスした演奏、隣りの部屋から漏れ聞こえるような、甘くてややくすんだ音色。ここには真夜中のジャズスポットのイメージや、孤高の芸術の響きなどない。聴いているのは幼い子供だけ。どうやらごくプライヴェイトな録音を私家版のレコードにしたものらしい。

残念ながら、この『イージー・リヴィン』はアナログ盤のみ。ここでは彼の代表作のひとつ、爽やかなボサ・ノヴァ集を載せておきます。

微速度撮影による植物の。

自分の作ったレコードの話で恐縮だが、２０１１年に出したソロ・アルバム『11のとても悲しい歌』の中に収めた「ア・デイ・イン・ザ・ライフ・オブ・フール」という曲があって、それを聴く度に自分はなぜかいつも同じ映像を連想してしまう。

それは白のホリゾントを背景にして、やや細長いグラスに挿した新芽から、見る見るうちに茎が伸び、蔓が伸び、葉が伸び、花の蕾は開き、開き切ってやがて、ぽとり、と花が落ちてしまう、という、いわゆる微速度撮影された植物のイメージ。

そもそも花の名前もはっきりとしない。ひどく抽象的な植物。ただ、いつもあの短い歌の、ハープとアルト・サックスとヴォーカルのアンサンブルを聴く度に、蔓はどんどん伸びていき、花は大きく開いて、歌の終わりとともに枯れ落ちる。

音色なのか、ハーモニーなのかリズムなのか、あるいは英語の歌詞の中のたったひとつの単語に反応するのか、楽曲の中の何かの要素が作用して、いつかどこかで観た映像がプレイバックされるのだろうか。

　そのイメージを追いかけようとすると、いつも浮かぶのが『ジャーニー・スルー・ザ・シークレット・ライフ・オブ・プラント』という言葉。あのスティービー・ワンダーが1979年に発表したアルバムのタイトルだが、じつのところ、ぼくはそのレコードをたった一度、ほんの何曲かを試聴しただけで所有していない。ただひとつ、なぜか印象に残っているのが、つよくポルタメントのきいたシンセサイザーの音色で奏でられる金管楽器に似た音のフレーズで、それはたしかにさきにつづった微速度撮影による植物の成長する姿を想起させはする。

　とりとめのない話でごめんなさい。けれども、ある音楽を聴くとなぜかいつも同じイメージを思い出してしまう、なのにその理由がわからない、という経験は、けっしてこのぼくだけではないはず。そう考えて、この話を書いてみた。

クリスマス・ソングを聴く日

　2015年11月16日の早朝、BBCのニュース・チャンネルを観ていたら、ノートルダム寺院での追悼集会の模様を中継していた。驚いたのは、教会の中で演奏されていたパイプオルガンの猛り狂ったような響きだった。苦渋に満ちた和音が一小節ごとに推移していくのだが、オルガン奏者は和声が変わるときに指を離すことを一切せず、鍵盤の上を滑らせたまま次の和音へと動く。その指がオルガンの鍵盤から次の鍵盤へと辿るときに踏み鳴らすノートはそのまま大きな不協和音となって寺院の中に響き渡る。この世にはまだ自分の知らない音楽があると知った。

　ことし、パリでは賑やかなクリスマス・ソングが流れることはないのではないか。東日本大震災の直後、どんな音楽も一切聴きたくない、と思ったことを思い出す。

　けれども人間は悲しみの中で生きていることは出来ない。やがて人は音楽を聴きたい、と思うようになる。以前よりもっと切実に音楽を欲する自分に気づく。楽しく、にぎやかで、キラキラとして他愛の無い音楽を。そんな気持ちが戻る日まで、今年のクリスマスをちょっと先延ばしにしても構わないのではないか。クリスマス・ソングは一年中、いつ聴いても良いのだ。あなたが音楽を聴きたいと思うとき。誰かと過ごす時間を祝福したいと思うとき。クリスマスとはそんな日だ。

broadway original cast / promises promises
ニール・サイモンが映画『アパートの鍵貸します』のために書いた物語を、ブロードウェイ・ミュージカルに翻案した作品。作曲はバート・バカラック。この中の「ターキー・ラーキー・タイム」は最高に踊れるハッピーな曲。なのに毎年聴く度に涙が止まらない。

NRBQ / christmas wish
パジャマを着た風采の上がらぬオッサンたちのジャケット。でも聴いてビックリ、まるでサンタクロースをまだ信じている子供たちが作ったような音楽が詰まっています。ビートルズ以降の「優しい世代」が作ったクリスマス・アルバムの傑作。

akiko /a white album
２００７年にわたくしこと小西康陽がプロデュースを務めたアルバム。おなじみのクリスマス・ソングから、ジャズ・シンガーａｋｉｋｏさんならではのレパートリーまで、ヴァラエティに富む内容。でもお薦めは彼女自作のピアノ曲「12月25日の朝」です。

V.A. / レディメイド、クリスマスを祝う
いまから20年前にリリースしたクリスマスのコンピレイション。監修・小西康陽、選曲はＦＰＭ田中知之さんと、野宮真貴さん最新作のプロデュースを手掛けた坂口修さん。お薦めはムーグ・マシーンの『ジングルベル』。

mariah carey / Merry Christmas
クリスマス・アルバムとしては近年の大ヒット作品。でも本当によく出来ています。フィル・スペクターはじめ、古き良きクリスマス・アルバムへの目配りがポップス・ファンには嬉しい。とにかくハッピーでキラキラした一枚。

vince guaraldi / a charlie brown christmas
あの『PEANUTS』のＴＶアニメ・シリーズの音楽を手掛けたのが、ジャズ・ピアニストのヴィンス・ガラルディ。これはそのクリスマス版。長らく音楽ファンに愛されて、いつの間にか冬のスタンダードとなった一枚。一年中聴いて楽しめます。

johnny machis / open fire, two guitars
賑やかで煌びやかなクリスマス・アルバムも良いけれど、これは恋人同士、ふたりきりで過ごす冬の休日に相応しい一枚。じつはクリスマス・ソングを集めた作品集ではないけれど、敢えて選びました。

V.A. / jingle bell jazz
ジャズメンたちによるクリスマス曲集。このアルバムを聴く度に思い浮かべるのは、オフィスでの仕事を終えて、家族や恋人へのプレゼントを抱えて急ぎ足で帰路につく大人の男性、あるいは女性の姿。マイルス・デイヴィスの「ブルー・Ｘマス」があまりにもクール。

みんなの機内食

記憶に残っているいちばん古い機内食の思い出は、東京の羽田空港から日本航空の旅客機に乗って札幌・千歳空港に向かったときのものだ。あまり正確なことは思い出せないが、小学生のときだったから１９６０年代後半、ということになる。

そのとき機内で配られたのは、白い紙箱のパッケージに入ったサンドウィッチだった。ハムと卵、それにキュウリだった記憶がある。飲み物は何を飲んだのか、いまではまったく思い出すことが出来ない。

東京—札幌間の飛行時間は昔もいまも変わらず約一時間十分。この路線で機内食が出たことはあまりない。この原稿を前にしているいまのいままで、漠然と朝や昼、あるいは夕食の時分に搭乗すると軽食が供されるのだ、と思い込んでいたのだが、実際はどうなのだろう。

ごく簡単な食事のサーヴィスではあったけれど、子供だった自分はそれがとても嬉しかった。

何よりもその日、そんなサーヴィスを受けるとは思ってもみなかった、という驚きが嬉しさに変わった。記憶を捏造しているかもしれないが、サンドウィッチを包む白い長方形の紙箱と、紙ナプキンには日本航空の鶴のマークが印刷されていたのではなかったか。

そんな子供の頃よりも、大人になってからのほうがずっと長距離の空の旅を経験しているし、ずっと豪華な機内食も知っている。けれど、あれほど嬉しく、美味しかった食事というものをぼくは思い出すことが出来ない。

最近のエアラインのサーヴィスは至れり尽くせり、ゴージャスな食事にワインのもてなし、最新の映画や音楽にＴＶゲーム。フルフラット・シートで眠ることも出来れば、機内から電話を掛けることも可能だ。

けれども、子供の頃の空の旅よりもワクワク、ウキウキすることがずっと少なくなってしまったのは、こちらがすっかり世慣れてしまったからなのだろうか。いまこの本を手にとっている皆さんのように、飛行機の旅それ自体を愛する、という気持ちが足りないのかもしれない。

敢えて言うなら、海外へ向かうジェット機に乗って間もなく、豪華な機内食やワインを振舞われても、こちらとしては何だか、さあ早くおやすみなさい、と促されているような気持ちになってしまうこともしばしば。何を贅沢なことを、と言われるかもしれないのは承知で書いておりますよ。そう思うのなら食べなければ良いだけの話だが、ノー・サンキューと言うことが出来るほど、自分は洗練されてもいない。

ウキウキするような機内食の思い出と言えば、それは大抵、アメリカの国内便や、ヨーロッパの都市を結ぶ近距離の便の中で出た食事のことになる。多くの場合、旅客機自体も決して大きくはない。したがって出てくる食事もごく簡単なものだ。サラダと、サラミ・ソーセージを挟んだサンドウィッチだけとか、ロールパンにモツァレラ・チーズとトマトとレタスを挟んだもの。どうもサンドウィッチばかりが思い出されるが、要するにそんなもの。アメリカ合衆国の国内便なら、これに小さなパッケージのチップスかプレッツェルが付く。ヨーロッパの便なら、チーズかヨーグルト、といったところか。飲み物だけは小瓶のワインやローカルなビールが選べるのが嬉しい。まだ酒を飲んでいた頃、ドイツの国内便で供されるフルーティーな白ワインがとても嬉しかったっけ。

眠るための食事、眠るためのアルコールではなくて、旅を楽しくさせてくれるための食事をぼくは楽しみにしている。たとえば、こんなのはどうだろう。チャーリー・ブラウンとライナスがお昼に食べるような、ピーナッツ・バターのサンドウィッチとリンゴひとつ。そんなもので構わない。それではあんまりだ、というのなら、チョコレート・バーをひとつ加えてもいい。そんな軽食が茶色い紙の袋に収められている。ただし、茶色の袋にはしっかりとエアラインのロゴマーク。そして小さなヒコーキのオマケか、チーフ・パイロットの顔写真の入ったトレーディング・カードのようなものが入っている、という軽食のアイデア。長距離便の最初の食事で眠りにおちた後、ふたたび目を醒ました後の機内で食べるカップ麺やおにぎりをむしろ楽しみにしている人なら、この提案に耳を貸して貰えると思っているのだが。

面白おかしく生きてきたけれど。

悪筆のはなし。

どうしてここに登場しているのかと言えば、ぼくの友人のご父君がこの雑誌を作っている、という縁であった。

お父様とは仲良しなの、と尋ねると、いいです、という答え。

そこへ行くと自分は、この年齢になっても、まだ父親とはぎくしゃくした関係のままだ。

少し前に父親から手紙が届いた。いつもは母が手紙を書くのだが、めずらしく親父が書いて寄こした。

その文面を見て驚き、やがて怒りが込み上げてきた。内容のことではない。あまりに字が下手だったから。

若いとき父親から、お前の字は汚い、と何度も言われたことを憶えている。もちろん自分でもけっして上手な字だとは思わない。だがそれほどの悪筆だとも思ってはいなかった。

それがどうだ。息子の字を汚い、下手だ、と罵った親父の字こそまるで美しくないではないか。

いま考えるなら、かつて、お前の字は、と叱られたそのとき、じゃあオヤジ、あんたの書いた字を見せてみろ、と言い返すべきだった。

読みながら呆れている人も多いことだろう。若いときに叱られた些細なことを、いまだに思い返しては腹を立てている自分が、いかに小さな人間か、それはもちろん解っている。けっきょく自分はあの父親の息子なのだ。

それにしても。どんなに下手くそで読み難い字でも、人の書く文字にはみな個性があって、それが素晴らしい。人の顔や声がみな違うのと同じ。そこには優劣などない。

ぼくはけっして自分の娘の書く字を貶したりしないようにしよう。だが離婚して以来、ほとんど娘と会っていない自分は、彼女がどんな字を書くのかも思い出せない。この下手くそな字で手紙を書いたら、いつか返事をくれるだろうか。

歌手・石原裕次郎 わたくしの選ぶ5曲

1. 嵐を呼ぶ男

最も有名なレパートリーであり、また自分がＤＪとしてクラブでプレイした回数もいちばん多い曲です。いわゆるロックンロールではないのですが、これは日本のロックの最高の作品のひとつだといつも考えています。印象的なドラムスの演奏は伝説のジャズ・ドラマー・白木秀雄さんによるものだと聞いたことがあります。渡哲也さんのヴァージョンもあって、そちらも大好きです。

2. 青い駒鳥の唄

先日、都内の名画座で観た井上梅次監督作品『素晴しい男性』の中で、裕次郎さん扮する主人公が「自作した」という設定で使われる曲。劇中、主人公は窓辺でテナー・サクソフォンを吹き、姉・月丘夢路さんの結婚披露宴でバンドと共に演奏し、また夜の噴水の前で北原三枝さんに向かって歌いかけます。美しいメロディのこの曲のタイトルが判らず、岸川真さんにお尋ねしたところ、ようやく判明しました。

3. 枯葉

あのシャンソンの名曲を石原裕次郎さんが歌っているレコードです。数年前に八代亜紀さんの『夜のアルバム』という作品集の中でこの曲を取り上げることになったとき、この裕次郎さんの名唱を思い出し、伴奏するコンボのアンサンブルも、日本語の歌詞もすべて裕次郎さんのものを下敷きにさせていただきました。

4. 野良犬

つい最近手に入れて、じつはいまいちばん気に入っているレコードです。フジテレビ系テレビ映画『新・座頭市』の主題歌「不思議な夢」のカップリング曲で同じ番組の挿入歌です。作編曲は村井邦彦さん、作詞はなかにし礼さんです。1970年代前半のファンキーなビートを用いたゴージャスなサウンドに乗せて、あのソフトな歌が登場します。この曲を聴いて何も感じないDJなどいないはず。座頭市・村井邦彦・石原裕次郎という、他の誰にも思いつかない組み合わせを実現させてしまったプロデューサー・勝新太郎の慧眼。両雄向かい合う構図のジャケット・デザインもサイコーです。

5. 胸の振子

最後の曲は、かつて自分も参加していた前園直樹グループ、というバンドもレパートリーにしていたことのある浜口庫之助さん作曲の「夜霧よ今夜も有難う」と迷いましたが、服部良一さんの名曲「胸の振子」を選びました。この曲や先の「枯葉」といった曲をレコードで聴いていると、ときどき石原裕次郎という人が映画スターであったことを忘れてしまいます。歌手・石原裕次郎をこれからもじっくりと聴いていきたいと思います。

ロジャー・ニコルズ ライナー原稿・追記

ロジャー・ニコルズ＆ザ・スモール・サークル・オブ・フレンズの7インチ・ボックスの発売にあたって、1987年の初CD化の際に書いたライナー原稿を再録したい、という依頼がありました。2016年に彼等の7インチはすべて入手して、これでひと安心、という気持ちでしたが、ボックス・セットが出るなら何より容れ物の箱が欲しい、すぐ予約しようか、それとも最近一緒に仕事をしたユニバーサル・ミュージックのディレクターの方に頼めば、サンプル盤を手に入れてもらえるのでは、と迷っていた矢先でしたので、再録は一も二もなく快諾しましたが、なにしろ30年も前に書いたもの、すこし付け足しを書くことにしました。

このときの原稿、何も事実関係が判らぬままに書いたいわば感想文のようなものですが、なぜか多くの人に読んでいただいたようで、自分の最初の単行本『これは恋ではない』を出すときにも、当時の編集者・高畑圭さんから原稿の収録を勧められ、また2012年に再発されたCDにも再録されました。

じつは毎回、再録される度に気になっていたことをここに書きますなら、このライナー原稿の中には二箇所、自分が書いたものではない文章が入っているのです。

・「80年に出た竹内まりやのアルバム『ミスM』に収録されている「ハート・トゥ・ハート」は、まりやとニコルズの共作です。」というくだり。

・そしてもう一箇所、「さらにリオペルとマレイは80年に出た俳優兼歌手のスチュワート・マーゴリンのアルバム『アンド・ザ・エンジェル・シングス』の共同プロデューサーとしてクレジットされています。」というくだり。

以上の二箇所は、ぼくの書いたものではなく、初CD化のときのブックレットを開いて読んだとき、アレ？　っと首を傾げたライン。たぶんこれは当時ぼくにライナーノーツを書く仕事を振ってくださった長門芳郎さんが加筆なさったのだと思いますが。まあ、ぼくがあのお美しい竹内まりやさんのことを「まりや」と書くわけがないですから。さらに不勉強を晒しますと、『ミスM』という作品も『アンド・ジ・エンジェル・シングス』という作品もいまだ未聴です。そういえば、はじめて「宝島」という雑誌にある洋楽のレコードの短いレヴュー記事を書いたときにも、やはり掲載誌を見たら、自分が書いた覚えのない、（笑）、の文字が文末に加えられていて仰天したことを思い出しました。

さて、7インチで聴くスモール・サークル・オブ・フレンズですが、ロジャー・ニコルズ・トリオ名義の「ラヴソング・ラヴソング」や「燃ゆる初恋」といった楽曲はもともとシングル・オンリーの、強いコンプレッションの施されたサウンドで、まさにロックンロール、と呼ぶしかない迫力に満ちています。

その迫力を期待して入手したアルバム収録曲の7インチは、正直なところ驚くほどの音圧ではなく、とはいえ「もの」としての魅力はやはり格別、神様よくぞシングルを切っていてくださいました、と感謝したくなるほどの嬉しさ有難さでした。

とくに「ドント・テイク・ユア・タイム」「ラヴ・ソー・ファイン」「ジャスト・ビヨンド・ユア・スマイル」「キャン・アイ・ゴー」の4曲、あるいはリンダ・ボールやザ・サンダウナーズのシングルで聴くことのできる「オールウェイズ・ユー」といった楽曲はいずれもロジャー・ニコルズがトニー・アッシャーとコンビを組んだ時期に書かれたものですが、これらの曲はその後ポール・ウィリアムズと組んで作られた楽曲にはない、メロディ自体が誘発するドライヴ感がたいへんに魅力的で、それは7インチというメディアで聴いて気づいたことでした。

とりわけ「ドント・テイク・ユア・タイム」や「ラヴ・ソー・ファイン」の畳み掛けるようなメロディと言葉のリズムは、いま聴いてもドキドキするようなスリルに溢れていて、やはりロックンロール！　と叫びたくなりますし、作詞と作曲のどちらが先でどちらが後なのか、じつに興味深いところ。どちらであれ、圧倒的な才能がぶつかり合った結果なのだと思いますが。

この「ドント・テイク・ユア・タイム」は7インチを入手する以前から、毎月第三金曜日のパーティーでぼくに限らず、常盤響さんや若いDJたちの誰かしらがプレイしては、いつもフロアの誰もが拳を上げて歌い踊り、熱狂的に受け入れられています。

たとえば英国のノーザン・ソウルのシーンで

根強い人気を集めている曲の中で、たしかに素晴らしいけれど、どうしてここまで人気が高いのか、日本人のオレには理解できない、という作品が少なからずあって不思議に思っていたのですが、この「ドント・テイク・ユア・タイム」の熱狂を見たときに、そうか、どこのシーンにも、どこのパーティーにもアンセムになっている曲があるんだ、イギリスのダンスフロアにおけるドビー・グレイやジャッキー・デイに当たるのが、ロジャー・ニコルズやピコや岡崎友紀なんだ、といまさらながら気づいたのでした。

2012年のCD化のときから、ライナーを担当された坂口修さんや水上徹さんには「ドント・テイク・ユア・タイム」のアナログ7インチを出せば良いのに、と話していて、実現の暁には、イントロの弦ピチカートの音量を思い切りマスタリングで持ち上げてほしい、という注文までしていましたが、さて、今回のカッティングではどうなっているでしょうか。いっぽう「ラヴソング・ラヴソング」のUS盤7インチは逆に音圧が強過ぎて、音が完全に割れている部分があるのですが、たぶん現代ではあのようにはカットできないはず。当日のカッティングには坂口修さんも立ち会ったと聞いていますが、あまり元のヴァージョンから離れても困りますし、むずかしい、いや、じつに興味深いところです。

彼らの音楽についてはまだまだ語りたいことがありますが、この場ではなく、またいつか、ということに。思い起こせば、「ドント・テイク・ユア・タイム」の歌詞は、愛を見つけるのに時間など掛けないでほしい、と歌っていましたが、まさに自分はその通り、彼らの音楽に一瞬で恋をしてしまいました。来年はいよいよ、アルバム発売から50年。ますます多くの音楽ファンに愛されますように。

名指揮者ヘルベルト・フォン・カラヤンは。

トレンチコートに黒のスウェーター姿の指揮者ヘルベルト・フォン・カラヤンが劇場の観客席に座り、厳しい表情で虚空を見つめている。

冬の本、と聞いて思い浮かべたのは、大竹省二の『世界の音楽家』という写真集に収められていた一枚の肖像だった。かつて自分が入手したのは、朝日ソノラマの写真文庫版だ。終戦後に来日した音楽家たち。クラシックの演奏家ばかりではなかったはずだ。そのように曖昧に記すのは、昨日からこの本を探しているのにまだ出てこないからだ。正方形に近い判型なので、書架ではなく大型の美術書や雑誌などを入れた納戸の中にあるはずだ、と思って調べたが、けっきょくそこにも無かった。その替わりに、しばらく忘れていた本や雑誌の数々を発見して眺めていると、いつの間にか時間が経っていた。

1960年代の写真雑誌や美術展の図録の間から、大判の紙袋が出てきた。かつて写真のDPEサーヴィスを行う店舗で使っていたもの。つい最近までよく見かけた、と思ったが、いまではフィルムで写真を撮る人は稀だ。

袋の中には、大きなサイズの印画紙に焼き付けられた花嫁姿の女性のポートレイトが数葉収められていた。

純白のウェディング・ドレスを着た花嫁はブーケを手に微笑んでいる。別の一葉ではイタリアのスクーターに乗って大喜びしている。この写真はつまり、ウェディング・ドレスを美しく見せるために撮影されたものであり、この女性は写真のモデルなのだということが次第に解ってくる。

他にも小さなサイズの写真が何枚か収められていた。どれも同じ女性だ。ＳＸ－70、というポラロイド・カメラで撮った一枚。四角いフレームの中で、彼女は薄いスリップドレスを着て座っている。視線は下に落とされている。

さらに、サーヴィス・サイズの写真が何枚か。どれも同じ場所、見覚えのある酒場だ。黒いニットを着た彼女は、他の写真よりもずっと短髪だ。

印象的なのは、バーの小さなスツールに身体ごと載せている写真だ。疲れているのか、何か考えているのか、それとも何も考えていないのか。少年のようにも、少女のようにも見える彼女は、あるいは自分がこれまでの人生で見た最も美しい女性ではないか。

それは、妻の若い時の写真だった。まだ自分と知り合う前の、二十代半ばのスナップショット。さまざまな、ひどく複雑な思いが去来する。ふたたび名指揮者の、闇に沈む肖像を思った。

目を瞑る

今年の3月、誘われるままに東京文化会館で観た『リリオム』というバレエ公演は素晴らしかった。演出のジョン・ノイマイヤーについて、高名な振付師・演出家であることの他には何も知らず、もっぱら興味はミシェル・ルグランの担当した音楽にあったのだが、始めから終わりまでずっと美しい場面が続いて飽きることがなかった。スーツに鳥打ち帽姿の男たちの群舞を観たとき、自分はＥＸＩＬＥの魅力をようやく理解したのだが、この話はまたいつか。

欧州からダンサーとスタッフ、それに舞台美術を運び込んでの公演だから、音楽は録音物か、あるいは日本人の演奏家を集めたオケだろう、と考えていたのだが、予想もしなかったことにジャズのバンドが舞台奥に設えたバルコニーの上にいた。

ビッグバンドとまではいかないが、木管と金管とリズムでたしか10人を超えるミュージシャンがいたはずだ。舞台の上で彼らは演奏したり、美術の一部となって静止していたり、カーテンコールには立ち上がって観客の喝采に応えたりする。

もちろんバレエ公演だからステージ上の楽士たちが演奏を休んでいるときも音楽は続き、オーケストラによる管弦楽曲はあらかじめ録音されたものが流されていた。驚いたのは、第二幕の冒頭で、オーケストラによる壁紙のような音楽の上で、生のジャズ・バンドがまったくテンポの異なるメドレー形式の曲を演奏していたことだった。

かつてミシェル・ルグランは『ハッピー・エンディング』という映画のサウンドトラック盤の中で、ジャズメンの演奏するウォーキング・ベースとシンバル・ワークの上に映画のさまざまな場面の音楽が現れては消えていく不穏なトラックにその名も「コラージュ」という題名を付けて発表し、その手法はその後も何度か使われていた。だが、まさかそれを舞台の上でじっさいに披露してみせるとは思いもよらぬことだった。

自分は音楽を仕事にしているけれども、流れてくる音楽を聞いて頭の中でスコアが浮かぶようなタイプではない。音楽と向かい合うときに瞬時に聞き分けることが出来るのは、せいぜいそれが好きなものか否か、というところか。

それでも美しい音の積み重なりや、驚きのあるアンサンブルに出くわすと、それがどのようなヴォイシングであるのか、どんな楽器編成であるのかを耳で探り当てようとする。困ったことに、そんなとき自分はなぜかつい目を瞑ってしまうのだ。

とくに弦楽器の内声のライン、あるいはホルンのフレーズなど数小節にまたがる旋律を追いかけていると、いつの間にか目を閉じて、ときには睡魔に意識を奪われてしまう。『リリオム』という舞台を観た日はそんな落とし穴に填まってしまう瞬間が何度となくあった。

名画座で旧い日本映画を観ていて、ときどき不意に音楽に耳を奪われてしまうことがあって、それはたいていの場合、やや風変わりなアンサンブルのときだ。

耳馴染みのない楽器編成に注意が向くのは、自分もときどきＴＶの劇伴音楽の仕事をもらうからだが、そういう仕事ではやはり演出上の意向に沿うことが先なので、なかなか実験の場とはならない。

とはいえ、いつか役に立ちそうだと思うアンサンブルのアイデアは、覚えている限り簡単にメモをしておく。もちろん、映画が終わった後で。

最近、名画座で観て音楽が面白かったのは、シネマヴェーラ渋谷の荒木一郎特集で掛かった村川透監督の『白い指の戯れ』。たしか八王子駅前の場面で、ブラシを使ったスネアの性急なビートに、囁くような女声のスキャットが絡む音楽。これがどうして耳に引っ掛かったか、と言えば、このアイデアならごく低予算で作ることが出来るから。

池袋新文芸坐の加藤泰監督特集で観た『幕末残酷物語』の林光による音楽も、およそ時代劇らしからぬ編成とハーモニーを持っていた。クラリネット、二本のフルート、ピアノ、コントラバス、ジャズ奏者によるギター、そしてたぶんダブル・カルテット程度の小編成のストリングス。大きなアクションを加速させるような音楽は無く、小さな不安や戸惑い、希望、逡巡といった感情が登場人物の心の中で波立つときにだけ音楽が使われるのが印象的だった。それは演出家の意図だったのか、作曲家が狙った効果だったのか。

映画において伴奏音楽は少ないほど効果がある、と自分は考えている。とは言うものの、まったく音楽のない映画は観る者に緊張を強いる。いちばん良いのは、つまり観終わったあとで音楽のことなどまったく思い出せないほど心を奪われている映画なのだが。これは脚本、カメラ、照明、美術、録音、衣裳、キャスティング、どの仕事にも当てはまることかもしれない。

今年の夏に公開されて大ヒットした邦画アニメを、遅ればせながら自分も観た。現代では音楽の使い方も大きく変わったのだ。そう考えているうちに、映画館の暗闇の中で、また目を瞑っていた。

ふうるす。

いままでに何度か、いろいろな理由で自分の作った曲を自分で編曲、あるいはレコーディング出来なかったことがあって、そういうときは他のアレンジャーやプロデューサーにお任せするのだけれど、これがなかなか満足の行った例がない。

かくいう自分は作詞・作曲・編曲、どれもヘタなのだけど、そのくせ自分の作ったメロディを変えられてしまうのがイヤで堪らない。なんと自分は器の小さい人間だろう、と思うけれども、こればかりは仕方がない。

以前、行達也さん監修の「日本の態度」というアルバムに楽曲を提供してほしい、と頼まれたとき、非常に興味深い仕事ながら、残念なことにバジェットが足りなかった。自分が編曲すれば大きく予算をオーヴァーしてしまう。いまならやりくりして引き受けるところだが、当時は他のレコード会社の手前もあって、自分で編曲をしないことにした。

それは「やさしい日本人」という歌で、編曲をお願いしたのは以前に別の仕事でお付き合いして信頼していた人だった。

自分の歌う仮歌は自分でもまったく信用出来ないほど音程が怪しいので、デモテープの他にメロ譜を添えて、編曲を託した。

ところが出来上がってきた音源は、タイトルとなっている言葉のメロディからして既に違う。自分が書いたつもりのメロディでは、「日本人」という言葉を三つの四分音符で「ニッ・ポン・ジン＝ミ・ソ・ラ」と載せていた。だが完成した作品では「ニッ・ポン・ジン」の「ポン」が八分音符ふたつ、「ソミ」と替えられていて、つまり「ニッ・ポン・ジン＝ミッ・ソミ・ラッ」となっていたのだ。

このニュアンスの違いは、じつはあまりに大きい。譜面まで渡して指定したのに。

もちろんこのときの編曲者のことを恨むつもりは全くない。後悔するくらいなら、なぜ自分で編曲しなかったのか。そう考えるとまた後悔する。その日、一度聴いて以来、その歌はもう聴いていないが、いつか自分で改めて録音してみたい、と心のどこかで考えている。

いっぽう、自分が編曲家として他人の作った歌を取り扱うとき、原曲の旋律や譜割りを１００パーセント尊重しているか、といえば、じつはそんなことはない。いま前園直樹グループでカヴァーしている楽曲の中にも、我ながら「え、ココまでやっちゃうの?」というような改変を施しているものが、いくつかある。

そういうとき、自分はけっして何の躊躇もなく変えているわけではない。ある部分を変えたとき、大きく全体を聴いたときに、楽曲に新しい解釈が生まれ、新しい命が吹き込まれ、新しいリスナーに訴える何かを作ることが出来れば、といつも考えるのだ。

もちろん大抵の場合、実作者はそうした改変を快くは思わないだろう。自分もまた然り。だが、アレンジャーの立場に立って考えるなら、誰もけっして作者の鼻を明かしてやろうと考えて奇抜な編曲を試みるわけではない。例えば「男と女」でも「イエスタデイ」でも「夜のストレンジャー」でも良い。もう誰もが聴き飽きて、うんざりしている楽曲をまたしても怠惰なＡ＆Ｒ氏が選ぶとき、編曲家は何とかして新味を出そうと努力を試みるのだ。

前園直樹グループの話に戻れば、あまりに見事なオリジナル・ヴァージョンがあるときには、何かまったく違う解釈はないか、と裏口に廻ってみたりする。あるいは堂々と正面からドアを叩く。うまくドアが開いた、と思うと、今度は出口が見つからないこともある。

ところで、この駄文のタイトルである。これはご存知、「七つの子」という童謡のワン・フレイズ。やーまあのー・ふうるすに・いてみてごーらーんー。子供のときから、自分にはこの「ふうるす」が何のことなのか、判らなかった。少なくとも自分の作る歌においては、このような難解さ・曖昧さは回避しなくてはならない。それはそれでご立派な意見、御説ゴモットモ。だが、その考えが編曲家の職域にまで及ぶとなると、これはなかなか厄介な話だ。まずは今度の休みにでも、山の古巣を訪ねてみるとするか。この続きはまたいつか。

面白おかしく生きてきたけれど。

小指の思い出。ではなくて。

パソコンのキーを打つ指先が痛む。

思い当たるのは、もちろんリハーサルでピアノを弾いたことだ。つい力任せに弾いてしまう。ギターやベースなら、さっそく弦を切ってしまうところだ。

前園直樹グループの前身に当たるゾニーズ、というバンドでベースを弾いた松野肇さんはピアノの弦を切ったことがある、と言っていた。

どうしてそんな話を聞き出したか、と言えば、これもやはりゾニーズのギター担当だった新井俊也さんの話になる。

新井くんとはDJ、そしてトラックメイカーとして知りあった。だが、じつは彼の家は、お父様がクラシックギターを弾き、お母様がピアノの先生、という音楽一家。曾祖父はマンドリン奏者で、萩原朔太郎と楽団をやっていた、という話も聞いた。当の息子はDJとは、こりゃまた現代っ子だね、と思ったが、彼自身もギターとベースを弾く。

ゾニーズ、というバンドは、前園直樹さんのところに、池ノ上「ボブテイル」の羽場さんからもう一度ライヴをやらないか、という依頼があり、まずは松野さんに声を掛けた、というところから始まる。

話を聞いた自分も、やはりそのバンドに加わりたい、と考えた。とはいうものの、松野くんが参加するのなら、すでにベーシストは決まっている。彼は、自分が編曲家として仕事をするとき真っ先に声を掛けるベーシスト・河上修さんの弟子。パチンコでは師弟関係は逆転する、と言っていたが。ちなみに前園直樹グループの現在のベーシスト、羽立さんも河上さんのお弟子さんだ。

ベースでは参加出来ないと判った自分は、前園くんに、どんな曲をどんなキーでやるのか訊ねた。返ってきた答えを吟味して、じゃあピアノを弾くよ、と言ったのだ。そしてギタリストとして新井くんを推薦した。

それから初めて本格的にピアノを弾いた。唯一の救いは、バンドのアレンジを自分が担当したこと。出来ないことをピアニストに要求しても始まらない。歌は全然ダメ、というアイドルのために曲を書いたこともあるのだから、ドラムスがいない上に、かなりアマチュアの鍵盤奏者を含むバンドのアレンジも、やれないことはない、と思ったのだ。

しかし、ピアニストは予想を上回る「ターヘー」だった。そしてライヴ当日、秋葉原で大きな事件が起きた日。リハーサルを終え後は本番、という時間にメンバーで莫迦話をしていたら、何かのきっかけで松野くんが自分は幼い頃からピアノを習っていた、と言ったのだ。

何だ、もっと早く知っていたら、オレがベースを弾いたのに。口には出さなかったが、かなり落胆した。やけっぱちな気分でピアノを弾き、ゾニーズのステージは終わった。

けれども、そのライヴがあったから、いまの前園直樹グループがあるのだ。

次の段階を踏むために、バンドで何か録音物を作らなくては。そんな話が出たとき、別な仕事で一緒だった新井くんが、群馬の実家には母親のグランドピアノが2台あって、その部屋は防音処理がしてある、と話してくれた。さらに、お父様が使っていたオープンリールのレコーダーがある、という。これでバランスを取って一発録音をする、と考えたら、目の前にいきなりニューヨーク郊外、ウッドストックの雪景色が拡がった。

そんな話を新宿OTOのバーカウンターで松野くんとしていたら、彼の大学時代の友人の母親がやはりピアノ教室を営んでいて、防音室に2台のグランドピアノ、というところまで同じだと言っていた。ところが彼は、初めて訪れた友人の家で初めてそのピアノを弾いた途端、弦を切ってしまったというのだ。何ともはや。

だが、ここまで書いてきて自分も思い出した。ピチカート・ファイヴの初ステージ、1985年冬の渋谷「ライヴイン」の30分の持ち時間の中で、自分もベースの弦を切ってしまった。指から溢れ出した負のパワー。また指が疼いてきた。

死んでしまう。

シュガーベイブというバンドを一度だけ観ている。文京公会堂で、1975年のライヴ。夏、と記憶していたが、調べたらどうも春らしい。

よく憶えているのは、その名も「ユーミン」という曲を演奏したこと。「さあ、歌っておくれ、ユーミン。今夜のぼくの時計は12時半で止まるよ、朝が来ないように」という歌詞を持つ軽快な歌だった。いまでも山下達郎さんがスタンドマイクの前で歌うポーズを思い出すことが出来る。

もう一曲、「こぬか雨」という曲も憶えている。このバンドに一時期、伊藤銀次さんが在籍していたときに作られた歌で、作者のひとり伊藤さんのレコードなど幾つかのカヴァー音源が存在する。ただこの曲のほうはライヴで聴いた記憶がない。

それでもこの2曲のメロディをはっきり憶えているのは、高校時代に「FM東京」でオンエアされたシュガーベイブの公開録音の番組を、いとこに頼んでカセットテープに録って送ってもらったからだ。この番組の中で、彼等はその2曲を披露していた。

不思議なのは、この番組ではもちろん発表されたばかりのアルバムの中からも何曲か演奏されていたにも拘わらず、自分はそれをまったく憶えていない、ということ。憶えているのは先の2曲と、番組の司会者だったマイク真木氏の声だけだ。

もしかしたら、その頃からすでに自分は〈レコードに録音された演奏のほうがライヴよりも良い〉と考えていたのだろうか。完成された編曲・演奏を持つレコードに比べ、ライヴのほうはどうしても粗くなる。だからアルバムに入っている曲はそちらを聴こう。未収録の作品だけを自分の耳は集中的に聴き込んだのか。

ぼくたちのバンドもようやくアルバムを作っ

た。5月には新宿タワーレコード限定で販売された「うたとことば。」第4号の付録として、大阪「シャングリラ」での演奏を収めたCD‐Rも作った。この二つの録音物に収録曲の重複はない。それはべつだん、先に書いたことを意識していたわけではないのだが。

自分にはまだどこか、一度録音したものはもう改善の余地なし、と考えているところがあるのだろうか。録音とは写真と同じで、そこには永遠の姿が刻まれる。それはずっと職業的にレコード制作に係わってきた人間の傲慢だと思う。

たしかに、とりあえずケリをつけた、この先しばらくはレパートリーから外してもいい、と考える曲も無くはない。けれども自分は最近、たとえ編曲・演奏上では完結を見たとしても、音楽が写真のようにそこで定着する、より直截な言葉を選ぶなら、そこで死んでしまう、ということにはならない、と思うようになった。

レコーディングしたにも拘わらず、自分たちの演奏はライヴではまだまだ揺れていて、危なっかしい。そんな言い訳をしたいのではなくて。音楽はそれを聴いた人の心の中で、少しずつ変化し続ける。いつの間にか、本来のかたちとはかけ離れた姿に変わってしまったとしても、それがまた素晴らしい、と思う。このバンドをやってみて、ようやくそんな当たり前のことに気づいた。本日はお楽しみくださいませ。

メロディメイカーについて

先日、とあるギャラリーのパーティーで、ある若い女性歌手に1曲歌って戴いた。マイクロフォンさえ無い場所で、玩具のピアノとダブルベース、という伴奏だったが、彼女は誠実に歌ってくれた。

それは去年、自分が彼女のために書いた曲だったのだが、それを傍らで聴いていたある音楽関係者の方が、「コニシさんがプロデュースする女性はみんなタイプが似ていますね」と囁いたので、すこし驚いた。

彼女は関西の出身で、どちらかというと、いままでに自分が係わってきたどの女性歌手ともタイプの違う声と歌い方をする人であり、そこに自分は大きく惹かれたのだったが、他人が聴けば、同じように響くのか。

全然似てないでしょ、という言葉を呑み込んで、たぶんぼくの曲を歌うとみんな同じように聴こえるんじゃないですか、同じような曲ばかりだから、と、その場では応えた。

気楽な集いの場所で音楽についての議論などするつもりはなかったのでそのように言ったのだが、その返答にはメロディというものに対する自分の考えがはっきりと顕れている。

自分にとってメロディとは、つまり口謡さむことが出来る旋律のことだ。そしてメロディに対するセンス、というのは、多くの場合、言葉を旋律に置き換えるときのリズムやアクセント、ビート感の中に現れるものだ。

例えば。先ほどの若い女性歌手が歌った曲の中には「しっかり抱きしめて」、という歌詞が出てくるのだが、そのフレーズに対してのせたメロディは、いまから25年前に書いたある曲の中でやはり登場する同じ「しっかり抱きしめて」というフレーズと音列は殆ど変わりがない。つまり、自分には「しっかり抱きしめて」という言葉に対して、はっきりとイメージしているリズムやイントネーションがある。こだわり、ですらない、もっとフィジカルな感覚。ジェイムズ・テイラーが

「back on the street again」、というフレーズを歌うときは、それがどの曲であっても、いつも同じメロディであるということ。

以前は、自分のことをあまりメロディメイカーとは言えないのではないか、と考えていた。そのことを残念だとも思っていた。

良いメロディを作るなあ、と感心してしまう人たちの多くは、自らも歌うのが得意であった。自在に飛び回るカラフルな音列、どこまでも伸びやかなフレージング。たしかに、自分の作る音楽にそんな要素は無いに等しい。ポール・マッカートニー。ジョン・レノン。浜口庫之助。小田和正。いくらでも出てきますよね、こういうタイプの人は。

その反対に、たいへん優れたメロディメイカーと広く認められている作曲家ではあっても、あまり歌は巧いとは言えない人を自分は何人か知っている。バート・バカラックやジム・ウェッブのシャイな歌声。ランディ・ニューマンの吶々とした歌声。尊敬するムッシュかまやつさん、あるいはいずみたく、なども、どちらかと言えば悪声の部類だろうか。自分もまた悪声で吶々としていて、その上シャイな歌声だが、ただ残念なことに優れたメロディメイカーではない。

さて、このメロディについて、というお題の原稿ではあるけれども、ここから先はまったく強引にここ最近いちばん気に入っている曲の話を書くことにしよう。

それは村井邦彦となかにし礼のコンビが書いた「ただそれだけのこと」、という歌で、去年の秋に懇意にしている個人ディーラーから笠井紀美子が歌うシングル盤を譲ってもらい、何度か聴いているうちにまるで毒にでも中ったかのように、たまらなく好きになってしまった。どうやら、これはジャズ歌手として高名な笠井がソロ名義で吹き込んだものとしては最初期の作品らしい。たいへんにレアなレコードということだが、ジャケットが無いので、かなり安く譲ってくれた。そんな話はどうでも良いか。

聴いたことのない人に、この曲の魅力をどう伝えたらよいのか判らないのだが、これはジャンルで言うなら、歌謡曲、あるいは流行歌であり、〈ムード歌謡〉という言葉を使いたくもなるけれど、歌詞は特に夜の世界に限定して書かれたものではないので、正確には〈ムード歌謡〉とは言わないのだろう。

それでも似ている雰囲気を持つ曲を挙げるならば、松尾和子とマヒナスターズの「誰よりも君を愛す」であり、フランク永井の「有楽町で逢いましょう」であり、とりわけ西田佐知子の「ウナ・セラ・ディ東京」には編曲がよく似ている。

それと同時にこの歌は、メロディ、そして歌詞の両方の部分で、バート・バカラックとハル・デイヴィッドの書いた「ウォーク・オン・バイ」、という曲を連想させずにはおかない。「街角で逢う日がきても／よしましょうお話は／他人行儀にすまして／おじぎをしましょう」、という歌詞は「街角で私を見かけて／ふたりが鉢合わせした時に私が泣き出しても／そのまま素通りなさって」というハル・デイヴィッドの歌詞とよく似た心情を描いている。さらに「それだけのこと」と連呼するサビを受けて歌われる「それでもいいのよ／あなたが好きなの／やさしいくちづけを」という部分のメロディは、やはり誰にも「ウォーク・オン・バイ」の歌い出しの旋律を思い出させてくれるはずだ。

バカラック＝デイヴィッドの曲に似ているから好きになった、というのではない。むしろ、これほど「ウォーク・オン・バイ」を想起させる要素を持ちながら、あくまで松尾和子や沢たまき、あるいは西田佐知子のような流行歌、夜のムードを強く感じさせてくれるこの歌の不思議さに魅入られたのだ。

ところが、この曲にはカヴァー・ヴァージョンが二種類もあった。林マキ、という女性歌手のレコードは未だ見たことがないが、伊吹二郎、という男性歌手のレコードはやはり懇意にしている大阪のレコード店で教わって手に入れた。この伊吹二郎盤が、これまたたいへんに素晴らしく、笠井紀美子盤以上に毒の回るような音楽なのだった。

この伊吹二郎という人は笠井紀美子のようなジャズ・シンガーなどではなくて、つまりは森進一と矢吹健の系譜にあるハスキー・ヴォイスの演歌歌手だった。このレコードを聴く時、もはやディオンヌ・ワーウィックの名前と声を連想することはなく、ただ「あなたのブルース」や「花と蝶」といった音楽を思い出すばかりとなる。男と女の関係になってしまった人たちのためだけにある歌の世界を、自分がこれほど愛するようになったのは、やはり年を取った、ということなのか。

ところで、自分は作曲家バート・バカラックのシャイな歌声を知っている、とさきに書いた。さらには「朝・昼・夜」、という自作曲に於ける村井邦彦の吶々とした歌声も知っている。では、「あなたのブルース」や「うしろ姿」、といった濃い情念の迸るようなメロディを紡いだ藤本卓也その人のヴォーカル・スタイルはどのようなものなのだろうか。作曲家である以前に歌手として活動していた藤本卓也の歌声を、自分は不勉強にして未だ聴いたことがないのだが、たぶんシャイでも吶々とした歌声でもないのだろうな。

一九七〇年代の音楽について考えていたら、音楽雑誌のことばかりを思い出した。

1971年に初めて読んだ植草甚一の本には、大正時代や「昭和のはじめの頃」の話が出てきて、この人はなんと昔のことを記憶しているのだろうか、と驚いたのだけれど、これからぼくが1970年代の話をするなら同じように呆れてしまう人も多いことだろう。

1970年代の音楽風景、と問われたときに、頭に浮かぶのはレコード店や楽器屋の店先でも、コンサート会場でもロック喫茶でもなくて、家の近所の小さな本屋の店先のイメージだ。

子供の頃に読んでいた音楽雑誌を列挙すると「ミュージックライフ」「ニューミュージック・マガジン」「ライトミュージック」「68＋1（プラスワン）」「ガッツ」「ヤングギター」「ヤングフォーク」「新譜ジャーナル」「季刊フォークリポート」「スイングジャーナル」「アドリブ」、そんなところか。「ザ・ブルース」は一度買った。「フォーエヴァー」や「ソウル・オン」は本屋には置いていなかった。なぜか「音楽専科」「ロッキン・オン」「ロック・マガジン」は読まなかった。

このうち、定期購読したのは「ニューミュージック・マガジン」誌のみ。あとは書店で立ち読みして気になる記事があるときは買った。こう書くと時々買うような印象だが、実際は毎月何かしら買っていた。地方に住む音楽少年は東京から届く細かい活字による情報を読んでは想像を肥大化させていたのだった。

ヤマハが70年代前半に出していた「ライトミュージック」はたしか隔月刊で、編集者としてその後のS-kenこと田中唯士が参画していたから、いつも面白かった。中でも強く印象に残っているのは細野晴臣『トロピカル・ダンディ』と大瀧詠一『ナイアガラ・ムーン』が出た後、それぞれがルーツとなったLPを20枚ほど紹介するページだった。

『風街ろまん』を聴き、大瀧と細野のソロ・アルバムを聴き、米国録音のラスト・アルバムを聴いた後、完全に「はっぴいえんど」フリークになっていた自分は、彼等に関する記事はむさぼるように読んだ。講談社の「ヤングフォーク」誌に掲載された「細野晴臣のエレクトリック・ベース講座」など、何度読み返したかわからない。チャック・レイニーやリーランド・スクラーの名前もその記事で知った。

つまり自分の興味は洋楽一辺倒、という訳ではなかったのかもしれない。といって、「ガッツ」や「ヤングギター」「新譜ジャーナル」あるいは「LM」などの、後半にギター教則用のスコアが掲載されているページを熱心に読んだこともなかった。自分は常に音楽界の新しい動向を知って、情報通になりたかっただけだ。

定期購読していた「ニューミュージック・マガジン」でいちばん熱心に読んでいたページは、じつはメインの特集記事でも採点制のレコード評でもなくて、巻末の輸入レコード店やロック喫茶の広告ページだった。

中でも渋谷にあったロック喫茶「ブラックホーク」の広告には常に注目していた。「ブラックホークはヒューマン・ソングスを提唱します」というコピーと共に紹介されるのは、米・英・カナダのシンガー・ソングライターやスワンプ・ロックのバンド。あるいは英国のトラディショナル・フォーク。殆ど全てが国内未発売のレコード。これらを選び、推薦し、広告を制作していたのは店のレコード係・松平維秋だった。

松平の書くレコード評や音楽記事も、その頑固なまでに偏った好みが独特の文体に滲み出ていて、自分はマメに探しては読んだ。10年ほど前に『スモール・タウン・トーク　ヒューマン・ソングをたどって』という遺稿集が編まれたが、「ミュージックライフ」などに掲載されていた小さな記事などはやはり洩れていた。

遺稿集の題名となった「スモール・タウン・トーク」というのは、松平が激賞していたボビー・チャールズのアルバムの中の曲名であり、また松平の編集の下に喫茶ブラックホークが不定期に刊行していた薄い音楽雑誌の誌名であった。1970年代の音楽雑誌の中で、ではこの雑誌がいちばん好きだったかと言えば、やはりそんなことはない。そして初期の何冊かを自分はまだ手に入れていないのだ。

ところで松平維秋はイラストレーションも能くしていた。『年鑑イラストレーション'69』という本の中で矢吹申彦の作品を紹介しているページに、なぜか松平の作品が一点だけ掲載されている。

もうひとつ、忘れられない雑誌を記しておく。「ローリング・ストーン」日本版。もちろん現在出ているものとは違う版元だった。ある時、「リキの電話番号」という曲を聴いて夢中になったスティーリー・ダンというロック・バンドのインタヴュー記事を読むために近所の本屋に行くと、表紙は「鉄腕アトム」、そして石上三登志「手塚治虫の奇妙な世界」という連載が掲載されていた。けれども立ち読みを終え、自分はこの雑誌を買わなかった。けっきょく一冊も買わぬうちに休刊したのではなかったか。

政治集会やアングラ演劇のポスターやビラが

街に溢れていた1970年から71年に変わった途端、世の中はすっかり変わった。自分はそれを東京から札幌の中学校に転校したからだ、と長い間思い込んでいた。「ニューミュージック・マガジン」がつまらなくなったのは、「ブラックホーク」の広告が掲載されなくなったからだと思っていた。いつも自分は時代というものを読み間違える。いまでもずっと、そんな感じだ。

面白おかしく生きてきたけれど。

スローなブギに似ていた

松本隆さんの「スローなブギにしてくれ」という作品について。ということですが、考えれば考えるほど、このテーマとは関係なしに、アタマの中ではいろいろな考えが独り歩きしている。

長い間、ぼくは松本隆氏の詞作の素晴らしさのことを考えないようにしてきたのかもしれない。たとえば、影響を受けたくない、という、子供じみてはいるけれど本能的な自己防御、のような感覚からだったのだろうか。

はっぴいえんどの『風街ろまん』をはじめて聴いたのは、忘れもしない1972年10月のことだった。ぼくは中学2年生だった。じわりとした衝撃だった。

ビートルズやタイガースのようにカッコよく華やかな雰囲気ではない人たちが音楽をやっている、という衝撃。ウソ。いや、すこしばかりは真実だ。

それ以上に、何か強烈な美意識というか、美学というか、徹底したスタイルというものに出会ってしまった衝撃。だったのだと思う。

大瀧詠一さんの歌唱スタイル。リヴァーブを排除した音場。細野晴臣さんの特徴あるベースのフレイジング。鈴木茂さんの若い声。アンサンブル、という言葉を初めて具体的に意識することが出来たような編曲の巧さ。

いまだに、はっぴいえんどのどこに衝撃を受けたのか、突き詰めて考えたことはないのだが、ひとつひとつ列挙してみても、大きな何かが遠ざかって行くばかりだと思う。

けれども、まだギターのコードも知らなかった中学2年生が最も容易く影響を受けてしまったのは、やはり松本隆さんの言葉に対するセンスだった。

そのころ付き合い始めた一歳年下の初恋の女の子に、ぼくは長いラヴレターを書いた。便箋にして11枚、だったか。それは最初から最後までまったく見事に、いやちっとも見事ではないが、徹底的に松本隆スタイルの模倣だった。もちろん手許にないけれど、きっと風が、街が、都市が、と書いていたのだろう。この話はいままでにも何度か書いたことがある。恥ずかしい話をこうしてしゃあしゃあと披露する自分はすっかり年寄りになってしまった。

そしてその年の暮れに大瀧詠一さんのソロアルバムがリリースされて、翌年の春に『HAPPY END』

という海外録音のサード・アルバムが出た頃には、ぼくもギターやピアノのコードネームを覚えていたし、将来は自分でもレコードを作ってみたい、と考えるようになった。

　もしかしたら、ぼくが松本隆さんの詞作に対して距離を置くようになったのはそのころかも知れない。『HAPPY END』というアルバムの、細野晴臣さんの3曲、「風来坊」「相合傘」「無風状態」という作品にぼくは衝撃を受けた。続く『HOSONO HOUSE』というアルバムの中の楽曲にも。

　この言葉とメロディのコンビネーション。大瀧さんのソロ作品でも「びんぼう」とか「ウララカ」とか、破天荒だが、やはりこれ以外にはない、という歌詞になっている。ああ、やはり作詞作曲編曲は独りでやらなくちゃダメだね。なんて小生意気なことを考え始めた時期だった。

　それから長い年月が経って、ぼくもこうして音楽の仕事に就いている。もうすっかり自分のスタイルにも手垢がついてしまって、松本隆の影響を受けたくない、なんてことを考えていた自分が遠い他人のようだ。ずっと会っていない知り合いみたいだ。

　こんな機会だから、もうすこし松本隆さんについて、自分の考えていることを書いてみたい。松本隆さん本人のウェブサイトで、松本隆論をぶつ、なんて。

　はっぴいえんどを解散した後、作詞家として活動を始めるのと前後して松本隆さんは3枚のアルバムを立て続けにプロデュースしている。南佳孝『摩天楼のヒロイン』。あがた森魚『ああ無情』。岡林信康『金色のライオン』。たしかこの順序だと思ったが、違っていただろうか。

　何が言いたいのか、と言うと、日本のレコード・プロデューサーでこれほど充実した作品を続けて作った人、というのが他に思い付かない、ということ（レコード会社のハウス・プロデューサーはここでは除外する）。

　もちろん、名作にもいろいろある。何も作為的な演出をしない、生のままのドキュメント、というような録音が結果として名作になることもある。アーティストもスタッフも、誰もがその場しのぎに適当なレパートリーを集めて作ったような作品がなぜか人の心を打つ、という場合もある。

　けれども、アルバムとはすべからく名盤であるべし、というような『サージェント・ペパーズ』以降の価値観に立って作られた作品をいまだ愛しているぼくのような人間には、レコード・プロデューサー松本隆の名前はとてつもなく大きい。だが、このことはあまり指摘されていないことのように思えて、すこし残念でならない。

　ちょっと興味を持ったので、松野肇さん、という、この辺のことにとても詳しい友人にお願いして、松本隆さんの「その後の」プロデュース作品のリストを送ってもらった。不完全な、と断りが付されていた。

岡林信康『だれぞこの子に愛の手を』
やまがたすみこ『FLYING』
太田裕美『まごころ』『短編集』
南佳孝『冒険王』
佐藤隆『Urban "AU-RI"』
松田聖子『Citron』
薬師丸ひろ子『花図鑑』
裕木奈江『水の精』
藤井隆『ロミオ道行』
クミコ『AURA』
大竹しのぶ『天国への階段』

福井敬&横山幸雄『シューベルト　美しき水車小屋の娘』

薬師丸ひろ子『花図鑑』の「透明なチューリップ」は小西康陽編曲、と松野くんのメールに書かれていた。すっかり忘れていたが、細野晴臣さんの曲だったはずだ。南佳孝『冒険王』は持っていた。やまがたすみこ『FLYING』は聴いたことがあった。なるほど。こうした作品をいまもう一度聴いてみる価値は大いにあるだろう。

乱暴な意見を言うなら、はっぴいえんど『風街ろまん』こそは松本隆さんの最初のプロデュース作品なのではないか。うたの「ことば」を担う人間がアルバム全体の方向を決定する、というのは、複数の才能ある作編曲家を集めた作品に於いてはとても有効なやり方だ。なんて、つまらない話ではなくて、レコードに、アルバムに、作品に、ただの歌の寄せ集め以上の「ろまん」を抱く人が、かたちのないものを具体化していく力。それがプロデューサーの手腕なのだとしたら、やはり松本隆さんには天賦の才能があったとしか思えない。

それにしても、松本隆さんほど「はっぴいえんど」に拘り続けている人はいないのではないか、と思う。彼のインタヴューなどを読むと、最初に歌謡曲のフィールドで仕事をスタートしたときの、戸惑い、のような感覚のことが繰り返し語られている。単身赴任したような気分、とさえ言っていたのには、思わず微笑してしまった。何よりも、その後膨大に書かれた歌謡ポップスの作品のどれもが、みごとに「はっぴいえんど」の痕跡を残しているのは、本当にすごいことだ。

他人から見れば、日本の音楽業界で最も成功した作家のひとりであることは疑いようもない。けれども松本さんは『風街ろまん』が当時、大きな評価を得ることが出来なかったことを、ずっと心のどこかに抱えているように思える。永遠に若い詩人の魂を抱くこの作家を、ぼくは大いに尊敬している。

ところで作詞家としての松本隆さんがいかに音楽的に優れているか、という話を、ぼくは何人かの作曲家や音楽ディレクターの方々から聞いている。異口同音、というやつだ。メロディに対して、見事にぴったり収めて返ってくる、彼はやっぱりミュージシャンなんだ、と言うのだ。そのいっぽうで、まったく字数が合わない、字足らず字余りお構いなしの例として、いつも同じ女性作詞家の名前が、やはり異口同音に上がるのが、これまた面白いのだが。

ぼくは1985年にバンドでデビューしたのだが、もちろんまったく売れずに、最初の何年かはやはり作詞の仕事で何とか生活を凌いでいた。その最初のアーティストが南佳孝さんだった。ある日、もうどうにもお金がなくなって、ない、と解っているのだが、キャッシュカードを銀行のATMに差し込んでみると、なんと数十万円が入っている。それが南さんの詞を書いたときの最初の印税だった。

90年代の初めまで、頼まれるままにぼくもいろいろな人の曲に歌詞を書いたが、もちろん松本隆さんと違ってヒットはない。南さんが一度、これはどう聴いても「スローなブギ」にそっくりだろう、という曲を渡してくださったことがあった。ぼくの書いた詞ではやはりダメだった。こんな話で終わるなんて、自分でも予想していなかった。

7インチで欲しい細野晴臣さん楽曲。

自分はかつて細野晴臣さんの音楽をほぼアルバムという単位で聴いていました。けれども今回、こうしてApple Musicの中で選曲する、というのは、まるで7インチ・45回転のシングル盤で彼の音楽を選んだり、聴いたりすることに近い感じ。じっさい、かつて7インチ化されている曲もあれば、そうでない曲もありますが、いつかすべて7インチのシングルとして持つことができたら、と考えながら選ぶことにします。細野晴臣さん楽曲だけのジューク・ボックス。

1　Pom Pom 蒸気［作詞・作曲：細野晴臣］

さて、いまいちばん7インチのシングル盤のカタチで聴きたい曲は『泰安洋行』というアルバムに収録されていたこの曲です。じっさい、いつも小バコのクラブではそのアルバムからプレイしていますが、コレはいよいよ7インチが欲しいです。シャッフル・ビートとエイト・ビートの中間を行くスウィング感。ヴォーカルとコーラスの掛け合い。すべてが絶妙なコンビネーション。コレは7インチで聴かれるためにある音楽だと思います。

7インチなら当然、Ｂ面の曲を選ばなくてはなりませんが、ここはやはり同じ小坂忠・久保田麻琴のコーラスを従えた「Chow Chow Dog」が相応しいと思います。夢のカップリングとなるはずのレコード、ぜひアナログ化を実現させてください。

2　相合傘［作詞・作曲：細野晴臣］

はっぴいえんどの第3作目のアルバムを自分は『風街ろまん』以上に愛しています。とりわけ、細野晴臣さんが自ら作詞・作曲の両方を手掛けた「風来坊」「無風状態」「相合傘」の3曲は、自分もいつか曲作りをしてみたい、レコードを作ってみたい、と考えるきっかけとなった作品です。「無風状態」という曲は、すでに「さよならアメリカ さよならニッポン」のカップリング曲として7インチ化されていますので、残る2曲の「相合傘」と「風来坊」もぜひ7インチにしてほしいのです。甲乙つけがたい、どちらも最高の曲ですが、やはり軽快なリズムの「相合傘」がＡ面、ということになるのでしょうか。

レーベルを超えたカップリング、というものが許されるなら『風街ろまん』収録の「暗闇坂むささび変化」と「相合傘」という、フラット・マンドリンをフィーチャーしたポップス2曲の組み合わせも最高だな、と夢想してしまいます。

3　Chattanooga Choo Choo［作詞：マック・ゴードン／作曲：ハリー・ウォーレン／訳詞：細野晴臣］

アルバム『TROPICAL DANDY』のオープニングを飾ったこの曲は、正式な発売ではないものの、鈴木茂さんの「１００ワットの恋人」とのカップリングで7インチが作られています。

ぼくも何年か前にようやくそのプロモ盤7インチを入手してＤＪのときに使っていますが、これは本当に素晴らしい、奇跡のトラックだと思います。細野晴臣さんの音楽のことを考えるとき、誰でも「リズム・コンビネーション」という言葉が浮かぶと思いますが、この曲はその言葉そのもの。

さて、鈴木茂さんの「１００ワットの恋人」というカップリングも嬉しいですが、細野晴臣さんの曲でBサイドを選ぶとしたら、「三時の子守唄」でしょうか。

4　YELLOW MAGIC CARNIVAL［作詞・作曲：細野晴臣］

これは『キャラメル・ママ』というオムニバス形式のアルバムに収録されていた曲。ティン・パン・アレー、という名義で発表した作品でしたが、まさにこの曲はアーヴィング・バーリン、ホーギー・カーマイケル、コール・ポーターといった名だたるソングライターからロックンロールの時代に渉る「作家が曲を作っていた時代」の音楽のエッセンスがぎゅー、っと凝縮されているような、どこを切っても非の打ちどころの無い、およそ作詞・作曲を志すならこういう曲を残したい、と思わずにはいられない名曲中の名曲だと思います。

それにしても、どうしてこの曲の7インチというものが作られていないのでしょうか。女性シンガー・マナさんによるカヴァー・ヴァージョンも驚くべき解釈で素晴らしいですが、ここはやはりこのオリジナル・ヴァージョンを7インチ化してほしいものです。カップリングは「SHE IS GONE」とDJなら誰でも考えるのでしょうけれども、「アヤのバラード」が良いです。

5　YUKI-ya-konko［トラディショナル］

本当はここで小坂忠さんの「ありがとう／どろんこまつり」という素晴らしいカップリングの2曲を選びたかったのですが、いまのところ配信されていないようで。この2曲は細野晴臣さんがソングライター、そしてプロデューサー、並びに演奏者として関わった作品ですが、実に素晴らしい曲であり、また自分は長らくアルバムで聴いていて掴むことのできなかった魅力を7インチ・シングル盤を入手して聴くことによって発見した、ということを記しておきます。

さて、まだまだ選びたい楽曲はありますが、ひとまず打ち止めの選曲は越美晴さんとのユニット、swing slowによる「YUKI-ya-konko」を。これはリリース当時、10インチのアナログが出ていましたが、やはりこの曲も7インチが欲しいです。レーベルを超えた夢のカップリングが実現できるのなら、多羅尾伴内楽団の同じ曲とのカップリングを。

6　ろっかばいまいべいびい［作詞・作曲：細野晴臣］

5曲で打ち止め、のつもりでしたが、やっぱりこの曲も7インチで聴きたいなあ、欲しいなあ、と思いまして。カップリングは、『HOSONO HOUSE』の中の曲ならどれでも構わないです。

『風街ろまん』の冒頭一曲

はっぴいえんど「朝」「抱きしめたい」「空色のくれよん」「はいからはくち」「愛餓を」「田舎道」。シングル「空飛ぶくじら」「五月雨」。アルバム『大瀧詠一』『ナイアガラ・ムーン』全曲。そして『CMスペシャル』の中の「サマー・ローション」（↑一曲と言われたらコレ）と『カレンダー』のラストに入っている「お正月」。以上がぼくの好きな大瀧詠一さんの楽曲の総てです。アルバム『ロング・バケーション』、あるいは「ロックンロール退屈男」や「ビックリハウス音頭」も好きですが、さきの楽曲群ほどではありません。

逆に忘れられない一枚といったら、『GO! GO! NIAGARA』というアルバムになるのかな。最初の二枚のソロ作も、はっぴいえんどの三作目も、シュガーベイブも最初の『トライアングル』も発売日に購入したほど熱狂的なファンだった自分は、やはり発売日にこのレコードを買って心の底からガッカリした憶えがあります。期待は失望の母、とはよくぞ言ったもので、それ以降は熱もかなり冷めました。

いま思い出すのはやはり圧倒的な歌の巧さ・独特さ。『風街ろまん』の冒頭二曲には本当に衝撃を受けました。細野晴臣さんもまた最高の歌手なのですが。

白いアルバム

プリンス逝去の報道に対する反応の大きさには少なからず驚かされた。もちろんスーパースターだったわけだが、これほど影響力のある存在だったとは理解していなかった。

自分はこの人の熱心なファンだったとは言い難い。一曲、と問われたなら彼自身の名で発表したものではなく、ザ・ファミリーの「スクリーム ズ・オブ・パッション」だと答える。アルバムならば、もちろん『パレード』と即答する。

音楽の仕事をしているにもかかわらず、自分は視覚的な先入観に左右されやすい。音楽家のルックスが苦手で聴かず嫌いの作品が少なからずある。日頃からお気に入り、としているアルバムも、もしジャケット・デザインが異なっていたら好きになっていたかどうか。

この多作で知られる音楽家の作品の中で、この『パレード』というアルバムを特別に愛している理由もまた、そのジャケット・デザインにあるのではないか、と考えている。白地にモノクロームのポートレイト。思い出すのは二枚のアルバムだ。スライ&ザ・ファミリー・ストーンの『フレッシュ』。そしてザ・ビートルズの通称『ホワイト・アルバム』。

乾ききった音色と隙間の多いサウンド、そしてもちろんファンキーなビートは『フレッシュ』に似ている。黒いユーモアに満ちた楽曲が並ぶ中、唐突にロマンティックなスロー・チューンが配置されていることも。

いっぽう『ホワイト・アルバム』を連想させるのは、短い曲を一見無造作に並べているところ。ひらめきだけで作ったような短い曲を、丁寧な編曲で飾るのではなくデモ・ヴァージョンのようなかたちのままで立て続けに聴かせる。はじめはとっつきにくいが、聴き込むうちに原石の美しさに気づく。

かつてアート・ディレクターの信藤三雄さんに、画面の中にじょうずに「白」を取るのが品の良いデザインに仕上げる秘訣なんです、と教わったことがある。これは湯村輝彦さんから教わった、とも話してくださった。音楽を作ったり聴いたりするときにも、ときどきその話を思い出すことがある。

ただ音楽として美しい

元日にJALの国内便に乗ったら、機内でお屠蘇が振舞われたよ。そう言って叔父が鶴のマークをあしらった盃を見せてくれたことがあった。正月の昼酒で顔を赤くした叔父はまだ若く、自分も小学生だった。

大人になって、自分も元旦に海外旅行をしたことがある。機内放送で客室乗務員の女性や機長が「皆さま、あけましておめでとうございます」とアナウンスするのを聞くのは、なにか快いものだ。その快さは、正月の晴れやかな気分がもたらすのか、空の旅の高揚感からくるのか、それともその相乗効果か。

　その清々しい気分を音楽に置き換えるとしたら。すぐに思い出したのがこの『琴・セバスチャン・バッハ』だった。

　1968年の録音というから、たぶんフランスのスウィングル・シンガーズが1963年に発表した『ジャズ・セバスチャン・バッハ』、さらに1966年に米国のモダン・ジャズ・クァルテットと共演した『プラース・ヴァンドーム』というアルバム、はたまた米国のワルター・カーロスの画期的な1968年作『スウィッチト・オン・バッハ』の世界的なヒットを受けてのアイデアだったのか。

　けれども安易な便乗企画どころか、それは日本が世界に誇る傑作となった。冒頭の「G線上のアリア」が始まると、琴と尺八がこれほど鮮やかに西洋音楽を表現するとは、という驚きがまずやってくる。だが曲の終わる頃にはそんな驚きは消え、聴き手の心を満たしているのはあの元旦の清々しさだ。

　琴の沢井忠夫はこのとき30歳。尺八の山本邦山は31歳。琴にはもう一人、沢井一恵。伴奏はドラムスの猪俣猛、ギターの中牟礼貞則、ベースの滝本達郎、というジャズマンたち。そして編曲を手掛けたのはやはりジャズ・ピアニストとして知られる前田憲男。とはいえ、これはジャズでも、邦楽でも、クラシック音楽でもなく、ただ音楽として美しい。国内発売されて間もなく、このアルバムは米国やアルゼンチンでもリリースされている。21世紀のいま、世界中のより多くの人に届けたい、日本の音楽のひとつ。

海辺の叙景

　昨年の十一月、ノラオンナさんのツアーに同行して函館に行った。その鮮烈な印象が色褪せぬうちに書き留めておく。

　北海道生まれながら札幌市のごく限られた場所しか知らない自分にとって、ほぼ初めての函館の旅。彼女が予約してくれたのは、その名も「かもめホテル」という海沿いの宿だった。

　荷物を預け、車に乗り込むと、今夜のライヴ会場はまだ開店前だから、と案内してくれたのが「シネマ・アイリス」という小さな映画館。驚いたことにこの劇場の支配人・菅原和博さんは函館出身の作家・佐藤泰志の小説を原作に持つ三作の映画、『海炭市叙景』『そこのみにて光輝く』『オーバー・フェンス』のプロデューサーだった。

　菅原さんが映画館を始める以前から営んでいるという「水花月茶寮」でコーヒーを戴く。この店ではかつてノラオンナさんもライヴを行ったという。コーヒーを飲み終える頃、自分はすっかり函館の街に魅了されていた。外に出ると日は暮れていて、車の窓から見た五稜郭タワーを世界でいちばん美しいと思った。

　じつはライヴ・パフォーマンスを観るのはこの日が最初だった。彼女の弾くウクレレにハワイの響きはない。ナイロン弦の音色はブラジルの歌手の抱くガットギターに近く、温かいアルトの声を伴うとむしろ竪琴に似ていた。ユーモラスで辛辣、そしてロマンティックな歌と竪琴に、しばし時間を忘れた。

　最新作は「港ハイライト」というバンド名義だが、そのアナログ盤のジャケットは函館の夜景だった。そちらも傑作だが、まずはこのソロ作を推薦する。1970年代の日本のフォークやロックの名作にも似た、豊かな音楽の記憶に溢れた作品。そんな印象も彼の地で歌を聴いてからはすこし変わった。

　彼女の音楽からは冬の夜空のような透明感と共に、透明な窓ガラスが曇るほどの体温を感じる。鉛色の空。潮風の匂い。夜の冷気。遠い漁火。その音楽が函館の風土をまるごと背負っているはずなどないのに、いまはなぜか切り離して考えることができない。

さようならになった日

きのう、わたし死んでしまったの。

　彼女のレパートリーの中でいちばん好きな「さようならになった日」という曲は、こんな歌い出しで始まる。

　さほどヒットせずに終わったシングルのカップリング曲ながら、当時、彼女のバッキングを務めていたバイバイ・セッション・バンドというグループの坂本龍一による編曲を伴って、多くのＤＪに愛されている作品だが、昨年の11月11日、悲しいニュースを読んでこの歌が脳内で再生されたとき、その最初のフレーズにあらためて驚き、歌声の朗らかなことに泣かされてしまった。

　初めて彼女の歌声を聴いたのは「私は泣いています」という曲だったはずだが、大ヒットしたその歌よりもずっと強く鮮烈な印象を抱いたのは、ある年の化粧品のキャンペーンに使われたコマーシャル・ソングだった。「彼女はフレッシュジュース」という短いワンフレーズの、「フレ・エッ・シュ」という音節で、そのしわがれた声が見事にひっくり返る。その僅か0・5秒の間に、この若い女性歌手は日本中の人々の心を掴んでしまった。

　ハスキーという言葉ではとても収まらぬほどの、普通ならまず歌手を志すことなど諦めるはずの、いわば悪声。それがこんなにもチャーミングに響く。いったいどんな顔をした歌い手なのか、と確かめるなら、たしかにこの声にはこのマスクがふさわしい、と納得させられてしまうほどの美貌だった。

　残念なことに冒頭で紹介した「さようならになった日」という歌を現行のカタログの中に見つけられなかったので、1973年にリリースされた『ダルシマ』というアルバムを選んだ。

　この中の「今日は空が雨で出来てる」という美しい歌を、かつてピアノを弾いていた前園直樹グループ、というバンドでカヴァーしたことがある。演奏する度に、自分の貧しいイマジネーションが連れてくるのはいつも決まって旅客機が気流の悪い場所を飛んでいる光景だ。そして彼女はいま、暗く垂れ込めた雨雲のその上の、雲ひとつない青空の彼方にいる。

面白おかしく生きてきたけれど。

旅する音楽家たち

以前観た古い日本映画の中で、気になる場面に出くわした。警視庁の記者クラブに詰めている男たちが、ようやくネクタイを緩めソファで仮眠を取るシーン。窓越しに射し込む朝日の中、画面に被さるのはヴィブラフォンとピアノ、ベースとドラムスによる緩慢なブルース。ああ、これはＭＪＱのサウンドをトレースしている、と気づく頃、若い女性が朝刊の早刷りを届けに入ってきた。

ＭＪＱ。正式な名称はモダン・ジャズ・カルテット。その名前を知らなくとも、あの美しい「朝日のようにさわやかに」など、たいていの人はどこかで耳にしているはずだ。

ピアノのジョン・ルイス。ヴィブラフォンのミルト・ジャクスン。ベースのパーシー・ヒース。結成当初はケニー・クラークがドラムスを担当したが、今回取り上げた『コンコルド』という作品以降はコニー・ケイが専任となった。

クラシックとジャズの融合。彼らの音楽はしばしばそのように表現される。けれども、それがどこまで恣意的だったのか。ブルースとビバップの心得のある音楽家たちが、試みにヴァイブとピアノとダブルベースでフーガの形式をやってみたら驚くほどヒップだったので掘り下げてみた、というところではないか。ジャズの持つくだけた印象からは遠く離れた、穏やかで紳士的なムードの裏にはクールな音楽への驚きや歓びをはっきりと聴いてとることができる。アルバム冒頭、「ラルフズ・ニュー・ブルース」の取り澄ましたようなテンポ。やがてブルース形式のソロに移行した後、再びテーマに戻る瞬間の、まるで「さて、」とでも言うように気取った表情が楽しい。

ヨーロッパの都市を繰り返し題名に付けたのも、何よりそこが美しくヒップな街であり、クールな人々が住む場所だったから、ということではないか。「ヴァンドーム」「コンコルド」「ミラノ」「ヴェルサイユ」「ア・モーニング・イン・パリス」「バーデン・バーデン」「ヴェニス」「ピアッツァ・ナヴォーナ」。この「旅する音楽」と題したページに最もふさわしい音楽家たち。

箱に収められた一枚の地図

ジョゼフ・コーネルの作品を観にシカゴ美術館に行きませんか。そんな誘いを受けたのは何年前のことだったか。ぜひ行きましょう、と返事をしたが、相手もこちらも目前の仕事に追われているうちにその計画は立ち消えとなった。

いままでにシカゴへは三度訪れたが、どれも短い滞在だった。空港とホテルとコンサート会場、ナイトクラブ、ホテル近くのレコードショップ、そしてホットドッグ・スタンド。楽しかったものの、あまり強く印象に残っているわけでもない。

それよりも、自分にとっては十代の頃に聴いたソウル・ミュージックのレコードの向こう側にひろがる大都会のイメージのほうがずっと大きい。

アメリカ合衆国にはいくつもの都市があり、それぞれに音楽産業が盛んで、また独自のサウンドを持っている、ということを知ると、ますますレコードを集めることが楽しくなってくる。とくにソウル・ミュージックの分野ではニューヨークやハリウッドだけではなく、フィラデルフィア、ニュージャージー、デトロイト、メンフィス、各地に勢いのあるレーベルがあり、スター歌手やプロデューサー、作編曲家、ミュージシャンたちがいるのだった。

とりわけシカゴには素晴らしい音楽家たちがいた。カーティス・メイフィールド、ダニー・ハサウェイ、リロイ・ハトスン、このまま終わりまで名前を挙げることもできる。

中でもシカゴの灯、というグループ名を持つザ・シャイ・ライツのリーダー、ユージン・レコードという人が作曲もプロデュースもこなす才能の持ち主だと知ったときには驚いた。ラジオでよく耳にした「ソウルフル・ストラット」という曲がこの人の作品だったとは。

この才人ともうひとり、カール・デイヴィスというプロデューサーが大活躍したブランズウィック・レーベルの傑作曲を集めて、一枚の編集盤を作ったことがある。かつて音楽の向こうに見た風景を思い出しながら、大都会交響楽、という題名をつけた。透明なＣＤケースには、シカゴの地図を小さく折り畳んで収めている。

屋根・ホットドッグ・似顔絵

屋根とホットドッグと似顔絵。コペンハーゲンの思い出といえば、この三つだ。

まずは空港から市内に入るバスの窓から見た家並みの、カラフルな屋根の美しさ。自分はいま、アンデルセンのおとぎ話の国を訪れている。そんなことを考えながら、流れ去る風景を飽きもせずに眺めていた。

次はチボリ公園のスタンドで食べた「ホットドッグ」。看板にはそう書かれていたが、マヨネーズの入った円筒型のワッフルに、茹でたソーセージを差し込んだスタイル。デンマークではこれがホットドッグなのか。明るい時分から飲むビールによく合う味だった。

そして似顔絵。日が暮れてさらに美しいチボリ公園の、たしか噴水の傍らに店開きしていた紙切り芸の老人に似顔絵を頼んだ。こちらの顔をあらためて一瞥した後、何のためらいもなく細長い鋏を素早く動かすと、間もなく黒い紙から奇妙な図形が現れる。白い紙の上に置かれた横顔のシルエットが自分のものだとはいまだに納得できないのだが、その似顔絵は二十年前に作った単行本のカヴァー裏に使った。

もちろん、コペンハーゲンでも中古レコードばかり見ていた。ジャケット・デザインに惹かれて手に入れたものの多くは自分の好みとは異なっていたが一枚だけ、ざっくりとした厚地のファブリックを貼ったジャケットのＬＰは当たりだった。スウェ・デーンズ、という名前は知らなかったが、レジの前で検盤するときにジャズ歌手のアリス・バブスが在籍したトリオだと知った。彼女はスウェーデン出身だが、残る二人の男性はギターのウルリック・ノイマン、ヴァイオリンのスヴェント・アスムセン、共にデンマーク出身。それでスウェ・デーンズなのだった。

そのデンマーク出身の二人の共演作。ガット・ギターとヴァイオリンの掛け合いはまるでベテランの漫才コンビの話芸を聴くよう。ときに優雅、ときに饒舌でウィットに富む。

そう言えば、デンマークに行ったのに、デニッシュ・ペストリーを食べた記憶がない。このアルバムのタイトルを見直して、いま思い出した。

地球に落ちてきた男

この夏は花火を見る機会を逃した。いつだったか、お台場の辺りに打ち上げられた花火を遠くから眺めたけれども、あの晩はまだ夏が来ていなかった。

パリのトロカデロ広場、旧正月を祝う香港、あるいはアメリカ合衆国のどこかの街でも賑やかな花火を見たが、やはり日本の花火がいちばん好きだ。これは世界中、どこに住む人も同じ気持ちではないか。幼い頃に見た、自分の住む街の夜空に上がる花火こそが、という想い。

花火は見て楽しむだけではない。真下で見ても、高層マンションのヴェランダから見るときも、それは鮮烈な音を伴うアトラクションだ。ひゅー。どーん。ぱちぱち。

さらに記憶に残るのは匂いだ。潮風と火薬の匂い。夏の夜の雑踏の中、浴衣を着ている恋人のシャンプーかコロンの甘い香り。

彼の音楽を聴くと、日本の夏の夜空にひろがる花火を連想するのは、ジャケットの意匠のせいだけではないはずだ。

電子音で紡がれた音楽から最初に連想したのは稲垣足穂の「一千一秒物語」だが、何度か聴くうち、ほうき星が流れるようなイメージは同じでも、あの掌編小説集のようにコンパクトなものではなく、もっと壮大でメランコリックな物語を記録しようと試みている作家ではないか、と考えるようになった。

思わず耳を奪う、知らない国の言語によるヴォーカルは、日本の外に生まれ育った人にはどのように聞こえるのか。デスクトップで作り上げた歌声なのに、みごとにメリスマ、いわゆるこぶしが効いているから、この星のどこに生まれた人であれ、自分の先祖が口謡さんでいた旋律のように錯覚するのではないか。惑星規模の郷愁。

ちなみに本作の中でいちばん繰り返し聴いたのは「スーパーノヴァ・ガール」という曲だった。超新星の娘。

一度だけお目に掛かったデデマウスさんは、小柄でジェントルな宇宙人、という風貌だった。武満徹やグレン・グールドとも共通する、地球に落ちてきた男のイメージ。サインをお願いすると、黒いレコード・ジャケットに黒いペンで名前を書いてくれた。

遠い日の少年

旅先のホテルの部屋で、真夜中に『ギルダ』という映画を観た。リタ・ヘイワースの主演した、モノクロの古いアメリカ映画だ。

南米の街に流れ着いた男は、博打場でいかさまをして叩き出されたところを、ある紳士に救われる。紳士はカジノの経営者で、男は用心棒に雇われるが、驚いたことに紳士が新妻だと紹介した美女はかつての恋人ギルダだった。

やがて男は知る。紳士がカジノを隠れ蓑に国際的なタングステンの闇市場を操っていること。その利権を巡り旧ドイツ軍の残党と敵対し、地元の警察にも監視されていること。新妻と男の関係を疑っていること。

ある晩、旧ドイツ軍の男を殺害した紳士は海岸に待機させた飛行機で逃亡する。あの燃料ではアフリカまで持つまい。飛び去る飛行機を見上げて、刑事は悔し紛れに呟く。

この科白が気になった。アフリカとは具体的に何処なのか。タングステン鉱山ならダカールの辺り。南米から最短距離の都市を目指すならケープタウン。あるいは当時の商都ならモロッコのカサブランカか。

　ふいに「アフリカの月」という歌を思い出す。古い港町流れる、夕暮れの口笛、というフレーズで始まるこの歌を最初に聴いたのは、大塚まさじ、というシンガーのアルバムだった。『遠い昔ぼくは…』というタイトルの、1976年の作品だ。

　作曲者の西岡恭蔵による自作自演盤が出たのは、もう少し後だったはずだ。かつてこの人の「プカプカ」という曲が多くの歌手に愛されたが、この「アフリカの月」もまた長らく歌い継がれることだろう。作詞は西岡の公私にわたるパートナーだったKURO。凡そ作詞作曲を志す者なら、いつかこんな歌を作りたいと思わずにいられない、じつに端正な名曲だ。

「僕は夢みる、波の彼方の黒い大陸。椰子の木陰で踊る星屑。見上げる空にはアフリカの月」と歌う大塚まさじさんの声は、まさに遠い日の少年。さて、この美しい歌の冒頭に登場する古い港町とは、いったい何処なのか。

黒焦げトーストとブラック・コーヒー

二十年前、ブリュッセルの中古レコード店でお薦めを何枚か試聴していると、ある曲で店主が、こういう音楽をウチの店ではポップコーン、と呼ぶんだ、と言った。

　次にその言葉を聞いたのは、パリのレコード市。シングル盤を二箱だけ机の上に置いている中年のディーラーに、ジャズ？と尋ねると、やはりポップコーン、という。オレはペギー・リーで有名な「フィーヴァー」だけで70種類のカヴァー・ヴァージョンを持っている、と、こちらが尋ねたわけでもないのに得意げに言って笑った。

　つまりペギー・リーのあの名曲のように、マイナー・キーのメロディを持ち、フィンガースナップしながら踊りたくなる、ポップコーンとはそんな音楽であるらしい。とはいえ、こうしたタイプの音楽が、どうやらベルギーだけで流行し、強く支持されていたというのを知るのは、ずっと後のことだ。イギリスの音楽愛好家たちに人気の高い、いわゆるノーザン・ソウルが、けっして英国産の音楽ではなく、かと言って米国の北部に由来するネーミングでもないことにすこし似ているような。この説明では却って話がややこしくなる。

　そんなわけで、今月の本欄でご紹介するのは、ベルギーのあるシーンにおいて長らく愛されてきた米国のリズム・アンド・ブルース、人呼んでポップコーンを集めたコンピレイション。

　どれも短調の旋律だが、もの悲しさ、あるいは情緒といった感覚よりも、むしろ物憂さを吹き飛ばすようなエネルギーを感じる音楽ばかり。狂おしいような恋愛を、どうしようもない寂しさを、あるいは夫婦の倦怠を、尽きることのない煩悩を、やるせなくも妖しい旋律に載せて歌う、大人のダンス・ミュージック。たとえば「熱病」、「大きな坊や」あるいは「黒焦げトーストとブラック・コーヒー」といった曲の題名に込められた黒いユーモア。こんなベルギー土産もあるのだと、ここにご紹介する。

いくつものロマンス

スウェーデンの女性ジャズ歌手、モニカ・ゼタールンドといえば、誰もが思い出すのはピアニストのビル・エヴァンスと組んだ「ワルツ・フォー・デビー」だろうか。

　彼女の半生を描いた『ストックホルムでワルツを』という映画の中でも、この曲の吹き込みがキャリアの頂点と捉えられていた。

　1964年の録音といえば、彼女は27歳。その年齢でこの情感、この円熟、この瑞々しさなら、さぞかし多くの恋愛を経験してきたのだろうし、その後もいくつものロマンスがあったはず、とオーディオ装置のこちら側にいる人間は身勝手な想像を抱く。彼女の、ほぼすべてのアルバムのジャケットを飾る美しい肖像写真がさらにイマジネイションをかきたてる。

　じっさいのところ、恋多き女性であったのかどうかは知らないのだが、ここに取り上げた『チキン・フェザーズ』というアルバムのライナーノートには、演奏旅行でヨーロッパを訪れた米国出身のピアニストのスティーヴ・キューンとの恋愛と同棲生活、その蜜月の後に生まれた作品であることが記されている。

　歌詞を持つ楽曲はすべてスティーヴ・キューンの作品であり、どれも英語で歌われている。だが当の作曲者は既に米国に戻った後で、演奏には一切参加していないのだ。

　恋人と別れた後に、それでもこのアルバムを制作したのはどのような理由からだったのか。短い恋愛の、思い出の記録を残しておきたかったのか。せっかく手許にある未発表のデモをお蔵入りさせてしまうのはもったいないと考えたのか。当のカップル以外には知りようもないほど細やかなエピソードが歌の中に隠されていて、これを表現できるのは自分の他にはいない、と思ったのか。

　煌めくような音色のピアノと華やかなオーケストレイションが印象的な、多幸感溢れるサウンドからは、恋の終わりなど想像もつかないのだが。

原石のような歌

　カナダのアーティストを取り上げよう。ではニール・ヤング。ということで選んだのが、トロントのマッセイ・ホールでの実況録音盤。編集部の方に届けてもらったら、何年か前に二枚組のアナログLPで手に入れていた、アーカイヴ・シリーズの一枚だった。

　マッセイ・ホールといえば、チャーリー・パーカーやディジー・ガレスピーが1956年に歴史的な実況録音盤を遺したことで知られる場所。それなりに大きな会場なのだろうか。その日の主役がステージに現れるや、湧き起きる拍手も割れんばかりだ。

　などと、いつもの調子で、いち音楽ファンとしての紹介文を書くつもりでいたが、聴いているうちにあまりにも大きな発見があり、もはや今回は冷静に書くことができそうにない。つまり、自分がいかにこのカナダの生んだシンガー・ソングライターから強い影響を受けていたか、ということに気づいてしまったのだ。

　1972年のアルバム『ハーヴェスト』でこの人の音楽を知り、前作の『アフター・ザ・ゴールドラッシュ』も遡って手に入れた。いまでもこの二作品は愛聴しているが、正直なところファンとしてはそこまで。何度かあった来日公演も行ったことはない。アルバムも1970年代の作品しか聴いていないはずだ。なのに、こんなにも大きく影響を受けていたとは。

曲の構成が極めてシンプルであること。この人の楽曲はほぼAメロとBメロ、もしくはA、B、Cのみ。A'やB'は存在しない。ハーモニーの面でもオーギュメントやディミニッシュなどの和声は見当たらない。だが、その音楽は陰影に富み、現代的で強いイメージをつねに喚起させる。

分析する場ではないし、自分の作る曲も同様、という話でもない。だがギター、もしくはピアノの弾き語りによる原石のような歌を聴いていて、ソングライターとしての自分の父親にあたるのはもしかしたら、と気づいたのだった。

汲めども尽きぬもの

空港の送迎デッキで、これから海外に旅立つ人を、多くの友人たちが笑顔で見送っている。タラップの上で手を振る主人公。昭和の時代に作られた日本映画の中でしばしば描かれる幸福な光景だ。

時代はすっかり変わってしまったけれども、旅に出るときの晴れがましさというのは、21世紀に生きているわれわれにとっても身近な感情に違いない。

このページでさまざまな作品を紹介してきたが、旅と音楽の関係を語ることに関してはいつもすこしもどかしさを感じてしまう。

いま、ここにひとりの音楽家がいる。初めて訪れる異国の地にあって、見るもの聴くものすべてが彼の感性を刺激する。なんとエキサイティングな体験だろう。

しかし一方で、異国の人々が彼と彼の音楽をまるで祖国の代表であるかのごとく取り扱うことに対して、彼はひどく戸惑っている。

今回、ご紹介するのは武満徹の「ホゼー・トレス」という、勅使河原宏の同名映画のために書かれた弦楽曲。正式な曲名は「トレーニングと休息の音楽」という。ぜひともサウンドトラック盤を取り上げたかったが、現在は入手できる音源がなく、ここでは再演されたものを選んだ。フィルムに焼き付けられた音と、コンサートホールの音響という違いはあるものの、その楽曲の美しさはけっして損なわれていない。「ある外国の友人に、「君が日本の楽器を使って書いた作品より、オーケストラを使って書いた作品の方に『日本』を感じる」と言われたことがあります。心あたりと言えば、同じ楽器を使ってもその使い方によって創り出している響きが違うんだろうということです」

武満徹の言葉を引用した。正直なところ、同じ日本人である自分は、この「ホゼー・トレス」という楽曲に「日本」を感じたりしない。強いて言えば、感じるのは汲めども尽きぬ「ひとりの地球人のパッション」だろうか。

我輩はカモである。

三浦信くんの初のアルバムの為に原稿を頼まれて書いている。この作品を自分は楽しみながら聴き、同時にどこか懐かしい感情を抱いた。

このアルバムに於いて、三浦信が採用している音楽制作のスタイルは、自分にとっても覚えのあるものだ。

つまり。旅を繰り返しては、未知のレコードを探し求め、自分を驚かせてくれた瞬間を採集し、夜な夜な単眼鏡を嵌めて加工を施す。螺鈿・雲母・象嵌・ゴブラン織。そこに、作家独自のポエジーやエスキースを振り掛ける。言葉にした途端に揮発してしまいそうな香り。まあ、そんなところ。

このスタイルを懐かしんでいるわけではない。この手法にはまだ大いに可能性があるとも思う。音楽には、あるいはポエジーには、無限の可能性があるのだ。とかなんとか、書いておきます。誰かがこのテクストを宣伝の為に孫引きするかもしれないから。

大きな懐かしさを、自分の記憶の中から呼び起こしてくれたのは、あるトラックの中の、とある短いフレーズ・サンプルだった。それがどれであるかは、もちろんここでは書かない。

お、ミウラもあのレコードを持っているのか。かなり珍しいレコードなのだが。いったい何処で、いくら払って手に入れたのか。そんなことを考えているうちに、かつて出会ったレコード・ディーラーのことを思い出してしまい、それからは微苦笑が治まらない。

もちろんレコード・ディーラーにも様々な人間がいるのは当然だが、かつてヨーロッパで出会った、主にDJたちが好みそうな高価なレコードを持っている男たちには、いくつかの共通点があった。

まず、連絡を取ると、では明日の夕方、オマエの泊まっているホテルのロビーに行く、と指定してくる。

そして当日、レコードバッグを抱えて現れたディーラーの男は、たいてい女連れなのだ。

向こうもこちらと同類、中古レコードに血道を上げる人間。ハンサムな色男などであるはずもない。だが、それにしては彼らの同伴者は妙に魅力的なのだ。

イタリア人の中古盤屋はワイフだ、と紹介してくれた。大きく胸の開いた赤いワンピースを着ていた。あと5歳若ければ、映画女優だ、と言われても信じただろう。大きな買い物をした後で、領収書をくれ、と告げたら、大きなノートブックに「11枚の中古レコード・〇〇〇ユーロ」と書き殴り、女はその紙片に赤いキスマークを捺した。その領収書はあるサウンドトラック盤のLPレコードに、いまでも挟み込んである。

さて、問題はパリで出会った男だ。買い物をしようと入ったあるブティックで、「オマエはレアなレコードに興味があるのじゃないか」、と声を掛けてきた店員がこの男だった。貰った名刺に書かれた番号に電話すると、日曜の夕方、ホテルのロビーに若い女性を伴ってやってきたのだ。

厳選したレア・アイテムばかりを持参したのか、レコードの量は慎ましい。だが若い女の服装はそうではなかった。銀色のジャージー素材・ミニ丈のワンピース。破れた網タイツ。ヒールの高い革のブーツ。赤いウィッグ。黒く隈取された瞳。ずっと煙草を吸っている彼女は、ハードコア・パンクを愛する音楽ファンのようにも、街角に立つ女性のようにも見える。黒のフェイクファーのコートを着ていると、なおさら判別しにくくなる。

ロビーで商談をするのはむずかしいので、自分の泊まっている部屋に招き入れた。

一瞥して、レコードの中に興味を惹くものは何もなかった。なるほどレアなのかも知れないが、自分の好みとはまったく異なるジャンルの物ばかり。

まあ、せっかく来てくれたのだから、と、お義理で2、3枚のレコードを抜くと、とんでもない値段を言う。即座に「ノン」というと、男は急に慌てて、幾らなら買うのか、と訊ねてきた。

　せいぜい3枚で50、というところ。男は怯んで、このレコードがいかにレアか、ということなどをまくし立てるが、こちらは聴く耳など持たない。

　反対に嘲笑うように、どうだ、この箱全部で５００にしないか、と言ってみる。もちろん男はノー、という。

　わかった。こちらもノン・メルシー。さよなら。すると男は、待て、８００でどうだ、と懇願してくる。
　５００、と言ったはずだ。
　待ってくれ、７００にしないか。７００出してくれたら、本当にレアな7インチのレコードを持ってくるから。

　そのレコードには自分も大いに興味があった。いまや世界的に有名なジャズＤＪと知り合った夜、その男がセットの最後に掛けたのはそのレコードだったはずだ。

　あいつもこの俺から買ったのさ。男は真剣な表情で話す。

　では、そのレコードをいま持って来てくれ。夜8時まで待つから、このバッグは置いていけ。そう言うと、男は憤慨して、それならアンタも金を見せてくれ、という。

　自分は賭けに勝った。ジャケットの内ポケットには７００ちょうど入っていた。出来る限り、余裕を見せて紙幣を男に手渡す。君の方こそ、信用できるのか。

　すると男はマリーテレーズ、と震える声で女に声を掛ける。女はとくに取り乱したりせず、男と小声で何か話している。すると、あろうことか、男は女を後ろ手に縛って部屋を出ていった。

　しばらくすると、女が英語で、紐を解いて、という。終始、無表情だった女が、いまにも泣きそうな顔をしている。

　もちろん。すると、今度は煙草を頂戴、と言う。当時、自分がまだ吸っていたメンソールのアメリカ煙草を渡すと、女は一服して、そして部屋のライトを暗くした。

　ドアをノックする音がして、慌てて部屋の灯を点けた。夜の8時すこし過ぎ。一枚のシングル盤と、一台のポータブル・プレイヤーを手に、男は戻ってきた。

　今度は男が薄ら笑いを浮かべている。君が欲しいのはこのレコード、だろう？

　そう言って、おもむろにシングル盤に針を下ろすと、聴こえてきたのは女の喘ぎ声だった。

　おっと、間違えた。君たちが気に入っているのは裏面のほうだったな。そういって掛けたのは、紛れもない、あの完璧なジャズ・トラックだった。

　知っていると思うが、これは本当にレアな7インチなんだ。いま部屋に戻ってストックを見たら、これが正真正銘のラスト・コピーだった。どうだろう、もう２００、出さないか。

　気が付くと、女は男の膝の上に座っている。ミニ丈のスカートはめくれ上がっている。自分は黙って、ジーンズの尻のポケットから追加の紙幣を出した。このカップルに、早く帰って貰いたかったのだ。

　そんな、甘いような、苦いような記憶と共に甦るあのトラックが、このアルバムの中でたった一箇所、使われている。

　三浦信が、そのレコードをどのようにして手に入れたのか、自分はいつか聞き出すことにしようと思う。恥ずかしがることなどない。むしろ誇りに思うがいい。あの世界的に有名なジャズDJ。あいつも、同じようにカモられたのだから。

面白おかしく生きてきたけれど。

ピエロ・ウミリアーニ／禁じられた欲望

信じられないアナログのリイシューを、いま手にしている。90年代から多くのレコード・コレクターが手に入れたい、と願いながらも、ほとんどお目にかかることさえ叶わなかった一枚だ。

ぼくはいままでに四度、このレコードの実物を見たことがある。最初は大阪の、とあるレコードショップの壁に飾られていた。試聴させてもらえますか、と尋ねると、すこし笑って、いいですよ、と答え、だがレコードではなくてCDを聴かせてくれた。その頃はまだ簡単にCD－Rを焼くことの出来る時代ではなかったので、何処かで作ったブート盤のCDなのだと思った。恐る恐る値段を尋ねると、やはりこちらの考えていた金額とは違って、とても手が出せない。どうも有難うございました。そういうと、おかしなことにそのレコードショップのご主人は、かけていたCDをプレゼントしてくれた。いいんですか？　と訊くと、向こうのディーラーがぎょーさん呉れたんですわ、と言っていた。

次にこのレコードを見たのは、イタリアのレッジオ・エミリア、という町で開かれた「インターナショナル・ラウンジ・フェスティヴァル」というイヴェントに招かれたときのこと。ピエロ・ピッチオーニ他、イタリアン・ムーヴィーの伝説的なコンポーザーがゲストで招かれていたイヴェントで、パオロ・スコッティやニコラ・コンテと初めて会ったのも、このときだった。

日比谷野音を少しだけ大きくしたような円形の音楽堂で、客席の後方では、スナックや飲み物などの模擬店の他、CDやTシャツ、それにもちろん中古レコードを売るブースなどがあって、賑わっていた。

その中でひとつ、けして品数は多くないが、レアなサントラのアルバムとライブラリーだけを売っているブースがあって、そこでは若いブロンドヘアの女性がひとり、いかにも店番、というような、商売っ気のない素振りで白ワインを飲んでいた。

その夜店でいちばん目立つところに飾られていたのは、やはりこのレコード。ヨーロッパのレコードショップでときどき見かける、やけに厚手のビニールのカヴァーの上に、途方もない金額と、何か書き殴ったような文字が読める。ブースに集まる客はその落書きを読んでは大笑いしているのだが、日本人には判読し難い文字だったので、一緒にいたコーディネーターのマウロという男に尋ねてみた。すると嬉しそうに店番の子にひとしきり話しかけた後で、ようやくこちらに話してくれた。あたしの母さんの若いとき、だってさ。

三度目もやはりイタリア。今度は同じフェスティヴァルが、イタリア屈指のリゾート地、リミニの海岸に場所を移して開かれたときだった。このときは、やや規模も縮小して、いわゆる海の家のモダンなスタイル、というような会場で行われたのだが、それでもライヴ、ＤＪ、と盛り沢山のプログラム。まして日本から自分のような人間を招待してくれるだけの予算を投じたイヴェントだったのだから、かなりの集客は見込んでいたに違いない。久々に会ったニコラ・コンテも、すでにイタリアの地方都市を飛び超えて、世界のトップＤＪの仲間入りを果たしていたし。

その会場も、グラウンドフロアは大きなホール、その上の階では賑やかな模擬店や、インディ・レーベルのコンタクト・ブースが軒を連ねていた。会期二日目、ぼくはゲストとして招かれていた著名な映画音楽家と、音楽祭の実行委員長である旧知のＤＪと一緒に会場をそぞろ歩きしていた。

ある中古レコード店のブースで、やはり目を引いたのは、この「禁じられた欲望」のジャケットだった。価格は以前よりさらに高騰していた。

すると、どういうわけか、その映画音楽のマエストロが、このアルバムに興味を示している。ほとんど購入を検討している、というような態度で、矯めつ眇めつしているのだ。

ぼくはたどたどしい英語でジョークを言おうとした。前回の音楽祭の会場で、あたしの母さんの若いとき、と書かれたレコードが出てましたよ。

すると、巨匠は不機嫌そうな顔で、きみはそれを買ったのか、と尋ねてくる。まさか、と答えると、この女優に娘はいない。なぜならこの女優はかつてのエクス・ワイフだ。そう答えて、ブースを離れた。ぼくは言葉に詰まってしまった。

最後にこのレコードを見たのは、数年前。友人のＤＪがレコードバッグから取り出して見せたのだ。どちらで、というと、都内某所で、という。何でもイタリアからディーラーが来て、持ち込んだ内の一枚、ということだった。高かったでしょう、と水を向けると、その話には応えず、そのイタリアのディーラーは、このジャケットの女優の娘から直接買った、と言ってたそうですよ、と話してくれた。

いわくつきのアルバム、という話。そう受け取ってくださいませ。

川勝徳重さん

自分にとって川勝徳重さんは最も年齢の離れた友人です。池袋の映画館で偶然近い席に座ったとき、休憩時間に声を掛けてもらい、それから付き合いが始まりました。若いのに本当にいろいろなことを、それも無駄なことばかりをよく知っている面白い青年だな、と思いましたが、今回の新作を読んで、いよいよ面白い人と知り合ったものだな、と嬉しくなりました。

さて、本作品は東京の小さなナイトクラブが舞台となっていますが、ぼくもときどきクラブでＤＪをしていて、川勝さんもしばしばそのパーティーに来てくれる、いわば常連のひとりです。

ぼくがＤＪをするようになったのは、古い時代の音楽をより楽しく、より新鮮な解釈で聴きたいと考えたからであり、そして自分はしばしば、年若いＤＪや音楽家の方々から、いままで気付かずにいた古い音楽の素晴らしさを教わるのです。

　いっぽう自分は漫画について語ることができるほどの知識を持ち合わせていませんが、本作品を読んだとき、どこかそんなＤＪカルチャーから受けるものと似ている、と感じたのでした。

　乏しい自分の知識では、川勝さんの作品からはいつもＡ、という漫画家の作風を連想していました。正直に書くなら、そのＡ、という漫画家を、自分はデビューから数年間の作品だけ読んで知っており、またけっして熱心なファンにはなれなかったのでした。

　ところが川勝さんの作品を読むと、自分がＡ、という作家に対してつまらない、と考えていた部分でさえ、彼は大きな長所だと捉えていると知ることができる。つまり川勝さんの漫画を通して、Ａという作家に対する新しい魅力を見出すのです。これはいままで誰も見向きもしなかった音楽の良さをＤＪが発見する、そのこととよく似ています。

　こじつけ、と思われるかも知れませんが、とにかく自分には彼が新しい批評眼を持った若い音楽家かＤＪのように感じられたのです。この場にふさわしい言葉をようやく思い出しました。ヌーヴェル・ヴァーグ。それです。今後も川勝徳重さんに注目していようと思います。

時が僕に与えられたら。

　２０１５年の秋からＴＢＳラジオで音楽番組をやっているのだが、これが思いのほか楽しい。ウチの奥さんからも面白い、と反応があって嬉しかった。恥ずかしいからやめて、と言われたら、もちろん辞めたはず。です。

　毎週木曜の夜9時から一時間の生放送。ナマでやる、と決めたのはここ数年、一週間のほとんどを都内の名画座に潜り込んでいるからだった。事前に収録にすると、その分ムダな拘束時間が生じてしまう。生放送なら週に一度、番組のギリギリ30分前に放送局のスタジオに駆け込めば、番組当日の午後いっぱい映画館にいることができる。そう考えていたのだけど、じっさいに番組がスタートして放送当日の昼間に映画を観たのは二回だけ。選曲に悩んだり、レコードが見つからなかったり、けっきょくは放送の直前までじたばたするばかり。たとえ運良く劇場に行くことができたとしても、夜の生放送本番のことばかりがアタマをかすめて気が気じゃない、というのが正直なところだ。

　とはいえ、この年齢になってラジオのディスクジョッキーをやる機会が巡ってきたことは幸運だった。ちょうどここ何年か、クラブでＤＪをする時のスタイルもすっかり変わった。以前なら、誰も知らないが自分だけは大好きな曲を選んで半ば自慢気にプレイしていたけれど、いまではそんな気持ちはすっかり消え失せて、せっかくＤＪできるならその場所にいる誰もが知っている曲を、と考えるようになった。誰もが知っているけれど忘れていた曲。あるいは、まさかここで聴くとは思っていなかった曲。すっかり忘れていた曲を突然耳にしたとき、なぜか人の脳内は活性化される。ホラ、誰かと話していて、不意に自分の得意分野の話題が始まると人は饒舌になってしまうというヤツ。アレを梃子の力のように利用して盛り上げる、というワザを覚えた。

　もうひとつ。生放送だとその人のパーソナリティーのようなものが顕になる。どんなにカッコつけて喋っていても、次の曲の頭出しに手間取ったり、CDプレイヤーが読み込まなかったり、ちょっとしたアクシデントが起きると、つい余裕がなくなってその人の地金が出てしまう。自分は若いときからずっとそれを恐れて回避していたような気がするのだけれど、とうとうオヤジになって羞恥心が麻痺してきたのか、いまさら取り繕っても仕方ない、と思うようになってきた。たとえば和田アキ子さん、香取慎吾さん、八代亜紀さん。自分が垣間見たお茶の間の人気者たちは、オンでもオフでもTVを通して知っているそのまんまのキャラクター。素のままでメディアに出ているかどうか。視聴者はそこを瞬間的に見極める。自分も生放送をやるようになって、何となくその辺が解ってきた。

時が僕に与えられたら、僕は最高にご機嫌さ。DJするときも、ラジオで喋るときも、つまりこの気持ちだよな、と最近は思っております。

紳士とは。

スポーツには縁のない人生だが、小学校の一時期、野球に夢中になったことがある。ほんのひと月ほど熱中して、しかしすぐにやめてしまったのには理由があった。

ほんの些細な事だった。ある日の放課後、近所の遊び場で級友たちと2チームに分かれて草野球をした。飛び抜けて巧い選手がいるわけでもなく、双方とも凡打で進行する。それでも同点で6回を終え、試合の行方は判らなかった。

7回の裏、相手チームの攻撃の最中に遊び場の時計塔が6時を指した。小学生の時に預けられていた叔母のところでは、夕飯前の6時に帰宅するのが規則だった。宿題もあったし、その日はTVも観たかったし、6時になったから帰るね、と自分は友人たちに告げた。

すると相手チームのひとり、タケダくんが突然食ってかかってきた。おい、いま帰るのかよ。だって6時になっちゃったもん。そう答えた途端、彼は自分を両手で突き飛ばした。

いまでもその時のことを思い出す。自分は親の言うことを守ったつもりだったが、空気を読まない奴だ、と思われたのか。それとも試合を投げ出すなんて卑怯な男だと思われたのか。

人生に於いては、社会のルールに従わなくてはならない時と、自分のルールを貫くべき時がある。そして人はしばしば判断を誤る。生まれた時から紳士である人間などいない。過去の過ちを悔い、今後はけっして卑しい人間にはなるまいとするその人が紳士なのだ、と思いたい。

面白おかしく生きてきたけれど。

●女の子には名前がある。

舌出し天使

キリスト教圏の国々では、生まれて来た子供に「天使」と名付けるのはごく普通のことなのだろう。アンジェラやアンジェロ、アンジェリカ、アンジェリーナといった名前はどれもエンジェルに由来している。たしかに外国に行くと、まるでキャラメルのパッケージに描かれているような、それは綺麗な顔の赤ん坊を見かけることがある。あの子供たちは大人になってもずっと綺麗な顔のままなのだろうか。たとえどんな容貌になっても名前だけはいつまでも天使のままで生きる人生。それはとても興味深いものだ。

ぼくも天使のような顔をした女の子をひとり知っている。彼女とはあるパーティーで知り合った。その顔を見た途端、もう目を離すことが出来なくなってしまうほど美しい娘で、誰かと世間話をしていても、視線はつい泳いで行ってしまう。

そんなぼくに気づいたのか、ＤＪの友人が彼女を紹介してくれた。瑕ひとつない、あまりにも整った顔。吸い込まれるように見つめていると、母親が外国人なのだ、と彼女のほうから話してくれた。その声は意外にもすこしハスキーなアルトだった。名前を聞いたが、もちろんエンジェルという名前ではなかった。

パーティーもそろそろ終わる頃、ポケットの中の携帯電話が鳴って、ぼくはひとりその場を抜け出した。すると階段の踊り場で、天使のような顔の娘はぼくの友人とくちづけを交わしていた。

それから一年ほどが過ぎて、ぼくは彼女と再会した。頭の中をフル回転させて、ようやく彼女の名前を思い出すと、結婚して名前が変わったのだという。だってあなたはたしか20歳になったばかりではありませんでしたっけ。そう尋ねると、自分でも驚いているの、と笑っていた。それから何時間か後で、今度はぼくが彼女にくちづけていた。

そしてつい最近、まったく偶然にぼくは彼女と会った。二年ぶりになるのだろうか。食事に誘うと、きょうは時間がない、という。専業主婦なのでしょう、と訊くと、もう随分と前に離婚したのだけれど、きょうはその結婚相手だった人と先約があるの、といってペロッと舌を出してみせた。そんな彼女の顔は以前にもまして美しかった。ふたりはまたくちづけして別れた。

「舌出し天使」というのは１９６０年代の後半に写真家の立木義浩が発表した組写真のタイトル。今月もまた写真集の題名を拝借するなんて、まったく芸が無いなあ。あの頃立木義浩は「イヴたち」「エロチカ・ラロチカ」と素晴らしい写真集を立て続けに発表していた。でもこの「舌出し天使」は残念なことに写真が題名に負けていた。いや、タイトルが出来過ぎだったということなのだろう。

北国の少女

ザ・ガール・フロム・ノース・カントリィ。もちろんボブ・ディランの有名な歌のタイトルだ。

去年、日本でも翻訳書が出版されたボブ・ディランの自伝を、ぼくはまだ途中までしか読んでいない。たった数行のセンテンスの中に、そのまま一曲の歌詞を作ってしまうことが出来そうなほどの詩的な情景が描かれていて、味わうように読んでいると、一章を読み終えるのにはちょっとした時間がかかるのだ。

詩人か芸術家の伝記はどれもみなそうだが、ディランの自伝に登場する女性たちもまたたいへん魅力的に描かれている。

1960年代以降、いい女とはつまり誰とでもベッドを共にしてくれる気立ての優しい女性のことを意味する、というような時代がしばらく続いたけれども、いまはどうなのだろう。「北国の少女」という歌のヒロインは、どんな女性だったのだろう。

ぼくもまた北国は札幌の出身である。中学や高校に通っていた頃は早く逃げ出したくてたまらない場所だったが、東京で大学生活を送るようになると、いつの間にか懐かしい街になった。

高校時代の友人で、とても仲のいい男がいた。長い休みで札幌の街に帰るたび、いつも一緒に遊んでいた。午後はコーヒーを飲み、夜は酒を飲みながら、とりとめもなく話し続けていた。その頃、いつも見かけるひとりの女の子がいた。午後の遅い時間に、ぼくと友人がいつも行く喫茶店に行くと、彼女はかならずいた。夜の九時を過ぎて、その日の一杯目の酒を飲む店でも、彼女のことはよく見かけた。彼女はどうやらぼくの友人に恋をしているらしかった。

日本人形のように美しい、という月並みな表現があるけれど、まさしくその通りに前髪を切り揃えていて、いつも赤いスウェーターに黒のスカート姿だった。スカートの丈は短く、脚がとても綺麗だった。いつも黒のシンプルな形のハイヒールを履いていた。抜けるような白い肌の女性だった。

彼女がぼくの友人に夢中だということは、誰に聞くまでもなくわかった。いや、人伝てに聞いたのは、彼女はぼくの友人の言うことならどんなことでも従う、という噂だった。

だがいつも顔を合わせるのに、ぼくは彼女と言葉を交わしたことがなかった。友人はぼくに彼女を紹介してくれたことは一度もなかったし、彼女のほうも長いヴァカンスの間ずっと自分の恋人を独占してしまう男のことを不愉快に思っていたことは想像に難くない。

それから何年も経ったあとで、ぼくは初めて彼女と言葉を交わした。とうの昔にぼくは大学を卒業していて、日々の仕事に追われてあくせくとするようになっていた頃だ。

正月休みで帰った札幌の街で、ぼくは友人を待ちながらひとりでビールを飲んでいた。

友人は大学を卒業できぬまま、ある日突然年上の女性と結婚し、そして間もなく別れた。

毎晩この酒場に友人が顔を出すのは知っていたし、こちらはビールを飲みながら文庫本でも読んでいればいくらでも時間を潰すことが出来る。

そんなところへ彼女が現れた。ぼくの名を告げ、隣りに座ってもいいですか、と訊くので、もちろん、と答えた。初めて話すことになるのだが、彼女はぼくのことは何でも知っている、と言った。いつも友人から聞いていた、と言って笑った。

友人が結婚した後も、彼女はずっと親密な関係であったらしい。

彼女は意外なほど酒が強かったし、会話も弾んだ。午前三時を廻って、酒場は閉める準備を始めた。友人はついに現れなかった。酒場を出ると街はまだネオンで明るかったが、粉雪が降っていた。

送って行きましょうか、と尋ねると、彼女はそれには答えず、ぼくのダッフルコートのポケットに手を入れた。そして「あなたのことは何でも知っているの」という言葉を繰り返した。それから明け方までの何時間かを、ぼくは彼女の部屋で過ごした。

NICE GIRLS DON'T STAY FOR BREAKFAST

1950年代から60年代にかけて活躍したジュリー・ロンドンという女性歌手のレコードをこのところ集めている。

彼女は金髪で美しいルックスとハスキーな歌声の持ち主で、およそ40枚近くある彼女のアルバムは、どれもそのことを前提にプロデュースされている。とくにその制作の狙いが成功している作品はどれもみな、ぜんたいに伴奏の音が控え目で、たとえばジャズ・ギターとダブル・ベースのみ、あるいは薄絹のようなストリング・セクションがひっそりと加えられているだけの編曲が施されている。

これはもちろん聴き手に対して、彼女がまるですぐ傍らで歌っているかのような印象を与える、という効果を狙っているためで、そうしたアイデアが功を奏しているレコードはたしかにどれも素晴らしい。

ジャケットを飾る彼女のポートレイトがたいへんに美しく悩ましいのは当然であるとしても、選ばれた楽曲のレパートリーもまた男性ファンが抱くであろうロマンティックなイメージを助長する役割を果たして裏切ることはない。

つい最近手に入れた一枚のアルバムは、その数多い傑作の中でも、とくに選曲が彼女のパブリック・イメージと見事に合致していて、思わず微苦笑してしまうほどの作品だった。

アルバムのタイトルからして出来過ぎている。ナイス・ガールズ・ドント・ステイ・フォー・ブレックファスト。素敵な女の子は朝食の時間まで居残っていたりしないもの。こんなふうに訳してみたけれども、はたしてこれが正しいのかどうか。

そもそもここで言う「ナイス・ガールズ」とは、いったいどのような女性たちなのだろう。お行儀の良い子、という意味だろうか。それとももっと遊び慣れている娘たちのことを言うのか。男たちの願望をじゅうぶんに理解して、ときにはそれに応えることさえ出来る、話のわかるいい女。そんな含みがあるのだろうか。

この表題曲がアルバムの冒頭を飾っているのだが、続く2曲目から後の歌もまた何とも思わせぶりなものばかりだ。

「夢を見るには大人になってしまった」「あなたに夢中になった」「私の持っているものは総てあなたのもの」「ユー・メイド・ミー・ラヴ・ユー」「ベイビー、家へ来ない？」

ここまでがレコードのA面である。

B面の選曲にはすこし捻りがある。

「時さえ忘れて」「私はあなたに降伏した」「あなたの虜になった」「あなたの替わりはいない」これらはみな有名なスタンダード・ナンバーを直訳したものだが、原題を言い当てることが出来るだろうか。

捻りが効いているのは次の二曲だ。

「口笛を吹いて」これはもちろんウォルト・ディズニーの「ピノキオ」の挿入歌だが、すっかり大人向けのハーモニーに書き換えられたこの歌はまるで男の肩越しに、何かあったときは口笛を吹いてちょうだい、と囁いているように聴こえる。そしてアルバムのラストに置かれているのは何と「ミッキーマウス」の歌である。

誰もが知っているこの歌を、ジュリー・ロンドンはいつものようにギターの伴奏だけで静かに歌う。

さあ、友だちにお別れを告げるときが来たの。エム・アイ・シー・ケイ・イー・ワイ・エム・オー・ユー・エス・イー。

歌い出しのこの一行のためにこの曲を選んだのだとしたら、それは見事な演出である。

短い逢い引きの終わりに、他愛のない歌を歌い微笑んでみせる女。

ジュリー・ロンドンがこんな場面を演じるのは、たとえばディーン・マーティンが酒浸りのジョークを言うのと同じように滑稽で、また粋である。それにしても「ミッキーマウス」というのは凄い。

そういえばぼくが大学生だった頃、一晩あなたの部屋に泊めてもらいたい、という女性がいた。

彼女はぼくと同じ年齢だったが、ずいぶんと大人に見えた。申し出を断る理由もなかったので、ぼくは彼女を部屋に招いた。

音楽を聴いたり、コーヒーを飲んでおしゃべりをしたりするうちに夜が明けて、やがて彼女は帰っていった。

いま思うと、彼女は何か特別なことを望んでいたのかも知れない。けれどもぼくはまったく、見事なまでに彼女に対してロマンティックな感情を抱いていなかったのだ。朝ご飯でも食べていく、と尋ねたのだが、彼女はいらない、と言ってぼくの部屋を出て行った。

その女性が最近、都内に小さなバーを開いたという話を聞いた。

●女の子には名前がある。

夕方の早い時間に店を訪ねて、何かカクテルでも注文したら彼女は驚いてくれるだろうか。そんなことを考えたが、もちろん考えてみただけだ。

バンブー・ガール

インターネットの本屋で、古いカメラ雑誌を手に入れた。いまから36年前の雑誌だが、それほど昔のものとは思えない。

その号のハイライトともいうべき特集は、あのサム・ハスキンスが来日したときに京都で撮影したというヌードのページだった。美しい竹林を舞台にした組写真で、その名も「バンブー・ガール」というタイトルが付いていた。扉ページにはハスキンス自身によるコメントが掲載されていて、いくつかの苦労話を披露している。いわく、準備期間があまりに短く、言葉の障壁もあり、モデルとの親密な関係を築くことが出来なかったこと。竹林の中では光量の不足に大いに悩まされたこと、など。

いっぽう日本人の若いモデルと助手がたいへん協力的だったこと、そして何より日本のメーカーが提供してくれたカメラがじつに使い易く、その後も愛用していることなども書かれていて、使用機材のデータが細かく載っているのを見ると、一種のタイアップ記事だったことが判ってくる。

もっとも当時、スポンサーの協賛なしには人気の頂点にいたハスキンスの撮り下ろしページなど作りえなかったに違いない。モデルの表情が微かに現代の日本女性と異なっていることを除けば、歳月の流れをまったく感じさせない、瑞々しい魅力に溢れた作品だった。

それにしても古い雑誌を眺めていることほど愉しいことはない。この写真専門誌を手に入れた日も、まったく時の経つのを忘れてしまった。

とりわけ興味深いのは読者による投稿やフォトコンテストのページで、中でも女性モデルを使った屋外での撮影会のグラビア記事にぼくの眼は釘付けになった。

その月の撮影会は三人のモデルが出演したのだが、あるひとりの女性だけが本当に美しく生き生きとしていて、他の二人を圧している。

彼女は顔立ちもエキゾティックで強いのだが、何よりも服装が個性的で人目を惹いた。

一枚の写真では彼女は丈の短い、カラフルなマルチストライプのニットを着ていた。また別な写真では英国の国旗を縫い合わせたかのようなミニのドレスを身に着けていた。

それに比べて他の二人のモデルはまったく無個性なブラウスを着てポーズを取っている。これはどういうことなのか。スタイリストが彼女を特別扱いしていたのだろうか。

まもなくその謎は解けた。ある出版社の資料室に古い写真を借りに行ったとき、閲覧した雑誌に彼女は同じ服を着て写っていた。隣りには服飾デザイナーであるという夫君が微笑んでいた。新進気鋭のファッション・デザイナーと美しいモデルのカップルは、当時はそれなりの有名人だったようなのだが、ぼくはその二人の名前を知らなかった。

写真選びに同行していた年長のレコード・ディレクターが、なんだ小西くんは知らないのか、と笑った。何なら今度その夫婦の娘に会わせてあげようか。

次の打ち合わせの日に先輩のディレクターは本当に若い女の子を連れてきた。驚いたことに彼女はぼくが写真専門誌で見たのと同じマルチストライプのニットを着ていた。彼女はやはり美しかったが母親よりもずっと長身で、ミニ丈はいっそう短く見えた。

お母さんのお下がり、と尋ねると、よくご存じで、と笑った。物怖じしない、快活な話し方は彼女の育ちのよさを窺わせた。彼女も職業はモデルだという。またしてもぼくは知らなかった。

帰宅して、深夜にパソコンを立ち上げると彼女の名前を検索してみた。有名人の娘はやはり有名人であるらしい。

いくつかのホームページを見た後、ショッキングな写真が現れた。それは海外の雑誌のためのピンナップで、ヌードだった。彼女は白塗りの花魁のようなメイクアップで、肩から背中にかけては大きな刺青が描かれていたが、よく見るとそれはいかにも偽物めいた和洋折衷の絵柄で、二の腕には「PRINCESS BAMBOO」と入っていた。かぐや姫か。ぼくは訳もなく安堵の溜息をついていた。

ところが後日談がある。彼女の二の腕のタトゥーだけは本物だった。どうしてそれが判ったのかは、ここには書かない。

チェルシー・ガール

「チェルシー・ガール」というのは、もちろんあのヴェルヴェット・アンダーグラウンドの最初のアルバムで3曲を歌ったニコという女性歌手の最初のソロ・アルバムのタイトルだ。

ずっと昔に手に入れてから、ときどき思い出したように聴くレコードなのだが、彼女のことも、このアルバムについても、じつはほとんど知らない。アルバムのタイトルにもなっている「チェルシー・ガール」がどんな内容の歌なのかも知らずにずっと聴いている。

音楽の傾向で言えば、これはロックというよりもむしろフォークソングに近い。ジャクソン・ブラウン、ルー・リード、それにボブ・ディランなどの作品を、アコースティック・ギターを伴奏に、ごく淡々と歌っているトラックが片面に5曲ずつ収められている。ともすれば単調で退屈になってしまうのを回避するために、ところどころに木管楽器や小編成の弦楽器のアンサンブルが添えられているのだが、これはプロデューサーのトム・ウィルソンが独善的に加えたもので、ニコ自身や作曲者のルー・リードは後のインタヴューなどで否定的な発言を残している。

けれどもこの編曲は、アーティスト当人が何と言おうとも、素晴らしい効果を上げていて、この作品に永遠の輝きを与えている。たしかにこのオーケストレイションはニコやルー・リード、それに当時の進歩的なリスナーたちにとって「ヒップ」なものではなかったのかもしれないが、後の流行語となった「キャンプ」そのものと言っていいイメージを音楽に加えている。その後、彼女は何枚かのアルバムを吹き込んだが、時の流れに蝕まれることなく残ったのはこの最初の作品だけだった。

何よりも彼女の声が素晴らしい。むしろ男性の音域に近い、深いアルト。英語の発音にはドイツ語の硬いアクセントが残っているのをはっきりと聴き取ることが出来る。モノクロームとカラーの二重写しになった美しいポートレイトを眺めながらこのレコードを聴いていると、むしろ歌われている言葉の意味など知らずにいたほうが良いのではないかとさえ思う。ヴェルヴェット・アンダーグラウンドのアルバムもそうだが、このレコードも聴くのなら真夜中よりも午後の眩しい光の差し込む部屋で聴くことをすすめる。小さな音量で。もちろんひとりで。

このアルバムのことをぼくに教えてくれたのは、二十代の頃に知り合った少し年上の女性だった。名前だけは知っていたこのレコードを未だ聴いたことがない、というと彼女はぼくに貸してくれた。いつも黒い服を選んで着ている人だった。そういうと、いかにもニコのレコードなどを好んで聴く文学少女のような人を思い浮かべるかもしれないが、ニコとは正反対のとても可愛らしい声で笑う明るい人だった。たぶん京都か、あの辺りの育ちの人だったのだろう。言葉に優雅なアクセントが残っていた。

このレコードの他にもぼくは彼女から何度かレコードを借りた。クラシック音楽やシャンソンなど、ふだんぼくが聴かないジャンルのレコードばかりを彼女は教えてくれた。

ある日、彼女からジャック・ブレルのレコードを借りると歌詞カードの他に手紙の下書きが入っていた。ぼくも少し付き合いのあった年上のミュージシャンへの、それはかなり熱烈なラヴレターだった。読んではいけない、とは思いながらも、ぼくはそれを読んでしまった。ジャック・ブレルの、日本でもいちばん知られている歌の歌詞が引き写してあった。

その後、彼女とはふっつりと付き合いが途絶えてしまった。噂に聞いた話では、ある小説家と恋におちて、その人との間に子供を生んだのだという。けれども小説家とは結婚しなかった。ジャック・ブレルのレコードは、じつはまだぼくの手許にある。

モデル・エイジェント

女の子には名前がある。だがその名前はいつも両親が付けるとは限らない。ドゥヴィマ、というファッション・モデルの本名はドロシー・ヴィクトリア・マーガレット・ジューバという。スーパーモデルという言葉が生まれる以前のスーパーモデルのひとり。ニューヨークの街を歩いているところをスカウトされて、彼女はその名で呼ばれることになった。

リチャード・アヴェドンの撮影した、三頭の象の前でクリスチャン・ディオールのドレスを纏ってポーズを取るファッション写真。そのモデルがドゥヴィマだ。象の鼻に伸ばした腕も、腰から垂らしたリボンに沿わせた脚も、描かれた眉も睫も、躯ぜんたいが限りなく細く長く美しい。

この女性なら、むしろドゥヴィマという名前のほうが相応しい。古いエジプトか、あるいはインカ帝国の女帝のような響き。素晴らしいネーミングという他にない。

このドゥヴィマと並んでトップモデルだったのが、スージー・パーカーだった。

これもまた名前からして美しい。声に出して発音してみてほしい。細長い手足と、涼しい瞳と、薄い唇。都会的に洗練された着こなしの、快活でエレガントな女性を誰もが思い浮かべるに違いない。

彼女の名前は本名だったという。あのビートルズも映画『レット・イット・ビー』の中で、彼女の名前をシンプルなロックンロールにして歌っている。

オードリィ・ヘプバーン主演の映画『パリの恋人』には、この二人のトップモデルが揃って出演している。

グリニッジヴィレッジの古書店のアルバイト学生から一躍ファッション誌の新人モデルに大抜擢されるオードリィと、一流ファッション・カメラマンのフレッド・アステアとのラヴロマンスの物語だが、この映画にふたりのトップモデルは、そのものの役で出演している。タイトルバックの鮮烈なファッション・フォトの数々はいずれもリチャード・アヴェドンの作品だったし、たぶん彼女たちを映画に推薦したのはこの写真家だったのだろう。

ただインテリ娘のオードリィに対して、ふたりのモデルは何となく頭が空っぽ、というようなイメージを与えられている。だが実際のところはどうだったのだろう。一流のファッション・フォトグラファーやデザイナー、あるいはエディターたちに愛されたモデルなのだから、少なくともその仕事ぶりはプロフェッショナルなものだったのだろう。

ファッション・モデルの話を続けよう。ぼくも以前、ひとりの売れっ子のモデルの女性を知っていた。彼女はとても不思議な個性の持ち主だった。ひところは誰もがその名を知る人気者だったが、果たしてプロフェッショナルだったかどうかはわからない。

彼女のことは、実際に知り合う何年も前から、ＴＶの深夜番組やファッション誌のページでよく見ていた。黒い髪に大きな強い眼をしていて、いつも最先端のファッションを身に纏い、最先端のクリエイターの傍らに立っていたから、きっと近寄り難い、自分とは縁のない人だろうと思い込んでいた。

ところが知り合いのミュージシャン

の紹介で彼女に会ってみると嘘のように気さくでチャーミングな人物で、何だか拍子抜けするほどだった。

ある音楽のイヴェントに誘って見ると、彼女はあっさりと出演を引き受けてくれた。それから一時期、彼女とはよく顔を合わせることが続いた。彼女も何故かぼくのことを気に入ってくれたようで、新しいポートフォリオの写真を撮ることを頼まれたこともあった。写真などまったく素人のぼくに、どうして依頼が来たのかはいまもわからないが、とにかく誰かにカメラを借りて、広尾のとあるティールームで彼女の写真を撮影したことは憶えている。

彼女のことで鮮烈な印象を受けたのは、ロンドンであるファッション・デザイナーのショウを観たときのことだった。

いまでも英国を代表するメゾンとして君臨する、あるデザイナーにいたく気に入られたのか、彼女は何シーズンか連続してショウに出演していた。

ちょうど仕事でロンドンに来ていたぼくを彼女はショウに招いてくれた。美しい内装のイタリアン・レストランの店内で行われたそのショウは、典雅なバロック音楽に合わせてモデルたちがテーブルの間の狭い通路をすり抜けて行く、独創的かつシックな演出だった。

何人かのモデルが無表情に客席の中を通り過ぎたあと、黒髪の彼女は現れた。体格は見劣りするものの、やはりそのエキゾティックな美しさは人目を惹いた。

だが信じられないことに彼女は通路の中にぼくを発見すると、本番中であるのもお構いなしに手を振って「あとで会おうね」などと話しかけてくるのだ。これには面食らってしまった。

つぎに彼女と会ったのは五年ほど後のことだった。六本木のクラブで友人が開いたパーティーに行くと、バーカウンターの中に彼女はいた。

モデルはずっと前に辞めて、いまはアルバイト中、と言っていた。大きな黒い瞳は以前と変わらなかったが、何だか居心地が悪そうだった。

さらに半年ほど後のことだ。ある友人のＤＪがぼくを渋谷のクラブに誘ってくれた。元ミュージシャンのそのＤＪは、かつての彼女の恋人だった。ふたりの仲は公然の関係で、以前はよく一緒に雑誌にも出ていた。

何となく彼女の名前が出ると、友人は問わず語りに吃驚するような話を聞かせてくれた。この数ヶ月間、元恋人である友人に彼女は再三ストーカーまがいの行為をしてきたのだという。いまは新しい恋人と暮らしている友人の許に、夜半に電話をかけてくる。家の前で待ち伏せしている。挙句の果てに窓ガラスに向かって小石を投げてきたというのだ。

友人は女性に優しい男だったから、何度か電話に出ては彼女の話を聞いてあげたらしい。彼女の人生の中で、友人と付き合っていた頃がいちばん幸福だった、と言って泣いたのだという。

その後の消息では、彼女は故郷に戻ったという。友人は別の女性と結婚して、ぼくもパーティーに出席した。

帽子掛けと、椅子と、テーブル。

先月号の本誌で紹介されていた『inspired』という本を、ぼくもポンピドゥ・センターの中の書店で手に入れた。さまざまなクリエイターたちの仕事場やコレクションの写真は見ているだけでも楽しく、まさにインスピレイションを与えてくれるような一冊だった。とりわけ彼らの使い古した手帖や、雑多なアイデア・ソースを自由気ままに貼り付けたスクラップブックのページをただ並べた写真はたいへんに刺戟的だった。この本はむしろコラージュとグラフィティ・アートの作品集として捉えたほうが愉快だと思う。大きなキャプションはビジネス書の金言集のようでクールとは言えない。

この本を眺めていて、ぼくが最初に連想したのは英国のアーティスト、アレン・ジョーンズのカタログのことだった。

その名も『allen jones figures』と

●女の子には名前がある。

いう作品集は、ぼくの持っている本の中でもかなり気に入っているもののひとつだが、この90ページほどの画集の前半は彼の制作のための資料となったさまざまな図版が延々と紹介されている。そのレイアウトもジョーンズ自身の手によるものだ。

　ほとんどの図版はファッション誌やメンズマガジン、あるいはもっといかがわしい写真誌、それに映画のスティルなどから採られたもので、どれもみなエロティックな想像を喚起させるのに充分なものばかり。それぞれのページには題名が付いていて、テーマが提示されている。

「色彩としての女性」と題された最初のページにあるのは4点の図版だ。4分割されたページの左上に配置されているのは、青く透けるローブを纏った裸体の女性モデル。これは1966年の「lui」誌から。その右側にあるのが磨りガラス越しのモノクロームの女性のヌード。これも1966年の「lui」誌から。同じページの左下の図版は、アルミ箔で身体をすっぽりと包みミイラのように氷の寝台に横たわるモデルの写真を使った、1969年の「NOVA」誌の表紙。その横には大きな金属製のゴーグルで両眼をすっかり覆った女性モデルの顔のクローズアップ。これは1969年の「vogue」誌から。

「合成皮革の女」という題名のページ。中央にレイアウトされているのはラテックス・ラバーのボディスーツとブーツを身に着けた女性の後ろ姿のモノクロームの写真。この写真には英国の「group 3」というクレジットがある。右上にはやはりラテックス・ラバーのワンピースの広告イラストレイション。これはアメリカの通信販売のカタログから。下段には小さな図版が3点。キャストリー社のゴムのコスチュームを着たモデル。「exotique」という成人向け漫画雑誌の第30号の表紙と第17号の挿画。どちらもゴム製のマスクとコスチュームを身に着けた女性を描いたエリック・スタントン風のイラストレイションだ。

「広告における性」というテーマのページ。眼鏡をかけて髪を掻き上げ、白いブラとパンティ姿で跪くモデル、パット・ブース。これは写真フィルムのイルフォード社のダイレクトメールから。「over exposed」露出オーヴァー、というコピーが配置されている。「夢が叶う」というコピーの付いたセクシーなランジェリーの通販の広告。

　中でも興味深いのはキャドバリィ社のフィンガー・チョコレイトの広告。これは連続写真で、人差し指を突き出したポーズ。その指にチョコレイトが塗られたショット。続いて空舞台の写真。そして最後はフィンガー・チョコレイトを掲げたショット。ユーモラスなお菓子の広告だが、このページの中では何故かセクシュアルなイメージが付加される。とりわけチョコレイトを塗った人差し指はアレン・ジョーンズが描く女性の脚部の油彩画のぬめりとした質感に驚くほどよく似ている。

　こんな具合にアイデアの素材となった図版が20ページ以上も続くのだが、これが見れば見るほど素晴らしい。一見、雑誌からセクシーな写真や挿画をただランダムに切り抜いてきたようにも思えるのだが、何度も見ているうちにこのアーティストの徹底的な審美眼によって丁寧に選ばれていることが分かる。ときおりジョーンズ自身のドローイングなども置かれていて、どこまでが資料でどこからが作品なのか、その境界線が曖昧になる感覚が愉しい。こうしたイメージをさらに昇華させて、この作家は1970年代に30枚近い版画作品のシリーズを作っている。

　さてアレン・ジョーンズと言えばもっとも有名なのは、女性のマネキンを使った家具のシリーズだろう。トップレスの女性が両手を左右に差し伸べた帽子掛け。仰向けで膝を屈めた女性の脚の上にクッションが据えられたソファ。そして四つん這いになった女性の背中に透明なアクリルの天板を載せたテーブル。もちろん物議を醸した作品だが、それだけにいまでも大きなインパクトを持っている。この連作に匹敵するのは、たとえばメレット・オッペンハイムの毛皮に覆われたティーカップとスプーンだろうか。ジョーンズのテーブルに毛皮のティーカップ、というのは考えられるもっとも悪趣味なコーディネイトだ。

　女の子には名前がある。アレン・ジョーンズはこの一連の家具に、たとえばギタリストが楽器にルシールなどと名付けるように愛称を与えていたのだろうか。じつはそんなことを考えながらこの原稿を書き出したのだが、それはやはりこのアイロニーに富む芸術家には似つかわしくない。たぶん彼は女たちをそれぞれ「hat stand」「chair」「table」と呼んで愛したことだろう。

給油所にて。

先月はこの連載ページを病気で休んだ。自分でも初めてのことで驚いたが、今更ながら気づいたのは、人はいつかは死ぬ、ということだった。

　それなら、頼まれるままに引き受けているこのような文章の仕事も、出来ることなら悔いのないように、いつか書こう、と思っていたことから書いてしまおう、と考えた。

　考えてはみたのだが、何も思いつくことはなかった。

　もちろん、今までに書きたいテーマはほとんど凡て書いてしまっていて、もう抽斗の中は空っぽ、ということではない。もともと自分には書きたいことなど何もなかった。空っぽなのは自分自身だった。

　何日か経った後で不意に思い出した。そう言えばガソリンスタンドのことをまだ書いていなかった。

　おかしなことを言う、と笑われてしまうのかも知れないが、ぼくはガソリンスタンドのある風景が好きだ。自分で運転するわけではないから、それを眺めるのはもっぱら誰かのドライヴする自動車のシートに坐っているときだけだ。あの平らな屋根を戴いた現在のガス・ステイションの原型を作ったのは「口紅から機関車まで」のデザイナー、レイモンド・ロウィーだというのは本当だろうか。しかしそれが都会の最新式のものであれ、田舎町のさびれかけたものであれ、たいていのガソリンスタンドは美しいと思う。とりわけ夜の給油所は素晴らしい。知らない国のハイウェイ沿いに煌々と光る低い屋根の建物が少しずつ遠ざかっていくのを見つめているのは幸福なことだが、いっぽう真夜中の都市をドライヴしていて、ビルのある街角を曲がった途端、やけに眩しいガソリンスタンドに出会うのも嬉しい。ひとたび自動車を止めて降り立ってみると、しかしその光はけっして華やかなものではない。漂うオイルの甘い匂い。夜更けの給油所の懐かしさと物哀しさは、エドワード・ホッパーの絵画によく似ている。

　田舎町の片隅にポツリと建っているコンビニエンス・ストアにもなかなか風情があるが、センチメンタルな気分を誘うのはやはりガソリンスタンドだ。いつか年をとって今の仕事を引退したら、大型のカメラと三脚を担いで世界中のガソリンスタンドの写真を撮影して廻る、というアイデアを考えたこともあった。いまは誰かがそんな写真集を作ってくれたらいいと思う。これで書き遺しておきたいことはなくなった。死ぬための準備がひとつ終わった。

　だが、これだけではこの連載に相応しい話になりそうにない。ここまで思い描いてきたガソリンスタンドは男たちだけの世界だった。

　ときどき若い女性がアルバイトしているのを見かけることもあるが、ぼくが話そうとしているのは彼女たちのことではない。

　休日の午後。この辺りではあまり見かけない、エキゾティックな自動車が、静かに給油所の屋根の下に入ってくる。停車位置に止まると、ドアが開いて細く長い脚が現れる。もちろん、たいへん美しい女性だ。丈の短いワンピースを着て、髪は何故かアップにしている。給油している間、彼女はトイレで化粧を直している。

すると、ひとりの若い男がトイレに入ってくる。女性用トイレと間違えたか、と慌てるが、鏡越しに微笑んでくる美しい女性から眼をはなすことが出来ない。

誘われるままに男は彼女にくちづける。そして洗面台に彼女を載せて愛を交わしてしまう。

今度は男が彼女を誘うが、彼女は笑いながら自分の乗ってきた自動車に戻って行く。

運転席に坐っているのは夫だ。彼女はいま遇った男のことを話している。自動車が給油所を離れるとき、夫婦は揃って男に手を振った。

これはぼくの大好きなヨーロッパの漫画家、エーリッヒ・フォン・ゴッタの作品の一場面だ。もちろん女性の髪はブロンドである。

マドモワゼル・ブルース

今月のこのページに描かれた女性は、長谷部千彩さんの近刊『有閑マドモワゼル』のイメージなのだという。

「有閑マドモワゼル」というのは、もともとはいまから十年も前にある雑誌に連載されていたエッセーだった。以前、小さな版元がポケットブックのような体裁で本にしたこともあったが、この夏、ある大きな出版社が文庫本のかたちで刊行した。

その文庫本のカヴァーのイラストレイションを手がけているのが、このページをぼくと共に担当しているｅｎａさんである。

彼女曰く、文庫のほうは本を手にした人と表紙に描かれた女性との間には少し距離を感じるように留意した、とのこと。

いっぽう今月号の、つまりこのページのイラストレイションの女性は、より親密に感じられるような、けれどもやはり簡単には近づけないような存在として描いてみたのだそうだ。じつは、と改めて書くほどのことでも何でもないが、長谷部千彩さんはぼくの現在の妻である。こういうのはやはり活字で書いても照れくさいですね。つまりぼくは「有閑マドモワゼルと結婚した男」なのだった。

ついでに書くなら、以前、ポケットブックのような体裁で本にした小さな版元、というのも、ぼくと長谷部が夫婦で細々と経営している会社のことだ。妻、と種明かしした訳であるから、ここからは「さん」付けではなく呼び捨てである。

正直なことを言えば、ぼくの妻が自分の本にｅｎａさんの絵を使う、と聞いたときは意外であった。

ｅｎａさんが初めてぼくに作品をまとめて見せてくれたとき、ぼくはちょうど居合わせた妻に彼女のことを紹介した。それはぼくが彼女の才能に大いに感動し、いつか一緒に仕事がしたい、と思ったからなのだが、長谷部千彩の反応はけっしてぼくと同じではなかった。たぶんパーソナル・コンピュータに対する知識がぼくよりも豊富だったから、ｅｎａさんの作風に素直に驚きはしなかったのだろう。最初にｅｎａさんの作品を見たとき、ぼくがとっさに連想したのは日本画家の加山又造だった。モノクロームの美人画。髪やレースのランジェリー、といったディテイルの書き込みが生み出すエロティシズム。失礼なのを承知で、彼女にも加山又造の作品の素晴らしさを説いたことを想い出す。

それからのｅｎａさんの活躍は御存知の通り、もはや彼女以外の誰のものでもないスタイルを築いている。だが今度の文庫本のカヴァーを見たときに久し振りに加山又造のことが頭に浮かんだ。それはなぜなのか。

それにしても女性の感性というのは本当に独特であり、男とは比べ物にならないほど鋭い。今月の作品でｅｎａさんが狙っていたように、長谷部千彩はぼくにとって「より親密ではあるけれど、やはり簡単には近づけないような存在」そのものである。すべてお見通しのようで。

　書店の陳列棚に文庫本が入っているかどうか、夫婦揃って銀座の本屋を何軒か見て廻ったことがある。こういうときの女性はやはり可愛いと思う。そのとき、同じく文庫の棚にぼくのいちばん好きな加山又造の作品を見つけた。渡辺淳一の「化身」という小説の上下巻のカヴァーだった。

私の小さな宝石よ。

　ラルフ・バーンズが1944年に書いた、その名も「BIJOU」というジャズの名曲がある。ルンバのリズムを使ったチャーミングな器楽曲にジョン・ヘンドリックスがアダプトした歌詞は当然のことながら

「私の小さな宝石よ。
ダイアモンドもルビーも黄金も、
貴女のそばでは輝きません」

というような内容だ。

　レコードのジャケットやヴィデオの打ち合わせで、スタイリストやメイクアップ・アーティストと話したりするのに困らない程度には、女性のファッションに関心があるのだが、ここで正直に告白するなら、いわゆる宝石やバッグといったアクセサリーに対しては、ぼくは何の興味もない。

　二回結婚したが、エンゲイジ・リングも結婚指輪も、気になったのは値段のことだけで、あとは相手の女性の好みに従うばかりだった。

　ただ一度だけ美しいと思ったのは、パリのクレージュのブティックで見た指輪で、鮮やかな黄色の陶製の大きなものだった。ひと目見て気に入って、その場で買ってしまった。DJのときにつけたなら指先が目立つだろうと思ったが、実際につけたことはまだない。考えてみれば繋ぎをミスしたときに、指先など見ないでほしいものだ。

　そんな人間だから、女性たちがダイアモンドや真珠や、その他の美しい石で出来たアクセサリーに強く惹かれる心理がまったく解らない。

　以前、とあるイヴェントでフリー・マーケットを開くときに、知り合いの女優さんに声をかけたところ、意外にも快く沢山の品物を提供してくれた。イヴェントの前日、彼女のオフィスに出品物を取りに行ってみると、用意されていたのは驚くほど豪華なブランド物のバッグや宝飾品の数々だった。そのうえ、どれも3000円という値札が付いている。色めきたったスタッフは、マーケットなんかに出さずに全て買い占めようか、など話していたものだ。ところが、というか、案の定、というべきか、彼女の出品したのはすべて偽物だった。その日はみんなでひとしきり大笑いして終わったが、この話には続きがあった。その女優にはさる大物のパトロンが登場して、そのとき持っていたバッグやアクセサリーをまとめて買い換えたのだという。

　もう一度だけ、ぼくが宝石に興味を持ったときのことを思い出した。

　東京での仕事を辞めてロンドンに留学した友人が、夏休みに帰ってきたので会うと、以前よりもずっと派手な服装に替わっていた。

　そのことを言うと、彼女はいま本格的にダンスのレッスンを受けていると答えた。鮮やかなピンクのチューブトップを着た彼女は美しかった。よく見ると腹部で何か光っている。

　ピアスをつけたの。

　そう教えてくれたお陰で、ぼくは彼女の臍を気兼ねせずに見つめることが出来た。

　もうひとつ、つけたの。見たい？

　今度は彼女の顔を覗き込むことになった。

人形の家。

　女の子には名前がある。

　業務用のマネキンにも生産ラインを区別するために細かく名前がつけられていることを最近知った。

　国内にいくつかある、業務用マネキンのメーカーのサイトを眺めているのは楽しい。

　美しく精巧に作られているものは、値段もそれなりにするけれども、いまの自分にはけっして高価なものではない。じつはいま、自分のためにフルボディのものを一体、購入しようかと真

●女の子には名前がある。

剣に検討しているところだ。

いちばん気に入っているタイプのマネキンは体型はもちろん、顔立ちが素晴らしいのだけれども、ただひとつ、名前だけが好みではない。だがそれは問題ではない。手に入れたあとで、自分の好みの名前をつけてしまえばよいのだ。

けっして広くはない自室のどこに置くか。どんな服を着せようか。これも後々、大いに悩めばよいことかも知れない。だがよく考えなくてはならないのは、こんなものを部屋に置いて、他人がどう思うか、ということだ。またしてもアレン・ジョーンズよろしく、これは帽子掛けだ、と主張すればよいのだろうか。

二十代の終わり頃、月に一度いつも髪を切ってくれる男がいた。友人が紹介してくれた美容師で、年齢はさほど変わらなかった。高校を卒業したあと、ある有名なヘアサロンに就職したのだが、技術も贔屓の客も付いたところで独立した。すぐに店を構えようと思ったが、理想的な物件もスタッフも思うようには見つからず、とりあえず麻布十番のマンションの一室を借りて仕事を始めた。完全予約制で一日に客は三組。もちろん知り合いか、友人の紹介があった客のみ。その腕前がどれほどのものなのか、ぼくには正直なところ判らなかった。だが知り合いのよしみで料金は只に等しい値段だったことと、小さく流しているカセットテープの音楽の趣味がよかったこと、それに何より、このような秘密めいたヘアサロンで髪を切ってもらう、というのが当時は妙に嬉しいことだった。

とくに条件の好い部屋というわけではなかったが、たっぷりと光の入る窓と大きな鏡、座り心地の良い椅子が一脚、それに白いマネキン人形が一体立っているだけだったから、いつも清潔で快適に映った。

あるとき、そのマネキンはどうしたのか、と尋ねると、どこかの廃品回収業者から譲ってもらったのだという。奥の部屋にまだ他に二体あるから、欲しいならあげるよ。嬉しい申し出だったが、帰りにどのようにして持ち帰るかを考えあぐねて、その話は曖昧に終わった。

また次の月にその部屋を訪れると、白いマネキンは三体並べられていた。驚いたのは、その無表情な顔にメイクが施されていたことだ。大きなつけ睫毛で眼を強くしている。さらによく見ると、彼が手を加えているのは眼だけなのだった。だが、それによって頬も、唇も、鼻梁も、何故か血が通っているように感じられる。その通りに感想を告げると、彼は少し照れて、いいコト言うね、と笑った。

ぼくはその日、最後の予約客だった。髪を整えてもらうと、外はいつもより早く暗くなっていた。もしよかったら、もう少し時間をつぶしていかない、と誘われ、ぼくたちはウィスキーを飲んだ。貰い物、といって注いでくれたその酒は、とても高級な銘柄のものだった。

ふたりの間には、共通の友人がいること以外に、あまり話題がなかった。だからぼくは彼が作ってくれる酒を飲む間、ずっと三体のマネキンを眺めて過ごした。本当は店を出すよりも、雑誌や広告写真のメイクアップのほうに関心があるんだ、と問わず語りに彼は話した。綺麗な女の人の顔を作る仕事だけをやっていきたい。ぼくなんかで悪かったねえ、と言うと、彼も笑った。

その後しばらくはぼくも忙しく、時間が出来て予約を取ろうとすると、反対に彼のほうがスケジュールが詰まっていたりして、次に彼の部屋を訪ねたのは二ヶ月以上も経ったあとだった。

驚いたことに、そこには女性のアシスタントがいた。背の高い、美しい人だった。助手といっても彼の仕事を手伝って、ぼくの髪を洗ったりするわけではなく、電話を取り次いだり、お茶を出してくれたりするだけだった。当然ながら、彼は女性のことをぼくに紹介してくれるわけでもなく、いつものように仕事を進めては、共通の友人の消息などを話していた。だがぼくの眼は鏡越しに映る女性に釘付けだった。とにかく美人だった。

　帰りがけに次の月の予約をした。いままでそんなことをしたことはなかったけれども、何となく、これからはそうするべきだと思ったのだ。

　次の予約の日に行くと、女性は三人に増えていた。やはりみな一様にファッション・モデルのように端正なルックスだった。そして三人ともどこか似ている。

　だが相変わらず髪を切るのは彼ひとり。予約客もぼくひとり。女性たちは手持ち無沙汰、というわけでもなく、雑誌を読んだり、小声で話しては笑ったりしていた。ぼくの眼には、ここで働いている、というふうには見えなかった。ようやくぼくは尋ねた。彼女たちはモデルさんなの？

　うん。メイクの作品撮りのモデルをしてもらったんだけど、何だか居ついちゃってさ。

　それ以上は訊かなかった。その代わりに例のマネキン人形のことを尋ねると、まだ欲しいならあげるよ、と言う。帰りがけに、奥の部屋のドアを開けて、マネキンを見せてもらった。するとマネキンには例の女の子たちが着ているのとよく似た服が着せてあった。

　二ヶ月後に髪を切ったとき、女の子たちは八人いた。背の高さも、顔立ちも、一様に等しく美しい、物言うマネキンたち。ぼくはもうそのことを尋ねはしなかった。それが彼と、彼の女たちと最後に会った日だった。誰に聞いても、その後の消息は分からなかった。

マリー・アントワネット・イェイェ。

　パリの「ラデュレ」というサロン・ド・テに初めて行った。奥さんとフォーブール・サントノーレ通りにウィンドウ・ショッピングに行った帰りのことだ。

　１５０年続く店で、独自のブレンドの紅茶、それに何といってもマカロンで知られている。日本でも公開されたソフィア・コッポラ監督の映画「マリー・アントワネット」の中で登場する豪奢な洋菓子はすべてこの「ラデュレ」のものであるらしい。

　渋い金緑色の壁のティールームは、天井は高いけれども思ったよりもこぢんまりしていて、どこか京都や赤坂にある洋菓子店を連想させたが、それは本末転倒というもので、世界中にこの店の室内装飾を真似たサロンはあるのだろう。

　品書きのいちばん最初にあるのは、その名も「テ・マリー・アントワネット」というお茶で、奥さんが注文したのを少し味見させてもらったが、これは素晴らしかった。中国茶をベースに、柑橘類と蜂蜜、ドライフルーツとジャスミン、それに薔薇の香りをブレンドしたもの、と品書きに説明が添えられている。

　お茶の味など判らない、と思っていたのだが、これは判った。渋みはまったく感じない。口の中が何かで拭われたようにすっきりする。この十数年の間に世界中の誰もがダージリンからアール・グレイへと、紅茶の好みを替えたようだが、この味も同じように何年か後にはポピュラーになっているのかも知れない。だが、この「テ・マリー・アントワネット」という魅力的な商品名を、この老舗がそう簡単に譲り渡すとは思えない。もちろん茶葉や香料のブレンドも、きっと門外不出のレシピなのだろう。

　その何日か後、シャンゼリゼ通りにある「ラデュレ」の支店で、またお茶を飲んだ。その日は品書きの中でも名前が気になっていた「ガトー・イェイェ」という菓子を注文してみた。

　どんな風変わりなデザートなのだろう、と期待していたのだが、運ばれてきたのは意外にもシンプルな菓子だった。カカオの味の黒褐色のスポンジケーキと、ココナッツをたっぷりと含んだ白いケーキとが縞模様に並んでいて、その間に黒すぐりのジャムがうすく塗ってある。

おそらく、その簡潔なグラフィック・パターンから命名したのだろうが、これならばむしろ「ガトー・ラ・モッド」と名付けたほうが的を射ているだろう。だがここはロンドンではなく、パリなのだ。世界中から来る観光客のために、シェフは敢えてこの名前を選んだに違いない。

パリに滞在している間、暇つぶしに何冊か東京から持参した本を読んでいた。その中に、あるイギリスの女性ポップ歌手の伝記があった。訳文のせいか、とても読み難い本だったが、その中で偶然にもパリのサロン・ド・テで午後の時間を過ごす場面にぶつかった。

彼女はその美貌をスカウトされて、わずか18歳で歌手としてデビューした。だが、ヒットしたのは最初の数枚のシングル盤だけで、いまではむしろ彼女の名前はそのボーイフレンドによって知られていた。全世界の注目を集めるロック・グループのヴォーカリスト。デビューした直後に、彼女は以前から交際していたオクスフォード大の学生と結婚し一児を儲けたが、すぐに関係は冷え切ってしまった。そこに現れたのが、件のロックスターだった。彼とのロマンスはまもなくゴシップ誌に知られることになる。若くして億万長者の恋人は、休暇が出来るとジェットで世界中のどんなリゾートにも連れていってくれた。自分の母親のために郊外に家もプレゼントしてくれた。だが人気絶頂のボーイフレンドの大きな存在は、いまにも彼女自身を圧し潰してしまいそうだった。何処に行っても自分はロックスターの「お相手」としてしか認められない。そんな立場が彼女をひどく孤独にする。遊びのつもりで覚えたアルコールとドラッグも、いまでは彼女の精神安定剤以上のものになっていた。きょうもパリにやってきたのは、自分の仕事のためではない。恋人がレコーディングのためにこの街に滞在しているから。だがホテルに帰ってきても、疲れ果てた恋人はすぐに天蓋付きのベッドで寝息を立ててしまうのだろう。セックスレスの問題もまた彼女を苦しめる悩みのひとつだった。

自分はこれからどうなるのだろう。やがて恋人とは別れることになるのだろうか。ドラッグと縁を切ることが出来るのだろうか。その三つのことを繰り返し考えながら、煙草を何本も灰にした。

そのとき、若いフランス人の青年が彼女に声をかけてきた。けっして滑らかではないが英語で話しかけてくる。驚いたことに彼女の、フランスでしか発売されていない4曲入りのコンパクト盤を手にしていてサインを貰えないか、と言っているのだ。彼女はもちろんサングラスをかけていたが、着ていたのは最新のモードのミニのドレスだった。レコードのジャケットにペンを走らせ、微笑む顔を作ると、青年はありがとう、と言って、紙袋からピンク色のマカロンを取り出し、彼女にくれた。そうして彼女はほんの少し、気分が良くなった。彼女が映画のロケ先の島で、薬物を大量摂取して昏睡状態に陥るのは、それから二年後。それでも彼女はまだ25歳だった。

くちびるを盗む。

ある街で、通りかかったバスに乗った。とある日本の地方都市。うららかな小春日和の午後のことだ。

乗り込んだ車内はさほど混んではいなかったので、前の方の座席に坐った。しばらくすると、乗客の誰かが着けているヘッドフォン・ステレオから洩れている音がひどく大きいのに気づく。こういうものは気にしないように、と考えると余計に気になるものだ。文庫本を読もうとしたのだが、もはや一行も進まなくなっている。他の乗客は誰も気に留めないのだろうか。

停留所をひとつふたつ過ぎて、音楽は鳴り止むどころかますます大きくなっているように感じた。とうとう腹に据えかねて、ぼくはこれ見よがしにわざと大きく振り返った。怖そうなお兄さんだったなら、次の停留所でそそくさと降りてしまえばよいのだ。

するとヘッドフォンの主は女性だった。それもどちらかと言えば、いや、はっきり美人という他にない若い女性だった。

ぼくはバス路線図を確かめる振りをして座席から立ち上がり、女性の顔をゆっくりと盗み見た。ヘッドフォンを着けた彼女は眼を閉じて音楽を聴き、ときおり音楽に合わせて声を発することなく歌っていた。彼女が陶酔しているのを好いことに、ぼくはその表情をずっと眺めていた。そのとき洩れ聞こえる音は、もはやノイズではなかった。それどころか、この美しい女性をこれほど魅了しているのは何というアーティストなのか知りたくてたまらなくなった。ぼくは彼女の唇の動きを盗み読もうと試みたが、それは無理だった。やがて目的の停留所が来て、ぼくはバスを降りた。いま、ぼくの記憶の中には彼女の髪型も、着ていたコートもきれいに消え失せて、ゆっくりと呪文を唱えるような唇のかたちだけが残っている。

ミステリィやスパイ映画ではお馴染みの読唇術というのは、実際にはほとんど役に立たないものであるらしい。だが、唇の動きだけで何を言っているのか理解できるとしたら、それはたしかに素晴らしい技能に違いない。爆音でハウス・ミュージックが流れるクラブで、ＤＪはブースの中からスピーカーの前に立つセクシーな女性に向かって声を発することなく愛の言葉を囁くだろうか。長いトンネルを走る夜汽車の中で、独り旅をする青年はマッチを擦って、向かいの座席に坐る若い娘に「次の駅で降りないか」と誘うだろうか。

むかしぼくが読んだ短編小説にこんなストーリーがあった。美しい女優の妻が密通を繰り返している。夫は知り合いの新聞記者に調査を依頼する。女は考えていたよりもずっと淫蕩で、新聞記者はほぼ毎週同じ日の午後にホテルの部屋で繰りひろげられる情事を、向かい側の窓から望遠レンズで覗き見していた。証拠はほぼ揃って、きょうが張り込みの最後の日。いつもの窓からレンズ越しに覗くと、あろうことか女優は男に向かって話しかけている。「709号室にいらっしゃい」セクシーな唇を尖らせて女はセヴン、オー、ナイン、と二度繰り返した。いつの間にか恋をしていた新聞記者は、通りを渡って709号室のドアをノックしてしまう。待っていた女に物も言わずくちづけると、部屋の暗がりからカメラのフラッシュが焚かれる。

二年ほど前、休日の午後にやはり通りかかったバスに乗った。新宿から品川へ向かうその途中で、ちょうどいま住んでいる処のすぐ近くを通るバスだった。

前の座席に坐ると、またしてもヘッドフォン・ステレオから不愉快な音が洩れて聞こえる。しばらく我慢していたのだが、明治通りの渋滞に差し掛かってバスが動かなくなると、もうどうにも耐えられない。

もう自分は若くはない。ともすれば、このバスの乗客の中でいちばん年長であるだろう。誰かが他人に迷惑をかけているのなら、他の誰でもなく自分が注意する役割を果たさなくてはいけない。相手が相手なら、運転手に伝えればよいのだ。

勇気を出して座席を立ち、振り返って雑音の主を探した。それはすぐに判った。ウィークデイはたぶん会社勤めをしているだろう、だが休日のきょうはほとんど化粧していないように見える20代半ばの女性だった。

近づいて行って、ちょっと、あなた、と声をかけようとするのと、女性がヘッドフォンを外して、自分に何か言おうとするのはほぼ同時だった。怯えるような、驚くような表情で唇を動かし、声にならない声で言ったのは、信じられないことにぼくの名前だった。そして外したヘッドフォンから洩れてくる騒々しい音楽は紛れもなくかつて自分が作ったレコードと同じものだった。

この救いのない話の唯一の救いは、現在ぼくとその女性がときどき会って冗談を言い合ったりする仲である、ということだ。

遊園地と、輪舞と。

もう何年も遊園地に行っていない。むかし遊んだアトラクションはまだあるのだろうか。いまでも長い行列を作るほどの賑わいだろうか。遊園地のことを考えると、いまは楽しいことよりも感傷的な気分で心が占領されてしまう。

むかし遊園地でアルバイトしていた女の子を知っていた。正確には遊園地というより、巨大なテーマパークと呼ぶべきなのだろうか。誰でも一度は行ったことがあるに違いない、楽しい夢の王国。そこで働いていた、と聞くと、まずたいていはキャラクターの着ぐるみの中に入っていたのか、と考えてしまう。歌ったり、踊ったり、子供たちと記念写真を撮ったり、正午と午後二時と午後四時のパレードに参加したり。だが残念ながらそうではなくて、彼女は清掃のアルバイトに就いていた。ぼくが知り合ったときも彼女はまだ若くて本当に美しかったけれども、彼女に言わせると、その遊園地でアルバイトしていた時期は彼女の人生の中でもいちばん華やかなときだったそうで、同じシフトの男性で気になる子とは片っ端から寝たらしい。その話を聞いたとき、ぼくはたしか生まれて初めて「喰っちゃった」という言い方とぶつかった。その言葉の意味するところは知っていたが、知り合いの男たちでもそんな言い方をする人間はいなかった。ぼくはその言葉を耳にして驚き、すこし経ってから抑えようのない怒りがこみ上げてきたのを憶えている。女の子がそんな汚い言葉を使うなんて。だが、いま思い出してみるなら、腹が立ったのは言葉使い云々のせいではなかった。彼女にしてみればこの自分も「喰っちゃった男」のひとりに過ぎないのかと、遅れて理解したからだった。喰ってしまったつもりが、喰われていた男。サファリ服に探検帽で磔にされ、火あぶりにされるインディアナ・ジョーンズ教授。食人種の隠れ棲む白昼の遊園地。

マイケル・ジャクソンが終業時間後に遊園地を借り切って遊ぶという話を読んだことがある。大きな玩具店や東京の大型家電量販店でも通常の営業時間後にひとりショッピングを楽しんだ、という話もあった。子供の頃から働き詰めで生きてきたスターが成功を手にしたいま、叶えたかった夢がそれだとしたら、どこかチャーミングな話だと思う。けれどもたったひとりの遊園地で観覧車やメリーゴーラウンドに乗るのは淋しくはないか。それとも親しい友人たちだけを誘って真夜中のジェットコースターに乗り込むのだろうか。けっして彼を裏切ることのない、年少の友人たち。さあ、つぎはホーンテッド・マンションに行こうよ。息を弾ませながら話す子供たちを振り返ると、時計塔の向こうに満月が昇っている。ああ、しまった。ごめんね、と言いながら狼男に変身するマイケル。

小学生くらいの女の子。女の子には名前がある。だが名前は書かないことにしよう。彼女がこの遊園地に来たのは二年振りのことだ。この前来たときは、パパとママと一緒

だった。でもその後すぐ、ママは病気で死んでしまった。あっという間のことだった。ママはとても怖い人だった。わたしが何かいたずらしたり、わがままを言ったりすると、あたりかまわず大声で叱られた。それはパパも同じで、わたし以上にいつもママから怒られていて、ときどきパパが可哀相になるくらいだった。そういえばこの遊園地に来たときも、わたしが新しいよそ行きの服にアイスクリームを落としてしまって、ママはうちに帰るまで機嫌が悪かったっけ。でもママが死んでしまって、それからいろいろあったけど、きょうはパパと、パパのお友だちのお姉さんと、久し振りの遊園地。天気もいいし、パパもお姉さんも優しいし、きょうは最高。パパはこの人と結婚するのかなあ。でもママと違ってとっても優しそうな人だから、わたしは嬉しい。ママが死んで、パパもわたしもいまは何だか前より幸せ。そのとき、あんなに晴れていた空が急に暗くなって、雷鳴が聞こえたと思うと、稲妻が光った。ごめんなさい、ママ。いまのは嘘ですから。

中年の男がひとり、遊園地のベンチに坐っている。午後五時。夕暮れの空の中で観覧車やジェットコースターは美しいシルエットを作っている。賑やかな電飾が灯るまでには、あともう少し。男は別れた妻と娘の声が聴きたくて、電話をかけている。三人でこの遊園地に来たのは、何年前のことだったか。

「酔っているの?」

電話の向こうで、かつて妻だった女性の声が聞こえる。

「娘はあなたと話したくないと言っています」

男は若くて美しい顔の女に恋をして、家庭を捨ててしまった。ようやく離婚手続きが済んだ頃、若い女は若い男と結婚してしまった。男は電話の向こうの家庭に囁く。

「元気ならそれでいい。勉強がんばって、と伝えてください」

電話を切ると、すっかり夜の帳が降りていた。明滅するイルミネーションが滲んで見えた。小学生の女の子が、父親と、母親というには若すぎる女性に手を引かれて近づいてくる。あの小父さんはどうして泣いているの。大人たちは聞こえないふりをしている。

男は若い女と恋に落ちていた頃、やはりこの遊園地にやってきたことがある。女は学生時代にここでアルバイトをしたことがあると言っていた。閉園の時間が過ぎても守衛に見つからない場所があるの。女は男の手を引いて連れて行った。もちろんその場所をここで書くわけにはいかないのだが、それほど狭いスペースではなく、恋人たちが真夜中にピクニックをするには都合の良い死角だった。ふたりだけの貸し切りなんて、なんだかマイケル・ジャクソンみたいな気分ね。女の持っていたバスケットには白ワインとサンドウィッチが入っていた。

やがてふたりはくちづけを交わした。男は女の肩を抱きながら、自分はこれからどうなるのだろう、と考えていたはずだ。突然、園内のすべてのアトラクションの灯りが落とされた。夜空には意外なほど星が煌いていた。

●女の子には名前がある。

魔法使いの弟子。

いつもの喫茶店で、男は新聞を読みながら遅い朝食を取っている。ふと見ると、向かい側のテーブルにひとりの女性が座っていた。ノートブックを拡げ、何かを書いている。

とても美しい顔をした女に、つい男の視線は吸い寄せられてしまう。ヴォリュームのある髪は後ろで纏め上げられていて、彼女はノートブックに目を落としたままだ。

男は訳もなく、ぱちん、と指を鳴らした。すると、透明なビーズで出来た髪留めが弾けて、女の髪はふわりと降ろされた。ほんの一瞬のことだったが、まるで重力に逆らってスローで再生されているように、長くつややかな黒髪が泳ぐ。女は驚いて顔を上げ、そして真直ぐに男を見つめた。

翌日の午後、遅い時間。やはり同じ喫茶店。男と女は同じテーブルで向かい合っている。

いつものように互いの自己紹介のような話題から始まって、他愛のない話をして笑わせたり、共通の関心事を探ったり、けっして有害な人間ではないことを示して安心させたり。

与えられた短い時間の中で、そんな面倒な手続きを踏んで、女性の気を惹こうとするのが、きょうは何故か莫迦莫迦しく思えた。何も言わず、男はふたたび指を鳴らした。

すると女はびくっ、と飛び上がるようにして眼を大きく見開き、やがて何も言わずに男が鳴らした右指に手を添えた。男の無作法な行為を咎めようとするのかと思えば、意外にも女は男の右手の人差し指に唇を寄せ、やさしく甘噛みし始めた。男は呆気に取られていたが、女の方はすっかりその行為に陶酔している。

驚いた男は乱暴にテーブルの上の勘定書きを掴むと、女を抱きかかえるようにして席を立った。

ホテルのベッドの中。ふたりは裸で抱き合いながら、男の使った魔法の話をしている。ぼくだって、どうしてあんなことが出来るようになったのか分からないんだ。よっぽどきみに惚れてしまったから、思いも寄らないパワーが引き出せたのじゃないかな。精神を集中して、心の中で念じていれば、きみにだって出来るかも知れない。

ふたりは週に何度か、いつもの喫茶店で待ち合わせて、そのあと同じホテルの部屋で夜を過ごした。ある日、女は着ていたワンピースを脱ぎ、美しいシルクの下着姿になると、見ていて、と男に言った。か細い指をぱちっ、と鳴らした途端、部屋の照明は消えた。

一時間後、ふたりはまたベッドの中で話している。凄いじゃないか。先生が良かったのよ。でも他人が知ったら気味悪く思うだろうな。もちろん、貴方の前でしか魔法は使いません。そう言って微笑む女の美しく乱れた髪に、男はくちづけた。ふたたび愛の行為。

男が女の体の上にいるとき、ベッドの脇の読書灯が、パチッ、という音を立てて一瞬消え、またすぐに点る。いまのも魔法かい？　そう言うと、え、という表情を見せたが、やがてそれは何かに耐えているような悦びの表情に変わった。

二ヵ月後。いつもの喫茶店。男は浮かぬ顔をして、煙草に火を点ける。あの夜以来逢っていなかった女から電話があり、そしていま、この店で会った。貴方の子供が出来た。女は結婚を望んでいた。プレイボーイを自認していた男は、そんな失策を回避するようにいつも心懸けていたつもりだった。

女は先に帰ったが、男は混乱した頭の中を整理するために、ひとりこの店に残った。

すると隣りのテーブルに、脂ぎった中年の会社員が座った。ウェイトレスが渡した熱いおしぼりの袋を、中年男は大きな音を立てて叩き破った。その音で男はすべてを理解した。魔法か。

男はもう一度、指をぱちん、と鳴らしてみた。やはり世界は何ひとつ変わらなかった。中年男が怪訝そうに隣りのテーブルを窺った。

ストーン・フォックス・チェイス。

永井荷風はパリに遊学していたとき、夕食の後はいつもオペラ座の前に立ち、帰り道を急ぐ女性たちを眺めては、気に入った一人を定めてそっと後をついて行ったのだという。女がアパルトマンに入るのを見届けると、いつの間にか知らない通りを歩いている。そうして土地勘をつけていくのが荷風の散歩の流儀だった。そんなエピソードを最近、ある本を読んで知った。

ぼくもときどき美しい女性を見かけると、後をつけて行くことがある。その美しい後ろ姿を、エレガントに伸びた脚を、もう少しだけ眺めていたいというだけの理由でつけていくのだ。けっしてそれ以上の関係を持ちたいとは思わないし、相手にこちらの顔を見られることも好ましくない。探偵として誰かに雇われているわけではないのだから、追いかけっこの時間もそう長くは持つことが出来ない。次の角を曲がったら、そこで追うのをあきらめよう。

ストーカーとしてはやけに消極的だが、いつもそんな感じだ。素晴らしいのは、美しい後ろ姿の女性を尾行していると、通りの向こうから別な美しい人が現れてくるとき。そんなときはすれ違ったあとで、くるりと方向転換するのだ。美人に出会うたび、阿弥陀くじのように行く先を換えて、思いもよらない場所に連れて行かれる。昼下がり、明るい表通りでの他愛のないゲームだが、王家や貴族の生まれでもない限り、じつはほとんど凡ての人間はそんな偶然の出会いに身を任せて人生を歩んでいるのだ。

パリの地下鉄からゲームは始まる。老舗のデパート、ギャルリィ・ラファイエットの前から7番線に乗ったときのことだ。いったんシャトレで下りてホテルの部屋に戻ろうか、それともプラース・モンジュの駅まで行って昨日閉まっていたレコードショップを覗いてみようか。そんなことを考えていたら、ピラミッド駅からひとりの若い女性が乗ってきた。東京で見かけたなら、すぐにファッション・モデルだと思っただろう。シャネルふうの淡いピンクのミニのトゥ・ピースを着て、長い脚を白のレースのストッキングに包んでいる。小型犬でも連れていれば道具立ては完璧だったが、その日は小型犬のようなバッグを小脇に抱えていて、その中から薄い携帯電話を取り出し親指でキーを操作している。彼女がその行為に集中しているのを良いことに、ぼくはその美しい姿をずっと盗み見ていた。

ピラミッド駅なら高級なブティックが並ぶ地区からはそう遠くない。お金持ちの娘なのだとしたら、なぜメトロに乗っているのだろうか。パレ・ロワイヤル。ルーヴル美術館。ポン・ヌフ。そしてシャトレの駅で女性は降りた。ぼくは迷わず彼女を追いかけることにした。

地下鉄の出口を上がると、リヴォリ通りに出た。信号などお構いなしに彼女は歩いて行ってしまうのだが、もちろんピンク色のスーツ姿なら見失うことはない。サンドニ通りをしばらく歩いていると、案の定、若い男たちの集団に派手に口笛を吹かれ、囃し立てられている。だが彼女はまったく相手にしないまま、歩調を緩めない。やがて小さな路地を右に折れて、彼女はピエール・レスコ通りの小さな靴のブティックに入った。ガラス越しに見える明るい店内で彼女はいろいろな靴を見て廻っている。ぼくは鞄から赤い小型の地図を取り出して読んでいる振りをしながら、しばらく彼女を見ていた。そんな拙い演技などしなくとも、彼女はこちらのことなどまったく眼中になかったはずだが、こちらはそうでもしないと少し息苦しい気分だった。

　まず彼女が試したのは白い革のひざ上まであるブーツだった。店員に何か言うと、彼女は店のほぼ中央に置かれた低い白のソファに坐って、履いていた淡紫色のアンクルブーツを脱いだ。まもなく店員が大きな函に入った彼女のサイズのブーツを持って現れ、彼女はまず右の脚から試着した。ひどくセクシーな瞬間だった。左の脚を入れると彼女はソファから立ち上がり、鏡の前でひとしきりポーズを取った。

　だが、この小さな追跡ゲームのクライマックスは、この直後だった。とつぜん、カーキ色の軍用ジャケットを着込んだ中年の男が店の前に現れて、バッグから大きなカメラを取り出したかと思うと、ガラス越しにバシャバシャと写真を撮り始めたのだ。

　いわゆるパパラッチだとしたら、この女性はやはりお金持ちの莫迦娘か何かだろうか。あるいはフランスにも盗撮魔がいるのか、と呆れてしまったが、当の女性はこんなことには慣れているのか、ちょっと一瞥をくれたものの、咎める様子もない。

　すると男は図に乗ったのか、堂々と正面から店に入っていくと、跪いて女性の脚をカメラに収め出した。それでも女は構う素振りもない。そうして彼女が中央のソファに左脚をのせて思い切り両脚を開くポーズを取ったとき、ようやく気づいた。この二人はカップルで、この靴屋がランデヴーの場所なのだ。

　女性はもう一足、黒のリボン飾りの付いた華奢なミュールを試着し、またひとしきりポーズを写真に撮らせて、けっきょく二足とも店員に包ませた。当然のように支払いは男が済ませた。ぼくはその一部始終を見てしまっていた。観客がいると昂ぶるというタイプもいる、というが、二人はやはり気づいていたに違いない。やがて店から出てきたカップルの、男のほうがぼくに近寄ってきて、おもむろに何かをくれた。いつの間に撮ったのだろうか、それは一枚のポラロイド写真だった。男は唇の端を少し上げて不敵な笑い顔を作ると、ぼくの前から去った。今月号のイラストレイションは、そのポラロイドをもとに描いてもらったものだ。

水のないプール。

　最近、手に入れたレコード。アメリカのトロンボーン奏者、ウィルバー・デ・パリスの『ON THE RIVIERA』というアルバム。スウィングとニュー・オーリンズ・スタイルのジャズとを併せたようなこの人の音楽には、じつはまだ興味がない。このアルバムは何といってもジャケット・デザインが素晴らしく、以前から手ごろな値段で見つけたなら買おうと思っていた。

　表側には10人の女性たちのスナップショットが大きく使われている。手前に坐っているのは、揃いのノースリーブの夏服を着た3人の女性。白と紺色の太い縦縞のサマードレス。そのすぐ後ろ、写真中央には水着姿の女性たちが4人。その奥にも3人の女性が立っている。中央の4人は右から2人目の女性だけが黒のワンピースの水着で、後はビキニを付けている。水着姿の女性たちはみなハワイの観光客のように花飾りを首から提げている。中央列の左から2人目の女性のビキニは鮮やかなフレンチ・ブルーに白のアクセントが入った可愛いもので、ジャケットのタイトル文字とレーベルのロゴマークはそのブルーの色に合わせている。

　この写真が魅力的なのは、女性たちの誰もが撮られていることを意識していないからだ。カメラに目を向けていない彼女たちは、みなとても寛いだ表情をしている。ライナーのクレディットを確かめると、なんとこれはウィルバー・デ・パリス本人が撮影したものだった。レコードの内容は彼の楽団がフランスはアンティーブの夏のジャズ・フェスティヴァルに出演したときの実況録音で、この写真はその音楽祭でのひとコマ、写っているのはそこで働く女性たち、と記されている。

　5年ほど前、夏の終わりに行ったイタリアのリミニ、というリゾート。海岸には赤と白の2トーン・カラーのビーチ・パラソルと、同じ配色のストライプ模様のデッキチェアが見渡す限り並べられている。ここではぼくも時間の許す限り、デッキチェアに寝そべって読書をしていた。太陽の下で、海の音を聴き、潮風を受け止めていると、人はこの上なくリラックスする。そして女性の色とりどりの水着というのは、けっして泳ぐためのものではない、ということを改めて知った。いま世界中で消費されている水着のうち、本来の「泳ぐ」という目的のために使われているのは、じつはほんの一握りではないか。そして水着が泳ぐためのものであると考えているのは、いまどき小学生の男子と、精神が小学生のまま成長していない男たちだけということか。

　ことしの夏にリリースされたふたつのCD。ひとつは新人のグラビア・アイドルの女の子のデビュー・シングルで、これは作曲と編曲を手掛けた。ジャケット・デザインには関わってはいない。聞くところに依れば彼女のチャームポイントの「53cmのウェスト」に因んで、水着を53着も着替えて撮影した、という。時間とエネルギーの、素晴らしき無駄遣い。

　もうひとつは若いヒップホップのグループのアルバム。この作品の中に一曲、その名も「ビキニ」というタイトルの曲を作った。もっとも歌詞はアーティスト自身が書いたもので、こちらはそのタイトルと、そのタイトルをひたすら連呼するリフレインを提案したに過ぎないのだが。アメリカのミュージック・ヴィデオのチャンネルなどで厭と言うほど見せられるプールサイドの乱痴気騒ぎの光景。あるいは大きな自動車に沢山の美女たちを載せて到着するマイアミの海岸。シャンパンと、金ピカのアクセサリーと、セクシーな水着と。最後はいつも女性たちが次々と水の中に投げ込まれる。これもまた、蕩尽のアート。この紋切り型の莫迦げたイメージをそのまま剽窃してみたら、と考えて作ったこの曲は、驚いたことにライヴでの反応が予想を上回るもので、シングル候補でもないのにヴィデオクリップが制作されることになると聞いた。

　若い女性がホテルの一室でビキニの水着に着替えている。カーテン越しに光が差し込むだけの薄暗い部屋。TVから古い映画が流れているが、彼女は観ていない。水着の上からTシャツを着て、ショートパンツを履く。タオルと下着と日焼け止めクリーム、ミネラルウォーター、それに読みかけの小説を詰め込んだバッグをベッドの上から拾い上げ、サンダルを履き、サングラスをかけて彼女は部屋を出て行く。

　それほど時間を置かずに、同じ部屋に今度は男が戻ってくる。つけっぱなしのTVに気づいて、男はベッドサイドのリモート・コントローラーを手に取る。スウィッチを切るつもりが、つい有料放送のポーノ・ヴィデオのチャンネルに合わせてしまう。いつもの退屈な男女の睦言の場面。男優は女優の耳もとに何か囁きかけている。笑いながら応える女優の声はさらに小さく、男は音量を操作する。もちろん会話は他愛のない物で、やがてメイク・ラヴが進行すると今度は女優が大きな声を上げるようになる。慌てて男は音を絞り、いつの間にかベッドの上で寝息を立てている。

　暗くなった部屋にTVだけがぼんやりと光を放っている。いま画面の中央に映っているのは、たぶん30歳を過ぎた日本人の女性だ。おかしなことに彼女は、女子中学生のようなブルーのワンピースの水着を着ている。それはプールの更衣室のような場所で、周囲には3人、もしくは4人の男たちがいる。

　彼女の水着はまだ水に濡れていないが、やがて男のひとりが水差しに入った透明な粘液をゆっくりと彼女の水着の上に落としはじめる。ブルーの水着はしだいに濡れて、彼女の身体が透けて見えるような錯覚を与える。そのような行為をしかし彼女は黙って受け入れ、男たちもまた言葉を発していない。粛々と進行する受難劇。そのとき部屋のチャイムが鳴り、若い女性が帰ってくる。まだ乾いていない髪に微かに残る塩素の匂い。

●女の子には名前がある。

空欄のままで結構です。

お気に入りの店を見つけた。ときどき行く本屋に隣接したカフェテリア。とても小さく簡素な店構えで、喫茶コーナー、と呼ぶほうが適切かも知れない。L字形のカウンターに6席。4人掛けのテーブルが4卓。とは言え、この店の座席のすべてが埋まっていたら、かなり窮屈な印象を持つだろう。それほどこぢんまりとしたスペースなのだ。

気に入ってしまった理由は三つ。

ひとつ。いつ来てもあまり客がいないこと。自分にとってこのカフェは買ったばかりの本を読むためか、もしくはいま書いているような原稿の下書きをするための場所だから、あまり他に客のいない静かな店のほうが都合が好い。

ふたつ。カウンターもテーブルも椅子も、壁も天井も床のタイルもすべて白いこと。もちろん使っているコーヒーカップやソーサーなど、食器もすべて白い磁器のもの。パリのフランソワ・プルミエ通りにあるクレージュのブティックに併設されたサロンはその名も「カフェ・ブラン（白のカフェ）」と言ったが、東京の片隅にあるこの店に屋号があるなら、やはりその名前しか思いつかない。

三つ。いつもたったひとりで働いている従業員の女性が美しいこと。もちろん彼女は白いシャツを着ている。

たぶん二十代の前半だろうか。黒髪の、甘い顔立ちの女性だ。ときどきコーヒーのお替わりを注文すると愛想よく微笑んでくれるのだが、注文と会計のときに言葉を交わす以外には声を聴いたことはない。原稿を書くのに疲れると、ほんの一瞬、彼女の顔を盗み見ることがある。たいてい彼女は俯いて食器を洗っている。そうでなければ、彼女もまた本を読んでいる。

ある日のこと。午後6時を過ぎて、ようやく原稿の目処が付いたところでノートブックから目を上げると、両手にケーキを載せた白い皿を持った彼女が近づいてくる。

「きょうのケーキ、余ってしまうので食べませんか？」

そうしてテーブルにケーキの皿を置くと、彼女は入り口に「closed」と書かれた看板を出し、自分の飲み物を持って改めてこちらにやって来る。

「お疲れ様でした」

彼女がそう言うので、こちらも鸚鵡返しに応えた。お疲れ様でした。

お仕事、終わったんですよね。どうして判るのですか？　いつも原稿を書き終えると鉛筆をぜんぶ削りなおして、その後でエスプレッソをオーダーするでしょう。でも、きょうはまだオーダーしていない。でも鉛筆は削り終えてました。なるほど。そう言うと彼女はカウンターの中に戻って、新しいエスプレッソを運んで来てくれた。

「私、きょうでこのお店を辞めるので」

驚いたが、自分の口から咄嗟に出た言葉は繰り返しだった。お疲れ様でした。

私が働いている間、あなたがいちばんよく来てくれたお客さんだったの。そしてきょうも来てくれたから、何かご挨拶しなくては、と思って。本当はお酒でも飲みたいけれど、洗い物を増やすと帰るのが遅くなるでしょう。

そして彼女を同じ建物の中のレストランに誘った。お疲れ様でした。今夜、この言葉をふたりで何度交わしたことだろう。彼女の美しい顔を眺めているだけで楽しかった。

いっぽう彼女は質問ばかりしてきた。いつも何の原稿を書いているのか。職業は何なのか。結婚しているのか。どんなタイプの女性が好みなのか。

答えられない質問に答える必要はな

い。空欄のままで結構です。本当は文章などではなくて、ぼくにも絵が描けたらよかった。あなたの綺麗な顔を描くのに。

ほろ酔い加減の彼女を送り届け、ぼくは彼女の部屋に入った。何もない、小さな空間。若い女性の部屋とは、このようなものなのか。白い壁は昼間のカフェテラスを連想させる。ベッドの横の壁だけは鮮やかなピンク色だった。彼女の唇と同じ色だった。そして窓の外が明るくなりかけた頃、静かに彼女の部屋を出た。

もう二度と彼女に会うこともないだろう。あの店には新しいウェイトレスが就いているのだろう。そう考えながら次の日、カフェテリアを訪れると彼女がいた。いらっしゃいませ。

こちらも何食わぬ表情で手を振ると、彼女は明るく言った。昨日はごちそうさまでした。

エイプリル・フールか何か、と尋ねてみた。そう、十月のエイプリル・フール。あなたは騙されたの。それなら今夜をクリスマス・イヴにしてはどうか。そう提案すると、彼女は答えた。出来れば12月30日がいい。明日からしばらく休むの。明後日はお正月だし。あけましておめでとうございます。そう言って彼女が笑ったとき、幼い子供を連れた年老いた夫婦が店に入って来た。私もお年玉が欲しい。そこで会話は中断した。

似ている

・轟夕起子と渡辺文雄
・大信田礼子と佐藤江梨子
・中村嘉律雄の声と阿部サダヲの声
・東千代之介・河津清三郎
・目張りの入った芦田伸介と桂三枝
・宍戸錠と深江章喜
・白木マリと筑波久子
・メルヴィン・ダグラスと斎藤達雄
・岡村文子と青山京子
・土屋嘉男と竹中直人
・大村文武と田代まさし
・初井言江と小沢昭一
・大辻司郎とハナ肇
・高田敏江と河内桃子
・葉山良二と西岸良平の描く男の人
・夏純子と大沢伸一
・ロバート・ライアンと菅原文太と渡部篤郎
・高杉早苗と笈田敏夫
・牧紀子と津川雅彦
・白木マリと大山のぶ代
・白木マリと月形龍之介
・赤木圭一郎と峰岸龍之介
・赤木圭一郎と香取慎吾
・長谷川一夫と浅香光代
・浅丘ルリ子と笹森礼子
・加賀まりこと岩下志麻
・市川雷蔵と立花ハジメ
・ジェイク・ギレンホールと奥田瑛二
・三好栄子とニーナ・シモン
・三好栄子とメリー・ルウ・ウィリアムズ
・高橋悦史と長渕剛
・角梨枝子と牧瀬里穂
・岸田森と忌野清志郎
・若原雅夫と渡辺謙
・中山昭二と原保美
・原保美とふかわりょう
・中山昭二とふかわりょう
・梶芽衣子と渡哲也
・岡田可愛と近藤宏
・二木てるみ と なべおさみ
・三津田健と原ひさ子
・嵯峨善兵と柳永二郎　似ていない
・高野由美と土方弘（若い川の流れ）
・仁木多鶴子と藤由紀子と金田一敦子
・金田一敦子と柳川慶子
・シルヴィア・シドニーとペーター・ローレ
・菅原文太（新東宝時代）と地井武男
・三條美紀と高田稔
・高田稔と三條美紀と細川俊夫
・アーネスト・ボーグナインと富田仲次郎
・高倉健と潮健児
・伊達三郎と杉村春子
・木村功と杉村春子
・伊東光一とロバート・ライアン
・松島トモ子（子役の頃）と榎本健一
・千葉真一とグッチ裕三
・山茶花究と根津甚八
・津川雅彦と栗原小巻
・観月ありさと吉幾三
・芹洋子と岸洋子
・新東宝時代の菅原文太とダイニチの地井武男
・小松菜奈とUA

レナード・コーエンの偽日記から。

レナード・コーエンを騙る男。

正確な日付を思い出すことが出来ないのだが、それはたしか秋の祝日のことだった。トロント郊外で行われた大きな音楽フェスティヴァルで、私の出番は午後7時前には終わった。ギターの弾き語りで、40分ほどのステージ。気楽なものだったが、それでも舞台を終えると、何か一杯引っ掛けて寛ぎたくなった。

第二ステージの裏の広場では、日が沈む頃からちょっとしたキャンプファイアが行われており、篝火の傍で私はバック・ステージから持ち出したバランタイン・ウィスキーを飲み、誰かのガットギターを爪弾いていた。彼女に初めて逢ったのは、そのときだったはずだ。ときおり大きく爆ぜるオレンジ色の炎の向こうで、彼女は私に微笑みかけていた。美しい瞳と、しなやかな肢体。小学生の娘のように、彼女は短い丈のワンピースを着ていた。一度は逸らせた視線を改めて彼女に向けると、彼女は静かに、他の誰にも悟られることなく、こくりと肯いた。

炎を見つめながら、ふたりは短い言葉を交わす。人懐こい、西海岸ふうのアクセントで話す彼女は私より18歳年下だった。なぜ彼女が自分のことを知っているのか、最初は訝しく思っていた。友人に誘われて来たのだ、と言っていた。もう少しだけウィスキーを勧めると、父親が昔から私の歌のファンであり、母親も私の書いた物を読んでいた、という。あれはポルノ小説だ、と言うと、微笑むばかりの彼女が、初めて声を上げて笑った。

その日から、私は彼女の恋人になった。私が都会での仕事に戻ると、彼女も友人を頼ってニュー・ヨークに出てきた。ほぼ毎日、ふたりは一緒にいた。最初は英語が話せないのか、と思ったほど、彼女は無口だった。私もまた沈黙を好んだ。

ところで、私たちは殆どの時間をベッドの上で過ごしたにも拘らず、私は決して彼女の中に入ることはなかった。美しい彼女の閨房は、彼女自身と同様に微笑みはするものの、いつも固く口を閉じていた。暗闇の中で、あるいは午後の薄明かりの中で、私は彼女の泉にくちづけ、長い時間を掛けて甘い蜜を味わいつくし、そうしてようやく片手を添えて彼女の部屋の扉の前に立つのだが、彼女が優しく「どうぞ」と応えてくれるのにもかかわらず、そのドアは開かなかった。何度、ノックしてもそれは同じだった。

はじめのうちは、私も途方に暮れたが、彼女はそれほど落胆している様子はなかった。やがて、私も彼女のドアの内側に侵入して錠を掛けることが目的ではないのだ、と考えることにして、あらためて彼女との時間を楽しむようになった。

ある日、ベッドの中で彼女が問わず

Leonard Cohen
「Songs Of Leonard Cohen」

語りに話してくれたことには、カレッジの学生になって間もない頃に付き合った、二歳年上のボーイフレンドとのセックスで、一度も歓びを味わうことはないまま、すぐに妊娠して、彼女は両親との諍いと堕胎とでひどく消耗してしまった、それ以来、あまりセックスは好きではなかった、と言う。

　では、いまはどうなのか、と、冷たい白ワインを飲んでいた中年男は尋ねる。彼女はもちろん何も答えず、静かに微笑むと私の太腿にくちづけした。

　誰かに恋をしているとき、私は他人にそれを話したり、悟られたりすることを好まない。恋愛とは隠し事を楽しむスポーツだから。友人たちの集うナイトクラブへ出掛ける時には、入り口の前でこそ彼女と連れ添って入るのだが、中に入ってからは、もう肩を寄せて歩いたりはしない。一人でも知り合いの顔を見掛けたなら、その後は店を出るまで、恋人ではなく、ただの顔見知りを装って過ごすのだ。

　美しい彼女は、いつも見知らぬ男性から声を掛けられたり、飲み物を提供されたりする。そんなとき、もちろん私は知らない振りをしている。遠くから私が見ていることを知っている彼女は、いつも少し戸惑うような表情を浮かべるが、やがてそれはいつもの愛くるしい微笑みに変わる。若い男たちは有頂天になって、彼女に自分をアピールし始める。そんな連中を見て、私はもちろん笑ったりしない。かつての自分も、同じことをしていたはずだから。

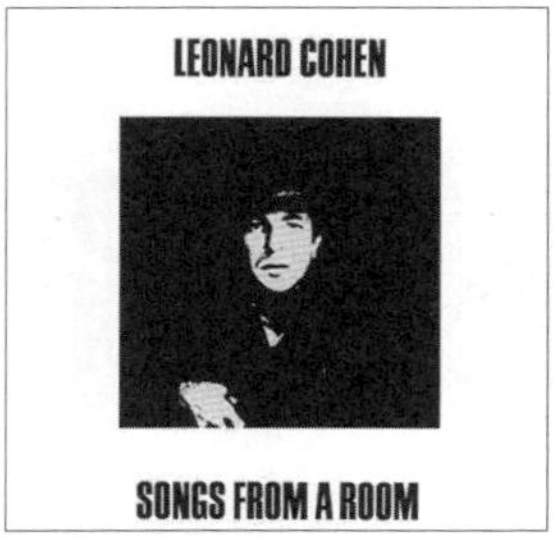

Leonard Cohen
「Songs From A Room」

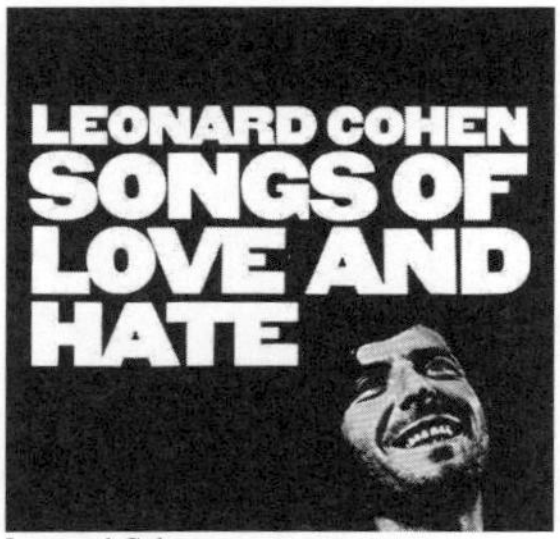

Leonard Cohen
「Songs Of Love And Hate」

　彼女がこの大きな街にようやく馴染んだ頃、この街もまた、美しい彼女のことを放ってはおかなかった。音楽関係者の集まるいくつかのナイトクラブでは、彼女はその美しさ故に知られた顔となった。やがて、ある一人の若者がひどく熱心に彼女に接近するようになる。新進の作曲家であった若者の名前は、私も聞いたことがあった。彼女に一目惚れした青年は、自分とコンビを組まないか、と彼女に持ち掛ける。音楽なんてやったことがない、と断るが、自分が付いているから大丈夫、と言ってきかない。それでも首を縦に振らない彼女に、青年は迫る。それなら、ぼくと一緒に暮らさないか。

　ナイトクラブの帰り道に立ち寄ったデリカテッセンで、彼女は私に青年の話をする。相変わらず口数の少ない彼女の言葉の中から、彼女が困惑しながらも、どこかこの青年に心惹かれていることに気づく。アードベッグを飲みながら、私の頭は却って冴えていった。

　幸いなことに、彼女はまだ友人の部屋で週の何日かを過ごしていた。今夜は仕事があるのだ、と言って、私は彼女を友人のフラットまで送り届けた。キスを交わし、彼女と別れ、翌朝、私はホテルを出てトロントに帰った。

　間もなく、彼女と青年は公私ともにコンビを組み、レコードを出したという噂を聞いた。あるとき、仕事で赴いた学生街のカフェで、若者向けの情報を掲載したフリー・ペイパーを手に取ると、そこに大きな彼女の写真を発見した。相変わらず美しかったが、表情は硬く、あまり幸せそうに見えなかった。その後一度だけ、私は彼女と連絡を取ったが、彼女は電話に出ず、折り返しの連絡もなかった。やがて私は彼女の電話番号を失くしてしまった。

　それから10年が経った。モンタナ州の小さな街のコーヒーハウスで、私は彼女と再会した。10年という歳月が無かったかのように、彼女は昔のままの

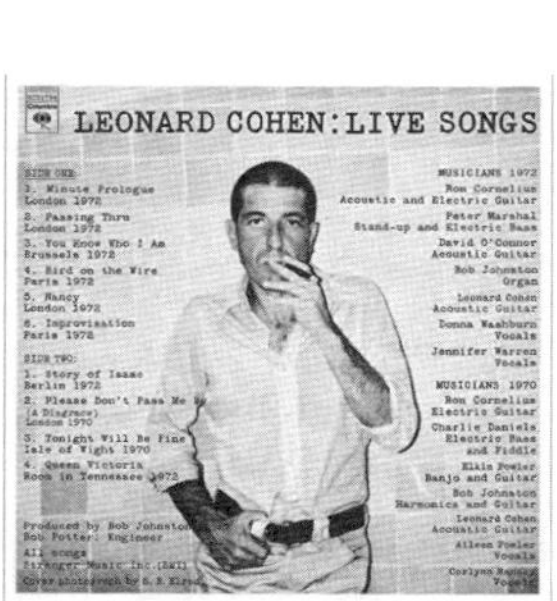

Leonard Cohen
「Live Songs」

美しさをたたえていた。世界中でたったひとり、自分だけが年老いたのだと悟った。

　どうしてここに、と尋ねると、この街が生まれ故郷なのだ、と彼女は答えた。ニュー・ヨークでの活動は止めて、三年前にこの街に戻ってきたのだ、という。店内では大きな音でロック・ミュージックが流れていたから、私は彼女の耳元で話さなくてはならなかった。昔と同じ甘い香りがした。

　あの青年は、と私は尋ねた。彼とはいまでもときどき連絡を取っているけれども、私生活上でのパートナーだったことは一度もなかった、という。私はその言葉を信じなかったが、それ以上は訊かなかった。電話番号と住所を教わって、私はサウンドチェックを開始した。

　ステージを終えてホテルの部屋に戻った午前3時、ドアベルが一度だけ鳴って、彼女は部屋に入ってきた。何も話すことはなかった。疲れ果てて眠りに落ちるまで、私と彼女は互いを求めあった。私はすでに年老いていて、硬い握り拳で勢い良く彼女のドアにノックすることは出来なくなっていたが、彼女は私を優しく取り扱った。そして彼女にも変化があった。10年前と比べて、彼女は歓びに対してずっと大胆になっていた。

　私と彼女の関係はいまも続いている。私が西海岸に出掛けるときは、いつも彼女と連絡を取った。私がニュー・ヨークに閉じ込められているときは彼女が逢いに来た。ふたりは以前よりもずっと親密になり、以前よりもさらに言葉を交わさなくなった。これから先の話をしない、という暗黙のルールをふたりは慎重に守った。彼女は以前にも増して美しく、優しかった。けれどもそのとき、私は新しい恋に落ちていたのだった。シアトルの街にはもうひとりの恋人が待っていた。

Leonard Cohen
「New Skin For The Old Ceremony」

Leonard Cohen
「Death of a Ladies' Man」

カウボーイ・ハットを被った男。

その店は国道沿いにぽつりと建っていた。近隣には他に店など一軒もなく、住宅も見当たらなかった。おそらく誰もが自動車に乗ってやってくるのだろう。小さな店にしては、駐車スペースがかなり広く取ってある。いま、その駐車スペースには、小さな自動車が一台、そしてオートバイが2台停っている。大きな窓にはアメリカのビールの名前のネオンサインが外に向かって光を放っている。

　ジミーという芸名を持つロック・ミュージシャンのライヴに誘われて、自分は初めてこの店にやってきた。かつて、知人に紹介されて交遊が始まったその男の音楽は、何枚かのCDアルバムを通して親しんでいたのだが、未だステージは観たことがなかった。いよいよ来年は一緒に仕事をすることになるかもしれない、という話になって、それなら週末に郊外の小さなライヴハウスで演奏するので観に来てほしい、きみの住む処からはかなり離れた場所にあるから自分の車に同乗しないか、と誘われたのだった。

　入り口のドアを開けてすぐ傍の席に、カウボーイ・ハットを被った男が座っていた。黄褐色のカウボーイ・ハットに、同じ色のスウェードのジャケット。世界中のどこにいても、この服装なら人目につくだろう。自分のすぐ後ろから、ギター・ケースを抱えて入ってきたジミーが、すぐにカウボーイ・ハットの男を見つけて挨拶を交わしていた。

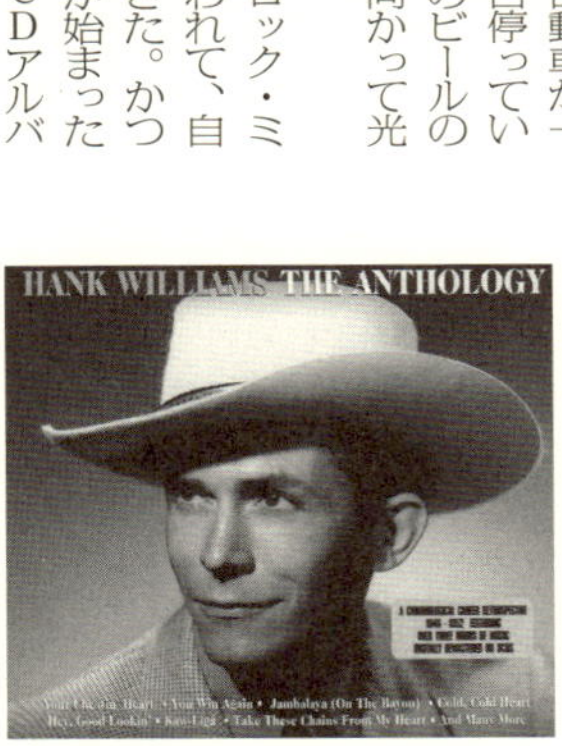

Hank Williams
「The Anthology」

まだ開演まで一時間もある。よほど熱心なファンなのか、と思ったがそうではなく、どうやら同じミュージシャンであるようだった。

　友人のロック・ミュージシャンのステージは楽しいものだった。いつの間にか小さな店は観客で一杯になっていた。約15分の休憩の間、店の従業員たちは客の注文を捌くのに大わらわだった。ステージにバンドが戻ってきたというのに、PAを兼任する店の主人はいつまでも調整卓の前に戻ることが出来ず、マイクロフォンは死んだままになっていた。馴染みの客が大きな声で主人に呼びかけると、ようやくマイクロフォンのフェーダーが上がって、音楽家は皮肉を込めて店の主人に礼を言う。そして2曲立て続けに軽快なロックンロールを演奏した後で、それではお待ちかね、ゲスト・コーナーの時間です、と告げ、客席からカウボーイ・ハットの男をステージに招いた。

　名前を呼ばれたとき、カウボーイ・ハットの男はすでに自前のマーティンD28を抱えていた。俺のギターより高級品ですよ、とジミーは笑いながら男を舞台に上げた。客席から大きな拍手が湧く。ムラカミ、という名前のその

Hank Williams
「The Best of Hank Williams」

男のことを、自分以外の観客の全員が知っているようだった。

　おいおい、あそこにいる私のカミさんまでが、きみのことを携帯で写真に撮っている、とジミーはなおも冗談を続けるのだが、カウボーイ・ハットの男はにっこりと笑うだけで何も話さず、控え目にギターの音量を確かめていた。きょうはムラカミくんがハンク・ウィリアムズの歌を披露してくれるそうです。そう告げると、ステージのいちばん左にいたリード・ギタリストがイントロを弾いて演奏は始まった。

　「ヘイ・グッド・ルッキン」と歌い出すその声に一瞬でノックアウトされた。声を潰したように発声するヒルビリー・スタイルの歌唱法を完璧に再現している。もちろん、声帯模写というだけで

Johnny Cash
「Ride This Train」

はない何かがある。塩辛い声で甘いメロディを歌う、ひどく端正な顔をした男に釘付けになった。

　歌い終わって、ムラカミは控え目に喋り始めた。本日はジミーさんのライヴにこうして飛び入りさせて戴きまして、たいへん光栄です。ジミーさん、有難うございます。じゃあ、もう1曲ハンクの歌を歌わせて戴きます。そう言うと「ジャンバラヤ」がスタートした。この歌にもやはり自分は惹きつけられた。目を閉じて聴けばそこにハンク・ウィリアムズが立っている、とは言わないが、それでもまるでこの店がアメリカ南部のハイウェイ沿いのコーヒーハウスのように思えてくるのにはじゅうぶんな歌声だった。

　歌い終えてひと言、有難うございました、引き続きジミーさんのステージをお楽しみください、と言ってステージを降りるムラカミに対して、客席から大きな喝采が起きる。かなり年配の客たちが「アンコール」「もう一曲」と声を上げる。それじゃムラカミくん、もう1曲お願いします、とジミーがステージの上から声を掛けると、ムラカミは微笑みを絶やさないままステージに戻った。それでは、「ユア・チーティン・ハート」を歌います。

　ムラカミがステージから降りた後、ジミーはヴェテランのエンターテイナーぶりを発揮して、ひととき客を沸かせ、リクエストにも気軽に応えてショーを終えた。自分も大いにジミーのパフォーマンスを楽しんだが、人間の心とは残酷なものだ。やはり心を奪われてしまったのはムラカミの歌だった。

　ギャランティの精算を済ませたジミーが、待たせて済まない、さあ帰ろう、と声を掛けてくれた。ジミーのバンドのメンバーや知り合いに挨拶し、そして女性ファンと会話していたムラカミにも声を掛けた。素晴らしかったです。アルバムを作ったりなさらないのですか？　そう尋ねるとムラカミは微笑んだまま、さあ、そういう話はまだあり

Sir Douglas Quintet
「Return of Doug Saldaña」

ません、と答えた。またお目に掛かりたいです、と言って、自分は店を後にした。

ザ・モンキーズが英国のザ・ビートルズの人気に対抗してレコード会社とTV局、そして音楽出版社が組んで仕掛けたグループだった、というのは、ロック・ファンなら誰でも知っている話だ。だが、もちろん彼らが楽器も弾けないずぶの素人だったわけもなく、オーディションに合格したメンバーはそれぞれバンドを組んでいたり、子役タレントとして演技や歌の経験を積んでいたり、それなりのキャリアを持っていた。

もうひとつ、これはつい数年前まで自分も知らなかった話だが、あの「ホテル・カリフォルニア」で一世を風靡したウェストコーストのロック・グループ、イーグルズもじつはザ・モンキーズと同様に、ハリウッド周辺で活動していたロック・ミュージシャンの中から、ルックスも良く、音楽的にも才能のある精鋭を集めて作られた、いわば「仕掛けられた」グループなのだという。ひどくシンプルなバンド・ネームも、狙って付けられたものだと考えるなら面白い。

Doug Sahm and band aka The Sir Douglas Band「Texas Tornado」

ムラカミがアイドルばかりを売り出していた音楽事務所に預けられることになったのは、中学生になって間もない頃のことだった。高校生になると、同じ事務所の仲間と面白半分にロックバンドを組む。もともと父親も音楽関係の仕事をしていたので、楽器を演奏したりすることはムラカミにとって自然なことだった。担当楽器はドラムスだったが、ベースもギターもヴォーカルも、何でも器用にこなすことが出来た。

Donnie Fritts
「Prone To Lean」

その替わり、事務所の若いタレント候補生たちの必修事項だったダンスのレッスンはあまり熱心ではなかった。ダンスが苦手なのではなく、とにかく興味が持てないのだった。音楽を聴いて、自然に身体が動くというのがダンスじゃないか。振り付けの通りに踊るなんて、幼稚園児でもあるまいに。

どこか反抗的な態度を示すムラカミを問題児と看做す人間もいれば、骨のある男だ、と面白がる人間もいた。事務所はムラカミ率いるロックバンドを黙認していたが、あるTVの企画がきっかけで、バンドはとつぜんレコード・デビューを果たす。もちろんそれはザ・モンキーズ同様、プロのソングライターが書いた楽曲だったが、ルックスのシャープな少年たちが演奏するロックンロールに若い女性たちは飛びついて、いきなりチャートの首位を獲得してしまった。

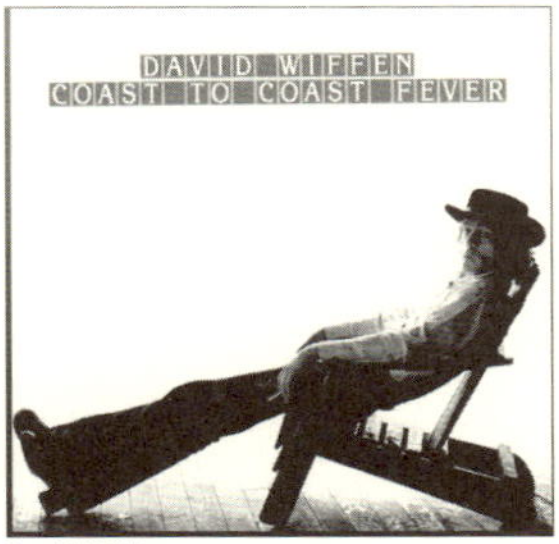

David Wiffen
「Coast To Coast Fever」

その後の活動はしかし、順風満帆というわけではなかった。音楽的には自作曲が中心となっていったが、事務所とは常に衝突していた。事務所側による一方的なメンバー・チェンジ。出演番組の打ち切り。3年後にムラカミは事務所から一方的に解雇されるが、後になって考えてみれば、3年間バンドが持ち堪えた事の方が驚きに値するのだった。解雇の理由については、女性週刊誌や写真雑誌がさまざまな理由を書き立てたが、ドラッグ所持にせよ、女性問題にせよ、けっきょく総ては噂に過ぎなかった。

　当のムラカミ自身は、バンドにも事務所にも何の未練もなく、ほとぼりが冷めてからは俳優として順調に仕事をこなしていた。だが音楽への興味は高まるばかりで、いろいろな機会に知り合い、意気投合したミュージシャンとバンドを作ったり、誘われるままにセッション活動をしていた。レコーディングに漕ぎ着けたバンドもあれば、数回のライヴだけで立ち消えとなったグループもあった。だが、最初のバンドで栄光と挫折を経験したムラカミは、どこか音楽に於ける成功というものに対して醒めたところがあった。

　そんなとき出会ったのが、カントリー&ウェスタン、と呼ばれる音楽だった。かつて父親が親しくしていたバンドマンたちにも、ウェスタン畑の歌手たちが何人かいたのだが、彼らの多くは気難しく、昔気質の人間で、子供から観ても近寄り難い連中だった。

　そんなカントリー&ウェスタン音楽との距離が急に縮まったのは、舞台の仕事を通じて先輩・後輩の付き合いをしていたあるコメディアンの芸能生活45周年のパーティーのときだった。ジミーというロック・ミュージシャンと知己を得たのも、このときだったはずだ。

　先輩、と呼ばれている男の、芸能界に於ける最初の仕事はウェスタンのバンドの付き人であった。やがてそのバンドにヴォーカル兼ギタリストとして加入するのだが、すでにウェスタンは下火となっていて、彼らは思い切ってコミックバンドに転進した。TVを通じて人気が出たところでバンドは解散、その後は専ら舞台や映画でコメディ・リリーフとして活躍していた。

　そんな先輩の芸能生活45周年記念パーティーでは、やはり原点であるカントリー&ウェスタンを歌うコーナーが設けられていた。おいムラカミ、お前ギター弾けるんだろ、けっこう良いギター持ってたよな、じゃ、オレの後ろで伴奏しろ。

　そうして聴いたのがハンク・ウィリアムズだった。先輩が歌うレパートリーの候補として持ってきたのは、「ラヴシック・ブルース」、「ヘイ・グッド・ルッキン」、「泣きたいほどの淋しさだ」、「ユア・チーティン・ハート」、そして「ジャンバラヤ」の5曲。最初はただコード進行を書き取る為に繰り返し聴いていたのだが、ある時突然、この歌手の持つ決定的な悲しさに気づいてしまった。

　やがて自分でもハンクの曲を歌ってみると、これが驚くほど自然に歌うことが出来る。トレードマークであったカウボーイ・ハットも真似てみた。子供の頃から探し求めていた自分のアイドルとは、つまりこの悲しげなカウボーイのことだったのだ、とようやくムラカミは気づいた。

　ジミーのアルバムを作る仕事がひと段落した頃、自分は思い切ってムラカミと会うことにした。あの男の連絡先を教えてくれ、って君がいつか必ず言うだろうと思っていたよ。ジミーはそう言って笑った。

　せっかく会うのだ。例の国道沿いの店の主人に頼んで、いつもより一時間早く店を開けてもらった。ムラカミは自分のことを憶えていてくれた。マグカップで供されるアメリカン・コーヒーを前にして、率直に話した。あなたのアルバムを作りたいのですが。

　え、ハンク・ウィリアムズのカヴァー集ですか。

　それも悪くはない、と思いますが、シンガー・ソングライターとしてのあなたのアルバムを作りたいのです。

　ぼくの以前のアルバムをお聴きになったことがないのですか？　ガキっぽい曲しか作ったことがないですよ。いつも相手の目を見て話すムラカミが、

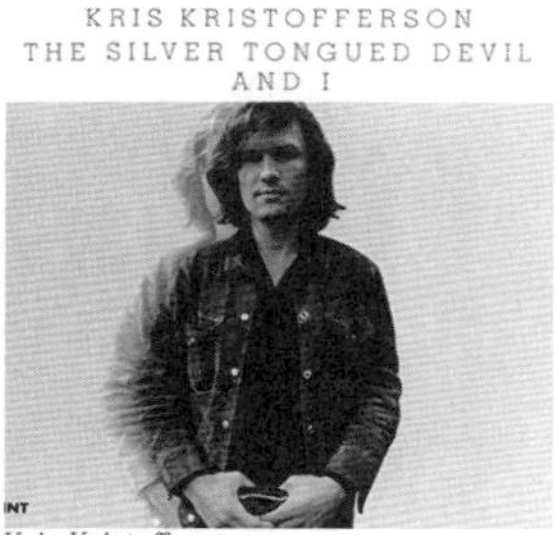

Kris Kristofferson
「The Silver Tongued Devil and I」

Guy Clark
「Old No. 1」

初めて視線をコーヒーの湯気に落として笑った。

現在のあなたなら、きっと素晴らしい曲が書けますよ。何なら私が手伝っても構いません。作詞でも、作曲でも。

ムラカミは少し考えて言った。そうですね、自分でもそろそろ自分の曲を作らなくてはいけない、と考えていたところです。けれど、いったいどんな歌を作れば良いのでしょうね。

今度はこちらが少し考えて口を開く番だった。そう、たとえば、自分が生まれ育った街のことを歌った歌。子供の頃、いちばん印象に残っている休日についての歌。若くて反抗的だった頃のことを歌った歌。泣きたいほどの淋しさに囚われたときの歌。いちばん好きだった女性についての歌。恋を失ったときの歌。

Gathrie Thomas
「1」

ちょっと待って。メモを取らせてください。そう言ってムラカミは、あのとびきりの笑顔を見せてくれた。大概の女たちはこの笑顔を無視することが出来ないだろう。

結婚したときの歌。自分の子供たちに話して聴かせたい歌。毎日、眠りに就く前にベッドの中で考えることについての歌。これから自分が見に行きたい、と考えている風景についての歌。一日の内で、いちばん好きな時間についての歌。ほら、これで11曲。もし分量的に物足りなければ、それこそハンク・ウィリアムズのカヴァーか、インストの曲を入れてもいいでしょう。

なるほど、音楽プロデューサーというのは、こういう具合にアルバムを作るのですね。人を乗せるのが上手なんだな。ムラカミは微笑んだ。

Jerry Jeff Walker
「Five Years Gone」

ムラカミはふた月ほど時間をください、と言った。そしてちょうど二ヶ月後、11曲のデモを携えて、こちらのオフィスに出向いてくれた。楽曲はどれも素晴らしいものだった。ギターの弾き語りが6曲。ピアノを弾きながら歌っているものが3曲。リズム・セクションが伴奏を付けているものが1曲。そして、手拍子だけで歌われたものが1曲。もうこのままリリースしても好いくらいのデモですね、と言うと、それではあなたの仕事が無くなってしまいますね、とムラカミが笑った。

リズム・セクションの録音は、ムラカミ自ら声を掛けた一流のプレイヤーたちによって、これ以上は望むことが出来ない、というようなテイクを作ることが出来た。誰もが友情出演、ということで演奏料を受け取らなかったので、1曲だけ12人編成のストリング・セクションを入れた。

レコーディングでいちばん難しかったのは、じつはヒルビリー・スタイルの歌い方を少し抑えて、それでも塩辛い、悲しい声のトーンを保って歌わせることだった。だが最初の2曲ほどの歌入れで、これだ、と言うスタイルを決めることが出来たのは幸いだった。

ここまでは良かった。トラックダウンを済ませ、そろそろジャケット写真の相談をしよう、と話していたところで、発売元を引き受けてくれたレコード会社が降りる、と言ってきた。理由は説明されなかったが、はっきりしていた。かつてムラカミを解雇した音楽事務所から無言の圧力が掛かったのだった。

他のレコード会社に掛け合っても同じことだった。ムラカミはこうなることを心配していた、という。

けっきょく、メイジャーのレコード会社から発売することは諦め、ムラカミと自分とで原盤制作会社を設立し、

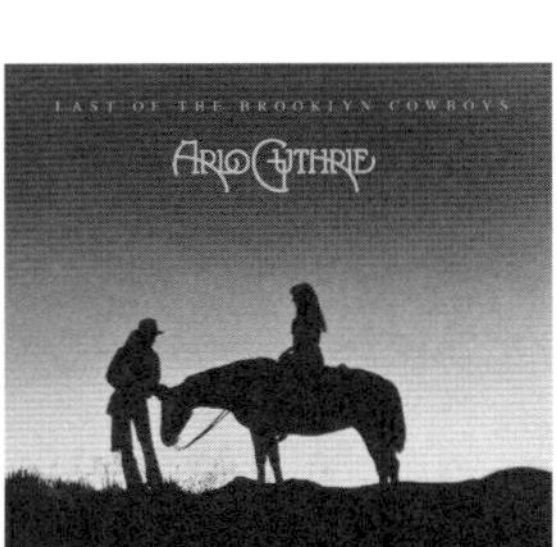

Ario Guthrie
「Last of the Brooklyn Cowboys」

知り合いのインディ・レーベルから発売して貰った。ムラカミの知り合いが社長に就任した、ある小売店のチェーンで強くプッシュしてもらうことにして、出来るだけインディ・レーベルには負担を掛けないように配慮した。

日が沈んだというのに明かりを点けないままの部屋で、カウボーイ・ハットを被り、ロッキング・チェアに坐っているムラカミをモノクロームで捉えた写真をジャケットに使った。マーティンのギターを抱えたカットと、ただ座っているだけのカットを撮ったが、けっきょくジャケットに採用したのは後者だった。もとより目鼻立ちの整ったムラカミだが、年齢のせいか、それともモノクロームの階調のせいなのか、その表情は一段と厳しく引き締まっているように見えた。

アルバムのセールスは芳しくなかったが、その後、ムラカミは再び注目されるようになった。大きな広告のモデルの仕事と、憧れていた映画監督からのオファーが来て、そのどちらもがあのアルバムを聴いて決めた、と言ってました。ある日、電話を掛けてきてそう話してくれたが、その後、映画も広告も、自分は未だ目にしていない。

終戦記念日。

1945年の夏、日本は戦争に負けた。以来、8月15日は終戦記念日と呼ばれている。多くの会社がこの日の前後にお盆休みを設けているせいか、東京都内はいつもより閑散としている。

事務所の近くの停留所からバスに乗って、男は一旦帰宅することにした。仕事らしい仕事ならばタクシーに乗って帰るところだが、きょうの打ち合わせの内容ではたぶん期待出来ない。

自分は音楽家なのに、なぜ地方都市の多目的ホールで上映される映画について一時間も話さなくてはならないのだろう。バスを降り、長く緩やかな坂道を歩きながら、たったいま終えた打ち合わせのことを考えていた。

仕事を始めたばかりの頃は、とにかくどんなことでも引き受けた。目が回るほど忙しかった頃は、スケジュールを理由に小さな仕事を断ることも出来た。けれどもいまは時代が変わったのだ。きょうの仕事を仲介してくれた男は、もっと逼迫しているのだろうか。それはこちらも変わらないのだが。

たった五分ほどの帰り道なのに、シャツは汗でにじんでいる。家まで歩く道の途中にあるパン屋でデニッシュ・ペストリーを二つ買う。きょうはそのデニッシュが特売の日であり、それは最後に残った二つだった。

自室に戻って、まずシャワーを浴び、麻のシャツとジーンズに着替えた。それからパソコンを開いて、メールをチェックする。お盆休みなので、仕事のメールは入っていなかった。今週は急ぎの用件など何もないだろう。きょうはパソコンを置いていくことにした。

ドアに鍵を掛け、家を出る。仕事に出掛ける時は何も気にしたことはないが、遊びに行く時はいつも戸締まりに慎重になる。

一時間前にバスを降りた交差点に戻ると、大きなバッグを提げた女が待っていた。

David Blue
「Stories」

夏休みの時期、都内のホテルはどこも混んでいるだろう。そう予想していたが、それは杞憂だった。

ようやく日が落ちて、ホテルの部屋は淡いブルーの光に沈んでいた。灯りを点け、すぐに消す。けっして広いとは言えない部屋だった。靴を脱ぎ、ベッドの上で身体を伸ばした。

洗面所から出てきた女が、トイレの水が止まらない、と言う。フラッシュバルブが毀れているのだろうか。洗面所に入ってみることもせずに、男はベッドの脇の受話器を取り上げてフロントを呼び出した。女性の従業員が、すぐにお部屋に伺います、と告げた。

勢い良く水の流れる音が会話を塞き止めている。これは部屋を替えてもらうしかないか。

そう考えていると、ベルが鳴った。ドアの外には制服を着た男性の従業員が立っている。お待たせして申し訳ございません。部屋に通すと、さっそく洗面所に入って、水の音は間もなく止んだ。

たいへんご迷惑をお掛け致しまして、申し訳ございません。水は止まりましたので、ひとまずご様子を見て戴けますでしょうか。また何かご不便ございましたら、すぐにお申し付け下さい。

　黙って頷くと、男性従業員は部屋を出ていった。ようやく静寂が訪れる。すっかり部屋の中は暗くなっていた。カーテンを開けると、ビルの窓明かりが煌いて見えた。


　午後10時過ぎ。このホテルにはルーム・サーヴィスが無く、レストランもラストオーダーの時間を終えていた。

　バッグから、夕方パン屋で買ったデニッシュ・ペストリーを取り出すと彼女は笑った。菓子パンは旨かったが、ひとつ食べ終えてしまうと余計に空腹を覚えた。

　ホテルの地階のドラッグストアは11時まで開いているという。ふたたび服を着て買い物に出掛けた。

　ミネラル・ウォーターと、カップ麺を買って部屋に戻る。

　備え付けの電気ポットで湯を沸かす。水を入れて台座に置けば加熱が始まるものとばかり思っていたが、いつまでも作動する様子がない。彼女がベッドから立ち上がって、電気ポットを確かめた。持ち手の上部にあるスウィッチを入れると赤いランプが点いて、あっと言う間に沸騰した。

　たぶん20年ぶりにカップ焼きそばを食べた。洗面台で湯切りをして、ソースを混ぜ入れる。いまはこんなに美味しくなっているのか、と男は驚き、そのことを話すと、21世紀だもの、何でも進化してるのよ、と女が笑った。

　食べ終えたカップ麺の容器を水ですすいで捨て、窓のカーテンを閉じ、ふたりは喋るのを止めた。

　気を失うように眠っていた。明け方に何度か目を醒ますと、女はまだ起きていた。優しく微笑みかけているのを見て、男はまた眠りに落ちた。


　目を醒ましたものの、午前中の時間を怠惰に過ごして、部屋を出た時には正午を優に45分も過ぎていた。ホテルのフロントでチェックアウトするとき、超過料金を求められるだろうと覚悟していたが、反対に昨夜のトイレの不具合を詫びる言葉を聞くのみだった。

　ホテル一階奥の和食レストランで蕎麦のランチを食べた。

　名画座で佐久間良子の主演する古い映画が掛かるから、観に行かないか。たしか、きょうまでの上映のはずだ。

　佐久間良子が好きなの？

　ああ、あんなにセクシーな顔の女優はいない。

　セクシーかな。

　うん。厚ぼったい唇に、いまにも泣きそうな、潤んだ瞳をしている。あの顔立ちだけでじゅうぶんにセクシーだと思う。

　セクシーな女の人が好きなのね。

　もちろん。昔からだよ。いつだって、セクシーな女のことしか考えていないんだ。

　そうね。

　タクシーを拾って銀座へ出た。文具店へ行き、どうにも調子の悪い万年筆を預けてから、喫茶店に入るつもりで歩いたが、知っている店はどこも子供連れで混み合っている。映画の上映時刻にはまだ早い。そのとき、むかしよく入った東銀座の喫茶店を思い出した。

　小さな喫茶店は空いていたけれども、冷房はあまり効いていない。アイスコーヒーを頼み、ご自由にお使いください、と書かれた団扇を使い、汗を鎮めた。

Chip Taylor
「Gasoline」

Jake Thackray
「Jake's Progress」

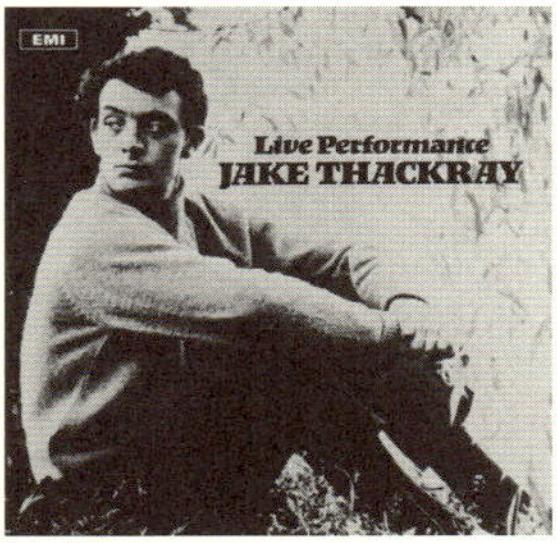

Jake Thackray
「Live Performance」

ねえ、映画が終わったら。

終わったら？　帰る？

観光バスに乗らないか。さっき見掛けただろう、二階建てのバス。

　彼女が携帯電話で乗り場と時間を調べてくれた。映画が終わって、すぐに丸の内に向かえば、最終バスの発車時刻に間に合う。念の為にバス会社に電話を入れてみた。女性の職員が出て、きょうは満席だったが、いまちょうどキャンセルが出たので予約なさいますか、と尋ねてくる。名前と電話番号を告げて、予約席を取った。

　佐久間良子は素晴らしかった。彼女がクローズアップになるだけで良かった。程良く冷房の効いた観客席で、ふたりは手を握ったままスクリーンを観

Lee Hazlewood
「The Very Special World Of Lee Hazlewood」

ていた。

　映画が終わると、表通りに出てタクシーを捕まえた。丸の内のビルの正面に、二階建てバスは停まっていた。

　イアフォンを受け取って二階のデッキに上がると、シートは半分ほど埋まっていた。さっきの電話では満席、と言っていたよね。ふたりは顔を見合わせて笑った。間もなくバスは動き出した。丸の内から銀座、築地からレインボウブリッジを渡ってお台場へと向かう退屈なコースだった。

　レインボウブリッジの途中で、東京タワーとスカイツリーが左右に見えた。スカイツリーの向こう側に、遠く打ち上げ花火が光った。あれは東京ディズニーシーかしら。もちろん男には答えることが出来ない。

　テレビ局の向かい側にあるショッピングモールの前でバスは停まった。ここで降りても構わないし、丸の内に引き返すのなら一時間後にバスは戻ってくる、というアナウンスを聞いた。

　一階がフードコート、二階と三階がブティック街、四階はレストラン街だった。フードコートを抜けてビルの裏手に出ると、いきなり夜の海が開けた。

　埠頭の低いベンチには、何組かの若いカップルが座っていた。桟橋の先端まで歩いて行くと、やはり若者たちが携帯電話で写真を撮っていた。そして彼らはいつの間にか去った。

　夜の海を見ながら、ふたりは何も話すことがなかった。男は疲れを感じたので、相手にも尋ねてみる。疲れた？

　彼女は黙って首を横に振るだけだった。

　何か食べよう。ショッピングモールに引き返し、一階のフードコートでサンドウィッチの店を選んだ。

　食事の間も、ふたりは言葉を交わさなかった。サンドウィッチを平らげ、ストローでソーダ水を飲み、紙ナプキンで口を拭ってから、小さな声で尋ねてみた。楽しかった？

　うん。楽しかった。

Lee Hazlewood
「Cake Or Death」

それは良かった。ぼくも楽しかった。

　さっき、埠頭で海を見ながら考えてたの。自分ひとりだけ、こんなに楽しくて、こんなに幸せでいいのかな、って。

　黙ったまま、相槌を打った。

　いま、この時間、私の旦那さんはまだ会社で働いているかもしれない。もう家に帰って独りでいるかもしれない。でも、わたしは昨日ときょう、こんなに楽しかった。世界中でいちばん幸せなのは自分じゃないか、って思ったほど。

　しばらく黙っていたが、穏やかな顔を作って、ようやく考えていたことを口にしてみた。

　むかし、自分が奥さんと子供を置いて家を出たとき、最初に行ったところが遊園地だった。大きくて、賑やかで、美しい、素敵なところだった。ああ、子供に見せてやりたかったなあ、と思ったら涙が溢れた。でも、その後で考えたんだ。子供と遊びに来たとして、あの娘が同じように楽しいと思うかなんて、わからないじゃない。自分が素敵だと思うものを、自分の娘や奥さんが同じように素敵だと思うはずだ、って考えるのは間違ってると思ったんだ。

あの娘もきっといつか自分で、最高に素敵だ、好きな人に見せてあげたい、と思うくらいに素敵な何かを見つけると思うんだ。まあ、そういうふうに考えていつも自分を正当化しているんだけど。

　彼女は何も言わずに頷いた。食べきれなかったサンドウィッチをゴミ箱に放り込んで、ふたりはバスの停留所に向かった。

　帰りのバスの中で、やはりふたりは言葉を交わさなかった。それにしても、よく遊んだ。まるで逮捕間近の逃亡犯のように遊び、散財した。レインボウブリッジの上、遠い東京タワーとスカイツリーを左右に見ながらそんなことを考えた。

　丸の内のビルでバスを降り、パレス・ホテルの前からタクシーに乗った。

　だんだんお家に近づいてくる。車の中で女はそのひと言だけを呟いた。男は黙って頷き、彼女の横顔を盗み見る。綺麗な女だ、と改めて思った。

Lee Hazlewood
「For Every Solution There's A Problem」

白い一日。

　平日の午前中、都営地下鉄の車内はそれほど混んでいない。

　座席に座って読んでいた文庫本から顔を上げると、英会話教室の広告ポスターの中にビートたけしがいるのを発見する。黒いスーツに白のシャツ。ネクタイは締めず、無表情のままだ。写真家は笑顔を下さい、とは注文しなかったのだろうか。その場ではニッコリと笑ってみせたが、写真を選ぶ時点で本人、もしくは代理人がＮＧと伝えてきたのか。

　パリでも、香港でも、ベルリンでも、地下鉄の座席のすぐ上に掲げられた広告は英会話教室のものではなかったか。中吊りポスターと違って、それはたいていスティールの枠とアクリル板に収められている。破り捨てられたり、落書きされたりすることへの用心か。

　それにしても、ビートたけしは相変わらずさまざまな広告に出ている。先日、飲食店のＴＶモニターで、ビートたけしが自動車を運転しているコマーシャル・フィルムを観たときはすこし驚いた。やはり黒いスーツに白いシャツ、ネクタイは締めていなかったはずだ。無表情でハンドルを握るビートたけしは、やはり誰かを襲撃しようと企てているようにしか見えなかった。

　けれどもいまは、たとえどんな広告に出ていても、北野武は映画を作るための資金を作っているのだ、と誰もが納得するのだろう。それはもっともスマートな節税方法のひとつだ。

　それなら誰か北野監督に進言してくれないだろうか。あなたの映画は、音楽家に海外の巨匠を起用してもよいのではないだろうか。もっと重厚なスコアを書く人。少なくとも、オーケストラをデジタル音源で代用しない音楽家。素晴らしい映画には、それなりの格調が必要だ。ひとが命を奪い合う映画なら、なおさらのことだ。

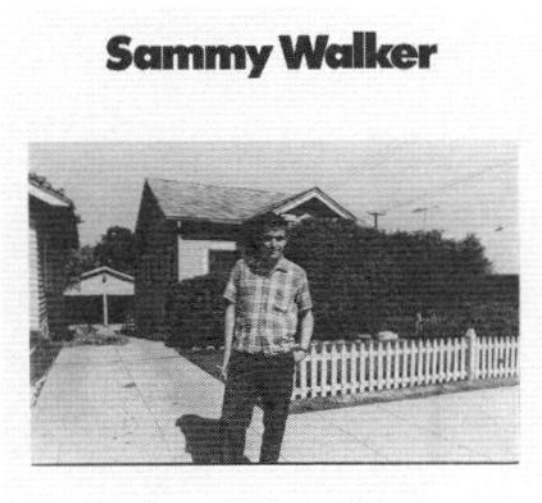

Sammy Walker
「Sammy Walker」

　そんなことを考えていると、電車は新橋駅を出た。読みかけのページに、どこからか届いた映画の試写案内の葉書を挟んで文庫本を閉じると、自分がいかにも自由業の人間であるように思える。今度は禿げ頭にサングラス、ジャンパーに雪駄姿でミステリーを読む俳優・殿山泰司のことを思い浮かべる。お前は殿山泰司のようにクールでもなければ、ビートたけしのように才能があるわけでもない。まもなく電車は東銀座に到着した。

　スクリーンを観ながら、気持ちが物

Chris Smither
「Don't It Drag On」

語から離れてしまうことがある。べつに映画が退屈であるから、というわけではなくて、そういうときはこちらの精神が疲れているのだろう。

　モノクロの、ワイドスクリーンの画面を眺めながら、世界がこのように色を失ってしまったら、それはそれで美しいだろう、と考える。

　年をとって、頭髪から色素が消えていくように、徐々に視覚から色彩が失われていくこと。それは人生の大きな楽しみとなるのではないか。

　あるいは、既にそのような願いは医学的に叶えられるのだろうか。脳神経の、あるいは虹彩のどこかの部分にメスを入れると、簡単に世界から色が消えてしまうとしたら。どこかに暮らしている本当の金持ちは、北野武のように黒いスーツを着て、シルヴァーのアクセサリーを身に付け、褐色の肌の愛人を抱き、とうの昔にこの手術を済ませているのかもしれない。

　映画が終わって、いったん自分の家に戻った。今夜はガールフレンドと逢う約束をしていた。初めてふたりで待ち合わせてレストランで食事をしたのが、去年のきょうなのだ、と彼女は先週言っていた。聖ヴァレンタイン・デイから、ちょうど一ヵ月目の日。こちらはすっかり忘れていたのだが、彼女はそのようにして憶えていた。あまり人気があるとは思えぬレストランが、その夜は妙に混み合っていたのは、そういう理由だったのだろうか。

　去年と同じレストランを予約しようか、と考えたが、けっきょく電話を掛けなかった。彼女は午後5時には退社しているはずだが、いまはもう5時半を廻っている。では、いつもの本屋で7時に。それだけを記して、彼女の携帯電話にメールを送った。

　午後7時15分前、彼女はすでに待ち合わせ場所に来ていた。こちらを見つけて、小さく微笑む。駅の構内を抜けて、待ち合わせた場所と反対側に出ると、ほんのひととき、空気の中に潮風の匂いを感じる。港が近いのだろうか。しかし見渡す限り、水平線など見えないし、やがて潮風の匂いも分からなくなってしまう。忙しかった？　いや、いつもと同じ。それ以上、言葉を交わすこともないまま、ふたりは小さなホテルに入った。

　フロントで会計を済ませ、エレヴェイターに乗り込む。不動産情報のウェブサイトを見ていたら、このホテルが売りに出されていたのを見つけた、とガールフレンドが言う。1億8千万円ですって。へえ。きみの会社で買ってくれないか。そうしたら社員割引が使える。そう言って笑うと、エレヴェイターのドアが開いた。

　なぜ経営者はこのホテルを手放すことを決意したのだろう。都会には無くてはならない商売。流行り廃りもないだろうに。案外、儲けは薄いのだろうか。もっと立地条件の好い物件に乗り換えるつもりなのか。それとも、自分の仕事について、ビートたけしのように都合の良いエクスキューズを思い付かなかったのか。

　これからどうしよう。ホテルを出て、駅に向かって歩きながら、ガールフレンドに尋ねる。食事、それともコーヒー？

　あなたは？　と彼女が訊き返すので、ぼくはいつだってお腹が空いている、と答える。目の前に停車しているタクシーのウィンドウをこつこつと叩き、ふたりで乗り込み、飯倉片町へ、と行

Baldwin And Leps
「Baldwin And Leps」

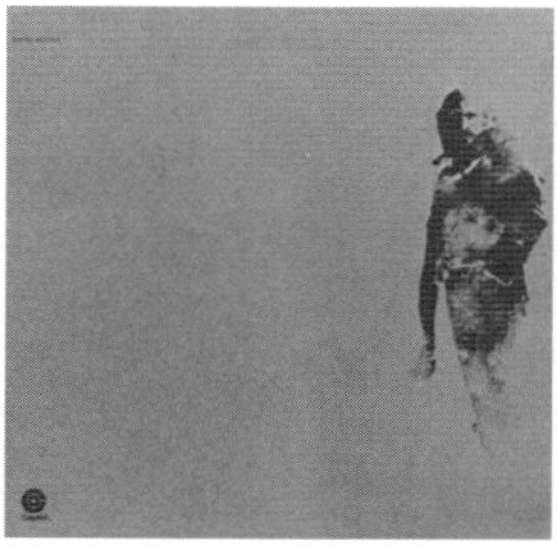

Jaime Brockett
「2」

Bob Martin
「Midwest Farm Disaster」

き先を告げた。

飯倉片町の交差点でタクシーを降り、六本木の方へ歩く。いつの間にか、小雨が降っていた。

深夜2時まで開いているイタリアン・レストランは彼女のお気に入りだった。昔から芸能人や業界関係者が出入りしていることで知られている店だったが、そんなこととは関係なく、学生時代の親友がこの界隈で長くアルバイトをしていたので、よくこの店にお茶を飲みに来ていた、と彼女は言っていた。このカスタード・プディングは日本一美味しいと思う、とも。その話を聞いたのは、たしか去年のきょう、初めて食事をした夜のことだった。

いらっしゃいませ、ご予約の方お二人様ですか？　レストランのドアを開けて、すぐ目の前にある焼き菓子売り場の女性が、尋ねる。いえ、予約していないんですけど、と答えると、あいにくですが今夜は上も下もご覧のとおり席が埋まっておりまして、と素っ気無く応対する。

聖ヴァレンタイン・デイから、ちょうど一ヵ月目の日。ようやくそのことを思い出した。わかりました、また来ます。そう言ってレストランのドアを出た。

どうしようか。どこか知っている店があるかい？　飯倉片町の交差点に立ち、ガールフレンドも思案している。雨も少し強くなっている。

こういうときは悩む必要などない。さきのイタリアン・レストランの隣りに、いつの間にかアメリカン・ダイナーの店が出来ていた。ガラス越しに見える広い店内は、それほど混んではいなかった。

ふたりは奥のテーブルに案内された。ファミリー・レストランのように大きなメニュー・カードを中年の男が手渡してくれる。コブ・サラダ。「トウキョウ・スタイル」の烏賊のフライ。パストラミ・ビーフのミニ・バーガー。そしてコロナ・ビール。注文を復唱する中年男の日本語は、母国語として使う言葉とは異なる響きがあって、もしかするとここは本格的なアメリカン・レストランなのか、と期待させてくれた。

ひとつ置いて隣りのテーブルでは、米国の軍人と思われる30代くらいの男たちが三人、そして日本人女性がやはり三人、ときに大きな声で笑いながら、食事をしている。U.S.ネイヴィに所属している連中なのか、男の内のひとりは肩当ての付いた紺色のスウェターを着ていた。他の男たちは黒い半袖のTシャツを着ていた。

二本のコロナ・ビールが運ばれてきて、ふたりは小さく乾杯した。ふたりのどちらも、若い頃のようには酒を飲まない。付き合い始めて一年の記念日を祝って乾杯するためだけに注文したビールだった。

The Ship
「A Contemporary Folk Music Journey」

Floating House Band
「Floating House Band」

続いて、烏賊のフライと、コブ・サラダが運ばれてきた。烏賊のフライには「当店オリジナル」のソースが添えられていた。「トウキョウ・スタイル」というそれは、強い酸味と辛味を含むタイ料理の甘いソースとほぼ同じだった。コブ・サラダはとにかく大きな皿に大きな野菜が盛り付けられていた。

コブ・サラダ、って、一時期流行ったね。さいきん、あまり見かけなかった。以前は近所のスーパーマーケットの棚にも、コブ・サラダ・ドレッシングが並んでいたものだけど。そんなことをガールフレンドに話した後、しばらく会話が途切れた。

隣りのテーブルの軍人が片言の日本語で、なぜ、ホワイト・デイ、なのですか？　と女性たちに尋ねている。途端に女性たちは大笑いしていたが、彼女たちの答えはうまく聞き取れなかった。

なぜ、ホワイト・デイ、なのですか。ホワイト・ライズ、真っ白な嘘、という言葉なら知っている。相手を傷つけまいとして言う、罪のない嘘。聖ヴァレンタイン・デイにチョコレイトを受け取ったものの、とても愛情など抱くことの出来ない相手に対して、ちょうど一ヵ月の冷却期間を置いた後、心が籠っているはずもない贈り物や会食を行う、白い一日。

　そんなことを考えていると、米兵と女性たちが賑やかに店を出ていった。店内を見渡すと、もう他の客も残っていなかった。

　ガールフレンドはゆっくりと食事をする。そういえばひと月前、彼女もチョコレイトを手渡してくれた。小さく美しい箱に入ったオレンジピールのチョコレイトをその週末、新幹線の中でコーヒーと一緒に楽しんだことを後で話すと、彼女はとても喜んだ。この一年の間に、この女性と何度逢ったことだろう。

　パストラミ・バーガーが運ばれてきたとき、先ほどの中年男とは別のウェイターが、やはり母国語ではないらしい日本語で、ラスト・オーダーの時間ですが、何かご注文はございませんか、と尋ねた。

　コーヒーを飲もうか。ガールフレンドにそう話しかけようとしたところで思い留まり、ウェイターに顔を向け、いや結構、と告げた。

アメリカン・ダイナーの店を出て、すぐ隣りのイタリアン・レストランに戻った。先ほど、予約をしていないふたりの来店を断った焼き菓子売り場の女性が、ほんの一瞬、こちらの顔を見て驚き、けれどもすぐに笑顔を作り、丁寧な口調で、おかえりなさいませ、と言った。

　先ほど満席だった奥のスペースの、この場所から見渡すことの出来るテーブルはどれも空いていた。どうぞ、お好きな席にお掛けください。

　間もなくウェイターの男がやってきた。食事は済ませてきたので、お茶だけでも構いませんか？　お飲み物のメニューはこちらにございます。まだ、カスタード・プディングはありますか？

　はい、今夜はまだございますよ。

Bruce Cockburn
「Night Vision」

去年、きみとこの店に来て以来だ。

　わたしもそう。

　もしかして、あの日が何月何日だったか、憶えているの？

たしか、3月19日。

すごいな。怖いくらいだ。

　去年のきょう、一緒にご飯を食べてから、あなたと逢った日のことはほとんど憶えていると思う。

　じゃあ、さっきのホテルで初めて朝まで一緒にいたのは、いつだったか分かる？

　3月20日。朝、ふたりで帰るときに、立ち食い蕎麦を食べたでしょ。

　そうだった。ぼくはいつものように、春菊の天ぷらのお蕎麦を食べた。

　卵入りの。

　そうそう。だけど、きみはただのかけ蕎麦を頼んで、ほとんど口をつけなかったね。

Andy Goldmark
「Andy Goldmark」

　なんだか、気持ちがいっぱいになっていたの。わたしの人生、こういう展開になるのか、って考えてた。

　どういう展開？

　こういう展開よ。

　ウェイターの男がコーヒーを二つ、そしてカスタード・プディングをひとつ、トレイに載せて運んできた。このレストランのコーヒーの味は、苦味も酸味も強いものだった。時計の針が深夜零時を廻った。

何か取り返しのつかないこと

「イエスタデイ」という歌がある。若い頃の自分にはその良さが解らなかった曲のひとつだ。

　若い頃、と書いたが、２００８年に「レコード・コレクターズ」という雑誌のザ・ビートルズを特集した増刊号の中で、自分は彼らの作品の中で好きな20曲のアンケートに答えているのだが、その時点でも「イエスタデイ」は選んでいない。

　ザ・ビートルズの、というより、ポ

ール・マッカートニーの歌、といったほうが良いだろう。弦楽のカルテットによる伴奏のみで歌われる静かなギターの弾き語りはとても美しいメロディと内省的な歌詞を持っていたので、それまでザ・ビートルズに対して否定的だった上の世代にも広く受け入れられ、カヴァー・ヴァージョンも数多く作られた。

ひとつだけ、以前から気になっていたことがある。

ザ・ビートルズのレコードで聴くことが出来るオリジナル・ヴァージョンでは、「イエスタデイ」という歌い出しのフレーズは、三音節が同じ音で歌われている。歌う、というより、呟くように単語をただ吐き出している。

ところが、凡そこの曲をカヴァーしたレコードではどれも、レ・ド・ド、というメロディで歌われているのだ。これはなぜなのか。

もちろん、ザ・ビートルズによるオリジナル・ヴァージョンに於いても、二番の「サドゥンリイ」以降ではこのレ・ド・ド、という音の運びで歌われていて、Bメロから戻ったときの「イエスタデイ」という言葉も同様である。

たしかに、このメロディ運びで始まるほうが耳には心地良く、その先に甘い旋律が訪れることを保証しているように響く。その優れたコード進行に肉付けされるであろう美しい伴奏を考えるならば、歌い出しはあのお経のごとく平坦な旋律ではなく、よりメロディアスなものを採用するほうが相応しい。

けれども、年を取ってからようやくこの歌を素晴らしいと気づいた自分には、ザ・ビートルズの初演盤の、あのぶっきらぼうで不機嫌そうな歌い出しでなくては意味がないのだ。

たしかポール・マッカートニーはある朝、目を醒ました途端にこのメロディが降りてきた、というふうに語っていたはずだ。まだ歌詞はまとまっていなかったから、その歌い出しにはとりあえずスクランブルド・エッグ、という言葉を置いた、というのが、よく知られたエピソードである。もしもスクランブルド・エッグ、と歌われたのなら、やはりレ・ド・ド、ではなくド・ド・ドだったのではないか。

ベッドから起きた音楽家は、傍らのアコースティック・ギターを掴んで最初のコードを探し、間もなく発見する。長調の、トライアドのコードだが、聴く者に三度の音をあまり意識させない、つまり長調なのか短調なのかをはっきり明示しない鳴らし方で演奏されている。

頭の中でメロディはほぼ完成している。そのメロディを追いかけるようにしてハーモニーを探し出し、ギターの指板をグリップする手がその響きを追跡する。音楽家は左利きだから探すのは右手だ。

こういうとき、ソングライターの頭の中では、歌詞もほぼイメージが定着しているものだ。細かい単語や、あるいは脚韻などは何ひとつ固まっていないが、大意は出来ている。そんなところか。

恋人が自分のもとを去ってしまう。自分は何か取り返しのつかないことを言ったか、してしまった。

朝、目を醒ましたとき、きのうの自分が大きな失敗をしてしまったことを思い出し、後悔する。一度くらいは誰にでも覚えがあるはずの苦渋を、ザ・ビートルズの「イエスタデイ」の、とりわけイントロ二小節間のギターと歌い出しのメロディは完璧に表現している。

この曲が発表された後、若い世代ではなく、むしろ非ロック的なフィールドのポップ・シンガーたちに多く取り上げられたのは、むしろ当然のことだ。若者たちにとっては、後悔をテーマにした曲などまったくリアリティのないものだったはずだから。ジェイムズ・テイラーが「ファイア・アンド・レイン」という曲、そして『スウィート・ベイビイ・ジェイムズ』というアルバ

The Beatles
「Help!」

The Beatles
「Yesterday And Today」

John Lennon
「Plastic Ono Band」

ムを引っ提げ登場し、ポップ・ミュージックの世界に内省的なシンガー・ソングライターの時代が訪れるより五年早く、ポール・マッカートニーは「イエスタデイ」という曲を書き、歌っていたのだ。

　小学生の頃、はじめてこの曲を耳にしたときには、当然ながら自分もこの「後悔」のイメージは理解出来なかった。美しいとは思うけれど、あまりカッコいい、とは言えない曲。そんな第一印象を抱いただけで、自分は積極的にこの曲を聴き返すことをしないまま年を取った。そして50歳を過ぎたある朝、この歌の本当の素晴らしさに気づいたのだった。

　ところで、先日の来日公演でポール・マッカートニーは、この「イエスタデイ」という歌を演奏する前に、福島について言及していた。その真意は自分には分からない。

　昨年の秋、阿佐ヶ谷の名画座に通っていたとき、上映前の待ち時間に何度か新沼謙治の「嫁に来ないか」という歌を聴いた。

　発売された当時から知っていたが、フル・コーラスを通して聴いたのは、たぶん間違いなく初めてのことだった。意外と良い曲ではないか、と思った。

　まず編曲と演奏が手堅い。いわゆる演歌やムード歌謡で多く採用される「ハチロク」のビート、つまり八分の六拍子のビートで作られた曲なのだけれども、1970年代のスタジオ・ミュージシャンが演奏している、とはっきり判る、つまり16ビートなどの細分化されたリズムの曲をごく普通にこなすことが出来るセッションメンによる演奏が小気味よい。

　さらに新沼謙治のヴォーカルが素晴らしい。声量もあれば、音程もよく、歌唱力は申し分なし。発音もとくにどことい って訛りを感じさせるところなどないのだが、なにか無骨でアマチュアっぽいニュアンスが残る。それがこの歌手のキャラクターそのものなのだ。

　そして歌詞がひどく耳に引っ掛かるのだ。最も引っ掛かってしまうフレーズは次の一行である。

しあわせという奴を探してあげるから

　新沼謙治が引き受けるところの、決して都会ではない場所に生まれ暮らす純朴な青年、というキャラクターから、「しあわせという奴を」というレトリックが出てくるものだろうか。

　もちろん、出てこない、と断言することは出来ない。けれども、そこのところが引っ掛かってしまう。

　とにかく引っ掛けてしまえばこっちのもの。まんまとリスナーを引っ掛ける作詞家の名は、やはり阿久悠だった。

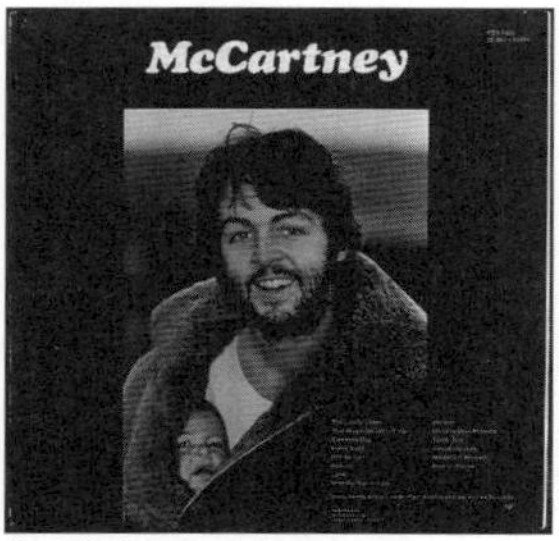

Paul McCartney
「McCartney」

　さらにもうひとつ、強く心に引っ掛かるのは、いわゆるサビの「嫁に　嫁に来ないか」を受ける結びの一行だ。

からだ　からだひとつで

　この一行を新沼謙治が歌うとき、やはり自分は閉鎖的な農村における性愛のイメージを強く抱いてしまう。それは聴き手であるあなたの自由ですよ、と作詞家は笑ってはぐらかす。けれども、多くのリスナーが大らかで陰湿な夫婦生活のことを連想するであろうことを狙って、作詞家は歌手を選び、言葉を用いているのだ。そう考えるなら、阿久悠は狡猾とさえ言えるほど周到なプロデューサーである。

　阿久悠という、昭和を代表する作詞

Shelby Flint
「Cast Your Fate To The Wind」

家が審査員を務めた『スター誕生』という公開オーディション番組を勝ち抜いて、新沼謙治はレコード・デビューした。

　とはいえ、この「嫁に来ないか」という曲のレコードを買い求めることは、今後もたぶんないだろう。新沼謙治という名前を聞くといつもたったひとつの、まったく個人的な想い出が甦る。最初の結婚をしていたときのことだ。

　それは不幸な結婚だった。一緒に暮らしていても言い争いが絶えずに、いつも部屋の中から逃げ出したいと考えていた。どんな仕事でも引き受けていた理由のひとつは、そこにあった。

　その頃、自分はまだ煙草を吸っていなかったけれども、結婚相手は喫煙者だった。彼女の煙草がなくなると、いつも自分が外に出て、いちばん近くの煙草屋へ行った。ほんの少しの間でも構わないから、外出したいと思ったのだ。

　秋の終わりの休日、部屋で雑誌を読んでいた自分は、本当は外出したかったけれども、言い出せずにいた。彼女の吸っていた煙草の箱が空になるのを見て、買ってきてあげるよ、ぼくもビールを買ってきたいから、と告げ、上着を引っ掛けて部屋の外に出た。

　ほんの五分ほどの外出から戻ると、彼女は自分を見るなり笑った。

　ねえ、そのカッコ、新沼謙治みたいよ。あはははは。

　そう笑われて、自分の服装をあらためて見た。リーヴァイスのブルー・ジーンズに、リーのストームライダー。そして白のタートルネックのスウェーター。

　ほんとに新沼謙治だ。自分も大笑いして、笑いは止まらなくなった。最初の結婚生活で幸せな瞬間として想い出すのは、このときのことだけだ。

　今年も旧正月の香港に遊びに行かないか、と誘われて、とくに断る理由はなかった。去年も同じ頃、香港で何日

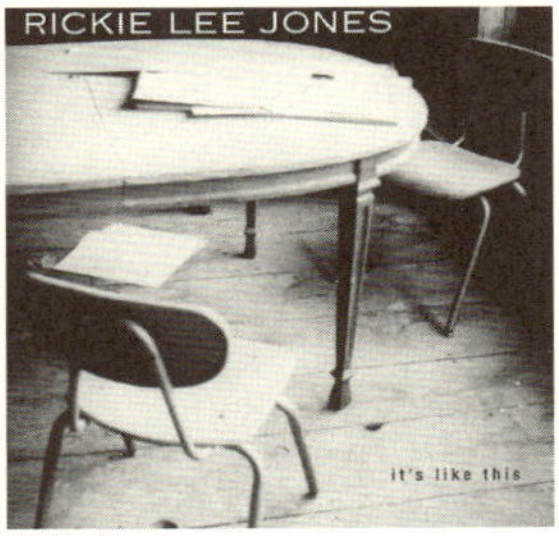

Rickie Lee Jones
「It' s Like This」

か過ごした。旧正月の賑やかな街を、彼女はたいへんに気に入ったようだった。

　三泊四日。その週は渋谷と神保町で観たい映画がある。そう断っておいたのだが、独断で五泊六日のスケジュールにしました、というメールが届いた。

　羽田から出発する海外旅行は、何より気安いことが嬉しい。パスポートと財布、それに毎朝飲む薬さえ忘れなければ、あとは何も要らない。

　九龍島のネイサンロード沿いのホテルに泊まった。食事のために外に出て、散歩に飽きたら部屋で読みかけの本を読み、昼寝をするだけの休暇だ。

　何を食べるか、その選択は専ら妻に任せている。こちらはとくに苦手な食べ物はないし、彼女の好きなレストランは間違いない。最初の香港旅行では、彼女も気を使ってか、少し敷居の高いレストランにも案内してくれたけれども、値段と窓から眺める風景はそれなりに違ったものの、味が大きく異なるとは思えなかった。二回目の旅行からは、街中にある小さなお気に入りの店を何軒か、ぐるぐると周回するばかりとなった。それがいちばん間違いないのだ。三日に一度くらい、まだ入ったことのない店に入ってみる。申し分ない味ならば、新たにローテイションに加わる。期待したほどでなかった店は、その時点で忘れられる。それだけの話だ。

　以下は香港で食べたもの。碌なものを食べてない、と笑ってくれてもいい。まずは空港のレストランで撈麺。む

James Taylor
「James Taylor」

James Taylor
「Sweet Baby James」

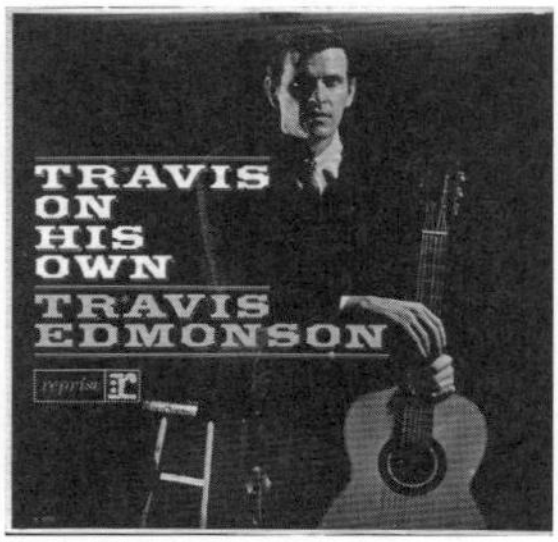

Travis Edmonson
「Travis On His Own」

Travis Edmonson
「Travis On Cue」

かし六本木のインクスティックというクラブで出していたスパイシー焼きそばという料理を思い出す。街中の粥麺屋で出す撈麺よりも、ずっと日本人の舌に合う味だった。これが今回の香港滞在の第一食。

ホテルに荷物を入れて、最初の食事は夜の7時過ぎ。ホテルから歩いて五分ほどの店でピータンと鶏肉の粥。もちろん揚げパンも注文する。そして茹でた豚マメ。いつもこれを楽しみにしているのだ。

翌日が旧正月の前日、つまり大晦日。朝は美都カフェで香港スタイルの朝食を、とバスに乗って向かったが、既に店は正月休みに入っていた。美都カフェから通りを渡ってすぐのところにある粥屋で、鶏の内臓の粥を食べる。食べやすい大きさに刻まれた鶏のあらゆる内臓は、普段の食事では目にしないグロテスクな色をしたものも含まれていたが、味は抜群だった。

花市の賑わいを見て、夕方から餃子を食べに行こうと、地下鉄に乗って香港島へ。しかし肝心の餃子店は目の前でシャッターが降ろされてしまう。まだ5時前だというのに。通りの向かい側にある、雲呑麺の有名な店へ。小さな蛍焼きの器に入った雲呑麺は、今回の旅行でも最上の味だったのではないか。とくに雲呑が旨いわけでも、麺が旨いのでもない。けれども、この一杯で全く胃袋も精神も満ち足りた。

いつも覗いてみる洋服屋に行く手前で、偶然に有名なエッグタルトの店を発見して買い食いする。温かい菓子からバターと卵の匂いが立つ。以前、ここで食べたときはピンと来なかったけれども、きょうは美味しい、と妻も言った。

大晦日の第三食は重慶マンションの二階にあるインド料理店でカレー。有楽町や京都や大阪、あるいは福岡の古いビルの一角にありそうな佇いのレストラン。何とも言えず良い雰囲気なのでスマートフォンを構えて写真を撮っていると、インド人らしい男性が、夫婦の写真を撮ってあげよう、と言う。この店ではいつもインド系の人々がトーストをミルクティーと共に食べながらずっと喋っている。いつか、そのトーストも食べてみたい。いつか、香港にも飽きてしまった頃に。

旧正月の元旦。目を醒ましたとき、妻に、あけましておめでとうございます、という。彼女も、あけましておめでとうございます、と応える。朝は前日食べ逃した香港式？　の朝食。ホテルから歩いてすぐの24時間営業のファミリーレストランのような店で、マカロニの入ったコンソメスープにハムと卵をトッピングしたもの。はじめて香港を訪れたとき、地元の人は粥ばかりではなく、このマカロニとハム&エッグスにトーストと紅茶、という組み合わせを好んで食べていると知ったのだった。

Bud Dashiell
「I Think It' s Gonna Rain Today」

この日は散歩をして、天気が良かったので遊覧船に乗った。夕方、飛び込みで入った店で台湾式の挽肉掛け御飯、いわゆる魯肉飯を食べる。夕食、お目当ての店はやはり正月休み。ホテルの隣りのショッピングモールに入っている店で小籠包と餃子。悪くない味だったが、この日は三食とも何か物足りなかった。

正月二日。朝は食べず。昼食はチェーン展開している「池記」という店で牛腸雲呑麺。この日は主に部屋で読書と昼寝。

夜8時から、お楽しみの花火。ホテルを6時半頃に出て、夕食を済ませようと思うが、正月休みの店や、混み合っている店ばかり。けっきょくショッピングセンターの地下にあるフードコートで餃子のプレート。30分で2万発の花火はやはり圧巻。

　正月三日目。まずはホテルの傍のカフェでコーヒー。「スターバックス」に対抗しているのが、地元の「パシフィック・コーヒー」というチェーン。ここでコーヒーとデニッシュ。

　カフェの向かい側にある九龍公園で散歩。日陰になるベンチを探して歩くが見つからず。ようやく石段に腰を下ろすと、野鳥をカメラに収めようとする人々を見上げながら、妻が言う。街の真ん中にある庭園が英国式で良かった。自分はフランス式の庭園が好みではないから。

Don Cooper
「The Ballad Of C. P. Jones」

　そういえば、「ホンコン・ガーデン」という曲があったよね。

　あった。わたし、高校生のときに聴いてた。どんな曲だったっけ。

　きっとユーチューブにあるんじゃないか。そう言って彼女のスマートフォンを指さす。ああ、スージー・アンド・ザ・バンシーズ、ってスペルが思い出せない。妙な綴りなんだよね。

　あった、あった。ほんのひととき、スマートフォンの貧弱な音で「香港庭園」という曲を聴いた。夫婦揃って音楽を聴くのは久しぶりだったが、最後まで聴き終えることはなかった。

　その日の午後は有名な火鍋のチェーン店で羊肉のしゃぶしゃぶ。食後に歴史博物館で英国統治直後の写真展と常設展示を観る。夜は揚げ物を売りにしている麺飯店で烏賊団子のフライを載せたつけ麺。彼女の好物だったが、何か物足りず、同じ店で料理をテイクアウトする。ラン菜と挽肉の巻揚げ。鶏肉揚げ御飯。

Tony Joe White
「Continued」

　滞在最終日。チェックアウトして美都カフェへ行くも、まだ開店時間前。先日と同じ粥屋で鶏の腸の粥と鴨のロースト。そして美都カフェへ。

　冷たい飲み物を飲みながら、窓の外の風景を写真に収め、目の前の妻も撮る。写真を本人に見せると、彼女は不平を言う。あなたが撮ると、わたしは年齢よりも老けて見える。

　そんなことないと思うけど。

　前にあなたが言っていたでしょう。写真というのは気持ちが正直に出てしまう、って。若い人があなたの写真を撮ると、ぜったいに老けて写るって。だから自分より年配の人に撮ってもらうのだって。

　その通り。だから、この写真も若く写っていると思うけど。

　そうかしら。

　そこで会話は途切れた。

　東京に戻って、妻の写真をもう一度眺めてみる。やはり美しい女ではないか。どうして彼女はあんなことを言うのか。どうして自分は何年もの間、彼女に接吻ひとつしていないのだろう。手の中のスマートフォンを操作しながら、ひととき、そんなことを考えた。

Ron Davies
「Silent Song Through The Land」

居合の達人。

　昨夜会った女性のことを考えている。日曜の朝にしては早く目を醒ました。けれども、新宿で午後1時から始まる映画を観るためには、すこし急がなくてはならない。

　朝食にはドライフルーツの入ったシリアルを食べた。いつも買うメーカーのものだが、季節が変わったからか、きょう開けた袋には初めて苺のドライフルーツが入っていた。手でつまんで食べてみると、乾ききって果汁のない苺が口の中で酸味を蘇らせる。

食事の後で二種類の薬を飲み、シャワーを浴びて髭を剃った。髭を剃るときに鏡は見ない。その代わりに女性の顔が浮かんでくる。

きのうの女性を初めて見掛けたのは6月、年下の友人の結婚披露宴のときのことだった。

そして先月、酒場で友人夫妻に会った。友人が新しい酒を取りにバーカウンターに向かったとき、夫人に例の女性のことを尋ねてみた。とてもきれいな人だったけれど、あなたのお友だちでしょう。あいつの知り合いのはずがない。

きれいな人って、どんな人?

たぶん、あなたと同い年くらいの、そう、たしか帰りに引き出物を二人で配っていたときに、ずっとあなたの隣りにいたと思う。

そう話すと彼女はスマートフォンを取り出して写真を示した。中央に純白のドレスを着た花嫁がブーケを抱いて微笑んでいる。その右側には新郎が照れくさそうに笑っている。その反対側で控えめに微笑んでいる黒いドレスの若い女性。そう、この人のことを言っている。

やっぱり。この子は中学と高校でずっと同級生だったの。ずっと仲良し。人妻ですけど。

あなただって人妻じゃないか。きれいな人はたいてい結婚している。

そうね。素敵な男性もだいたい結婚している。今度のパーティーに誘います。

そのパーティーが昨夜だった。友人夫妻と連れ立って現れた彼女は、結婚披露宴のときとは違ってスポーティーな服装だった。あらためて夫人が紹介してくれたが、彼女は微笑むばかりで喋らない。客が次々と入ってきて、やがて三人は次の間に行ってしまった。

自分も顔見知りの連中にひとしきり挨拶をして、最初の場所に戻ると、彼女が友人夫婦と離れて独りで立っていた。

こんばんは、と声を掛けると彼女も、こんばんは、と応えて微笑む。

ぼくのことを憶えていてくださいました?

そう尋ねると、さっき挨拶したときにすぐに思い出しました、と笑う。あの新婚夫婦がこちらのことをどのように紹介しているか判らない。そう考えて、そのときはそれ以上の話をしなかった。タイミングよく別の知り合いがこちらにやってきた。以前、吉村公三郎の『夜の蝶』という映画を観たときに、京マチ子演じるバーのマダムがどんな客に対しても「ちょっと失礼」、あるいは「あちらでお客様をお待たせしているの」といったエクスキューズを一切せず見事に会話を打ち切って次のテーブルへ移っていくのに感心したのだが、そのテクニックを援用するときだった。

バスを待っていると映画に間に合わない時間だった。タクシーでJR目黒駅まで向かう。

小雨の降る日曜日なのに目黒通りは混んでいる。駅に近づくと警察官たちが出て交通規制をしている。

きょうは目黒の秋刀魚のお祭りなんですね。タクシーの運転手が話しかける。秋刀魚を焼いて無料で配っているのだという。ようやく信号を抜けてタクシーを降り、山手線に乗り換えた。

新宿三丁目のビルに入っている劇場のチケットカウンターにようやく辿り着くと、午後1時の番組も、次の午後

Richard Harris
「A Tramp Shining」

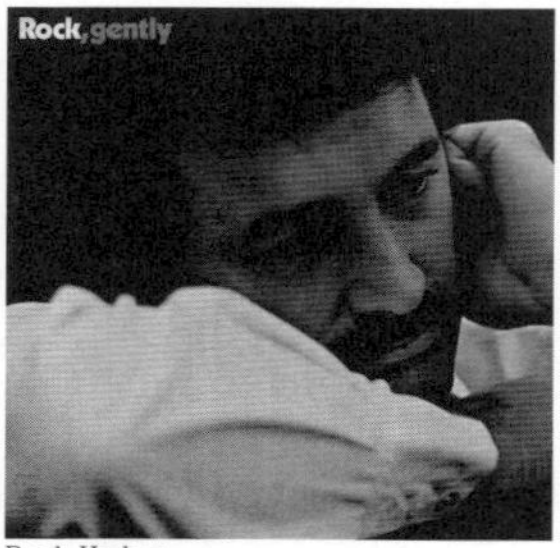

Rock Hudson
「Rock, Gently」

Frank Sinatra
「Watertown」

Frank Sinatra
「A Man Alone」

3時半のものも満席・完売だった。

事前に電話で予約状況を確かめるべきだった。名画座でときどき遇う女性が、今週から300席の大きなスクリーンではなく、60席足らずの劇場に移動するから座席の争奪戦にご注意、と言っていたことをいまようやく思い出している。

途方に暮れていても仕方がない。午後7時の映画のチケットだけを購入して窓口を後にした。

夜の7時まで何をしていようか。きょうはこの劇場で三本の映画を観るつもりだったのだ。地下鉄の入口を降り、切符売り場の傍らで他の劇場の上映プログラムをチェックする。神保町は次の回に間に合わない。これから渋谷で二本立てを観ると、新宿の7時の回までに戻ってくることが難しい。新作映画のロードショーを観るのも気乗りがしなかった。

けっきょく阿佐ヶ谷の劇場で3時から始まる渋谷実監督の『バナナ』という映画を観ることにした。窓口で整理番号の入ったチケットを買い求め、一旦劇場を出る。

まだ上映時間まで優に一時間半はある。喫茶店に入って軽い食事を取り、時間を潰すことにする。名画座で映画ばかり観て過ごすようになってから、映画よりも楽しいのは、映画と映画の合間の時間なのだ、と知った。

フレンチトーストとコーヒーを注文して、今週観るつもりの映画の予定を立てるために携帯電話を開いた。するとガールフレンドから短いメールが届いていた。私のことを本当はどう思っているのですか?

Rod McKuen
「New Ballads」

こういうメールには返信しないことにしている。ただ気掛かりなのは、昨夜会った女性のことをこのガールフレンドが既に知っているかもしれない、ということだった。若い友人は結婚したばかりなのに、何かというとこのガールフレンドに電話やメールで連絡を取っている。そして若い友人は自分とガールフレンドの関係を知らない。

渋谷実の『バナナ』は他に似ている作品が思い付かないような、不思議な味わいの作品だった。

ほとんど笑うことが出来ない喜劇、という捉え方をするなら、他の松竹の喜劇作品と似たりよったり、とも言える。けれども、映画の力点とでもいうべきものが、他の作品と異なっている。そんな印象を受けたのだ。どうも勝手が違う。といって、居心地が悪いというわけでもない。

Rod McKuen
「Sings Jacques Brel」

先ほどの、名画座でときどき顔を合わせる女性は渋谷実の映画が苦手だ、とはっきり言っていた。自分もそう多くを観ていないが、手放しに気に入ってしまった映画はいまのところなかった。けれども『バナナ』は欠点だらけの作品にも拘らず、どこか魅力的なのだった。

獅子文六の原作を基にして作られた1960年の松竹の作品だが、日本映画なのに在日華僑の一家を中心としたストーリーだというのがまず風変わりだ。

在日華僑総社の会長である二代目尾上松緑と、その妻の杉村春子。その息子、津川雅彦とやがて恋人となる岡田茉莉子。彼女は江戸っ子弁なのか下町言葉なのか知らぬが、ずいぶん威勢の良い言葉を話すいわゆる跳ねっ返り娘。有名になりたい、と言ってはばからない彼女は自作のシャンソンを歌う歌手になると宣言して周囲の人間を巻き込む。

まずは父親である宮口精二を説得するため、津川雅彦は彼女の実家へ赴く。べらんめえ口調で猛反対していた宮口精二だが、津川雅彦が華僑総社の会長の息子だと知るや態度を一変させる。神戸でバナナの仲買いを手広く扱う会長の弟・小沢栄太郎に取り入って、その免許を譲ってもらいたいと考えたのだ。

　中古の外国車を手に入れたい一心で津川雅彦は宮口精二から賄賂を受け取り、岡田茉莉子と共に神戸に赴く。宮口精二の願いなど聞き入れるはずもない小沢栄太郎だが、甥がどれほどの商売人に育つのか、とバナナ1800カゴの輸入ライセンスを津川雅彦に譲る。

　ここから津川雅彦は犯罪に巻き込まれ、岡田茉莉子は津川雅彦への恋心に気づき、尾上松緑がようやく立ち上がるところで映画は終わるのだが、活劇としてはまったく歯切れが悪く、コメディとしても笑える場面はほぼ皆無に等しい。

　とりわけ津川雅彦が誰かと会話するときの身振り手振りがひどくぎこちない。当時まだ若い津川雅彦だが、この一年前の出演作、木下恵介の『惜春鳥』や、同じ1960年の大島渚『太陽の墓場』といった作品を観る限りでは、これほど拙い演技をしていなかったはずだ。

　自分は真っ先に、演出家と俳優の断絶を思い浮かべてしまった。何が気に入らないのかダメ出しを繰り返す監督と、途方に暮れてしまう俳優。歩み寄ることがないまま映画は撮影を終えてしまう。

　娯楽映画としてはまったくの失敗作。出来損ないと言っても良い。けれども、この映画をじつに魅力的にしているのは津川雅彦の父親、尾上松緑の描写なのだった。

　資産家の華僑である尾上松緑にとって人生の歓びは、何と言っても食べることである。健康のために食べ過ぎることを禁じられているが、朝食の粥は妻の目を盗んで御代わりする。シャンソン愛好会の集まりで妻が家をあけるときは、もっぱら厨房にこもってはエプロン姿で料理を愉しみ、酒を楽しむ。もしかしたら妻はアヴァンチュールを期待して箱根まで出掛けたのかも知れないが、そんなことは気にするほどのことでもない。自分もまた週に一度、銀座のバーに立ち寄っては気に入りの女給の手を握ることもささやかな悦びとしているのだから。

　最後まで映画を観るならば、それらの描写がストーリーを大きく動かすことなどなかったと気づく。けれどもこれが何よりも映画を幸福なものにしているのだ。おっとりとして鷹揚で、軽やかに人生を謳歌する大人。

　世間知らずの大学生と跳ねっ返り娘が貿易に手を染めて身の程を知る話など興味はない。そんな映画監督が新聞小説の映画化を引き受けたのは、この尾上松緑演ずる華僑のエピキュリアンを描いてみせたかったからではないか。

　新宿三丁目の劇場で夜の7時から観たのは三隅研次監督、市川雷蔵主演の『剣鬼』という映画だった。

　昨年初めてこの監督と俳優の組み合わせによる『剣』という作品を阿佐ヶ谷の名画座で観て以来、これは何としても観たい一本だった。

　森一生、田中徳三、そして三隅研次といった大映の監督たちは本編が始まるや、瞬く間に物語の設定を語り、観客の心を掴んでしまう。そんな導入部のスピードこそは、自分にとって映画を観る楽しみである。

　信州。藩主の母は狂気の内に死ぬ。その母に仕えた侍女はその愛犬を賜り、中老として遇される。しかし男子禁制の奥の中で侍女は身篭り、やがて男児を生むと犬と共に息絶える。人々は男児を犬との間に生まれた子だと噂する。ここまでがアヴァン・タイトルで説明されたと記憶している。

　20年の歳月が流れ、市川雷蔵扮する

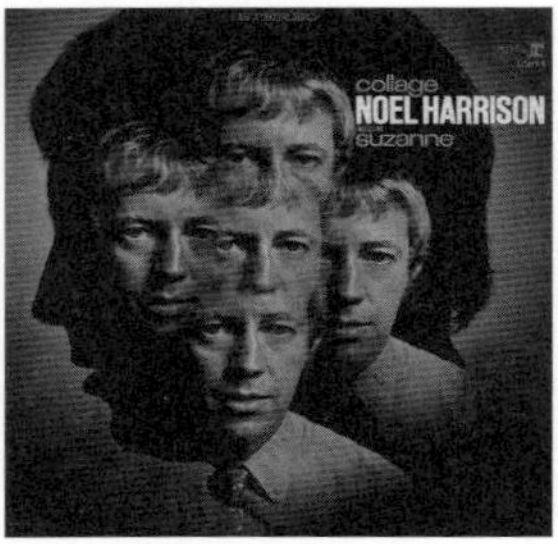

Noel Harrison
「Collage」

Noel Harrison
「Santa Monica Pier」

遺児・斑平は花造り、そして俊足と人間離れした才能を見せる。

ある日、斑平は見知らぬ老人が見事な居合術を使うのを見て、その場で弟子入りを乞う。しかし老人は「居合の術は教えるものではない。ひたすら見て会得するのだ」という。以来、斑平は老人の剣をひたすら見つめ続け、やがて極意を掴み、ついに老人から刀を授かる。

その頃、藩主・戸浦六宏の奇行はいよいよ目立ち始め、幕府に知られることを恐れた城代・佐藤慶は斑平の超人的な能力を見込んで公儀隠密の暗殺を命じる。無我夢中で隠密を斬ると、その正体はかの恩師であった。

この居合抜きの名手にして公儀隠密の老人・内田朝雄の存在が、映画の中で強く印象に残った。何かを諦め、すでに覚悟を決めている人間。斑平の太刀によって倒れた老人は息を引き取る直前に言う。

そなたの剣で死ぬことが出来るなら本望、御庭番の身である拙者がこの齢まで生き永らえたことこそ望外であり、己れの剣は一代限りのものと思っていた。

この科白を聞いて、自分は暗闇の中で落涙した。

言うまでもなく、主演の市川雷蔵も素晴らしかった。その短い生涯の中でこの俳優は150本以上の映画に出演し、若殿様から殺し屋まで、机竜之助からぼんちまで、ありとあらゆるキャラクターに扮したが、やはり苦悩して生きる人間を演じるときに最も強い印象を残す。

『バナナ』で尾上松緑が演じた華僑の美食家。『剣鬼』で内田朝雄が演じた居合の達人。二本続けて魅力的なキャラクターを観たことによって、映画の見方がすこし変わった。すこし自由になった、と言うべきか。たとえ作品の出来が多少悪くとも、映画の中で心を奪われるような人物を観ることが出来たならそれはじゅうぶんに幸福な体験なのだ。

映画館を出ると夜の8時半を廻ったところだった。上映中は電源を切っていた携帯電話を開くと、ガールフレンドから新しいメールが届いていた。昨夜は眠ることが出来ませんでした。

もちろん、このメッセージにも返信しない。目の前に泣いている女がいたとしても、どうして泣いているの、とけっして尋ねてはいけない。かつて、ある女性が泣きながら教えてくれた忠告を、自分はまだ守っている。居合の達人の穏やかな表情を思い出しながら、帰りのバスに乗り込んだ。

Goldie Hawn
「Goldie」

『マディソン郡の橋』という映画で。

いつか作りたいレコードのことを考えている。

それは例えば、けっして若くはない男性歌手による、静かでロマンティックな曲ばかりを集めたヴォーカル・アルバムだ。

海外のアーティストなら、スタンダード・ナンバーばかりを集めたカヴァー・アルバムということになるのだろうか。けれども、もし日本の歌手が日本語で歌うのだとしたら。

美空ひばり、石原裕次郎、フランク永井、勝新太郎。欧米のスタンダード・ナンバーを日本語で歌った作品を丁寧に拾い集めていけば、たぶん何枚かのアルバムを作るだけのレパートリーは揃うはずだ。けれども、そこにはどことなく借り物のような感じがつきまとうのではないか。日本の芸能人がタキシードを着てディナー・ショウに出演するような所在のなさ。

そう言えば、かつてウィリー・ネルソンが『スターダスト』や『虹の彼方に』といったスタンダード・ナンバーを集めたアルバムを作ってヒットさせたとき、自分にはその良さがまったく解らなかった。けれども、いまは少しその作品集の価値が理解できるようになった。

ごくありふれた一日の終わり、落ち着いた気分ではあるけれど、なんとなく人恋しい夜。そんな時に聴きたくなる音楽とは、どんなものか。

くつろいだ服装で過ごしている自分を受け入れてくれる近隣の友人。そのように親しみを感じさせる声で歌われるのは、自分も歌詞をそらで歌うことが出来るような懐かしい曲ばかり。いつの間にか自分も口ずさんでいる甘いメロディには、密やかな恋を想う言葉が付けられている。その密やかな恋とは、遠い日の幸福な想い出なのか。それともたったいま抱いている、誰にも話すことの出来ない感情であるのか。

　こんな内容のアルバムが売れたのだとしたら、それは社会に対する否定を叩きつけるように表現する音楽が受け入れられたことと同様に評価されて好いはずだ。

　クリント・イーストウッドが自ら主演し、演出も手掛けた『マディソン郡の橋』という映画では、ジョニー・ハートマンの歌うバラードが少なくとも

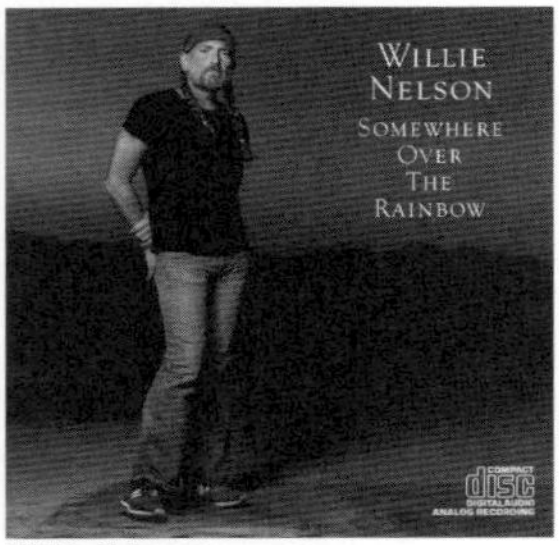

Willie Nelson
「Somewhere Over The Rainbow」

二曲は使われていた。そのうちの一曲はラジオから聴こえてきたものだった。

　その映画の中でジョニー・ハートマンの歌声を聴いたとき、自分はようやく気づいた。ジョン・コルトレーンと吹き込んだアルバムを聴いても解らなかったこの歌手の真の魅力。そして大人の歌手たちが歌う、ただ耳にしていれば、毒にも薬にもならないような端正で甘いバラードに隠された強くセクシャルな魅力を。

　アーサー・プライソックという黒人の歌手がいる。この人もゆったりとしたテンポの、甘いラヴ・バラードばかりを得意とするシンガーのひとり、としか捉えていなかったのだが、ある時からは、どのレコードにも強烈なセックス・アピールがパッケージされてい

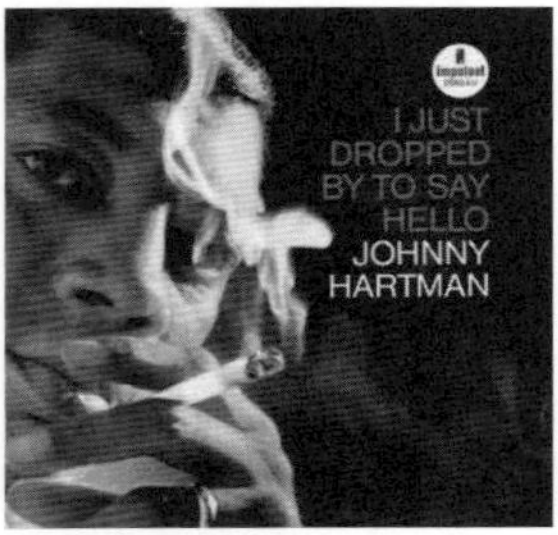

Johnny Hartman
「I Just Dropped By to Say Hello」

ることに気づいた。油で撫で付けた髪と、綺麗に整えられた髭。深く、説得力のある声。全ては女性の心を掴むためにある。

　黒いクラーク・ゲイブルのような美貌を持ち、低く深い声で歌うビリー・エクスタイン。同じくバリトンの深い声を持つブルック・ベントン。オルガンを弾き、ときにメロウなヴォーカルを披露するアール・グラント。絹のごとく滑らかな声のナット・キング・コール。みな素晴らしい歌手だが、日本人の男性である自分には、その本当の魅力を知ることなど出来ないのかもしれない。

　よりソフトでシルキーな声で歌うジョニー・マチス、という人がいる。陸上のスプリンターから歌手に転身した、ひじょうにハンサムなエンターテイナー。自分は長らくこの人のレコードを好んでいたが、ある時、この歌手のセックス・アピールはもしかすると女性ばかりに向けられたものではないのかもしれない、と考えるようになった。

　あるいはナット・キング・コールは同じアフロアメリカンの女性だけではなく、広くあらゆるタイプの女性に向けて性的魅力を発露しているのではないか。ビング・クロスビー。フランク・シナトラ。トニー・ベネット。ペリー・コモ。ディーン・マーティン。サミー・デイヴィス・ジュニア。フランキー・レイン。ジャック・ジョーンズ。スティーヴ・ロウレンス。アル・マーティーノ。グレン・キャンベル。そしてもちろん、エルヴィス・プレスリー。いままでに、ただ何となく、これといった理由もなく買い集めてきた男性ヴォーカルのレコードだが、それぞれの歌手には個別の魅力があり、また個別のマーケットがある。彼らの放つセックス・アピールの向こうには、それぞれ異なるファンがいるのだ。

　そんな男性ヴォーカリストたちの中で、近頃最もよく聴いているのがアン

Arthur Prysock
「To Love or Not to Love」

ディ・ウィリアムズだ。

　この人の魅力がどんなものなのか、正直に言えば自分はまだ測りかねている。何枚かのレコードを聴けばすぐに解ることだが、アンディ・ウィリアムズはたいへんに特徴的な歌唱スタイルを持っている。だが、そのスタイルがどんな曲にも合うかと言えば、けっしてそんなことはない。甘いバラードには向いているが、快活なテンポのレパートリーではそのフレージングを持て余しているように響く。つまり器用なタイプではない、ということだ。

　たとえばロックンロールやリズム&ブルースといった音楽に親しんできた人にとっては、この人の優等生的なパブリック・イメージは耐え難いものかもしれない。だがアンディ・ウィリアムズでさえ、そのヴォーカル・パフォーマンスの中に性的なメッセージを込めて発信しているのだ。彼もまた「夜のストレンジャー」を歌い、「ソング・サング・ブルー」を歌い、「泣きたいほどの寂しさだ」を歌う。そうした楽曲に込められた性的なメッセージを確実にキャッチする女性たちもまた少なからず存在する。彼女たちにとっては、アンディ・ウィリアムズの控え目で紳士的、いつもややぎこちないエモーションの発露をこそを好ましいと思っているのだ。ザ・ビーチ・ボーイズの「神のみぞ知る」をアンディ・ウィリアムズが歌ったヴァージョンを聴く度に、その歌声を自分に向けられた言葉だと信じて聴く女性たちのことを考える。

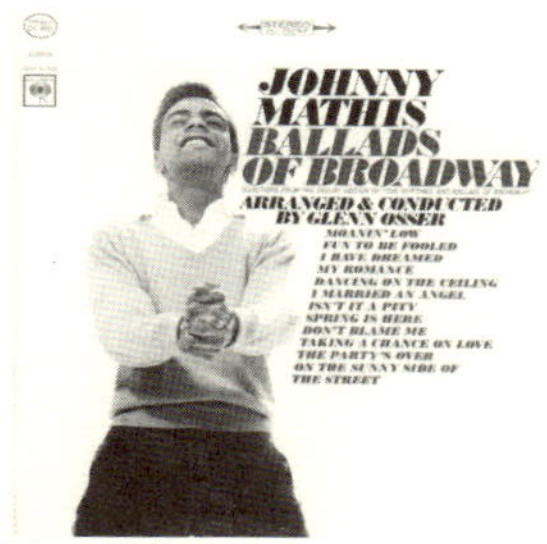

Johnny Mathis
「Ballads of Broadway」

　ここで最初の話に戻る。けっして若くはない男性歌手による、静かでロマンティックな曲ばかりを集めたヴォーカル・アルバム。それが日本人の歌手だとしたら、誰が相応しいのか。中堅、いや、ヴェテランの歌謡曲の歌手なのか。表現力に長けた俳優というのはどうか。

　ロック・ミュージシャン、あるいはフォーク・シンガーに、こんなアルバムを作りませんか、と進言するというアイデアもある。歌の説得力というものを知り尽くしている人たちには、フォークでも演歌でも隔てというものがない。

　あるいは、楽器を演奏する音楽家を口説いてみる、という手もある。たとえば大抵の管楽器奏者は歌のピッチもよく、表現力も豊かだ。歌の巧いドラマーも多い。中には、プレイは素晴らしいのに歌はどうしてこんなに調子っぱずれなのか、という鍵盤奏者もいるけれど。

　ここまで書いてきて、心の隅に押しやってみてもつい考えてしまうのは、自分で歌ってみる、という可能性だ。以前から、そのことは考えていた。憧れを抱いていたこともあった。忙しく音楽制作をしていた頃は、50歳を過ぎたら自分で歌う、と考えていたが、その年齢はとうに超えてしまった。

Andy Williams
「Love,Andy」

　音程もリズム感も全く心許ないのだが、現代のレコーディング技術をもってすれば、それほどの問題ではない。たった一日、せいぜい三回ほど歌って、後は何日か掛けて編集するだけだ。

　問題なのは、この自分が歌うとして、それは誰に向けて発信するのか、ということだ。自分と同世代の人々に向けて歌うのか。若い人に聴いてもらうためなのか。男たちに向けて歌うのか。異性に向かってメッセージを送るのか。あるいは誰かひとりのために歌うのか。ラヴソングを選び歌い、自分なりのエモーションを発露した後で、それをキャッチするのは誰なのか。

死ぬ準備

　むかし書いた「連載小説」という歌がある。アルバムの中の一曲で、ライヴで演奏したことさえもない、埋もれてしまって当然の作品だが、なぜか憶えてくれている人がときどき現れて、彼らはきまって、あの曲を書いたのはいくつのときですか、と尋ねてくる。

27歳のときに作った、と答えると、小さく驚いてくれることもあれば、その頃はもう結婚していましたか、と更に質問を重ねてくることもある。なぜかその歌だけ、そのような質問にあう。

　自分もまた若い時分には、作家が作品を発表したときの年齢を確かめることをした。それが自分の年齢よりも多いときにはすこし安堵し、ほぼ同年齢の作、もしくはずっと若年のものであると知ったときには不安な気持ちを抱いた。

　それは若いとき特有の感情だと考えていたが、老いてはまた新たな煩悩がある、と知った。

　ゲイリー・マクファーランド、という音楽家のディスコグラフィを見て、今更ながら気づくことがあった。この人はレコーディング・アーティストとしてわずか11年しか活動しなかったのだ。

　考えてみれば当然である。このヴィブラフォン奏者で作編曲家の米国人は、38歳の若さで亡くなったのだ。しかし、それにしては多作な印象があり、知名度があり、何よりもその作品はいまも多くの人に聴かれている。あるいは、そのように考えるのは古いレコードばかりに興味が向く自分だけか。

　1932年にL．A．に生まれ、1961年にニュー・ヨークで編曲家としてレコード・デビューしたマクファーランドはジャズ・ミュージシャンとして認識されているけれども、1963年に発表したリーダー作『ザ・ゲイリー・マクファーランド・オーケストラ』では、早くもジャズという分野から逸脱しようと試みている。

　オーケストラといっても、それはごくコンパクトな編成である。自身のヴィブラフォンを含む五人のリズム・セクションに木管楽器奏者を三人、それに弦楽のカルテットを加えた十一人。ピアノを担当するビル・エヴァンスの名前は〈スペシャル・ゲスト・ソロイスト〉としてアルバム・タイトルの下に大きく表記されている。

　このアルバムを自分は長らく聴き逃していて、最近ようやく試聴する機会を得たのだが、いわゆるジャズのスウィング感や即興演奏のスリルを追求する音楽ではなかった。強いて言うなら映画、もしくはバレエのためのスコアに近い。リズム、和声、アンサンブル、いずれも目新しいところはないが、なにか音楽の上澄みのような部分を掬いとる感覚、余白を大きく取るような感覚が新しかった。

　翌年の1964年にソロ名義で発表した『ソフト・サンバ』はいまのところ、この音楽家の代表作と評価されているのではないか。ここではボサ・ノヴァのスタイルを取り上げていること以上に、全編に渉ってマクファーランド自らがスキャット・ヴォーカルを聴かせていることに注目する。ヴィブラフォンとユニゾンで主旋律を取る声は鼻歌そのもの、けっして力むことがない。もうひとつ着目すべきは当時、空前のブームの渦中にあったザ・ビートルズを四曲も取り上げていること。以前は単に時代を反映した選曲と考えていたが、この人のその後の音楽指向の変化を知ると、それはひとつの大きな前兆だったと解る。

　ジャズの分野に身を置き、ジャズメンたちと仕事をしながら、ゲイリー・マクファーランドはポップ・ミュージックに傾いていく。1966年に発表した『ジ・イン・サウンド』ではスキャットではなく歌詞のある歌を歌い、ザ・ローリング・ストーンズやディオンヌ・ワーウィックのレパートリーを取り上げ、ラテン・ビートを伴うディスコテック向けの曲を収録した。

　翌1967年の『ソフト・サンバ・ストリングス』は、ヒット作『ソフト・サンバ』の続編を装いながら、ラフマニノフ、ラヴェル、ドビュッシー、それに三曲のチャイコフスキー作品を取り上げている。とりわけアルバムB面

Gary Mcfarland
「Softsamba」

Gary Mcfarland
「The In Sound」

の冒頭を飾るドビュッシーとチャイコフスキーの曲は、アントニオ・カルロス・ジョビンのCTIに於ける諸作品に匹敵するものであり、それでいて聴き流しても心地好いアルバムだった。

続いて68年にはヴァーヴ・レコードでの最終作にして大傑作『スコーピオ・アンド・アザー・サインズ』を発表する。このアルバムの素晴らしさを自分はいまもって的確に伝えることが出来ずにいる。歌のないソフトロック。高踏的なイージー・リスニング作品。もしくはジャズ・ミュージシャンが『サージェント・ペパーズ』の時代と誠実に向き合った末に結実した音楽。むしろ1990年代のミュージシャンたちと呼応し合う未来の音楽だった、と言うべきか。

Gary Mcfarland
「Scorpio And Other Signs」

そして同じ68年、この音楽家は旧知のジャズ・ギタリスト、ガボール・ザボと共にスカイ・レーベルを興す。ミュージシャンの設立したレーベルの中でもユニークなもののひとつだが、商業的な成功は叶わず三年という短い活動期間で幕を閉じる。このレーベルにマクファーランドが遺した三枚のアルバムについては自分はまだ評価を下せずにいる。

この音楽家の遺作となったのは1971年、詩人で画家のピーター・スミスと組んだ『バタースコッチ・ラム』というアルバムで、ここではもはやシンガー・ソングライターとして時代に寄り添った音楽を作っているのが興味深い。64年の『ソフト・サンバ』で見せたザ・ビートルズへの興味がここに結実している、ということもできる。

Gary Mcfarland
「Butterscotch Rum」

とはいえ、この作品は手遊びのように楽しんで作ったものであり、この音楽家は次のことを考えていたに違いない。その矢先の死ではなかったか。

どんな音楽家も死後の評価をコントロールすることは出来ない。生きているうちに出来ることと言えば、ただ愉しむこと。移りゆく興味に正直になること。それもまた、死への準備だ。

ムッシュかまやつとごきげんロンドン。

取材・文　小西康陽

「Gulliver No.53」1992年7月9日号

連日連夜のバカ騒ぎにムッシュは疲れきっていた。

スーパースターでいるのも楽じゃない。ミュージシャン仲間やグルーピーたちと今夜もトーキョーのどこかでお決まりの打ち上げだ。ギターを抱えてシャンパンの壜を何本も空にして、いつもパーティでいちばん盛り上がっているくせに、傍らの女の耳許に囁くセリフはいつも同じだ。

「ねえ、うんざりしない?」

すると酔っぱらった美しい女は何と聞き違えたのか、大声で笑い転げ床にひっくり返ってしまった。本当にうんざりしたムッシュはいつものように誰にも気づかれずにパーティから消えてしまう。別の美しい女を連れて。

イッツ・オンリィ・ロックンロール。いい加減にこんな暮らしを止めないと誰かさんみたいに命を縮めることになるぜ。明日からはロンドンじゃないか。少しは慎んでくれ。留守番電話のモニターから、マネージャーの苛立った声が聞こえてくる。お袋か何かのつもりだろうか。サイドゴア・ブーツのつま先で録音テープのスウィッチをパチンと切った。

ロンドン行きの発端は、旧友のポール夫婦から送られて来た誕生パーティの招待状だった。〈ゼッタイ来テネ、ムッシュ〉というポールの奥さんのメッセージと東京―ロンドンの往復のチケットが添えられていた。

ちょうど退屈していたところだし、しばらくロンドンに逗留するつもりだとエイジェントに伝えたら、彼奴ら、聞いたこともない旅行雑誌のロンドン取材記事のタイアップを取って来た。

冗談じゃない。こちらはお楽しみに行くというのに。もし本当に向こうでシューティングしたいのなら、最低限の準備は整えてくれなくては話にならない。

まずクルマ。ロケ中の移動はロールス。三流の政治家じゃないのだから、黒のリムジンはナシにしましょう。白のロールスロイス。運転手はベテランの男を雇って、毎朝ホテルの前に迎えに来るように。

シャンパンはテタンジェをマグナムボトルでよろしく。シガーはやっぱりダヴィドフのハヴァナでしょう。気分良く仕事したいじゃない？

撮影用のギターは当然ヴォックスの赤いティアドロップで決まり。レプリカしかないだって？　やれやれ、世界中の良い楽器はすべてニッポンのオタクが買い占めてしまった。ブライアン・ジョーンズは若死にして幸福だったのかもしれない。ロンドンまで行ってレプリカのティアドロップなんて、とんだお笑い草だ。

公園で犬と撮影？（やれやれ、西郷隆盛ですか）犬はアフガンハウンド、シルクハットはマーク・ボランよりも2インチは丈の高いヤツ。ジャーミン・ストリートのベイツという帽子屋にボクのサイズが残ってるはず。シャツはマーガレット・ハウエルのタキシード・シャツしか似合わなくて。

ホテルはどこでも構わないけど。普段はリッツに泊まるよ。

カメラマンは友だちに頼もうかな。デイヴィッドっていう奴なんだけど。デイヴィッド・ベイリー。最近は仕事しているんだろうか。

そしてギャランティは――。これはエイジェントに訊いてくれ。

イッツ・オンリィ・ロックンロール。ヒースロウ空港は相変わらず底冷えする。誰ひとり迎えは来ていない。トレンチコートの襟を立てて、サイドゴア・ブーツのつま先を見つめながら、ムッシュはタクシーを待っている。靴は光っているけれども、ブラックジーンズのひざは出ていた。

しけてるぜロンドン。グレイの街並みは、いつも眠ったふりをしている。なのにどうしていつも戻って来てしまうのか。オンリィ・ロックンロール。ムッシュが街に還って来た。


手許にあるのはムッシュが見せてくれた数冊のフォト・アルバム。66年秋、ムッシュがスパイダースのメンバーとして初めてヨーロッパを訪れたときのスナップが無造作に収められている。ハンブルク、コペンハーゲン、ローマ、パリ、そしてロンドン。

「プロモートのためにいろんな国を廻ったんだけど、ロンドンはリッツ・ホテルに泊まったのね。当時のイギリスの音楽紙のプレスの連中、リッツで記者会見をやらないと相手にしてくれないの。どうせ日本から来たワケの分かんないバンドだろうってね。じゃあこっちもハッタリを使おうということで。

そうしたら次の日のNMEとか、本当に大きく載っちゃったの。その後しばらくして、空港のバゲージ・クレイムで待っていたら、ザ・フーの連中がいたの。おっ、フーだとかこっちも騒いでたんだけど、向こうも例の音楽紙の記事を見ていたらしくて、ヤアとか何とか声をかけてくれたの。これもリッツ・ホテルの威力かなと思った。

スペンサー・デイヴィス・グループにも会った。そう、まだスティーヴ・ウィンウッドがいたころ。ぼくたちと同じフィリップス系列のレコード会社で、いっしょにコンサートを演ったの。当時ヤマハの楽器をモニターで使ってたんだけど、それを一式すべて彼らにプレゼントしたときの写真がどこかに残ってる。2年前にスペンサー・デイヴィスが来たときに会ったら悦んでました」

楽器はヤマハ、アンプはVOX、そして衣裳は当時JUNと契約していたというスパイダース。そのヨーロッパ・ツアーのアルバムは、そのまま見事なファッション写真集だった。

「コーデュロイのスーツなんか着て気取って撮られてるんだけど、本当は寒くてね」

ツアーから帰国してみると「夕陽が泣いている」がヒットチャートのトップになっていた。ロンドンからミリタリィ・ルックを持ち帰ったスパイダースは人気の頂点に立った。

そしてムッシュはロンドンにハマった。スパイダース時代は年に2回、そして70年代に入ると3か月に一度というロンドン通い、ロンドン狂いの日々が始まった。

「もともとヨーロッパ的なセンスに憧れていた。ムッシュっていうくらいでさ。でもパリはポップ・ミュージックが不毛だったからね。シルヴィ・バルタンとかシェイラとかは大好きだったんだけど。

で、フランス人でロンドンに遊びに来てる奴らの真似がしたかった。フェリーにシトロエン乗っけて、そのままキングスロードを走っちゃうなんて、なかなかカッコいいものなの。

だから60年代はファッションはパリで、音楽はロンドン、という感じ。

最初は買物といえば楽器。ワウワウ・ペダル。ツイーターでしょ。ファズボックス、トーン・ベンダーにリッケンバッカーの12弦、そしてマーシャルのアンプ。

それが70年代には洋服に替わった。いわゆるロンドン・ポップ真っ盛りのキングスロードとか、ケンジントン・ハイ・ストリートとか、別に仕事で来てるわけじゃないから、しょっちゅう来てた。いわゆるロック・キッズの集まる場所に、もう朝から来て一日中ブラブラしてるの。いつもひとり歩き。ミエで地図は見ない。そうするとミック・ジャガーが通りの向こうを歩いてたり、もう追っかけと同じ心境。

ファッションはひと通りはカブレました。モッズルックに始まって、プラットホーム・シューズも履いたし、ベルボトムのジーンズ、インドふうのペイズリィのシャツ、マオ・スーツなんてのもあった。グラムっぽい衣裳なんかも買ったし、わざとクラシックなテイラード・スーツなんてのもありましたね。当時ぼく以上にハマってたのが加藤和彦くんとミカ。買い占めてた。

いろんな店があったんです。もちろんミニスカートのマリー・クアントに始まって、ビバとか、グラニィ・テイクス・ア・トリップとか、アルカズラとか、ミスター・フリーダムとか、そういう名前のブティック。

チェルシー・コブラって店でヘビ革のジャケットを買ったり。キース・リチャーズと同じヘビ革のブーツ買ったのがザパタという靴屋。

あのころフェイシズがとにかく大好きでね、もう追っかけみたいなものだったから、ロッド・スチュワートがよく行くってウワサのブティックを覗いて、高いジャケット買うハメになっちゃったり。そういう店のほとんどすべてがいまはもう残ってない。

でも最近はね、興味も変わっちゃって、昔だったら絶対に行かなかったようなアダルトなエリア、そうシルクハットを買ったジャーミン・ストリートとかボンド・ストリート、サヴィル・ロウなんかが、いまのボクには新しい発見という感じなのかな。年を取っちゃったってだけの話かもしれないね」

そういって笑うムッシュの表情はスパイダースのころと少しも変わらないように見える。

「そういえばカーナビー・ストリートで金髪のスウェーデンの娘をナンパしたことがあったのね。語学に強くなる最良の手段。スパイダースのメンバーにうらやましがられちゃってね」

懲りないスーパースターである。


それではムッシュ流ロンドンの一日の過ごし方の実践といこうか。まず起床時間は午後3時。

前の晩も明け方近くまで美しい女性たちと飲んでいたのだから、これは仕方のない時間だ。目が覚めるまで、心地よい眠りを楽しめばいい。

そしてアルコールを少し摂る。

いまさらベッドから跳び起きて、さあ行動開始という時間でもない。ましてやそんな気力もない。そんなときのアイ・オープナーはコーヒーでもアフタヌーン・ティーでもなくアルコールに限る。ムッシュの場合はシャンパンということになる。

ようやく目が覚めたところで、お目当てのガールフレンドに電話を入れ、夕食の約束を取り付ける。

短いロンドン滞在の日々を充実させるには、美味しい夕食と楽しい会話が保証されることが第一だ。

そのためには美しい女友達の貴重な情報が必要となってくる。どんなツアー・ガイドよりも、彼女たちは良いレストランや気の利いたプレイスポットを知っているのだから。

電話での他愛のないやりとりの後、食事に誘う。何を食べたい、などと訊く必要はない。彼女たちのチョイスに間違いはないのだから、こちらは従えば良いのだ。

そして4時半過ぎ。ようやく行動を開始する。ショッピングは夕方から店が閉まるまでの数時間に集中的に片付ける。これがムッシュの流儀だ。ホテルの周辺のアンティーク・ショップ。夕方のデパート巡りもいい。いつものTシャツにジーンズに革のジャケットから、小ざっぱりした洋服に着替えてハロッズやフォートナム・アンド・メイスンなどを見て歩く楽しみ。

しかし小さなブティックでの買物ほど味わい深いものはない。ひとつでも多くの商品を売ればいいと考えているどこかの国の店と違って、ロンドンの専門店が扱うのは、大切にすれば一生使える物ばかりなのだ。何年にもわたって丁寧に使いこんだ鞄や靴や文房具を久しぶりの旅の折に持参すると、彼らは愛情と誇りを持って修理してくれる。だから、最近は本当に好きな物だけが手許に残って、無闇に買物をしなくなった。

さてショッピングの収穫を手にホテルに戻る。そして再び何本かの電話。トーキョーにも女友達は数多くいるのだ。そして夕食の約束の時間まで、僅かな空白の時間を過ごす。ベッドの上で軽く微睡むのもご自由に。

約束の時刻は夜8時半。街の事情に通じた美しい女性から、今週のクーレスト・スポットをガイドしてもらう。

マリー・ヘルヴィンがモデルとしての仕事場を東京からロンドンに移し、デイヴィッド・ベイリーと結婚したころ、彼女とよく行ったのはウォルトン・ストリートにいまもある『ジョーズ・カフェ』。ファッション・モデルたちの社交場だった。

ティナ・ラッツが結婚してからしばらくは、彼女の夫ミスター・チャウの店に週に一度は行ったものだ。

食事のあとはギグを観に行くのが常だった。マーキーやロニィ・スコッツ、ハンドレッド・クラブ。タイムアウトでこれはというプログラムを見つけ出すと、さっそく出かける。店の前には早くも長い列ができている。ロンドンの人々は何時間でも平気で並んでいるのだ。

春や秋のコンサート・シーズンにはもっと大きなショウもよく観に行った。操車場のあった建物をそのままコンサート会場に使ったラウンドハウスでは、マンフレッド・マンを観た。ハマースミス・オデオンではモット・ザ・フープルを観た。すべての若き野郎ども。ロリィ・ギャラガー、ロイ・ハーパー、スプーキィ・トゥース。ロンドンでコンサートを観ると、観終わった後もずっと音が残る。

ライヴの余韻を楽しみながら、件の美しい女友達とさらに何杯かグラスを空けた後は成り行きまかせ。むかしサヴィル・ロウの真ん中にジョージ・ハリスンが経営するというディスコティークがあったはずなのだが、誰に訊いても憶えていない。

いつも記憶はその辺りで途切れてしまう。どうやってホテルに帰って来たのか。女友達は家まで送り届けたのだったか。それとも彼女が——。いや、それ以上は考えないことにしよう。

そして一日の締めくくりはまたしても大騒ぎ。70年代初め、ウオッカ・コリンズの大口広司ら悪友たちと常宿にしていたポートベロー・ホテルの地下、ダイニング・ルームの奥には大きなワインカーフがあって、バーの閉まった後でもこっそり下りて行くと、酒を手に入れることができた。もちろん翌朝に二日酔いの声で自己申告すればいいのだ。

ポートベロー・ホテル。うたかたの日々。フロントに座っていた男は、髪を真っ赤に染めていた。もちろん、いまはもういない。


ケンジントン・マーケットのキュリオ・ショップを冷やかした後で裏通りを歩いていると、白髪の老女が紺色のミニクーパーのエンジンを掛けている光景に出会った。

「いかにもイギリスって感じだね」とムッシュ。そして不意に思い出したように喋り出した。

「昔ね、トゥイギーが持っていたっていうミニクーパーに乗っていたことがあるんです」

出し抜けに凄い名前が出てきて慌てているこちらの様子を知ってか知らずか、ムッシュは淡々と話し続ける。

「どういう経路で入ってきたのか、ちょっと分からないんですけれどもね、鮮やかなグリーンのミニクーパーでした。内側はシートも中も真っ白でね。木が貼ってあるんです。

外側のグリーンと内側の白のコントラストがきれいでね。そう言われるとたしかに女の子らしい好みだったかもしれない」

手放しちゃったんですか?

「ええ、いまでもきっと日本のどこかにあるんでしょうね。手放さずにいたら、いまごろサザビーズのオークションに出せたかもね」

ムッシュのクルマ好きは有名だが、とりわけ英国車にはこだわる。ロイヤル・アルバート・ホールに車で乗りつけるスーパースター、という設定の撮影に、ムッシュのほうからオーダーしてきたのは当然のことながら赤いMGだった。MG55年型TF。

「昔乗っていたんです。58年頃かな。MGの54年か55年型で、色は黒でした。ワイン色の革のシートが張ってありましたね。

その前にも1台乗っていたんです。それはMGのTDといったかな。たしか53年型で、ヘッドライトの形がこれとはちょっとちがうんです。それは赤い車でしたね」

2台続けてMGを乗り換えて、そのあともずっとイギリス車ですか。

「やっぱり車はイギリス、じゃないのかな。あまりドイツ車とかは好きじゃないんです。

イギリス車って電気系統が弱いのね。その日のお天気によって、いきなり調子が悪くなっちゃうし。たとえば冬の雨の日にワイパーを使うと、ヒーターが止まっちゃう、とか。何かこう、感情があるみたいな。そこが面白い。

　モダンを追いかけてないんですよ。乗ること自体を楽しむような、そういう目的のクルマなんですね。だからスポーツカーにラジオつけるなんて、無粋なことっていう考え方でね。

　MGを2台乗ったあとは、オースティン・ヒーレースプライトというのに乗ってました。60年代の初めかな。カエルみたいなクルマでね。買ったときは赤だったのを白くしちゃった。

　次がトライアンフ・メイフラワー。四角いクルマで、それは黒。黒か白が好きみたいですね。

　そしてミニクーパーに乗り換えたんです。最初がミニクーパー850。やっぱり白でね。68年か69年ごろ。その次がさっき話したトゥイギーのミニクーパー。

　そして3台目はミニクーパーのカントリーマンというクルマ。これはカメラマンの立木義浩さんがイギリスから持ってきたのを、しつこく売ってよって頼んでね。最初の色は白だったんですが、ヴァンデンプラス・プリンセス・チョコレートとかいうね、どこかの国の王女様しか使わないというチョコレート色に塗り替えたんです。

　これは75～76年まで乗ってました。いちばん長く乗ったかもしれない。いまは森山良子が使ってます。どうしても手放したくなかったから、いつでも戻ってくるように譲ったんです」


60年代には同じ英国車にこだわる者同士が自然と集まって、ムッシュにとっては刺激的な友人たちの輪が広がっていった。

「レーサーの生沢徹もMGに乗っていたし、死んだ福沢幸雄はトライアンフTR3に乗っていた。

　レースといえばイギリスだし、あの時代は余裕のある家のドラ息子たちがわりと厳格なオックスフォードの家庭に留学している、というのが流行っていたんでしょうね。

　そういう連中が新しいイギリスのファッションや音楽のことを教えてくれるんです。サチオ（福沢幸雄）なんてもう8人目のスパイダースって感じでしたね」

　ミニクーパー・カントリーマンのあと、70年代後半のムッシュの興味はイタリア車へ。前後して音楽の好みのほうもロンドンからLAに変わってしまったという。

「いまはジープに乗っていますけど、イギリスの車って考えてみればそんなにお金がかからない物でしたね。

　乗り残したクルマ、ですか。そう、ジャガーには乗りたかったけれど。

　それにアストン・マーティン。ジェイムズ・ボンドのクルマですね。

　モーガンというのもありましたね。シャーシーが木でできているんですよ。あれも良かったですね」

「ところで小西サンは車に乗らないでしょう」またしても不意にムッシュは言った。「何となくそういうタイプだと思ってました」

金曜日の午前11時。ムッシュはパブでギネスを立ち飲みしていた。その昔、冬のある寒い日、南青山の骨董通りにあったレコードショップから、黒いコートの背を丸めて、買ったばかりのレコードの包みを大事そうに抱えて、路上駐車してあったジープまで飄々と歩いて行くムッシュの後ろ姿を見かけたときに、イメージは固まってしまった。

しがないオールド・ブリティッシュ・ロッカー。レイ・デイヴィスとアラン・プライスとイアン・ウィットコムを足したような、B級の、しかし誇り高きスーパースター。

だからキンクスの『マスウェル・ヒルビリース』のカヴァーのイメージでムッシュのポートレイトを撮りたかった。昼間から飲み助たちのたむろするパブで。

そんなことを考えていると、ムッシュはまた想い出したように顔を上げ、こんな話を始める。

成功したロック・ミュージシャンは大抵ロールスロイスを買うでしょ。成り上がりのシンボル。どこに行くのにもロールスで乗りつける。

ところが昔の仲間と酒を飲むためにパブに行くときだけ、そいつはロールスを2ブロックも先に駐めて、わざわざ汚いジャケットに着替えて入ってくる。みんなに嫌われないようにね。

実際のところ、ムッシュがパブに入ったのは意外にも今回が初めてだという。

凍えるブライトン・ビーチもムッシュは初めてだった。モッズルックが似合い過ぎて、パンクスの兄弟が記念写真を撮ろうと近づいてきた。

ブライトン名物のフィッシュ・アンド・チップスを食べたのも初体験。冷たい潮風の吹く海の家で、悪い油とヴィネガーの匂いにまみれたチップスをミルクティーで流し込むムッシュの姿は、B級のスーパースターのイメージにハマり過ぎていて困った。

かと思えば、波打ち際で突然『フリフリ』のアクションを始める我らがスーパースター。ロンドンの天候と同じで、不意にナチュラル・ハイな状態がやってくる。

ギターを持てば古今東西のロックの名曲を片っ端から歌い出す。レプリカのティアドロップにどうしても我慢できずに、自ら楽器店に赴いて選んだのは、枯れ木色したヘフナーのセミアコ・ギターだった。

ロケバスの中ではラジオから流れてくる歌に合わせてハモるムッシュ。ウェイン・フォンタナとマインドベンダーズ、ゾンビーズ、アージェント。この人は本当にロックが好きなのだ。スパイダースの当時のスナップと同じように、ムッシュの身体の中に60年代のスウィンギン・ロンドンの気分が真空パックされているのかもしれない。

夜になればその社交家ぶりはまさしくスーパースター。ポール・ロジャース、まち・ロジャース夫妻、コシノ・ミチコさん、福井ミカさんなど最愛の旧友との再会にムッシュは心底楽しそうだった。

そして取材班全員が招かれたポール・ロジャース邸でのパーティ。シャンパンの栓を次々と開けて、とうとうジャム・セッションが始まった。

フリーの『オールライト・ナウ』、バッド・カンパニーの『キャント・ゲット・イナフ』、次々とムッシュのギターがコードを繰り出してゆく。最高の一夜。

イギリス人と日本人は近いよね。ひとことで言えば島国根性? こんな屈折した言い方でムッシュは英国人気質への親近感を表現する。

現在のロンドンではムッシュがいちばん気に入っているというウォルトン・ストリートを歩きながら、ぼくはひとつだけどうしても訊きたかった質問をしてみた。

ムッシュ、あなたのお友達にはロンドンが大好きで移り住んでしまった人も沢山います。あなただって彼らに負けないくらいロンドンが好きなはずなのに、こんなに何度も何度も来てるのに、どうしてこの街に住もうとは考えないのですか?

「街っていうのは、どんなに派手に栄えてても、いつの日かブームが去ってしまうんだよね。その瞬間がさ、ボクは大嫌いだから。耐えられない。何ていうのかな、いつもお祭りの中にいたいんだよね」

相変わらずの口調で淡々と話すムッシュ。それほどロンドンを愛してしまったというわけか。

かつてムッシュが通いつめたキングスロードもカーナビー・ストリートも、いまは当時の面影はほとんど消えてしまった。かつてド派手な洋服を売っていた店のあった場所には、いまは《貸店舗》の貼り紙ばかり。不景気は晴れることのない霧のようにロンドンを覆っている。

でも曇り空だからロンドンはいいんだよ、と笑うムッシュ。しけてるぜロンドン。ムッシュが還って来たのに。

HOW'S JUKED
ROSEMARY

テーブルにひとびんのワイン。

二年前に病気で入院して以来、好きだったアルコールをすっかり飲まなくなってしまった。自分でも、酒を止められるはずがない、と思っていたのだが、お医者さんに脅かされた途端、すっぱりと断酒して、別に不自由を感じることもない。自分はよほど臆病なのだ。とこの年齢になって初めて気がついた。

それでも、ときどき誰かが酒を飲んでいるのを見て、羨ましいと思うことがないわけではない。バルーンのグラスを揺らしながら、とても香りの高い赤ワインを幸せそうな表情で口に含む人と同席したときとか。あるいは、ヨーロッパに向かう飛行機の中で、最初の食事のときにブルゴーニュ産のワインを勧められたときとか。肉料理のときはまだ我慢出来るのだが、美味しいチーズを数種類載せた小さな皿を目の前にしたときは、どうにも遣る瀬無い気分になる。

かつて自分のやっていたバンドでも「テーブルにひとびんのワイン」という歌を作ったことがあるけれども、音楽家たちはみなアルコールを愛しているらしく、酒について歌った歌は数に限りがない。いま、最初に浮かんだのはザ・バンドのブルージーな「ストロベリー・ワイン」という歌だが、世の中には「レッド・レッド・ワイン」という曲もあれば、「ピンク・シャンペーン」というブルースもある。

ロンドンに「ポートベロー・ホテル」という宿があって、ここは多くのロックミュージシャンが好んで滞在するところなのだという。

この小さなホテルには、意外なほど立派なワインセラーが地下にあって、さらに素晴らしいことには一晩中、その室は錠が掛けられていないのだという。酔いどれたちは次々とワインを空けて、そしてチェックアウトのときに苦笑いしながらツケを払う。これはムッシュかまやつさんから教えてもらった話だ。

ムッシュかまやつさんを悼む

スパイダースのベスト・アルバムを手に入れて聴きまくったのは高校一年生のときだった。カッコいい曲はどれも「かまやつひろし」の名前があった。

最初にご挨拶したのは伊藤銀次さん主催のコンサート楽屋。同じ楽屋にいた山口冨士夫さんと談笑していて、山口さんに対して「ユーは」と話しかけていたのが印象的だった。

1992年の春、『ガリバー』という旅行雑誌でムッシュが案内するロンドンの特集をやることになり、編集者の岡本仁さんと共に六本木の裏通りにあった「隠れ家」を訪ねた。約束の午後一時、ムッシュは目覚めのシャンパンはいかがですか、と勧めてくる。そのときカッコよくてお茶目な人、というイメージが出来上がってしまった。

三週間のロンドン滞在の間、ムッシュはとにかく自分をはじめ若いスタッフ全員に細やかな神経を使ってくださる。ロケバスの中で、ロバート・アルトマンの映画『マッシュ』の話になって、あの中でラジオ東京の音楽として流れる日本語の「私の青空」はぼくの親父が歌ってるんです、と教えてくれた。その映画が大好きだった自分は、東京に戻ったらサントラ盤のCDをお持ちします、と話し、そのときからムッシュと距離が近づいたように思う。

帰国便の中で、いつか一緒にアルバムを作らせてください、とお願いすると、ぜひ、と微笑み返してくれた。自分はそのことをすっかり忘れて、10年後にようやく『我が名はムッシュ』という作品で約束を果たした。

そのアルバムを制作していたある日、スタジオのロビーでは『金田一少年の事件簿』というTVドラマの再放送が流れていて、その中でムッシュは逆さ吊りにされて叫んでいた。どうしてこんなお仕事までなさるんですか、と尋ねると、たまにTVに出ないと忘れられてしまうので、と笑う。いまの時代、他の職業を持ちながら、妥協せず自分の音楽を追求するミュージシャンは当たり前になっているが、ムッシュはそんな音楽家の先駆け、芸能人が副業だった。

ラジオ番組やコンサートにゲスト出演していただいたことも数限りない。セッションとか、乱入とか、ムッシュは得意だった。いっぽう、同じミュージシャンでもぼくはそういうことを好まない。不器用だし、苦手だし、何より自意識過剰だから。けれども、そういうタイプの音楽家に対して、誰よりも気を遣ってくれるのがムッシュだった。だから偏狭でうぬぼれの強いミュージシャンもみんなムッシュには甘えてしまう。本当に優しい人だった。

　1960年代、当時の若者たちの間で「愛と平和」を尊ぶ風潮が生まれた。戦争や暴力を嫌い、男女平等を当然と考え、弱者に手を差し伸べる。そんな「優しい時代」の空気を誰よりも巧みに表現したのがビートルズの音楽だと考えているが、ジョンやポールの人柄を間近に知るわけではないぼくにとって、ムッシュこそは「優しい時代」の体現者だった。

　ムッシュに優しくしてもらったぼくたちは、後輩にも優しくしなくてはいけない。誰に対しても。

ソー・ロング20世紀

　ムッシュかまやつさんと、はじめて仕事でご一緒したのは1992年のこと。ある旅行雑誌の特集で、ムッシュがロンドンの思い出の場所を再訪する、という企画。自分はその特集ページに添える文章を書いた。

　三週間近く滞在した宿も、ムッシュの選んだホテルだった。元ファッション・モデルだったという女性がオーナーの、こぢんまりとして美しい旅荘。いわゆるデザイナー・ホテル、という言葉を、自分はまだ知らなかった。

　連日、撮影のために朝から出ていたが、たしか二度ほどホテルのレストランでスタッフ一同の会食をしたはずだ。はじめて見る穀類や、耳慣れない名前のパスタを添えたメニューはどれも似たり寄ったり、正直なところおいしいとは言えなかった。

　やはりそのレストランの料理に満足した人はいなかったのか、テーブルでの話題はロンドン、あるいは英国の食事のことになった。インド料理と中華料理の水準は高い、という誰かの言葉から、東京で好きな店の話に移ったとき、ムッシュが都内で贔屓にしているカレー屋がある、と話してくれた。すぐに名前が出てこなかったご様子で、ポケットから黒い小さな手帳を取り出し、眼鏡越しに目を細めながら店の名前を読み上げてくださった。

それから五年後、自分が引っ越した場所のすぐ近くに、あの日ムッシュが教えてくれた店を発見した。小綺麗な、とは言え、ごく普通の店。さっそくご推薦のカレーを食べたが、残念なことにそれは自分の好みの味ではなかった。二度と来ることはないだろう、と思っていたが、さらに五年経ってムッシュのアルバムを制作したとき、ある晩誘われて、ムッシュとふたりきりでその店のカレーを食べた。

そしてこの春、悲しいニュースを知った夜、久しぶりにその店を訪れた。もちろん、以前と変わらぬ味。デザートのアイスクリームを食べ、しばし黙祷して、店を出た。

スクランブルド・エッグ

効率良く仕事を済ませるなら、朝に限る。その意見は自分も実感を持って肯定することが出来る。自分のように「降りてくるアイデアをひたすら待つ」ことを仕事としている人間は、朝目醒めたときが勝負だと言っても構わない。

目の前の仕事の答えを見つけるために、ああでもない、こうでもない、と考えに考えて、答えの出ないまま眠りに就く。すると、意識下の自分があらゆる記憶の扉を片端からノックして廻り、やがて何とかなりそうな答えを見つけてくれ、目覚めたときに答えが枕元に置かれている。まるで子供の頃の12月25日の朝のように。

だいたい、そんな感じなのではないか。自分はいままでに締め切りに間に合わせて新しい曲を作る、という仕事を何度か経験したが、そういうときはだいたいこんな調子だった。そうでなければ出掛ける前にシャワーを浴びたときにアイデアを得ることが多い。だから自分の書いた歌には「目醒めると」「今朝はじめて気がついた」という歌詞が少なからずある。

以前、ポール・マッカートニーが夢枕に現れて、アップライト・ピアノを弾きながら「フール・オン・ザ・ヒル」を歌い、その夢から目を醒ますと「東京の街に雪が降る日、ふたりの恋は終わった。」という曲がほぼ完全に仕上がっていた、という話を書いたかもしれない。そのポール・マッカートニーはやはり目醒めたときに或るメロディが完全に出来ていて、とりあえず朝食前だったので「スクランブルド・エッグ」という歌詞を付けて、やがてそれは二週間後に「イエスタデイ」というタイトルで録音されたのだという。

自分は長いこと、この曲の良さが解からなかった。だがこの春、自分の初めてのソロ・アルバムを完成させたすぐ後、やはり朝のシャワーのときに、不意にこの歌の素晴らしさに気づいた。人が何かを大いに後悔している歌詞に、これほどよく合ったメロディもないだろう。いつかまたアルバムを作るようなチャンスに恵まれたときには、この悲しい歌を取り上げてみたい。

対談　はじめての、ここにしやすすはる。

小西康陽×けいすけ君

小西さんがプロになれたわけ

小西（以下、小）　けいすけくんは何歳ですか？
けいすけ（以下、け）　14歳です。
小　うちの娘と一緒ですね。
け　そうなんですか。
小　うーん、緊張するなあ（笑）。
け　僕もです……（コチコチになってる）。
小　大丈夫！　じゃ、始めましょう。
け　はい！
小　（資料を見ながら）けいすけくんは、ドラムをやってる中学三年生。音楽の高校を受験したいんだね。
け　はい！
小　すごいね。本当に音楽家になりたいの？
け　はい！
小　高校に入ったとたんに音楽に飽きちゃったらどうする？（笑）
け　それはないと思います（キッパリ）。
小　えらい！　音楽の道に進もうと思ったのはいつ頃からなの？
け　中学校に入ってからです。
小　音楽を好きになったきっかけはなんだったんですか？
け　アニメの主題歌が好きになったのがきっかけだと思います……。そしてお父さんが昔ドラムをやっていて、僕にもなにか特技を身につけなさいということで同じドラムを薦めてくれたんです。
小　プロになろうと思ったのはどうして？
け　それしか好きなことがないから、かなあ……。でも、本当にプロになれるのかなという不安はあります。
小　僕もずっと不安だったんです。〝プロになんてなれっこないよ〟って。最後はプロになっちゃったんだけどね。
け　小西さんがプロになれたのはどうしてだと思いますか？
小　結局、音楽をやめられなかったんです。本当に音楽は僕にとって当たり前で、それをやめるなんて考えたこともなかった。けいすけくんにとってもドラムを叩くことが当たり前だと思えれば、ずっと音楽との付き合いは続くと思う。そうであれば大丈夫なんじゃないかな。例えばスポーツだと怪我して続けられなくなったりするよね。でもドラムはそういうことはあまりないから。いまの自分を信じてみてください。

け　不安とか悩みがたくさんあって……。

小　はい、なんでしょう？　なんでも聞きますよ。

けいすけくんの悩み

け　実は、ドラムを自由に叩くのが苦手なんです。譜面を見て叩くのは得意なんですけれど……。

小　あのね、プロのミュージシャンでそういう人はいっぱいいますよ。クラシック音楽のミュージシャンは殆どそうかもしれない。ロックやポップスの人でも自由にやるのは苦手という人はいます。有名な歌手の方でもいらっしゃいますよ。ちゃんと譜面が読めて、譜面の通りにきっちり歌えるんだけど、譜面とは別に自由に歌って下さいと言われるとできないという人。でもそういう歌手は、アドリブみたいな歌い方であってもちゃんと譜面に書けばその通りに歌ってくれるんです。だから、プロのミュージシャンがみんな自由にできるというわけではないんです。

け　そうなんですか。逆に、自由に叩く練習は止めた方がいいですか？

小　（笑）そこまでは言わないけれど。でも、音楽に親しんでいれば、ある日突然自由に叩くのが好きになるときもあるかもしれないしね。その時考えれば良いんじゃない？　悩み無用です。

け　よかった！

小　他の質問は？

け　あの、〝渋谷系〟ってどんな音楽ですか？

小　衝撃の質問ですね（笑）。えーとですね、渋谷系というのは、音楽が好きな人、音楽マニアみたいな人が作っている音楽です。マンガで言えば、マンガがすごく好きな人やオタクの人が描いているマンガに近いかもしれない。

け　どういう音楽なんですか？　渋谷系の音楽を勉強しようと思ったらどうすればいいんでしょう？

小　図らずも宣伝をします（笑）。今年、僕が渋谷系のコンピレーションアルバムを出したので。これを聴きましょう「bossa nova 1991 shibuya scene retrospective」

け　（笑）わかりました。小西さんは音楽マニアだったんですか？

小　うーん、音楽が好きなだけなんだけど、マニアと言われればそうかもしれません。渋谷系が流行った頃は、音楽のマニアやオタクがそんなにいなかったんです。だから格好いいとされた。今は一般的にマニアはカッコイイとは言われませんよね。モテなくなるから、けいすけくんはマニアになるのはやめたほうがいいです（笑）。

け　……はい。

小　でもね、すごく音楽に打ち込んで夢中になって、もう音楽や例えばドラムスのことしか考えていないような人って、僕はすごくかっこいいと思うんですよ。でも女の子にとってはどう映るかが微妙だよね……。けいすけくんはモテたいですか？

け　モテたいです（キッパリ）。

小　好きな子はいるの？

け　（真っ赤）います……。まだ告白はできていないんですけれど。恥ずかしくて。

小　よし、ドラムスを叩いているところを携帯の動画で彼女に撮って送っちゃおう（笑）。

け　（小声で）照れちゃいます……。

小　でもうらやましいですよ。僕が中学三年生の頃なんて、そんな、人に見せられるような特技はなかったもん。

け　どうなっちゃったんですか？

小　ダメでしたよ。でも、僕は正直に打ち明けたよ。もう本当にその女の子のことで頭がいっぱいになっちゃっててさ……あれ、なんで僕がこんな話してんの？（笑）

けいすけくんの悩み・パート2

け　もうひとつ悩みがあるんです。高校に入ったら作曲の授業があるんですが、まだ作曲をしたことがないので授業についていけるかどうかが不安なんです。作曲って、どうやるんですか？

小　そうだなあ……。僕も最初に作曲に興味を持ったのはけいすけくんと近い15歳くらいのころでした。でもね、ずっとできなかった。曲を一生懸命作ろうとするんだけど、完成しなかったんです。それからも作曲にはずっと興味があったんだけど出来なくて、ちょっと辛かった記憶があります。でもそれが25歳を過ぎたら、急にどんどんと作れるようになったんです。自分の技術がやりたい音楽に追いついたということなのかも知れない。

け　頭の中にメロディーが鳴る感じでしょうか？

小　こんな曲を作りたいなという気持ちに近いかな。僕が曲を作ることが出来るようになった時というのは、作詞と作曲が同時に出来るようになったということなんです。言葉が浮かんで、同時にメロディーが浮かんで……という感じです。けいすけくんの場合は、曲を作らなければならないときには、どんなドラムをこの曲につけようかと考えると比較的簡単なんじゃないかな？

け　ドラムを軸に考えてもいいんですね。

小　大丈夫。ドラムやパーカッション出身の作曲家はたくさんいます。僕が好きなパーカッショニストでティト・プエンテという人がいますが、この人はプレイヤーとしてはもちろん、作曲家、アレンジャーとして、ニューヨーク・サルサの基本を作ったすごいミュージシャンです。

け　わかりました！

小　そもそもけいすけくんは、作曲をしたいと思ったことはある？　なにか訴えたいことがあるとか。

け　う～ん、まだないんです。

小　じゃ、ドラムを叩きたいというのは、どういう感じ？

け　楽譜を次々にクリアしていく感じです。ゲームに近いかも。

小　なるほどね、プロのミュージシャンってのはそうなんだよね。次々に仕事をクリアしていくようなものかもしれない。

け　じゃ、これでも大丈夫なんでしょうか？

小　大丈夫です。作曲は、作りたい何かや訴えたい何かがなければできないというわけではないんです。そういう昔ながらの発想とは違う発想で音楽を作るっていうのは、僕は、ありだと思います。だから自分でクリアしたいような楽譜を書くようにすれば作曲は出来るようになるんじゃないかな？　自分で自分に問題を出すような感じでね。僕はそういう音楽にすごく興味がありますね。

け　嬉しいです。ありがとうございます。

小　けいすけくんの曲を聴いてみたいので、完成したらぜひ聴かせて下さいね。

け　ありがとうございます！

わからないことはなんでも訊いちゃえ！

け　続けて質問なんですけれど、ＤＪってなにをする人ですか?

小 (笑)新鮮な質問ですね。DJというのは、レコードを選んでかける人です。それのどこが偉いの? って思うでしょ。自分でその音楽を作ってる訳でもないし。

け そうですね……。

小 いまはすごいたくさんの音楽が出ているよね。みんながそれを全部聴くというのは不可能です。だから、音楽の知識をたくさん持っていて、人より先にその雰囲気に合わせた音楽を人より早く選ぶ人が必要になってくる。その人が選んだ音楽で、時間や空間を構成するということが、お仕事として成立しているんです。

け うーん???

小 ちょっと難しいかな。テレビを見ると、いろいろな番組があっていろいろな音楽が後ろでかかってるよね。

け はい。

小 怖い事件が起きたときは怖い音楽、そうじゃないときはそうじゃない音楽が流れている。あれも全部、DJではないけれどプロの音効さん——音楽効果さんっていうんだけど——が選んでいるんです。音楽には雰囲気を作る効果がある。それを作っていく人ですね。

け わかった気がします。

け 次の質問なんですが、シンガーソングライターってなんですか?

小 シンガーソングライターは、自分で曲を作ってその曲を自分で歌う人です。いまの音楽の世界はほとんどがそうですよね。昔は、歌うだけの人と作詞・作曲する人とに別れていることが多かったんですが。当然のことになったぶん、死語になってきたような気もしますね。

け もうひとつ、イージーリスニングっていうのがわからないんです。

小 簡単に言えば、デパートのエレベータとかで、小さい音量で流れている音楽がありますよね。あれです。まじめに聴くための音楽じゃないから、流れていても苦にならない。でもね、決して耳障りにならないってことは実はすごく良く出来ている音楽なんですよ。すごくきれいですごく良く出来ているぶん、逆にみんなが聞き流してしまうし、気にも留めない。へたくそな音楽の方が、逆にうるさい(笑)。その逆だと思えばいいと思います(笑)。

け よくわかりました。ありがとうございます。

小 はい、よかったです。今度は僕がけいすけくんに訊きます。いま、音楽をやるのは楽しいですか?

け 楽しいです。

小 ずっと続けたいですか?

け 続けたいです。

小 ほんとに?

け はい!

小 なるほど、それなら音楽に集中してみるといいかもしれませんね。好きなことだけをして送る人生が、最高の人生だと僕は思います。

け 小西さんは、お好きなことだけやられているんですか?

小 そう思っています。でもね、こんな好きなことを仕事にして、好きなことばかりやってるのに、未だ毎日人生が辛いんです(笑)。だから、好きなことをやっていない人はもっと辛いんだろうなって思います。好きな音楽をがんばってみてね!

け はい!(ふたりで握手)

DJ READYMADE MARCH 2014

★3.7 fri ヤバ歌謡-SUPER NONSTOP MIX-リリースパーティー
★DJ : フクタケ ★GUEST DJ'S : MACKA-CHIN・小西康陽
★at 代官山SALOON(open 6pm / close 10pm) info.03.3464.1012

★3.7 fri 大都会交響楽 ★at 渋谷OTO info.03.3486.8477
★DJ'S : 川西卓・馬場正道・渡辺康成・嶋瀬陽子・小西康陽

★3.8 sat Liberte ★at いわきBarKURATO(start 8pm) info.0246.25.9610
★DJ'S : 小林研一・末續哲玄・金田貴之・木田浩史・吉田アゲコ・IZUMITA
パク・Joy・彩 ★GUEST DJ : 小西康陽

★3.14 fri West Mountain Drive 4th anniversary special
★DJ'S : SATORU・FUJIO・HATA・KEN・kor
★GUEST DJ'S : NOEL・小西康陽 ★at 大阪EXPLOSION info.06.6312.5003

★3.20 thu Tokyo Disc Jockey's 45rpm Analog Only
★DJ'S : 伊藤陽一郎・はせはじむ・フクタケ・Michelle Sorry・小西康陽
★LIVE : 星野みちる ★at 三宿Web info.03.3422.1405

★3.21 fri 真夜中の昭和ダンスパーティー ★at 渋谷オルガンバー info.03.5489.5460
★DJ'S : 平林伸一・内門洋・常盤響・大好俊治・長谷川正樹・小西康陽

★3.29 sat BY-PASS ★at 渋谷オルガンバー info.03.5489.5460
★DJ'S : 須永辰緒・クボタタケシ・畑川司・大出泰士・SUGIMARU・小西康陽

タクシーを拾って、何処かへ行こうよ。

ジャッキー&ロイ、という名前を知ったのは十代の半ばだったか。かつて中村とうようが「ニューミュージックマガジン」に持っていた「今月のポピュラー」？　とかいう欄で読んだのが最初だったはずだ。そのコラムでぼくはメル・トーメやローズ・マーフィーやブロッサム・ディアリーの名を知る。実際にレコードを入手するのは大学生になった後だが、聴く前から彼らの音楽を自分の好みだろう、と思い込んでいたのは何故か。何か響くキーワードがあったのか。軽妙洒脱、とか、都会派、とか、小唄、とか。

はじめて買ったジャッキー&ロイのアルバムは『スウィート・アンド・ロウ・ダウン』という国内盤の中古品だった。それは全く期待していた通り、いや、期待以上の素晴らしさだった。タイトル曲はガーシュウィン兄弟によるもの。その歌い出し、そして締め括りに置かれた歌詞のフレーズは「grab a cab and go down to where the band is playin'」というものだった。タクシーを拾って、踊りに行こうよ。この何でもないフレーズが、自分には夢への誘いのように思えた。この間、ようやく観ることが出来たエルンスト・ルビッチの『陽気な巴里っ子』の登場人物たちのように遊び上手なカップル。嘘の上手な恋人たちで賑わう世界。

ナイトクラブは夢の舞台であり、生臭いほどの現実を学ぶ場所でもある。子供は寝る時間です。という常套句には、これからは大人が遊ぶ時間だから、という続きがあったのだ。夢の世界への招待状は、街のレコード店かブティック、あるいはカフェの片隅にときどき置いてある。

ご自由にお持ちください。

ご自由にお持ちください。無料の印刷物とは、つまりこのことだ。

たとえば。いまパッと思い出したのは、喫茶と洋菓子の「ウエスト」の投稿詩と今週のクラシック音楽プログラムを掲載したリーフレット。書店の店先に置いてある出版社発行のPR誌。

あるいは銀座のレストランや老舗のブティックで貰える『銀座百店』とか。

音楽やファッション、それに飲食店のことが載っているフリーペイパーを、東京のカフェやレコードショップなどであまり見かけなくなったけれど、それはこちらがそういう場所に出向かなくなったからだろうか。

そして名画座の次回プログラム案内。最近の名画座のそれはたいていがB5サイズの映画チラシと同じ大きさだが、自分がイメージしているのはかつての「銀座並木座」の週報のような小型の印刷物。教会で配られる印刷物をどこか連想させる単色刷りで、支配人による短い随想が掲載されていると嬉しい。「ギンレイホール」や「目黒シネマ」はいまでも単色刷り・小型の印刷物だが、肝心の支配人による文章が無い。

どこのクラブでもマンスリー・フライヤーを作っているけれど、昔の名画座のような感じが残っているのは三宿WEBの表紙周り、とかになるのだろうか。

レディメイドのフライヤーも、以前は新しくリリースされるCDの広告が裏側に掲載されていたが、ここ数年は何も印刷されていない。銀座並木座支配人敬白、ではないが、フライヤーの裏側が空きスペースのときは短い文章でも書いて載せてみようか。あるいは「クラブ川柳」のコーナーでも設けて作品を募集したら、「おーい、お茶」のような人気を呼ぶのではないか。もちろん自分はその欄の選者を務める。高校一年のときのクラス担任の教師が「北海道新聞」の川柳投稿欄の選者だったことを思い出した。

もっともクラブのフライヤーというのは、本当は裏が白紙のほうが好い、という意見もある。なぜならイヴェントが終わった後で、裏側が空白だとメモ用紙として利用できるから、というのだけれど、あまりそんな風に使っているところを見たことはない。

いや、昔はときどき見た。クラブの片隅で、男の子と女の子が電話番号をフライヤーの裏に書いて交換しているところを。携帯電話が普及する前の話だ。

真夜中のターンテーブル

死ぬ前にたった一度だけで良い。思い切り笑ってみたい。

きょうはすこし長いブログだけど、夜10時までには読み終えることが出来るはず。

すこし前にハニカム鈴木編集長から、今夜金曜日の青山ル・バロンでのパーティーのお誘いを戴いた。

とても嬉しかったのだが、今夜は大切なイヴェントがあるので、どうしても参加することが出来ない。

渋谷オルガンバーで毎月第3金曜日に行っていた「真夜中の昭和ダンスパーティー」というイヴェントが今夜、最終回を迎えるのだ。

2010年の8月から突然始まったこのパーティーは、やはり唐突なかたちで終わることになった。尊敬するDJにして、音楽ファンとしての、そしていろいろなことの大先輩である平林伸一さんがオルガンバーに遊びに来て下さったときに突然、やっぱりこの店でパーティーをやりたいですね、というので、当時の店長だった飯本くんに恐る恐る尋ねたところ、来月の土曜なら空いている、というのだった。

本当のところは、こちらの見えないところでいろいろと骨を折ってくれたのかもしれないが、とにかくパーティーは始まった。最初のうち、自分は二箇月おきに大阪でイヴェントがあったので、それで自分が欠席の日のゲストに常盤響さんをお願いしたのだった。

ボールルーム・レコーズの店長にして名物男の内門洋さん、そして以前からパーティーの常連だった大好俊治くんを加えてパーティーはスタートした。

じつはこのパーティー、それ以前に池の上の「こあん」というお店で不定期に開かれていた。その頃は池の上や下北沢のご近所さんも来てくれるアットホームなパーティーだった。けれども、選曲にはひどく苦労した。むかしはマンボやチャチャチャ、ツイストやジルバで踊ったオジサマ・オバサマたちは好きな曲ではガンガン踊ってくださる一方、知らない曲が掛かると容赦なくフロアから消えてしまう。だから、とにかく誰でも知っている曲のカヴァーなどで興味を逸らさないようにしたのだった。

これが自分のDJに対する考えを大きく変えることになった。誰も知らない曲を探してプレイすることが悪いとは思わないが、独り善がりな選曲をしていて、それでもフロアに人がいるのは彼らの優しさに甘えているのだ、と考えるようになった。

いつの間にか、自分のレコードバッグの中は「誰もが知っている曲」のレコードばかりになった。もちろん知っているけれど忘れていた曲。もちろん知っているけれど、まさかここで聴くとは思わなかった曲。聴衆の貯蔵している記憶をバネにして驚かせること。きのう、ある雑誌のために対談した『ヤバ歌謡』コンピレーションの選曲者・DJフクタケさんが「記憶の引き出しをとつぜんガーっと開けられてしまう感じ」と的確な表現をして下さったが、まさにそんな感じ。

べつにレアなカヴァーじゃなくて構わない。おなじみの曲を、予想していなかったところに投下する。驚きと笑いのゲーム。自分にとって「昭和ダンスパーティー」は、こういう選曲の実験の場所だった。

昭和ダンスパーティー、というタイトルのせいで、よくある和モノイヴェントと勘違いされたこともしばしば。名古屋でヒドイ目に、おっと、この話はやめよう。要するに何でもあり、ただ圧倒的な多幸感だけが、このパーティーにはあった。常盤響さんや平林伸一さんのように、レアなレコードを誰よりもお持ちのDJが、ベタ過ぎるくらいベタな曲を掛けているのを聴くのは痛快だった。常盤さんのチェッカーズ「涙のリクエスト」からラッツ&スター「街角トワイライト」そしてビューティーペア「かけめぐる青春」という三連発には感動して、翌週さっそくその三枚のシングル盤を手に入れてそっくり繋ぎを真似した。その三枚のうち、一枚も所有していなかったのが何だか恥ずかしくなった。

ロジャー・ニコルズ「ドント・テイク・ユア・タイム」やスパイダース「あの時君は若かった」のような曲で狂ったように踊る友人たちを見て、ああ、ソフトロックは日本人にとってのノーザンソウルなんだ、と考えたこともあった。熱心なノーザンソウル愛好者は聞き捨てならない意見だと思うかもしれませんが。純粋な曲の良さだけではなく、その場だから成立する良さ、あるいはその場所に集まる人々にしか分からない歌詞の泣けるライン、とか。その夜、自分が掛けなくとも、他のＤＪがいちばん良いタイミングで必ず掛けてくれるだろうアンセム・チューン。ほら、ノーザンソウルと似ていませんか？

そんなわけで、以下は「昭和ダンスパーティー」における、アンセム曲の偏ったリスト。他の方が制作したリストなら、こんな曲を忘れていたよ、という曲が沢山あるはずだが、とりあえず一昨日の夜から必死に思い出していたリストだ。

ジョー・ダッサン「オー・シャンゼリゼ」
安全地帯「恋の予感」
水原弘「この青さこの若さ」
加山雄三「日本一の若大将」
麻丘めぐみ「私の彼は左きき」
細野晴臣「POM POM 蒸気」
ボビー・デイ「ロッキン・ロビン」
ベット・ミドラー「ブギウギ・ビューグル・ボーイ」
小泉今日子「学園天国」
フランク・シナトラ「コーヒー・ソング」
スミス「ディス・チャーミング・マン」
槇みちる「若いって素晴らしい」
スクールメイツ「若いって素晴らしい」
ＯＳＴ（ミシェル・ルグラン）「太陽が知っている」
ＯＳＴ（ミシェル・ルグラン）「女と男のいる舗道」
青江三奈「伊勢崎町ブルース」
井上陽水「リバーサイド・ホテル」
浅川マキ「こんなふうに過ぎてゆくのなら」
越路吹雪「幸福を売る男」
デニー白川「情熱のマリーナ」
ジ・アーバーズ「サマー・サンバ」
渚ゆう子「京都慕情」
島倉千代子「ほんきかしら」
園まり「何でもないわ」
ちあきなおみ「四つのお願い」
ビリー・バイヤーズ「Ａ列車で行こう」
エルトン・ジョン「ベニー&ザ・ジェッツ」
桑江知子「私のハートはストップモーション」
アンディ・ウィリアムズ「夜もすがら」
クイーン「ボヘミアン・ラプソディ」
101ストリングス「ボカ・チカ」
ヘンリー・マンシーニ「刑事コロンボ」
ボブ・ジェイムズ「マルディ・グラに連れていって」
マーヴィン・ゲイ「ホワッツ・ゴーイン・オン」
スチャダラパー「今夜はブギー・バック」
田原俊彦「ハッとしてＧｏｏｄ！」
チェリッシュ「てんとう虫のサンバ」
大杉久美子「フランダースの犬」
ニール・セダカ「雨に微笑みを」
宇多田ヒカル「オートマティック」
ピチカート・ファイヴ「陽の当たる大通り」

ＢＯＯ「朝日のあたる道」
LATIN KALEIDOSCOPE「whereabout:FLIGHT PLAN at AM2:00」
尾崎紀世彦「また逢う日まで」
前園直樹グループ「夏なんです」
スティーヴィー・ワンダー「マイ・シェリー・アモール」
郷ひろみ「ハリウッド・スキャンダル」
郷ひろみ「男の子女の子」
郷ひろみ「恋の弱味」
米米クラブ「愛はふしぎさ」
鈴木雅之「渋谷で五時」
クック・ニック&チャッキー「可愛いひとよ」
安田南「壁のうた」
ブラックバーズ「ウォーキン・イン・リズム」
エモーションズ「ベスト・オブ・マイ・ラヴ」
松原みき「真夜中のドア」
稲村一志と第一巻第百章「恋をするなら」
黛ジュン「天使の誘惑」
三田明「天使の誘惑」
ゴールデンカップス「本牧ブルース」
ファンタスティック・プラスティック・マシーン「I ♥ FPM」
DJ 440's incredible mambo band「murata 2000」
ノーランズ「ダンシング・シスター」
メトロポリス「アイ・ラヴ・ニューヨーク」
シルベッティ「スプリング・レイン」
メタ・ルース「ZAZUEIRA」
ピエロ・ピッチオーニ「o rugido do leao」
猫沢エミ「ロボット（readymade mix）」
シュガーベイブ「ダウンタウン」
シュガーベイブ「SHOW」
観月ありさ「トゥー・シャイ・シャイ・ボーイ」
ディー・ライト「グルーヴ・イズ・イン・ザ・ハート」
ミーコ「オズの魔法使い」
少年隊「ABC」
フランス・ギャル「ZOZOI」
大原麗子「ピーコックベイビー」
ペギー・マーチ「コンニチワ・サヨナラ」
森山加代子「月影のナポリ」
セルジオ・メンデス&ブラジル'66「ジェンテ」
ラフェール・ルイス・トリオ「bois ton cafe」
アン・マーグレット「ザ・スウィンガー」
松田聖子「ロックン・ルージュ」
ウィルソン・シモナル「ecco il tipo」
三木聖子「まちぶせ」
荒井由実「きっと言える」
大瀧詠一「楽しい夜更し」
コーネリアス・ブラザーズ&シスター・ローズ「涙のハートブレイカー」
子供ばんど「あんたはまだまだ子供だよ」
スタイリスティックス「ロッキン・ロール・ベイビー」
コーネリアス「太陽は僕の敵」
倍賞千恵子「サヨナラはダンスの後に」
前園直樹グループ「いとしのマックス」
荒木一郎「いとしのマックス」
キャロル「ファンキー・モンキー・ベイビー」
井上堯之バンド「傷だらけの天使」
ジャニーズ・ジュニア・スペシャル「サタデー・ナイト」
デイヴ「GINZA レッド・ウイウイ」
佐野元春「ヤングブラッズ」
ミラクルズ「ラヴ・マシーン」
Negicco「アイドルばかり聴かないで」
堀江淳「メモリーグラス」
チェッカーズ「涙のリクエスト」

チェッカーズ「ギザギザハートの子守唄」
ビューティーペア「かけめぐる青春」
岩崎良美「タッチ」
ヴァルディ「MAGGIE'S THEME」
バート・バカラック「プロミセス・プロミセス」序曲
ロジャー・ニコルズ&ザ・スモール・サークル・オブ・フレンズ「ラヴソング・ラヴソング」
ロジャー・ニコルズ&ザ・スモール・サークル・オブ・フレンズ「ドント・テイク・ユア・タイム」
サミー・デイヴィスJr「ドント・テイク・ユア・タイム」
ザ・ゾンビーズ「テル・ハー・ノー」
大木英夫・津山洋子「新宿そだち」
菊地正夫「スタコイ東京」
スパイダース「あの時君は若かった」
フォー・ナイン・エース「ウォーキン・ザ・バルコニー」
ザ・バッキンガムズ「ドント・ユー・ケア」
ザ・サークル「ターン・ダウン・デイ」
ウーゴ・モンテネグロ「パーム・キャッスル・ドライヴ」
OST（地中海の休日）「太陽のスイム」
マーティン・デニー「サムシング・ラテン」
ジャン・クロード・プティ「ファヴェーラ」
観月ありさ「パリの恋人・トーキョーの恋人」
敏いとうとハッピー&ブルー「星降る街角」
フォー・フレッシュメン「ウォーク・オン・バイ」
クララ・モレーノ「クララ・クラリダージ（小西康陽リミックス）」
KINKI KIDS「シンデレラ・クリスマス」
バーニー・ケッセル「ラヴ・フォー・セール」
ジュリー・ロンドン「フライ・ミー・トゥ・ザ・ムーン」
平山三紀「いつかどこかで」
つなき&みどり「いつかどこかで」
岡崎友紀「風に乗って」
ザ・ビートルズ「ペイパーバック・ライター」
ピチカート・ファイヴ「夜をぶっとばせ」
ハーブ・アルパートとティファナ・ブラス「そして今は」
トニー・ハッチ「時さえ忘れて」
トリニ・ロペス「フライ・ミー・トゥ・ザ・ムーン」
ヘンリー・マンシーニ「スロー・ホット・ウィンド」
和田アキ子「ラスト・メトロ」
フランク・シナトラ「素顔のままで」
ブラッド・スウェット&ティアーズ「ユー・メイド・ミー・ソー・ベリー・ハッピー」
ブレンダ・ホロウェイ「ユー・メイド・ミー・ソー・ベリー・ハッピー」
コーラスライン（ブロードウェイ・オリジナル・キャスト）「ワン」
スパイラル・ステアケース「モア・トゥデイ・ザン・イエスタデイ」
山下達郎「パレード」
EPO「ダウンタウン・ラプソディ」
スピッツ「ロビンソン」
アンドレ・コステラネッツ「ブルーゼット」

　そして、リストに入れなかった数多くのピチカート・ファイヴの曲。「キャッチー」「マジック・カーペット・ライド」「万事快調」「連載小説」「恋のルール・新しいルール」「大都会交響楽」「アメリカでは」「トゥイギー・トゥイギー」「ハッピー・サッド」「三月生まれ」「アイスクリーム・メルティン・メロウ」「悲しい歌」、このパーティーでは、何だかピチカート・ファイヴの曲がやたら掛かっていた。

●

このパーティー、何と言ってもいちばん素晴らしかったのは、お客様たちだと思っている。どんな音楽も受け入れてくれる人たち。ユーモアを理解するリスナーたち。

正直に言うなら、音楽が死ぬ程好きな人間は、いっぽうでそれほど社交的なタイプではない。それは自分たちで解っている。でも、だからこそ、同じ音楽の歓びを共有出来る友人を求めて、クラブに集まるのだ。ここには自分の同類が集まっているのではないか、と期待して。

平林伸一さん、そしてオーガナイザーの広田かっちゃん、そしてかつての昭和ダンスパーティーにこの人あり、だった塚田英樹さん、彼らはそんな人見知りの音楽好きの連中に対して、気さくに話し掛けてくれた。昭和ダンスパーティーに限らず、彼らが来てくれるパーティーがいつも素晴らしいのは

「こんな自分でも、音楽があれば誰とでも仲良くなれる」

と、ひととき錯覚させてくれたことだ。彼らのお蔭で知らない人と友だちになって、さらに友だちが増えていく。

自分はこの年齢になって、まだ人見知りだが、このパーティーだけは、なるべく誰とでも気さくに話したい、と思っている。とくに、女の子とは。

●

「真夜中の昭和ダンスパーティー」は今夜10時から、渋谷オルガンバーで。今夜は記念にステッカーをもれなく差し上げます。二枚ひと組。今夜は自分もなるべく早くオルガンバーに入る予定。でも、これからレコードバッグを入れ替えるのだ。急がなくては。

真夜中のターンテーブル、ただ廻り続ける。はやくあなたに逢いたい。皆さま、今夜ぜひ。

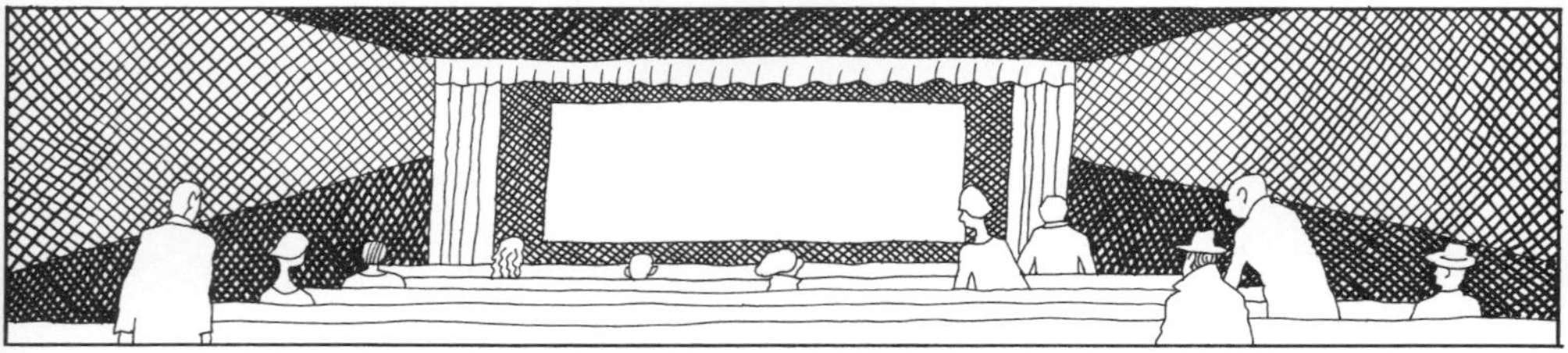

WHEN I'M 60

TSUCHIKA NISHIMURA

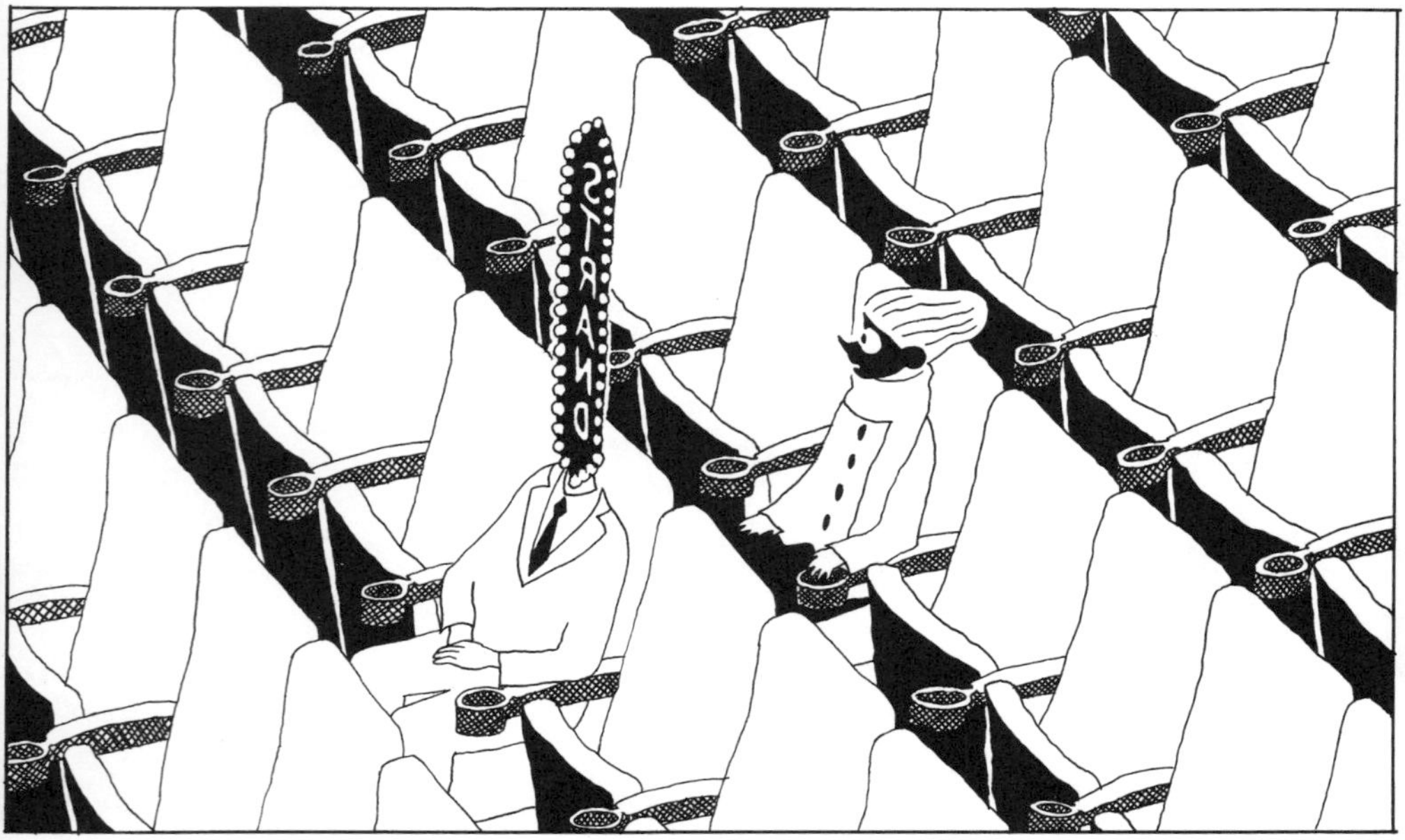

HOTEL
ASTOR
COLUMBIA
Casino
STRAND
LOEW'S
STA
OASIS
JOG

12
6
TIVOLI
CHATTANO
SSEE
TIVOLI
HOPE

60
I'M
WHEN
NOPE

TELEPHONES
POP
60th
Birthday

EXIT
非常出口
非常出口
60th
JOG

ESSEE
TENNESSEE
REWARD
ENSEMBLE
ENSEMBLE
ENSEMBLE

The End

サザエさんのフライヤー

レディメイドのマンスリーフライヤーを作ることになったのは、そもそもどういう経緯だったのだろうか。

　これがどうしても思い出せないのだが、きっと何かきっかけがあったのだろう。

　いまでも憶えているのだが、たしか１９９４年、青山のクラブでのパーティーにＤＪとして出演してほしいと誘われて引き受けたところ、出来上がってきたフライヤーが漫画「サザエさん」の絵を使った自分の好みとは全く異なるもので、なのに自分の名前はメインのＤＪとして大きく扱われていた。

　見た途端、なにこれダサい、と思わず漏らしてしまったところ、オーガナイザーというか、ブッキングの役割を請け負っていた女性がカチンときたのか、作って貰ったんだから有難いと思いなさいよ、と言い返してきたのだ。

　これには自分も腹が立った。それからはフライヤーのデザインも出来る限り自分でディレクションしよう、と思い立ったのだった。

　それから十数年、自分はクラブでＤＪをすることをいまも続けていて、マンスリー・フライヤーも作り続けている。

　ときどき、賑わったバー・カウンターで、酒の入ったグラスの水滴でぐしょ濡れになった自分のＤＪフライヤーを眺めながら、いまだにこんなものを作っていて、いったい誰が見るんだ、と思うこともある。いまどき印刷されたフライヤーに効果などない。いまの世の中、スマートフォンがあればたいていのものは必要ないのだ。

　とはいえ、世の中には、こんなもの誰が見るんだ、という気持ちを押し殺しながら作り続けているものが他にも数多くあるはずなのだ。「おーい、お茶」の俳句の選者だって、ときどきそんな気持ちに囚われているのかもしれない。

　そしてこの世の中には、作っている側の人間さえも「こんなもの誰が」と考えているようなものをコツコツと丹念に集め、観察し続ける人間もまた存在するのだ。飲んだワインのコルクとラベルを残しておく人。張り替えたギターの弦を捨てずに取っておく人。自分を捨てた恋人からの手紙をいまも大切にしている人。

　ここに掲載されたフライヤーをすべて持っている人なら、件の

「サザエさん」のフライヤーも当然のごとくコレクションしていることだろう。それをもう一度見てみたい、とは、自分は思わないけれど。

正月休みに実家で「サザエさん」を読むこと。

年内にブログを更新、と思っていたが、ついに大晦日になってしまった。

年末が近くなったら、今年作った『11のとても悲しい歌』、という自分のソロアルバムのことを書こうと考えていたのだが、少し遅くなりすぎた。

毎年、年末年始になると、「このミステリーがすごい」とか、「このマンガを読め」とか、あるいはお薦めの映画をDVDで、といった特集をどこでもやる。

そういうものに乗せられて、正月休みに読んでみたりするのは決して嫌いではない。

そのような気分で、このアルバムを聴いてもらえたら嬉しいと思った、というのも、ひとつにはある。

ちょうどタイミングよく、このソロ・アルバムは「ミュージックマガジン」誌の年間ベスト・アルバムの〈歌謡曲／J-POP〉部門の1位に選ばれた。

日本語の歌詞を持つ歌の入っていない、さらには全ての曲を外国人が歌っているアルバムが〈歌謡曲／J-POP〉部門で選出される、というのは、つまり〈日本のロック〉、あるいは〈クラブ・ミュージック〉、としては、絶対に認めない、ということだ。そう解釈したのだが、どうだろう。

とはいえ、以前にも書いたが「ミュージックマガジン」は、10代のときに自分に決定的な影響を与えてくれた音楽雑誌だった。

創刊当初は毎年4月の選出だった年間ベスト・アルバムや、批評家によるベスト・テンなどは何度も繰り返し読み、選ばれたアルバムを聴きたい、と思った。大学生の頃になると、自分でも年間のベストを選ぶ真似事をしてみたこともあった。

自分がこの雑誌を定期購読しなくなったのは、たしか自分がミュージシャンとしてレコードを作るようになった頃のことだ。そして、初代編集長であった中村とうようの死んだ年に、自分のソロ・アルバムは年間ベスト・アルバムに選ばれた。まあ、そんなものです。

年間ベスト・アルバムの1位に選ばれるのと、年間ベスト・アルバムの選者に選ばれるのと、これはどちらが名誉なことなのだろう。

もうひとつ、このアルバムを年末年始の休みにあらためて聴いてもらいたい、と思ったのは、つまり作り手としては、一年に一度くらいの頻度で思い出して聴いてくださるのがちょうど良いのかも、と考えているからだ。

どんなレコードだろうと、何度も繰り返し聴けば飽きてしまう。だから飽きる前に他のレコードを聴くようになってくれたら有難い。そして、例えば正月休みにでも、思い出したように再びこのアルバムを聴いてもらえたら、と思うのだが、それはあまりに虫の良い話だろうか。

毎年でなくても構わない。三年後、あるいは五年後、十年後。正月に帰省して、実家に置いてあった「サザエさん」とかを読み返すように、思い出して聴いてもらえたら嬉しい。このアルバムのために選んだ歌の歌詞と、ヴォーカリストたちの歌は、何年後かにあらためて聴いたとき、何がしかの発見、何がしかの印象の変化を感じるはずだから。

歳月とともに輝きを増すアルバム、などと言うつもりはない。けれども、聴き手であるあなたは確実に老いて、確実に心境も変わっていると思うのだ。

だから、編曲は出来る限り時代の推移によって古びてしまうことのないように心掛けた。簡単に言えば、最初から時代遅れなサウンドにした。どんなに時代遅れな音でも、十年前に解散したバンドのメンバーによる最初のソロ・アルバムくらいは、興味本位で聴いてもらえるのではないか、と思った。

そんなわけで。大晦日の夜、紅白を観て、年越し蕎麦を食べて、「ゆく年来る年」を観て、新年を迎えて、『喜劇・初詣列車』も観終わって、もう寝床に入ろうか、それとも、もう少し酒を飲もうか、という朦朧とした時間に、このアルバムを聴いてもらえたなら、自分はとても嬉しい。最後のトラックにはとてもスウィートな曲を置いているので、それを聴きながら炬燵の中で眠ってくれたら素晴らしい。

年が明けて1月には、ヨーロッパからこの作品の輸入盤が入ってくるはずだ。けれども、海外盤には当然のことながら、日本語の歌詞対訳のブックレットは添付されていない。このアルバムのいちばんの聴きどころは歌詞なので、英語のヒアリングが得意、というのでもないなら、やはり国内盤のCDをお勧めする。配信もしているのだが、対訳について、とくに何の配慮もしなかったのは自分の落ち度だった。

と、ここまで書いた時点で、フカミマドカさんのブログで、このピチカート・ワンのアルバムが今年の邦楽のベストの内の一枚に選ばれているのを知った。自分にとっては、これが一番の勲章なり。

そういえば、渋谷ハイファイ・レコードストア年始恒例のセールの特典として、ここ数年作っている『これからの人生。』というCD-Rの選曲をしていて、一曲、素晴らしい歌詞を持った歌を見つけた。以前から聴いていた曲だが、ちょっと気になって歌詞に注意してみると、ピチカート・ワンのアルバムに収めても違和感がなかったような内容だった。

ソロ・アルバムを出した後すぐに、ああ、この曲を忘れていた、と思い出した曲がひとつ。高校生のときに買ったザ・ビーチ・ボーイズのアルバムに収められていた、無常感漂う歌。

今年の夏、名画座で観た映画の中で使われていて、この曲があったか、と気づかされた曲がひとつ。この曲を最初に聴いたのは、洋楽ポップスを知って夢中になった小学生の頃。だが、それがどんな歌詞なのか、知りたいとも思わなかった。

そして先週末、CD-Rの選曲をしていて、これはレパートリーにしても良いか、と思った曲がひとつ。

5月にアルバムをリリースした後の7ヶ月間で、次のアルバムに使えそうな曲を3曲、見つけた計算になる。このペースで行けば、2年後には新しいアルバムを作ることが出来る。だが、もう一度、同じ趣向のアルバムを作る必要があるのだろうか。

ハイファイ・レコードストアの〈お年玉プレゼント〉として、『これからの人生。』、というミックスCDを作り始めてから4年目になる。

さらにその前の年、京都のジェットセット、というレコードショップの、やはり年末年始のセール特典として、同じ題名のミックスCDを作ったのが、このシリーズの最初だった。

07年の暮れ、最初にジェットセットのスタッフからオファーを貰ったときは、ミックステープとか作ること自体が面倒で正直な話、躊躇していた。いつも何かとお世話になっているレコードショップなので、引き受けたいけれども、自分のDJセットをクラブ以外の場所で聴かれるというのも、何となく嬉しくない。いま、ユーストリームによる配信でＤＪプレイを聴かせることに対して消極的なのも、同じような気持ちからなのだが。

だが、とりあえず引き受けた。どこかのカフェで行ったラウンジ風の選曲のＭＤがあったから、それをリマスタリングして渡そうか。そんなことを考えていた矢先、とつぜん言葉が降りてきたのだった。

「これからの人生。」

ミシェル・ルグランの曲にアラン&マリリン・バーグマン夫妻が歌詞を付けた曲の邦題であり、シモーヌ・シニョレが出たかなり重い感じのフランス映画の邦題もまた、この言葉であった。

だが、このタイトルでミックステープを作るとしたら、音楽もクラブ・ミュージック、ダンス・ミュージックから離れて選曲することが出来るはずだ。

ちょうど前の年に大病をして、酒を飲まない生活に変わってから、夜の長い時間に聴く音楽もすっかり変化した。

ドラムスの入っていない音楽。無伴奏の歌や楽器の独奏。呟くように、語りかけるように歌われる歌。真夜中に独りで聴くための音楽。

そうしたものを集めたら、他のどんなＤＪとも違うスタイルのミックスＣＤになるはず。「これからの人生。」とは、まさに相応しいタイトルだと思った。

初めて作ったミックスＣＤは、グレン・グールドの「ゴールドベルク変奏曲」と、自分のぼそぼそとした語りから始まった。

翌08年のある夏の夜、代官山のカフェでハイファイの松永良平さんが友人たちとＤＪをしているところに、大江田信さんが来ていて、この『これからの人生。』というＣＤ-Ｒの話になった。小平市から渋谷に向かう通勤電車の中でときどき聴いている、という大江田さんに、今年の暮れはハイファイでこのＣＤ-Ｒを作らせてもらえませんか、と売り込んでみたのだった。

それから4年、毎年暮れになるとこのＣＤ-Ｒの選曲をしている。最初の年は組んだばかりのバンド、前園直樹グループの音源などを入れた。翌年は手掛けていたミュージカルの仕事にちなんで選曲した。去年は自分のソロ・アルバムのレコーディングの最中だったので、そのレパートリーの原曲などを多く選んだ。

そして今年は原点に戻って、というつもりではないが、特にテーマなどはなく、ただ２０１１年に入手したレコード、好きなレコードを中心に約70分の音楽を選んだ。

このアルバムを特典とする〈お年玉プレゼント〉のキャンペーンは、ハイファイ・レコードストアで既に始まっている。店舗のほうは新春4日まで休業しているが、詳しくはネットショップをどうぞ。

もうひとつだけ、書いておこう。２０１１年に発表した自分のソロ・アルバムも、毎年作っている『これからの人生。』、というミックスCDも、本当はクラブ・ミュージックを熱心に聴いているリスナー、あるいはトラックメイカーにこそ聴いてもらいたいのだが、いまのところ、そうした聴衆には届いていないように見える。

自分が何を言っても、何を作ったとしても、歌謡曲／J-POP部門の作品と見られてしまうのは、いままで自分が仕事を選ぶことなく何でも引き受けてきたからに違いない。

いつもこのブログで紹介したい、と思う本などがあるのだが、たいがい時期を逸してしまう。来年からはもう少し、頻繁に書こう、とは思うのだが。あ、『淀川ハートブレーカーズ』、という本だけは、本当に素晴らしかったので、皆さまぜひ。

それでは皆さま、どうぞ良いお年を。

（2011. 12.31）

初期のサザエさん

むかし、母親が着物を着ている写真を見たことがあった。

それは彼女の妹たち、つまり自分にとっては叔母にあたる女性たちと一緒に写っているスナップで、たしか妹たちは洋装だったのに母親だけがなぜか着物姿だった。

たぶん昭和30年代の半ば頃、父親と母親が結婚して札幌の薄野に開いた小さな印刷屋の前で撮った写真ではないか。そうだとしたら撮影者は間違いなく彼女の夫、つまり父のはずだ。それは手札版のカラー写真だったが、自分が見たときにはすでにすっかり褪色して、まるで映画館でときどき出会う、状態の悪い日本映画のフィルムのように赤茶けていた。

写真の中の母親の顔は自分の知っている彼女よりもずっとむかしの人のような表情だった。連載開始間もない頃のサザエさん、というような顔をしていた。とにかく和装の母親を見たのはその写真の中だけであった。

自分は生まれて間もない頃から、母親の妹ふたりに育てられた。彼女たちふたりは、いわば育ての親なのだが、さすがに叔母たちのことを「ママ」とか「おかあさん」と考えたことはなかったし、また実母のことを「生みの親」として強く意識するとか、恋い慕う、ということもなかった。

むかし「高島易断」の本を読んだときだったか、それとも西洋占星術の本にあったのだったか、とにかく自分という人間は生まれつき親子の関係が稀薄である、と断言して書かれていた。それを読んで以来、自分はその言葉に囚われているだけなのかもしれないが、それにしても自分にはこのような場所で人に読んでもらうに値すると思われるような母とのエピソードというものが思い当たらないのだ。

いや、あるいは、もしかしたら、と考える。自分は3歳のときに札幌に住む両親と別れ、東京に住むふたりの叔母、そして祖母と13歳になるまで暮らした。もしかしたらそれは強烈につらく悲しい体験で、その痛みから己れを護るために、親子の関係が稀薄である、と思い込んでいるのだろうか。

まあ、それほど深く考えずに、ウチの親子はむかしから、あまりベタベタした関係ではなかったので、ということにしようか。とは言うものの、血のつながりというものは驚くほど、いや笑ってしまうほど強いものである。

いまから18年前、自分が職業作家として作った最大の、というより唯一のヒット曲である「慎吾ママのおはロック」という歌がTVのヴァラエティ番組や歌番組で頻繁に流れていたときのことだ。

ある音楽番組で懇意にしていたディレクターの方から、番組のゲストとして香取慎吾さんと一緒に出演しないか、というオファーを受けた。

基本的にTVの出演依頼は断っているのだが、これは自分の書いた曲でもあったし、さまざまな「しがらみ」というものもあって、断ることができない状況になった。

どうせなら、と、こちらからリクエストしたのは「慎吾ママ」に扮する香取慎吾さん同様、自分も割烹着にスカート、ヘアウィッグにブラジャーまで着けて、完全な女装スタイル、おかあさんメイクでTV出演したい、という条件だった。

周囲の友人たちに話して笑ってもらえそうな仕事はすべて引き受ける、というのが、自分ならびに自分の会社のモットーである。それを知っているディレクターのK氏も「ははは、小西ママです

ね、それで行きましょう」と言ってくれた。

さて、本番の日。香取慎吾さんはすでに「慎吾ママ」の衣装で収録をこなしていた。自分の出番などたぶんほんの数カットのはずだが、メイク室に入るとなんと香取さんのメイクアップを担当した方が待機していた。

ファンデーション。コンシーラー。チーク。つけまつげ。口紅。いつの間にか、髪にはネットを被せられていた。

じゃあ、ウィッグを被せる前に着替えちゃいましょうか。口紅だけ気をつけてくださいね。用意されていた胸パッドを着け、いかにもオバちゃんが選びそうなニットとプリーツスカートを着け、割烹着を着る。肌色の膝までの丈のストッキング。ご丁寧なことに銀色のネットのついたオバちゃんサンダルも履いて、ふたたび鏡の前に座ると、メイクアップの女性が背後からそっとウィッグを頭に被せる。

どうですか？ と尋ねられて、自分は目を開けて鏡を見た。すると鏡の中には初期のサザエさんがいた。

軽い読み物など。

おはようございます。こんにちは。こんばんは。2008年5月8日

先週土曜日、京都・恵文社で単行本サイン会に行ってきました。買い物も大充実。お店から送っていただいた本が昨日の午後届いたところです。

そして深夜の新幹線で大阪へ。梅田「シャングリラ」でのオレンジ・レコーズ10周年記念パーティー。コレは楽しかった。最高のパーティーでした。

中でも最高に感動したのが、カジヒデキさんのライヴとDJ。ちょうどぼくの出番のすぐ後で、ステージ袖から見ていましたが、いきなり「ラ・ブーム　だってMY BOOM IS ME」。アコースティック・ギターたった一本掻き鳴らし、それもあまりちゃんと音になっていなくて、もはやパーカッション状態。でも身体から溢れ出る音楽は前のめりで止めようもなく、シャカシャカいうギターを引っ張って、どんどん歌が進む。

ビリー・ブラッグ。ジョナサン・リッチマン。いや、全然違う。こんなにカッコいいロック・ミュージシャン、アタマの中のリファレンスには他にいなかった。BPM倍速のジョン・セバスチャン。違う。スウィートでキャッチーな曲ばかりを矢継ぎ早に歌う1965年のボブ・ディラン、サングラスなし。というのが、いちばん近い感じでしょうか。

2曲目「マスカット」の終わりで高くジャンプするとギターのストラップが切れてしまって、その後ストゥールに座って「ある朝シビラは突然に」。もう完全に持っていかれました。その後カジくんのDJがスタートしたのですが、もう何をかけてもカジヒデキ。踊る。ジャンプ。ターンテーブル。踊る。ジャンプ。ターンテーブル。その行ったり来たり。そこにいた女の子全員のハートをワシづかみにしていました。オレのハートも。コレがロックなんだよ、って思った55分間。以上、コンサート・リポートでした。

きょうの「レコード手帖」は江森丈晃さん。彼が昨年リリースしたyogah'antsのアルバム、チャンスがあったらぜひ皆さんにも聴いていただきたい、と思います。音楽はもちろん、CDのジャケットまで、全てにセンスが行き届いた、古書店の奥の陳列ケースの中の小さな美しい本、のような。いま頭に浮かんだのは生田耕作の本、置いている古書店はやっぱり京都の、って、関係ないですね。

連載「遠くへ行きたい、な。」は放浪12日め。日曜の夜、恵比寿3丁目「テネメント」で馬場くんに会ったら、「rock'n'roll is not dead !」と書いたTシャツを着てました。agnes b. で

すね。
ロックンロール・イズ・ノット・ヤング。でもノット・デッド。毎日更新はたいへんです。

5月9日

散歩をすると
好きな唄を
想い出す。

散歩をすると
唄を好きだったことを
想い出す。

森雅之『散歩手帖』

最近本屋さんで見つけて買った本の冒頭の一節。無断転載していますが。もちろん明日には消してしまいますので。

この昔の二枚目俳優と同じ名前を持つ漫画家のことを知ったのは大学生のとき。

もうすっかり作風の完成された、知られざる巨匠、と思っていたら、ぼくよりたった2歳年上、そしてぼくの故郷の札幌在住の作家なのでした。

久し振りに名前を見た、と思って、ページを繰ってみたら、むかし読んで感動したのと同じように心を奪われてしまいました。

マンガは全然詳しくないので、ここではあまり多くのことを書かないですが、これはマンガ本、というより、詩集なのかな、と思いました。

きょうも見に来てくださって、ホントにありがとうございます。本日の散歩手帖、じゃなくて「レコード手帖」は、小島泰生さんの第2回目の原稿です。とにかく、読んでみてくださいませ。

「青春18レコード切符　遠くへ行きたい、な。」も、いよいよクライマックス。

ウソ。アンチ・クライマックスですね。でもちょっとハラハラ・ドキドキするときもあります。馬場正道くんの旅は続いています。

そろそろコニシも「レコード手帖」の原稿を書かないと。そしてレギュラー執筆者の皆様、コレをお読みでしたら、次回の原稿もよろしく。

9日金曜深夜は渋谷オルガンバーで「レコード番長」です。かけたいレコードあり。そして明日10日土曜の夜は恵比寿3丁目「テネメント」で友人の追悼パーティー。

松田岳二さんa. k. a. チャーべくん、もゲストでプレイしてくれるそうですよ。では。

6月2日

瀬戸内寂聴、という作家の『奇縁まんだら』と言う本を買いました。まだ読んでいません。横尾忠則さんの素晴らしい装丁、イラストレーションもたっぷり、の本なので、つい買ってしまいました。

作家の交遊録。人気作家の瀬戸内晴美さんが出家・得度して、寂聴という名前になったことぐらいは知っていましたが。

いま、ぼくが引っ掛かっているのは、この寂聴、という漢字二文字。

リスニング・アローン。

ここ何年かの自分の音楽生活のテーマは、これだったか。ひととき、そんなことを考えました。

きょうはいよいよ、待望の、長谷川きよしさんの公開レコーディング。

コンサートとは、祝祭的な空間ですが、いっぽう、全身の感覚を研ぎ澄ませて音楽を聴く独りの「寂聴」さん達が集まる場所でもあるのです。恵比寿のレコーディング会場で皆さんに会うのを楽しみにしています。

本日の「レコード手帖」は、平林伸一さんの連載「半世紀のレコード旅　忘れられない音楽」の第2回。

いま、レアなレコードや、レアな本や映画の話を書く人ってたくさんいるのですが、みんな何処かから、誰かから仕入れてきた情報なのに、その出処を隠そうとしたり、ああ、知ってる知ってる、とか、あったよね、とか言うばかりだったり、何食わぬ顔で自分が発見したような感じで誰かに話したり、仕事にしてしまったり。

でも、本当に聞きたいのは、その人と音楽との、個人的な関わりなんだよな。

ということを最近ずっと考えていたところへ、この平林さんの原稿が届きました。

本当に素晴らしいです。

ぼくも大好きな音楽の前で、もう少しだけ謙虚にならなくては。

そう言えば先週月曜日、代官山ＡＩＲで行われた「ＪＯＫＥ」というイヴェントの、去年までのオーガナイザーの名前は堀部遊民、と言いましたっけ。ユーミン、って、何だかチャラいニックネームだな、と思っていたら、なんと本名。

今年からは頭を丸めて仏門へ。寂聴さんに負けず劣らず、遊民、という名前、法名としても素晴らしいですけど、やっぱりパーティー・オーガナイザーとしてぴったりの名前だったなあ。名前って大きいなあ。

話が逸れてきました。明日のウェブサイトは特別報道体制。更新時間、遅れないようにします。きょうも有難うございます。

7月2日

ずっと作曲やレコーディング、それに週末のＤＪなんかがあって、眠る時間がメチャクチャになって、しばらく慢性的な睡眠不足になっていたのですが、ゆうべは早寝して、きょうはうまく朝早く起きることが出来ました。ミルクティーを淹れて、先月、福岡で買ったリヴィングストン・テイラーのファースト・アルバムを聴いていたら、とても気分が良い。とても音楽が響く、朝のひととき。いかにもブログ、って感じの文章だにゃ。

シンガー・ソングライターのレコードをよく聴いていたのは中学生から高校生にかけて。レコードを集める、ということの楽しみを教えてくれた音楽。そして何より、もしかしたら自分も人前で演奏してみたり、歌を作ってみたりすることが出来るかもしれない、と、ホンの少し、夢を見せてくれた音楽でもありました。

まあ、世界中にそんなことを考えた若者はたくさんいて。比較的、低予算でアルバムを作ることが出来る、ライヴも気軽に行うことが出来る、ということもあって、メイジャーのレコード・カンパニーもまた、この音楽トレンドには飛びつきました。

何といってもスター、というか、この音楽ブームの立役者はジェイムズ・テイラー。この人の兄弟は、兄のアレックス・テイラーも、妹のケイト・テイラーも、いちばん下の弟のリヴィングストン・テイラーもレコーディング・アーティストとしてデビューしました。いま考えると驚くべきおハナシですが、みんな、どれもそれぞれに悪くないレコードなのが、もっと驚くべきこと、なのかも。

　そしてジェイムズ・テイラーはフライング・マシーン、という売れなかったバンド出身でしたから、60年代後半の、ビートルズに刺激を受けてバンド・デビューしたようなミュージシャンたちも、ソロ・アーティストとなって、このムーヴメントに参入してきました。

　あらゆる全ての音楽の流行がそうであるように、たくさんの似たようなレコードが出て、やがてブームは終わる。その中で、ひと握りの才能あるミュージシャンが世に出たり、何枚か素晴らしいアルバムが残されたりするとしたら、そんな流行にも意義があります。いっぽうレコードを1枚か2枚、つまり契約枚数分だけリリースして活動を辞めてしまう、消えてしまう音楽家も、たくさんいる。オレはむかしロック・ミュージシャンだった。わたしは子供の頃、アイドルでした。ぼくはシンガー・ソングライターだった。成功したミュージシャンの自伝、伝記も大好きですけど、うまくいかなかった人の話ばかり集めたインタヴューの本があってもいい、と思います。ぼくは読んでみたい。

　さてと。本日の「レコード手帖。」は福岡から、K-POP番長まつもとたくおさんのご寄稿。ウッス。今回もオカシナお話で最高っス。さて、執筆者の皆様。

　ビーチェさん、アルバムのプロモーションで忙しそうです。彼女も、レコード会社のスタッフの方々も。

　申し訳ないが気分がいい。という、タイトルの歌があったっけ。では、きょうも。

7月6日

　原稿依頼があって、ある歌謡曲の作詞家について、いろいろ資料を読んだり考えたりしていました。昭和から平成の大作詞家。

　いくつか、個人的、と言えなくもないエピソードもあるので、与えられた文字数なら、書けるかも、と見切り発車で引き受けたのですが、あれこれと考えているうちにすこし悩みました。どうしてかと言えばやっぱり、その作詞家の作品リストの中に、あまり自分の思い入れのある曲がなかったのですよね。もちろん大好きな曲もあったのですが。

　ここで誰の話をしているか先に明かしてしまえば、廻りくどい説明もなく書けるのですけれど。まだその原稿が掲載されたわけでもないので、いちおう明かさないのがスジ、なのかな、と思いながら書いております。

　その人は、たとえばバンドマンだったとか、シンガー・ソングライターだったわけではなくて、言うなれば他業種から音楽業界に入ってきて、アッという間に流行作家になった人。たくさんの名曲も、たくさんのタレントも育ててきた人。

　当然のことながら、例えば自分のために、あるいは自分のバンドのために詞や曲を書いてきた人とは何かが違う。さすが職業作家、仕事の出来がプロだなあ、と思う反面、どうもその人の体温が感じられない、というか、クール過ぎる、と感じることもしばしば。

　この辺りのことが、長いことずっと自分の好きな音楽・そうでもない音楽の分かれ目になっている気がして、けれども、その境界線はまったく曖昧で。
技術なんて関係ねえ、と開き直っているパンクスは嫌い。芸術家気取りの音楽もダメ。誰のためでもない、自分のために音楽を作っている、という音楽家も苦手。もちろんプロフェッショナルが作る音楽は好き。でも音楽を心から愛している、という気持ちが伝わらないと、やっぱりピンと来ない。アマチュアの精神を抱いたプロの音楽。なんて言うと、ますます遠ざかるような。

たとえばムッシュ。芸能人としては、ベテランであり、プロ中のプロ、なのですが、音楽家としてはアマチュアに近い立ち位置。まずはミュージック・ラヴァーなんだ、と誰もがムッシュのことを考えていると思います。

たとえばユーミン。日本を代表する女性シンガー・ソングライターですけれど、もともと彼女は自分で歌うつもりじゃなかった人。職業作家を目指していた人。時代が彼女をシンガー・ソングライターにしたのだ、と思う。

たとえばアニタ・カー。元ナッシュヴィルのRCAスタジオを代表する制作者・編曲家・ヴォーカリスト。どこをどう見ても職業音楽家。プロ中のプロ。これほどアマチュアから遠くにいるミュージシャンもいないのですが、彼女の音楽はいつも暖かい。じつは彼女のデビュー初期作品は敬虔なセイクリッド・ミュージック。神様、という存在を彼女の頭上に置くと、彼女もまたアマチュアの立場の音楽家なのかもしれない。

たとえば松山猛。あの「帰ってきたヨッパライ」を書いた作詞家。でも、やはりこの人は作詞家としては、たぶん永遠のアマチュア。

たとえば安井かずみ。あんなにたくさん作詞したのに、プロになることを回避出来た、という点では稀有の才能の持ち主。

たとえば山上路夫。この人はつまり作詞家ではなくて、詩人だった、と考えると、その作風の全てが理解出来る。

たとえばエルヴィス。たとえばポール・マッカートニー。たとえば吉田拓郎さん。たとえば桑田圭祐さん。やっぱりアマチュアかも。アマチュアの、スゴイところまで行ってしまった人たち。

こういう取り留めのないことをいつもあーだこーだ、と考えております。何でアニタ・カーなの。とか、訊いてはいけない。たまたま頭に浮かんだだけです。

たとえば小西康陽。オマエはどうなんだ、と尋ねられたら、あ、もちろんアマチュアでーす、と答えたいですが、うーむ、お金を戴いている以上、一生懸命やっております、という仕事もあるからにゃー。

そういや、ビーチェはどうなんだろう。カワイイ顔してあの娘わりとやるもんだね、と。ウソです。彼女こそプロフェッショナルの音楽家。誰にでも作れそうに聴こえる、そんな優しい音楽なのに、誰も彼女のようには作れない。天才、みたいな。ただ恋しくて会いたい、みたいな。

きょうの「レコード手帖。」は、毎月のお待ちかね、スーさんことDJ鈴木雅尭さんの月例コラム。この連載がぼくは大好き。いつも皆さんよりひと足先に、レコードのほうはチェックさせていただいております。インサイダー疑惑？　いえいえ、耳寄りな情報をゲットしたからといって、カンタンに手に入れることが出来るわけではなく。今月はむしろ持ってるレコードで、あちゃー、というモノばかりでした。

「レコード手帖。」いつも原稿のストックに追われながら、まあ、ココまで来ていますが。そろそろまたペンネームを使って原稿をでっち上げなくてはならない季節かしら。では、とりあえず、きょうも。

7月30日

先日の話の続き。ある新しいバンドのために、新しい曲を書いてほしい、と頼まれた件。

ここからは、そのバンドのメンバーへ、私信、というか、公開書簡、というか。

ずっと考えているのですけれども、ね。そう言えば、いままで作ってレコーディングしたものの、人前では一度も歌われたことのない曲、演奏されたことのない曲、というのも、あるのですが、どうでしょうね。いくつか挙げておきます。

夏木マリさんの「戦争は終わった」というアルバムのために作った「戀」、という歌。これは、CDには入れずに、同時発売のアナログ盤だけに収録したので、聴いたことがある人も少ないかもしれないですが。冬の始めの季節の歌。

やはり夏木マリさんのアルバムのために書いた「動物園にて」という歌。美川憲一の「おんなの朝」をちょっと意識して書いた歌。美川憲一と、シェイラ・ジョーダンと、ポール・サイモン。

ピチカート・ファイヴに書いた「美しい星」という歌。オリジナル・ラヴの田島貴男さんが、一時期ステージで取り上げてくれていたのですが、自分たちでは、人前で歌ったことがない、そういうレパートリー。そう、「ピチカート・ファイヴ・アイ・ラヴ・ユー」という編集盤に入れた曲はそんな作品ばかりでした。あのアルバム、最初に考えたタイトルは「はじめに言葉ありき」というものだったのです。

ピチカート・ファイヴの初期のレパートリー、というのも、いくつか思い出しました。「神の御業」とか、「眠そうな二人」とか、「そして今でも」とか、「連載小説」とか。ああ、ムズカシイ曲ばっかりだ。

井上睦都実さん、という歌手のアルバムのために書いた「屋根の上で」という歌。これ、ゲリー・ゴフィンとキャロル・キングの「アップ・オン・ザ・ルーフ」そのまんまなんですけどね。ちょっと浅田美代子の「赤い風船」を連想させる曲。ギターとベースだけで歌うといいかもしれない。この歌の元のアイデアはピチカート・ファイヴの「サンキュー」という曲と同じで、纏まらなかったものを2曲に分けて書いたら、すっきりしたのです。

その「サンキュー」をクリスマスのライヴのためにアダプトしたのが「きよしこの夜」という歌。これもピアノとベースだけで歌うには向いているかもしれないです。

吉岡忍さんのために書いた「素晴らしいアイデア」という歌。いや、これは彼女にしか歌えない歌かもしれない。

ああ、こうして書いていたら、自分の曲ではないけれど、ぜひカヴァーしてほしい曲がいくつか浮かびました。それはまた、次の機会に。

まあ、そんなふうに、ソングライターというのは、誰にも知られることのなかった曲、というのを、実はいつまでも憶えているものなのです。いや、作った当人が忘れている歌も、もっとたくさんありますが。

きのう、本屋さんで買った阿久悠の「なぜか売れなかったぼくの愛しい歌」という文庫本、これから読むのですけれどね。どんなことが書いてあるのでしょうか。つい最近、ぼくも「BRUTUS」という雑誌のために、「阿久悠論」みたいなモノを書いたのですが、この文章の締めの言葉が、この文庫本の巻末の北沢夏音さんによる解説と同じで参りました。考えることは誰でも同じ、「また逢う日まで」というもの。もっとも、ぼくの文章の方は、編集者の方の提案で「また遇う日まで」というふうに変わりましたが。阿久悠さん。200曲以上ものヒット曲を持つ人ですが、5000曲以上も書いているのですよ。なぜか売れなかった4800曲、という単純計算にはならないのでしょうけれど。

さて、7月もあと2日。きょうの「レコード手帖。」はBOOT BEAT神谷直明くんの出番です。神谷くん、藤澤志保さん、そして「JOKE」の堀部遊民くん、同じく「JOKE」の藤本曜くんの楽しいトラックが入ったアナログ盤は8月中にはリリースされる、と聞きました。ワタクシの知り合いの、the 5243's、というヤツらのトラックも収録されてますので、宣伝しておきますね。

8月からの特集ページ、進行具合はどーなんだろー。ちょっと心配ですが、それでも8月はやってくる。ほーしーつくつくの、蝉の声です。ぎんぎんぎらぎらの、夏なんですよ。更新です。

軽い読み物など。

8月8日

昨日は家でレコードを聴いていました。週末に福岡で買ったサイモン&ガーファンクルの三枚のアルバム。「汚レコード」王子、こと小島泰生さんに案内して戴いた、とあるレコードショップの店内でずっとサイモン&ガーファンクルの紙ジャケCDが流れていて、ああ、聴いたことがない曲とか、ライヴテイクとか、けっこうあったんだなあ、なんて、耳が吸い寄せられてしまいました。

そして小島さんがお仕事に戻る直前、連れていってもらったのは、前日タクシーの中で見かけた、ちょっと気になる洋服屋さん。ショウウィンドウの中のトルソーが着ていたTシャツは、ウディ・アレンの似顔絵のイラストレイション。チェックしに行くと、お店の名前は「BOOKENDS」といって、やはりサイモン&ガーファンクルのジャケットが飾られている。その上、レジのカウンターの棚には彼等の評伝らしき単行本もディスプレイしてあって。思わず、コレは売り物ですか？と尋ねてしまいました。

そして小島さんとお別れして、ひとりで行ったレコードショップには、やはりありました。すべてのアルバムが、国内盤で。CBSソニー・レーベルのダブル・ジャケットのシリーズが。

そうして昨日、買ったレコードを聴いていました。「水曜の朝、午前3時」という有名なタイトルのアルバム。このアルバムでの彼等は、まだ完全にフォーク・グループ、だったのですね。エヴァリー・ブラザーズにちょっと影響を受けた、フォーク・デュオ。それが「サウンド・オブ・サイレンス」そして「パセリ・セージ・ローズマリー・アンド・タイム」と、次第にフォーク・ロックのグループへ、そしてアルバム・アーティストへ、さらには時代を象徴する存在へ、と変貌していく、そんな3枚のアルバムを続けて聴くのは面白かったです。

毎日、いろいろな音楽を聴いています。30分前は手に入れたばかりの伊東ゆかりの「朝が来たら」というシングル盤を聴いていました。そしていまは、数年前にある親戚の結婚披露宴のために選んだBGMのCDを聴き返しています。一日中、音楽のことを考えて、仕事を離れてリラックスするときも、やっぱり音楽を聴く。コレってタフなことですよね。

ある知り合いの若いレコード屋さんが、この間の「レコード手帖。」アンケートの堀部さんの意見に噛み付いて、小西さんや堀部さんみたいにいままでさんざん「音楽を消費しつづけなければいけないような強迫観念を持つ、またはそれを他人に喧伝」してきた人が、手のひらを返したように、いまそういう事をしてる人を中傷するってどうなのよ、と言ってくれました。ストレイトなご意見、とても感謝してます。

自分はいままでそういう風に「喧伝」、平たくいうと、煽って来たのかな。まあ、頼むから今度のレコードを買ってください、聴かなくてもいいから、とか言ってたことはあります。でも、誰かに「え、コレ知らないのォ?・?・」と言うときは、もちろん「こんなの知らなくても生きていけますよ」ってコトを前提に話していたのですけれどね。

戦争が起きたら、まっさきに切り捨てられるのは、たとえば音楽。そういうと、いや、人は苦しいときにこそ、心の潤いが欲しくなる、という意見をくれた人もいます。でも、忙しくなったり、結婚したり、子供が出来たりすると、いつの間にか忘れられてしまうのも、たとえば音楽かな、と思います。忘れるから、忘れないようにレコードを買うのかな、オレは。

音楽なんて、ゼイタク品だし、無駄なもの。そんなコトは確認するまでもない、大前提だと思ってました。だから音楽を仕事にしている彼やオレは、人生を無駄なことに懸けているわけです。それってカッコいい、って誰か言ってくれないかな。

だから、もう一度言います。これは小西康陽の意見。こんなに「音楽が人生に大切なモノ」、「ノー・ミュージックじゃノー・ライフだよ」なんて喧伝されているこの時代はオカシイです。それって嘘だよ、って誰かが言うべきです。自分にとって音楽は、本当にかけがえのない人生の宝物、と思っている人ほど、誰もが耳にイアフォンを突っ込んでお手軽に消費しているこの時代を呪っているハズです。

音楽に振り回されるのを、情報に振り回されるのを、誰かの意見に振り回されるのを、この夏は一度、止めてみたい。一休さん、ですかね。きょう聴かなきゃ時代に取り残されちゃう、そんな音楽を、あえて、きょう聴かないゼイタク。その時間、やっぱり音楽のことを考えるのでもいいし、人生のこと、彼女の言いたかったことを考えるのでもいい。誰かに、いま、何を聴いてるの？って訊かれたら、「サウンド・オブ・サイレンス」だよ、と答えるワケです。こんどは寂聴さん。これでは大喜利ですね。

そんな訳で、きょうも「レコード手帖。」はアンケート特集。最後の設問。何で「音楽アーティストのTシャツ」、なの？　と、いろいろな人に訊き返されましたけど。いや、楽しく答えて戴けるのでは、と考えまして。つまり、前半はけっこうヘヴィな質問だ、と、コチラは考えていた、というコトですかね。TVを観ますか? という質問も同じく。あんまり深い理由はアリマセン。いちばん訊きたかったのは、「夏フェスに行ったことがありますか?」だったのですけれど、やっぱりストレイト過ぎるでしょう? いや、本当に皆様、ご協力有難うございます。では更新。あ、きょうは渋谷オルガンバーで「レコード番長」ですよ、などと。

9月12日

いま日本に、いや世界中に、シンガー・ソングライター、という人はプロ・アマチュア問わず、何人くらいいるのだろうか。

その中で、男性と女性の比率は、どれくらいなのだろうか。

ピアノの弾き語りをする人と、ギターを弾きながら歌う人ではどちらが多いのだろうか。

女性のシンガー・ソングライターの中では、ピアノを弾く人とギターを弾く人、どちらが多いのだろうか。

ピアノを弾いて歌う人と、ギターを弾いて歌う人。どちらが成功する率が高いのだろうか。

バンドで音楽活動する人と、個人で音楽活動をする人では、どちらが多いのだろうか。

自分で作った曲を歌う人と、自分では歌うだけの人。作曲するだけの人。あるいは演奏するだけの人。いちばん多いのは、どれか。いちばん成功しやすいのは、どれか。

そもそも成功、とは何なのか。大きな収入、あるいは名声を得ること。アタマの中に描いていたイメージを具現化出来ること。とにかく、何か作品を生み落とすこと。いま充実した時間を送っている、と実感出来ること。あるいは、そのどれとも違う、何か。異性にモテまくることがゴール、と考えてるヤツだっていますからね。

いま、この秋から始動する新しいバンドの、専属アレンジャー、のようなことをしています。そのバンドはピアノとウッド・ベース、が中心のアンサンブル。ところが肝心のピアニストの腕前がかなり、たどたどしい。ミュージシャンたちの符牒で言うところの「ターヘー」、なのですね。どうしたものか。でも、コチラはいちおうプロのアレンジャーですからね。子供やアイドルのみならず、アタシぜったい歌なんか歌えません、というような人に歌わせて、作品を作ったこともあります。ピアノが弾けないピアニストなら、その人の水準に合わせてアレンジを考えるしかないじゃない、と決めたら、ちょっと面白くなりました。でも、もしレコーディング、ということになったら、このピアニストと根気よくリハーサルするのかな。テイク2までしか待てないせっかちな性格を、こちらも訓練して直さないと、かもしれませんね。

ところで、今年に入ってライヴ・パフォーマンスを見たピアノの弾き語り女性シンガー・ソングライターの人たちって、みな見事にピアノを弾いて、もちろん指先なんか見ないでマイクに向かって歌うのですが、どうしてみんなアルペジオをするのだろう、と、あるとき、ふと考えました。

自分がいままでレコーディングした作品では、今年、甲田益也子さん、ハープの斉藤葉さんとレコーディングした「エーデルワイス」と、かつて夏木マリさんのアルバムで、あいさとうさんにお願いしてギターを弾いていただいた「あなたのいない世界で」という曲の他に、アルペジオを使った演奏というのが思い出せない。自分の音楽の中に、たぶん無いスタイル、なのですね。ことし、何処かで、誰かのピアノ弾き語りを観ていて、そのコトに気づいて、ちょっとビックリした憶えがあります。

とにかく、目下の問題は、その新しいバンドの「ターヘー」なピアニストをどう扱うのか、ということ。ボロが出ないようにするには、なるべく易しい曲、易しいキーを選ぶこと。なるべく練習させること。ま、アルペジオもピアノ・ソロも出来っこないですから、そんなことは最初から考えませんけど。

さて、きょうの「レコード手帖。」は、これも大人気連載、BOOT BEAT 神谷直明くんの登場。今回はDJとしての「現場」の話です。そういえば、ベースの練習はしてるのでしょうか。「ターヘー」なピアニストと、どちらが多く練習しているのか、気になるところです。それにしても「レコード手帖。」、どうなるのでしょうか。気になりますね。

告知、です。きょう、9月12日から週末のDJ3連戦がスタート。まず今夜、金曜の夜はオルガンバーの長寿イヴェント「レコード番長」。須永辰緒さん、吉永祐介くん、そして小西。もちろん楽しい曲をプレイします。

あした、土曜日の夜は新宿OTOの「12周年アニヴァーサリー」にゲスト出演します。中田ヤスタカさん、藤澤志保さん他、人気DJ勢揃い。大混雑が予想されるイヴェントです。

そして日曜の夜は、ひさびさ、大好きな神戸の、大好きな「TROOP CAFE」に行ってきます。前回は2年半前、ドラムンベースのイヴェントにゲストで行ったとき。

あの日も大興奮でしたが、今回も期待してます。神戸はプライヴェイトなお休みを作って行きたい街。まあ、するコトと言ったら、アレしかないのですが。

以上、詳しくは右上の黄色いボタン「制作室から。」をクリックして、ニュースをチェックしてください。

9月15日は下北沢でビーチェさんのワンマン・ライヴ。そして10月1日は長谷川きよしさんのニュー・アルバムが発売されます。長谷川さんも指先のことなんて気にせずギターを弾く人。ピアニストくん、練習あるのみ、なんですが。

きょうも有難うございます。では、更新。

10月15日

先週、インターネットのニュースで知ったのは、作曲家の福田和禾子さんの訃報。「ハイファイのブログ」で松永良平さんがお書きになっていたのを読んだのが先だったかも知れません。

「北風小僧の寒太郎」の作者、として知られるこの作曲家の作品を、かつて自分も取り上げたことがあったのを忘れていました。それは「銀ちゃんのラヴレター」という歌。

1996年。ピチカート・ファイヴというバンドをやっていたときに、あのNHKの長寿番組「みんなのうた」に作品を提供する、という話が来て、それはたいへん嬉しいことだったのですが、さっそく書き上げた新曲「誰かが誰かに恋してる」という歌は、NHKサイドに気に入ってもらえなかったらしく、そうしてもう一曲用意したのが、「メッセージ・ソング」という曲でした。

自分では「誰かが誰かに恋してる」という歌は、そんなに悪くない、と考えていて、この曲がシングルとしてリリースされるならカップリングはコレ、と決めていたのが、「銀ちゃんのラヴレター」だったのです。

ぼくの娘は1993年の2月に生まれて、彼女が幼稚園に行くまでは、ほぼ毎朝、ごはんを食べながら「おかあさんといっしょ」という番組を観ていましたから、この曲はいつの間にか憶えていました。

歌詞がとにかく素晴らしい。ここで引用することはしませんが、まだ字の書けない銀之丞くんがユリちゃんにお手紙を出す、という内容の歌。

作詞を手掛けたのは、「サラダ記念日」で知られる女流歌人・俵万智さん。まどみちおさんや、阪田寛夫さんの作品にも匹敵するような。いや、日本語で作られた「子供とお母さんのための歌」としては、個人的にはこの「銀ちゃん」が飛び抜けて好きな一曲でした。選ばれた言葉の全てが、美しいのです。

そしてメロディとハーモニーもまた、本当に素晴らしい。この作曲者こそが、福田和禾子さんでした。「北風小僧の寒太郎」も、あの堺正章さんのヴォーカルと、「おかあさんといっしょ」のアニメーションと共に思い出す名曲でした。まだ未聴ですが、最近リリースされた堺さんのニュー・アルバムでも、この名曲は再録音されたようです。

この秋、活動をスタートさせたばかりの自分たちの新しいバンドは、日本語の素晴らしい歌詞とメロディを持つ歌を積極的に掘り下げてみよう、と考えていますが、こうした子供のための歌ばかりを取り上げてみる、ということも、いつかやってみたい。さきほど、週末に中古レコード店で手に入れたピーター・ポール・アンド・マリーのアルバムを聴きながら、そんなことを思っていました。

本日の「レコード手帖。」は、平林伸一さん、久々の登場です。ぼくの大好きな連載のひとつ。先に書いた「誰かが誰かに恋してる」という曲、正直なところ作った本人も、たぶん歌った野宮真貴さんも、レコード会社の人間も著作権管理の代理人も忘れていた曲でしたが、なんと二年前に平林さんが選曲をしてくださった「ピチカート・ファイヴ・ウィ・ラヴ・ユー」というアルバムには収録されているのでした。

いま、福田和禾子さんと俵万智さんが作った「銀ちゃんのラヴレター」のことを書いていて、ハッと気づいたことがひとつ。作詞家というのも、つまりはリズム担当、ということですね。これは発見だ。では、きょうも。

10月17日

バッハの「ゴールドベルク変奏曲」を聴いています。高橋悠治さんの演奏による、DENONレーベル吹き込み盤。どういうわけか、家の中で発見しました。これはたぶん、コロムビアの長老、Mさんが要らないレコードを処分するから、と送ってくれた箱に入っていたのでは。あるいは、ウチの奥さんが買ったものか。

とにかく針を下ろしてみると、おお、グレン・グールドとは全然違うわ。でも、やっぱり同じ曲。こういう聴き比べは楽しいものです。クラシックのファンは、いつもこんな風に音楽を楽しんでいるのでしょうか。

先月、高橋悠治さんの企画・演出・音楽による「トロイメライ」という舞台を観てきました。如月小春さんの書いた短い作品、ということですが、ぼくはもちろん初めて観ました。

演劇についてはまったく門外漢なので、ここでは何も言わないほうが自分のため、ですね。でも開演してすぐに始まる高橋さんの柔らかいタッチの演奏には感激しました。

最近ピアノを弾き始めたぼくは、指使いも何もかも全て我流ですが、とりわけ足許のペダルがまだ全然うまく使えなくて、いつもぎこちない。どれどれ高橋悠治はどんな感じでペダルを踏むのかいな、と興味津々で見てみると、その足許は革のサンダル履きでした。カッコ良過ぎる。

むかし片岡義男さんのご紹介で、一度だけ高橋悠治さんと食事をご一緒したことがあります。そのときにお話を伺ったら、家にピアノは置いていない、あるのはクラヴィノーヴァという電子ピアノだけ、と言っておりました。うーむ。

さて、きょうの「レコード手帖。」は、麻生雅人さんの登場です。いつも知らない音楽の世界へと誘って下さる素晴らしい案内人。密林・吊り橋・秘境・魔窟・ゲットー、そして天国へ。

ところで「レコード手帖。」の原稿執筆者の皆さま。このページをお読みになりましたら…ひとつ宜しくお願い致します。

長谷川きよしさんのアルバム。皆さんはもうお聴きになりましたか? とにかく聴いた人は何かを感じないではいられない。そんな一枚です。

きょうは久し振りに岡山へ。楽しいＤＪをして参ります。では、更新。

軽い読み物など。

10月18日

「レコード・コレクターズ」誌の増刊、『ビートルズ名曲ベスト１００』という本の中で、ぼくも彼等のレパートリーの中から好きな20曲を選んでいます。楽しい企画に参加出来て嬉しかったのですが、本が届いて自分の選曲を読み返したら、一曲だけ、どうしても自分が選んだとは信じられない曲が入っていて驚きました。無意識に選んでしまった、とか?

自分の送ったメールを確かめてみたら、どこですり替えられたのか、やっぱり違ってます。29ページ、小西康陽の選ぶ「私のベスト20」、第11位は「抱きしめたい」なんかじゃなくて、「アイ・ウォナ・ビー・ユア・マン」ですよ。コラ、ミュージック・マガジン社の浅野さん、読んでますか?

ぼくの次のページの杉真理さんの回答に添えられた文章が楽しくて好きでした。大学時代、友人、知人を二人ずつ「自分にとってビートルズの曲にあてはめるなら」というゲームをした、というエピソード。たとえば当時のバンド仲間で妹分の竹内まりやさんは「ユア・マザー・シュッド・ノウ」というように。友人に順位がつけられないように、やはりビートルズ（の曲）に順位をつけるのは、辛いなあ、というレトリックが素晴らしいですね。

　ちなみに、竹内まりやさんから見た杉さんは「イエスタデイ」のイメージ、というのが、この文章のオチ。なんとも含みのある、みごとなエッセイだと思いました。

　この文章の話をさっそく自分の奥さんにしてみたのです。そうしたら、オレをビートルズの曲に喩えるなら、なんと「アイ・ウォナ・ビー・ユア・マン」だという。コレには驚きました。ちなみにこの曲、ストーンズのヴァージョンはもっと好き。そう、いまビートルズ・ナンバーを選ぶなら、多くの素晴らしいカヴァー・ヴァージョンのことを思い浮かべずには選べないですね。では、小西康陽の選んだビートルズ・カヴァー「ベスト20」。それは近々あらためて。

　きょうの「レコード手帖。」は、三浦信さん。なんと結婚、おめでとう。最近は忙しそうですね。オトコは結婚すると、なんだかんだと忙しくなるものなのよ。

　きのう、一日早くフライングで「岡山に行きます」と書いてしまいましたが、本日、土曜日こそ、岡山でDJです。楽しいレコードをかけて参ります。では、更新。

10月24日

　ここ数日、自室のパソコンにへばり付いて仕事をしています。これは気が滅入りますね。ここ数日、自宅で聴いた音楽。

・thelonious monk/plays the music of duke ellington

　悪いはずがない。でも最近モンクはソロが好き、ですね。

・tal farlow/tal

　最近、ジャズ名盤を買っているわけです。隠居生活。「you don't know what love is」が秀逸。室内楽ジャズ。他のトラックは意外なほどスウィングしている。

・the four freshmen/blue world(CD)

　英国el レーベルから発売されている、ということで買ってみたフォー・フレッシュメンのコンピ。もう一枚リリースされていて、そちらもいまオーダー中。でも編集盤としてはあまり感心せず。

・chuck & mary perrin/life is a stream(CD)

　知らなかったフォーク／ソフトロックのデュオのアルバム。音楽は悪くないと思うのだが、CDのクリア過ぎるサウンドが音楽と合っていない。アナログで見つけて聴き直すべきか。忘れるべきか。レア盤らしい。どうしようかな。

・keith jarrett/the melody at night, with you(CD)

　斉藤嘉久さんから（間接的に）教わったソロ作。少し前になぜか中学生の頃に聴いた「facing you」というアルバムを思い出して聴き直したら、え、こんなだったっけ、と少し失望したのだけれど、こちらは素直に素晴らしいと感じました。でも中学生で聴いたら、良さが解からなかったかも。白湯、みたいな音楽。

・ショスタコーヴィッチ／女ひとり(CD)

　映画音楽、とのこと。曲によってダイナミック・レンジ、というか、音量が驚くほど異なる。

ちょっとコワいくらいに。

・donald byrd/a new perspective

家の中で探すのにひと苦労するだろう、と思っていたら、別なレコードを探索中にあっさり出てきました。これはドナルド・バードの作品であると同時に、編曲のデューク・ピアソン、そして合唱指導のコールリッジ・テイラー・パーキンソンの作品。ブルー・ノートでいちばん有名なジャケットのアルバムだが、むしろCTIのコンセプトに近い、アフロ・アメリカンのためのイージー・リスニング。ずっとコールリッジ・テイラー・パーキンソンについて知りたいと思っていたが、マーヴィン・ゲイの「アイ・ウォント・ユー」もこの人のオーケストレイションだった。灯台もと暗し。ドナルド・バードのもう一枚や、マックス・ローチ「イッツ・タイム」も良いが、この人の手掛けた作品でいちばん好きなのは女性ジャズ歌手、マージ・ドッドスンのデビュー作。最高にチャーミングな編曲。

・ramsey lewis/ramsey lewis, the piano player

これもまた、アフロ・アメリカンのためのイージー・リスニング。とか言ってられないほど、いつ聴いても素晴らしさに興奮してしまう。例の「mother nature's son」の続編。そしてminnie riperton「come to my garden」のインスト編。キャデット・レーベル最重要盤のひとつ。どうして、誰のために、キャデット・レーベルはこんなにスゴいアルバムばかり作っていたのか。

・george martin/in my life(CD)

こんなCDが出ていたのですね。アルバムの最後の朗読がいちばん好き。リチャード・ハリス？ と思ったが、なんとショーン・コネリーでした。全体としてはノー・コメント。サントラ「アイ・アム・サム」のほうが好きでした。

・vladimir horowitz/schumann(CD)

クラシック音楽のことは門外漢なれど、素直に素晴らしい、と思った。ミネラル・ウォーターが美味しい、とか、炊き立ての新米が美味しい、とか、そういうのに近い感動。またゴハンのハナシかい。アルバムをただ流しながら、パソコンに向かって仕事をしていたら、最後に拍手が湧いて実況録音だと判って驚く。

・加藤和彦の世界(CD)

ソロ・キャリアと、ミカバンドの初期レア音源、ライヴ音源、そしてプロデュースを手掛けた秋川リサのシングル両面などを集めたコンピ。ビートルズ「ウィズ・ア・リトル・ヘルプ」を日本語の替え歌（？）で歌っているトラックが素晴らしい。加藤和彦という作家の本領は、「あの素晴らしい愛をもう一度」「白い色は恋人の色」「花のように」などのリリカルなフォークふう歌謡作品にある、ということをかつて示唆してくれたのはウルトラヴァイブ・高護さんだった。注目すべきはこのアルバムの随所で聴かれる加藤和彦のMC。吉田拓郎「ともだち」などでも聴くことの出来る「〜でありまして」「おぬし」というような70年代のフォーク・シンガー独特の調子。ミカバンドのリーダーとなってもそのスタイル。CDのラストに、北山修を相手にラジオで滔々と喋る会話が入っていて、これを敢えて収録した編集者の悪意さえ感じる。痛い「のであります」。

・V.A.／日本の合唱・混声編ベスト

渋谷「レコファン」のクラシックのコーナーで、2枚組380円。現代の日本の作曲家が、日本の現代・近世の詩人の作品に曲をつけた合唱曲ばかりを集めたベスト盤。これはたいへん興味深いレコード。久し振りに興奮を味わった。まず連想したのは、高田渡や六文銭といった、やはり詩人の作品を取り上げ、積極的にレパートリーにしたフォーク・アーティストたちのこと。このレコードのことは、近いうちに「レコード手帖。」かどこかで書いてみよう。大江田さん、前園さん必聴。じゃなくて、まず自分がもっと「合唱曲」を聴かなくては。東京混声合唱団のことを巷では「とうこん」と言うんですね。知らないことだらけ。

なんだか、よくある音楽好きのブログ、みたい。うひゃー。

本日の「レコード手帖。」は、久しぶり、猪野秀文さん。素晴らしい音楽家が、若いときの意外なバンド遍歴をカミングアウトしてくれてます。うーむ、ファンは衝撃、かも。お楽しみに。

でも屈託なく若いときのことや、恥ずかしかった過去のことをサラッと言えるのは、いまがカッコいい人なのよ、と知り合いの女性が言ってました。たいていは、このレコード、誰に教わって聴いた、とか、そういうことを隠して、ムカシから知ってたよ、って顔をしちゃいますものね。

週末のパーティーの告知です。10月24日金曜の夜は新宿ＯＴＯで「新宿ジャズ&ジャイヴ」です。とにかくハッピーな、最高のパーティー。ＤＪはごぞんじクボタタケシ、平林伸一、BOOT BEAT神谷直明、そして小西。あ、ダサいＴシャツは着ても着なくても。

そして10月25日土曜日の夜は渋谷オルガンバーで「BLUE CAFE」9周年のお祝いにゲスト出演させていただきます。このサイトの「レコード手帖。」でもお馴染み、圧倒的なスーパー・コレクター、ＤＪ鈴木雅尭さんはじめ、スモール・サークル・オブ・フレンズ東里起さん、三谷昌平さんほか、そうそうたるＤＪとの、久々の顔合わせ。楽しみ×１００。ライヴもあるみたいです。

このところ、「レコード手帖。」素晴らしい原稿が続いていますね。執筆者の皆様、お待ちしてます。では、きょうも支度が出来ました。更新しまーす。

11月1日

仕事仲間のＡくんが聴かせてくれたのが、ある学校の合唱部の録音。元々は女子校だったが、数年前に共学となった中学・高校・大学一貫教育の私立校。その学校の、いくつかの音楽サークルによる卒業アルバム？ の録音に何故か立ち会うこととなった、と言っていました。

ハンドベルの合奏に始まって、興味深い演奏が続きますが、中でも大学生たちによる合唱がやはり圧巻。「ア・リトル・ジャズ・マス」そして「グロリア」という、２つのミサ曲。Ａくんはジョージ・デュークのプロデュースした「サード・ウェイヴ」みたいなんスよ、と言っていましたが、実際に聴いてみると衝撃はそれ以上。自分なら、チャールズ・ステップニーが編曲した「少年少女合唱団みずうみ」みたいなんだよ、と伝えると思いました。

ピアノの伴奏をしていた合唱部顧問の先生が選んだというその楽曲の、作者は英国の作曲家ボブ・チルコット、という人。合唱曲ばかりを書く現代の作曲家、とのこと。さっそく調べてＣＤを注文しました。楽しみ。世の中にはまだまだ知らない音楽がたくさんある。まだまだ音楽に興味があります。

きょうから11月。きょうの「レコード手帖。」は久々の登場、樽本周馬さん。音楽のハナシではないですが、これもまた「レコード手帖。」に相応しい、と思いました。しばしお楽しみください。

今月はＤＪが9本。ライヴは1本。書かなくてはならない原稿が200枚以上。書かなくてはならない譜面が……目の前が昏くなる、とは岩谷時子さん訳詞の「サン・トワ・マミー」のフレーズでしたっけ。でも好きな言葉は「忙中閑あり」。なんとかなるでしょう。このウェブサイトもいまのところ毎日更新していますし。でも「レコード手帖。」の原稿ストックは、もうあと僅か。なんとかなるでしょう。では、きょうも。

11月10日

先週の金曜日、伊藤陽一郎くん、ミッツィー申し訳さんのパーティーに出演するために、宇都宮へ行ってきました。ゲストはぼくと、新作を出して間もない歌手のＢＯＯくん。

パーティーも良い雰囲気でしたが、ミッツィーさんに連れられて行ったレストランが凄かった。フレンチのビストロ。東京でも20年ほど前にはまだ在ったかもしれない、チェックのテーブルクロスを敷いた、懐かしい感じのお店。

ミッツィーさんがあらかじめ頼んでおいて下さったのは2500円の、夜の料理ではいちばん低価格のコース。ところが、これが本当にスゴイの何の、オードブル、というか、小さなお皿が次々と出てくる。こんなことをどこかに書くつもりではなかったから、メモも写真も撮っていませんが、憶えている限りでは、

凍らせた蜜柑と白桃のアミューズ。小さな葱のパイ。これが最初のお皿。

パン。バゲット。ドライフルーツ・黒胡椒のパン。

グリーンソースのオードブル三点。たしかラタトゥイユのような野菜の料理があった。

ほうれん草のキッシュ。温かいお皿。

茹で卵を黄色いソースで飾ったもの。もうひとつ何か。

白菜と鯛のミルフィーユのような。これも温かい料理。

里芋の冷製ポタージュ。天使の海老。豆の味のニョッキ。という盛り合わせ。

フォアグラを載せた栗のガレット、チョコレートソース添え。抜群の味だった。

グレープフルーツのジェリー。そして何か。

美しいピンク色の米のサラダ。その横に何か。もう思い出せない。

最後は各自が選んだ肉料理。ぼくは仔羊のローストを選びました。ちょっと驚きますよね。これで2500円。見事なものでした。ミッツィーさんからこんな料理、と電車の中で聞いたとき、ああ、いわゆる「スペインの宇宙食」、って感じの創作料理かな、なんて考えていたのですが、ひとつひとつはごくオーソドックスな、でもしっかり手間をかけた料理。テーブルについたメンバーはみんなちょっとした健啖家でしたけれど、この圧倒的なお食べ地獄には全員ヤラレました。

翌日、日曜日の別なパーティーのためにレコードを選んでいたときに、ふと考えました。昨夜のコースって、ＤＪが短いけれどピリッとした曲を次々かける、小一時間ほどのセットみたいなものだったのかも。どの皿にも細かい仕事がしてあって、オーソドックスだけど、誰もが美味しい、と思えて、その上、サーヴィスの仕方に驚きがあって。

でもこういう料理の反対側に、ステーキをた

だ炭火で焼いて塩で食べる、とか、北国から届いた蟹を黙々と貪り食う、とか、もっと単純に、とっても腹が空いているときに食べるお茶漬け、とか、そういうのがある。そういうときの、ただの旨さ、みたいな、そういう音楽の聴かせ方、というのもある。どちらも、リスペクトしなくては。また大仰なハナシをしてますね。

「レコード手帖。」、きょうと明日は2回連続でBOOT BEAT神谷直明くんの原稿を掲載します。コメントは控えていきます。読んでください。きょうから月曜。仕事週間。がんばりましょう、ってSMAPでしたね。では、きょうも。

11月17日

いつもレコードのことばかり考えている人、つまりコレクターは脳内の「セロトニン」という物質が不足している、という話が「ヴィニール・ジャンキー」という本の中に書かれていましたっけ。

そんなことを思い出したのは、週末にDJをしに行った浜松で、日曜の午後のお昼ご飯にみんなでハンバーグ・レストラン「さわやか」に行ったときでした。ちょうどリリース・ツアーで日本を南下中のオレンジ・レコーズ・クルーも加わった、にぎやかなランチタイム。

さわやか。静岡県ではみんなが知っている、一見ファミレスふうのハンバーグ・チェーンの名前。でもびっくりするほど美味しくてヴォリュームもたっぷりの、炭火焼きハンバーグが出て来て、すっかりヤラレました。

ランチョンマットの替わり? にテーブルに敷いてある紙には、牛肉の効能がたくさん書かれていて、そのひとつに精神の安定を守る作用のあるセロトニンの分泌を促す、と書いてありました。そう、コレクターになるような人は、コレが不足しているから何枚レコードを買っても満足出来ないのです。って。

ちなみにそのランチョンマットは、ウェイトレスさんが焼けた鉄製のお皿を運んできて、拳骨の大きさのハンバーグを横に真っ二つにしてくれる、内側のまだ赤い肉の部分をギュッと鉄皿に押し当てる、さらにオニオン・ソースをかける、というハイライト・シーンの間、席に着いたお客さんが自分で紙の両端を摘んで肉汁が撥ねるのを防ぐためのモノ。ああ、いま自分の文章表現力に限界を感じました。百分は一見にしかず。コレ(http://www.genkotsu-hb.com/)を見てくださいませ。

とにかく、最高のハンバーグ。挽き肉というには肉の繊維質がまだたっぷり残っている、言うれば食べやすくなったステーキみたいな。もっと相応しい表現や料理の専門用語があるのでしょうけど。自分がいままで食べた旨いハンバーグの第1位。いままでずっと都内の某レストランだったのですけどね。

そしてこれがセットで1000円ちょっと。浜松恐るべし。高いレコードより、安くてサイコーなレコードを発見したときのほうが脳内分泌物の量は多いですからね。

その後、いい感じのカフェに行って、大好きなレコード屋さん2軒を廻って、最高の日曜日が完成。でも金曜のオルガンバー、土曜の浜松セコンド、週末の素晴らしいパーティーの記憶も全て「さわやか」のげんこつハンバーグに持っていかれてしまうなんて。いや、YOHEIくん、オバタくん、そして浜松のクルーの皆様、ホントに有難うございました。それにしても「さわやか」、なんで東京にないんだよー!!

最近は食べ物の話ばかり書いてますね。ブログとか、ってそんなモンですか。さて「レコード手帖」、きょうは横浜在住のさわやかな酔っ払い、廣瀬大輔さんの登場です。ほろ酔いだからこその文体、ぼくには好もしいです。

今週はピアノの練習をしなくては。では、今週も毎日更新の予定、です。

11月26日

東京フィルメックスの広報・Oさん、という方が渋谷オルガンバーに何度か遊びに来て下さって、今度、クラハラコレヨシの特集上映をするのですけど、興味ありますか、と尋ねられたのは、もうかなり前だったような気がします。

クラハラコレヨシ。蔵原惟繕、という漢字だけはかろうじて思い浮かべることが出来たものの、映画はまったく観たことがない。

そうしたら、正式にトークイヴェントのオファーがあって、一度は断ったのですが、相手がミルクマン斎藤さん、ということもあって、何となく二度は断れず、無謀にも引き受けてしまったのです。

さっそくDVD-Rが送られて来て、一夜漬けを二日掛けて、観ました計7本。コレが面白いのナンの。自分が観た順番に書くと、以下の通り。

「狂熱の季節」

川地民夫主演の、ジャズ・ムーヴィー。不良青年。「クロンボのジャズを聴かないと俺は気が狂いそうになるんだっ!」　無軌道な若者が、インテリの、だが冷え切ったカップルと出会って、という話。長廻しの手持ちカメラ。スピーディーなアクション。まあ、メチャクチャな映画。「勝手にしやがれ」、の影響、といわれているらしいが、それより「黒いオルフェ」を思い出すようなポエティックな朝のシーンが素晴らしい。モノクローム。原作・河野典生。脚本・山田信夫。

「黒い太陽」

川地民夫主演の、ジャズ・ムーヴィー。廃墟となった教会を占拠するアウトローと、白人将校を殺して逃亡中の黒人兵士の遭遇とディスコミュニケイション。マックス・ローチのコンボが特別出演。何か、どこかが岡本喜八を連想させる、威勢の良い失敗作。レコード屋で予約していたレコードを受取るシーンとか、その買ったばかりのレコードを若い女性のハイヒールで踏んづけられてしまうシーンとか、部屋中に飾られたジャズのレコード・ジャケットとか。モノクローム。原作・河野典生。脚本・山田信夫。

「愛の渇き」

三島由紀夫原作・浅丘ルリ子主演の愛と性の文芸作品。死別した夫を紹介するスティルの積み重ねのシーンの白く飛ばされた画を見ていた

軽い読み物など。

ら、ああ、コレは早すぎた日活ロマンポルノなんだ、と気づく。「軽井沢夫人」とか、そういう映画。中村伸郎とのラヴシーン。俯瞰の会食シーン。裸祭りの夜、群衆の中で浅丘ルリ子がもみくちゃにされてしまうシーン。モノクローム。ラストのみカラー。脚本・藤田繁夫。

「憎いあンちくしょう」

石原裕次郎・浅丘ルリ子コンビ。永六輔とロッド・マッケンを合わせたような詩人でマスコミの寵児の裕ちゃんと、マネージャーで恋人のルリ子が東京から九州の無医村までジープを運ぶロードムーヴィー。ここでも裸祭りの群衆の中で浅丘ルリ子がもみくちゃにされてしまうシーンが。裕次郎の挿入歌が素晴らしい。信じ難いほど良く出来た脚本。ほぼ最初から最後まで泣いてしまった。大傑作。いままでに自分が観た裕次郎映画でこんなに良かったのは、と記憶を遡ってみると、「俺は待ってるぜ」が、なんとこの映画監督の処女作だった。川地民夫がワンシーン出演。脚本・山田信夫。

「ある脅迫」

金子信雄・西村晃のサスペンス中編。松本清張タッチのミステリー。これが小品ながら傑作。ドイツ映画の画面とルイ・マルの演出が出会うような。モノクローム。

「夜明けのうた」

岸洋子のヒット曲に合わせて作られた歌謡映画。ミュージカル女優に持ち込まれた新作は、彼女自身をモデルにしたドラマだった。そんな彼女の夜明けから夜明けまで。アニエス・ヴァルダ「5時から7時までのクレオ」の翻案。浅丘ルリ子の美しさ。岡田真澄の美しさ。岸洋子の歌の場面が見事な形でストーリーに組み込まれている。傑作。モノクローム。脚本・山田信夫。

「執炎」

これも浅丘ルリ子主演。戦争で溺愛していた夫を失う女の狂気の愛。幸福なシーンの積み重ねが生むサスペンス。フランソワ・トリュフォー作品のイザベル・アジャーニを思い出す。傑作。共演・伊丹十三。モノクローム。

レコード・プレイヤーが出てくる映画が7本のうち、5本。真夜中のターンテーブル、ただ廻り続ける。そういう歌を思い出したり。

こんなに素晴らしい映画の数々を観る機会を持つことが出来てラッキーでした。そして牛乳屋フランキー、ではなくてミルクマン斎藤大先生、今回も有難うございました。斎藤くんの絶妙なトークのおかげで、なんとか無事にトークショウは終わりましたが、東京フィルメックス、まだスタートしたばかりです。

「レコード手帖。」きのうに引き続き、チャーベくんの楽器コレクションの話。ぼくは楽器に執着がないのですが、これは楽しいハナシですね。チャーベくん、アリガトございます。

今週週末は、ぼくもチャーベくんよろしくＤＪ兼バンドマン生活。金曜の夜は新宿ＯＴＯでＤＪ。土曜の午後は池上本門寺でバンドマン。土曜の夜は渋谷オルガンバーでＤＪ。いつ寝るの、とか、いつ原稿を書くの、とか。いえいえ、映画を7本ぶっ通しで観るよりはラクであります。さあ、本日も。

また遇う日まで。

ぼくは作詞家・阿久悠といままでに何度、接近遭遇しただろうか。いちばん最初にこの人の作品を聴いたのは、「白い蝶のサンバ」だったか、

「白いサンゴ礁」だったか、それとも「また逢う日まで」だったろうか。自分にとっては「白い蝶」は森山加代子の、「サンゴ」は村井邦彦とズー・ニー・ブー（町田義人）の、「また逢う日まで」は筒美京平と尾崎紀世彦の作品であって、いずれにしても阿久悠の作品、という認識はない。

　この作詞家の名前と顔を、自分がはっきりと認識したのは、やはり「スター誕生」というTV番組ということになるのだろうか。毎週日曜の午前中、我が家では家族四人が揃って食卓を囲みながらこの番組を観ていた。あるとき、この番組にひとりの美しい女の子が登場した。とりたてて歌が巧いわけでもなく、司会の萩本欽一との会話が弾むわけでもなく、審査員の質問にもおずおずと答えるだけ。だがぼくは、彼女にひと目ぼれしてしまった。この女の子なら、もうそこにいるだけで素晴らしいのに。ところが、この優しく微笑む少女に対して手酷く叱りつけたのが、他でもない阿久悠だった。きみはどういうつもりで此処に出てきたんだ。甘っちょろい考えでスターになれるなんて思うな。何もそこまで言わなくてもいいじゃないのよ、という表情で欽ちゃんもフレームの外側に視線を泳がせていた。その後、この少女が何かのかたちで芸能界入りしたとかいう話はまったく聞かない。もちろんぼくも、その美少女のことをすっかり忘れていた。だが今世紀に入って、野本かりあ、という女性歌手の「カアリイ」というアルバムを作り終えたとき、ぼくは不意にその少女のことを思い出した。そうか、自分がこの作品に対してこれほどまでに力を込めていたのは、かつての美少女がコンテスト審査員の作詞家から受けた屈辱に対するリヴェンジだったのか。そんなことを考えた。

　2度目の接近遭遇は1986年、自分がレコード・デビューした翌年のことだ。和田アキ子が久し振りに阿久悠の詞で新曲を出すのだけど、作曲家のほうはコンペで、いまベテランの作家から新人まで、ひろく集めているんだけど興味ありますか？　知人が紹介してくれたその仕事に、ぼくは飛びついた。だがそのときも、自分にとって興味があったのは歌手のほうで、歌詞でも作詞家でもなかった。「もう一度ふたりで歌いたい」というタイトルの歌詞はすでに出来上がっていて、四百字詰め原稿用紙に書かれていた。原稿用紙の一枚目は、縦書きで題名だけが大きく書かれた墨書。なんとも泥臭いが、これがあのヒットメイカーのスタイルだった。ぼくはそのとき、自分でいうのも可笑しいが、かなり頑張って良い曲を作ったと思う。スケールの大きなバラードで、なおかつ洋楽の愛好家が聴いても、けっして舌打ちすることはないようなメロディ。その後、別な作曲のコンペに、使われなかったこの曲を出してみて、レコード会社のディレクターから激賞されたこともある。だがそのときも、やはり使われることはなかった。そういうタイプの曲。そのメロディはやがて、ブリッジ部分をある若い女性歌手のアルバムの中の曲に、サビを何かのCMか劇伴のために流用してしまった。そして和田アキ子さんにはその後、何曲か歌を書くことになったし、やはり何曲かはボツになった。

　悔し紛れに言うのではないけれど、ぼくはここで阿久悠、という作家のことを手放しに持ち上げるつもりはない。やはりこの作家が才能を発揮することが出来たのは、あるひとりの歌手を売り出していく、とか、大きくイメージチェンジを図る、とか、そうした企画ありき、プロジェクトありき、の作品を手掛けるときではなかったか。作家としての最盛期を過ぎた80年代後半以降、誰もがシンガー・ソングライターになってしまった時代に対して、この人はよく「等身大の歌ばかりになってしまった」と嘆いていた。だが阿久悠その人は、凡百の自作自演歌手たちのように、貧しいボキャブラリイを駆使し苦吟して、誰よりも自分が歌いたい歌を作ろうと試みたことがあるのだろうか。「書き下ろし歌謡曲」という本は、その意味では阿久悠自身が作りたい歌を集めた本なのだろうが、もちろん華麗なヒット曲を集めたアンソロジーのようには鮮やかではない。松本隆と阿久悠は、そのヒット曲の数からもよく比較されるが、「はっぴいえんど」というバンドで自分のための言葉を探すことからスタートした松本隆は、やはりボブ・ディランとザ・ビートルズ以降の作家なのであって、阿久悠とは決定的に出自が異なる。シンガー・ソングライターであるべきだった松本隆は、瑞々しいセンスと驚くべきスキル、そして強い競争心とで業界のニーズに応えていたのに対して、阿久悠はやはり元コピーライター、自らプロジェクトを立ち上げるのは得意中の得意、企画書を書くように悠然と作品を書いていたのではないか。悠然、か。

だから、この人の作る歌の言葉は、それは見事だと思う曲も数多くあるけれども、なぜか自分の心には響いてこない。北原ミレイの歌った「ざんげの値打ちもない」という曲の歌詞を塚本邦雄が絶賛していたのには驚いたが、この歌でさえ、寺山修司が書くようなバラッドを、自分はもっと巧く書ける、と腕自慢をしてみせたかったように思えてならない。あるいは山本リンダの「きりきり舞い」という歌。詞も曲もじつに美しく、ああ、近田春夫はこの歌を下敷きに「ジェニーはご機嫌ななめ」を作ったのか、と気づくなら、よりいとおしく思えてくる歌だが、たった一行「祭が近いだけでも」というラインの、祭、という言葉の響きのせいで、ぼくはこの歌をカヴァーするのをためらうだろう。沢田研二。ピンクレディー。ペッパー警部。ジョニーへの伝言。北の宿から。売れたけれど、何だか恥ずかしい。ジョニー、っていうのが恥ずかしい。そう、この人はどこか、オシャレじゃない作家なのだ。筒美京平はそれを直ちに見抜いていたのだと思う。詩人としてのデリカシーやウィットに欠ける人だからこそ、毎年の高校野球を観戦した「感動詩」なんていうものを書くことが出来たのだ。そも

軽い読み物など。

そもこの作詞家は、本当に心から歌謡曲が好きだったのか。音楽が好きだったのか。

あるいは自分が本当に歌いたい、「等身大の」本音の歌を書かなかったのは、シャイネスがあったから、という考え方も出来る。この人が本当に書きたかった言葉は、じつは歌詞ではなくて、小説やエッセイにあったのだろうか。その小説もすぐに映画化したり、大掛かりなプロジェクトに変えていくのは、自己満足で終わらせるのが恥ずかしい、という、この人独特の含羞の顕れと考えるなら納得も行く。

そして3度目のニアミス。渚ようこの「novella d'amore」というアルバム。なんと阿久悠の歌詞に曲を付けてほしい、という依頼が来たときだった。少しだけ考えて、この仕事はお断りした。90年代以降、自分は作詞・作曲・編曲、すべてを手掛ける作品しか引き受けないことにしていたのだが、このとき、すでに阿久悠氏の歌詞、元ソウルボッサトリオ松本俊行氏の編曲、ということが決まっていた。それが表向きに断った理由だったのだが、本当のことを言うなら、何故だか分からないけれど、この仕事は引き受けてはいけない、何かよくない、困難のようなことが起きる、と感じていたのだった。まさかそれが詩人の死であったとは、もちろん思いもよらなかったのだが。

けっきょく一度も遇うことのなかったこの作詞家について、こうして考える機会を持つのもまたニアミスのひとつ、と数えてもいい。ジョニー、とか、マリー、というセンスじゃなかったら、あの短い映画のような歌が大衆の心を掴んだかどうか。ペッパー警部、という陳腐なタイトルも、父親がお巡りさんだった、と言われたら返す言葉がない。何も言わず都倉俊一に5000枚のスコア用紙を贈ったように、あのときの美少女への叱責は、彼女を永遠に誰かの心に刻みつけておくための咄嗟のアイデアだったのか。逝ってしまった詩人に対して、批判的な言葉ばかりでは後味が悪い。いまの自分にとって、この人の歌の中で最も好きなのは「人間はひとりの方がいい」という作品である、と書き添えておく。

軽い読み物など。

きょうからスタートするこのブログだが、まず通しタイトルを付ける、というところでいきなり躓いた。気の利いた言葉が降りて来ないのだった。

かつて、あるサイトに書いていた毎日更新の文章の通しタイトルは
「おはようございます。こんにちは。こんばんは。」
というものだったが、これは悪くないアイデアだった。毎晩、深夜零時に更新していたが、読者はいつ読むのかはっきり分からない。だから、この題名は都合が良かった。いつも言うことだが、こんなふうに悩まずに出てくるアイデアがいちばん出来が良いのだ。

けっきょく今回は、内容から命名した。日頃、自分が愛しているものといったら、すべて「軽い」、という字が付くものばかり。軽音楽。軽食。軽いお飲み物。

毎日更新など、とんでもない。それほど暇ではない。いや、いま嘘をついた。あまり暇だと思われては困るので。とはいえ、忘れられない程度に更新していきますので、ひとつ宜しくお願い致します。

きのうから、日系アメリカ人のことを考えている。いや、アメリカ人、と限定しなくとも構わない。ラジオ番組のナレーションの仕事を頼みたいのだ。J-WAVEが開局してから、よく耳にするようになった、日本語も英語も共に流暢な「バイリンガル」のディスク・ジョッキーではなくて、むしろどちらの言葉も不器用そうに話す、日系人。

最初にイメージしたのは、かつてラジオ関東で「ポート・ジョッキー」という音楽番組を担当していたケン田島氏だ。ビリー・ヴォーンの「ハーバー・ライツ」、という曲がテーマとして流れると、この人のナレーションが聞こえてくる。長

く続いた番組だと聞いたが、自分は1970年代の後半の一時期に耳にしたことがあるだけだった。その日本語は流暢、というより、むしろ「普通」に聞こえたが、ただ、何か、どこかが妙にバタくさい、と感じた。日系人ではなくて、留学経験者、あるいは帰国子女のひとりだったのだろうか。

糸居五郎氏。小林克也氏。どちらも大好きなディスク・ジョッキーだったが、彼らも日系人というわけではないはずだ。糸居さんの喋り方は、かなり変わっていたが。あんな話し方をする人がいたら、それはたしかにディスク・ジョッキーになるより他にない。

これから自分が作ろうと考えているラジオ番組の中で求めているイメージに、おそらくいちばん近いのは、かつての巨人軍選手・与那嶺監督だろうか。自分は野球ファンではないが、いつかTVでこの人の話すのを聞いて、忘れられない印象を受けた。なぜか懐かしい、と感じる、何だか泣けてしまうような喋り方だった。オールド・ボーイ、という言葉が相応しい人。

あるいはティーブ・カマヤツ氏。ギタリストで歌手。ごぞんじ、ムッシュかまやつさんのご父君である。だが、自分がどうしてこの人の話し方を知っているのか。知っているはずはない。自分が知っているのは、細野晴臣氏のアルバムの中の「ジャパニーズ・ルンバ」、という曲、ムッシュが親子共演した『ファーザー&マッド・サン』、というアルバムのCD、そして映画『M☆A☆S☆H』のサウンドトラックで何曲か聴くことの出来る歌声だけなのだが。

そういえば、大昔、たぶん1990年のはずだが、ピチカート・ファイヴのメンバーとして、あるロック・コンサートにゲスト参加したときのことだ。それはたしかギタリストの伊藤銀次さんが中心となったコンサートだったはずなのだが、いまでは自分たちが何を演奏したのかさえも記憶にない。

たったひとつだけ憶えているのは、大きな楽屋で、やはり当日の出演者だったムッシュかまやつさんと山口冨士夫さんが親しそうに話していたこと。たしかムッシュはエレクトリック・ギターを、もしかしたら山口氏もやはりギターを抱えていたかもしれない。彼ら二人の会話を強烈な印象として記憶しているのは、ムッシュがいつもの調子でニコニコしながら、山口氏に対して「ユー」は、さあ」、と話しかけていたからだった。

そのことを自分は忘れられずに、いかにも音楽業界の人、あるいは芸能界の人らしいエピソードとして、何度か知り合いにも披露した。もちろん、ちょっとした笑い話として。だが昨日、カタコトの日本語を話す日系人のことを調べていて、とつぜん気づいた。そうか、ムッシュはティーブ氏の許で育ったのだ。ムッシュや、あるいはジャニー喜多川さんが「ユー」、と使うのは、彼らにとっては不自然なことではなかったのだ。

けっきょく、ラジオ番組ではカタコトの日本語を操る「日系二世」を見つけることが出来ずに諦めた。まったく違うアイデアを、いま探しているところだ。

もしもあの世に行けたら。

ターンテーブルの横に鋭利なペイパーナイフがある。12インチ盤や米国盤の新譜のファクトリー・シールを開封するために買ったのだが、最近は殆ど出番がない。先日、一枚だけ封を開けて聴いた日本の若いミュージシャンの作品も、悪くはないが感動しなかった。もはや自分は古い音楽しか愛せないのか。

今野雄二の死から、もうすぐ一年が経つ。この人の著作を纏めた本が、なぜ未だに作られないのだろう。そのことをずっと考えていた矢先、中村とうようが亡くなった。これが最近の自分にとって、いちばん大きなニュースだった。

とても自殺するような人だとは思えない、という声もあった。それは誰にもわからない。だが、レコードや楽器をはじめ、自分の蒐集していたコレクションを整理し、武蔵野美術大学に寄贈していたというのだから、死を見据えて生きていた人だった、と考えるほうが、愚かな自分には少しだけ理解し易い。

あれは1970年の6月号だったか、ビートルズが表紙に描かれた『ニュー・ミュージック・マガジン』を父親が買い与えてくれて、翌年の1971年3月のB. B. キングが表紙の号から、自分はあの雑誌を定期購読するようになった。そこから、自分は音楽以外のたいていのことに興味を失ってしまった。

その雑誌の創刊当時の編集長であった中村とうようには、大きな影響を受けないはずはなかった。そのことを書き始めたなら、あまりに取り留めがなくなってしまうに違いないので、ここでは書くことを諦める。

ただ、いくつか。創刊当時の『ニュー・ミュージック・マガジン』には、〈今月のグッド・デザイン〉という、レコードのジャケット・デザインに対して寸評を加える連載コラムがあった。このコラムが、自分に与えた影響は計り知れない。創刊当時の執筆者は矢吹申彦氏だった。

そして、創刊からしばらく経ったある時期から、今月のヴォーカル、というコラムが出来た。その執筆者は中村とうよう。このコラムによって、自分はブロッサム・ディアリーやローズ・マーフィーを知り、メル・トーメの名前を知ったのだった。ヴォーカル、と言えば、五木ひろしは歌が巧すぎて、と書いていたこと、さらには玉置浩二の圧倒的な歌唱力のことなどを書いていたことも忘れられない。

そんな中村とうように、自分は会ったことはなかった。だが、見かけたことなら、もちろんある。あれは、自分が大学生だったから、たぶん1980年頃だと思うのだが、東京のどこかの場所で、映画『ストーミー・ウェザー』を初めとして、ニコラス・ブラザーズやキャブ・キャロウェイなどの、アメリカ黒人の大衆音楽・大衆芸能の映画を上映する催しがあって、当時、そういう音楽に興味を持っていた自分は、観に行ったのだが、そこに中村とうようその人がいた。

髭を生やした彼は上映前の時間、ずっと「諸君」という雑誌を読み、顔を上げることはなかったが、会場にいた誰もが、あれが中村とうようか、と思ったに違いない。

中村とうようの死のニュースが流れたとき、多くの人が、彼がクロスレヴューで誰のアルバムに0点を付けた、とか、マイナス10点を付けたとか、そんなことを面白おかしく、あるいは苦々しく書いていたのを読んだ。残念なことだと思った。

6点や7点のような、当たり障りのない点数を付けても、人は誰も憶えてくれはしない。だが、0点やマイナス10点なら、人はその作品に興味を抱き、また採点者のことも忘れられなくなる。音楽に対して強い好奇心を抱かせることこそ、音楽評論家の仕事だと考えるなら、当然のことではないか。

そういえば、何年か前、まだ自分がアルコールを嗜んでいた頃、深夜のオルガンバーでジャズ歌手のａｋｉｋｏさんと遇ったときに、唐突に、「音楽評論家の中村とうようさん、って、亡くなったって本当ですか?」、と尋ねられたことがあった。咄嗟に、そんな話は知りませんけど、と自分は答えた。

どうやら、何かの勘違いだったようだが、その頃、自分とａｋｉｋｏさんが急速に接近したのも、いわゆるジャイヴ、と言われる音楽を介してだったこと、そして、自分がジャイヴ、と呼ばれる音楽、あるいは、ジャイヴ、あるいはファンク、と呼ばれる感覚を知るようになったきっかけの全ては、中村とうよう、というひとりの音楽評論家が煽動したからだった、と、何となく思い出したのだった。

金曜日の夜、新宿ＯＴＯで、明け方のフロアに人もまばらな時間に、平林伸一さん、神谷直明くんと二曲ずつ、バック・トゥ・バック、という呼ぶ程でもない緩慢さで交替にレコードを掛けた。そのとき、自分がプレイしたのは、PIZZICATO ONEのアナログ盤から「もしもあの世に行けたら SUICIDE IS PAINLESS」、という曲、そして、原田芳雄の「愛情砂漠」のシングルだった。

二人を追悼するつもりでレコードを持ってきた訳ではない。「愛情砂漠」は、その裏面の安田南「赤い鳥逃げた」を最近よく掛けていたので、バッグに入っていたのだった。

惨状、としか呼べないような事態を忘れさせるために新たな惨事が起き、誰かの死を忘れさせるために次の誰かの死がやってくる。最近のニュースを見ていると、世界はそんな感じだ。

こんな話を書くために引き受けたブログではなかったはずだ。

what are you doing this week end?

かつて、『ＳＵＢ』、という雑誌があって、その季刊4号、というのを中学2年生のとき、渋谷の大盛堂書店の1階で買った。雑誌とは謳っているものの、毎号、判型の変わる不思議な本だった。この第4号はペイパーバックの形をしていて、特集は「情報のカタログ　メッセージはメディアである」、というものだった。

当時、中学生だった自分がこの一冊を手に入れたのは、その号の真ん中辺りに、写真家の浅井慎平とイラストレイターの湯村輝彦が組んだ特集が全18見開き、36ページにわたって掲載されていたからだった。

その特集の通りタイトルは

what are you doing this week end?

〈週末は何をするの?〉というもので、ページを開くと左側には〈with WHISKY〉と一言だけ、そして右側には湯村輝彦の描くイラストでウィスキーのボトルの絵が置いてある、という、何とも贅沢な遊びのページだった。

with WHISKY
with BEER
with CIGARETTE
with TOBACCO and PIPE
with ASH TRAY and MATCH

ここで浅井慎平の写真による見開きがあって、

再び次のページから

with TRANSISTOR RADIO
with TELEVISION
with MAGGIE
with TOM
with BLOODY MARRY
with BUBBLE GUM
with SHOWER
with RECORD
with PALM TREE
........and

という具合に展開する。全てのページが湯村輝彦のイラストをあしらっている訳ではなくて、〈with MAGGIE〉、というページにはやはり浅井慎平による女性の写真が、〈with TOM〉、というページには無署名であるが、たぶんやはり浅井慎平による文章がページの中央に箱組みでレイアウトされている。

だが、いちばん印象的だったのは〈with RECORD〉、と書かれたページで、そこでは左側ページに小さな活字で45枚のレコードのタイトルとレコード番号のリストが掲載されているのだった。

いまでこそ、DJや音楽家による、好きな楽曲を並べたチャートとか、リストというものを普通に目にするのだが、ヒット曲の売り上げのチャートでも、単独のアーティストのディスコグラフィーでも、レーベルのカタログでもない、順不同の、ただの好きなレコードのリスト、という物を見たのは、自分にとっては初めてのことだった。

たぶん、浅井慎平のお気に入りだったのだろう、ジャズやロックやブルーズやクラシックのLPを無作為に並べたこのリストの、最後の11枚は全てスウィート・ソウルのアルバムで、これは間違いなく湯村輝彦さんの趣味なのだろう。その後、「愛と憎しみの小部屋」をはじめ、沢山見てきてはその度にワクワクした湯村さんのソウル・ミュージックのリスティングの、これは自分にとって最初の出会いだったのだと思う。

この〈サブ季刊4号〉、そして他の号も、どれも見て面白い本なので、集めてみる価値はある。そう書いている自分も、持っていない号があるのだが。〈季刊サブ〉6号は、「朝日のようにさわやかに・WESTCOAST '73」、という副題を持つ大判の一冊で、この号にはやはり不思議なレコードのページがあって、ジャケットも掲載されていた。いま、この文章を書く為に見直したい、と思って探したが、あれほどの大判なのに出てこない。それは以前、ムッシュかまやつさんから譲り受けた一冊で、たしかムッシュも何か書いていた。まさにそのレコード・ジャケットのページがムッシュによるものだったような気もするが、とにかく見てみないとハッキリしない。

さて。ここまでの話は枕なのでした。夏休み気分なので、自分も好きな曲ばかりを無作為に並べたリストを作って、ここに掲載したい、と考えたのだった。

出来れば、全てシングル盤で持っている曲にしたかったが、7インチでそれを所有しているかどうか、確かめていたら、気軽に選ぶことはできなくなってしまう。だから、〈たしかシングル盤で持っていたはず〉の、〈夏に聴きたい50曲〉のリスト、ということで。70年代の曲が多いのと、ソウル・ミュージックが多いのは、どちらも〈季刊サブ〉4号のリストの影響だと思ってください。

このリストの50曲を考え、タイプするのに、約一時間掛かった。アルファベット順に並べ直すのに15分、さらにスペリングのミスをチェックするのに、やはり15分ほど掛かった。だが、1曲が約3分だとして、ユーチューブで検索すれば、たぶん全て出てくるだろうが、全て聴くには150分掛かるはずだ。さらに家の棚からレコードを探して揃えるには丸1日掛かるだろう。だから、そんなことはせず、知っている曲ならば、頭の中で再生するのが理想的だし、時間も掛からない。知らない曲は、自由に想像してくれるほうが嬉しい。では、リストをどうぞ。

Rance Allen Group/(there's gonna be a) showdown
The Blackbyrds/walkin' in rhythm
Buffaro Springfield/rock'n'roll woman
Captain & Tennille/the way I want to touch you
Dennis Coffey/scorpio
Cornelius Brothers & Sister Rose/too late to turn back now
Earth, Wind and fire/shining star
Jonathan Edwards/sunshine
Percy Faith Orchestra/theme from the summer place
Roberta Flack & Donny Hathaway/where is the love
The Four Seasons/who loves you
Grand Funk/sally
Al Green/let's stay together
Hamilton, Joe Frank & Reynolds/don't pull your love
Brenda Holloway/you've made me so very happy
Honey Cone/want ads
The Intrigues/the language of love
The Intruders/love is just like a baseball game
The Isley Brothers/that lady
Jackson Five/dancing machine
Jamestown Massacre/summer sun
Elton John/daniel
Syl Johnson/different strokes
Kool & The Gang/chocolate buttermilk
Nicolette Larson/lotta love
Dandy Livingstone/big city
The Looking Grass/brandy
Paul McCartoney & The Wings/listen to the man said
The Moments/sexy mama
Mungo Jerry/in the summertime
Ohio Players/fire
Freda Payne/the band of gold
The Pointer Sisters/bring your sweet stuff home to me
The Persuaders/thin line between love and hate
The Presidents/5-10-15-20-25-30(years of love)
The Rascals/lucky day
Redbone/come and get your love
Rufus/tell me something good
Runt/we gotta get you a woman
Seals & Crofts/summer breeze
The Spinners/could it be I'm falling in love
Sly & The Family Stone/hot fun in the summertime
The Staple Singers/heavy makes you happy
Starbuck/moonlight feels right
Steely dan/rikki don't lose that number
Sugar Billy/super duper love
Frankie Valli/swearin' to god
War/all day music

Bobby Womack/check it out
Stevie Wonder/boogie on reggae woman

軽い読み物など。

ところで。

前回のブログの文中に書いた、PIZZICATO ONEのアナログ盤というのが、もうすぐ発売になる。これは自分にとって、ただ新しいCDのアナログ・ヴァージョン、という以上の意味を持っている。この作品の40分、という時間を、ぜひアナログ・レコードで体験して欲しいのだ。もちろん売れても利益が出る訳ではないが、売れなければ赤字が出る。自分の会社で作っているのだから、もちろんコストも把握している。

ご興味ある方は、こちらを。8月3日発売予定です。

低血圧。貝殻を売る商売。終わりの季節。

むかし、原田芳雄の「レイジー・レディ・ブルース」をオープニング・テーマに使ったドラマがあったはずだ、と思い出したのは、やはり俳優が逝去した直後のことだった。萩尾みどり、という女優が出ていた刑事物ドラマ、とだけ憶えていた。彼女の名前で検索してみると、出てきた。「チェックメイト78」という題名だったのか。鮎川哲也の推理小説を原作に持ち、松方弘樹がヨレヨレのレインコートを着て主演する、刑事コロンボさながらの番組だったらしい。

じつは当時、萩尾みどり、という女優の大ファンだったので、この番組を観ていたが、美人女優よりも何よりも、「低血圧なんだよ、あたい。お昼過ぎなきゃ起きられない」、と歌い出す原田芳雄の歌声に強烈な印象を受けたのだった。

ずっと後になって、たしか夏木マリさんのアルバムを作るときに、そう言えばあの曲、と思い出して、レコードを取り寄せて聴いてみると、どうも自分の憶えているヴァージョンとは違う。記憶にあるヴァージョンでは、原田芳雄の歌が何の伴奏もなく、いきなり太い声のアカペラで始まるのだった。いま、ユーチューブで検索しても、このアカペラで始まるヴァージョンは見つからなかった。

ちなみに、その「チェックメイト78」、という番組のエンディング・テーマは、はっきりと憶えている。エラ・フィッツジェラルドとルイ・アームストロングのデュエットによる「アラバマに星落ちて」、という曲だった。この番組でその曲を知って、「エラ&ルイ」、という二枚組の高いレコードを買ったのだから。後に自分が選曲した「レディメイド・ディグス・エラ！」、というCDでも、やはりこの曲をラストに収録した。

すこし前の話。音楽家の松田岳二さんが開いた画廊、キット・ギャラリーでシスター・コリータの作品展を観てきた。最終日に何とか間に合ったが、やはり素晴らしかった。作品はどれもカラフルで力に溢れていて、それだけでも十分なのだが、そのどれにも値段が付いていて、購入することが出来るのだ。これはまったく悩ましい。画廊の主人に、どの作品がいちばん好きか、後から尋ねられたが、そんなことはもちろん教えられない。

　ところで、そのギャラリーのある、原宿の一角のロケーションが素晴らしかった。小雨が降っていたせいで、さらに美しく見えた。１９７０年代の雑誌「アンアン」が紹介していたような、懐かしい原宿。懐かしい東京。大学生の頃は自分にも、アンティーク・ショップの主人とか女主人とか、マンション・メーカーのパタンナーとか、輸入レコードの買い付け人とか、働いているのか遊んでいるのか判らない人が知り合いとしていた。いまはそういう人たちをあまり見かけなくなった。

　音楽を仕事にしている松田岳二さんが画廊を経営する、というのは、なんだか納得出来ることだ。本当は値段などつけようのない物に、取りあえず値札を付けて売る商売。資本主義社会のいちばんこちら側にしか存在しない職業、とも言えるし、道端に並べた貝殻を売る商売にも似ている、とも考えられる。それでも、ロンドンの一角の、ジョンとヨーコが出会ったようなギャラリー、あるいは、ポール・マッカートニーが出資してスタートしたブックショップをつい連想してしまったのは、夏の午後の小雨のせいだったか。

　きのう、渋谷のレコードショップで買い物をして帰宅した後で、レイ・ハラカミさんの訃報を知った。脳出血。40歳、という若さだった。

　彼と会ったのは、一度だけ。２００６年の６月に、パリ郊外にある音楽大学が主催する音楽祭の「日本特集」のような夜のプログラムに招待されたとき、ハラカミさんも一緒で、ご挨拶をして、舞台袖から彼のステージを観ていた。40分ほどの短いライヴで、終わった後で、何かあまり上手くいかなかった、というような事を話していた。朴訥とした、どこか人懐こい話し方で、彼の音楽と通じるものを感じた。

　とはいえ、そのとき自分が彼の音楽の熱心なリスナーであったか、と言えば、けっしてそんなことはなくて、多くの人から名前を聞くけれど、どんな音楽なのだろう、というような興味の持ち方で、アナログ盤を一枚買ってみた、というだけだった。

　その後、くらもちふさこ原作の『天然コケッコー』、という映画の試写を観に行ったら、この人が音楽を担当していて、それは意外なほど映画の中の田園風景と合っていた。ギターの音色が人工的にベンドするのが印象的だった。ただし、自分はつねづね、〈映画音楽は映画よりも印象に残ってはいけない〉、と考えていたのだけれど。

　それより、やはり２００６年６月のパリに、気持ちは戻っていく。このパリへの小旅行のちょうど一箇月後、自分は脳出血（くも膜下出血）で入院したのだ。ハラカミさんの後、自分もＤＪをして、そのあとパリ市内に戻り、どこかの安レストランで鯨飲したはずだ。頭の中に破裂しそうな血管があることも知らずに。

　そのとき自分は47歳。自分は一瞬の痛みを味わっただけで、けっきょくいまもまだ、生きている。若い音楽家が逝くのではなく、お前が死ねば良かったのに、と考える人も多いだろう。まったく、その通りだと思う。

　昨夜はハラカミさんが細野晴臣氏の「終わりの季節」をカヴァーしたトラックを、ユーチューブで聴いた。あまりに呆気なく終わってしまうので、けっきょく4回、繰り返し聴いた。〈ナタリー〉という音楽情報サイトの、彼の死を報せるページに掲載されていた写真は、たった一度だけお目に掛かったときに感じた彼の人柄をそのまま写しているように見えた。

魔法使いのことなど。

昨日、目黒シネマ、という名画座で、アニメーションの二本立てを観た。ウェス・アンダーソン監督の『ファンタスティックMr FOX』、という作品と、シルヴァン・ショーメ監督による『イリュージョニスト』、という作品。どちらも楽しんだ。

どちらも楽しんだ、というのはもちろん本当だが、正直に書くなら、自分が観たかったのは『イリュージョニスト』、という映画の方だった。目黒シネマは二本立てで大人１５００円だが、最終回の一本だけなら９００円。きょうは映画に行こう、と決めたのが夕方の6時過ぎで、次の回は19時15分の『ファンタスティックMr FOX』、最終回の『イリュージョニスト』は21時ちょうどからの上映。21時まで待っても良いが、ここ数日、寝不足気味の自分はその時間まで待つことが出来ずに眠ってしまうのではないか。というわけで、二本とも観ることに決めた。観たい映画を選ぶのは、いつもこんな具合だ。

『ファンタスティックMr FOX』は、まるで子供の頃に観た人形アニメのようで、演出もシンプル。これは本当に子供向けなのかもしれない、と思いながら観ていると、いつの間にか引き込まれている。ビーチ・ボーイズの「英雄と悪漢」、そしてローリング・ストーンズの「ストリート・ファイティング・マン」が使われていた。

お目当ての『イリュージョニスト』。期待以上に素晴らしい作品だった。ジャック・タチの遺したシナリオを元に、シルヴァン・ショーメがアニメ化したもの。初老の手品師が旅から旅への暮らしの途中で若い娘と出会い、そして再び孤独な旅暮らしに戻るまでのスケッチ。主人公の手品師のキャラクター・デザインはジャック・タチそのもの、と言っていい。

この映画を観ていて最も感動したのは、美しい風景の描写だった。湖上の鉄橋を渡る列車。小窓から吹き込む風。坂道のある街角。ショウウィンドウに点る明かり。夜のペイブメント。朝の光に輝く街並み。あらゆる場面から、ヨーロッパのひんやりとした空気がはっきりと伝わってくるのだ。ロシアの人形アニメ作品『チェブラーシカ』を観たときも、自分がいちばん感心したのは同じく、澄み切った空気の冷たさを伝える街角の何気ない風景だった。初老の旅芸人と若い娘の触れ合い、というストーリーを持っている点で、このふたつの作品は似ている。

軽業師や腹話術師など、旅芸人たちが集まる安ホテルに、手品師と娘は宿をとる。そのシーンを観ていて、自分は30代の終わりにドイツやオランダの街をＤＪとして廻った時のことを思い出さずにはいられなかった。

エレベーターのない宿の階段を上がるときの靴音。部屋の前の廊下の軋む音。隣室から聞こえるＴＶの音。上の部屋が使っていると水流の悪くなる洗面台の蛇口。坐った途端に靴を脱いでしまいたくなる低い、座り心地の悪いソファ。

あの頃は旅が楽しくて仕方がなかったから、まったく気にならなかったが、他人から見れば、何ともうらぶれたツアーだったに違いない。ＤＪ

もまた、旅芸人である、という当たり前のことに気付いたワンシーンだった。

そう言えば、この劇場では、7月の最初の週に『メアリー&マックス』、というアニメ作品を観た。何だか近頃アニメばかり観ているな、と思ったが、そう言えば今は夏休み、映画館は大人も子供も楽しめるプログラムを選ぶ季節、ということか。

ここ数日、寝不足気味だ、と書いたが、それはかれこれ二週間以上も続いている。週末にDJの仕事があって、眠る時間が狂うのに、そのサイクルを戻す間もなくウィークデイの仕事をするから睡眠不足に陥る。

そんなときに、『トッド・ラングレンのスタジオ黄金狂時代 魔法使いの創作技術』、という新刊書が届いた。これで睡眠のサイクルは再び狂うことになった。

この本について書こうと、読み終えてから何日も考えていたのだが、どうも巧く感想が書けそうにない。とにかく、読んでいる間は止まらなくなるほど面白い本だったのだけど。

題名からも伝わるように、この本はトッド・ラングレンの自作とプロデュース作品を中心に、音楽活動、とくにレコーディング作品に焦点を絞って、本人と多くの関係者からの証言を交えてその足跡を追いかけた書物であること。

言い換えるなら、ロックスターの評伝に対して、誰でも期待するような「カネ・女・クスリ・訴訟」、といったスキャンダラスな事象については、あまり多く触れられていないのだ。

だから、読み始めて間もなく抱いた印象は、この本は同じ訳者・奥田祐士氏、同じ編集者・稲葉将樹氏、同じ版元・Pヴァイン・ブックス、という三者による『レコーディング・スタジオの伝説―20世紀の名曲が生まれた場所』、という二冊の姉妹編のような書物なのか、というものだった。パンチイン、という言葉に注釈を必要としない読者のための本。トッドはタンノイのスピーカーが苦手である、とか、そんな話が好きな人には堪らないエピソードに溢れた一冊。

著者が対象を敬愛している、という点で、その二冊は同じタイプの本であることは間違いないのだが、ただ、主人公であるトッド・ラングレンその人が他の音楽家・音楽関係者と比べて、音楽そしてビジネスに対するアプローチがあまりにも変わっているため、読んだ印象もまた、大きく違って感じられるのだった。

読んでいて特に面白かったのは、トッド本人のソロ・プロジェクトのことよりも、他の〈クライアント〉の制作に関わる裏話だった。それもグランド・ファンク・レイルロード、とか、ミート・ローフ、とか、パティ・スミス、とか、いままで自分があまり聴き込んではいなかったアーティストに関する逸話が抜群に面白い。

いっぽう、かつて自分がプロデューサー、あるいは編曲家として関わったレコーディング作品のことなどを思い出しては本を閉じてしまうような記述も何箇所かあった。たとえば、ザ・ストライクスやコレクターズ、といったバンドの制作に関わったときのことを思い出しては少し後悔し、ファントムギフト、ハバナ・エキゾチカ、花田裕之とロックンロール・ジプシーズといったアーティストのレコーディングに立ち会ったときのアプローチは、この本の主人公の方法とさして変わらなかった、などと思い出しながら読んだ。

折しも、フジロックに出演するために、この本の主人公は来日していた。日本に於けるファン、そして世界中のファンの誰もが愛している「瞳の中の愛」や「ハロー・イッツ・ミー」のような甘くキャッチーなレパートリーに対して、本人は「眠っていても書ける」、というほど（そんな記述はなかったかしら？）に醒めた態度を取っているが、それは改めて読まなくとも、なんとなく解っていた。かく言う自分は大学生の頃に、彼の数多いアルバムから、そのようなレパートリーばかり拾い集めてミックステープを作っていた、その手のファンだったのだが。

これほど楽しく読んだのに、こんな取り留めのない感想しか書くことが出来ないのか。いや、ブログ、などではなくて、きちんと原稿料の出る媒体なら、自分もまたトッド・ラングレンのように締切りを厳守しつつ、最高に面白いものを書いてみせる。あ、ウソですごめんなさい。

そう言えば、思い出した。『イリュージョニスト』、という映画で、老手品師が若い娘に遺した手紙には、たったひと言、こう書かれていた。

「魔法使いなどいない」

眼鏡の弦。

眼鏡の弦の内側に何か文字が刻まれている。何と書いてあるのか、読もうとするが、眼鏡を外すと読むことが出来ない。眼鏡を掛けると内側の文字は読めない。パラドックス。

抽斗から大きな拡大鏡を取り出して読んでみると、ひどくガッカリするようなブランド名の刻印だった。銀座の裏通りにある、モダンなディスプレイの眼鏡屋で買ったのだけど、何だか損をした気分。

バンクシーの映画、こと『イグジット・スルー・ザ・ギフトショップ』、という作品を、先週観てきた。

前から観たかったのだが、渋谷の映画館でしか上映していない。映画を観るために渋谷を歩くのが厭で、なかなか観ることが出来ずにいたが、ちょうどNHKでの仕事の帰りに行くことが出来た。

だが、映画の感想はここで書かないことにする。ストイシズムについての映画なのか、と考えたが、では、現代美術におけるストイシズムとは何なのか、と考えると、もう分からない。

タイトルの通り、美術館のスーベニア・ショップでDVDのパッケージを買って観るのがいちばん相応しい、そんな映画だった。

このところ、自分は何を観ても、まったく感動することが出来ない。音楽も同じ。他人の作ったどんな音楽を聴いても、まったく感動しない。もちろん、自分の作った音楽に対しても。

たまたま目の前にあったチェット・ベイカーの歌うアルバムを聴いている。やはりこれがいちばん良い。いろいろなことを諦めたような、そんな感情がパッケージされている。

眼鏡の話に戻る。

ここ数日、いよいよ眼鏡がないと何も出来なくなった。この老眼鏡を作ったときは、物を読むときだけ掛けていた。歩くときに眼鏡を掛けていると足許が不安定になるので、普段は掛けずにいたのに、先月から、ついにDJブースの中でも眼鏡を手放すことが出来なくなった。

先週の録音スタジオでは、眼鏡がないと他人と話すことさえもどかしい。そして眼鏡を外していると、ひどく目付きの悪い顔をしているということに自分でも気づく。いよいよ、自分は年を取ったのだ。

年を取ると、食生活も変わる。酒を飲まなくなったことが大きく味覚を変えたのだ、と考えていたが、それ以上に年齢のせいだ、ということが判ってきた。

　いちばん食べなくなったのは、ラーメン。外で食べることは、もうほとんどない。その替わり、家ではときどきインスタント・ラーメンを作って食べる。

　昔はインスタント・ラーメンの具は卵しか載せなかった。ところが最近、大好きになった具材がある。海苔だ。海苔だー、とか書いてみる。

　数年前、自分の単行本を編集してくれたＡ新聞のＫさんが、年に何度か会う度に、福岡から取り寄せている、という板海苔をくださる。

軽い読み物など。

家で握り飯や手巻き寿司をやるでもなし、初めのうちは使いあぐねていたのだが、ある日、うどんだったか、蕎麦だったかを茹でて食べるときに、この海苔を手で千切って載せて食べたら、何だかひどく旨かった。

　今度はインスタント・ラーメンにトッピングしてみると、ああ、これだ、これしかない、という程に相性が良かった。海苔と、胡麻。そして高菜があれば、もうそれで充分だ。

　あるとき、ＤＪの伊藤陽一郎くんにこの話をしたら、半ば呆れながらも、インスタント・ラーメンは何を食べてるんですか、で、どのタイミングで海苔を食べるんですか、とお義理で尋ねてくれる。

　家で食べているのは、もっぱらマルタイの棒ラーメン、と答えると、へー頑張ってるじゃないですか、と伊藤くんが言う。チキンラーメンも好物ですが。

　次に、食べるタイミング。いちばん最初に食べる、ということは、まず、ない。最後まで温存する、ということもない。だいたい、半分を食べ終えた、と思う辺りで、食べる。こんなところでしょうか。

　若い人にはたぶん理解してはもらえないだろう。けれどもある日、海苔が旨い、海苔こそはラーメンにおける最も重要な具だ、と知る日があなたにもやってくる。そのとき、自分は伏し目がちに黙って頷くはずだ。

　そういえば、40歳を過ぎてから、味噌汁の具は「あおさ海苔」がいちばん好みだった。ラーメンに海苔を入れるのは、この延長線上の好みなのか。でも、あおさ海苔はラーメンに載せると、すこし主張し過ぎる。それに何だか、もったいないです。

　若くして死んでしまう人たちは、老眼鏡を掛ける生活も、ラーメンの中の海苔の旨さも知らずにこの世を去ってしまうのか。それがどうした。ごもっとも。

台風は去った。

台風は去った。

　今週の月曜日、『探偵はＢＡＲにいる』、という映画をようやく観た。

　出来れば封切り初日に観たい、と思った映画だった。この東直己の書いた「ススキノの便利屋」？　を主人公としたシリーズを全部かどうかは怪しいが、ほぼ全て読んでいるはずだったから。

　だから、映画館の暗闇でこの作品の予告篇を観たときは驚いたし、さっそく主演の大泉洋に「お前じゃないだろ」、と心の中でダメ出ししていた。

　そもそも、東直己の小説を読んだのは偶然だった。仕事で海外に行ったとき、機内にあった文芸誌、というか、中間小説（という言葉がいまでもあるのか）専門誌で、たまたま読んだ短編小説がひどく印象に残ったのだった。それは酒場にやってきた奇妙な客について、の話で、ミステリーでもハードボイルド小説でもなかったはずだ。

　その後、書店で再び偶然にこの人のエッセー集を見つけて、札幌在住の作家であること、ススキノを舞台とした探偵小説のシリーズがあることを知り、さきの「便利屋」シリーズ？　を読み始めたのだった。

　その頃、自分はまだ大病をする前で、つまりまだ毎日、浴びる程の大酒をしていた。だから、ススキノの、いきつけのバーでいつも酒を飲んでいる探偵の話、というのは、もうそれだけで読むのが楽しかった。

　さらに言えば、札幌の薄野は、自分の生まれた場所である。生まれてから三歳まで、そして中学と高校の六年間しか住んでいなかったが、それでも札幌は故郷であり、その街で夜ごと酒場に集っては知り合いとくだらない会話を交わす酔っぱらい連中のことはなんとなく解る。

　ようやく観た映画は、悪くなかった。

　連休の日曜と月曜にそれぞれ二本ずつ、自分は映画館で映画を観たのだが、その中で唯一、この映画のみ落涙した。

　ちなみに四本はいずれもアクション映画、新宿ピカデリーで『アンフェア』と『ハンナ』、有楽町ヒューマントラストシネマで『ゴーストライター』、我が家の近所の劇場で『探偵はＢＡＲにいる』だった。

　文句無しに素晴らしかったのはロマン・ポランスキーの映画。始めから終わりまで、こんなの映画じゃないだろＴＶでやってろ、と悪態を吐きながら、それでも欠点も含め印象に残ったのが『アンフェア』。その反対に、悪くないのに、いや、かなりの拾い物だと思うものの乗れなかったのが『ハンナ』。そして、「うわスローモーションのシーンで泣いちゃうオレって最悪」、と思いながら落涙したのが『探偵』だった。

　それより、『ヴィヨンの妻』でも『ノルウェイの森』でも『ゲゲゲの女房』でも何でも構わないのだが、よく映画を貶すときにあるでしょう、「原作とあまりに違い過ぎる」、「登場人物のイメージとはかけ離れている」、「小説を冒涜している」、というような意見。それらとほぼ同じ言葉を自分も頭の中で呟く、ということを経験した。

　先程も書いたが、それはほぼ、主人公を演じた大泉洋に対してだった。体格も、服装のセンスも、自分が想像していた〈便利屋〉とは、まるで違う。

　たしか小説の中では、主人公はいつもサイドベンツ、ダブルのスーツを着ていて、サスペンダーでズボンを吊っている。一般市民のファッション・センスとはだいぶ異なる、いわゆる、横山やすし的な〈エクストリーム〉スタイルではないか。

　ちなみに、自分がイメージしていた主人公はどんな感じか、といえば、うえやまとち、の漫画「クッキング・パパ」の父親。ガタイが良くて、しゃくれ顎のタフガイ。もっとも、かつてロバート・B・パーカーの「探偵スペンサー」のシリーズを何冊か読んでいた時も、主人公に抱いたイメージはやはり「クッキング・パパ」、だったのだけれども。

だが、何よりも違和感を抱いたのは、大泉洋の、大泉洋そのもの、という感じの甲高い喋り方と、スロー・モーションと同じくらい嫌いな主人公のモノローグ、という演出に対してだった。

もちろん、この映画はまず、北海道で制作されたTV番組から全国的な人気を掴んだ大泉洋があって作られたものなのだろう。東直己の小説が大ベストセラーとなっている、という話は聞かない。

だから、服装やキャラクター設定などは、大泉洋の方にぐっと引き寄せたのだろう、とは想像出来る。いや、映画が始まってから数分間で、自分は「なるほど、そうか、こういうことだったか」、と感心してしまった。

つまり映画館の暗闇の中で自分は、この夏、映画の公開に先立って出版された『半端者』、という文庫書き下ろし小説のあとがきとして書かれた作者・東直己による〈ハードボイルド映画〉論に書かれていたことを思い出していたのだった。

映画と小説は別物であり、小説の映画化は小説家のものではなく、映画監督のものである——という意見を、当然とも、そんなに潔く構えているなんてさすがハードボイルド作家なのね、とも思って読んだ。

だが、その文章の後半、とつぜん東直己はロバート・アルトマンの『ロング・グッドバイ』と、その主演エリオット・グールドを激賞し、いっぽうロバート・ミッチャムがフィリップ・マーロウを演じる『さらば愛しき人よ』を切り捨てる。

かつて自分もエリオット・グールドの『ロング・グッドバイ』にはとことん入れあげ、やはり『さらば愛しき人よ』を退屈だと思ったから、この小説家の意見には少なからぬ親近感を抱いたのだが、その文章を読んでから何日も経った後で、もしかして、大泉洋＝エリオット・グールド、っていう意味なのか、と気付いたときには面食らった。

はたして、自分はスクリーンの中にエリオット・グールド以上にボケる探偵を発見した。

とはいえ、先に原作小説を読んでいれば、どんなキャスティングだろうと、何がしかの違和感を抱くものだ。北日本新聞の記者でバイセクシュアルの松尾が田口トモロヲ。インテリやくざの桐原が片桐竜次。なるほど。相田、というやくざを演じる俳優は知らなかった。

素晴らしい、と思ったのは、北大恵迪寮に住む空手の達人・高田を演じる松田龍平。その後、小説の中ではミニFM局のディスクジョッキーを始める、という人物設定を知っているから、映画を観る前は絶対違うな、と思っていたのだが、冒頭の愚連隊との立回りの場面ですっかり魅了されてしまった。

じつはいままで、この俳優を一度も好きになったことがなかったのだが、このキャスティングは自分の抱いていたイメージを大きく上回っていた。〈探偵の相棒〉、というのは、この俳優にとって当たり役ではないか。そう考えると、『まほろ駅前多田便利軒』を見逃しているのが悔やまれる。

自分より先にこの映画を観たという女性の友人が、かつての松田優作主演のTVシリーズ『探偵物語』に影響を受けているのではないか、と一緒に観た人が言ってました、と教えてくれた。たしかに、主人公の住む部屋の一階にある「モンデ」という、このシリーズの読者にとってはおなじみの喫茶店の場面などは、まさにそんな感じだった。

だが、松田優作はいきなり人気俳優になってしまって、作品はほとんど全てが主演作、「相棒」とか、「バイプレイヤー」、あるいは「仇役」といった役柄にあまり恵まれなかった、という印象がある。だから、松田龍平には期待してしまう。いま、そう書きながら『ブラック・レイン』のことを思い出しているのだが。

見どころは他にもある。ジャックスの名曲「時計をとめて」が使われていること。札幌の様々な場所が登場すること。電車通り・西11丁目の老舗の喫茶店「声」が登場したのは驚いた。まさかセットを組んだのではないだろう。

そういえば、『アンフェア』という映画で、やはり北海道の紋別の盛り場の風景が出てくる。あれはいかにも美術、というふうに見えたのだけど、本当のところはどうなのだろう。いっぽう、この『探偵はBARにいる』は全編オールロケに見えた。なんというか、ススキノの雑居ビルのどうしようもなく安普請な感じとか、まったくそのままスクリーンに現れるのが、自分にとっては大きな見どころだった。

別な女性の友人の話では、続編の制作も決定したのだという。調べてみたが、映画の公式サイトにはまだ書かれていない。そのことを教えてくれた彼女は、旦那が大泉洋のファンだから一緒に観た、と言っていた。そうか、男性ファンが多い俳優なのか。なるほど、そうかもしれない。

しかし、それにしても。この文章を書くのに、延べ四日かかった。仕事やら病院やら、忙しかったのは確かだが、台風の日は別の映画の試写にも行き、夜はロンドンから来たDJのパーティーにも行った。

ブログの文章を書き上げるのが遅くなるのは、つまり、誰からも催促をされないからだ。

晩年のマーロン・ブランド。

急に寒くなったり、また夏のような気温に戻ったり。今年の秋もまた、何を着て外出すればよいのか悩む。ここ数年ずっと、紅葉の時期は12月初めにずれ込んでいる。

先月の終わりに、悪寒と、顔が火照るような微熱を感じた夜があった。

その日は真夜中から出掛けなければならなかったので、近所のスーパーマーケットに行って、2リットル・サイズのスポーツ・ドリンクを買い込み、飲めるだけ飲んで、少し厚着をして二時間ほど眠った。起きたら熱は下がって調子は戻ったが、念の為、クラブにいる時間はレッドブルを飲んで過ごした。

だが、すっかり風邪が治ったか、というと、まだ体調は良くない。ときどき、顔の火照りをまた感じるときがあるだけで、咳も、喉の痛みもないし、鼻水が出るわけでもない。ただ微熱がずっと続いていて、何となくやる気が出ないのだ。

とにかく、外出するときは少し余計に着込まなくてはだめだ。薄着で出掛けるから、風邪を引いてしまうのだ。

そして部屋にいるときも、気をつけなくてはいけない。室温の高い札幌に育った反動で、部屋の中の温度があまり高いのを好まないのだが、だとしたら余計に着るものには注意しなくてはいけない。

若いときから、自分はヴェストを着るのが好きだったのだが、ようやく着古したヴェストが似合うかもしれない、という年齢になってみると、ヴェストだけでは腕が寒い、と気づく。これはとても残念なことだった。

すると、やはりカーディガンやプルオーヴァーのセーターなのだろうか。気に入っている服はもちろんあるのだが、今度はそればかり着ていることが気になりだす。お洒落、というのがむずかしくなってくるのは、つまりこの辺りからなのだろう。

年を取って、苦手になるのは重い服を着ること。太いゲージの毛糸で編んだニット、とか、昔の軍人が着ていたようなメルトンの生地のコートとか、素敵だとは思うが、もう自分ではあまり着たくはない。

では、カシミアやヴィキューナのセーターやカーディガンがいちばんよろしい、ということになるのだが、値段はともかく、気に入ったデザインのものは滅多にない。半世紀くらい前のランヴァンとか、ダンヒルとか、フェンディとか、そういうのは良いに決まっているけれど。

けっきょく部屋の中では、学生時代から着続けていまや肘の辺りがすっかり薄くなって破れそうなラムズウールのVネック・セーターや、むかしヨーロッパのデパートで買った、いまでは毛玉だらけのカーディガンを着て冬をやり過ごしている。

そして12月の終わりから3月までは、数年前にパリの〈ダマール〉、という店のバーゲンセールで買ったフリースのガウン、という物を部屋の中では着込んでいる。フリースは軽いのが長所だが、このガバっとしたＸＸＬサイズの—それしか置いていなかった—ガウンは、やはり残念なことにそれなりの重さがあるのだった。

きのう、なぜかクローゼットで大学生の頃に買った〈Lee〉のカヴァーオール・ジャケットが目に止まった。大学時代に吉祥寺で買った憶えがある。洋服屋の店先で安売りされていて、値段は５０００円前後だった。

〈ストームライダー〉、という丈の短いジャケットと同じく、ブランケット生地がライニングされている防寒用の服だ。襟には淡い茶色のコーデュロイ生地が使われている。

学生の頃はよく着ていたのだが、洗濯して色落ちしてくるうちにあまり着なくなった。昔ながらのインディゴ染めではない時期の物だから、色落ちの具合が均一であまり好ましくない。それに何より、着ていて重いから、何となく敬遠してしまうのだ。

そんな理由で、ずっと着ていなかった。それなのに、きのう、なぜか目に止まって、また着てみようか、という気になったのだ。

一昨日の外出のときには、大阪のデニムメーカーの店で買ったカヴァーオール・ジャケットを着ていた。こちらは裏地のないもの。襟も切り替えていない、シンプルなデザインの服だった。

ヴィンテージなデニム・ウェアの再現にはかなり拘っているブランドのもので、値段もそれなりに高かった。けれども、もう5、6年着ているのだが、何となく愛着が持てなかった。

ちょうど8ヵ月前の大地震の起きた日、自分はちょうど約束していた打ち合わせに出かけようと準備していた。そのとき、片手に掴んでいたのは、このカヴァーオール・ジャケットだった。

そのことを思い出しながら、しかしやはりまだ愛着の湧かない服をクローゼットに戻すとき、大学時代に着ていたジャケットに気付いたのだった。

若いときに着ていたジャケットだ。もう袖も通らないか、と思ったが、もともと大きな造りの服だったから、むしろ現在がジャスト・サイズ、いちばん上のボタンも留まった。

裏地のブランケットが相変わらず重いが、ヴィエラ地のシャツとヴェストの上に着るなら、肩が凝るような着心地ではない。

むかし、地下鉄の半蔵門線だったか、丸ノ内線だったか、とにかく、普段あまり乗らない路線の地下鉄に乗りこんだとき、この〈Lee〉のまったく同じ型のカヴァーオール・ジャケットを着た年配の男に出食わした。

夕方の6時前後だったが、それほど混んでいる車両ではなかった。男はタブロイド判の夕刊紙に目を落とし、まったく顔を上げなかった。

程良く色落ちしたブルーのカヴァーオール・ジャケット。赤いチェックのマフラーを首に結んでいた。ジーンズ。どんな靴を履いていたかは憶えていないのだが、ドロミテふうの登山靴ではなかったか。

胡麻塩頭に髭面で、一度見たら忘れられないような鋭い風貌の男。少なくとも、いままで見たことのある人間の中で、最もカヴァーオール・ジャケットが似合っていた男。

自分はその男を知っていた。テレビマンユニオンの演出家・萩元晴彦。いま、はぎもとはるひこ、とタイプしたら、正しく変換された。それほどの、というか、その程度の著名人なのだが、いま、その名を知っているのはかなり年配の人間、もしくは業界人、ということになるのだろうか。

その姿を見て以来、自分も色落ちしたカヴァーオール・ジャケットを着て外出する日は、必ず赤いチェックのマフラーを合わせる。

自分の気に入っている服の組み合わせ、というのは、ほとんどがかつて観た映画とか、むかし見たミュージシャンの写真とか、あるいはどこかの雑誌で見て憶えていたイメージの引用だ。そうではない、〈独自の着こなし〉など、とても安心出来ないし、何より自分には居心地が悪いものだ。

だから、フリースのガウンを着て過ごす厳冬の数ヵ月間は、もちろん居心地が悪い。せいぜいオースン・ウェルズか、晩年のマーロン・ブランドのように顔を歪めて歯を食いしばっている。

飛び上がって喜ぶほどの素晴らしい出来事。

早朝の東京。タクシーで大通りを走っていると自転車で疾走している美少女を追い抜いたことに気づく。停車してドアを開け、両手を拡げて待っていると彼女は一直線に胸に飛び込んで来る。毎朝起きる直前の夢に現れる美少女。とうとう恋心を告げた。

そんな映画の一場面のような出来事が自分の人生に起こるはずがない。あれもまた夢だったのだ、と静かに落胆する朝の穏やかな時間。

「人生には飛び上がって喜ぶほどの素晴らしい出来事はそんなにありません。人は平凡であればいいのです。毎日が健やかであればいいのです。そして出来ることなら心優しく聡明でありたいと思います。」

これは元NHKアナウンサーで、「にっぽんのメロディー」などの番組に於ける名調子で知られる中西龍の言葉。

この人の語りをイントロダクションにして、日本の古き佳き叙情歌や、誰もが知っている歌謡曲を味わう、というアンソロジーが二種類、発売された。上に掲げた言葉は、そのアルバムの中で見つけたものだ。

『心のナレーション　中西龍・叙情歌編』
『心のナレーション　中西龍・歌謡曲編』

たしかに人生には飛び上がって喜ぶほどの素晴らしい出来事はそうない。

好きな人とベッドの上でただ何度もキスをして過ごす、他のことは何もしない一日。そんな一日というのは、人生の中でそう何度もは巡って来ないのだ。

たいていの人間がそのことに気づくのは、ずいぶんと年を取ってからだ。若いときにはそのことが解からない。

好きな人と暮らすようになったら、いつだってキスばかりしてだらだらとお休みの日を過ごせるのじゃない？

残念だが、そんなふうに物事は運ばない。一緒に暮らし始めたなら、ふたりはやがてキスすることも忘れてしまう。

人間はほとんどの時間を平凡に、退屈に過ごすことになっている。平凡で退屈な毎日を送ることが出来るだけでも、その人生は上出来であるらしい。

こんな歯の浮くような文章を書いたのは他でもない、ここから先に書く週末の大きなパーティーの告知のための「ツカミ」なのでした。

そう、フイナムの記事でも取り上げていただいた、「ザ・ビート・ボウル・ショウ」というイヴェントが、いよいよ今週12月2日金曜、東京・笹塚ボウルで行われる。

ひと晩中、50年代、60年代の音楽を聴きながら踊るも好し、飲んで騒ぐも好し、ナンパするのも好し、そしてボウリングを楽しむのも好し。〈ひと晩中、ボウリング投げ放題〉は、このパーティーの売り文句のひとつ。

ＤＪには最高のメンバーを揃えた。ガレージ・パンク・ディスクガイドの監修者でもある重鎮・関口弘さん。重鎮、と言っても、ダンスステップも軽やかな、カッコいい重鎮。

その関口さんの主宰するパーティー、「SWANK!」からもうひとりのＤＪ、松井明洋さん。

イラストレーターでサーフ／ガレージ・ミュージックの権威、ジミー益子さん。

高松から、いま話題のＤＪデュオ、各地でミックスＣＤ『PLAY LOUD』が次々と完売しているノエル&ギャラガーのノエルこと、辻一臣さん。

そして、我らビート四兄弟から、長兄・ビートこにし（オレ）、次兄・ビートあきら、こと佐藤彰。そして、三男・ビートただし、こと星野直志。新宿ＯＴＯで第五金曜日開催の「ATTRACTION TIME!」、というのが、我々ビート4兄弟のパーティー。末弟・ビートおーよし、こと大好俊治は、たぶん当日もフロアで酔いつぶれている予定。

さらに、高松からノエルがやって来る、というわけで、相棒のＤＪギャラガーも深夜に登場。ノエル&ギャラガーとしてのプレイを体験する年内最後のチャンス！

この日のＤＪたちがプレイするのは、たぶん間違いなく7インチのシングル盤ばかり。

ドーナッツ盤の孔が大きいのは、パーティーのときに掛け替え易いからなのだという。つまりこの夜は、たぶん最高の、とっておきのパーティー・ミュージックばかりが用意される、ということ。

そしてＶＪはワカイヒロキ。

このＶＪがとにかくパーティーのいちばんの目玉なのだ。なにしろボウリング場のレーン全体が、音楽とシンクロしたスクリーンになってしまう。

昨年の4月に、『ATTRACTIONS!』という自分のリミックス・アンソロジー盤のリリース・パーティーでこの笹塚ボウルを借りたときのこと。開場前のヴィデオ機材チェックの時間、ボウリングのスコアを掲示するモニターに、ずらりと熊田曜子さんのヴィジュアルが流れたときは、感動して涙がこぼれた。

「ディズニーランドかよ！」

そのときの印象をひと言で表すなら、これに尽きる。

とにかく、ひと晩中楽しいパーティーにしたくて、レコードショップの友人たちにも協力してもらうことにした。

前園直樹さんの運営する和モノ専門店・ラヴショップ。

あのレコード893・内門洋さんの吉祥寺ボールルーム・レコード。当日は長谷川正樹さんが店番に。

大阪から謎の闇ディーラー・北澤レコード店。コレが実はいちばんの目玉。

そして小西康陽も聴かなくなった7インチを放出します。ついでに要らないＣＤもタダで出すのでオミヤゲにどうぞ。

そして当日は、このフイナムからも「安全ちゃんが行く」、というページの取材が来るらしい。

ネット事情に疎いビート四兄弟周辺では、残念なことに〈安全ちゃん〉さんの知名度はあまり高くなかった。

軽い読み物など。

有名ブロガーらしいよ。らしいっすね。意外とカワイイ子よ、とゲイの友人が教えてくれた。

今回のパーティーのトレイラーを制作してくれた田中のぞみ監督に「ねえ、安全ちゃんって知ってる？」と尋ねると、

「危険ちゃんなら知ってる、わたしの友達のカメラマンで」

と言うので話を遮って、有名ブロガーらしいよ、と話すと、へえ、日本にも有名ブロガーっているんですね、と、帰国子女か留学経験者のようなコトをのたまう。たしか彼女はアメリカ帰りなのだ。カラテを教えに行っていたはずだ。

渋谷直角が「安全ちゃんがライヴァル。潰す」と書いてた程の人気ブロガーらしい。と言うと、

「ああ、直角さんも来てくれるといいのになあ」

とビートただしが言う。どうやら古い音楽を愛する友人の間では渋谷直角のほうが知名度がある、ということだけは解かった。

そのビートただし、こそは今回の主催者。

主催者、というのは、どういうことか、というと、〈ひと晩中、ボウリング投げ放題。〉のパーティーの場所代とボウリング代を、彼がとりあえず建て替えてくれている、ということだ。

去年の笹塚ボウルのリリース・パーティーでは、この男とジミー益子さんをまずゲストに呼びたい、と考えた。

そして、思った通り、彼のＤＪは素晴らしかった。いや、神懸った瞬間さえあった。

ビートただしの選曲する60年代の7インチに合わせて、知っている友人も、見知らぬ若い人たちも、みんなが楽しそうに笑いながら踊っている。ＤＪブースの向こうにはボウリングのレーンがあって、そこでも男の子や女の子が仲良く大騒ぎしている。

人生には飛び上がって喜ぶほどの素晴らしい出来事はそんなにありません。

その、そんなにはないはずの素晴らしい出来事を、もう一度だけ体験してみたいのだ。

たとえ独りで来たとしても、絶対に楽しいはず。絶対に帰りは誰かと仲良しになっているはずのパーティーなので。

公園の一角で行われている詰め将棋に、いつの間にか人だかりが出来る。

昨年、ソロ・アルバムを出したことは前回の、昨年の大晦日に掲載した原稿で書いた。

あの作品、そしてＮＨＫで月に一度放送している「これからの人生。」というラジオ番組だけを見ると、小西康陽という音楽家はずいぶんと大人しい、あるいは老成した音楽にシフトしたのだなあ、と思われるのかもしれない。

もちろん、それはそれで構わない。だが個人的には、２０１１年はクラブのＤＪとして大きな転換があった年として記憶することになるはずだ。それは１９９７年以来の大きな転換点だったように思う。

昨年、自分のＤＪスタイルはいくつかの点ですっかり変わった。

まず、すっかり7インチのシングル盤中心の選曲に変わったこと。これについては、その前年にビートただしさんと「アトラクション・タイム」、というロックのイヴェントをスタートさせた頃から変わった、という記憶がある。

モッズやノーザン・ソウル、あるいはレゲエなどのルーツ・ミュージックを掛けるＤＪは昔から7インチだけだった。あるいは、ファンクやレア・グルーヴをプレイするＤＪも然り。「アトラクション・タイム」も主にロックンロールやオールディーズ、あるいはガレージ・ロックを掛けるパーティーだったから、自然とそうなったのだが、7インチを持ち運ぶようになると、今度はＬＰ、あるいは12インチのレコードを持っていくことが厭になってくる。

以前は30cmのサイズのレコードを中心に選曲していたのだが、そういうとき、7インチは持って行っても、つい忘れてしまい、あまり使わないことが多かった。ところが7インチ中心になると、今度はその逆になる。ＤＪしている間は7インチのバッグだけに集中して、あまり大きなレコードのことを思い出さなくなるのだ。

そんなことが続くうちに、シングル盤のケースしか持たずにＤＪしに行くことが多くなってきた。もちろん、レコードの持ち運びは、はるかに楽になった。すると、当然買うのもシングル盤が中心となる。去年の後半はほぼ7インチしか買わなかったのではないか。

次に大きく変わったことは、もはや自分は人の知らない曲など掛けなくなった、ということだ。

10年前なら、誰も知らない古いレコードのために大金を払うことも出来た。だがいまは、そもそも誰も知らないレコードなど掛けたくない、と考えている。

これは平林伸一さんに誘われて、内門洋さんと一緒に「昭和ダンスパーティー」、というイヴェントに参加した頃から、少しずつ変わったのだと、はっきり気づいている。

「昭和ダンスパーティー」は、現在、「真夜中の昭和ダンスパーティー」、と名前を少し変えて、渋谷のオルガンバーで続いているイヴェントだが、元々は池ノ上にある「こあん」、という小料理屋で開かれたパーティーだった。

そこには若い友人だけではなく、池ノ上や下北沢周辺の60代、70代の〈ご近所さん〉も多く顔を出してくれた。

彼ら彼女らは、かつてのマンボやツイストのブームも知っている方々。こちらがびっくり仰天するほど踊ってくれるのだが、自分の知らない曲ではすぐにフロアから去ってしまう。これは現在のクラブに来ている若い音楽ファンとは大きな違いだった。

だから、映画音楽だろうと、歌謡曲だろうと、何でも構わない。とにかく、「知っている」「聴いたことがある」曲のカヴァーなどを集めて、絶対にオールド・ファンの気を逸らさないことを心掛けて選曲した。

それがいつの間にか、自分の中で新しいスタイルを作ったのだと思う。だから、若い人の集まるクラブでも、なるべく誰もが知っている曲を選ぶ。あまりにも有名な、コマーシャルな曲ばかりを選ぶ。まさかクラブで聴けるはずがない、という曲や、もちろん知っているけれど、すっかり忘れていた、という曲を不意打ちのように掛ける。

人の知らないレアな曲を掛けることが退屈だとは思わない。だが、ここ最近、自分が面白いと思っているのは、誰もが知っている、むしろ記号化しているような曲を使って驚かせるゲームなのだ。

そのために、マッシュアップを作ったり、リミックスを作ったりすることもない。ただ、畳み掛けるように記号を折り重ねて、笑わせたり楽しませたりするだけで良い、と考えている。それが最近の自分のＤＪスタイルだ。

もうひとつ。平林伸一さん、内門洋さんと同じくらい刺激的なＤＪに出会ったこと。それは高松のＤＪ、ノエルこと辻一臣さんが組んだＤＪコンビ、ノエル&ギャラガーだった。彼らのプレイを見てしまったことが、自分のＤＪスタイルを更に変えてしまった。

二人のＤＪがそれぞれ右ターンテーブルと左ターンテーブルに立っている。向かって右がノエル、向かって左がギャラガー、という立ち位置がほぼ決まっているらしい。彼らはそれぞれ選んできたレコードを1曲ずつ交互に掛ける。いわゆるバック・トゥ・バック、というスタイルだ。

バック・トゥ・バック自体は、それほど珍しくない。たいてい、どのパーティーでも、お開きの時間が近づいた頃に、これをやる。その日のＤＪ達が、それぞれ掛け残したレコードを交替に掛けていく。ゆるく、和気藹々とした時間だ。

ノエル&ギャラガーの二人は、それを真剣勝負でやる。いや、本当に真剣勝負なのかどうかは知らないが、とにかくユルさは微塵もなく、互いが煽るように選曲していく。ほとんどの繋ぎはカット・イン。相手の選んだ曲を遮るようにして、自分の選んだレコードを掛ける。

ストレートのパンチを繰り出せば、パンチをかわすようにして新しい展開に持ち込む。時には足許を掬うような曲を掛けたり、まったく不意打ちの選曲で困らせてみたり、あるいは、誰もが待ってましたと喝采を送りたくなるような選曲をしては、わざと長く聴かせたり。ボクシングのように鋭い打ち合いもあれば、プロレスもどきのサーヴィスもする。

たとえば公園の一角で行われている詰め将棋に、いつの間にか人だかりが出来るように、二人のＤＪが交互に好きな曲を掛けているだけなのに、聴いているクラウドは次第に興奮してくる。そんなふうにバック・トゥ・バックをエンタテインメントにまで引き上げること。

彼らは去年、意気投合して早速二人でバック・トゥ・バックだけのライヴ・ミックスのＣＤを作り、あっと言う間に完売させてしまった。

たまたま、ノエル&ギャラガーのプレイを三度も観てしまった自分は、いつの間にか感化されていたらしい。秋頃から自分もまた、シングル盤で掛ける曲はほとんど最初のコーラスまでで次の曲に替えてしまう、という、いわゆるクイックなスタイルになってしまった。

正直に言えば、かつてはあまり好んでいたスタイルではなかった。それは自分が作編曲の仕事をしていたせいもある。せっかく音楽家が腐心して考えたイントロやエンディングを聴かせずに次の曲に行くなんて、とさえ思っていた時期もあった。

いまでも、クイックなスタイルが自分に似合っているのかどうか、いまひとつ疑問にも思っている。もともと技術的には決してテクニックに長けたＤＪではないのだし。ただ、一旦ＤＪを始めると、いまは忙しなく掛け替えるスタイルでないと気が済まないのだ。

一人でクイックに繋いでいくＤＪでは、もっと素晴らしいプレイを聴かせる人がいる。たとえば、自分より遥かに若い川西卓くんがそうだ。まるで手品か何かを観ているように鮮やかなテクニック。古いレコードにも本当に詳しく、ネタには事欠かないからとても敵わない。この人もまた、高松出身。なんと、辻一臣さんの弟、幸太郎くんと同級生で、小さいときから辻くんのプレイを聴いてきたのだという。

まあ、自分は自分らしくやるしかないのだけれど。

「アトラクション・タイム」というイヴェントの影響で、7インチばかりになったこと。「昭和ダンスパーティー」で鍛えられ、有名な曲しか使わなくなったこと。そして、ノエル&ギャラガーの影響で、クイック・プレイになったこと。

つまり、自分はいまでもまだ、他人の影響を受け易い、ということだ。いい歳をして、それで良いのか、と思うこともあるが、少なくとも去年はＤＪに行くのが楽しかった。そろそろ引退、いや、勇退なさったら、と言う人もいるけれど、それが古い音楽を楽しむスパイスになるのなら、自分はＤＪを辞めるつもりはない。7インチのレコードを買うのも今は楽しいし。

それにしても、ＤＪはむずかしい。自分は音楽を作ることに関しては、若いときに較べ、あまり大きく空振りをすることはなくなったのだが、ＤＪではいまでも思い切り凹むことがある。

空振りしてしまうときは、どうも聴き手があまり楽しんでくれていないときだ。つまり選ぶレコードを大きく間違えたのか。そもそも、こちらのプレイなどまったく期待していない、というときなのか。あるいは、こちらの集中力が散漫なときか。

前回プレイしたときに、ひどく受けが良かったからと言って、同じレコードバッグを持って、同じ選曲をするなら、たいてい失敗する。経験でそれは解っているのだが、いまでもその過ちを繰り返してしまう。本当にＤＪはむずかしい。いまだに悩むことは尽きない。

去年、印象に残った、というか、楽しくＤＪ出来た思い出のセットのことをここに記しておこう、と思う。但し、都内のクラブでの、レギュラーのパーティーでのプレイは除く。

まずは去年の4月29日、「どっぷり、昭和町。」、というイヴェント。大阪は昭和町の「昭和の日」のお祭りに呼ばれたときの90分のセット。前年に続いて、二度目のお座敷。この日もほぼ7インチばかり、昭和の日、ということで、いわゆる和モノが多かったはずだ。昭和町の長屋の二階から、往来に向かって音楽を掛ける、というスタイル。次から次へ、何の迷いもなく選曲して、気がついたら90分の持ち時間が終わっていた。落語家・林家染太さんのＤＪセットも印象的だった。

次は昨年の10月1日、幡ケ谷ヘヴィーシックでの、『BLOODY JACK』、というイヴェントで、ベッド・サウンズ、そしてヤング・パリジャン、という2つのバンドのライヴの合間に行なったプレイ。主に60年代のレコードを中心に、ただ好きな曲を掛けていただけだったが、ベッド・サウンズのヴォーカルの女性を初め、6T,sふうのファッションに身を包んだ可愛い女の子たちが自分の目の前で踊ってくれるのを見ていたら、いつの間にか脳内に甘美な麻薬が分泌されていたらしい。調子に乗って、さらにストーンズなどを続けて掛けていたら、やがてダンスフロアは野郎ばかりとなって、「うおー」、という低い雄叫びに包まれた。正直に告白するなら、バンドのライヴの合間にＤＪをするのはあまり好きではないのだが、この夜ばかりは最高に楽しかった記憶しかない。

そして先月、12月11日の大阪・心斎橋、鰻谷SUNSUIで、ムッシュかまやつさんのセッション・バンドのステージの前と後に行なったセット。もちろん、ムッシュをはじめ、出演者はみな素晴らしかった。けれども、この夜、自分は何故か虫の居所が悪かった。とくに理由らしい理由もなく、何かに対して不機嫌になり、腹を立てていたのだと思う。何だかひどく攻撃的なカット・インばかりを打ち込み続けて、最後の3曲を掛けたときにはフロアが大合唱になっていた。この夜のことは、その場に居合わせた人にしか絶対に分かってもらえないだろう。信じられないような興奮の中で、パーティーは唐突に終わった。

では、去年一年を通してよく使った、あるいはクラブ・プレイして強く印象に残ったレコードを挙げておく。

自分は、だいたい一年でレコード・バッグの中身がほとんど入れ替わる、というのが理想だと考えているのだが、実際には何年もレコードバッグに入れたままの曲も多いし、逆に以下のリストに掲載されているものの、実際にはそう何度もプレイされてはいない、という曲もある。けっきょく、掛けるレコードはダンスフロアの雰囲気によって決められるのだから。

敢えてこうしてレコードを紹介するのは、今年の暮れにこのリストを見返して、すっかり入れ替わっているようなら嬉しいし、全然替わっていなかったとしたら、少しは焦ったり、引退を考えたりするきっかけになるだろうから。アルファベット順で紹介する。曲繋ぎは現場でご確認ください。

・africa bambaataa presents time zone/hold on,I'm coming
コレは一昨年の購入。
川西卓くんの店、sandstep recordで買った12インチ。
なんかTVで使われているのか、「ホールド・オン」は若い女の子たちも反応する。
・aerosmith/walk this way
国内盤7インチ。
・暁テル子／ミネソタの卵売り
「東京シューシャイン・ボーイ」とのカップリング。最近はコチラばかり。国内盤7インチ。
・青山ミチ／僕は特急の機関士で
三木トリローの名曲。アレンジは凡庸だが。7インチ。
・荒井由実／ルージュの伝言
ユーミンは他にもいろいろ使った。「コバルト・アワー」と「少しだけ片思い」のカップリング盤とか。
・荒木一郎／いとしのマックス
前園直樹グループでカヴァーした後、オリジナルもプレイするようになった。
・bay city rollers/saturday night
ルーターズ「レッツ・ゴー」を使うようになってから復活。
・the beatles/hello goodbye
コレが2011年の1曲。
・the beatles/I saw her standing there
若い人もビートルズは知っている。
・the beatles/paperback writer
平林伸一クラシック。
・jane birkin & serge gainsbourg/je t'aime moi non plus
昨年2月に梶野彰一さんに誘われて出演した「ゲンスブール・ナイト」で選曲したときに、この曲をただのヒップホップ／R&Bと理解することが出来た。
・blur/song2
これも一昨年から引き続き使っている。
・bollywood freaks/don't stop till you get to bollywood
インドの歌姫、ウシュ・ウトゥプが歌うマイケル・ジャクソンのカヴァー。オリジナル盤も持っているが、見事な音質にリマスターされている。
これもsandstep recordで。
・james brown/papa's got a brand new bag
これは12月11日の鰻谷sunsuiで使って、全く新しいイメージに変わった。それを忘れないようにリストに挙げた。
・bobby byrd/I know you got soul
B2Bクラシック。
・complex/be my baby
これも川西卓くんが宮城県「半造レストハウス」で掛けていて、7インチがあることを知った曲。
・sam cooke/shake
以前はピンと来なかった一曲。幡ケ谷ヘヴィシックでの1曲目はコレだった。
・クール・キャッツ／プリーズ・プリーズ・プリーズ・ミー
ビートルズの日本語カヴァー。
・the mike curb congrigation/it's a small world
ハイファイ・レコードストアのバーゲン箱で7インチを見つけて、戦線復帰。
・joe dassin/les champ elysees
「オー・シャンゼリゼ」の日本語盤。
・miles davis/milestones
今年は7インチでプレイしたい、と思う。
・deep purple/burn
コレはもう3年目。もちろん国内盤7インチ。

軽い読み物など。

・elaine delmar/alone again
高額盤ＬＰで使っている最後の一枚、かも。

・de la soul/say no go
7インチでヒップホップのクラシックを集めている。

・ダウンタウンブギウギバンド／港のヨーコヨコハマヨコスカ
なぜかヘヴィプレイ中。

・ザ・ドリフターズ／ドリフのズンドコ節
子供の頃から本当に好きだった一曲。あらためて聴くと川口真の編曲が本当に素晴らしいことに気づく。日本でも洋楽に負けない音圧を作ることは可能だった、という証明。

・ＥＣＤ／言うこと聞くよな奴らじゃないぞ
コレも去年、戦線復帰。掛けると必ず誰かが歌う。

・the electric indian/my cherie amour
インスト。

・榎本健一／月光価千金
「昭和町」のイヴェントを代表する1曲。

・fitness forever/mondo fitness
スペインのネオアコ・リヴァイヴァルのバンド。アルバムで買った時に何度かプレイしたが、去年、多屋澄礼さんが7インチを掛けていて、けっきょく彼女から頂戴してしまった。

・フリッパーズ・ギター／恋とマシンガン
コレをカジヒデキさんのイヴェントでプレイしたことは忘れられない。

・aretha franklyn/soulville
鰻谷sunsuiでのライヴ後の1曲目。ほぼ毎回持っていくが、掛けたのはこの時だけかも。

・舟木一夫／銭形平次
意外とテンポが遅いのが残念。

・france gall/laisse tomber les filles
ガールズ・ガレージの最高傑作。

・france gall/made in france
小倉優子「オンナのコ・オトコのコ」の2小節の短いイントロはこの曲を意識していたのだが、聴いてみたら全然違っていた。

・少女時代／gee
自分が作りたかった曲。クラブで使っているのは日本語ヴァージョン。

・ゴールデンハーフ／ロコモーション
彼女たちのレコードはすべて傑作。

・萩本欽一／あ〜ねむいなあ〜
明け方、パーティーの終わり頃に使うためにある曲。

・bill haley & the comets/two hound dogs
ようやく7インチを購入。

・平尾昌晃／おてもやん
２０１１年を代表する曲のひとつ。バックの演奏を務める津々見洋とオールスター・ワゴンがすごい。ニュー・オーリンズのR&Bのようなグルーヴ、と、いつも思うのだが、ではニュー・オーリンズ産R&Bのどの曲か、と問われても答えられない。だがグルーヴの中のジャズ度が高い、とにかく強烈な演奏。日本製リズム&ブルースの最高峰。何度プレイしても感動する傑作。

・ほりまさゆき／ロカフラベイビー

エルヴィスのカヴァー。エルヴィスより良いかどうかはコメントせず。

・いいとも青年隊／ウキウキwatching(CD-R)

去年の秋に依頼されて作った新しい編曲ヴァージョンのイントロに旧「いいとも青年隊」の歌を付けた自分専用のカスタム・ヴァージョン。

・the incredible bongo band/let there be the drums

この曲をヒップホップ／レア・グルーヴではなく、ジャズ&ジャイヴとして捉えること。

・敏いとうとハッピー&ブルー／星降る街角

水商売っぽい、ということを除いては、非の打ち所の無い曲。

・jet/are you gonna be my girl

この曲に7インチが存在することを知った2011年の冬。

・syl johnson/different strokes

まだ最初のコーラスまでしか聴いたことがない。

・カジヒデキ／ラ・ブーム

この曲に反応するのは6：4で男性かも。7インチだが、オリジナル・ヴァージョンを使用。

・the knickerbockers/one track mind

映画『ロンドン・ブルバード』（拾い物！）でも使われていた。

・kokomo/theme from the silent movie

無理矢理にムードをリセットするときに大きな力を発揮する。ショパン「子犬のワルツ」のワルツではないカヴァー。

・小坂忠／しらけちまうぜ

誰もがこの曲を掛けていた一時期、何故か鼻白む思いで聴いていたのだが。

・クック・ニック&チャッキー／可愛いひとよ

これも2011年に、あらためて好きになった曲。イントロの最初の数小節をカットすることによって、好きになることが出来た。

・越路吹雪／オー・パパ

カリプソ／スカの名曲、「shame and scandal in the family」の日本語盤。コレも川西卓くんの店で知った。けっきょく入手したのは別の店だったが。

・latin kaleidoscope/whereabouts -flight plan at 2:00pm

これも3年目に突入。渡辺康成さんの作ったトラック。ブラジルのイージー・リスニングをネタにしているが、オリジナルよりずっと出来が良い。この手のクラブ・トラックとしては、自分が好きになった最後の曲がコレ。クラブ・ミュージックはコレで終わった、と言うことも出来る。7インチで再発を希望。

・john lennon/power to the people

自分のレコード・バッグの中では、相変わらずジョンとポールは競い合っている。

・little richard/tutti frutti

カット・インで入れることによってさらに魅力が倍増したロックンロールの古典。

・bernie lowe orchestra/sing,sing,sing

これは今後、多くのＤＪが探すであろう1曲。インクレディブル・ボンゴ・バンドの反対に、レア・グルーヴとして聴くことの出来るジャズ&ジャイヴ。

・前園直樹グループ／いとしのマックス

ＤＪとしてずっとオリジナル・ヴァージョンを残念に思っていたので、コレを作ったのだが、結果的にオリジナル・ヴァージョンの魅力を再発見・再評価することになってしまった。

・前園直樹グループ／夏なんです

これも7インチで再発を希望。

・manfred mann/I can't get no satisfaction

長らく7インチを所有していることを忘れていた。大昔、札幌のシスコで３００円で購入。

・ricky martin/livin' la vida loca

音はもちろん郷ひろみのほうが抜けが良いのだが、7インチを入手したので。

・jayne and audrey meadows/japanese rhumba

大阪の某ディーラーから購入したナゾ盤。だが、キワモノではない秀逸な編曲を持つジャズ&ジャイヴ。

・the mindbenders/love is good

ジミー益子さんがプレイしていて知った、「バンバンバン」の下敷きのような曲。

・the mohawks/the champ

こういう絵に描いたような有名ネタ、というのを探しているわけで。

・中島みゆき／悪女

初めはジョークのように掛けていたが、新宿ＯＴＯでプレイしたところ、サウンドの見事さに感動した曲。いわゆるスペクター・サウンドは決してクラブ向きではないが、なぜか新宿ＯＴＯの装置では心地よく鳴る。クボタタケシさんも同意していた。

・おニャン子クラブ／セーラー服を脱がさないで

特にコメントせず。

・大杉久美子／フランダースの犬

コレは「真夜中の昭和ダンスパーティー」で大好俊治くんが掛けていたのを翌週から真似した。こんなに打っているとは。

・OST(charles fox)/barbarella

国内盤7インチ。某個人ディーラーから入手して以来、ほぼ毎回プレイ。

ＬＰで掛けたいと思ったことは一度もなかった。

・OST(riz ortolani)/go swim!

コレも昨年、平林伸一さんが「真夜中の昭和ダンスパーティー」でプレイしたとき、その場にいたレコード好きがほぼ全員チェックしに来た。運良く、すぐに入手出来た。映画『地中海の休日』の国内盤サントラ7インチ。

・小沢健二／buddy

イントロが素晴らしい。この人の曲を掛けるといつも、いかにファンが多いかをただ確認する時間になってしまう。

・earl palmer/new orleans medley

どんどんテンポが変化する、Ｂ２Ｂのときは相手を困らせるばかりの曲。

・duffy power/I saw her standing there

これも鰻谷sunsuiでプレイ。渋いトラックなので、あまり他ではプレイ出来ず。

・pretty purdie/soul drums

某ディーラーに頼んで入手した一枚。どうしても7インチで掛けたかった。強烈な音圧のＵＳ盤。

・procol harum/the whiter shade of pale

これもＲ&Ｂ／ヒップホップだった、と気づいた。

・queen/bohemian rhapsody

ダンスフロアの雰囲気を一瞬にして変えてしまう曲。他の曲と繋ごうとは思わないが。

・queen/we will rock you

「ボヘミアン・ラプソディ」から、普通のＤＪの流れに戻すために使っている曲。

・lou reed/walk on the wild side

ヒップホップ。いつか国内盤の7インチを入手したい。

・the righteous brothers/justine

「ジャスティン」そして「ココ・ジョー」、どちらもドン&デューイのクラシック。ライチャス・ブラザーズはどちらの曲もカヴァーしている。カヴァーもオリジナルも、全てが最高。

・the rolling stones/sympathy for the devil
ある時、どうしても7インチが欲しくなって、どうせ買うなら国内盤で、と探したら、海外のサイトで発見する。冒頭のパーカッションは音がひどく小さいのだが構わない。この曲に反応する人はオヤジです。

・ronron clou/she goes to finos
ごぞんじトイ・ドールズのカヴァー。初めてオルガン・バーで掛けたとき、松田岳二さんが強く反応してくれた。トイ・ドールズは12インチで所有しているが、まだクラブで使ったことはない。

・the routers/let's go
神保町のレコードショップで安く見つけて以来、使っている。

・todd rundgren/I saw the light
これは一昨年、札幌で奮発して買った国内盤7インチ。毎回使い倒して、最近ようやく掛けなくなってきたところ。

・run dmc/mary mary
札幌で国内プロモ盤7インチを購入。途中から使う。

・スクールメイツ／若いってすばらしい
みんな大好きな曲。このヴァージョンが最高、というわけではない。ただ耳新しいので使用中。関西の某ディーラーより購入。

・neil sedaka/a laughter in the rain
去年、国内盤7インチを入手したので、クラブで掛けたところ、あまりに反響が大きかった。みんな自分のよく知っている名曲を他人と一緒に聴きたい、ということ。

・brian setzer orchestra/getting in the mood
これも7インチを発見したので復活。

・the sheep/hide and seek
これも3年目。モンスター・チューン。

・the specials/a message to you rudie
片面の「nite klub」もよく使った。

・the stereos/freeze mambo
大阪ナイトビートで購入。あの店の「titty shakers」、というジャンルで発見。おっぱいぶるんぶるん。するにストリップティーズ系音楽。

・the swinging medallions/double shot
これも昔はあまり好きでなかった曲。US盤7インチで聴くと無駄に強烈な音圧に感動する。

・スリー・ファンキーズ／抱きしめたい
やはりビートルズの日本語カヴァー。このグループの7インチはどれも素晴らしい。

・チューリップ／心の旅
これも2011年を代表する一曲。常盤響さんが東京を去る直前のパーティーで初めて掛けた。こんなに完璧な楽曲を、どうして昔は嫌いだったのか。

・stevie wonder/my cherie amour
ようやく7インチを国内盤で入手。当時はB面だったのか。

・link wray/raw-hide
2011年のナンバー・ワン・キラー・チューン。だが、まだあまりプレイしていない。これから。

　このリストを見て、誰かが選曲の真似をするとは、とても考えられない。むしろ、このオッサン、DJとしては終わってるな、と思われるのがオチだろう。

　そもそも、このブログに真面目な音楽の話を書いても、あまり反応はない。だからこそ、書いた、というのもある。自分自身のメモとして。

そういえば昔、1997年だったはずだが、ヨーロッパのDJツアーから帰ってきてすぐ、三宿のWEB、というクラブでひと晩、たった一人でDJをしたことがあった。あのときのセットを自分で思い出したい、と、ときどき考えるのだが、いまではほんの数枚のレコードしか想い出すことが出来ない。shantell、なんて掛けたことは憶えているのだが。

「軽い読み物」にしては、長いものになってしまった。無内容なので、軽いのは変わらないのだが。

窓に明りがともる。

写真家の川上尚見さん、デザイナーの真舘嘉浩さんと、神保町のサテライツ・アート・ラボ、というところで三人展、というものをやることになった。以下はその長い宣伝文である。

真舘嘉浩さんとは、三年前に『マーシャル・マクルーハン広告代理店』、という本を一緒に作った。版元の学研の編集者の方が紹介してくださった。デザイナーだった。仕事をするのはまったく初めてだったが、よく話してみると、共通の友人があまりにも多くいた。約半月、真舘氏の仕事場に通って、ふたりでモニターを眺めながら、全てのページのレイアウトを組んだ。それは楽しい協同作業であった。

真舘さんの名前を御存知なくとも、その作品は多くの人が目にしているはずだ。渋谷マンハッタン・レコーズやホットワックス、といったレコードショップのロゴ、あるいは90年代にエレンコやブラジリアン・ミュージックやレア・グルーヴのアナログ・リイシューを行なったレキシントン・レーベルからリリースされた数多くのコンピレーション盤のスリーヴ・デザインなど、クラブ・ミュージックのリスナーには、とりわけ馴染み深いデザインが多いのではないか。その最新作は、もちろん猫沢エミ&スフィンクスのCDジャケット、ということになる。いや、そればかりか昨年話題となったある選挙ポスターのデザインも彼の作品だが、これは無署名だから明かすべきではないのか。

話を『マーシャル・マクルーハン広告代理店』、という本に戻す。ようやく入稿の目処が付いてきた頃に、裏表紙に使う自分の写真のことを考えていて、不意に川上さんと、彼の撮ってくれたポートレイトのことを思い出した。さっそく連絡を取ると、写真を使わせて戴くことをすぐに快諾して下さっただけでなく、翌日には自ら真舘さんの仕事場に写真を持参してくれたのだった。

川上さんと自分との付き合いは、もっと古いものになる。いま指折り数えてみたならば、かれこれ27年も前の話になるのか、と知って絶句した。ピチカート・ファイヴ、というグループで、自分がレコード・デビューしたとき、細野晴臣氏の主宰していたテイチク・ノンスタンダード・レーベルから同じ日にアルバム・デビューを果たしたのがワールド・スタンダード、というバンドだった。彼らのデビュー当時のアーティスト写真を撮影しているのが、川上尚見さんなのだった。

当時の川上さんは音楽雑誌の取材に撮影カメラマンとして同行する機会も少なくなかったようで、自分もたしか雑誌の取材のときに挨拶をしたはずだった。正直なところ、その辺りの出会いの経緯は曖昧なのだが、取材が終わり、撮影も済んだ後に、なぜか広尾の喫茶店で彼と雑談を始めたところ、意気投合、と言うような表現を遥かに超えたマニア同士の情報交換となってしまったのは忘れようもない。

その頃、自分は誰よりも音楽に詳しいつもりでいる鼻持ちならない若造であり、いまと同じくレコードを買うことに淫した人間だったのだけれども、カメラマンの川上さんは自分より遥かに音楽に詳しく、またレコード・コレクションに溺れた経験を持つ人だった。そして、その時のふたりの共通の話題は、ニュー・ウェイヴでもテクノポップでもアンビエント・ミュージックでもなく、ずばりスウィート・ソウルのレアなレコードのことだった。

高校生から大学2年生の夏休みに入る頃までのある時期、自分はソウル・ミュージックのレコードを集めることにかなりの情熱を注いでいた。その種の音楽の愛好家は皆な、ご多分に漏れず湯村輝彦さん、そして永井博氏の選ぶスウィート・ソウルのレコードに関するコラムを常にチェックしては中古レコード店を回ったり、通販のカタログなどを取り寄せたりして、夢は海外にレコード・ハンティング・ツアーに行くこと。自分もだいたいそんな感じだった。トーキング・ヘッズを聴くまでは。

スウィート・ソウルやシンガー・ソングライターのコレクションをやめて、自分はニュー・ウェイヴのレコードばかりを聴くようになり、果てはバンドを組んだ。そして川上さんもまた、どういう曲折があったのかは知らないが、ソウル・ミュージックのレコード・コレクションを全て手放して、ワールド・スタンダードのアーティスト写真を手掛けていた。

なにしろ川上さんは、マニア垂涎のあの「トンプソンズ」のLPを持っていて、あのトップ・コレクターに譲った、というのだから、自分とは格が違うレコード・コレクターだったに違いない。

軽い読み物など。

ソウル・ミュージックに関しては、お互いに憑き物が落ちたところで出会った、というところだったのか。苦笑いしながら、あのレコードを持っていた、どこそこの店には行っていた、という話をしていた。

それから、二人は長い間会っていない。自分も音楽の仕事でいつもあくせくしていたし、川上さんも写真家として確たる地位を築いていた。新幹線のグリーン車に乗る度、「ひととき」という車内誌のページで川上さんの撮影する著名人や文化人のポートレイトを見ていた。

その川上さんに20年ぶりに写真を戴くことになったのは、「BOSE」というオーディオ・メイカーのPR誌に出たときだった。病気で静養していた夏が終わって、最初に人前に出たときのことだった。『マーシャル・マクルーハン広告代理店』の表4で使わせて戴いたのは、そのときの撮影カットだった。

人付き合いのよくない自分は、川上さんとも真舘さんともそれっきり、というところだった。ところがお二人は、こちらの知らないところで交流を深めていたらしい。デザイナーと写真家ならば、まあ意気投合するのも当然のような気もするのだが、どうやら真相はそうではなくて、やはり音楽やギター、その他いろいろの話でウマが合ったようなのだ。

そのうちに、自分もお二人の世間話に加えて戴くようになり、今度みんなで集まってBBQでもやりましょうか、と言っていたところに、3月11日が巡ってきたのだった。

昨年の3月11日のことに関しては、日本人の誰もがそれぞれに自分なりの感慨、というものを持っているはずであり、被災した境遇もみな異なるのだから、共有する心情というものを探してみても、うまくは行かないのが当然である。

気仙沼に住む友人は、この前の日曜日に津波で亡くなった同級生の一周忌の法要があった、と呟きを漏らしていた。東京に住む自分が、友人の心情をどんなに慮ろうとも、まったく心を重ね合わせることは困難である。

それを想像力の欠如だと言うなら、その言葉も受け入れるしかない。だが、何と言われようとも、自分には同級生を失った悲しみも、原子力発電所が付近にあるという理由で生まれ育った故郷を離れざるを得なくなった人の感情も、想定外の地震のせいで社会的な責任を負うことになった電力会社の社員の心中も、共有することは絶対に出来ないのだ。偉そうに言うな。偉そうに言っていると思われましたのなら、相すみません。決して偉そうに言っているわけではありません。

たとえ同じベッドで抱き合って寝ていても、自分以外の人間の心を量ることなど出来ない。というのが、自分の基本的な考え方である。音楽やラジオ番組を作ったり、人前でレコードを掛けたりする仕事を生業としているけれど、自分以外の他人がどんな物を求めているのかなど、いつも一切解らないままにやっているのだ。

昨年の3月11日以降の、自分の気持ちをなるべく正直に言うとしたら、〈自分よりも大きな存在から、普段の自堕落な生活を一喝された〉、というのが、いちばん近いような気がする。子供のときのように親や教師や先輩から叱られることもなく、面白おかしく暮らしていたところに、心臓が止まる程の怒号で「馬鹿者」、と言われたような気持ちになり、まったく意気消沈してしまった。

川上尚見さんはひとこと、大きな戸惑いを感じた、と言っていた。そして川上さんはある時から、一日に一枚、モノクロームの写真を撮り、ネットにアップロードし始めた。それは部屋の中の静物であったり、東京のビル街であったり、偶々通り掛かった風景であったりした。それは、職業写真家になってからは写し撮ったことのないものだった、と言っていた。

プロフェッショナルの写真家が、まったく自分のために撮る写真。写真を読む、ということなどまったく出来ない自分でさえも、そこには何か心の泡立つものをいつも感じた。「コレ、いつかまとめて作品集にしましょうよ、真舘さんの装幀で、ぼくが跋文みたいなのを書きますから」、と、あるとき自分はごく無邪気に話したのを憶えている。

ところが真舘嘉浩さんは、ギャラリーでエキシビジョンをやりましょう、と提案してきた。ひどく驚いたのだが、この三人で何かをやるのなら、自分もぜひ加わりたいと思った。何をどう協力したら良いのか分からぬまま、では、3月11日からやりましょう、と答えていた。

職業写真家がアマチュアとしての写真を撮り、職業デザイナーがアマチュアとしてのグラフィック作品を制作し、展示する。ならば音楽家もまたアマチュアとしての音楽を作ってみようか、とは考えなかった。では何を作ったの、と尋ねられたなら、何ともうまく説明しにくいのだが、とにかくアマチュアとして参加した、というしかない。

人間はしかし、いつまでも悲しみの中に生きて往けるわけではない。いつまでも意気消沈したままでいられるわけでもない。人は徐々に生活を取り戻し、再び自分を甘やかして生きる。窓に明りがともる。それがまだ生きている人間の営みというものだ。

そんなわけで、三人展。川上さん、真舘さんの作品は素晴らしい。やはり力量を感じる。いっぽう、自分の作品のことは正直な話、よく判らない。ただ、詩人、あるいは写真家が非常に少部数の作品集、詩集といったものを制作するときの気構えのようなものは少しだけ分かった。

出来ることならば、毎日ギャラリーに居座って、アーティストの気分を味わっていたいものだが、そういうわけにもいかない。それでも、初日と3月17日のレセプション・パーティーには必ず参加するので、よかったら是非。ベレー帽にパイプ煙草の大久保清ルックでお迎え致します、というのは嘘だが、当日は好きなレコードとポータブル・プレイヤーを持参しますので。そして開催期間中の画廊に於けるBGMは、去年作った自分のソロ・アルバムになるはずだ。

私が東京都知事になったら。

週に一度くらいはブログを更新しよう、と思っているのだが、土曜日になってしまった。

今夜（土曜深夜）、出演させて戴くことになっている三宿WEBでのパーティーは、雪の影響で延期になるかもしれない。だから、レコードを選ぶための時間をブログの更新準備のために充てる。

今週、いつものようにブログを更新することが出来なかったのは、都知事選のことを書こう、と考えていたからである。

都知事選に関しては、人並みに興味がある。正直に書くならば、この人に投票したい、と考えている候補もひとり、いる。もっと正直に書くならば、コイツだけは東京都知事になってほしくない、と考えている候補もひとり、いや、何人かいる。

ストレイトに支持候補のことを書くのもひとつの選択だと思う。

けれども、自分に「この人」と考える候補がいるように、他の人にもまた別な「この人」がいるわけであって。あるいは「この人」、が見つけられずに棄権を考えている人もいるのであって。

だから、誰かを応援するようなことはここでは書かない。ただ、皆さん明日は選挙に行きましょう、ということだけを訴えたい。

棄権もまた選択だと思うのだけど、それはやはり考えに考えた上でのチョイスであってほしい。

こんなことを書くのは、ツイッターなどを見ていると、「ハイ、政治の話はシャットアウト。ミュートします。ブロックします」という人がけっこう少なからずいるから。

調べれば調べるほど、選挙というのは面白いもの、らしいですよ。人気投票、と考えたって面白い。個人的には、アイドルグループの総選挙よりはずっと面白い。

もっと切実に、こんなに苦しい家計の中から税金を納めているのだから、すこしでも暮らしを豊かにしてくれる人、自分の子供の将来までを考えてくれる人、あるいは自分に都合のよい政策を唱えている人を選ぶ、というのもあって、しかしこんなことを書くとまた「ハイ、ミュートします。ブロックします。さようなら」と言われてしまうのかも。

せっかく投票用紙が届いているのだから、明日は投票へ行きましょう。大人になりましょうよ。


東京都知事候補の小西やすはる、です。

わたくしが都知事となりましたら、そうですね、とくにコレという政策はまだいまのところ考えておりません。しょうじき、行政のことは全然分からぬアマチュアでございます。

都知事になった暁には、えー優秀なブレインの方の意見を伺いまして、最良の選択をその都度していきたい、と考えております。

政策については、わたくしもインターネットなどを通じて、たくさんの方からの意見を募集し、建設的なご意見を拾っていこうと考えております。

ええ、東京オリンピックに関しましては、これは返上する方針です。

替わりまして、ただひとつ、わたくしが任期中にぜひとも成し遂げたい、と考えておりますのは、東京の住所・町名を旧名に戻すこと、であります。

さきの1964年・オリンピック東京大会の頃、わたくしが住んでおりました辺りも地名が変更となりました。渋谷区豊沢町は恵比寿三丁目、隣りの白金三光町も、白金五丁目、あるいは白金台という住所に変わりました。

しかし、東京の住所は相変わらず分かりにくい！　初めて訪れる場所で、住所だけを頼りに行くことが出来る場所などほぼ皆無です。

これは東京の地形の複雑、区画の複雑さに起因するところは大きいでしょう。どんなに合理的なタグ付けもあまり効果的ではありますまい。これ以上の合理的区画整理も、わたくしの願うところではありません。

ならば、どうせ分かりにくい区画なら、江戸の昔の美しい町名を全面的に復活させようではありませんか。

青島幸男・石原慎太郎・猪瀬直樹、文人による都政が三代にも亘りましたのに、なぜこれをやらなかったのか。

いまさら面倒である、非合理的である、とお考えになる方も少なくないと思います。

しかし地名変更に伴う各省庁、各種企業のシステム改変には大きな経済効果があります！

タクシー運転手の方、宅配業者の皆さま、郵便配達職員の皆々様、いつもご苦労さまです。

霞町、蛎殻町に笄町、田村町に箪笥町、鳥居坂町、一ツ木町、人形町に小伝馬町。あーあ、東京の地名は美しい。

美しい暮らしは町名から。大江戸八百八町。東京は夜の七時。投票は朝の七時から、夜の八時までございます。ご清聴有難うございました。

（以上、志村喬の声色でお読みください。山村聡、と言いたいけれど、カッコ良すぎる。。）

今夜の三宿WEBのパーティーはやはり延期、との決定が出た。ついでに書くなら、きょうの写真は友人で「トーキョー・バウンス・ボウル」というイヴェントを主宰しているけーたくんの撮った土曜早朝の写真を転載させて戴いたものである。オレも雪の選挙ポスター掲示板を近所に撮影しに行ったけれども、手が悴んでうまく撮影出来なかった。家からポスター掲示板までの距離は徒歩一分。その掲示板から目の前の小学校まではやはり徒歩一分。小学校に入って投票所までも、約一分だ。みなさん、投票に行きましょう。

軽い読み物など。

スペイン風のコート

今年の冬は一度しか袖を通していないスパニッシュ・コート。

以前、マッセメンシュのデザイナー高橋正明さんから頂戴したコートだ。どこがスペイン風なのか、どういう由来でこの名前なのか、自分はよく知らない。そもそも、高橋さんはスパニッシュ・コートと呼んでいらしたかどうか。

あれは何年前のことだったか、たしか川崎クラブチッタでワックワックリズムバンド、もしくはクレイジーケンバンド、あるいはその両方が出演したイヴェントでＤＪをしたときに、フロアの中でこのコートを着た高橋さんを見つけて思わず、このコート、何処でお求めになったんですか？と大きな声で尋ねてしまった。

高橋さんは破顔一笑して、これマッセメンシュの、と仰ったはずだ。

学生の頃、ずっと着てたんですよ、懐かしいな、ぼくも買います。そんな事をまくし立てて、自分は何処かへ行ってしまった。まだ大酒していた頃だから、アルコールを求めてドリンクカウンターに向かったはずだ。

その夜からちょうどひと月ほど経ったある日、事務所にとつぜんこのスパニッシュ・コートが送られてきた。なんでも、Ｌサイズは最初から作っていなかったらしく、わざわざ自分のために作って下さったようだ。

子供の頃に着ていたものは、ボディのコーデュロイがもっと太畝だったが、マッセメンシュのものはずっと細畝で洒落ていた。そういえば、自分の両親や叔母は「コール天のコート」と呼んでいたのを思い出す。

思いがけないプレゼントが嬉しくて、さっそく毎日のように着ていたら、ワックワックリズムバンドの山下洋さんが気に入ってくれて、マッセメンシュの男物だと教えるとすぐに買いに行ったらしい。その後、山下くんがこのコートを着ているのを何度か見掛けたが、当然ながら自分よりもスマートに着こなしていた。

中学・高校時代にずっと着ていたスパニッシュ・コートは父親のお下がりだった。ＶＡＮ、とか、ＪＵＮ、といったアルファベット3文字のメンズファッションのブランドが流行していた時代に買い求めたものなのだろう、たしかT.A.C.というブランドのネームタグが付いていた。

ケーブル編みのニットの大きな襟、コーデュロイのボディにくるみボタン。ダッフル・コートよりも目立つことを狙った男たちが飛びついたに違いないオーヴァー・コートがこれだ。

　自分の父親も若い頃は服装で目立ちたい、と考えていたに違いない。そして高橋さんも。

　アイヴィー・ルックが大流行した時代にお洒落することに目覚めた人だったのだろう。憧れの時代より、少し遅れて生まれてきた人間の常として、憧れの対象を徹底的に追い掛けてしまう。ファッションでも、音楽でも、あるいは書籍や雑誌、映画やデザインの世界でも、その人生を「遅れてきた人間」として送る人というのがいるのだ。

　マッセメンシュはいつの間にかメンズのコレクションをやめてしまったけれど、このスパニッシュ・コートを見る度に高橋さんのことを思い出す。ナイトクラブでお目に掛かると、必ず細身のスーツに身を包み、ピカピカに磨き上げた靴を履き、ニットタイを締めていた。1960年代のソウル・ミュージックやブーガルー・ビートのレコードを掛けると、いまどき誰も知らないダンスステップを見事に披露してくれたから、DJとしては嬉しいゲストだった。

　そんな訳で、きょうはこのスパニッシュ・コートを着て出掛けたのだが、右袖のくるみボタンが今にも取れて落ちてしまいそうだ。これは落として失くしたくはない。

教訓

　このところ、ずっと原稿書きばかりしていた。原稿書きと、映画。そして風邪。相変わらず音楽の仕事はしていない。

　原稿は長いものが1本、短い原稿が2本、文字数はお任せ、というのが1本。それでブログを書くのを怠っておりました、という言い訳の巻。

　ある小説家がインタヴューの中で答えていた。本当に小説を書こうと思うのなら、ブログやエッセイの類の仕事はやめるべきだ。

というような発言だった。

　原稿の仕事を目の前にしていると、この発言はなるほど、もっともだ、と思えてくるのだった。自分は小説を書こうと考えているわけではないけれど、とりあえず原稿を書いていると、ブログどころではなくなる。どんなことがあっても、誰に会ったとしても、何を考えても、それらはすべていまから書かなくてはならない原稿のために取っておかなくては、とてもブログなんぞで書いてしまうのは勿体無い、と考えてしまうから。

　短い原稿はすぐに書けてしまう。問題は長いものだ。

　自分は若い時にめったやたらと引き受けていた原稿仕事のおかげで、2000字前後の長さであれば、それほど苦労とも思わずに書くことが出来る。

　ところがその2000字を超えると、途端に筆の進みが遅くなってしまう。

　今回の長い原稿は、だいたい5000字前後、と言われていた。そんなものをやすやすと書ける自分ではない、と分かっていたので、今回は考えたのだ。1500から2000文字の原稿を一日にひとつ書く。これを三日続けて、三つの話からなる原稿にすれば、何とか書くことが出来るはずだ、と。そうしてそれを実行したら、三日目、ちょうど締め切りの前夜に書き終えることが出来た。

三つの話は、べつだん関連がなくても構わない、と思っていた。しかし書き終えてみると、これが何となくひと続きの話のように読める。

　これは驚きだった。これなら、得意とする2000字前後の原稿を毎日こつこつと書けば、まとめてひとつの長い原稿として完成させることが出来るのではないか。

　いま上の文章を書きながら頭に浮かんだのは、中銀カプセルタワー、とか、そういうイメージ。

　しかし、考えてみれば自分には大きな量の原稿を書かなくてはならない理由などないのだった。


　そんな風に知恵を絞って、長い原稿は書き上げたのだけれども、意外にも手こずったのは、長さはお任せ、という仕事だった。ずっと考え続け、かれこれ二週間くらいになっただろうか。それがようやく、きょうの午後に何とか書き終えることが出来たのだった。朝から手を着けて、午前中には終わるだろう、と思っていたのに、気がつくと午後の1時を回ったところだった。

　ある若い友人、などという書き方はよそう、DJの三浦信くんの作った二枚目のアルバムのライナーノーツ。このアルバムは悪くないです。

　ずっと悩んでいた原稿からようやく解放されて、さて映画でも、と、家から近い劇場の時間表をチェックすると、観たい映画はあと15分で始まる。

　諦めようか。まてよ、あの劇場の予告編はかなり長い。そう考えたら、すぐに家を出ることにした。

　外は雨なので、レインハットを被って出掛ける。しかし玄関のドアを開けると雨は強まりそうな気配。念の為、傘を持っていくことにする。

　映画は素晴らしいものだった。アカデミー賞は逃したらしいが、自分は感激のあまり、座っていたシートにレインハットを忘れてしまった。

　今まで二度失くして、その度に買い直したレインハット。三代目の帽子は、何とか失くさずに10年近く使ってきたのに。家から出るときに持った安物の傘は失くさなかったのに。

教訓。

レインハットを被るときは傘を持つな。

傘が必要な日はレインハットを置いていくこと。

　素晴らしかった映画、または腹が立つほどつまらない映画のときは、忘れ物に注意。

　本当に失くしたくないレインハットなら、被らずに仕舞っておくこと。

　失くすのが惜しいようなものは、手に入れるな。

　このブログの原稿を書き始めた頃、携帯電話が鳴って、レインハットは座席に御座いました、との連絡が入った。今度は劇場に引き取りに行くのが面倒になる。

対談「名画座に居る」という快楽

小西康陽×遠藤倫子（元・Citrus、現・IKEBANA）

●同席……のむみち（「名画座かんぺ」発行人／古書往来座店員）●聞き手／構成……朝倉史明（編集者）

■今日も名画座へ

小西　今日はここへ来る前に、ラピュタ阿佐ヶ谷に行ってました。

遠藤　何をご覧になったんですか？

小西　白鳥あかね特集（「映画のすべてを記録する　白鳥あかねスクリプター人生」）の、『縄張〈シマ〉はもらった』（68年、長谷部安春、日活）と『濡れた週末』（79年、根岸吉太郎、にっかつ）。本当は、昨日も映画を観るつもりだったんですけど、用事で大幅に予定が変わってしまって。神保町シアターの加山雄三特集（「夏だ！映画だ！若大将だ！祝・喜寿　加山雄三映画祭」）で『大学の若大将』（61年、杉江敏男、東宝）だけ観ようと思ってましたが結局、断念しました。

遠藤　じゃあ、今回の特集上映ではもう観られないんですか？

小西　そうなんです。明日もちょっと用事があって……。最近はそういうことを考えながら、日々、暮らしてます（笑）。

遠藤　私も、飲み会などに誘われても、とりあえず名画座のスケジュールを確認してから返事をしています（笑）。

のむ　今日のこの対談のスケジュールもいろいろと調整されたんじゃないですか？

小西　ちょっと……（笑）。

遠藤　（笑）。

——小西さんと遠藤さんはもともと、音楽活動を通じて面識がおありということで、最近は名画座で遭遇されることが多いと伺いました。今日、同席をお願いした「名画座かんぺ」発行人の、のむみちさんは、かなり頻繁に（笑）、また私（＝朝倉）もたまに、お二人のお姿をお見かけしています。そこで今回は、小西さんと遠藤さんの、それぞれの〝名画座ライフ〟と、旧作映画を観ることの魅力についてお話ししていただければと思います。

遠藤　ではよろしくお願いします。まず……最近の名画座の特集上映で特に嬉しかった企画、通い詰めた特集というと、なんでしょうか？　ちなみに私は……。（※と、ノートを見

ながら）

小西　そのメモ、すごいですね。

遠藤　観たものだけ書いてるんです……。私は、シネマヴェーラ渋谷の「野村芳太郎監督特集」でした。期間中は何度か、小西さんにお会いしましたね（笑）。

小西　そうでしたね。僕は、ラピュタ阿佐ヶ谷の特集「鉄腕脚本家高田宏治」はよく通いました。

遠藤　なかでもこの1本が面白かった、というものはなんですか？

小西　いちばん最初にかかった、『忍者狩り』（64年、山内鉄也、東映）が凄かった。

■どう「観る」か

遠藤　ところで小西さんは、メモは取られているんですか。

小西　観た映画のタイトルだけは。

遠藤　感想は書かないんですか。

小西　書かないですね。

のむ　同じ映画を観返すことは？

小西　ありますよ。

――内容が気に入ったからとか、ストーリーが好きだとか。

小西　また上映しているから、っていう理由で（笑）。

のむ　登山家みたいですね。「そこに山があるから」的な。

――観ている途中で「これは前に観た」と気づくことは？

小西　それもあります。

遠藤　でも結構、新鮮に観られるんですよね。

小西　映画は情報量が多いですからね。一度観ただけでは、全部はわからない。

遠藤　映画の中の、いろいろなものを見たいですしね。着ているものとか、食べ物とか、お店の看板とか……。

――「この人が関わっている作品だと無条件で観てしまう・何度観てもいい」という、好きな俳優や監督、気にしているスタッフは誰かいますか？

遠藤　私は川崎敬三が好きなので、出演してる作品の上映にはなるべく足を運ぼうと思ってます。

小西　じゃあ、先週までの神保町シアターの特集（「にっぽん男優列伝～大映篇」）にも行かれましたか？

遠藤　出演作だけ。他の男優のものも観たかったんですけど、他館との兼ね合いもあってなかなか。でも、敬三さんだけは、いちおう全部行きました。

小西　最後の週にやってた、菅原謙二が出ている『真昼の対決』（57年、田中重雄、大映）はご覧になりました？

遠藤　ええっ？　出てたんですか？

小西　出てましたよ。

遠藤　ガーン！……面白かったですか？

小西　すっごく良かった……。北海道が舞台で。石炭が突然出てきた町があって、にわかに人が集まってきたから、そこの工場長の、クリスチャンである奥さんが教会を建てるんです。でも宣教師がいない、ということで、呼ばれたのが菅原謙二扮する主人公なんですが、その名前が、鹿児島出身で「種子島権兵衛」、というんですよ。

一同　（笑）。

小西　彼は、こんな名前を付けた親を憎んでるんだけど、父親が今際の際に、「ちゃんとわけがあって付けたんだ」と言うんです。その理由にちょっと感動しました（笑）。

遠藤　ふふふ。

小西　それで、分教場を管理する兄妹がいて。妹が山本富士子、お兄さんが川崎敬三、というキャスティングでした。

遠藤　観たかったなあ。田中重雄監督も好きなので……。小西さんは田中重雄の作品、ってどうですか？　今回の特集では、合計3本上映されましたけれど。

小西　実は、これまで全然意識したことがなかったんですよ。今回3本とも観ましたが、どれも良かった。

遠藤　なんか良いんですよ。「ものすごくイイ！」と、力説するような感じでは決してないんですが。私は『東京おにぎり娘』（61年、大映）でその名前を初めて知って。「なんだ？　この生ぬるくて面白い映画は！」と思って。以来、チェックしてます。

■観られる限りは……

遠藤　小西さんが「無条件で観てしまう映画人」というと、誰でしょうか。

小西　僕はね、映画は俳優の顔で観ているんです。だから、きれいな人が出ている映画であればいいし、きれいな人が出ていない映画は、僕にとっては退屈で。

遠藤　小西さんらしいですね（笑）。

小西　結局、それに尽きる。だから、美人が出ていればなんでもいいんだけど。

――それはいいですね。

小西　大学時代に、日活ロマンポルノをたくさん観てたんです。少し恥ずかしいのですが正直に言うと、ロマンポルノの頃の日活の助監督の試験を受けたこともあるんですよ。ただそれでも、ロマンポルノ、あとピンク映画にはいま一つ乗りきれなかった。それは、自分好みのきれいな人が出てこなかったから、というのが理由なんですよ。

――例外的にこの人だけは、ということも特になかったのですか？

小西　なかったです。でも今日、『濡れた週末』を観て……。亜湖、っているでしょ。

遠藤＆のむ　あ、亜湖ッ！

小西　亜湖、ってさ……。

遠藤　……ダメだったでしょう？

小西　大学生の時、何だったか、彼女の出演作を観て、「もう絶対にこの人の出ている映画は観たくない！」って思ったぐらいなんだけど……今日観たら、意外とかわいいんだよね（笑）。

遠藤　私、好きなんです。全体を観ると、亜湖はかわいいな、って思う。雰囲気美人という感じで。

小西　『濡れた週末』の彼女は良かったな。まあ、他の女優2人、宮下順子と中島葵がおばちゃんだったからね。

遠藤　あの宮下順子、いいですよー（笑）！　ひどい（笑）。

小西　おばさんにはきびしいんです（笑）。あと、山下洵一郎も出演していて。ああいう濃い顔の俳優、好きなんですよ。

のむ　工場長役の人ですよね。

小西　そうです。若い頃は松竹映画によく出てました。

のむ　もう一人の若い男性は誰ですか？

小西　わからない。あの人もかっこよかったですね。

――作品を観る前にはあらかじめチラシを読

んで、出演者やスタッフをある程度、頭に入れておきますけど、忘れることもあるし、すべてが紹介されているわけではないですよね。
遠藤　そういう時、たとえばスタッフのクレジットで「撮影・姫田真佐久」とか「撮影・前田米造」ってあるのを発見するとテンションが上がります（笑）。
小西　僕は、映画の情報は前もって見ないようにしてるんですよ。
――チラシの解説なども読まれない？
小西　ほとんど読まないです。
遠藤　観に行く際には何をポイントにされているんですか？
小西　とにかく、「観た事がないもの」。だからタイトル。あと監督の名前ぐらいは頭に入ってるけど……。ただ、観たい映画の上映時間が複数の館で重なって、どれか選ばなきゃいけないときには解説を読んだりはします。ところで、遠藤さんも基本的には、「観られる限りは観る」というスタンスでしょう？
遠藤　はい。行ける範囲は全部行きます。
小西　僕もそう。特集という括りはあるけど、行ける限りは全部行きたい。
――特集は、あって無きが如し、という感じなのですね。すごい……（笑）。

■女優・男優

遠藤　小西さんがお好きな、昔の女優は誰ですか？
小西　僕が改めて本格的に名画座に通うようになったのは去年（13年）からで、映画を観ないブランクの期間が26年間ぐらいあったんです。バンドを始めるまではすごく観てましたが、音楽の仕事をするようになってからは全然行けなくなってしまって……。ふたたび名画座に行くようになって〝発見した〟というか、「こんなにきれいな人だったのか！」と思ったのは、団令子ですね。
遠藤　それはイイ話を聞いたなあ！　小西さんは、団令子はお好きじゃないだろうな、と思っていたから。私は大好きなので、すごく嬉しいです。ちんちくりん、なんて言うかなと……。
小西　そう思ってたんですよ（笑）。
遠藤　やっぱり思ってたんだ（笑）。
小西　うん（笑）。でも、あんなにきれいな人はいない！
遠藤　時期によっては、ちょっとポッチャリしすぎているんですけどね。ああ、嬉しい！
小西　まずは『悪の階段』（65年、鈴木英夫、東宝）！　それからこの間、神保町シアターで観た『沙羅の門』（64年、久松静児、宝塚映画）の彼女も素晴らしかったな。
遠藤　演技もスタイルも完璧でしたね。
小西　あと新文芸坐の小沢昭一追悼特集（「名優・小沢昭一を偲ぶ」）で観た『サラリーマン悪党術』（68年、須川栄三、東宝）。
遠藤　その作品の団令子は覚えてません。
小西　主人公の小沢昭一の奥さん役。この団令子が本当にきれいで。
――『サラリーマン悪党術』には、高橋紀子も出演していましたっけ？
小西　高橋紀子が出てるのは『ブラック・コメディ　ああ!馬鹿』（69年、須川栄三、東宝）ですね。
――主演も監督も同じなので混同してました。
小西　しかし高橋紀子も、本当に最高だよね。高橋紀子と、あと田村奈巳……というと、僕の好みのタイプがだいたい分かると思うんだけど（笑）。

遠藤　小西さんの好みのタイプは、結構わかります（笑）。田村奈巳が出ている映画の上映の時にもよくお見かけしますし。小西さんは、男優にはそんなに惹かれないですか？

小西　いや、男の人でもかっこいい人を見ているのは好きですよ。遠藤さんは、男優は川崎敬三の他には誰が好き？

遠藤　池部良です。

小西　池部良で、1本挙げるとしたら？

遠藤　高峰秀子と一緒に出ている、『朝の波紋』（52年、五所平之助、スタヂオ8プロ＝新東宝）というコメディ映画。私は、男性の生脚が大好きで。特に半ズボンをはいた脚を見るのが好きなんですよ（笑）。この映画の（池部）良ちゃんは、ちょっとバカみたいな（笑）役なんですが、短パン姿になって脚を出してて。見ごたえがありました。

小西　僕は、池部良だと『脱獄囚』（57年、鈴木英夫、東宝）での主任刑事役があまりにもかっこよくて衝撃的でした。

遠藤　あの池部良も、素敵でした。

小西　髪がものすごく乱れているんだけど、「なんでこんなにかっこいいの？」と思った。佐藤允が脱獄囚の役で……。ラピュタ阿佐ヶ谷での、佐藤允の特集（「漢・佐藤允！BANG!BANG!BANG!」）で観たんだけど、もう、池部良に釘付けでした。

遠藤　小西さん、佐田啓二はどうですか？

小西　大好きです。

遠藤　シネマヴェーラ渋谷の中村登監督特集（「甦る中村登」）では、佐田さんの出演作品がたくさん上映されるから、うれしいですね。

小西　うん。中村登の映画だと『いろはにほへと』（60年、松竹）の佐田啓二がいいです。あと、野村芳太郎監督の『東京湾』（62年、松竹）という、〝佐田啓二プロデュース〟の映画があるでしょう。

遠藤　はい。「企画・佐田啓二」ってクレジットされてる。出演はしてませんが、張り切っている感じがしました。

小西　佐田さんとしては、『いろはにほへと』や『東京湾』のような、社会派ものの映画が好きだったんでしょうね。

――『いろはにほへと』は実際の詐欺事件をモデルにした作品、『東京湾』は麻薬ルートが絡む社会派サスペンスですね。佐田啓二というと、どうしてもメロドラマで売られているイメージがありますが。

遠藤　いいですね。「こういうことをやっているけれど、実はこんな作品が好きだ」、って。

■メロドラマが好き

小西　遠藤さんの好きな映画のジャンルは何ですか？

遠藤　私はメロドラマ大好きです。松竹とか大映とか……しっとりとしていればしているほどいい、という感じです。

小西　なるほど。

遠藤　ここ数年特に好きなのは、大庭秀雄監督の作品ですね。お好きな方も多いと思います。

小西　大庭秀雄作品だと、去年、神保町シアターでの森光子特集（「銀幕の森光子」）で観た『春日和』（67年、松竹）という映画がとてもよかったです。メロドラマで印象的だったものといえば野村芳太郎の映画で、九州の焼き物の里に高峰三枝子のかつての恋人がいて、という話がすごく好きだった。作品の名前がちょっと……。

遠藤　『女たちの庭』（67年、松竹）！

小西　そうだ！

遠藤　素晴らしかったです！　すごく気持ちの悪い話なんですけど、本当によかった。私、今年のベストに入ります。いわゆる〝立派な映画〟ではないんですが。

小西　次女を演じてたのは誰でした？

遠藤　生田悦子。

小西　そう。あの生田悦子が本当にきれいで。超タイプです（笑）。

遠藤　生田悦子は野村芳太郎の他の映画にも出てて。こんなに野村作品に出ているとは思わなかったです。……しかし『女たちの庭』は本当に良かったなー。ただ、この良さは、人にはちょっと説明できない感じなんですよね。

小西　そうそう。

遠藤　最後泣いちゃいました、あまりにも清清しくて。なんかいい終わり方でしたよ。あんなに気持ちの悪い話なのに。

■思いがけないジャンルが

遠藤　小西さんがお好きなジャンルはどんなものですか。

小西　去年と今年、映画を観てびっくりしたのは、戦闘機乗りが主人公の映画があるじゃないですか、ああいう作品が自分は結構好きなんだ、ということで。「俺も男の子なんだな」と驚きました（笑）。

遠藤　神保町シアターで最近やってましたね。夏木陽介の映画を。

――『ハワイ・ミッドウェイ大海空戦　太平洋の嵐』（60年、東宝）。

遠藤　監督は……？

小西　松林宗恵。あと、古澤憲吾監督の『青島要塞爆撃命令』（63年、東宝）なども好きです。

遠藤　意外ですね、小西さんが戦闘機乗りの映画に魅かれる、って。

小西　先週、シネマヴェーラの特集（「映画史上の名作11」）で観た『暁の偵察』（30年、ハワード・ホークス、米）も良かった。主演はリチャード・バーセルメスで……。ああそうか、今、パンフレットを見て気づいたけど、同じ特集で観たグレゴリー・ペック主演の『頭上の敵機』（50年、ヘンリー・キング、米）のほうが、さらに好みだったな。『暁の偵察』も悪くなかったけれど。

遠藤　こういう映画はどのへんがいいですか。グッとくるポイントは？

小西　男同士が軽口をたたき合ってる感じとかね、そういうのが好きなんです。

遠藤　バディ・ムービー的な。

小西　そう。気がつけば女性が全然出てこない、という映画がありますけど、そういうのも自分はけっこう観ているなと（笑）。

遠藤　やっぱり意外な感じです（笑）。

――好きな映画は、DVDが出ていたら買ってしまったりしますか？

小西　それはない。僕はレコードを集めて、家に物を所有するのはもう懲りたんですよ。遠藤さんは、家でも映画観るんでしょう？　本当に尊敬します、僕は。

遠藤　ただ、家だとなかなか集中できないです。スクリーンで観ても忘れるのに、家で観たらもっと忘れちゃう……。でも家で観るのもなかなか楽しいですよ。あと、どうしても劇場に観に行けなかった映画を、悔しいからその日に家で観ることもあります（笑）。「私だって持ってるわ、その映画！」って（笑）。

小西　素晴らしい（笑）。

のむ　上映の形態で、デジタル上映って、気にされますか？

小西　僕はもう気にならなくなった。

遠藤　家で観るよりいいですよ。スクリーンも大きいし。小西さんが家で映画をご覧にならないのは、やはり大きいスクリーンで観たいからですか？

小西　なんか集中できないんですよ……。さらにいま、家にTVがないしね（笑）。

遠藤　ところで去年は何本観たんですか？

小西　五百……。

遠藤　すごい！　しかも全部劇場で……。

■新作と旧作

小西　以前は、家から近い封切館を中心に映画を観に行ってたんですが、最近は名画座のスケジュールをこなすのが忙しくて（笑）、あまり新作に行けなくなりました。遠藤さんは今年の洋画の新作だと何がお好きですか？

遠藤　『ウルフ・オブ・ウォールストリート』（13年、マーティン・スコセッシ、米）。

小西　僕は『LIFE!』（13年、ベン・スティラー、米）。どうしようもなく好きだった。

遠藤　『LIFE!』、男性は好きですよね。

小西　そうかもしれない。

遠藤　コーエン兄弟の『インサイド・ルーウィン・デイヴィス　名もなき男の歌』（13年、ジョエル・コーエン／イーサン・コーエン、米）はどうでした。

小西　僕は好きじゃなかったな。

遠藤　私も。でも好きな人多いですね。

小西　最後にボブ・ディランが出てくるところはね。でもそれぐらいかな、という感じでした。

——ちゃんと洋画の話もできてすごいですね。私は邦画一辺倒だから……。

小西　でも、邦画たくさん観られて。

——決して、たくさんではないんです。

小西　逆にお聞きしますが、どこの映画会社がお好きですか？

——私は東宝が好きです。若い、中学生の頃などは、大映の、特に、増村保造の現代劇がどうも苦手でした。

小西　僕が初めてラピュタ阿佐ヶ谷に行った時にちょうどやっていたのが、大映で活躍された藤井浩明プロデューサーの特集だったんですが（「映画プロデューサー・藤井浩明大いなる軌跡」）、改めて、「大映は素晴らしい映画ばかり作ってたんだな」と思いましたよ。

■映画会社の好みについて

のむ　藤井浩明特集で上映した、伊藤大輔の『いとはん物語』（57年、大映）はご覧になりました？

小西　もちろん！　泣きまくりました。

遠藤　……最高。

のむ　思い出しただけで泣ける……。

小西　そのタイトルを聞いただけで泣けてきた（笑）。本当に、劇場のみんながすすり泣いてましたよ。

遠藤　私もやっぱり大映は大好きですね。大映と松竹は外せません。

小西　僕はそんなに映画を観てないのに言うんですけれど……。
一同　いやいや（笑）。
小西　松竹の映画は、どちらかというと苦手なんですよ。寅さんの上着の茶色。あのベージュが松竹の色だなあ、って思っちゃうんです。何を観てもあの色、という感じがする。
遠藤　でも松竹の女優は好きですよね。
小西　たとえば……。
遠藤　桑野みゆきとか、岡田茉莉子は？
小西　大好きです。
遠藤　岸恵子。
小西　岸恵子もいいですね。
のむ　もしかしたら、ですが、松竹の専属ではありませんけど高峰秀子って、あまりお好きじゃないんじゃないですか？
小西　あ！　なぜわかるんですか（笑）。
のむ　顔の感じが……。
小西　松竹の女優だと、岩下志麻もそんなに好きじゃないです。岡田茉莉子は、若い時はあまりにも素晴らしいので、吉田喜重の映画を観て衝撃受けましたね。「彼女がかわいそうだ！」って（笑）。

——ATGと組んでいた頃、でしょうか（笑）。ちなみに、ATG映画には特に抵抗感はないですか？
小西　ないですよ。日活ロマンポルノよりはよっぽど好きかな（笑）……。日活ロマンポルノは、映画の枠を広げてくれているんだ、と思って観てますけどね。こういう映画もあるんだよ、って。
遠藤　アイデアが面白いですよね。
小西　先日観た『ルナの告白　私に群がった男たち』（76年、小原宏裕、日活）もよかった。これは封切りの頃からずっと観たかったんです。まあ当時は高校生だったんですが（笑）。その後、大学時代に東京にいた時もなぜかかからなくて。それがようやく観られました。

■作品の好みの変化

——昔の好みからの変化はありますか？　たとえば、〝アクションもの〟から〝市井もの〟へ、みたいな……。視点がより大人になった、とか、昔嫌いだったのに好きになった、など。
小西　自分の映画の好みは、そんなにはぶれてないと思う。ちなみに僕は、山本周五郎原作の映画がたいていなんでも好きなんだよね。昔からそうみたいで。
遠藤　どれぐらいあるんでしょうか。
——けっこうありますよ。『赤ひげ』（65年、黒澤明、黒澤プロ=東宝）、『ちいさこべ』（62年、田坂具隆、東映）、『五瓣の椿』（64年、野村芳太郎、松竹）など……。『雨あがる』（00年、小泉堯史、「雨あがる」製作委員会）の良さについては、小西さんはご著書（『ぼくは散歩と雑学が好きだった。小西康陽のコラム1993-2008』）でも書かれてましたね。
小西　『どですかでん』（70年、黒澤明、東宝=四騎の会）も山本周五郎ですね。でもずっと観てないから、いま観たら違う感想になるかもしれないけれど。
——遠藤さんは、好みの変化っていかがでしょうか？
遠藤　私はちょうど小・中・高生だった頃の80年代の映画が、以前は苦手でした。でもいま観ると面白い。本当に素敵な映画がいっぱいあるなって。
小西　僕はまだ、その境地まで行けてない。

遠藤　まだだめですか？

小西　これから好きになります（笑）。そういえばこの間、根岸吉太郎監督の『狂った果実』（81年、にっかつ）を観て。最高によかったんですけど、あの主演女優の蜷川有紀が、僕の人生で会った誰かにそっくりだなと思った。「こういう話し方で、こういう感じの人、知ってるなあ」って。

遠藤　「キミさあ」、という感じの喋り方ですね。『狂った果実』はそんな独特の台詞回しも含めて素晴らしいですよ。あと80年代の映画といえば、高田宏治特集で『姉妹坂』（85年、大林宣彦、東宝）を観て驚きました。素晴らしいのと……こんなこと言っていいかな、ひどい映画で（笑）。もういろいろと、てんこ盛りで可笑しくて。料金を2倍、払いたいぐらいでした。

■喜劇映画は……

小西　去年、ちょうど名画座に通いだした頃に、シネマヴェーラの久保菜穂子特集（「復活!! 久保菜穂子」）を観に行ったら遠藤さんが話しかけてくださったんですよね。

遠藤　ああ！　そうでしたね。

小西　嬉しかったです。

遠藤　「小西さんがいらっしゃる！」と思って。ちょっと迷ったんですが、良かったです、声をかけて。

小西　その時に、ちょっと遠藤さんに話したのは、「自分は日本の喜劇映画はちょっと苦手かも」ということで。つまらなくて全然笑えないことが多いからなんだけど……。もちろん、観には行きますが、よくがっかりさせられる。

遠藤　笑いは、どうしても古くなりますからね。

小西　伴淳三郎とかがメインの俳優として出てくるけど、「なにが面白いんだろう？」って思うことがある。

遠藤　必死になって観に来たのに、「うーん残念」ということがあります（笑）。

小西　あと、喜劇もの以外で好きじゃないのは、ラストに建物などが炎上して終わる話（笑）。

遠藤　えー！　私は大好きです（笑）。

小西　「これで終わり!?」って、がっかりするんだよ（笑）。たとえば『吉原炎上』（87年、五社英雄、東映）とか。

遠藤　好きですよ（笑）。

小西　シナリオライターに「これでいいの？」って、言いたくなる（笑）。

遠藤　放りなげた感じがあるんですね。

■顔を見る、ということ

――製作の年代に関わらず、映画を観ていて思わず釘付けになってしまうシーンはありますか？

小西　僕はやっぱり、きれいな人のアップですね。……昨日か一昨日、新橋文化劇場で『グラン・トリノ』（08年、クリント・イーストウッド、米）を観たんです。あのなかで、イーストウッドが初めて、隣の家の中国人の家庭に行くじゃないですか。するとイーストウッドが、「なぜか自分がまったく歓迎されていないように思える」。「どうしてこの人たちは俺の目を見ないんだ？」って言うんだよね。そうすると女の子が、「モン族は面と向かって相手の顔を見ないようにする。相手の目を見ない、そういう風習なんだ」と教えてくれるんだけど、僕もまさにそうで、あまり人の顔を、ちゃんと見られないんですよ。でも、映画鑑賞では、人の顔を、堂々となめまわすように見ることができる。自分にとっての映画の最高の楽しみはそれなんです。

のむ　対象が生身じゃないから、文句を言われることもない。

小西　うん。きれいな人はもちろん、ユニークな風貌をした人もしっかりと見られる。だから、きれいな人や、かっこいい人や、個性的な風貌の人が出ていればだいたい良いんです。顔といえば『狂った果実』の本間優二の顔はすごくよかった。

——遠藤さんの「釘付け」ポイントは？

遠藤　群衆。洋邦問わず、スタジアムや駅……雑踏のシーンがあると嬉しい。

小西　最近観た中で、素晴らしい、群衆の映画があったな。

遠藤　教えてください。

小西　『悪魔とミス・ジョーンズ』（41年、サム・ウッド、米）。これは傑作でした。

■きっかけは、あの作家

——小西さんは、去年から名画座に行き始めたということですが、「名画座で映画を観よう！」っていうきっかけはなにかあったんですか？

小西　僕は気が滅入りやすいタイプで、昼間に家にいると落ち込んでしまうんです。たまたまある日、どこかで名画座のチラシをもらったので、「観よう！」と。

のむ　それは何の特集でした？

小西　神保町シアターが去年の3月から4月の頭にかけてやった、松本清張原作の映画特集（「松本清張と美しき女優たち」）。清張の小説が結構好きなので、「これは全部観なきゃ！」と思ったんです。

——その特集は、松竹をはじめ東宝、東映、日活作品も網羅した、規模の大きなものでしたね。

小西　そう。『霧の旗』も2種類、倍賞千恵子版（65年、山田洋次、松竹）と山口百恵版（77年、西河克己、ホリ企画制作＝東宝）をやってましたしね。

——じゃあそこで開眼、といいますか。

遠藤　復活された（笑）。

小西　「名画座に居るのって、いいなあ」、と思って。

遠藤　それにしても、そこからご覧になられた数がちょっと多すぎませんか（笑）。

小西　名画座通い、って強迫的なところがあるよね（笑）。

遠藤　「観なきゃ」と思っちゃう（笑）。

■『黒い十人の女』リバイバル上映の衝撃

小西　遠藤さんが名画座に行くきっかけは何でしたか？

遠藤　私はもともと、洋画を中心に観てて。古い邦画を観るなら、ビデオやDVDを借りたり、ケーブルTVで観てたんですが、5〜6年前に友達から、「シネマヴェーラ渋谷と神保町シアターという映画館がある」と教えられて観に行って……。それで楽しくなって、通うようになりました。

——名画座で最初にご覧になったのは？

遠藤　作品はなんだったか、とにかく一番最初にシネマヴェーラ渋谷で観たのは、洋画だったのですが、2本立てで、しかも安いなと思って。味を占めてすぐ邦画も観に通ううちに、のむみちさんにもはじめて会って。

小西　おふたりは、名画座で知り合われたんですか？

遠藤　Twitterを通じて、です。フォロワーの中に、名画座に通ってる人がいる、ということに気がついて。友達の友達みたいな人がたくさんいて、「こんなにも流行っているんだ」と思ったんです。「名画座かんぺ」の刊行もあってだんだん数多く観ていくうちに、監督の名前とか俳優の名前とかを次々と覚えていって、どんどん楽しくなって……。止まらないんですよ（笑）。

小西　止まらないですね。

遠藤　ちょっといいな、と思った監督の作品が他所でやっている、って知ったらもう、全部観ないと気が済まない。

――もともと日本映画を観る、という習慣はありましたか？

遠藤　ええ。

――そもそも、日本映画を観るということに、抵抗感はなかったですか？

遠藤　なかったです。最初にその面白さに気づいたのは、友達の家で観た川島雄三の『しとやかな獣』（62年、大映）で、「こんな映画があったんだ！」って、びっくりしました。あとやっぱり大きかったのは、小西さんが関わられた、『黒い十人の女』（61年、市川崑、大映）のリバイバル上映（97年）でした。

小西　ああ。

遠藤　あの映画を観て、「日本映画って、クロサワと寅さんだけじゃないんだ」って思って……。いろいろと借りるきっかけになりました。そういう人、多いですよ、きっと。

小西　そうなんですかね。

遠藤　本当に驚きました。

――私にとっても、あのリバイバル上映はインパクトがありました。世間的に、邦画を観ることへの抵抗感がなくなったような気がしますし、パンフレットやチラシのアートワークが、今日の名画座のそれに与えた影響も大きいと思います。

小西　僕が『黒い十人の女』を最初に観たのは、フィルムセンターの「逝ける映画人をしのんで」という特集上映でした。

――この特集は、亡くなられた映画関係者が関わった作品を上映する、という、いまも続いてる恒例企画ですね。小西さんがご覧になったのは、脚本家の和田夏十さんの追悼、という枠で、でしたか（※和田氏は83年に死去）。

小西　そうです。まず『鍵』（59年、市川崑、大映）をやって、その翌日が『黒い十人の女』でした。『鍵』も相当に「なんだこれ！」という映画ですが、それ以上に衝撃を受けて。

遠藤　あんな昔に、こんなに不真面目な映画をよく上映していたなっていう感じ（笑）。こんな不謹慎なものを当時の人は観てたんだなあって、びっくりしました。

小西　この2年ぐらいたくさん映画を観てますけど不謹慎な映画っていっぱいあるよね（笑）。昔の大人はセックスの話なんてしてない、と思ってたんだけど……。

遠藤　不倫だらけだし……。嬉しくなっちゃうぐらいの不謹慎さですね。

小西　不謹慎といえば、中村登の『河口』（61年、松竹）も衝撃的だった。

遠藤　不真面目すぎる映画でした（笑）。
――不真面目な作品が、番組としてちゃんと成り立っていたというのは、なんか嬉しくないですか？
遠藤　〝芸術〟作品じゃない感じのものがね。
――いかにも「キネマ旬報ベスト・テン」選考外の、軽やかな映画。
遠藤　こういう映画だけ観ていたい（笑）。
小西　僕が大学生の頃は、映画に行く人はみんな「ぴあ」を持ってて。そして、蓮實重彦さんなどが褒める映画などがシネマテークでかかって、そういうのにお客さんが入ったりしていたものでしたけれど、いまは、そういうのとは違う感じになってるよね。映画評論家の人とか、評価が追いついてない感じがする。

■市川崑作品、そして

――『黒い十人の女』のリバイバル上映時のパンフレット（97年発行）で、小西さんがこの中で「次に観るべき市川崑作品5本」を挙げられているんですよ。
小西　本当ですか。全然覚えてない。
――このリストが非常に面白いんです。小西さんのチョイスが良くて、「すごく観慣れてるなあ」という感じがしたんです。
小西　いやー、全然。
のむ　何を選んでるんですか？
――『東京オリンピック』（65年、東京オリンピック映画協会）から始まって、『映画女優』（87年、東宝映画）、『鍵』、『京』（68年（日本未公開）、伊）、そして5本目として『青春怪談』（55年、日活）を挙げつつ、「決められない」ということで十数作品のタイトルを書かれてます。
のむ　（笑）。
――ここで『京』を挙げておられて、「こういう作品もフォローされているんだな」と思いました。ちなみに私は、これはぜひ劇場で観たいと思ってるんですが、なかなか機会に恵まれません。
小西　『京』を観たのはたしか草月ホールだったかな。
――ああー！
小西　この「次に観るべき市川崑作品リスト」だけど、いまなら……。
遠藤　いまなら？
小西　『愛人』（53年、東宝）を挙げるかな。あと、先日、神保町シアターでやった石田民三監督の『むかしの歌』（39年、東宝）は、市川崑が好きな人は絶対観てほしいですね。
遠藤　『むかしの歌』は名作でした。
小西　いま言うと、この『黒い十人の女』のプレゼンテーションに僕も関わったけれど、「もっと面白い映画はいっぱいあったよな」とも思うんです。
遠藤　さらにいろいろな作品を知ったいまとしては、ですね。
小西　うん。もちろん、この映画が素晴らしいことにはまったく変わりはないけれどね。それこそ、さっき話した団令子の『悪の階段』なんて、『黒い十人の女』が好きな人だったら絶対に好きになると思うし。
――『黒い十人の女』のリバイバル上映当時の、周囲の反応はどうでしたか？　いままで日本映画を観てなかった人も多く観られたと思うんですが、やはり「面白かった」と？
小西　ですね。評判よかったみたいです。ほっとしましたね。……ところで、「PIZZICATO

FIVE RE-PRESENTS」という形でリバイバル上映した映画は、この『黒い十人の女』と、その前（91年）が、リチャード・レスターの『ナック』（65年、英）なんですけれど。

遠藤　『ナック』！

小西　……それはつまり、「女の人がたくさん出る作品が好きなんでしょ」っていうことかなと（笑）。

一同　（笑）。

■音楽が印象的だった映画

遠藤　『ナック』は、小西さんの影響でサントラを買いに走りましたよ。

——私も、『黒い十人の女』のサントラは買いました。ここで音楽の話が出たので……。お二人にはあらかじめメールで「音楽が印象的だった映画」をお聞きしていました。まずは遠藤さんのリストを見せていただけますか。

小西　拝見します。……『怪談蚊喰鳥』は最高でしたね。

遠藤　倉島暢って、どういう方ですか？

小西　僕、この音楽を全然思い出せないんですけど。

遠藤　あれれ……。シンセサイザーみたいな、全然映画に合ってない音楽で。

小西　オルガンのトレモロ音のクラスタートーンみたいな？

遠藤　そう。「その曲、必要かな」っていう。

小西　そうだ、そうだ、そうだ。

遠藤　違和感があって面白かったです。

小西　あと『女のみづうみ』も、僕は岡田茉莉子に見とれてて音楽を全然覚えてない……。結局、良い映画って、そういうのを何にも覚えてない映画ですよね。

遠藤　ああ、よかった。私、音楽が詳しくないので……。

小西　ちなみに僕はこんな感じですよ。

遠藤　あっ『ルナの告白』が入ってる。

小西　『ルナの告白』は、音楽がピコ（樋口康雄）なんですよね。

遠藤　『ブリット』も入ってる。『暴行切り裂きジャック』も……。

——『暴行切り裂きジャック』って、音楽は誰でしょう。

小西　覚えてないんだよね。あれもスキャットとかヴィブラフォンのクラスタートーンとか、印象的なんです。

遠藤　私も覚えてないなあ。最近やってましたよね。

小西　今年、新橋ロマン劇場で上映してました。

遠藤　私も観に行きました。素晴らしかったですが、映画しか見てなかったな。

のむ　……調べてみたのですが、「月見里太一」という人だそうです。

遠藤　誰かの変名っぽいですね。

小西　『ブリット』は、レコードと劇中の音楽が全然違う。レコードにはカーアクションみたいにバリバリした曲が収められているんですけど、全然使われてなくて（笑）。フルートの、木管のアンサンブルだけ、みたいな。すごいおしゃれな映画だったけどね。

遠藤　音楽覚えてないなあ……。

小西　『天使の恍惚』は、最初の歌が良くないですか。客がいないナイトクラブで女が歌ってる曲。

——歌っているのはたしか横山リエですかね。

小西　横山リエだったかもしれない。

——横山リエの役は最初、安田南がキャスティングされていたようです。

小西　そうそう、いかにも安田南っぽい曲を歌ってましたね。……しかし『天使の恍惚』って、映画そのものに衝撃を受けた。「なに、これ!?」みたいな。

遠藤　横山リエってどうです？　私、ちょっと苦手なんです。うるさいから（笑）。

小西　うん、うるさいね（笑）。

——……（私は大好きです）。ところで、好きな映画音楽の作曲家っていますか？

小西　僕は、武満徹がものすごく好きになって……。映画音楽のＬＰの全集があるんですが、あれを聴いて、「こんなに素晴らしいんだ」と思ったんです。ただ、まだ全然映画を観れてないんですよ。

遠藤　私、ぜんぜんわからないんですよ。メロドラマに合った曲であればなんでも。

——たとえば、「気になった音楽は、全部この作曲家ものだった」ということは？

遠藤　たしかに、だいたい「あれ？　ちょっとおかしいぞ」と思うと、池野成だったり、林光だったり……。そういえば池野成は特集がありますね。楽しみですね。

小西　特集でやる『越後つついし親不知』（64年、今井正、東映）って、小沢昭一が出てる凄い映画だったけど、音楽は覚えてないな……。逆に、音楽の印象が強かった映画というのは、あるいは、作品としてたいしたことなかったから覚えているのか。いや、でも『いのちぼうにふろう』とか大好きだったからな。そういえば、『忍者狩り』こそ、変なクラスタートーンばっかりなんですよ（笑）。「えぇー！　ここにこんな音楽なの？」みたいな。プリペアドピアノとか。この作品に音楽をつけているのは、あの『仁義なき戦い』（73年、深作欣二、東映）を手がけた津島利章でしょ。「不思議な音楽だなあ」と思った。……あと、松本清張原作の『彩り河』（84年、三村晴彦、松竹＝霧プロ）は鏑木創だったんだけど、すっごくおしゃれだった。

遠藤　鏑木創はいつもおしゃれですよね。

のむ　さっき出た「月見里太一」は、鏑木創の変名だそうですよ！

■映画監督と映画音楽

——この機会にぜひお聞きしたいのですが。『武満徹全集』の第3巻に、谷川俊太郎による坂本龍一のインタビューが掲載されていて。それによると、坂本は武満徹とよく映画の話をしたそうなのですが、「小津映画の音楽は良くない」と2人の意見が一致していた、と言うんです。「僕たちで新しい音楽をつけたいぐらい」とまで言っているんですが、おふたりは小津安二郎監督の映画の音楽っていかがですか？

小西　僕は好きですけどね。

遠藤　私も大好きですよ。

——これを読んで疑問に思ったんです。小津映画の音楽は、音楽をやっている方にとってはなにか違和感があるのかな、って。

小西　たしかに、有馬稲子が出ている『東京暮色』（57年、松竹）を観ると、パチンコ屋の音楽だったか、麻雀屋の音楽だったか、沖縄料理屋の音楽だったかが、長い一周、曲が、ずーっとループになってるんですよ。本当に、テープでループしている。あれは、音楽を音楽として聴いている人だったら、「異常だ」と思いますよ、きっと。だから、小津監督は自分の演出のためには音楽をそういう風に使う人だったのかな、とは思いますけれどね。そういう意味で言っているなら、わからなくもない。

――なるほど。

小西 でも普通に、小津映画の音楽としてはあれしかないぐらいに良いと思う。

遠藤 素晴らしいですよ。

小西 ちなみに、僕がたまにレコーディングでお願いしている、ハープ奏者の斎藤葉さん、という方がいるんですが、そのおじ様が、小津映画の音楽を多く手がけた斎藤高順さんなんですよ。斎藤高順は、自衛隊の音楽隊のキャリアも有名ですね。ところで遠藤さんは、映画を観てて、音楽の事って、気にしてますか？

遠藤 私はしてないですけど、小西さんが言うのはちょっと……（笑）。

小西 え!? だって、全然気にしたことないよ。

遠藤 あー、なんかスッキリした！ 街に飛び出したいぐらい。

一同 （笑）。

小西 市川崑監督にお会いした時におっしゃっていたのは、「僕は本当に音楽のことがわからないんです」と。「でも、わからないなりに、いろいろ文句をつけちゃうんだよ」って。『子猫物語』（86年、フジテレビジョン。監督は畑正憲で、市川崑は協力監督として参加）では、坂本龍一にも文句付けたし」と言ってました。

――私は市川監督の『新選組』（00年、フジテレビジョン）が大好きなんですが、あの主題歌「星のない夜に」（唄：池田聡）の作詞作曲を小西さんがやられてますよね。

小西 はい。

――そのときはなにか、監督側から注文はあったんですか。

小西 いや。ただ、「つけてくれ」、って。こういうものを、というオーダーは特になかったですね。

――ちょっと踏み込みすぎかもしれませんが、監督はあまり音楽に興味がない、というほうが、作曲家としてはやりやすいんでしょうか。あるいは、いろいろと注文があったほうがやりやすいのか。

小西 どうなんでしょうね。僕はいままでに1回だけ、映画の音楽をやったんです。『アキハバラ@DEEP』（06年、源孝志、「アキハバラ@DEEP」パートナーズ）という作品を。その音楽を作って、マスタリングして、次の週に、くも膜下出血で倒れたんですよ。だから試写を観ていないんです。その後も観なくて、いつか観たいなとは思っているんですけれど……。ちなみにその時は、監督に「どういう音楽がいいんですか？」って聞いたところ、「ブラーの『song 2』みたいな感じで」って言われました。

――ブラーか……。

小西 遠藤さんは、映画音楽とかやったことないんですか？

遠藤 えっ！ なんで私が（笑）。勘弁してくださいよ（笑）。

小西 いやいや。Citrusって、いまも世界的にファンが多いですよ。最近も、クラブで知り合った外国人が「Citrusの大ファンだ」って言ってました。

――私も大好きでした。依頼はあってもおかしくなかった、と思います。

遠藤 全然なかったですよ。

■こんな特集を企画してみたい

――最後に、こういう特集をやってほしい、企画してみたい、ってありますか？　遠藤さんはやっぱり「群衆映画」特集でしょうか。

遠藤　「群衆映画」はいろいろありますよー。『闇を裂く一発』（68年、村野鐵太郎、大映）とか『七人の刑事　終着駅の女』（65年、若杉光夫、日活）とか。野球場、競輪場、競馬場、駅なんかが出てくる映画がまさにそうですね。

小西　今週、ヴィットリオ・デ・シーカの『終着駅』（53年、伊＝米）を観たんですが、それを観ながら、上野駅が出てくる『七人の刑事　終着駅の女』を思い出しました。『終着駅の女』のほうがちょっとよかった。デ・シーカのほうも相当良かったけれど。

――小西さんは、こんな特集を、というご希望はありますか。

小西　「東宝美人女優」特集。

遠藤　小西さんセレクションの特集を名画座でやってもらいたいなー。

のむ　ね。

遠藤　あるといいですよ。もしそういうお話があったら……やってみたい、という思いはありますか？

小西　もちろん、自分が観て良かった映画を、みんなにも見せたい、という気持ちはありますけどね。

――またやってもらいたいですよ、リバイバル上映でも、特集上映でも。

遠藤　ぜひやっていただきたいですよ。また新しいお客さんも増えると思います。

2014年8月7日、渋谷にて

■遠藤倫子・選
"音楽が印象的だった映画"

『影の車』（音楽・芥川也寸志）
70年、野村芳太郎、松竹

『約束』（音楽・宮川泰）
72年、斎藤耕一、松竹

『雨のアムステルダム』（音楽・井上堯之）
75年、蔵原惟繕、東宝

『心』（音楽・林光）
73年、新藤兼人、近代映画協会＝ＡＴＧ

『女のみづうみ』（音楽・池野成）
66年、吉田喜重、現代映画社

『怪談蚊喰鳥』（音楽・倉島暢）
61年、森一生、大映

『顔役』（音楽・村井邦彦）
71年、勝新太郎、勝プロ

『キッドナップ・ブルース』（音楽・山下洋輔）
82年、浅井慎平、バーズスタジオ＝ＡＴＧ

『セーラー服百合族』（音楽・ピンナップス）
83年、那須博之、にっかつ

『お姐ちゃんに任しとキ!』（音楽・神津善行）
60年、筧正典、宝塚映画

■小西康陽・選
〝音楽が印象的だった映画〟

『忍者狩り』（音楽・津島利章）
64年、山内鉄也、東映
モダン過ぎるハーモニーと楽器編成（音楽・アンサンブル）。

『いのちぼうにふろう』（音楽・武満徹）
71年、小林正樹、俳優座映画放送
これぞ武満徹ブランド、というような音楽と音響。

『ルナの告白　私に群がった男たち』（音楽・樋口康雄）
76年、小原宏裕、日活
ラストの作曲家自身による短いスキャットが印象的。

『霧の旗』（音楽・林光）
65年、山田洋次、松竹
バンドネオンが奏でる淋しいテーマ音楽。

『天使の恍惚』（音楽・山下洋輔）
72年、若松孝二、若松プロ＝ATG
冒頭のナイトクラブでギターの伴奏と共に歌われる歌。

『暴行切り裂きジャック』（音楽・月見里太一）
76年、長谷部安春、日活
ヴィブラフォンのクラスタートーン。メイジャー7thの響きを持つスキャット・コーラス。

『大人のオモチャ　ダッチワイフ・レポート』（音楽・多摩零）
75年、曾根中生、日活
ブラシを使ったブレイクビーツ。

『春婦伝』（音楽・山本直純）
65年、鈴木清順、日活
混声合唱による、群雲のような不協和音のアンサンブル。

『股旅三人やくざ』（音楽・佐藤勝）
65年、沢島忠、東映
オムニバスの挿話が始まる度に流れる男声クワイアによる導入歌。

『新兵隊やくざ・火線』（音楽・村井邦彦）
72年、増村保造、勝プロ
「ジュテーム・モワ・ノン・プリュ」のような、あっと驚くバロック調ポップスコア。

『斑女』（音楽・武満徹）
61年、中村登、松竹
ペギー葉山の歌うテーマソング「恋のかくれんぼ」！　作詞は谷川俊太郎。

『濡れ髪牡丹』（音楽・塚原哲夫）
61年、田中徳三、大映
ハリウッドのサスペンスコメディのような甘く、ゴージャスな音楽。

『華岡青洲の妻』（音楽・林光）
67年、増村保造、大映
オーソドックスな管弦楽アンサンブルに、和楽器ひとつを加えたスコア。

『紀ノ川』（音楽・武満徹）
66年、中村登、松竹
冒頭、武満徹の美しい音楽を聴かせるために撮られたかのような長い婚礼のシーン。と思ったら、この夏にシネマヴェーラ渋谷で観たのは、出演者やスタッフのクレジットの焼き付けられていないプリントだった、とのこと。

『ブリット』（音楽・ラロ・シフリン）
68年、ピーター・イエーツ、米
派手なカーチェイスとは裏腹に、木管楽器を中心にした抑制の効いたアンサンブル。

※2014年8月※

㊧～8/9 吉永小百合 8/10～戦前日本SF映画小回顧
㊥～8/9 白鳥あかね スクリプター人生
8/10～巨匠の笑いと日常と 松竹大船撮影所
㊦渡瀬恒彦 狂犬NIGHTS

☆のつく日は、トークショー等イベントあり

日	新文芸坐	神保町シアター	ラピュタ阿佐ケ谷	フィルムセンター	シネマヴェーラ渋谷	その他
1 金	新しき世界 9:40/14:05/18:30 ドラッグ・ウォー 毒戦 12:05/16:30/20:55	お兄哥さんとお姐さん 12:00 誘拐からの脱出 14:15 真昼の対決 16:30 監獄への招待 19:15	骨まで愛して 12:50 地球SOS危機 赤道を駈ける男 14:50 身も心も 17:00 わたしのSEX白書 絶頂度 19:30	卍 15:00 清作の妻 19:00	静かな生活 11:00/14:45/18:30 暁の偵察 12:45/16:30/20:15	野獣の青春 10:10/13:35/17:00/20:25 刺青一代 11:55/15:20/18:45
2 土	新しき世界 12:00/16:35 ドラッグ・ウォー 毒戦 10:00/14:35/19:10	男対男 11:00 暗黒街の弾痕 13:15 大学の若大将 15:30 独立愚連隊西へ 17:45	骨まで愛して 12:30 ☆ 地球SOS危機 赤道を駈ける男 14:20 身も心も 16:20 わたしのSEX白書 絶頂度 19:35	兵隊やくざ 13:00 うるさい妹たち 16:00	ハラキリ 11:00/14:25/17:50/21:15 嵐が丘 12:30/15:55/19:20	キッド 10:30/14:00
3 日		暗黒街の弾痕 11:00 大学の若大将 13:15 独立愚連隊西へ 15:30 男対男 17:45		爛 13:00 刺青 16:00	悪魔とミス・ジョーンズ 11:00/14:05/17:10/20:15 無責任時代 12:40/15:45/18:50	雷蔵祭 初恋
4 月	あなたを抱きしめる日まで 10:20/14:25/18:30 ハンナ・アーレント	大学の若大将 12:00 独立愚連隊西へ 14:15 男対男 16:30 暗黒街の弾痕 19:15	身も心も 13:00 わたしのSEX白書 絶頂度 15:30 縄張はもらった 17:10	休	終着駅 11:00/14:20/17:40/21:00 モンテカルロ 12:40/16:00/19:20	
5 火	12:20/16:25/20:30 ㊕8/6のみ、10:20と12:20の回が休映となります。	独立愚連隊西へ 12:00 男対男 14:15 暗黒街の弾痕 16:30 大学の若大将 19:15	濡れた週末 19:10	大悪党 15:00 盲獣 19:00	ハラキリ 11:00/14:25/17:50/21:15 嵐が丘 12:30/15:55/19:20	ライムライト 10:30/14:00
6 水	☆第三回 新藤兼人平和映画祭☆ 原爆の子 9:35 はだしのゲンが見たヒロシマ 11:25 12:50～シンポジウム 詳細裏面	男対男 12:00 暗黒街の弾痕 14:15 大学の若大将 16:30 独立愚連隊西へ 19:15		やくざ絶唱 15:00 動脈列島 19:00	悪魔とミス・ジョーンズ 11:00/14:05/17:10/20:15 無責任時代 12:40/15:45/18:50	ライムライト 14:00
7 木	フルートベール駅で 9:40/14:00/18:25	暗黒街の弾痕 12:00 大学の若大将 14:15 独立愚連隊西へ 16:30 男対男 19:15	帰らざる日々 13:00 縄張はもらった 15:10	新・兵隊やくざ 火線 15:00 御用牙 かみそり半蔵地獄責め 19:00	終着駅 11:00/14:20/17:40/21:00 モンテカルロ 12:40/16:00/19:20	
8 金	プリズナーズ 11:15/15:40/20:05	大学の若大将 12:00 独立愚連隊西へ 14:15 男対男 16:30 暗黒街の弾痕 19:15	濡れた週末 17:10 帰らざる日々 19:00	大地の子守歌 15:00 女の小箱・より 夫が見た 19:00	嵐が丘 11:00/14:35/18:10 悪魔とミス・ジョーンズ 12:55/16:30/20:05	荒野の七人 10:30/14:00
9 土	フルートベール駅で 12:55/17:30 プリズナーズ 10:10/14:45/19:20	椿三十郎 11:00 銀座の若大将 13:15 箱根山 15:30 太陽は呼んでいる 17:45	17:10の回上映後、白鳥あかねさん、根岸吉太郎監督のトークあり。最終回は19:10スタート ☆	赤い天使 13:00 妻二人 16:00	セカンド・コーラス 11:00/14:20/17:40/21:00 嘆きの天使 12:35/15:55/19:15	荒野の七人 14:00
10 日	春婦傳 11:35/15:20/19:00 赤い天使 9:45/13:30/17:15/20:50	銀座の若大将 11:00 箱根山 13:15 太陽は呼んでいる 15:30 椿三十郎 17:45		痴人の愛 13:00 遊び 16:00	郵便配達は二度ベルを鳴らす 11:00/14:55/18:50 黒魔術 13:00/16:55/20:50	花の白虎隊 10:30
11 月	黒駒勝蔵 13:20/17:50 ☆ 昭和の紅い灯 10:25/15:40/20:10	箱根山 12:00 太陽は呼んでいる 14:15 椿三十郎 16:30 銀座の若大将 19:15	春の夢 12:50 按摩と女 15:00 オンボロ人生 16:30		アフリカ珍道中 11:00/13:55/16:50/19:45 陽気な巴里っ子 12:40/15:35/18:30/21:25	いろは囃子 13:00 喧嘩鴛鴦 15:30
12 火	私は貝になりたい 9:45/14:05/18:25 また逢う日まで 12:00/16:20/20:40	太陽は呼んでいる 12:00 椿三十郎 14:15 銀座の若大将 16:30 箱根山 19:15	春の夢 18:50		セカンド・コーラス 11:00/14:20/17:40/21:00 嘆きの天使 12:35/15:55/19:15	眠狂四郎 女妖剣 18:30
13 水	暁の脱走 11:30/15:15/19:00 独立機関銃隊未だ射撃中 9:45/13:30/17:15/21:00	椿三十郎 12:00 銀座の若大将 14:15 箱根山 16:30 太陽は呼んでいる 19:15			黒魔術 11:00/14:55/18:50 郵便配達は二度ベルを鳴らす 12:55/16:50/20:45	二十九人の喧嘩状 10:30 旅は気まぐれ風まかせ 13:00
14 木	激動の昭和史 沖縄決戦 12:15/17:30 激動の昭和史 軍閥 9:45/15:00/20:15	銀座の若大将 12:00 箱根山 14:15 太陽は呼んでいる 16:30 椿三十郎 19:15	按摩と女 13:00 オンボロ人生 14:30	休	アフリカ珍道中 11:00/13:55/16:50/19:45 陽気な巴里っ子 12:40/15:35/18:30/21:25	鬼火駕篭 15:30 新源氏物語 18:30
15 金	軍旗はためく下に 10:30/14:30/18:30 野火 12:30/16:30/20:30	箱根山 12:00 太陽は呼んでいる 14:15 椿三十郎 16:30 銀座の若大将 19:15	自由学校 16:50 花嫁のおのろけ 19:10		セカンド・コーラス 11:00/14:35/18:10 郵便配達は二度ベルを鳴らす 12:35/16:10/19:45	ペコロスの母に会いに行く 10:30/14:00 ㊕800円
16 土	日本の熱い日々 謀殺・下山事件 12:50/17:30 帝銀事件 死刑囚 10:45/15:25/20:05	赤ひげ 11:00 姿三四郎 14:45 乱れる 18:00			土砂降り 11:00 いろはにほへと 12:55/16:45/20:35 塩狩峠 14:55/18:45	☆
17 日	松川事件 12:30/17:40 日本列島 10:20/15:30/20:35	乱れる 11:00 赤ひげ 13:15 姿三四郎 17:00	☆ モーニング上映後 高槻真樹さん、湯野(?)先生さんのトークあり		夜の片鱗 11:00/14:45/18:30 危険旅行 12:55/16:40/20:25	薄桜記 10:30 眠狂四郎 勝負 13:00
18 月	真空地帯 9:45/14:05/18:25 雲ながるる果てに 12:10/16:30/20:50	赤ひげ 12:00 姿三四郎 16:00 乱れる 19:15	自由学校 13:00 花嫁のおのろけ 15:20 九ちゃん音頭 17:10		二十一歳の父 11:00/14:15/17:30/20:45 千客万来 12:45/16:00/19:15	浮かれ三度笠 15:30 陸軍中野学校 18:30
19 火	あゝ声なき友 12:45/17:45 日本のいちばん長い日 9:55/14:55/19:55	姿三四郎 12:00 赤ひげ 15:15 姿三四郎 19:15	明日はいっぱいの果実 19:00	原色の蝶は見ていた 15:00 嘘 19:00	いろはにほへと 11:00/14:50/18:40 塩狩峠 13:00/16:50/20:40	霧ト騒喧嘩旅 10:00(シネマ2) ゴッドファーザー 13:00
20 水	やくざ刑罰史 私刑 11:40/15:20/19:00 狼と豚と人間 9:50/13:30/17:10/20:50	赤ひげ 12:00 姿三四郎 16:00 乱れる 19:15		ぐれん隊純情派 15:00 現代インチキ物語 騙し屋 19:00	危険旅行 11:00/14:45/18:30 夜の片鱗 12:50/16:35/20:20	お嬢吉三 10:30 忍びの者 13:00
21 木	竜馬暗殺 9:40/14:05/18:30 あらかじめ失われた恋人たちよ 11:50/16:15/20:40	乱れる 12:00 赤ひげ 14:15 姿三四郎 19:15	九ちゃん音頭 13:00 明日はいっぱいの果実 15:00	でんきくらげ 15:00 しびれくらげ 19:00	千客万来 11:00/14:15/17:30/20:45 二十一歳の父 12:30/15:45/19:00	剣 15:30 歌行燈 18:30
22 金	非行少女ヨーコ 9:45/13:00/16:15/19:30 江戸川乱歩猟奇館 屋根裏の散歩者 11:30/14:45/18:00/21:15	姿三四郎 12:00 乱れる 15:15 赤ひげ 19:15	こんな私じゃなかったに 17:00 図々しい奴 19:00	キーストン社喜劇作品集 13:30 ボリシェヴィキの国におけるウェスト氏の異常な冒険 17:00 音楽 15:00 この子の七つのお祝いに 19:00	いろはにほへと 11:00/14:55/18:50 夜の片鱗 13:00/16:55/20:50	ウェスト・サイド物語 10:30/14:00 弁天小僧 10:30
23 土	おんなの細道 濡れた海峡 9:45/13:25/16:20/19:15 ☆ 赫い髪の女 11:10/14:55/17:50/20:45	乱れ雲 11:00 エレキの若大将 13:15 お嫁においで 15:30 狙撃 17:45		思ひ出の曲 11:30 新しき土(日英版) 15:00 セックス・チェック 第二の性 13:00 積木の箱 16:00	古都 11:00/14:40/18:20 惜春 12:55/16:35/20:15	☆炎上 13:00 濡れ髪剣法 15:30 破戒 18:30
24 日	われに撃つ用意あり READY TO SHOOT 10:30/14:25/18:20 出張 12:40/16:35/20:30	お嫁においで 11:00 乱れ雲 13:15 エレキの若大将 15:30 豹は走った 17:45		新しき土(日英版) 10:45 人情紙風船 14:30 濡れた二人 13:00 千羽鶴 16:00	土砂降り 11:00 集金旅行 12:55/16:35/20:15 波の塔 14:50/18:30	肉弾 13:05/17:25 独立愚連隊 11:00/15:20/19:40
25 月	浪人街 9:45/14:05/18:25 スリ 12:00/16:20/20:40	エレキの若大将 12:00 狙撃 14:15 豹は走った 16:30 乱れ雲 19:15	こんな私じゃなかったに 13:00 図々しい奴 15:00 今年の恋 17:00	休	斑女 11:00/14:20/17:40/21:00 顔役 12:35/15:55/19:15	好色一代男 10:30
26 火	わらびのこう 蕨野行 生きてみたいもう一度 新宿バス放火事件	狙撃 12:00 豹は走った 14:15 エレキの若大将 16:30 お嫁においで 19:15	喜劇 逆転旅行 19:00	陸軍中野学校 15:00 でんきくらげ 19:00	惜春 11:00/14:40/18:20 古都 12:45/16:25/20:05	大殺陣 雄呂血 13:00 影を斬る 15:30 切られ与三郎 18:30
27 水	北のカナリアたち 9:50/14:05/18:20 大鹿村騒動記 12:15/16:30/20:45	豹は走った 12:00 乱れ雲 14:15 お嫁においで 16:30 狙撃 19:15		しびれくらげ 15:00 女体 19:00	波の塔 11:00/14:40/18:20 集金旅行 12:45/16:25/20:05	江分利満氏の優雅な生活 10:30/14:15/18:00 ああ爆弾 12:25/16:10/19:55
28 木	アウトレイジ 9:50/14:05/18:20 いつかギラギラする日 12:05/16:20/20:35	お嫁においで 12:00 エレキの若大将 14:15 乱れ雲 16:30 豹は走った 19:15	今年の恋 13:00 喜劇 逆転旅行 15:00	闇を横切れ 15:00 音楽 19:00	斑女 11:00/14:20/17:40/21:00 顔役 12:35/15:55/19:15	朱雀門 10:30 女と三悪人 13:00
29 金	今度は愛妻家 12:05/16:55 ☆ 四十九日のレシピ 9:45/14:35/20:10	乱れ雲 12:00 豹は走った 14:15 狙撃 16:30 エレキの若大将 19:15	続 拝啓天皇陛下様 17:00 晴子の応援団長 19:00	雨月物語 13:15 浮雲 16:45 恋にいのちを 15:00 セックス・チェック 第二の性 19:00	古都 11:00/14:50/18:40 集金旅行 12:55/16:45/20:35	斬る 15:30 新・平家物語 18:30
30 土	白ゆき姫殺人事件 12:40/17:25	顔役暁に死す 11:00 ☆ にっぽん泥棒物語 13:15 妖怪大戦争 15:45 牡丹燈籠 17:45		銃殺刑 10:45 キーストン社喜劇作品集 14:30 原色の蝶は見ていた 13:00 ぐれん隊純情派 16:00	土砂降り 11:00 我が家は楽し 12:55/16:15/19:35 河口 14:35/17:55/21:15	☆
31 日	そこのみにて光輝く 10:25/15:10/19:55	にっぽん泥棒物語 11:00 妖怪大戦争 13:30 牡丹燈籠 15:30 顔役暁に死す 17:45	宇野重吉…(?) 作品 / 続 拝啓天皇陛下様 13:00 晴子の応援団長 15:00 ボロ家の春秋 16:50 呪われた強者(?) 19:00	ボリシェヴィキの国におけるウェスト氏の異常な冒険 11:15 思ひ出の曲 15:00 現代インチキ物語 騙し屋 13:00 偽大学生 16:00	わが闘争 11:00/14:25/17:50/21:15 つむじ風 12:45/16:10/19:35	濡れ髪牡丹 10:30 ある殺し屋 13:00 大菩薩峠 15:30 婦系図 18:30

※26日のみ上映時間未定です！

↳弁士：山城秀之さん

映画メモ　2013-2018

【2013年】

2013年は533本の映画を劇場で観た。

昨年3月にラジオ番組『これからの人生』が終了してから、いよいよ映画ばかり観るようになった。1987年に初めてアルバムを出して以降は、ほぼ作ったアルバムを思い出すことによって、記憶を辿ることが出来たのだが、2013年に記憶するべき作品だったのはNegiccoの「アイドルばかり聴かないで」というシングル曲だった。

つまり本業がほぼ休業同然だったので、こんなに映画を観ることが出来たのだ。自分はヒマが出来るとついネガティヴなことばかりを考えてしまう人間なので、鬱病対策として毎日出歩いていたのだと思っている。考えてみれば、かつて映画ばかり観ていたのも、大学三年生からレコードデビューする前で、時間だけは有り余っていたけれど現実と向き合いたくない、という時期だった。だから鹿島茂『怪優グラフィティ』の前書きに書かれていた話は、何だか自分のことのようによく理解出来た。映画ファンによる評判は賛否両論のようだけれども。

つけ加えるならば、自分は現在、自宅にTVを持っていない（クライアントの皆さま、仕事場にはTVがございますので誤解なきよう）。またパソコンや、あるいはDVDなどを部屋で観るのも、ついお茶を淹れたり、携帯電話をいじったり、あまり集中出来ない。故に劇場で観るスタイルを選んでいる。自分の知っている人の中には、劇場で映画を観た後、自宅でも録画しておいた映画を観ている人がいて、ただただ尊敬してしまう。じつは「日本映画専門チャンネル」「時代劇チャンネル」が観たくて、今年後半はいつもTVを買うことについて考えていたのだが、まだ躊躇しているのだ。本当に家から一歩も出なくなってしまうような気がして。

以下は2013年に観た映画のリスト。とくに印象に残った映画には★を冠している。リストを見返す度に★の数が増えてしまうので、このくらいでやめておこう。

しかし、こういうリストというのは見る人が見たら、この男は何を観なかったか、というのが分かりますよね。つまりこれは、あれもこれも見逃して作られたリスト。

むかし通った名画座の多くは消え、「ぴあ」も「シティロード」も「アングル」もなくなってしまったけれど、本当は「アングル」なんか読んだことはなかったけれど、現在の東京はむかし以上に映画を観る人にフレンドリーな街だということが分かった2013年。

●1月

1. 劇場版プロデューサー　ジョージ・マーティン～ビートルズを完成させた男～@六本木TOHOシネマズ
2. モンキー・ビジネス@ヴェーラ
3. おおかみこどもの雨と雪@目黒シネマ
4. LOOPER@品川

★5. コックファイター@イメフォ

6. 96時間　リベンジ@品川
7. シャブ極道@ヴェーラ

●2月

8. つやのよる@品川
9. パルプ・フィクション@六本木TOHOシネマズ

★10. ザ・タウン@早稲田

11. 新宿アウトロー・ぶっ飛ばす@ヴェーラ
12. ひき裂かれた盛装@ヴェーラ
13. ダイハード/ラスト・デイ@品川
14. ムーンライズ・キングダム@日比谷シャンテシネ
15. アウトロー@品川

★16. アントニオ・カルロス・ジョビン@角川シネマ有楽町

17. 世界にひとつのプレイブック@日比谷シャンテシネ
18. サラリーマン悪党術@新文芸坐
19. ブラック・コメディ　ああ！馬鹿@新文芸坐
20. 脂のしたたり@ヴェーラ
21. 影狩り　ほえろ大砲@ヴェーラ
22. 出獄の盃@ヴェーラ

●3月

23. ジャンゴ@品川
24. インターミッション@パトス
25. マーズ・アタック@早稲田松竹
26. シザーハンズ@早稲田松竹
27. 新宿泥棒日記@ヴェーラ
28. 東京战争戦後秘話@ヴェーラ
29. 東京の恋人@パトス
30. 恋人@パトス
31. 赤い鳥逃げた？@パトス
32. 共犯者@神保町
33. 張込み@神保町
34. 影なき声@神保町
35. 点と線@神保町
36. ダークシステム@池袋シネマ・

ロサ
37. 野蛮なやつら@日比谷みゆき座
38. 危険な女@神保町
39. 影の車@神保町
40. ピアニストを撃て@新橋文化
41. ハネムーン・キラーズ@新橋文化
42. 黒い樹海@神保町
★43. ある遭難@神保町
44. ロマンス娘@パトス
★45. 秋立ちぬ@パトス
46. 黒い奔流@神保町
47. 無宿人別帳@神保町
★48. 霧の旗@神保町
49. 銀座化粧@パトス
50. 女が階段を上る時@パトス
51. 銀嶺の果て@パトス
52. ジャコ萬と鉄@パトス
53. 黄色い風土@神保町
54. クラウド・アトラス@品川

●4月

55. 鬼畜@神保町
56. 疑惑@神保町
57. 球形の荒野@神保町
58. 革命前夜@イメフォ
59. ベルトルッチの分身@イメフォ
60. 霧の旗@神保町
61. ヒッチコック@六本木TOHOシネマズ
62. 蛇いちご@目黒シネマ
63. 夢売るふたり@目黒シネマ
64. スプリング・ブレーカーズ@六本木シネマート試写室
65. 女ばかりの夜@神保町
★66. 骨までしゃぶる@神保町
67. シュガーマン　奇跡に愛された男@角川シネマ有楽町
68. 大奥（秘）物語@神保町
69. サンダカン八番娼館　望郷@神保町
70. ライジング・ドラゴン@角川シネマ有楽町
71. 女囚と共に@神保町
72. 大奥絵巻@神保町
73. シャドー・ダンサー@シネスイッチ銀座
74. 吉原炎上@神保町
75. 秘録おんな蔵@神保町
76. 舟を編む@品川
77. 乱れる@新文芸坐
78. 剣@ラピュタ
79. 現代インチキ物語　騙し屋@ラピュタ
80. 永すぎた春@ラピュタ
81. 女の一生@神保町
82. カルメン純情す@神保町
83. 夜の素顔@神保町
84. 宗方姉妹@新文芸坐
85. 妻の心@新文芸坐
86. 雪之丞変化@ラピュタ
87. 殺られる前にやれ@ラピュタ
88. あらくれ@新文芸坐
89. モネ・ゲーム@GAGA試写室
90. 非常線の女@神保町

●5月

91. 勝負は夜つけろ@ヴェーラ
92. アツカマ氏とオヤカマ氏@ヴェーラ
93. 大阪の女@ラピュタ
94. ある殺し屋@ラピュタ
95. 女王蜂の怒り@ヴェーラ
96. 座頭市・あばれ凧@ヴェーラ
★97. ラストスタンド@丸の内ピカデリー3
98. 藁の楯@品川
99. ラーメン大使@ラピュタ
100. 夜の罠@ラピュタ
101. 貞操の嵐@ヴェーラ
102. 白昼の無頼漢@ヴェーラ
103. ひばりヶ丘の対決@ヴェーラ
104. 夜の縄張り@ヴェーラ
105. 醜聞@早稲田松竹
106. 羅生門@早稲田松竹
107. 花と怒涛@ヴェーラ
108. 黒の挑戦者@ヴェーラ
109. 足にさわった女@ラピュタ
110. やがて哀しき復讐者@新橋文化
★111. ビッグ・ヒート　復讐は俺にまかせろ@新橋文化
112. 黒の報告書@ラピュタ
113. ある殺し屋の鍵@ラピュタ
114. 乙女ごころ　三人姉妹@神保町
115. 千羽鶴@神保町
116. 有りがたうさん@神保町
117. 山の音@神保町
118. 風の武士@ヴェーラ
★119. 悪の階段@ヴェーラ
120. 昼顔@テアトル銀座
121. ロシュフォールの恋人たち@テアトル銀座
122. ロバと王女@テアトル銀座
123. 眠狂四郎　炎情剣@新文芸坐
124. 眠狂四郎　無頼剣@新文芸坐
125. 陸軍中野学校@新文芸坐
126. 陸軍中野学校　雲一号指令@新文芸坐
127. 不道徳教育講座@神保町
128. 雪国@神保町
129. 女であること@神保町
130. 川のある下町の話@神保町
131. からっ風野郎@ラピュタ
132. お嬢さん@ラピュタ
133. 探偵はBARにいる2　ススキノ大交差点@品川
134. 不倫@ラピュタ
135. 古都@神保町
136. 風のある道@神保町
137. 美しさと哀しみと@神保町
138. 雪国@神保町
139. プレイス・ビヨンド・ザ・パインズ／宿命@有楽町ヒューマントラストシネマ

●6月

140. 黒の超特急@ラピュタ
141. 憂国@ラピュタ
142. オブリビオン@品川
143. リアル　完全なる首長竜の日@品川
144. 日も月も@神保町
145. 伊豆の踊子@神保町
146. 眠れる美女@神保町
★147. 女のみづうみ@神保町
148. ある大阪の女@ヴェーラ
149. 流転の王妃@ラピュタ
150. 刺青@ラピュタ
★151. いのち・ぼうにふろう@ヴェーラ
152. やくざ絶唱@ヴェーラ
153. 手錠無用@ヴェーラ
154. 悪名縄張り荒らし@ヴェーラ
155. 桐島、部活やめるってよ@目黒シネマ
156. ジョゼと虎と魚たち@目黒シネマ
157. 恐怖と欲望@オーディトリアム渋谷
158. 新座頭市物語　折れた杖@ヴェーラ
159. 迷走地図@ヴェーラ
160. 娘の冒険@ラピュタ
161. 愛の嵐の中で@ラピュタ
★162. 瘋癲老人日記@ラピュタ
163. 眠狂四郎魔性剣@ラピュタ
164. 家族會議@神保町

165. 新道@神保町
166. 婚約三羽烏（1937）@神保町
167. 婚約三羽烏（1956）@神保町
168. 暖流@神保町
169. 誘惑@神保町
★170. 猟銃@神保町
171. 浪人街@ヴェーラ
172. 人斬り@ヴェーラ
173. 華麗なる一族@神保町
174. 遊び@ラピュタ
175. 音楽@ラピュタ
176. 新・兵隊やくざ 火線@ヴェーラ
177. 無宿（やどなし）@ヴェーラ
178. バレット@丸の内ピカデリー3
179. にせ刑事@ヴェーラ
★180. 顔役@ヴェーラ
181. とむらい師たち@ヴェーラ
182. 新 座頭市 破れ！唐人剣@ヴェーラ
183. タイピスト @六本木シネマート試写室
184. 夜の河@神保町
185. 結婚のすべて@神保町
186. 適齢三人娘@ラピュタ
187. 逃げてきた花嫁@ラピュタ
188. 結婚の夜@ラピュタ
189. we can't go home again@新宿K'Sシネマ
190. あまり期待するな@新宿K'Sシネマ
191. 男はつらいよ 寅次郎相合い傘@目黒シネマ
192. 東京家族@目黒シネマ
193. めし@神保町
★194. 反撥@イメフォ
195. 袋小路@イメフォ
196. 御用牙 かみそり半蔵地獄責め@ヴェーラ
197. 座頭市 血煙り街道@ヴェーラ
★198. グランドマスター@品川
199. キル・ビル@早稲田松竹
200. 過去のない男@新橋文化
201. ライフ・イズ・ミラクル@新橋文化

●7月

202. 好人好日@ラピュタ
203. 空かける花嫁@ラピュタ
★★ いとはん物語@ラピュタ
205. 千万長者の恋人より 踊る摩天楼@ラピュタ
206. とんかつ大将@神保町
207. 鶏はふたたび鳴く@神保町
208. 目白三平物語 うちの女房@神保町
209. 花影@神保町
210. お嬢さん乾杯@神保町
211. ノー・コメント by ゲンスブール@六本木シネマート試写室
★212. 切腹@新文芸坐
213. 黒い河@新文芸坐
214. 婚期@ラピュタ
215. 真夏の方程式@品川
216. 股旅 三人やくざ@新文芸坐
217. 野獣死すべし@新文芸坐
218. 殺人狂時代@新文芸坐
219. 斬る@新文芸坐
220. くちづけ@ラピュタ
221. 用心棒@新文芸坐
222. 潜水艦イー57降伏せず@神保町
223. 不毛地帯@新文芸坐
224. EDEN@ガーデンシアター in 虎ノ門4丁目
225. 幸せは俺等の願い@ラピュタ
226. 結婚相談@ラピュタ
227. 吾輩は猫である@新文芸坐
228. 他人の顔@新文芸坐
229. 雨に唄えば@上野・東京文化会館大ホール
230. 乾杯！見合結婚@ラピュタ
231. 花と娘と白い道@ラピュタ
232. 死者との結婚@ラピュタ
233. 太平洋の翼@神保町
234. 結婚式・結婚式@ラピュタ
235. ふりむいた花嫁@ラピュタ
236. 恋の画集@ラピュタ
237. 世界大戦争@神保町
238. 透明人間@神保町
239. 電送人間@神保町
240. 終戦のエンペラー@品川

●8月

241. 鯨神@神保町
★242. 脱獄囚@ラピュタ
243. 戒厳令@新文芸坐
244. 処刑の島@新文芸坐
245. 襤褸の旗@新文芸坐
246. 夜の鼓@新文芸坐
247. 透明人間と蝿男@ヴェーラ
248. 犬神の悪霊@ヴェーラ
249. にっぽん泥棒物語@新文芸坐
250. 越後つついし親不知@新文芸坐
251. 警察日記@新文芸坐
252. 本日休診@新文芸坐
253. 東京ディープスロート夫人@ヴェーラ
254. 怪猫トルコ風呂@ヴェーラ
★255. 大空の野郎ども@ラピュタ
256. 現代サラリーマン 恋愛武士道@ラピュタ
257. 喜劇 駅前漫画@ヴェーラ
258. 妖僧@ヴェーラ
★★ その場所に女ありて@神保町
260. 情無用の罠@ラピュタ
★261. 鬼火@ヴェーラ
262. 青春トルコ日記@ヴェーラ
263. 野盗風の中を走る@ラピュタ
264. 暗黒街の弾痕@ラピュタ
265. 黒薔薇の舘@ヴェーラ
266. 奇々怪々 俺は誰だ？@ヴェーラ
267. なんじゃもんじゃ@神保町
268. この空のある限り@神保町
★269. 丼池@神保町
270. 風立ちぬ@品川
271. モンローのような女@神保町
272. 最後のマイウェイ@文化村ル・シネマ
273. 殺しのナンバー@新橋文化
274. 独立機関銃隊未だ射撃中@ラピュタ
275. 大学の山賊たち@ラピュタ
276. うなぎ@ラピュタ
277. 俺にまかせろ@ラピュタ
★278. 玉割り人ゆき@ラピュタ

※劇場名略称　ヴェーラ＝渋谷シネマヴェーラ／イメフォ＝渋谷イメージフォーラム／パトス＝銀座シネパトス／新橋文化＝新橋文化劇場／品川＝品川プリンスシネマ／ラピュタ＝ラピュタ阿佐ヶ谷／神保町＝神保町シアター／新文芸坐＝池袋新文芸坐

279. 暖春@神保町
280. 氷点@神保町
281. 惜春@神保町
★282. 春日和@神保町
283. 暁の脱走@新文芸坐
284. 真空地帯@新文芸坐
285. 五月みどりの かまきり夫人の告白@ヴェーラ
286. 悪魔が呼んでいる@ヴェーラ
287. 吸血鬼ゴケミドロ@ヴェーラ
288. 白い巨塔@新文芸坐
289. 金環蝕@新文芸坐
★290. 大江戸性盗伝 女斬り@ヴェーラ
291. 震える舌@ヴェーラ
292. のら犬作戦@ラピュタ
293. 青い夜霧の挑戦状@ラピュタ
294. その夜は忘れない@新文芸坐
295. 原爆の子@新文芸坐
296. 博徒七人@ヴェーラ
297. ザ・カラテ2@ヴェーラ
298. 奪命金@新橋文化
299. 玉割り人ゆき 西の廓夕月楼@ラピュタ
300. 乱れ雲@神保町
301. 爽春@神保町
302. 喜劇〝夫〟売ります!!@神保町
303. 映画女優@神保町
304. 戦国野郎@ラピュタ
305. 奴が殺人者だ@ラピュタ

●9月

306. 蟻地獄作戦@ラピュタ
307. 暗黒街の牙@ラピュタ
308. 手錠をかけろ@ラピュタ
309. 国際秘密警察 火薬の樽@ラピュタ
★310. 愛人@ラピュタ
311. ムード・インディゴ うたかたの日々@六本木アスミックエース試写室
312. グラインドハウス USAバージョン@新橋文化
★313. 旅路@新文芸坐
314. 飛びっちょ勘太郎@新文芸坐
315. わたしの凡てを@ラピュタ
316. 血と砂@ラピュタ
317. 吼えろ脱獄囚@ラピュタ
318. 暗黒街全滅作戦@ラピュタ
319. 今日もわれ大空にあり@ラピュタ
320. 木枯し紋次郎 関わりござんせん@新文芸坐
321. 木枯し紋次郎@新文芸坐
322. ホワイトハウス・ダウン@品川
323. アメリカ、家族のいる風景@新橋文化
324. 大いなる西部@新橋文化
325. 浅間の暴れん坊@新文芸坐
326. 弥太郎笠@新文芸坐
327. イノセント・ガーデン@早稲田松竹
328. オールド・ボーイ@早稲田松竹
329. やくざ囃子@新文芸坐
330. 月の出の血闘@新文芸坐
331. パシフィック・リム@TOHOシネマズ六本木
332. 胸より胸に@ラピュタ
333. やま猫作戦@ラピュタ
334. 血とダイヤモンド@ラピュタ
335. ああ陸軍隼戦闘隊@ラピュタ
336. 青島要塞爆撃命令@ラピュタ
337. みな殺しの霧歌@ラピュタ
338. ひかりごけ@ヴェーラ
339. 真昼の暗黒@ヴェーラ
340. KT@ヴェーラ
341. 首@ヴェーラ
342. 地獄変@新文芸坐
343. 秘録おんな牢@ラピュタ
344. 赤い陣羽織@ラピュタ
345. EUREKA@ヴェーラ
346. わたしのSEX白書 絶頂度@新橋文化ロマン劇場
347. 愛欲の標的@新橋文化ロマン劇場
348. 濡れた壷@新橋文化ロマン劇場
349. ウルヴァリン@品川

●10月

350. 証人の椅子@ヴェーラ
351. 接吻@ヴェーラ
352. 素ッ裸の年令@神保町
353. おんな牢秘図@ラピュタ
354. 日本の黒い夏 冤罪@ヴェーラ
355. 制覇@ヴェーラ
356. 恐怖の逃亡@ヴェーラ
357. 海と毒薬@ヴェーラ
358. 凶悪@品川
359. 危険旅行@ラピュタ
360. 十階のモスキート@ヴェーラ
361. 丑三つの村@ヴェーラ
362. 恐怖省@新橋文化
363. チャップリンの殺人狂時代@新橋文化
364. 顔@ヴェーラ
365. 火まつり@ヴェーラ
366. 性盗ねずみ小僧@オーディトリウム渋谷
★367. 悪太郎@神保町
368. ㊙女郎市場@オーディトリウム渋谷
369. 薄化粧@ヴェーラ
370. 続ためいき@オーディトリウム渋谷
371. 現代娼婦考 制服の下のうずき@オーディトリウム渋谷
372. 探偵事務所23 くたばれ悪党ども@神保町
373. 続・レスビアンの世界-愛撫-@オーディトリウム渋谷
374. 天使のはらわた 赤い教室@オーディトリウム渋谷
★375. けんかえれじい@神保町
376. すべてが狂ってる@神保町
377. わが愛@ラピュタ
378. ゼロの焦点@新文芸坐
379. ウィルソン・シモナル～スウィング!ダンス!!ブラジル!!!@渋谷ユーロスペース
380. 砂の器@新文芸坐
381. キャット・ピープル@ヴェーラ
382. 恐怖のまわり道@ヴェーラ
383. 間諜X27@新橋文化
384. 眼の壁@新文芸坐
385. 青ひげ@ヴェーラ
386. グレイト・フラマリオン@ヴェーラ
387. 観賞用男性@ラピュタ
388. けものみち@新文芸坐
389. 恐怖の精神病院@ヴェーラ
390. 赤い家@ヴェーラ
391. 天城越え@新文芸坐
★392. 黒い画集 第二話 寒流@新文芸坐
393. 清作の妻@早稲田松竹
394. かあちゃんしぐのいやだ@ラピュタ
395. 内海の輪@新文芸坐
396. 黒猫@ヴェーラ
397. ハーレムにかかる月@ヴェーラ
398. 告訴せず@新文芸坐
399. 妻は告白する@早稲田松竹
400. 偽大学生@早稲田松竹

401. 浜辺の女@ヴェーラ
402. 女囚大脱走@ヴェーラ
403. 人類資金@品川
404. パッション@日比谷みゆき座
405. 吸血鬼ボボラカ@ヴェーラ
406. 鎖につながれた女たち@ヴェーラ
407. エンド・オブ・ホワイトハウス@新橋文化
408. 彩り河@新文芸坐
409. 天国の門@シネマート新宿
410. この髭百万ドル@ラピュタ
411. 刑事物語　ジャズは狂っちゃいねえ@ラピュタ
412. 死なない頭脳@ヴェーラ
413. 野望の果て@ヴェーラ
414. 自由学校@神保町
415. 珈琲時光@神保町
416. 森崎書店の日々@神保町
417. 満員電車@神保町
418. 豆大福ものがたり@神保町
★419. 充たされた生活@ラピュタ
420. ストロベリー・ナイト@新文芸坐
421. 脳男@新文芸坐
422. 悪い男@新橋文化
423. 遊星からの物体X@ヴェーラ
424. 忘れられた罪の島@ヴェーラ
425. ホーリー・モーターズ@渋谷ユーロスペース
426. 死体を売る男@ヴェーラ
427. 奇妙な幻影@ヴェーラ
428. 花様年華@キネカ大森
429. 天使の涙@キネカ大森

●11月

430. キャット・ピープルの呪い@ヴェーラ
431. 奇妙な女@ヴェーラ
★432. ビッグコンボ@ヴェーラ
433. スリの聖ベニー@ヴェーラ
434. 遊星Xから来た男@ヴェーラ
★435. 脅迫者@ヴェーラ
436. ニンゲン合格@神保町
437. 女系家族@新文芸坐
438. 女の勲章@新文芸坐
★439. 日本春歌考@神保町
440. 花のれん@新文芸坐
★441. 人間に賭けるな@ラピュタ
442. 素敵な今晩わ@新文芸坐
443. ほんだら捕物帳@新文芸坐
444. 不滅の熱球@神保町
445. 野蛮人のネクタイ@ラピュタ
446. 運が良けりゃ@新文芸坐
447. 馬鹿まるだし@新文芸坐
448. 徳川セックス禁止令　色情大名@ヴェーラ
449. 白蛇抄@ヴェーラ
450. 坊っちゃん@神保町
451. 喜劇　右向け左@新文芸坐
452. ニッポン無責任時代@新文芸坐
453. 女番長　感化院脱走@ヴェーラ
454. 残酷異常虐待物語　元禄女系図@ヴェーラ
455. 怪獣大奮闘　ダイゴロウ対ゴリアス@新文芸坐
★456. 不良姉御伝　猪鹿お蝶@ヴェーラ
★457. ボクサー@ヴェーラ
458. 温泉ゲリラ大笑撃@新文芸坐
459. ふたたび　swing me again@新文芸坐
460. 会社物語　memories of you@新文芸坐
461. 弥太郎笠@新文芸坐
462. 清水湊の名物男　遠州森の石松@新文芸坐
463. やさぐれ姐御伝　総括リンチ@ヴェーラ
464. 現代ポルノ伝　先天性淫婦@ヴェーラ
465. 祇園祭@新文芸坐
466. 若き日の次郎長　東海の顔役@新文芸坐
467. 殿さま弥次喜多　怪談道中@新文芸坐
468. ゆうれい船@新文芸坐
469. 一心太助　男の中の男一匹@新文芸坐
★470. 散歩する霊柩車@神保町
471. 夏目漱石の三四郎@神保町
472. 女は二度生まれる@神保町
473. 銭形平次捕物控　人肌蜘蛛@神保町
474. 丹下左膳　飛燕居合斬り@新文芸坐
★475. 冷飯とおさんとちゃん@新文芸坐
476. 罪の手ざわり@有楽町朝日ホール
477. 魚河岸の旋風娘@ラピュタ
478. 白子屋駒子@ラピュタ
★479. わが闘争@ヒューマントラストシネマ有楽町
480. 多羅尾伴内　鬼面村の惨劇@ヴェーラ
481. 温泉みみず芸者@ヴェーラ
★482. 河口@ヒューマントラストシネマ有楽町
483. 狂走セックス族@ヴェーラ
484. 江戸川乱歩全集　恐怖奇形人間@ヴェーラ
485. 淑女は何を忘れたか@神保町
486. 恐怖女子高校　暴行リンチ教室@ヴェーラ
487. 忍びの卍@ヴェーラ
★488. 恋のマノン@新宿ピカデリー
489. 二十一歳の父@ヒューマントラストシネマ有楽町
490. 我が家は楽し@有楽町朝日ホール
491. ベルリンファイル@キネカ大森
492. わるいやつら@キネカ大森
★493. いろはにほへと@ヒューマントラストシネマ有楽町
494. 土砂降り@有楽町朝日ホール
495. 集金旅行@ヒューマントラストシネマ有楽町

●12月

496. すべて売り物@イメフォ
497. 嵐を突っ切るジェット機@ヴェーラ
498. 地獄の曲り角@ヴェーラ
499. 忘れじの人@ラピュタ
500. 牛乳屋フランキー@ラピュタ
501. われらの時代@ヴェーラ

※劇場名略称　ヴェーラ＝渋谷シネマヴェーラ／イメフォ＝渋谷イメージフォーラム／パトス＝銀座シネパトス／新橋文化＝新橋文化劇場／品川＝品川プリンスシネマ／ラピュタ＝ラピュタ阿佐ヶ谷／神保町＝神保町シアター／新文芸坐＝池袋新文芸坐

502. 執炎@ヴェーラ
503. 狂熱の季節@ヴェーラ
504. 爆薬に火をつけろ@ヴェーラ
★505. 夜の片鱗@ヒューマントラストシネマ有楽町
506. 何か面白いことないか@ヴェーラ
507. 大出世物語@新文芸坐
★508. 競輪上人行状記@新文芸坐
509. 黒い太陽@ヴェーラ
510. 嵐の中を突っ走れ@ヴェーラ
511. 破れかぶれ@ヴェーラ
★512. ある脅迫@ヴェーラ
513. 砂時計@イメフォ
514. 暖簾@ラピュタ
515. 「エロ事師たち」より人類学入門@新文芸坐
516. スクラップ集団@新文芸坐
517. 大番頭小番頭@ラピュタ
518. カレーライス@ラピュタ
519. 果てしなき欲望@新文芸坐
520. 痴人の愛@新文芸坐
521. 吹けば飛ぶよな男だが@新文芸坐
522. 貸間あり@新文芸坐
523. 暴走特急@新橋文化
524. 暗殺者@新橋文化
★525. ゼロ・グラビティ@品川
526. あにいもうと@ラピュタ
527. 暴行切り裂きジャック@新橋ロマン劇場
★528. 愛欲の罠@新橋ロマン劇場
529. 大人のおもちゃダッチワイフ・レポート@新橋ロマン劇場
530. 泣いて笑った花嫁@ラピュタ
531. 雪の喪章@ラピュタ
532. 牡蠣の女王@ヴェーラ
★533. 大自然の凱歌@ヴェーラ

【2014年】

2013年に引き続き、去年も映画ばかり観ていて、その数は延べ700本を超えた。ほとんど仕事をしていないことがわかるだけでなく、いよいよ現実と向き合うことを畏れている、ということか。

いろいろ選んで観ているようだが、何のことはない、阿佐ヶ谷ラピュタ、渋谷シネマヴェーラ、池袋新文芸坐、神保町シアターのプログラムにただ順番に通っているだけだ。

何本か二回繰り返して観ているものがある。それは以前に観たことを忘れていたもの。いつも始まってから、コレこの前観た、と気づく。けれども大抵の映画は二度観てもやはり面白い。あまりにも情報量が多過ぎるのが映画というものだ。

シニア料金まで、あと4年なり。

●1月

1. 穴@ラピュタ
2. 東京オリンピック@早稲田松竹
3. でっかく生きる@ヴェーラ
4. かぐや姫の物語@品川
5. 喜劇 とんかつ一代@ラピュタ
6. 如何なる星の下に@ラピュタ
7. アフター・アース@新橋文化
8. 白鳥の死@ヴェーラ
9. シャーロック・ホームズ 闇夜の恐怖@ヴェーラ
10. 幌馬車@ヴェーラ
11. キートン短編集@ヴェーラ
12. 天国の日々@早稲田松竹
13. トゥ・ザ・ワンダー@早稲田松竹
14. 腰抜けモロッコ騒動@ヴェーラ
15. ヒズ・ガール・フライデー@ヴェーラ
16. バック・コーラスの歌姫たち@渋谷文化村ル・シネマ
17. 愛しのフリーダ@角川シネマ有楽町
18. ファイアbyルブタン@ヒューマントラストシネマ有楽町
19. ペコロスの母に会いに行く@渋谷ユーロスペース
20. 花荻先生と三太@ラピュタ
21. マジック・マイク@早稲田松竹
22. 恋するリベラーチェ@早稲田松竹
23. 青髭八人目の妻@ヴェーラ
24. もだえ@ヴェーラ
25. アメリカの影@オーディトリウム渋谷
26. ラヴ・ストリームズ@オーディトリウム渋谷
27. 宝の山@ヴェーラ
28. そして誰もいなくなった@ヴェーラ
29. チャイニーズ・ブッキーを殺した男@オーディトリウム渋谷
★30. 抵抗@オーディトリウム渋谷
31. フェイシズ@オーディトリウム渋谷
32. ミイラ再生@ヴェーラ
★33. 事件記者@ラピュタ
34. 事件記者 真昼の恐怖@ラピュタ
35. こわれゆく女@オーディトリウム渋谷
36. 大脱出@TOHOシネマズ日劇
37. 四人の息子@ヴェーラ
38. 謎のストレンジャー@ヴェーラ
39. ドラッグ ウォー 毒戦@シネマカリテ新宿
40. 特別機動捜査隊@ラピュタ
41. 事件記者 仮面の脅迫@ラピュタ
42. 事件記者 姿なき狙撃者@ラピュタ
43. いんちき商売@ヴェーラ
44. 靴みがき@ヴェーラ
45. おかる勘平@神保町
★46. コンタクト@新橋文化
47. トゥモローワールド@新橋文化
★48. 拳銃貸します@ヴェーラ
49. 第三の影@ヴェーラ
50. 夕陽の丘@神保町
51. 夫婦善哉@神保町
52. 浮雲@神保町
53. ・ふ・た・り・ぼ・っ・ち・@神保町
★54. 春琴物語@ラピュタ
55. 事件記者 影なき男@ラピュタ
56. 事件記者 深夜の目撃者@ラピュタ
57. 外套と短剣@新橋文化
★58. ダーティ・ハリー@新橋文化
59. 妻たちの性体験 夫の目の前で今…@新橋文化ロマン劇場
60. 天使のはらわた 赤い淫画@新橋文化ロマン劇場
61. 乱菊物語@ヴェーラ
62. 最後の脱走@ヴェーラ
63. HYSTERIC@神保町
64. 2/デュオ@神保町
65. 憂鬱な楽園@神保町

●2月

★66. 33号車応答なし@ヴェーラ
67. 国際秘密警察 絶体絶命@ヴェーラ
68. ズデニェック・ミレルの世界@渋谷ユーロスペース

69. パレチェク&チャペック特集@渋谷ユーロスペース
70. 事件記者 時限爆弾@ラピュタ
71. 事件記者 狙われた十代@ラピュタ
72. 不良少年@ヴェーラ
73. ふたり@神保町
74. 遥かなる男@ヴェーラ
75. 男対男@ヴェーラ
76. 宿無し犬@神保町
77. 探偵物語@神保町
78. グランド・イリュージョン@新文芸坐
79. クロニクル@新文芸坐
80. 嵐の中の男@ヴェーラ
81. 馬鹿と鋏@ヴェーラ
82. 事件記者 拳銃貸します@ラピュタ
83. 続・若い季節@ラピュタ
84. 黒帯三国志@ヴェーラ
85. プラン9フロム アウタースペース@新橋文化
86. ゾンビ@新橋文化
87. ザ・ガードマン 東京用心棒@ラピュタ
88. 奇巌城の冒険@ヴェーラ
★89. ラッシュ／プライドと友情@品川
★90. 宮本武蔵@新文芸坐
91. 赤毛@新文芸坐
92. 若き日の啄木 雲は天才である@神保町
93. 雨情@神保町
94. 宮本武蔵 一乗寺の決斗@新文芸坐
95. 宮本武蔵 決闘巌流島@新文芸坐
96. 事件記者 影なき侵入者@ラピュタ
★97. 共食い@早稲田松竹
98. Helpless@早稲田松竹
99. 劇場版テレクラキャノンボール2013@オーディトリウム渋谷
★100. 王将@神保町
101. 釈迦@神保町
102. 無法松の一生@新文芸坐
103. 雷電@神保町
★104. 続・雷電@神保町
105. 太平洋の翼@新文芸坐
106. 太平洋の嵐@新文芸坐
107. 清須会議@目黒シネマ
108. 笑の大学@目黒シネマ
109. 新・事件記者 大都会の罠@ラピュタ
★★ 上意討ち 拝領妻始末@新文芸坐
111. 侍@新文芸坐
112. アンタッチャブル@新橋文化
113. ガラスの墓標@新橋文化
114. ウルフ・オブ・ウォールストリート@品川
★★ 修羅@キネカ大森
116. 薔薇の葬列@キネカ大森
117. 雲右衛門とその妻@神保町
118. わが愛の譜 滝廉太郎物語@神保町
119. 巨人 大隈重信@神保町
120. 世にも面白い男の一生 桂春団治@神保町

●3月

121. 男嫌い@ラピュタ
★★ 七人の刑事 終着駅の女@ラピュタ
123. チョコレート・ファイター@新橋文化
124. リベリオン@新橋文化文化劇場
125. お吟さま@新文芸坐
126. 待ち伏せ@新文芸坐
127. 新・事件記者 殺意の丘@ラピュタ
128. 大統領の料理人@目黒シネマ
129. クロワッサンで朝食を@目黒シネマ
★130. アメリカン・ハッスル@品川
131. エージェント・ライアン@品川
132. 力道山物語 男の魂@神保町
133. 実録 阿部定@神保町
134. トキワ荘の青春@神保町
135. ミスター・ジャイアンツ 勝利の旗@神保町
136. 自分の穴の中で@ラピュタ
137. 現代っ子@ラピュタ
★138. 傷だらけの山河@ヴェーラ
★139. 夏の嵐@ラピュタ
140. 流星@ヴェーラ
★141. 河のほとりで@ヴェーラ
142. デス・アンド・コンパス@新橋文化
143. 鹿島灘の女@ヴェーラ
144. 智恵子抄@ヴェーラ
145. 白い魔魚@新文芸坐
146. 東京暮色@新文芸坐
147. 月は上りぬ@ラピュタ
148. おとし穴@ラピュタ
149. 初恋 地獄変@ラピュタ
150. 夜の配役@ヴェーラ
151. 惜春鳥@新文芸坐
152. 浪花の恋の物語@新文芸坐
153. 抱かれた花嫁@新文芸坐
154. 人間蒸発@ラピュタ
155. 彼女と彼@ラピュタ
156. あの人はいま@ヴェーラ
★★ 河口@ヴェーラ
158. 女優 須磨子の恋@ヴェーラ
159. 熱波@早稲田松竹
160. わたしはロランス@早稲田松竹
★161. 黒い潮@ヴェーラ
162. 闇を横切れ@ヴェーラ
★163. 2ガンズ@新橋文化
164. 色ざんげ@ラピュタ
165. 北村透谷 わが冬の歌@ラピュタ
166. とべない沈黙@ラピュタ
167. 心中天網島@ラピュタ
★168. ウォルト・ディズニーの約束@品川
169. 家庭の事情@ヴェーラ
170. 夜の蝶@ヴェーラ
171. 鴎よ きらめく海をみたかめぐり逢い@ラピュタ
172. 喜劇 女は男のふるさとよ@新文芸坐
173. 喜劇女生きてます@新文芸坐
174. 朝やけ血戦場@ラピュタ
175. 女生きてます 盛り場渡り鳥

※劇場名略称　ヴェーラ＝渋谷シネマヴェーラ／イメフォ＝渋谷イメージフォーラム／パトス＝銀座シネパトス／新橋文化＝新橋文化劇場／品川＝品川プリンスシネマ／ラピュタ＝ラピュタ阿佐ヶ谷／神保町＝神保町シアター／新文芸坐＝池袋新文芸坐

@新文芸坐
176. 喜劇 女売り出します@新文芸坐
177. 蟹工船@ヴェーラ
178. お國と五平@ヴェーラ
179. 背徳のメス@ヴェーラ
180. 高校さすらい派@新文芸坐
181. 生まれかわった為五郎@新文芸坐
182. 鉄砲玉の美学@ラピュタ
★183. 目撃@新橋文化
★184. トゥルー・クライム@新橋文化
185. 街の灯@新文芸坐
186. 野良犬@新文芸坐
187. 愛のお荷物@ラピュタ
★★ 女咲かせます@新文芸坐
189. 塀の中の懲りない面々@新文芸坐
190. からみ合い@ヴェーラ
191. エロス+虐殺@ラピュタ
★192. 鬼の詩@ラピュタ
193. 喜劇 特出しヒモ天国@新文芸坐
194. ロケーション@新文芸坐

●4月

195. ラブレター@新文芸坐
196. 夢見通りの人々@新文芸坐
197. 嗚呼!おんなたち 猥歌@新橋文化ロマン劇場
198. 少女娼婦 けものみち@新橋文化ロマン劇場
199. 実録不良少女 姦@新橋文化ロマン劇場
200. キル・ビル2@新橋文化
201. 親切なクムジャさん@新橋文化
202. 地の群れ@ラピュタ
203. 帝国オーケストラ@ヴェーラ
204. 僕の村は戦場だった@ヴェーラ
205. 逆光線@ラピュタ
★206. ブラックブック@ヴェーラ
207. 記憶と夢@ヴェーラ
208. 若い樹@ラピュタ
★209. 無常@ラピュタ
210. 煉獄エロイカ@ラピュタ
211. 北大西洋@ヴェーラ
212. 恋化粧@ラピュタ
213. 正午なり@ラピュタ
214. 竜馬暗殺@ラピュタ
★215. 独裁者@ヴェーラ
216. 平和に生きる@ヴェーラ
217. 死神博士の栄光と没落@ヴェーラ
218. 海外特派員@ヴェーラ
219. フランケンシュタインの怪獣 サンダ対ガイラ@神保町
220. 受取人不明@新橋文化
221. イントゥ・ザ・ワイルド@新橋文化
222. ロベレ将軍@ヴェーラ
★223. 自由への戦い@ヴェーラ
224. 肉弾@ラピュタ
225. 青春の殺人者@ラピュタ
226. マタンゴ@神保町
227. 君はいま光の中に@ラピュタ
★228. 日本人のへそ@ラピュタ
★229. 道中の点検@ヴェーラ
230. 逃走迷路@ヴェーラ
231. 少年@ラピュタ
232. おえんさん@ラピュタ
★233. 天使の恍惚@ラピュタ
234. 津軽じょんがら節@ラピュタ
235. ㊙極楽紅弁天@ラピュタ
★236. 忍者狩り@ラピュタ
237. 博奕打ち@ラピュタ
238. 懲役太郎 まむしの兄弟@ラピュタ
239. 血を吸う薔薇@ヴェーラ
★240. 曼陀羅@ヴェーラ
241. この二人に幸あれ@ラピュタ
★242. 白昼の襲撃@ヴェーラ
243. 白い手美しい手呪いの手@ヴェーラ
244. 突然炎のごとく@新橋文化

●5月

245. 斜陽のおもかげ@ヴェーラ
★246. 妖艶毒婦伝 般若のお百@ラピュタ
247. 獄中の顔役@ラピュタ
248. 狂棲時代@ラピュタ
249. 神様はつらい@新宿パークタワーホール
250. キッド@新橋文化
★251. モダン・タイムス@新橋文化
252. ダイナマイトどんどん@ヴェーラ
253. 黒薔薇昇天@ヴェーラ
254. 野性の証明@ラピュタ
255. 博奕打ち 一匹竜@ラピュタ
256. 可愛い悪魔@ヴェーラ
257. 斬る@ヴェーラ
258. 呪いの館 血を吸う眼@ヴェーラ
259. 漂流@ヴェーラ
260. 花嫁三重奏@ラピュタ
261. 花芯の刺青 熟れた壺@新橋文化ロマン劇場
262. 犯す!@新橋文化ロマン劇場
263. 関東おんなド根性@ラピュタ
264. 仁義なき戦い 完結編@ラピュタ
★265. むかしの歌@神保町
★266. まごころ@神保町
267. 秀子の車掌さん@神保町
268. また逢う日まで@神保町
269. シルクハットの大親分@ラピュタ
270. 濡れた欲情 特出し21人@ラピュタ
271. 人も歩けば@新文芸坐
272. 還ってきた男@新文芸坐
273. 哥(うた)@ヴェーラ
274. おんな極悪帖@ヴェーラ
★275. 特急にっぽん@新文芸坐
276. 歌麿夢と知りせば@ヴェーラ
277. 修羅雪姫 怨み恋歌@ヴェーラ
278. 東京の人さようなら@ラピュタ
279. 百万人の大合唱@ヴェーラ
280. 鬼輪番@ヴェーラ
281. グラマ島の誘惑@新文芸坐
★282. 東京マダムと大阪夫人@新文芸坐
283. 花とアリス@目黒シネマ
284. Love Letter@目黒シネマ
285. 明日は月給日@新文芸坐
286. 接吻泥棒@新文芸坐
287. 天使のはらわた 赤い教室@新橋文化ロマン劇場
288. 銀座二十四帖@新文芸坐
289. 拝啓天皇陛下様@ヴェーラ
290. 春の山脈@ヴェーラ
291. 涙を、獅子のたて髪に@神保町
292. 左ききの狙撃者 東京湾@ヴェーラ
293. 白昼堂々@ヴェーラ
294. 赤坂の姉妹夜の肌@新文芸坐
295. 縞の背広の親分衆@新文芸坐
296. 青べか物語@新文芸坐
297. 暖流@ヴェーラ
298. こだまは呼んでいる@ラピュタ
299. 四畳半襖の裏貼り しのび肌@ラピュタ
300. ブラックダリア@新橋文化

301. ゾディアック@新橋文化
★302. ブリット@新橋文化
303. ラブ・ストーリーを君に@神保町
304. あこがれ@神保町
305. 娘と私@神保町
306. ノンちゃん雲にのる@神保町
307. 極道の妻たち 三代目姐@ラピュタ
308. 北陸代理戦争@ラピュタ
309. 五人の賞金稼ぎ@ラピュタ
310. 博奕打ち 不死身の勝負@ラピュタ
311. 赤線玉の井 ぬけられます@ラピュタ
312. 名探偵ゴッド・アイ@新文芸坐
313. コールド・ウォー 香港警察 二つの正義@新文芸坐
314. 男なら振り向くな@ヴェーラ
315. 女の一生@ヴェーラ

●6月

316. ブルージャスミン@品川
317. 鳩@ヴェーラ
318. 八つ墓村@ヴェーラ
319. 愛の嵐 ノーカット完全版@新橋文化
320. 望郷と掟@ヴェーラ
321. ゾロ目の三兄弟@ラピュタ
322. 春の鐘@ラピュタ
323. でっかいでっかい野郎@ヴェーラ
324. 初笑いびっくり武士道@ヴェーラ
325. 上役・下役・ご同役@ラピュタ
326. マンハント@新橋文化
★327. ㊙郎責め地獄@神保町
328. 最後の切札@ヴェーラ
329. 強盗放火殺人囚@ラピュタ
330. 怪談@新文芸坐
331. 永遠の人@新文芸坐
★332. 白と黒@新文芸坐
333. 最後の審判@新文芸坐
334. 女たちの庭@ヴェーラ
★335. 十兵衛暗殺剣@ラピュタ
336. ヴィオレッタ@イメフォ
337. 四谷怪談@新文芸坐
338. 幕末@新文芸坐
339. 黄色いさくらんぼ@ヴェーラ
340. モダン道中 その恋待ったなし@ヴェーラ
341. 天狗党@新文芸坐
★342. 沙羅の門@神保町
343. Ｍ キネコ版@新橋文化
344. フリークス 怪物團@新橋文化
345. 無頼漢@新文芸坐
346. グランド・ブダペスト・ホテル@新宿シネマカリテ
★347. 資金源強奪@ラピュタ
348. 実録外伝 大阪電撃作戦@ラピュタ
349. 仁義の墓場@ラピュタ
350. 妻として女として@新文芸坐
351. 女の歴史@新文芸坐
★352. 娘・妻・母@新文芸坐
353. 人生とんぼがえり@ラピュタ
354. 脱走遊戯@ヴェーラ
355. 陸軍諜報33@ヴェーラ
356. 赫い髪の女@新橋文化ロマン劇場
357. 昼下がりの情事 古都曼荼羅@新橋文化ロマン劇場
358. 御用金@新文芸坐
359. 出所祝い@新文芸坐
360. 夜がまた来る@神保町
361. 二百三高地@新文芸坐
★362. 二・二六事件 脱出@ヴェーラ
363. ラブホテル@神保町
364. ドリームキャッチャー@新橋文化
365. ミスト@新橋文化
366. 怖がる人々@新文芸坐
367. しずかなあやしい午後に@新文芸坐
368. 八州遊侠伝 男の盃@ヴェーラ
369. 狙われた男@ラピュタ
370. ファンキーハットの快男児@ヴェーラ
371. 新幹線大爆破@ヴェーラ
372. ポンヌフの恋人@新橋文化
373. 浮気のすすめ 女の裏窓@神保町
374. 快感旅行@神保町
375. ウルフガイ 燃えろ狼男@ヴェーラ
376. 浪曲子守唄@ヴェーラ
377. 濡れた欲情 ひらけ!チューリップ@ラピュタ
378. 子連れ殺人拳@ヴェーラ
379. 日本暗殺秘録@ヴェーラ
380. ヴァンパイア@目黒シネマ
381. 打ち上げ花火 下から見るか?横から見るか?@目黒シネマ
382. 四月物語@目黒シネマ

●7月

383. エロスの誘惑@神保町
384. 獣の戯れ@神保町
385. 東京大地震Ｍ8.1@ヴェーラ
★386. LIFE!@新文芸坐
★387. 甘い生活@新橋文化
388. 西班牙狂想曲@新橋文化
★389. かも@神保町
★390. 血は乾いてる@新文芸坐
391. ろくでなし@新文芸坐
★392. 日本脱出@新文芸坐
393. 嵐を呼ぶ十八人@新文芸坐
394. インサイド・ルーウィン・デイヴィス@新宿武蔵野館
395. 告白的女優論@新文芸坐
396. 秋津温泉@新文芸坐
397. 水で書かれた物語@新文芸坐
398. 夕陽に赤い俺の顔@新文芸坐
399. 女妖@神保町
★400. 人魚伝説@ラピュタ
401. 乾いた湖@新文芸坐
★402. 乾いた花@新文芸坐
403. 現代インチキ物語 ど狸@神保町
404. カミカゼ野郎 真昼の決斗@ヴェーラ
405. 太陽の墓場@新文芸坐
406. 青春残酷物語@新文芸坐
407. 沖縄10年戦争@ヴェーラ
408. けんか空手極真拳@ヴェーラ
★409. 日本の夜と霧@新文芸坐
410. おーい中村君@神保町

※劇場名略称　ヴェーラ=渋谷シネマヴェーラ／イメフォ=渋谷イメージフォーラム／パトス=銀座シネパトス／新橋文化=新橋文化劇場／品川=品川プリンスシネマ／ラピュタ=ラピュタ阿佐ヶ谷／神保町=神保町シアター／新文芸坐=池袋新文芸坐

411. 死刑執行人もまた死す@新橋文化
★412. 鑑定士と顔のない依頼人@新文芸坐
413. 愛と死を見つめて@ラピュタ
414. 快楽学園 禁じられた遊び@ラピュタ
415. 赤い水@神保町
★416. 怪談蚊喰鳥@神保町
417. 電話は夕方に鳴る@神保町
418. 囁く死美人@神保町
★419. 大阪ど根性物語 どえらい奴@新文芸坐
420. ろくでなし稼業@ラピュタ
421. 恋人たちは濡れた@ラピュタ
★422. ノックは無用@ヴェーラ
423. 悪魔をやっつけろ@ヴェーラ
424. WALKABOUT 美しき冒険旅行@新橋文化
425. 狩人の夜@新橋文化
426. オール・ユー・ニード・イズ・キル@TOHOシネマズ六本木
427. 黄金@ヴェーラ
428. 野人の勇@ヴェーラ
429. 武器よさらば@ヴェーラ
430. 果てなき航路@ヴェーラ
★431. 日曜日が待ち遠しい@新橋文化
432. ニュー・シネマ・パラダイス@新橋文化
433. キリマンジャロの雪@ヴェーラ
434. 湖中の女@ヴェーラ
435. ごめん遊ばせ花婿先生@神保町
436. 弾痕街@神保町
437. 黒い誘惑@神保町
★438. やっちゃ場の女@神保町
439. 隠し妻@ラピュタ
440. 死霊の罠@ラピュタ
441. 花ひらく娘たち@ラピュタ
442. 狂った果実@ラピュタ
443. 殺し屋人別帳@ラピュタ
444. ルナの告白 私に群がった男たち@新橋文化ロマン劇場
445. 堕靡泥の星 美少女狩り@新橋文化ロマン劇場
446. 青い獣 ひそかな愉しみ@新橋文化ロマン劇場
447. 力と栄光@ヴェーラ
448. 頭上の敵機@ヴェーラ
449. 怪人マブゼ博士@ヴェーラ
450. 青春一座@ヴェーラ
451. 暁の偵察@ヴェーラ
452. キートン短編集（3本のみ）@ヴェーラ
★453. マディソン郡の橋@丸の内ルーブル
454. パーフェクト・ストーム@丸の内ルーブル
★455. 監獄への招待@神保町
456. お兄哥さんとお姐さん@神保町
457. 誘惑からの脱出@神保町
458. 真昼の対決@神保町

●8月

★459. 悪魔とミス・ジョーンズ@ヴェーラ
460. 無責任時代@ヴェーラ
★461. 身も心も@ラピュタ
462. モンテカルロ@ヴェーラ
★463. 終着駅@ヴェーラ
464. 息もできない@新橋文化
465. グラン・トリノ@新橋文化
466. 嵐が丘@ヴェーラ
467. ハラキリ@ヴェーラ
468. 博徒外人部隊@ラピュタ
469. 縄張はもらった@ラピュタ
470. 濡れた週末@ラピュタ
471. プリズナーズ@新文芸坐
472. 銀座の若大将@神保町
★473. 箱根山@神保町
474. 嘆きの天使@ヴェーラ
475. セカンドコーラス@ヴェーラ
★476. 郵便配達は二度ベルを鳴らす@ヴェーラ
477. 黒魔術@ヴェーラ
478. 喧嘩鴛鴦@角川シネマ新宿
479. 春婦伝@池袋
★480. 赤い天使@新文芸坐
481. アフリカ珍道中@ヴェーラ
★482. 陽気な巴里っ子@ヴェーラ
★★ 按摩と女@ラピュタ
484. オンボロ人生@ラピュタ
485. 春の夢@ラピュタ
486. 太陽は呼んでいる@神保町
487. エグゼクティブ・デシジョン@新橋文化
★488. スペース・カウボーイ@新橋文化
489. 花嫁のおのろけ@ラピュタ
490. マイキー＆ニッキー@新橋文化
491. ウィズネイルと僕@新橋文化
492. やくざ刑罰史 私刑@新文芸坐
493. 狼と豚と人間@新文芸坐
494. 千客万来@ヴェーラ
495. 忍びの者@角川シネマ新宿
496. あらかじめ失われた恋人たちよ@新文芸坐
497. 姿三四郎@神保町
498. 明日はいっぱいの果実@ラピュタ
★499. こんな私じゃなかったに@ラピュタ
500. 非行少女ヨーコ@新文芸坐
501. われに撃つ用意あり@新文芸坐
502. 出張@新文芸坐
★503. 班女@ヴェーラ
504. 顔役@ヴェーラ
505. 影を斬る@角川シネマ新宿
★506. 切られ与三郎@角川シネマ新宿
507. 狙撃@神保町
508. 豹は走った@神保町
509. エレキの若大将@神保町
510. お嫁においで@神保町
511. 好色一代男@角川シネマ新宿
★512. 大殺陣 雄呂血@角川シネマ新宿
513. 波の塔@ヴェーラ
514. 実録 私設銀座警察@ラピュタ
★515. 今年の恋@ラピュタ
516. つむじ風@ヴェーラ

●9月

517. 大菩薩峠@角川シネマ新宿
518. 婦系図@角川シネマ新宿
519. ジーンズブルース@ラピュタ
★520. 濡れ髪牡丹@角川シネマ新宿
521. アンナと過ごした4日間@シネマート新宿
522. ムーンライティング@シネマート新宿
523. ボロ家の春秋@ラピュタ
524. 初春狸御殿@角川シネマ新宿
★525. 華岡青洲の妻@角川シネマ新宿
★526. 出発@シネマート新宿
527. 明日への盛装@ヴェーラ
528. 風の慕情@ヴェーラ
529. かげろう侍@角川シネマ新宿
★530. バナナ@ラピュタ
★531. 剣鬼@角川シネマ新宿
★532. 石中先生行状記@新文芸坐
533. しとやかな獣@神保町

★534. 紀ノ川@ヴェーラ
535. 唐獅子警察@ラピュタ
536. 智恵子抄@ヴェーラ
537. 妻@新文芸坐
538. 夫婦@新文芸坐
539. 三婆@ヴェーラ
★540. 雁の寺@神保町
541. あにいもうと@新文芸坐
542. 悪女の季節@ラピュタ
★543. 杏っ子@新文芸坐
544. おかあさん@新文芸坐
★545. 越前竹人形@神保町
546. 一粒の麦@神保町
547. 沓掛時次郎@角川シネマ新宿
★548. むすめ@ラピュタ
★549. 驟雨@新文芸坐
550. 手討@角川シネマ新宿
★551. 夜の流れ@新文芸坐
552. コタンの口笛@新文芸坐
★553. ひき逃げ@新文芸坐
554. 女の中にいる他人@新文芸坐
555. 鰯雲@新文芸坐
556. 非情都市@神保町
★557. その場所に女ありて@神保町
558. 暴走パニック 大激突@ラピュタ
559. 結婚行進曲@ラピュタ
★560. 彼奴を逃すな@ラピュタ
★561. その壁を砕け@ラピュタ
562. 誘拐@ラピュタ
563. 座頭市喧嘩太鼓@神保町
★564. 夜の大捜査線@ヴェーラ
★565. 華麗なる賭け@ヴェーラ
★566. 情婦@ヴェーラ
567. 昼下がりの情事@ヴェーラ
★568. リオ・ブラボー@早稲田松竹
★569. ワイルドバンチ@早稲田松竹
570. ポリスストーリー レジェンド@新文芸坐
571. ハミングバード@新文芸坐
★★ 静かなる男@シネマート新宿
573. 黒の札束@ラピュタ
574. フランシス・ハ@ユーロスペース
575. サンセット大通り@ヴェーラ
576. ジャージー・ボーイズ@品川
577. ガーディアンズ・オブ・ギャラクシー@品川
578. 舞妓はレディ@品川
579. フライト・ゲーム@品川

●10月

580. ケープタウン@新宿バルト9
581. 「みな殺しの歌」より 拳銃よさらば@ラピュタ
582. 幽霊小判@ラピュタ
583. 夜の勲章@ラピュタ
584. 狂った野獣@ラピュタ
585. レクイエム 最後の銃弾@シネマート新宿
★586. 暗殺@新文芸坐
587. 忍びの衆@新文芸坐
588. ビヨンド・ザ・エッジ@キネカ大森
589. K2～初登頂の真実～@キネカ大森
590. 慟哭@ヴェーラ
591. 渇き@ヴェーラ
592. 吹けよ春風@ラピュタ
★593. 夜の鴎@ヴェーラ
594. 軍神山本元帥と連合艦隊@ヴェーラ
595. 駅馬車@シネマート新宿
596. 足にさわった女@ラピュタ
597. 他人の顔@新文芸坐
598. 砂の女@新文芸坐
599. フランキー&アリス@池袋シネリーブル
600. 盲獣@新文芸坐
601. 恐怖奇形人間@新文芸坐
602. 男は騙される@ラピュタ
603. 復讐の歌が聞える@ラピュタ
604. 顔役無用 男性NO．1@ラピュタ
605. 黒い画集 あるサラリーマンの証言@ラピュタ
★606. フレンチ・コネクション@新文芸坐
★★ ハスラー@新文芸坐
608. 朱と緑 朱の巻・緑の巻@ヴェーラ
609. 叛乱@ヴェーラ
610. 襲われた手術室@ラピュタ
611. 氷壁@新文芸坐
612. 巨人と玩具@新文芸坐
613. 猫と庄造と二人のをんな@新文芸坐
★614. 帰郷@ヴェーラ
★★ 戸田家の兄妹@ヴェーラ
616. 卍@新文芸坐
617. 座頭市千両首@新文芸坐
618. 無宿人御子神の丈吉 牙は引き裂いた@新文芸坐
619. 関の弥太っぺ@新文芸坐
620. 沓掛時次郎 遊侠一匹@新文芸坐
★621. 座頭市物語@池袋
622. 座頭市兇状旅@新文芸坐
623. 廣場の孤獨@ヴェーラ
624. 笛吹川@新文芸坐
625. 宮本武蔵 一乗寺の決斗@新文芸坐
★626. 自由学校@ヴェーラ
★627. 春を待つ人々@ヴェーラ
628. 嫉妬@ヴェーラ
629. 地図のない町@神保町
★630. 十一人の侍@新文芸坐
631. 十三人の刺客@新文芸坐
632. 犯罪6号地@ラピュタ
633. 黒の商標@ラピュタ
634. 雨は知っていた@ラピュタ
★635. 心に花の咲く日まで@ヴェーラ
636. 暁の合唱@ヴェーラ
★637. 化石@ヴェーラ
638. 女獄門帖 引き裂かれた尼僧@新文芸坐
639. 徳川いれずみ師 責め地獄@新文芸坐
640. 燃える秋@ヴェーラ
641. ドドンパ酔虎伝@神保町
★642. 忍者狩り@新文芸坐
★643. 十兵衛暗殺剣@新文芸坐
644. 離婚@ヴェーラ

●11月

★645. かげろう@ラピュタ
646. 警視庁物語 遺留品なし@ラピュタ
★647. ある関係@ラピュタ

※劇場名略称 ヴェーラ＝渋谷シネマヴェーラ／イメフォ＝渋谷イメージフォーラム／パトス＝銀座シネパトス／新橋文化＝新橋文化劇場／品川＝品川プリンスシネマ／ラピュタ＝ラピュタ阿佐ヶ谷／神保町＝神保町シアター／新文芸坐＝池袋新文芸坐

648. 姿なき目撃者@ラピュタ
★649. 人間狩り@ラピュタ
★650. 恐怖の時間@ラピュタ
651. 新宿25時 殺すまで追え@ラピュタ
652. 世界@早稲田松竹
★★ プレイタイム@キネカ大森
654. グレース・オブ・モナコ 公妃の切り札@品川
655. くノ一化粧@新文芸坐
656. くノ一忍法@新文芸坐
657. 夜の罠@ラピュタ
658. 犯行現場@ラピュタ
659. 密会@ラピュタ
660. 二人の銀座@神保町
661. 紙の月@品川
★662. 蜩ノ記@品川
★663. 893愚連隊@新文芸坐
664. 実録外伝 大阪電撃作戦@新文芸坐
665. ポルノの女王 にっぽんSEX旅行@新文芸坐
666. 黒の駐車場@ラピュタ
667. 夜が崩れた@ラピュタ
668. 一万三千人の容疑者@ラピュタ
669. 黒の凶器@ラピュタ
670. ああ爆弾@ラピュタ
★671. 脱獄・広島殺人囚@新文芸坐
672. 暴力金脈@新文芸坐
673. 暴動・島根刑務所@新文芸坐
674. 大阪物語@目黒シネマ
675. 女ごころ@ラピュタ
676. 天狗飛脚@ラピュタ
677. サラリーマン出世太閤記@ラピュタ
678. 大番@ラピュタ
★679. 病院で死ぬということ@目黒シネマ
680. 恋も忘れて@神保町
★681. 社長三代記@ラピュタ

●12月

682. ハイ・ティーン@神保町
★683. 三匹の侍@池袋
684. 五匹の紳士@新文芸坐
★685. ストックホルムでワルツを@ヒューマントラストシネマ有楽町
686. 不良少女 野良猫の性春@ヴェーラ
687. 博多っ子純情@ヴェーラ
688. 家庭日記@神保町
★689. 大根と人参@神保町
★690. 驟雨@ラピュタ
★691. その前夜@ラピュタ
692. 大番 風雲篇@ラピュタ
693. 社長太平記@ラピュタ
694. 自由が丘夫人@ラピュタ
★695. インターステラー@品川
696. 続続大番 怒涛篇@ラピュタ
697. 新・三等重役@ラピュタ
698. ぜったい多数@神保町
699. 白昼の女狩り@ヴェーラ
700. スーパーGUNレディ ワニ分署@ヴェーラ
701. 東京の英雄@神保町
702. 槍一筋日本晴れ@ラピュタ
703. 不連続殺人事件@ヴェーラ
★704. 決闘鍵屋の辻@ラピュタ
★705. ミラーズ・クロッシング@新文芸坐
★706. フィールド・オブ・ドリームス@新文芸坐
★707. 南の島に雪が降る@ラピュタ
708. 大番 完結篇@ラピュタ
★709. たそがれ酒場@ラピュタ
710. 残酷の河@ラピュタ
711. 性談 牡丹灯籠@ヴェーラ
712. 性盗ねずみ小僧@ヴェーラ
713. 教師 女鹿@ヴェーラ
714. ホステス情報 潮ふき三姉妹@ヴェーラ
★715. 雌が雄を喰い殺す かまきり@ラピュタ
★716. 新・三等重役 当るも八卦の巻@ラピュタ
★717. 離愁@神保町
★718. 金環蝕@神保町
719. 斬る@角川シネマ新宿
720. 薄桜記@角川シネマ新宿
721. 愛の花@ヴェーラ
★722. 深夜の告白@ヴェーラ
★723. 血槍富士@ラピュタ
724. おったまげ人魚物語@ラピュタ
★725. 一本刀土俵入り@ラピュタ
★726. オール・ザ・キングスメン@ヴェーラ

【2015年】

去年も都内の名画座で映画ばかり観ていた。

昨年は前半に音楽の仕事が続いたので、あまり映画を観に行けなかった。もうひとつ、7月の終わりにアクシデントが起きて、楽しみにしていた梶芽衣子の特集に通うことを途中で諦めざるを得なかった。その反動で8月はかなりの本数を観た。

そして年末の12月、なぜか仕事が幾つも重なって思うように映画を観る時間が作れなくなった週の真ん中、シネマヴェーラ渋谷で劇場開館10周年を記念するトークショーのゲストのひとりとして登壇することになったのは皮肉な出来事だった。

何年か前にひどく不愉快な経験をしたので、映画の宣伝に関わる仕事はほぼ全て断ることにしているのだが、「名画座かんぺ」発行人・のむみちさんを通して打診を受けたこのトークショーはいつも素晴らしい映画を組んで下さるこの劇場の宣伝になるのなら何でもしたいと考えて引き受けた。館主・内藤篤さんの著書「円山町瀬戸際日誌」は映画ファン必読の面白い本です。

それにしても、いよいよ新作映画を観ることがなくなってしまった。近頃は音楽も映画も新しいものに対してほとんど興味が持てない。いままでにAmazonで購入したアナログ・レコードで良いと思ったものは一枚しかない。時代の感性に追いつくことが出来ない年寄りとは自分のことだ。

リストに付けている★は、ほぼ鑑賞直後の気分によるもの。★が付いているのにいまでは思い出せない映画もあれば、何の印も付けていないが忘れられない作品もある。

●1月

★1. 女と三悪人@角川シネマ新宿
2. 街の天使@ヴェーラ
★3. 脱出@ヴェーラ
4. 大菩薩峠 竜神の巻@角川シネマ新宿
5. 大菩薩峠 完結編@角川シネマ新宿
6. 花嫁の父@ヴェーラ
★7. 聖メリーの鐘@ヴェーラ

8. 濡れ髪喧嘩旅@角川シネマ新宿
★9. スイング・ホテル@ヴェーラ
10. ニノチカ@ヴェーラ
★11. 陽のあたる椅子@ラピュタ
12. 悪の階段@ラピュタ
13. ここに泉あり@ラピュタ
14. ゴーンガール@品川
15. 天才スピヴェット@ヒューマントラストシネマ渋谷
16. アイアン・ホース@ヴェーラ
★17. オーケストラの少女@ヴェーラ
18. 高校生無頼控@ラピュタ
19. 怪談番町皿屋敷@神保町
20. かんざし小判@神保町
21. 隠密七生記@神保町
★22. 暴れん坊兄弟@神保町
23. サラリーマン清水港@ラピュタ
★24. 博奕打ち 殴り込み@ラピュタ
★25. CURE@新文芸坐
★26. カミカゼ・タクシー@新文芸坐
★27. レディ・イヴ@ヴェーラ
28. 暴れ豪右衛門@ラピュタ
29. 講道館破門状@ラピュタ
30. 続・サラリーマン清水港@ラピュタ
31. 一発勝負@ラピュタ
32. 疑惑の影@ヴェーラ
33. マダム・サタン@ヴェーラ
34. ニンフォマニアック part1@ユーロスペース
35. ニンフォマニアック part2@ユーロスペース
★36. 橋蔵の若様やくざ@神保町
37. 雪之丞変化@神保町
38. 恋や恋なすな恋@神保町
39. 花笠若衆@神保町
40. ローラ殺人事件@ヴェーラ
★41. 面の皮を剥げ@ヴェーラ
★42. 白鷺@ラピュタ
★43. 祇園の姉妹@ラピュタ
44. 偽れる盛装@ラピュタ
★45. ナイアガラ@ヴェーラ
★46. 赤い河@ヴェーラ
47. 南極物語@新文芸坐
48. 君よ憤怒の河を渉れ@新文芸坐
★49. 魔術師@ヴェーラ
★50. ストライク・アップ・ザ・バンド@ヴェーラ
51. 出発@早稲田松竹
52. バリエラ@早稲田松竹
53. 誰よりも狙われた男@新文芸坐

●2月

54. 芸者秀駒@ラピュタ
★★ 四畳半物語 娼婦しの@ラピュタ
56. 情炎@ラピュタ
★57. 初恋物語@ラピュタ
58. さらば、愛の言葉よ@シネスイッチ銀座
59. 6才のボクが、大人になるまで@TOHOシネマズシャンテ
60. イコライザー@新文芸坐
61. 基礎訓練@ヴェーラ
62. ミサイル@ヴェーラ
★63. 花ちりぬ@ラピュタ
★64. 幸福はあの星の下に@ラピュタ
65. 芸者小夏 ひとり寝る夜の小夏@ラピュタ
66. 女の橋@ラピュタ
67. 香華@ラピュタ
68. 座頭市と用心棒@ヴェーラ
69. 殺人狂時代@ヴェーラ
70. 夜の波紋@ラピュタ
71. 万年太郎と姐御社員@新文芸坐
72. 東京丸の内@新文芸坐
★73. 恋と太陽とギャング@新文芸坐
74. 悪魔の手毬唄 @新文芸坐
★75. 月給泥棒@ヴェーラ
76. 英霊たちの応援歌@ヴェーラ
★★ 江分利満氏の優雅な生活@ヴェーラ
78. 婦系図 湯島の白梅@ラピュタ
79. 幽霊列車@ヴェーラ
★★ 侠骨一代@新文芸坐
★81. 日本侠客伝 刃@新文芸坐
★82. 遊撃戦@ヴェーラ
83. 網走番外地 荒野の対決@新文芸坐
84. 網走番外地 大雪原の対決@新文芸坐
85. 昭和怪盗傳@ヴェーラ
86. ブルークリスマス@ヴェーラ
★87. 人生劇場 飛車角@新文芸坐
88. お月さまには悪いけど@ラピュタ
89. 京化粧@ラピュタ

●3月

★90. 波影@ラピュタ
91. 着ながし奉行@ヴェーラ
★92. 大誘拐@ヴェーラ
93. 温泉芸者@ラピュタ
94. 舞妓と暗殺者@ラピュタ
95. 吸血蛾@神保町
★96. やくざ観音・情女仁義@ヴェーラ
97. かぶりつき人生@ヴェーラ
98. 地上@ラピュタ
99. 四畳半襖の裏張り@ヴェーラ
100. 濡れた唇@ヴェーラ
101. 悶絶!!どんでん返し@ヴェーラ
102. 関東テキヤ一家@新文芸坐
103. 関東テキヤ一家 天王寺の血斗@新文芸坐
104. 宵待草@ヴェーラ
105. 人形佐七捕物帳 めくら狼@神保町
106. 黒蜥蜴 @神保町
107. 赤線玉の井 ぬけられます@ヴェーラ
108. 悪女の仮面・扉の陰に誰か@ヴェーラ
109. 現代やくざ 人斬り与太@新文芸坐
110. 人斬り与太 狂犬三兄弟@新文芸坐
111. 一条さゆり 濡れた欲情@ヴェーラ
★★ 棒の哀しみ@ヴェーラ
113. 女地獄 森は濡れた@ヴェーラ
114. 炎のごとく@新文芸坐
115. 青春の門@新文芸坐
116. 赤い帽子の女@ヴェーラ

※劇場名略称　ヴェーラ=渋谷シネマヴェーラ／イメフォ=渋谷イメージフォーラム／パトス=銀座シネパトス／新橋文化=新橋文化劇場／品川=品川プリンスシネマ／ラピュタ=ラピュタ阿佐ヶ谷／神保町=神保町シアター／新文芸坐=池袋新文芸坐

117. 山口組外伝 九州進攻作戦@新文芸坐
118. 東京ドドンパ娘@ラピュタ
119. 時計じかけのオレンジ@新文芸坐
★120. 恋文@ヴェーラ
121. 赫い髪の女@ヴェーラ

●4月

122. 死角関係@ヴェーラ
★123. 密告者@神保町
124. Wの悲劇@神保町
125. 噛む女@神保町
126. 壇の浦夜枕合戦記@ヴェーラ
127. アメリカン・スナイパー@品川
★128. 逃亡と掟@ヴェーラ
129. 阿片台地 地獄部隊突撃せよ@ヴェーラ
130. 昭和やくざ系図 長崎の顔@ヴェーラ
★131. 風流温泉日記@ラピュタ
132. ハイハイ三人娘@ラピュタ
★133. 安藤組外伝 人斬り舎弟@ヴェーラ
136. 日本暗黒史 血の抗争@ヴェーラ
137. やくざ非情史 刑務所兄弟@ヴェーラ
★138. 三代目襲名@ヴェーラ
139. やくざ非情史 血の盃@ヴェーラ
140. 炎と掟@ヴェーラ
141. 安藤昇のわが逃亡とSEXの記録@ヴェーラ
142. 花と嵐とギャング@新文芸坐
143. 暗黒街大通り@新文芸坐
★144. 血と掟@ヴェーラ
145. やくざ非情史 血の決着@ヴェーラ
146. 新網走番外地 流人岬の血斗@新文芸坐
★147. 山口組三代目@新文芸坐
★★ 裸の重役@ラピュタ
149. 侠客列伝@新文芸坐
150. 日本やくざ 総長への道@新文芸坐
★★ 生きるべきか、死ぬべきか@ヴェーラ
152. 淑女超特急@ヴェーラ
★★ 君とひととき@ヴェーラ
154. 結婚哲学@ヴェーラ
155. 百萬弗貰ったら@ヴェーラ
156. 山の王者@ヴェーラ

●5月

★★ 極楽特急@ヴェーラ
158. 花嫁人形@ヴェーラ
159. 青髭八人目の妻@ヴェーラ
★160. 陽気な中尉さん@ヴェーラ
161. ハーイ!ロンドン@ラピュタ
162. 天国は待ってくれる@ヴェーラ
★163. 素晴らしい悪女@ラピュタ
★164. 生活の設計@ヴェーラ
165. クレージー黄金作戦@ラピュタ
166. 檻の中の野郎たち@ラピュタ
★167. 青春白書 大人には分らない@ラピュタ
168. インヒアレント・ヴァイス@ヒューマントラストシネマ渋谷
169. 山猫リュシュカ@ヴェーラ
★★ 天使@ヴェーラ
171. 真田風雲録@ラピュタ
172. 踊りたい夜@ラピュタ
173. 復讐の牙@神保町
174. スパイ@神保町
★175. 真珠の頸飾@ヴェーラ
★176. 私が殺した男@ヴェーラ
★177. ミスティック・リバー@早稲田松竹
178. 女子大生の告白 赤い誘惑者@ラピュタ
★★ 悪名@神保町
180. 続・悪名@神保町
181. 反逆のメロディー@ヴェーラ
★182. 光る女@ヴェーラ
★183. 女体@ラピュタ
184. 妖星ゴラス@ラピュタ
★185. 裸の町@ラピュタ
186. アンコールワット物語 美しき哀愁@ラピュタ
187. 背広の忍者@神保町
188. 黒の爆走@神保町
★189. 黒の試走車@神保町
★190. 犯罪作戦NO.1@神保町
★191. 最も危険な遊戯@ヴェーラ
192. 戦争と平和@ラピュタ

●6月

193. 濡れた荒野を走れ@ヴェーラ
194. エロスは甘き香り@ヴェーラ
195. 天上大風@ラピュタ
★196. 大悪党@神保町
197. お引越し@ヴェーラ
198. 夏の庭@ヴェーラ
★199. 悪い奴ほどよく眠る@新文芸坐
200. どん底@新文芸坐
201. 暗夜行路@ラピュタ
★202. 好人物の夫婦@ラピュタ
203. お姐ちゃん罷り通る@ラピュタ
204. 現代人@ラピュタ
★205. ニュー・ジャック・アンド・ヴェティ モダン夫婦生活讀本@ラピュタ
★206. 鉄道員@ヴェーラ
207. トッポ・ジージョのボタン戦争@ヴェーラ
208. フューリー@新文芸坐
209. 野獣暁に死す@ヴェーラ
210. イル・ディーヴォ 魔王と呼ばれた男@ヴェーラ
211. 肉体の悪魔@ヴェーラ
212. 愛の勝利を ムッソリーニを愛した女@ヴェーラ
213. 黒蜥蜴@新文芸坐
214. 夜はいじわる@新文芸坐
215. トイレット部長@ラピュタ
216. 情無用のジャンゴ@ヴェーラ
217. 怒りの荒野@ヴェーラ
★218. 重役の椅子@ラピュタ
219. 新蛇姫様 お島千太郎@神保町
220. 続・荒野の用心棒@ヴェーラ
★221. ミスター・ノーボディ@ヴェーラ
222. ドレイ工場@神保町
223. トスカーナの贋作@ヴェーラ
224. エンリコ4世@ヴェーラ
225. のれんと花嫁@ラピュタ
226. 女の四季@ラピュタ
227. お笑い捕物帖 八ッあん初手柄@ラピュタ
228. 甘い汗@新文芸坐
229. 憂愁平野@新文芸坐
230. 我らの生活@ヴェーラ
★231. ポケットの中の握り拳@ヴェーラ
232. 夜の牝 花と蝶@神保町
233. 眠れる美女@ヴェーラ
234. 時の重なる女@ヴェーラ
235. 二人だけの砦@ヴェーラ
★236. 奥様に知らすべからず@ヴェーラ
★237. 青空娘@角川シネマ新宿
238. お嬢さん@角川シネマ新宿

239. マッドマックス 怒りのデス・ロード@品川プリンスシネマ
240. 夜明けの旗 松本治一郎伝@神保町

●7月

241. はだしの花嫁@ラピュタ
242. 渡世人列伝@ラピュタ
243. 兄さんの愛情@ラピュタ
244. 背後の人@ラピュタ
★245. 雁@角川シネマ新宿
246. アトミックのおぼん スリますわよの巻@神保町
247. サザエさんの青春@神保町
248. 朝の波紋@ラピュタ
249. 白夫人の妖恋@ラピュタ
★250. 酔っぱらい天国@ヴェーラ
251. 悪女の季節@ヴェーラ
252. イチかバチか@新文芸坐
★253. もず@ヴェーラ
254. 青銅の基督@ヴェーラ
255. 安珍と清姫@角川シネマ新宿
★256. 処女が見た@角川シネマ新宿
257. 霧ある情事@ヴェーラ
258. 喜劇 仰げば尊し@ヴェーラ
259. プーサン@神保町
260. 最高殊勲夫人@角川シネマ新宿
★261. あすなろ物語@ラピュタ
262. 大いなる驀進@ラピュタ
263. 故郷は緑なりき@ラピュタ
★264. 殴り込み艦隊@ラピュタ
★265. 爛@角川シネマ新宿
266. 夜ごとの夢@ヴェーラ
267. 気違い部落@ヴェーラ
268. 勲章@ヴェーラ
269. 子連れ狼 冥府魔道@神保町
270. ア・ホーマンス@神保町
271. 女の足あと@ヴェーラ
272. 次郎長社長と石松社員@ラピュタ
273. ギャング対ギャング@ラピュタ
274. 女の警察@ヴェーラ
275. 修羅雪姫@ヴェーラ
276. 青い果実@ラピュタ
277. 誇り高き挑戦@ラピュタ
278. アマゾン無宿 世紀の大魔王@ラピュタ
★279. 動脈列島@ヴェーラ
280. 修羅雪姫 怨み恋唄@ヴェーラ

●8月

281. 七つの弾丸@ラピュタ
★★ 山鳩@ラピュタ
283. はだかっ子@ラピュタ
284. 第三次世界大戦 四十一時間の恐怖@ラピュタ
285. にっぽんぱらだいす@新文芸坐
286. やぶにらみニッポン@新文芸坐
287. 曽根崎心中@ヴェーラ
288. 妻と女の間@ヴェーラ
★★ 砂糖菓子が壊れるとき@角川シネマ新宿
290. 女の坂@ラピュタ
291. 日本残侠伝@ヴェーラ
292. あゝひめゆりの塔@ヴェーラ
★293. 不信のとき@角川シネマ新宿
★294. 二匹の牝犬@ラピュタ
295. 濡れた二人@角川シネマ新宿
296. 渦@ラピュタ
297. わが友、イワン・ラプシン@早稲田松竹
298. フルスタリョフ、車を!@早稲田松竹
299. いれずみ突撃隊@ラピュタ
★300. 伊豆の娘たち@神保町
301. 恐怖分子@新文芸坐
302. ラブバトル@新文芸坐
303. 知られぬ人@ヴェーラ
304. 奥様は魔女@ヴェーラ
305. 若草の頃@ヴェーラ
306. 悪女@ラピュタ
★307. お光の縁談@神保町
308. 国定忠治@神保町
★309. 狐の呉れた赤ん坊@神保町
310. 殉愛@新文芸坐
311. 妻の日の愛のかたみに@角川シネマ新宿
312. 花実のない森@角川シネマ新宿
313. 美貌に罪あり@角川シネマ新宿
★★ 幽霊と未亡人@ヴェーラ
315. キートンのセブンチャンス@ヴェーラ
★316. 歌麿をめぐる五人の女@神保町
★★ 或る夜の殿様@神保町
318. 長屋紳士録@神保町
319. 東京五人男@神保町
320. フォー・ミー・アンド・マイ・ギャル@ヴェーラ
321. 淪落の女の日記@ヴェーラ
★322. 妻二人@角川シネマ新宿
323. きけわだつみの声@新文芸坐
324. 海軍特別年少兵@新文芸坐
325. 霧と影@ラピュタ
326. 裏切り者は地獄だぜ@ラピュタ
327. マルクス捕物帖@ヴェーラ
★★ アパッチ砦@ヴェーラ
★★ スミス都へ行く@ヴェーラ
330. アタラント号@ヴェーラ
331. 警視庁物語 全国縦断捜査@ラピュタ
★★ 二・二六事件 脱出@ラピュタ
333. 猫とカナリア@ヴェーラ
334. アンナ・カレーニナ@ヴェーラ
335. 夜の女たち@神保町
336. 人生とんぼ返り@神保町
337. 蜂の巣の子供たち@神保町
338. 馬鹿息子@ヴェーラ
★339. わが谷は緑なりき@ヴェーラ
340. 浦島太郎の後裔@神保町
341. ラブ＆マーシー 角川シネマ有楽町
342. 暗黒街の顔役 十一人のギャング@ラピュタ
343. 南太平洋波高し@ラピュタ
★★ 東京アンタッチャブル 脱走@ラピュタ
345. ある落日@ラピュタ
346. 誘惑@神保町
347. 知と愛の出発@神保町
★348. あした晴れるか@神保町
★349. 打撃王@ヴェーラ

※劇場名略称　ヴェーラ＝渋谷シネマヴェーラ／イメフォ＝渋谷イメージフォーラム／パトス＝銀座シネパトス／新橋文化＝新橋文化劇場／品川＝品川プリンスシネマ／ラピュタ＝ラピュタ阿佐ヶ谷／神保町＝神保町シアター／新文芸坐＝池袋新文芸坐

★350. 三十九夜@ヴェーラ
351. 四十二番街@ヴェーラ
352. ロイドの人気者@ヴェーラ

●9月

★353. 上海から来た女@ヴェーラ
354. 肉体と悪魔@ヴェーラ
355. ギャング同盟@ラピュタ
356. 若草物語@神保町
357. 風船@神保町・
358. 誘拐の掟@新文芸坐
359. 孤独の賭け@ラピュタ
★360. ダニ@ラピュタ
361. シャーロック・ホームズ 殺しのドレス@ヴェーラ
362. フィラデルフィア物語@ヴェーラ
363. けだもの組合@ヴェーラ
364. 三つ数えろ@ヴェーラ
★365. 桃色の馬に乗れ@ヴェーラ
★★ ロイドの要心無用@ヴェーラ
367. ワイルドスピード スカイミッション@新文芸坐
★368. ブラックハット@新文芸坐
369. クーデター@シネマサンシャイン
370. 散弾銃の男@神保町
371. 東京の孤独@神保町
★372. 硝子のジョニー 野獣のように見えて@神保町
373. 大学の暴れん坊@神保町
374. ギャング対Gメン 集団金庫破り@ラピュタ
★★ 馬喰一代@ラピュタ
376. ミッション・インポッシブル ローグ・ネイション@品川
377. 大いなる幻影@ヴェーラ
378. キングスマン@品川
379. 天空の蜂@品川
★380. 蛇の道@ヴェーラ
381. 酔いどれ博士@ラピュタ
382. 青ヶ島の子供たち 女教師の記録@ラピュタ
383. 旗本喧嘩鷹@ラピュタ
★384. 毒婦高橋お伝@ラピュタ
385. 気まぐれ渡世@神保町
386. 学生野郎と娘たち@神保町
387. あいつと私@神保町
388. 真白き富士の嶺@神保町
389. 若い娘がいっぱい@映画美学校試写室
390. ありがとうが言えない@映画美学校試写室
391. カリスマ@ヴェーラ
392. 続・酔いどれ博士@ラピュタ
393. 當り矢金八捕物帖 千里の虎@ラピュタ
394. 夏目漱石の三四郎@ラピュタ
395. 地獄の警備員@ヴェーラ
396. トウキョウソナタ@ヴェーラ
★397. ピクニック@早稲田松竹
398. やさしい女@早稲田松竹
399. 風雲急なり大阪城 真田十勇士総進軍@ラピュタ
★400. 八百万石に挑む男@ラピュタ
401. ドッペルゲンガー@ヴェーラ
402. LOFT @ヴェーラ
403. 勝手にしやがれ!!黄金計画@ヴェーラ
404. 勝手にしやがれ!!強奪計画@ヴェーラ
405. 酔いどれ波止場@ラピュタ
406. 勝手にしやがれ!!成金計画@ヴェーラ
407. 勝手にしやがれ!!英雄計画@ヴェーラ
408. 挽歌@神保町

●10月

409. 復讐 消えない傷痕@ヴェーラ
410. 復讐 運命の訪問者@ヴェーラ
411. 私刑@ラピュタ
412. 恋すがた狐御殿@ラピュタ
413. 亡霊怪猫屋敷@ラピュタ
★414. 怪談かさねが渕@ラピュタ
415. 戦争の犬たち@ラピュタ
416. 残菊物語@神保町
417. マッドマックス@新文芸坐
418. マッドマックス2@新文芸坐
419. ドレミファ娘の血が騒ぐ@ヴェーラ
420. テレビ作品「廃校綺譚」「木霊」「花子さん」「タイムスリップ」@ヴェーラ
421. 曖昧な未来・黒沢清@ヴェーラ
★422. アカルイミライ@ヴェーラ
423. 岸辺の旅@丸の内TOEI
424. 右門捕物帖 片目狼@ラピュタ
425. 女吸血鬼@ラピュタ
426. 猫の息子@ラピュタ
★★ 虞美人草@ラピュタ
428. 妖艶毒婦伝 お勝兇状旅@ラピュタ
429. 旅するパオジャンフー@ヴェーラ
★430. メルキアデス・エストラーダの3度の埋葬@ヴェーラ
431. イントゥ・ザ・ワイルド@ヴェーラ
432. コールド・フィーバー@ヴェーラ
433. ラン・オールナイト@新文芸坐
434. 東海道四谷怪談@ラピュタ
★★ 或る夜の出来事@ヴェーラ
★436. サリヴァンの旅@ヴェーラ
437. 右門捕物帖 緋鹿の子異変@ラピュタ
438. 女死刑囚の脱獄@ラピュタ
★439. 憲兵と幽霊@ラピュタ
440. ヒッチハイカー@ヴェーラ
★441. 父、帰る@ヴェーラ
442. この庭に死す@ヴェーラ
443. 神様のくれた赤ん坊@神保町
444. 吹けば飛ぶよな男だが@神保町
445. 喜劇・女は度胸@神保町
446. 番場の忠太郎@ラピュタ
447. 怪異譚 生きている小平次@ラピュタ
448. トラフィック@ヴェーラ
449. 春にして君を想う@ヴェーラ
450. 神の道化師 フランチェスコ@ヴェーラ
451. モーターサイクル・ダイアリーズ@ヴェーラ
452. 青い山脈 前篇@新文芸坐
453. 青い山脈 後篇@新文芸坐
454. 怒りの葡萄@ヴェーラ
★455. 誓いの休暇@ヴェーラ
★456. 泣蟲小僧@ラピュタ
457. 私は泣かない@ラピュタ
458. 宮本武蔵 般若坂の決斗@神保町
★★ くちづけ@ラピュタ
★460. 陽のあたる坂道@新文芸坐
461. ずべ公番長 ざんげの値打ちもない@ラピュタ
462. 真剣勝負@神保町
★463. アリバイ@神保町

●11月

464. ジョン・ウィック@品川
★465. マイ・インターン@品川
466. 月と雨傘@ラピュタ
★467. ある女の場合@ラピュタ
468. 美しき抵抗@ラピュタ
★469. わが恋わが歌@ラピュタ

470. ウルフガイ 燃えろ狼男@ラピュタ
471. NAGISA なぎさ@ヴェーラ
472. さすらいの恋人 眩暈@ヴェーラ
473. 姉妹@ラピュタ
474. 東京博徒@神保町
★475. なみだ川@神保町
476. 家内安全@ラピュタ
477. 娘と私@ラピュタ
478. 悪党に粛清を@新文芸坐
479. マッド・ガンズ@新文芸坐
480. 名寄岩 涙の敢斗賞@神保町
481. 夢野久作の少女地獄@ヴェーラ
★★ 親不孝通り@ラピュタ
483. 人生のお荷物@ラピュタ
484. ガラスの家の暴力少女@ヴェーラ
485. ラブハンター 熱い肌@ヴェーラ
486. 赤い荒野@神保町
487. ごろつき@新文芸坐
488. 大脱獄@新文芸坐
489. 花芯の誘い@ヴェーラ
490. 野獣の復活@神保町
491. 母のおもかげ@ラピュタ
492. 明日の幸福@ラピュタ
★493. 沈丁@ラピュタ
494. 妻三人 狂乱の夜@ヴェーラ
495. 南国土佐を後にして@神保町
496. ギターを持った渡り鳥@神保町
497. チャンチキおけさ@神保町
498. サディスティック&マゾヒスティック@ヴェーラ
499. 江戸っ子祭@ラピュタ
500. いつか来た道@ラピュタ
★501. 男ありて@ラピュタ
502. 女房族は訴える@ラピュタ
503. 東京五輪音頭@神保町
504. 森と湖のまつり@新文芸坐
505. 人生劇場 飛車角と吉良常@新文芸坐
506. 生きものの記録@ヴェーラ
507. 憎いもの@ヴェーラ
508. 幻の湖@ヴェーラ
509. 大恋愛@朝日ホール
510. 旅路 村でいちばんの首吊りの木@ヴェーラ
511. 魔子恐るべし@神保町
512. 二人で歩いた幾春秋@ラピュタ
513. お父さんはお人好し@ラピュタ
★★ 不敵な男@ラピュタ
515. 嵐@ラピュタ
516. 怪談蚊喰鳥@ヴェーラ
517. 悪の紋章@ヴェーラ

●12月

518. 生きとし生けるもの@ヴェーラ
519. 月に飛ぶ雁@ラピュタ
520. 隠し砦の三悪人@ヴェーラ
521. 南の風と波@ヴェーラ
522. 神阪四郎の犯罪@神保町
523. セクシーサイン 好き好き好き@ラピュタ
524. 母@ラピュタ
525. 乳母車@ラピュタ
526. 美しき母@ラピュタ
★527. 珍品堂主人@神保町
528. 負ケラレマセン勝ツマデハ@神保町
529. 暁の挑戦@ヴェーラ
530. 愛の陽炎@ヴェーラ
★★ 紅の流れ星 @新文芸坐
532. コードネームU.N.C.L.E.@TOHOシネマズ六本木
533. 黄色いカラス@ラピュタ
534. 若い東京の屋根の下@ラピュタ
★535. 恍惚の人@ラピュタ
536. サラリーマン目白三平 亭主のためいきの巻@ラピュタ
★537. 大菩薩峠@ヴェーラ
538. 女殺し油地獄@ヴェーラ
539. がめつい奴@神保町
540. 台所太平記@神保町
541. 巌窟の野獣@ヴェーラ
★542. 真昼の罠 @ラピュタ
543. ００７スペクター @TOHOシネマズ日劇
544. 東京おにぎり娘@角川シネマ新宿
★545. 駆けだし刑事@ラピュタ
546. 夜までドライブ@ヴェーラ
★547. 第17捕虜収容所@ヴェーラ
★548. 鉄砲伝来記@角川シネマ新宿
549. 浜辺の女@ヴェーラ
550. バルカン超特急@ヴェーラ
551. 野望の果て@ヴェーラ
552. 暗殺者の家@ヴェーラ

　昨年の映画鑑賞と言えば、忘れられないことがひとつ。東京の名画座では珍しく途中入場の認められている劇場で映画を観たときのことだ。二本立ての内、一本は既に観たものだったが、かなり早く劇場に到着したのであの苦いラストシーンだけもう一度観よう、と考えて後ろの扉から入って立見していた。

　エンドマークが出て、場内が明るくなると思っていたのに、映写技師が忘れているのか照明が点灯しない。自分はその劇場ではいつも最前列で観たいと思っている。なかなか灯りが点かないがいつも来ている小屋だから、と暗闇の中で通路の階段を降り、アレっ？ と思った瞬間、自分は転倒していた。

　背後から、大丈夫ですか、と声を掛けられるほど派手に転んだらしい。大丈夫です、と答えて何とか立ち上がったとき、ようやく場内の照明が点いた。

　最前列に座ることが出来たものの、転倒したショックで何だか調子がおかしい。口から涎を垂らしているように感じて、口許に手を当てると指に血がついている。唇の下を切ってしまったのだ。両膝の皿と、掌の厚い部分がひどく痛い。何よりも動悸が止まらない。動転しているうちにアナウンスがあり、ベルが鳴って再び場内は暗

※劇場名略称　ヴェーラ＝渋谷シネマヴェーラ／イメフォ＝渋谷イメージフォーラム／パトス＝銀座シネパトス／新橋文化＝新橋文化劇場／品川＝品川プリンスシネマ／ラピュタ＝ラピュタ阿佐ヶ谷／神保町＝神保町シアター／新文芸坐＝池袋新文芸坐

転した。

　お目当ての映画は拾い物、というべき面白い作品だったが、けっきょく動悸は止まらず、劇場を出るとタクシーを拾って帰宅した。

　さらにこの日の後日談がある。その日履いていたのは黒のローファー。高級な品物ではないが、パリの靴屋で続けて買っているお気に入りだった。

　次にその靴を履いたのは、例のシネマヴェーラ渋谷でのトークショーのとき。帰宅して靴を脱ぐと右足だけ中に敷いた革が擦れている。これは修理に出さなきゃ、と思いながら、けっきょく12月28日のリキッドルームに出演したときもそのローファーを履いた。

　1時間余りのステージが終わり、楽屋を訪ねてくれた友人たちと喋っていてふと足許を観るとローファーの革が破れている。大舞台を破れた靴で踏んでいたのか。あの時、そんなに派手に転んでいたのか。

　教訓・上映中の座席の移動はやめましょう。終映後の暗闇の中の移動はさらに危険です。劇場関係者の方は終映後、速やかに場内の照明をつけてください。

　今年も楽しく映画を観ることが出来たなら、他に望むことは何もありません。

【2016年】

　去年もだらだらと映画ばかり観ていた。2016年はかなりたくさんの素晴らしい作品に出会うことが出来たような気がする。死ぬ前に観ることが出来てラッキーだったと思わずにいられない映画。

　とりわけ去年、忘れられないのは、シネマヴェーラ渋谷の開館10周年を記念した企画の中で、六本の映画を選ばせて戴いたこと。

　ふだん名画座にあまり足を運ぶことのない友人たちに観てもらえたら、という気持ちで選び始めたのだが、もちろん簡単には決まらず。悩みに悩んだ末に、せっかくの機会なのだから、まずは長らく自分が観たいと思っていたものをリクエストしようという考えが降りてきた。「砂の香り」と「囁きのジョー」がそのリクエスト作品だった。

　ふだんは劇場の片隅でただぼんやりスクリーンを眺めて時間を浪費しているけれども、映画のセレクトに関わると、はたしてお客さまは入っているかどうか、大好きなあのシーンは受けているかどうか、そもそもその映画が面白いかどうか、途端に気になってくる。なるほど、映画館で映画を掛けるということは、あるいは映画を撮る、映画に出資する、映画に出演するということは、つまり博打のようなことなのだ、と知った。

　作り手も観客も、人は大バクチに関する映画を好む。犯罪に、恋愛に、仕事に、ほんのちょっとした自尊心に、映画の中の登場人物たちはあっさりと人生を賭ける。「女舞」から「キャロル」まで、「人間に賭けるな」から「集団奉行所破り」まで、「花形選手」から「クレールの膝」まで、「赤い河」から「完全な遊戯」まで、「クリード」から「シン・ゴジラ」まで。映画とはそういうものだったのか。

　観終わったときに熱狂して★を付けた作品の中には、もう思い出せない作品もある。いっぽう、何の感慨も持つことの出来なかった映画の、なんでもないワンシーンがなぜか頭の中で大きな場所を占めていることもある。そういう映画メモ。

●1月

★1. スカーレット・ストリート@ヴェーラ
2. 男装@ヴェーラ
3. 薔薇いくたびか@角川シネマ新宿
4. 紳士は金髪がお好き@ヴェーラ
5. 見事な娘@ラピュタ
★6. 洲崎パラダイス・赤信号@ラピュタ
★7. ならず者@ヴェーラ
★8. クリスチナ女王@ヴェーラ
9. 乾杯！ごきげん野郎@神保町
10. うるさい妹たち@ラピュタ
11. 母と暮らせば@新宿ピカデリー
★12. 閉店時間@角川シネマ新宿
13. 失われた時@ヴェーラ
★14. 望郷@ヴェーラ
15. マルタの鷹@ヴェーラ
16. 吸血鬼ノスフェラトゥ@ヴェーラ
★17. 都会の空の用心棒@ラピュタ
18. 橋@ラピュタ
19. 喜劇 駅前女将@ラピュタ
20. 戦場にかける橋@新文芸坐
21. ナバロンの要塞@新文芸坐
22. 千羽鶴@角川シネマ新宿
★23. 四十八歳の抵抗@角川シネマ新宿
★24. 王様と私@新文芸坐
★25. 素晴らしき哉、人生@新文芸坐
★26. 警視庁物語 行方不明@ラピュタ
27. ガラスの中の少女@ラピュタ
27. 青い芽の素顔@ラピュタ
28. 六本木の夜 愛して愛して@ラピュタ
29. ビッグマグナム黒岩先生@ラピュタ
30. 世界の英雄@ヴェーラ
31. 桑港@ヴェーラ
32. 巨人傳@新文芸坐
33. 若い狼@ラピュタ
34. 股旅@角川シネマ新宿
35. 拳闘屋キートン@ヴェーラ
36. ロイドのスピーディー@ヴェーラ
37. 喜劇 よさこい旅行@神保町
38. 喜劇 男の腕だめし@神保町
39. 喜劇 競馬必勝法 一発勝負@神保町
40. 瀬戸はよいとこ花嫁観光船@神保町
41. 新しき土@新文芸坐
42. 河内山宗俊@新文芸坐
43. ㊙情めす市場@ヴェーラ
44. 人妻集団暴行致死事件@ヴェーラ
45. 愛情の都@ラピュタ
46. 明日は月給日@ラピュタ
47. 夜汽車の女@ヴェーラ
48. 昼下りの情事 変身@ヴェーラ
49. あの手この手@角川シネマ新宿
50. 正義だ！味方だ！全員集合！@神保町
51. 喜劇役者たち 九八とゲイブル@神保町

52. 哀しい気分でジョーク@神保町
★53. ブリッジ・オブ・スパイ@品川
★★ クリード チャンプを継ぐ男@品川
55. 女教師@ヴェーラ
56. 天使のはらわた名美@ヴェーラ

●2月

57. 女教師 私生活@ヴェーラ
58. 官能教室 愛のテクニック@ヴェーラ
59. 白鯨との闘い@品川
60. もぐら横丁@ラピュタ
61. 愛欲の標的@ヴェーラ
62. 牝猫たちの夜@ヴェーラ
63. 佳人@神保町
64. 風のある道@神保町
★65. 名もなき塀の中の王@新文芸坐
66. ベルファスト71@新文芸坐
67. 命も恋も@神保町
68. あじさいの花@神保町
★69. 春の夜の出来事@神保町
★70. 美しい庵主さん@神保町
★71. 踊子@ラピュタ
72. 真夜中の妖精@ヴェーラ
73. 発禁本「美人乱舞」より 責める!@ヴェーラ
74. 妖女伝説'88@ヴェーラ
75. ひとりぼっちの二人だが@ラピュタ
★76. にっぽんのお婆あちゃん@ラピュタ
77. 好色家族 狐と狸@ヴェーラ
★78. 濹東綺譚@ラピュタ
★★ 七人の刑事 終着駅の女@ラピュタ
★80. 野獣狩り@ラピュタ
★81. ビートルズ@ユーロスペース
82. ウィ・アー・ザ・ベスト@ユーロスペース
★83. オデッセイ@品川
★84. ザ・ウォーク@品川
85. 堂堂たる人生@神保町
86. 青年の椅子@神保町
87. 喧嘩太郎@神保町
88. 祈るひと@神保町
89. 全身小説家@ヴェーラ
90. 小川プロ訪問記@ヴェーラ
★91. Kyoto. My Mother's Place @ヴェーラ
92. ゆきゆきて、神軍@ヴェーラ
93. さらばあぶない刑事@渋谷TOEI1
★94. 裸の島@ヴェーラ
95. ある映画監督の生涯 溝口健二の記録@ヴェーラ
96. ゆきゆきて、ゆきゆきて… 原一男@ヴェーラ
97. チャイナ・ゲート@ユーロスペース
★98. 裸のキッス@ユーロスペース
99. 無法松故郷へ帰る@ヴェーラ
100. 軍旗はためく下に@ヴェーラ
★101. 月夜鴉@ラピュタ
102. 花の慕情@ラピュタ
★★ 歌行燈@ラピュタ
104. にっぽん戦後史 マダムおんぼろの生活@ヴェーラ
105. 極私的エロス・1974@ヴェーラ
★106. ショック集団@ユーロスペース
107. 日本列島@神保町
108. 霧笛が俺を呼んでいる@神保町
109. 無法一代@神保町
110. からゆきさん@ヴェーラ
111. 火宅の人@ヴェーラ
112. 死の十字路@神保町
113. 黒田騒動@新文芸坐
★114. 獅子の座@ラピュタ
115. 与太郎戦記@ラピュタ
116. 男の勝負 仁王の刺青@ラピュタ
117. 陽気な渡り鳥@ラピュタ
118. 徳川女系図@ラピュタ

●3月

119. 本陣殺人事件@神保町
120. その護送車を狙え@神保町
★121. スティーブ・ジョブズ@品川
★122. キャロル@品川
★123. 旅役者@ラピュタ
★★ 妖刀物語 花の吉原百人斬り@新文芸坐
125. 新・与太郎戦記@ラピュタ
126. 裸女と拳銃@神保町
127. フットライト・パレード@ヴェーラ
★128. 艦隊を追って@ヴェーラ
129. この首一万石@新文芸坐
130. 新吾二十番勝負@池袋
★★ 踊らん哉@ヴェーラ
★132. トップ・ハット@ヴェーラ
★133. 残菊物語@ラピュタ
★★ 女舞@ラピュタ
135. 「テント劇場」より 盗まれた欲情@ラピュタ
136. 鶴八鶴次郎@ラピュタ
137. 江戸の悪太郎@新文芸坐
138. 丹下左膳@新文芸坐
139. イースター・パレード@ヴェーラ
★140. 教授と美女@ヴェーラ
141. コンチネンタル@ヴェーラ
★★ 生きている画像@ラピュタ
143. 四十二番街@ヴェーラ
144. セカンド・コーラス@ヴェーラ
★145. 踊るニュウ・ヨーク@ヴェーラ
146. ヒット・パレード@ヴェーラ
147. 雲の上団五郎一座@ラピュタ
148. 検事 霧島三郎@神保町
★149. 残菊物語@ラピュタ
150. 文楽 冥土の飛脚@ラピュタ
151. ガス人間第一号@ラピュタ
152. 気儘時代@ヴェーラ
153. ニュー・オーリンズ@ヴェーラ
154. ゴールドディガーズ@ヴェーラ
155. 聖林ホテル@ヴェーラ
★156. 悦楽@神保町
★157. 鶴八鶴次郎@ラピュタ
158. 阿寒に果つ@ラピュタ
159. お琴と佐助@ラピュタ
★160. 踊る大紐育@ヴェーラ
161. 団地七つの大罪@ヴェーラ
★★ おかしな奴@ラピュタ
163. 手をつなぐ子等@神保町
★164. 浅草の灯@神保町

※劇場名略称 ヴェーラ＝渋谷シネマヴェーラ／イメフォ＝渋谷イメージフォーラム／パトス＝銀座シネパトス／新橋文化＝新橋文化劇場／品川＝品川プリンスシネマ／ラピュタ＝ラピュタ阿佐ヶ谷／神保町＝神保町シアター／新文芸坐＝池袋新文芸坐

165. 裸の大将@ラピュタ
166. 大日本チャンバラ伝@ラピュタ
167. 旅情@ラピュタ
★★ 裸の重役@ヴェーラ
169. 狐と狸@ヴェーラ
170. 河内フーテン族@ヴェーラ

●4月

171. 妻と女記者 若い愛の危機@ヴェーラ
★172. 夜の緋牡丹@ヴェーラ
★173. 悪の愉しさ@ヴェーラ
★174. 春らんまん@ヴェーラ
175. 下町ダウンタウン@ヴェーラ
176. 香港の夜@ヴェーラ
177. へそくり社長@ヴェーラ
178. 世にも面白い男の一生 桂春団治@ラピュタ
179. はなれ瞽女おりん@ラピュタ
180. 男の花道@ラピュタ
★181. にごりえ@神保町
★182. みれん@ヴェーラ
★★ 二人の息子@ヴェーラ
184. 香港の星@ヴェーラ
★★ 武器なき斗い@ラピュタ
186. 黄色い風土@ラピュタ
187. 次郎長社長よさこい道中@ラピュタ
★188. ミケランジェロプロジェクト@新文芸坐
189. 獣の通る道@新文芸坐
190. 解散式@ラピュタ
★191. 女に強くなる工夫の数々@ヴェーラ
192. 東京の恋人@ヴェーラ
★193. 女の座@神保町
194. ホノルル・東京・香港@ヴェーラ
195. 水戸黄門漫遊記@ヴェーラ
★196. 太平洋のGメン@ラピュタ
197. 希望の乙女@ラピュタ
★198. 暗黒街最後の日@ラピュタ
199. 金色夜叉@ヴェーラ
★★ 響@ヴェーラ
201. 子供の四季@ヴェーラ
202. 奈良には古き仏たち@ヴェーラ
★★ 小原庄助さん@ヴェーラ
204. 風林火山@新文芸坐
205. 岐路に立ちて@ヴェーラ
206. みかへりの塔@ヴェーラ
★★ 人間に賭けるな@ラピュタ
208. サラリーマン目白三平@ラピュタ
209. 警視庁物語 遺留品なし@ラピュタ
210. 怪談せむし男@ラピュタ
★211. スポットライト 世紀のスクープ@渋谷HUMAXシネマ
212. 人情馬鹿@ヴェーラ
213. 家族日記@ヴェーラ
214. 按摩と女@ヴェーラ
215. 次郎物語@ヴェーラ

●5月

216. 母を求める子ら@ヴェーラ
★217. 暁の合唱@ヴェーラ
218. 続 サラリーマン目白三平@ラピュタ
219. 暴力街@ラピュタ
★220. 拳銃0号@ラピュタ
221. その後の蜂の巣の子供たち@ヴェーラ
★222. 無法松の一生@ラピュタ
★223. 脅迫@ラピュタ
224. 有りがたうさん@ヴェーラ
225. 桃の木の咲く下で@ヴェーラ
226. 図々しい奴@ラピュタ
227. 続 図々しい奴@ラピュタ
★228. 東京アンタッチャブル@ラピュタ
★★ 花形選手@ヴェーラ
230. 母情@ヴェーラ
231. 警視庁物語 ウラ付け捜査@ラピュタ
232. 事件記者@ラピュタ
233. 事件記者 真昼の恐怖@ラピュタ
★234. 就職@新文芸坐
★235. 霧の音@ヴェーラ
236. しいのみ学園@ヴェーラ
237. 団栗と椎の実@ヴェーラ
238. 乙女ごころ三人姉妹@新文芸坐
★239. 腰辯頑張れ@新文芸坐
240. 秀子の車掌さん@新文芸坐
★241. 母の旅路@ヴェーラ
242. サヨンの鐘@ヴェーラ
243. 顔役@ラピュタ
244. 事件記者 仮面の脅迫@ラピュタ
245. 事件記者 姿なき狙撃者@ラピュタ
★246. 芝居道@新文芸坐
★247. 鶴八鶴次郎@新文芸坐
248. 何故彼女等はそうなったか@ヴェーラ
249. 風の中の子供@ヴェーラ
250. 江戸川乱歩の陰獣@ヴェーラ
251. 陸軍諜報33@ラピュタ
252. 暗黒街最大の決斗@ラピュタ
253. 事件記者 影なき男@ラピュタ
254. 事件記者 深夜の目撃者@ラピュタ
255. 妻として女として@新文芸坐
256. 放浪記@新文芸坐
★257. 友だちの恋人@角川シネマ有楽町
258. 一発かましたれ@ラピュタ
259. ギャング対Gメン@ラピュタ
260. 事件記者 時限爆弾@ラピュタ
261. 事件記者 狙われたハイティーン@ラピュタ
★★ クレールの膝@角川シネマ有楽町
263. 満月の夜@角川シネマ有楽町
★264. この窓は君のもの@ヴェーラ
★265. ベレジーナ@ヴェーラ
266. 海辺のポーリーヌ@角川シネマ有楽町
267. 緑の光線@角川シネマ有楽町
268. 私の優しくない先輩@ヴェーラ

●6月

★269. フレンチ・カンカン@ヴェーラ
270. コレクションする女@角川シネマ有楽町
271. モード家の一夜@角川シネマ有楽町
272. 地獄命令@ラピュタ
273. 怪談片目の男@ラピュタ
★274. 裏切りの暗黒街@ラピュタ
★275. 囁きのジョー@ヴェーラ
276. 砂の香り@ヴェーラ
★277. 七人の刑事 終着駅の女@ヴェーラ
★278. 四畳半物語 娼婦しの@ヴェーラ
★279. 哀しみのベラドンナ@ヴェーラ
★280. ブラック・コメディ ああ！馬鹿@ヴェーラ
★281. 囁きのジョー@ヴェーラ
★282. 囁きのジョー@ヴェーラ

★★ 囁きのジョー@ヴェーラ
284. レネットとミラベル 四つの冒険@角川シネマ有楽町
285. 地獄の掟に明日はない@ラピュタ
286. 旅路@ラピュタ
287. 事件記者 拳銃貸します@ラピュタ
288. あいつばかりが何故もてる@東劇
★289. 冷たい雨に撃て、約束の銃弾を@ヴェーラ
290. 中学生日記@ヴェーラ
291. あんにょんキムチ@ヴェーラ
292. ちびまる子ちゃん 私の好きな歌@ヴェーラ
★293. ライブテープ@ヴェーラ
294. 死んでもいい@ヴェーラ
295. 事件記者 影なき侵入者@ラピュタ
296. ガス燈@ヴェーラ
297. 女たち@ヴェーラ
★298. アダム氏とマダム@ヴェーラ
299. 女性Ｎｏ．1@ヴェーラ
★300. 若い娘たち@ラピュタ
301. ＦＡＫＥ@ユーロスペース
302. 黄金のアデーレ 名画の帰還@新文芸坐
303. ヒトラー暗殺、13分の誤算@新文芸坐
304. 夜の勲章@神保町
305. 憲兵とバラバラ死美人@神保町
★★ 女真珠王の復讐@神保町
★307. 婚約者たち@新文芸坐
★★ 黄線地帯@神保町
309. 恋愛ズバリ講座@神保町
310. パリはわれらのもの@朝日ホール
311. 若い傾斜@ラピュタ
312. 丘は花ざかり@ラピュタ
★313. 奥様は顔が二つ@ヴェーラ
314. イヴの総て@ヴェーラ
★315. 殺人者を追え@新文芸坐
316. あぶく銭@神保町

●7月

317. 燈台@ラピュタ
★318. 銀座の恋人たち@ラピュタ
★★ 三十六人の乗客@新文芸坐
320. 33号車應答なし@新文芸坐
★321. 死ぬにはまだ早い@新文芸坐
322. 黒蘭の女@ヴェーラ
★323. 猟人日記@新文芸坐
324. 殺人容疑者@新文芸坐
325. 竜虎一代@神保町
326. 肉体女優殺し 五人の犯罪者@神保町
327. 十六歳@ラピュタ
328. 青い山脈@ラピュタ
329. ゲンと不動明王@ラピュタ
330. コップ・カー@新文芸坐
331. ヘイトフル・エイト@新文芸坐
★332. ひかげの娘@ヴェーラ
★333. 四季の愛欲@ヴェーラ
334. 男と男の生きる街@神保町
335. お転婆三人姉妹 踊る太陽@神保町
336. おんな番外地 鎖の牝犬@ヴェーラ
337. 海の情事に賭けろ@ラピュタ
338. 西鶴一代女@ヴェーラ
★339. いのちの朝@神保町
340. 日本で一番悪い奴ら@品川
341. 何が彼女をそうさせたか@ヴェーラ
342. 完全なるチェックメイト@新文芸坐
343. 砂上の法廷@新文芸坐
344. 白い夏@神保町
345. その人は遠く@神保町
346. 四つの恋の物語@ラピュタ
★347. マダム@ヴェーラ
★★ 兄貴の恋人@ラピュタ
★★ シン・ゴジラ@ＩＭＡＸシアター品川

●8月

350. 肉体の学校@ラピュタ
351. サマー・ストック@ヴェーラ
352. ガラスの鍵@ヴェーラ
353. 武士道残酷物語@新文芸坐
354. 婉という女@新文芸坐
★355. 我が家の楽園@ヴェーラ
★356. 二人の恋人@ラピュタ
357. 颱風とざくろ@ラピュタ
358. 水の娘@ヴェーラ
★359. 南部の人@ヴェーラ
360. キー・ラーゴ@ヴェーラ
361. 街に泉があった@ラピュタ
362. 花ひらく娘たち@ラピュタ
363. 放課後@ラピュタ
364. 太陽が大好き@神保町
365. 激動の昭和史 沖縄決戦@新文芸坐
★★ 日本のいちばん長い日@新文芸坐
367. 激動の昭和史 軍閥@新文芸坐
368. 華やかな女豹@ラピュタ
369. 牛乳屋フランキー@ラピュタ
★370. マン・ハント@ヴェーラ
371. ビッグ・コンボ@ヴェーラ
372. RAILWAYS@神保町
★373. ドクター・ジャック@ヴェーラ
374. 特急二十世紀@ヴェーラ
★375. 純愛物語@新文芸坐
376. ひろしま@新文芸坐
★377. ヨーロッパ一九五一年@ヴェーラ
378. 愛の勝利@ヴェーラ
★379. 指導物語@神保町
380. 駅 STATION@神保町
★381. 天罰@ヴェーラ
★★ ハリケーン@ヴェーラ
383. 愛妻記@ラピュタ
★384. ぶっつけ本番@ラピュタ
385. トランボ@ＴＯＨＯシネマズシャンテ
386. 殿、利息でござる！@新文芸坐
387. ＡＫＩＲＡ@目黒
388. 殺人幻想曲@ヴェーラ
389. オセロ@ヴェーラ
★390. ハリーおじさんの悪夢@ヴェーラ
391. ラブ・ハッピー@ヴェーラ

※劇場名略称　ヴェーラ＝渋谷シネマヴェーラ／イメフォ＝渋谷イメージフォーラム／パトス＝銀座シネパトス／新橋文化＝新橋文化劇場／品川＝品川プリンスシネマ／ラピュタ＝ラピュタ阿佐ヶ谷／神保町＝神保町シアター／新文芸坐＝池袋新文芸坐

●9月

★392. 花嫁凱旋@ヴェーラ
393. モロッコへの道@ヴェーラ
★394. 日本セックス縦断 東日本篇@ラピュタ
395. 吼えろ鉄拳@ヴェーラ
396. 緋牡丹博徒 一宿一飯@ヴェーラ
★397. イタリア旅行@新文芸坐
398. 無防備都市@新文芸坐
399. デッドプール@新文芸坐
400. おへその大将@ラピュタ
★401. 幽霊繁盛記@ラピュタ
402. 六人の女を殺した男@ラピュタ
403. すいばれ一家 男になりたい@ヴェーラ
404. シルクハットの大親分 ちょび髭の熊@ヴェーラ
405. まむしの兄弟 恐喝三億円@ヴェーラ
407. 地方記者@ラピュタ
408. 花のお江戸の法界坊@ラピュタ
★★ 集団奉行所破り@新文芸坐
410. 十七人の忍者@新文芸坐
411. 赤い影法師@新文芸坐
412. 用心棒市場@新文芸坐
★413. 天狗飛脚@新文芸坐
414. こわしや甚六@ラピュタ
415. 喜劇 逆転旅行@ラピュタ
416. 極道ペテン師@ラピュタ
417. 脱出@ヴェーラ
★418. ハドソン川の奇跡@T・JOY品川
419. ザ・ビートルズ EIGHT DAYS A WEEK the touring years @T・JOY品川

●10月

★420. 大殺陣@新文芸坐
★421. 十一人の侍@新文芸坐
422. 男はつらいよ 望郷編@新文芸坐
423. 男はつらいよ@新文芸坐
424. 六條ゆきやま紬@ラピュタ
425. 与太郎戦記 女は幾万ありとても@ラピュタ
★426. 安宅家の人々@神保町
★427. ブワナ・トシの歌@新文芸坐
★428. 父子草@新文芸坐
★429. 花つみ日記@神保町
430. 花の恋人たち@神保町
431. あなた買います@ユーロスペース
432. ジェイソン・ボーン@T・JOY品川
433. この広い空のどこかに@ユーロスペース
434. 壁あつき部屋@ユーロスペース
435. まごころ@ユーロスペース
★436. 泉@ユーロスペース
★437. しゃべれども しゃべれども@新文芸坐
438. 対岸の彼女@新文芸坐
439. 三つの愛@ユーロスペース
★440. 女の暦@神保町
441. まむしと青大将@ヴェーラ
★★ 日本の青春@ユーロスペース
443. 白い指の戯れ@ヴェーラ
444. 現代やくざ 血桜三兄弟@ヴェーラ
445. ポルノの女王 にっぽんSEX旅行@ヴェーラ
447. 美わしき歳月@ユーロスペース
448. エクス・マキナ@新文芸坐
449. 10 クローバーフィールド・レーン@新文芸坐
450. 0課の女 赤い手錠@ヴェーラ
★451. 疵千両@ラピュタ
452. 東京のえくぼ@ラピュタ
★453. 月給13,000円@ラピュタ
454. 噂の娘@ラピュタ
455. あ・うん@神保町
456. 鏡の中の野心@ヴェーラ
457. ネオンくらげ@ヴェーラ
458. 白い悪魔@神保町
459. 64―ロクヨン―前編@新文芸坐
460. 64―ロクヨン―後編@新文芸坐
461. 午前中の時間割り@ヴェーラ
462. 渡り鳥いつ帰る@ラピュタ
463. 君の名は。@T・JOY品川
★464. 早乙女家の娘たち@ラピュタ
465. 風流交番日記@ラピュタ
466. 有楽町で逢いましょう@ラピュタ
467. 新東京行進曲@ラピュタ
468. 刑事物語 東京の迷路@ラピュタ
469. 刑事物語 殺人者を挙げろ@ラピュタ

●11月

470. 風と女と旅鴉@新文芸坐
471. 大江戸の侠児@新文芸坐
472. 花と龍 青春・愛憎・怒濤篇@新文芸坐
473. 明治侠客伝 三代目襲名@新文芸坐
★474. 幕末残酷物語@新文芸坐
★475. 荷車の歌@神保町
476. 緋牡丹博徒 花札勝負@新文芸坐
477. 瞼の母@新文芸坐
478. 喜劇 新宿広場@ラピュタ
★479. 警視庁物語 深夜便130列車@ラピュタ
480. 神田川@ラピュタ
★481. ストロンボリ@ヴェーラ
482. 寄席の脚光@ヴェーラ
★483. 浮草日記@神保町
★484. ウンベルト・D@ヴェーラ
485. 愛すればこそ@神保町
486. ともしび@神保町
★★ ミラノの奇蹟@ヴェーラ
488. 真・あんこまん@渋谷UPLINK
489. 歌え若人達@ラピュタ
490. 自転車泥棒@ヴェーラ
491. ドイツ零年@ヴェーラ
492. 白い酋長@ヴェーラ
493. にあんちゃん@神保町
494. 雑居家族@神保町
★495. あねといもうと@ラピュタ
496. 大捜査網@ラピュタ
497. 恐怖劇場アンバランス 殺しのゲーム@ヴェーラ
498. 蟻の街のマリア@ラピュタ
499. 泪橋@ラピュタ
★500. 裸体@ヴェーラ
★501. その口紅が憎い@ラピュタ
502. ちんころ海女っこ@ラピュタ
503. 猫が変じて虎となる@ラピュタ

●12月

★504. 赤い殺意@神保町
505. 若くて、悪くて、凄いこいつら@神保町
506. 塩狩峠@ヴェーラ
★507. おんなの渦と淵と流れ@ヴェーラ
508. 小島の春@新文芸坐
509. 若い人@新文芸坐
510. 海底から来た女@ヴェーラ
511. 麦笛@新文芸坐

512. 恐怖劇場アンバランス 木乃伊の恋@ヴェーラ
513. 化身@ヴェーラ
514. 当りや大将@神保町
515. 経営学入門 ネオン太平記@神保町
516. 火事だよ、カワイ子ちゃん@新文芸坐
★★ 完全な遊戯@ラピュタ
518. 隣りの八重ちゃん@ラピュタ
519. 東京は恋する@ラピュタ
520. 十九歳の地図@ラピュタ
521. 恐怖劇場アンバランス 夜が明けたら@ヴェーラ
522. 暗室@ヴェーラ
★★ 千曲川絶唱@新文芸坐
★524. 群衆の喚呼@ヴェーラ
525. ヨーク軍曹@ヴェーラ
526. 現代悪党仁義@ラピュタ
527. ヒッチコック／トリュフォー@シネマカリテ
★528. 赤い河@ヴェーラ
529. 港々に女あり@ヴェーラ
530. 豚と軍艦@神保町
531. バーバリー・コースト@ヴェーラ
★★ 虎鮫@ヴェーラ
533. 永遠の戦場@ヴェーラ
534. 地獄の曲り角@ラピュタ
535. 花と嵐とギャング@ラピュタ
★★ コンドル@ヴェーラ

【2017年】

2017年は何かと慌しい一年で、思うように映画をのんびりと観て過ごすことが出来なかった。とくに仕事が忙しかったというわけでもないのに、時間の経つのが速いこと。4年ほど前なら1日に5本の映画を観るという日もときどきあったが、最近はとてもそんな離れわざをやってみせる自信はない。

12月の初めに「下北沢にて」という音楽イヴェントに招かれて、ピチカート・ワンのライヴを行なったのだが、そのリハーサルのときにピアノの猪野秀史さんだったか、ベースのろっきーくんだったか、ある曲のブリッジでいつもつまずいてしまう。とくに複雑なリズム・リフでもシンコペイションでもない場所なのだが、それを見ていた年長のドラマー・有泉一さんが言う。やっぱり若い人は1拍や1小節の感覚が短いんだよね、だから走っちゃう、たぶん心拍数と関係があるの、という。自分はそれを聞いてハッとした。自分もかつてバンドの中では誰よりもリズムが走ってしまうタイプだったのに、いまは誰よりもタイム感が重い上に、動きも遅くなっている。だから毎日がやたらと早く感じるのか。

いっぽう映画に関しては、いよいよ長尺の、時間の長い映画が苦手になってきて、長い映画だとわかっているものは初めから敬遠する癖がついてしまった。90分より長いか、短いか。そうなると、もう新作映画はほぼ観ないということになる。その結果が『アウトレイジ』さえも入っていないこの鑑賞メモである。

●1月

1. 積木の箱@角川シネマ新宿
★2. 暗黒街の顔役@ヴェーラ
★3. 脱出@ヴェーラ
4. 三つ数えろ@ヴェーラ
5. 花咲く港@新文芸坐
★6. 不知火検校@ラピュタ
7. 七人の野獣血の宣言@ラピュタ
8. 山椒太夫@角川シネマ新宿
9. 雨月物語@角川シネマ新宿
★★ 日本一の裏切り男@新文芸坐
浜美枝の魅力に圧倒された。ギャグも秀逸なものがいくつか。
11. 今日限りの命@ヴェーラ
12. 光に叛く者@ヴェーラ
★★ 女体@角川シネマ新宿
14. 僕は戦争花嫁@ヴェーラ
15. 赤ちゃん教育@ヴェーラ
16. やくざ坊主@ラピュタ
17. 河内風土記 続おいろけ説法@ヴェーラ
18. セックス・チェック 第二の性@角川シネマ新宿
★19. こつまなんきん@ヴェーラ
いま、年間のリストを見直して、この映画に★をつけていたことにすこし驚く。12月のシネマヴェーラ「瑳峨三智子特集」で掛かった『続・こつまなんきん』は見逃してしまった。もう観るチャンスはたぶんないだろう。
★20. 暖流@角川シネマ新宿
「大映ドラマの源流」という気分で観た。そんな作品を他にも発見した年。監督・増村保造。
21. ニュースの真相@新文芸坐
22. われらが背きし者@新文芸坐
★23. 花籠の歌@神保町
★24. 太夫さんより 女体は哀しく@神保町
25. 続 やくざ坊主@ラピュタ
★26. 可愛くて凄い女@ラピュタ
27. 昼下がりの暴力@ラピュタ
28. カモとねぎ@ラピュタ
★★ 「女の小箱」より 夫が見た@角川シネマ新宿
30. 花嫁會議@ヴェーラ
31. 沈黙@早稲田松竹
32. 大悪党作戦@ラピュタ
33. 喜劇 駅前旅館@ヴェーラ
34. 三匹の悪党@ヴェーラ
35. 東北の神武たち@ヴェーラ
監督・市川崑。★はついていないが、忘れようのない映画。
★36. 高原の情熱@ヴェーラ
★37. 猟銃@ヴェーラ
38. 別れて生きるときも@ヴェーラ
★39. 破れ傘長庵@ラピュタ

※劇場名略称　ヴェーラ=渋谷シネマヴェーラ／イメフォ=渋谷イメージフォーラム／パトス=銀座シネパトス／新橋文化=新橋文化劇場／品川=品川プリンスシネマ／ラピュタ=ラピュタ阿佐ヶ谷／神保町=神保町シアター／新文芸坐=池袋新文芸坐

40. 怪盗X首のない男@ラピュタ

●2月

★41. 恋文@神保町
★42. 乳房よ永遠なれ@神保町
43. レオン@新文芸坐
★44. 悪魔の接吻@ラピュタ
45. 楢山節考@神保町
46. ザ・ローリング・ストーンズ シャイン・ア・ライト@新文芸坐

発声・絶叫可能上映だったにもかかわらず、誰ひとり声を上げなかったことを記す。この声なき叫び。

47. 機動捜査班@神保町
★48. バニシング IN 60″@新文芸坐

思わず「ハリキ!」と内海賢治の声で叫びたくなる、胸のすくような傑作。1970年から74年くらいのアメリカ人のファッションについて、誰か掘り下げてみてほしい。

49. ザ・ドライバー@新文芸坐
50. 銀心中@ヴェーラ
51. 喜劇 泥棒学校@ラピュタ
52. 殺しが静かにやってくる@新文芸坐
53. 続・荒野の用心棒@新文芸坐
★54. 火の馬@新文芸坐
55. ざくろの色@新文芸坐
★56. 湖の琴@ヴェーラ
★57. 断崖@ヴェーラ
58. ある大文学者の恋文@新文芸坐
59. ベストセラー 編集者パーキンズに捧ぐ@新文芸坐
60. 喜劇 三億円大作戦@ラピュタ
★61. 京化粧@ヴェーラ
★62. 花の咲く家@ヴェーラ
★63. 模倣の人生@ヴェーラ
64. わが望みのすべて@ヴェーラ
★65. 地獄の饗宴@ラピュタ
★66. 関の彌太っぺ@新文芸坐
★67. 家光と彦左と一心太助@新文芸坐
68. 機動捜査班 罠のある街@神保町
69. 聖女と拳銃@ラピュタ
★★ 若き日の次郎長 東海の顔役@新文芸坐
★71. 森の石松 鬼より怖い@新文芸坐
★★ たそがれの女心@ヴェーラ

いままでに観た最もエレガントな映画。監督・マックス・オフュルス。

★★ 忘れじの面影@ヴェーラ
74. 妻という名の女たち@ヴェーラ
★75. 濡れた逢びき@ヴェーラ
★76. 密会@ヴェーラ
77. 暗黒街の対決@新文芸坐
78. 男対男@新文芸坐
★79. 伊豆の踊子@ラピュタ

監督・川頭義郎、主演・鰐淵晴子。桜むつ子の代表作ではないか。

80. 戦国無頼@新文芸坐
81. 機動捜査班 秘密会員章@神保町
82. 刑事物語 小さな目撃者@神保町
83. 座頭市と用心棒@新文芸坐
★84. マークスの山@神保町
★85. 或る剣豪の生涯@新文芸坐
86. 暁の追跡@神保町
87. あなたの目になりたい@ヴェーラ
88. ラ・ラ・ランド@T・JOY品川
89. 座頭市あばれ火祭り@新文芸坐
90. 孔雀の園@ヴェーラ
91. ソ連脱出 女軍医と偽狂人@ヴェーラ
★92. 秀子の應援團長@ラピュタ
93. 馬@ラピュタ
94. 女の防波堤@ヴェーラ
★95. 愛の砂丘@ヴェーラ
96. 食べられる男@ユーロスペース

●3月

★97. 脱獄者@神保町
98. 機動捜査班 警視十三号応答なし@神保町
99. 怒号する巨弾@ヴェーラ
100. 嫁ぐ今宵に@ヴェーラ
★101. 青春怪談@ヴェーラ
★102. 燃えつきた地図@新文芸坐
103. 顔役@新文芸坐
★104. 女の闘い@ヴェーラ
105. 天國はどこだ@ヴェーラ
106. 若い人たち@ヴェーラ
107. 若様侍捕物帖 呪いの人形師@ヴェーラ
★108. 東京のヒロイン@ヴェーラ
★109. 日本敗れず@ヴェーラ
★110. 婦系図 総集編@神保町
111. 群盗南蛮船 ぎやまんの宿@ヴェーラ
★112. 吾輩ハ猫デアル@神保町
113. 細雪@神保町
114. 阿部一族@神保町
★★ われ一粒の麦なれど@ラピュタ
116. 海女の化物屋敷@ヴェーラ
117. 白昼の決闘@ヴェーラ
118. 色事は俺にまかせろ@ヴェーラ
119. 母と娘@ラピュタ
120. 女吸血鬼@ヴェーラ
★121. 地平線がぎらぎらっ@ヴェーラ
122. すれすれ@神保町
★123. 恐喝こそわが人生@新文芸坐
124. 花ひらく 眞知子より@ラピュタ
125. 秘剣斬り@新文芸坐
126. 雲の剣 風の剣@新文芸坐
★★ こころ@神保町
128. 真白き富士の嶺@神保町
129. 不良街@新文芸坐
★130. 明治暗黒街@新文芸坐
131. 眠狂四郎円月殺法@新文芸坐
132. 眠狂四郎卍斬り@新文芸坐
★133. わたしが棄てた女@神保町
134. テキヤの石松@新文芸坐
135. 流れ板七人@新文芸坐
136. 名もなく貧しく美しく@ラピュタ
137. 仁義と抗争@新文芸坐
138. 広島仁義 人質奪回作戦@新文芸坐
139. 三人娘乾杯@ラピュタ
140. 天国の大罪@新文芸坐
★141. 蔵@新文芸坐
142. ＯＫＩＴＥ やくざの詩@新文芸坐
143. 時代劇は死なず ちゃんばら美学考@新文芸坐
144. 女性操縦法@神保町

●4月

★★ 県警対組織暴力@ヴェーラ

いままでずっと観るチャンスを逃していた映画。途方もない傑作。

名作。古典。監督・深作欣二。
146. 実録外伝 大阪電撃作戦@ヴェーラ
147. 晴子の応援団長@ラピュタ
148. 戦場にながれる歌@ラピュタ
149. 銀座カンカン娘@神保町
150. 素晴しき男性@神保町
151. 青春怪談@神保町
★★ 父と子 続・名もなく貧しく美しく@ラピュタ
加東大介が北大路欣也を背負い投げで投げ飛ばす場面から、ほとんど涙が止まらなかった。監督・松山善三。
153. イレブン・ミニッツ@新文芸坐
★154. ダゲレオタイプの女@新文芸坐
155. ふたりのイーダ@ラピュタ
156. その人は昔@ラピュタ
★157. クリーピー@新文芸坐
158. 淵に立つ@新文芸坐
159. ぶらりぶらぶら物語@ラピュタ
160. 山口組外伝 九州進攻作戦@ヴェーラ
161. 日本暴力団 組長@ヴェーラ
★162. イップ・マン 序章@新文芸坐
163. イップ・マン 葉問@新文芸坐
164. やくざ戦争 日本の首領@ヴェーラ
165. 日本の黒幕@ヴェーラ
★166. 嫉妬@神楽座
★167. 宵闇せまれば@ユーロスペース
168. 君も出世ができる@神保町
劇場で観たのは初めて。なぜか欠点ばかりを観てしまった。監督・須川栄三。
169. 浅草の灯 踊子物語@神保町
170. ひばり・チエミの弥次㐂多道中@神保町
★171. 天国は待ってくれる@ヴェーラ
★★ メリー・ウィドウ@ヴェーラ
173. 地の涯に生きるもの@ラピュタ
174. 象@ラピュタ
175. 俺たちの血が許さない@新文芸坐
176. 男になったら@ヴェーラ
177. ラヴ・パレイド@ヴェーラ
178. 暗黒の旅券@新文芸坐
179. 裸女と拳銃@新文芸坐
180. 青い乳房@新文芸坐
181. すべてが狂ってる@新文芸坐
182. 東京上空いらっしゃいませ@神保町
183. 俺に賭けた奴ら@新文芸坐
184. 浮草の宿@神保町
185. 近頃なぜかチャールストン@神保町
186. 木乃伊の恋@新文芸坐
187. 穴の牙@新文芸坐
188. らぶれたあ@新文芸坐
★189. ウィンダミア夫人の扇@ヴェーラ
★190. 生きるべきか死ぬべきか@ヴェーラ

●5月

★191. 街角 桃色の店@ヴェーラ
★192. 女人哀愁@神保町
★193. サーカス五人組@神保町
大川平八郎。御橋公。好きな俳優。監督・成瀬巳喜男。
★★ 慕情の人@ラピュタ
観た直後に高評価していたが、すっかり忘れていた。極端に洗練された、透明度の高い官能小説の如き映画。白川由美に苛め抜かれる美貌の令夫人・原節子。監督・丸山誠治。
195. 小間使@ヴェーラ
196. 生さぬ仲@神保町
★197. イップ・マン 継承@新宿武蔵野館
198. 素晴らしきかな、人生@目黒シネマ
199. ザ・コンサルタント@目黒シネマ
★200. 天使@ヴェーラ
201. ロイヤル・スキャンダル@ヴェーラ
202. スパルタンX@新宿武蔵野館
203. あのアーミン毛皮の貴婦人@ヴェーラ
★204. 終電車@新文芸坐
★205. 箱根山@ラピュタ
206. 豚と金魚@ラピュタ
207. 抜打ち鴉@神楽座
208. おふくろ@神保町
209. 日本一短い「母」への手紙@神保町
★★ 日本の悲劇@神保町
★211. 母三人@神保町
212. 君とひととき@ヴェーラ
213. モンテカルロ@ヴェーラ
214. ブルーに生まれついて@早稲田松竹
215. シーモアさんと、大人のための人生入門@早稲田松竹
★216. 神火101 殺しの用心棒@ヴェーラ
217. 女体桟橋@ヴェーラ
218. ゾロ目の三兄弟@新文芸坐
★219. おえんさん@神保町
220. 鶯@ラピュタ
221. ポルノ時代劇 忘八武士道@ヴェーラ
★222. 夕凪@神保町
223. 事件@新文芸坐
224. 不良少年@ラピュタ
225. 野獣都市@ラピュタ
226. 監獄人別帳@ヴェーラ
227. 私、違っているかしら@神保町
228. 決着@ヴェーラ
229. 女王蜂と大学の竜@ヴェーラ
230. 鉄と鉛@新文芸坐
231. 皇帝のいない八月@新文芸坐
232. 朝霧@ラピュタ

●6月

233. メッセージ@TOHOシネマ

※劇場名略称　ヴェーラ＝渋谷シネマヴェーラ／イメフォ＝渋谷イメージフォーラム／パトス＝銀座シネパトス／新橋文化＝新橋文化劇場／品川＝品川プリンスシネマ／ラピュタ＝ラピュタ阿佐ヶ谷／神保町＝神保町シアター／新文芸坐＝池袋新文芸坐

ズ六本木

★234. 実録三億円事件 時効成立@ヴェーラ

235. 黒線地帯@ヴェーラ

★236. 恋の秋@角川シネマ有楽町

237. 冬物語@角川シネマ有楽町

238. 春のソナタ@角川シネマ有楽町

★239. すずかけの散歩道@ラピュタ

森雅之と司葉子がナイトクラブで踊る場面の美しさ。立ち上がって踊り出す呼吸と、踊りの終わる瞬間と。あまりに美しくて泣けてしまう。日本映画で観た最もエレガントなシーンのひとつ。監督・堀川弘通。

★240. 夏物語@角川シネマ有楽町

★241. モンソーのパン屋の女の子@角川シネマ有楽町

242. シュザンヌの生き方@角川シネマ有楽町

★243. 愛の昼下がり@角川シネマ有楽町

244. 日蝕の夏@ラピュタ

245. 大日本スリ集団@ラピュタ

246. 花の慕情@新文芸坐

247. 盲獣VS一寸法師@ヴェーラ

248. 0侯爵夫人@角川シネマ有楽町

★249. 密 航0ライン@神保町

250. 赤頭巾ちゃん気をつけて@ラピュタ

ようやく観るチャンスが巡ってきたのに、感動はなかった。

251. 愛の歴史@新文芸坐

252. 帰ってきた若旦那@新文芸坐

253. 聖杯伝説@角川シネマ有楽町

254. やくざ刑罰史私刑@ヴェーラ

255. 怪談昇り竜@ヴェーラ

256. 踏みはずした春@神保町

257. 百万弗を叩き出せ@神保町

★258. あした来る人@ラピュタ

★259. 美徳のよろめき@ラピュタ

★260. 危険な英雄@新文芸坐

261. 悪魔と天使の季節@ラピュタ

262. 夫婦百景@ラピュタ

263. 太陽の野郎ども@神楽座

★★ 黒木太郎の愛と冒険@ラピュタ

ひたすら泣いた。優しさの映画。監督・森崎東。

★★ フォー・ミー・アンド・マイ・ギャル@ヴェーラ

昨年は新文芸坐と神保町シアターの鈴木清順追悼特集で何本かの映画を見落としたことがいちばんの痛恨事。もう一度亡くなってくれなければ掛からないであろう初期の作品群。あー悔しい。

●7月

★266. ゆがんだ月@ラピュタ

神山繁の殺し屋。監督・松尾昭典。

267. 警察日記 ブタ箱は満員@ラピュタ

★268. 孤獨の人@ラピュタ

269. 続・夫婦百景@ラピュタ

270. 父親たちの星条旗@新文芸坐

271. 硫黄島からの手紙@新文芸坐

272. オペレッタ狸御殿@神保町

273. 姉妹と水兵@ヴェーラ

274. 突貫勘太@ヴェーラ

★275. ブラッド・ワーク@新文芸坐

276. 太陽が知っている@ル・シネマ

ミシェル・ルグランの素晴らしいサウンドトラック盤を繰り返し聴いていて、いつか観たいと願っていた映画。観なければよかった。

277. 愛奴@ヴェーラ

278. アフリカ物語@ヴェーラ

279. 私は前科者である@ラピュタ

280. アンデスの花嫁@ヴェーラ

281. 不良少年@ヴェーラ

282. 初恋・地獄篇@ヴェーラ

283. 第50回全国高校野球選手権大会 青春@朝日ホール

★284. 人斬り市場@神楽座

285. 恋の大冒険@ヴェーラ

286. 妖精の詩@ヴェーラ

★★ 無頼無法の徒さぶ@ラピュタ

知れば知るほど小林旭という俳優の素晴らしさに驚嘆する。山本周五郎原作映画にハズレなし。監督・野村孝。

★288. 少年死刑囚@ラピュタ

289. 非行少女@ラピュタ

290. しろばんば@ラピュタ

★291. 三人の狙撃者@ヴェーラ

292. 誘拐魔@ヴェーラ

★293. 遅すぎた涙@ヴェーラ

294. 過去を逃れて@ヴェーラ

●8月

295. 扉の陰の秘密@ヴェーラ

296. ローラ殺人事件@ヴェーラ

★297. サムライの子@ラピュタ

298. 青春のお通り 愛して泣いて突っ走れ!@ラピュタ

299. 危険な場所で@ヴェーラ

★300. 殺人者@ヴェーラ

301. 都会の牙@ヴェーラ

302. 呪いの血@ヴェーラ

303. 陸軍残虐物語@新文芸坐

★304. 明日に別れの接吻を@ヴェーラ

305. 脅迫者@ヴェーラ

★306. アスファルト・ジャングル@ヴェーラ

307. 飾り窓の女@ヴェーラ

★308. アルジェの戦い@新文芸坐

309. 拳銃魔@ヴェーラ

★310. 裸の街@ヴェーラ

311. 非行少年 若者の砦@ラピュタ

312. 孤島の太陽@ラピュタ

★313. わが命の唄 艶歌@ラピュタ

映画の冒頭で自殺し、物語を去る牧紀子という女優。

★314. 超高層のあけぼの@ヴェーラ

315. 命美わし@ラピュタ

★316. 悲しみはいつも母に@神楽座

★317. 白い崖@ヴェーラ

ことしの有馬稲子。成瀬巳喜男『杏っ子』と並んで卑屈男の役が素晴らしい木村功。監督・今井正。

318. 従軍慰安婦@ヴェーラ

★319. 爆音@ラピュタ

320. 妹@新文芸坐

321. 赤ちょうちん@新文芸坐

322. 廓育ち@ヴェーラ

323. 野良猫ロック 暴走集団'71@新文芸坐

★★ 泥だらけの青春@ラピュタ

あのレーニンに似ていて、ガラガラ声が特徴の俳優、菅井一郎の初監督作。映画の世界を描いた映画、の傑作。とくに映画会社の幹部たちがいかにも、という描写で素晴らしい。

325. 赤線基地@ラピュタ
326. 地獄の用心棒@ラピュタ
327. 五番町夕霧楼@ヴェーラ
328. 帰らざる日々@新文芸坐
★329. 八月の濡れた砂@新文芸坐

●9月

★330. スキップ・トレース@T・JOY 品川
★331. ベイビー・ドライバー@T・JOY 品川
332. 山麓@ヴェーラ
★333. 青春デンデケデケデケ@新文芸坐
　助監督のクレジットにあの日活の傑物・金山功一郎氏の名前を発見して仰天した。
334. 淀川長治物語 神戸篇 サイナラ@新文芸坐
335. 才女気質@ラピュタ
336. 異母兄弟@ラピュタ
337. 好色元禄㊙物語@ヴェーラ
338. 水溜り@神保町
★339. 雲がちぎれる時@神保町
　田舎道を行くバスの運転手と車掌の映画をたくさん作った国。監督・五所平之助。
340. 天使の欲望@ヴェーラ
★★ 下町の太陽@神保町
　ようやく観た。もう今後、どんなことがあっても自分は山田洋次の悪口を言わないと誓う。
342. 私たちの結婚@神保町
343. 北海の暴れ竜@ヴェーラ
344. 不良番長 送り狼@ヴェーラ
345. 大魔神逆襲@ヴェーラ
346. 特別機動捜査隊@ヴェーラ
★347. 新選組血風録 近藤勇@ヴェーラ
348. 殿様ホテル@ヴェーラ
★349. 横堀川@神保町
350. 深夜の市長@ヴェーラ
★351. 性犯罪法入門@神楽座
　長いこと観たかった映画。たぶんダメ映画だろうと思っていたが、想像していたよりずっと良い出来だった。KCDの五影さん、のむみちさんに感謝。監督・帯盛迪彦。
352. 愛の讃歌@神保町
353. いれずみ無残@ヴェーラ
354. ザ・ゴキブリ@ヴェーラ
★★ 甘い秘密@ヴェーラ
　傑作。怪作。観客もまた佐藤友美に翻弄される傑作にして怪作。脚本・新藤兼人、監督・吉村公三郎。
356. 白い粉の恐怖@ラピュタ
357. 天草四郎時貞@ラピュタ
★★ 離婚しない女@神保町
　神代（くま）とショーケンと二人のおんな。なんて、くだらない駄洒落を思いつく。
359. 続清水港@ラピュタ
360. 怪談 蛇女@ヴェーラ
361. 誘拐@ヴェーラ
★362. 象を喰った連中@ヴェーラ
363. 拳銃無頼帖 抜き射ちの竜@神保町
364. 打倒@神保町

●10月

365. 浮気の季節@神保町
366. ハロルド・ディドルボックの罪@ヴェーラ
367. ロイドの人気者@ヴェーラ
　「72時間ホンネTV」テーマソングの打ち合わせを青山のAbemaTVでした後、ふわふわした気分で千駄ヶ谷から阿佐ヶ谷へ。だがラピュタ阿佐ヶ谷で観ようと思っていた番組は日にちを間違えていた。茫然としながら電車に乗って渋谷に出て、シネマヴェーラに向かう。ハロルド・ロイドの二本立て。「人気者」と「その後の人気者」の話。忘れられない1日。
368. 邪魔者は消せ@神保町
369. 銀座の女@ラピュタ
370. 見知らぬ乗客@新文芸坐
371. 拳銃無頼帖 電光石火の男@神保町
372. 男の怒りをぶちまけろ@神保町
373. 動くな、死ね、蘇れ！@ユーロスペース
374. 拳銃無頼帖 不敵に笑う男@神保町
★375. 胎動期 私たちは天使じゃない@ヴェーラ
376. 汚れた肉体聖女@ヴェーラ
★377. 紅の拳銃@神保町
378. 覗かれた足@ヴェーラ
★379. 人生選手@ヴェーラ
380. 新遊侠傳@ヴェーラ
381. 新遊侠傳遊侠往来@ヴェーラ
382. 拳銃無頼帖 明日なき男@神保町
383. 女の一生@ヴェーラ
384. 九十九本目の生娘@ヴェーラ
385. 闘争の広場@ヴェーラ
★★ 魚河岸帝国@ヴェーラ
　開巻間も無く、主人公・田崎潤が帝國ことと山村聰に会うまでの間、築地市場の喧噪の中を歩く場面はまるで『天井桟敷の人々』。寮室で取っ組み合いので喧嘩が始まるや、千秋実たちが卓袱台やコンロを片付け始め、襖や壁が易々と壊れていく描写。『寺内貫太郎一家』の久世光彦もしくは向田邦子はこの映画を知っていたのでは。圧巻は跳ね上がる勝鬨橋をジャンプして飛び越えるオート三輪。映画を観る歓びに溢れた大傑作。並木鏡太郎監督もまたマキノ門下？だと知る。
★387. 風雲三條河原@ヴェーラ
★388. 剣聖 暁の三十六番斬り@ヴェーラ
389. 眼の壁@ラピュタ
390. 恋の蘭燈@ヴェーラ
391. 窓から飛び出せ@ヴェーラ

※劇場名略称　ヴェーラ＝渋谷シネマヴェーラ／イメフォ＝渋谷イメージフォーラム／パトス＝銀座シネパトス／新橋文化＝新橋文化劇場／品川＝品川プリンスシネマ／ラピュタ＝ラピュタ阿佐ヶ谷／神保町＝神保町シアター／新文芸坐＝池袋新文芸坐

★392. 明日はどっちだ@ヴェーラ

満員の球場、観客席での殺人事件から始まる映画。快調な滑り出しかと思えば、なかなか進まない演出のテンポ。捕物帳でもハードボイルドな活劇でもなく、恋心を打ち明けることも出来ない優しくて凡庸なひとりの新聞記者の話。舟橋元が主役で、池部良が薬物中毒の悪役。島崎雪子の素晴らしさ。三井浩次の可笑しさ。新東宝映画の、かつての日本映画の豊かさ。監督・長谷部慶治。

393. 若い仲間たち うちら祇園の舞妓はん@神保町
394. 私と私@神保町
395. 日本一の色男@神保町
396. 深夜の告白@ヴェーラ
397. 西の王将・東の大将@神保町
398. あかね雲@新文芸坐
399. 大冒険@神保町
★400. 背広さんスカートさん@ヴェーラ
401. 日米花嫁花婿入替取替合戦@ヴェーラ
★402. 検事とその妹@ヴェーラ

日比野恵子という女優の美しさ、可愛さ、儚さにノックアウトされた3作。

★403. 女獣@ヴェーラ
★★ 山の讃歌 燃ゆる若者たち@新文芸坐

岩下志麻に恋をしているカメラ。監督・篠田正浩。

★405. わが恋の旅路@新文芸坐

●11月

406. 女豹の地図@ヴェーラ
★407. 少女妻 恐るべき十六才@ヴェーラ

その後の梅宮辰夫の『かも』『ひも』など平仮名2文字シリーズやら、山内恵美子の出る不良少女映画なんかの10年先を行っていた映画。天知茂の殺し屋。監督・渡邉祐介のデビュー作。

★★ 熱愛者@ラピュタ

企画・主演、岡田茉莉子。芥川比呂志をひたすらうっとり眺めるためのパーフェクトなアイドル映画を作ってしまったこの女優に対して、今後いっさい悪口を言わないと決意。妻を捨てて千之赫子との恋に生きる山村聰。恋愛を人生の全てと考える世界に住む人々。監督・井上和男。

「熱愛者 井上和男」あるいは「熱愛者 阿佐ヶ谷」で検索すると、評価は惨憺たるもので、唯一、遠藤倫子さんの感想に安堵する。ツイッターで映画の感想ツイートを読むのは楽しい。自分の気に入った映画が全く評価されていなかったり、今週誰もが絶賛していた映画が自分には退屈だったり。

409. 皇太子の花嫁@ヴェーラ
410. 悲しみは女だけに@ヴェーラ
411. 夕やけ小やけの赤とんぼ@ヴェーラ
412. 複雑な彼@ヴェーラ

この日から始まった「シネマヴェーラ的大映女優祭 小西康陽とシネマヴェーラ渋谷によるセレクション」はこの3本と渚まゆみさんトークショウよりスタート。自分は渚まゆみ、三木本賀代、藤由紀子、高毬子、そして松岡きっこの名前を挙げて、彼女たちの出演作の中から上映可能なものをよろしくお願いします、というだけのイージーな関わり方。未見だった作品が大多数。なのに大量の招待券を頂戴してしまい、ほぼ年末までヴェーラで只見。何と言っても、内藤由美子支配人によるレアな作品セレクトが圧巻だった。渚まゆみさんの美しさと気さくさに感動する最高のトークショウ。

★413. わたしの名は情婦@ヴェーラ
414. 乞食大将@ヴェーラ
415. 駿河遊侠傳 破れ鉄火@ヴェーラ
416. 幸福の限界@ヴェーラ
417. 銭のとれる男@ヴェーラ

三保敬太郎の音楽が秀逸。ジャズメンたちの話だから手を抜けないのは当然か。だが、トランペッター田宮二郎が舞台に穴を開けたとき、サックス奏者だったはずの大川修がフロントでトランペットを吹いている御都合主義には笑った。

418. 本日ただいま誕生@神保町
419. 生まれ変わった為五郎@神保町
420. クレージー黄金作戦@神保町
421. やればやれるぜ全員集合@神保町
422. 夜の縄張り@ヴェーラ
★★ 仁義@角川シネマ新宿

監督・ジャン・ピエール・メルヴィル。観ながら1960年代東映の深作欣二や石井輝男の撮ったギャング物のことを連想する。鶴田や高倉、江原真二郎や高英男、千葉真一や曽根晴美の出る映画。本末顛倒？ 東映なら二本にする話を一本に。スターの持つ磁力を最大限に活用する演出。傑作。

★424. いぬ@角川シネマ新宿
425. モラン神父@角川シネマ新宿
★★ 賭博師ボブ@角川シネマ新宿

こんなに素晴らしい、こんなに面白い映画だったとは。植草甚一がイノダのコーヒーを「飲むとおかわりしようと考えるが、飲み終わると満足してしまう」と言っていたが、そんな映画。でもやっぱり東映のギャング映画に似ているんだよ。

★427. 出獄四十八時間@ヴェーラ

監督・森一生。素晴らしい映画だったが、座席ひとつおいて隣りの席に座っていた鑑賞者はほぼ全編寝ていて、それはべつに構わないのだが、途中からかなり大きな寝息を立てていて、だんだん腹が立ってきてしまう。映画終了の直前、ようやく目を覚ましたと思しき件の鑑賞者が、自分との間の座席に置いていた鞄を取り上げた途端に、こちらもその座席に自分のトートバッグをどさりと置いた。こちらの剣呑な態度に気づいたのか、映画が終わって場内の灯りが点くと、件の鑑賞者は小さな声で、ふん、くだらねえ映画だ、と呟いて劇場を出て行った。

428. 脱獄者@ヴェーラ
429. 秘録おんな蔵@ヴェーラ

430. 影の軍隊@角川シネマ新宿
431. 復讐の切り札@ヴェーラ
★432. 雪の降る街に@ヴェーラ
433. 尼くずれ@ヴェーラ
434. かくれた人気者@ラピュタ
435. 信子@ラピュタ
436. ある道化師の二十四時間@角川シネマ新宿
★437. 海の沈黙@角川シネマ新宿
438. 暴れん坊街道@新文芸坐
439. 西城家の饗宴@ヴェーラ
440. 裏階段@ヴェーラ
441. B・G物語 易入門@ヴェーラ
442. 男の銘柄@ヴェーラ
443. 再会@五反田IMAGICA第1試写室
★444. 可愛いめんどりが歌った@ヴェーラ

森山加代子の歌う主題歌のレコードが大好きで観たかった映画。

驚いたのは、劇中で主人公・大空真弓が同じ曲を歌うと森山加代子よりずっと巧かったこと。

もうひとつ、鑑賞直後のツイートより。

ヴェーラ大映特集、『可愛いめんどりが歌った』の冒頭、菅原謙次の部屋の応接室の壁の「凱旋門を描いたユトリロ風の絵」の額。『B・G物語 易入門』の田宮二郎邸の応接間にも、たしか『裏階段』の司葉子と安部徹の家のリヴィングにも掛かっていた。先週の『雪の降る街に』にも出てきた？ 使い回し。

この「凱旋門を描いたユトリロ風の絵」の額、その後も田中重雄『献身』にも登場。さらに自分は未見だが阿佐ヶ谷ラピュタ・南美川洋子特集の上映作品で目撃したとの情報を田旗浩一さんより戴く。おそらく他にも出演作があるはず。ことによったら他社での出演作もあるのか。

445. 浮気のすすめ 女の裏窓@ラピュタ
446. 明日への盛装@ラピュタ

二本続けて松竹映画。なんと両方とも既に観ていて、頭を抱えてしまう。当時、松竹という会社はこうした一連の映画を誰をターゲットに作り続けたのか。それを考え始めると、苦手・嫌いを通り越してなんだか面白くなってくる。タイトルに「喜劇」と謳った、まったく笑えない喜劇。渋谷実の『二人だけの砦』『大根と人参』『悪女の季節』『バナナ』、中村登の『わが闘争』『集金旅行』、アチャコの出る殆どの映画、などなど。全ての日本人が「こういう映画が好きな奴もどこかにいるんだろうな」と考えていた映画の空洞。

447. 歌麿をめぐる五人の女@ヴェーラ
★448. 労働者の日記@ユーロスペース
449. ラプシーとドリー@ユーロスペース
450. 僕はラスト・カウボーイ@ユーロスペース
★451. かげろう笠@ヴェーラ
452. 西陣の姉妹@ヴェーラ
★453. 無法松の一生@ヴェーラ
★454. 白いトナカイ@ユーロスペース

満月の夜、色欲に飢えた人妻は魔女となって村人たちに襲いかかる！ ってまさかの新東宝映画っぷりに唖然！ 村の男たちが魔女の化身・白いトナカイを討つために槍を鋳鉄する場面は「英才・曲谷守平」のクレジットを思い出さずには観ることが出来ず。下村健さま必見！

455. 少年たち@ユーロスペース
456. 美しさと哀しみと@ラピュタ
457. 愛情の系譜@ラピュタ
458. 白い牙@ラピュタ
★459. 道場破り@ラピュタ

これもまた山本周五郎。なんと「雨あがる」と同じ原作。丹波哲郎の去り際の台詞に泣かされてしまう。監督・内川清一郎。

●12月

460. 夏の夜の人々@ユーロスペース
461. 小さな花の物語@ヴェーラ
462. 女房族は訴える@ヴェーラ
★463. いらっしゃいませ@ヴェーラ
464. 天下御免@ヴェーラ
★465. この声なき叫び@ラピュタ
★466. 忍法忠臣蔵@新文芸坐

『忍法忠臣蔵』新文芸坐。珍作・怪作・傑作。さすが『集団奉行所破り』の長谷川安人。さすが『真田風雲録』加藤泰の漫画スピリット。津島利章の音楽はまだ十二音音楽ふう。大きなスクリーンで観ることが出来て嬉しいが、同時に深夜のTVで観たらたまらないはずの映画。本日限り！

467. 珍説忠臣蔵@新文芸坐
★468. 甘い夜の果て@ヴェーラ
469. 宴@ラピュタ
470. 夢でありたい@神保町
★471. 総会屋錦城 勝負師とその娘@神保町

島耕二の最高傑作は片山明彦、とか言っていた不明を恥じる。その片山明彦、志村喬、轟夕起子、柳永二郎らの演技合戦。ほぼ台詞のない山本礼三郎と市田ひろみ、品川隆二、藤巻潤、そして川崎敬三。志村喬の浪花節が吹替えなのが唯一の瑕。傑作。

472. 女の橋@ヴェーラ
473. ひとり寝@ヴェーラ
★474. 忠臣蔵 花の巻 雪の巻@新文芸坐

新文芸坐の東宝版・稲垣浩『忠臣蔵』が素晴らしかった。司葉子や浜美枝や田村奈巳、藤山陽子が出るのを目当てに行ったのだが、浜美枝も田村奈巳も台詞はひとこ

※劇場名略称　ヴェーラ＝渋谷シネマヴェーラ／イメフォ＝渋谷イメージフォーラム／パトス＝銀座シネパトス／新橋文化＝新橋文化劇場／品川＝品川プリンスシネマ／ラピュタ＝ラピュタ阿佐ヶ谷／神保町＝神保町シアター／新文芸坐＝池袋新文芸坐

と。藤山陽子は台詞無し！　でもこれが初日だったら全部行ってた。というか、他の日の上映をパスした自分のバカ。無念なり。

稲垣浩『忠臣蔵』新文芸坐。まるで東宝のファン感謝祭。大村千吉や稲葉義男などタイトルロールに名前の無い俳優も数多。スター満載の多幸感が『シンゴジラ』と共通、と一緒に観た方が言う。星由里子、原節子ら女優を綺麗に撮る監督。大してファンでもない自分が、いかにも稲垣浩、と感じるのは何故か。

稲垣浩『忠臣蔵』、後編『雪の巻』冒頭、フランキー堺と横山運平が二人で会話するシーン。べつに特別な場面でもないのに涙腺決壊。そこから泣いてばかり。東宝ファン感謝祭、という以上に、新旧映画ファンへの目配せに溢れた映画だった。

「東京の街に雪が降る日、ふたりの恋は終わった」って、映画のタイトルとか主題歌に使われたりしないだろうか。忠臣蔵の話とか、二・二六事件の話とか。

★475. 献身＠神保町

思わず映画は大映、と囁きたくなるほど素晴らしい。和製アンソニー・パーキンスこと川崎敬三の魅力？爆発。サイコパスという言葉のない時代のサイコパス。ラヴシーンの下手な宇津井健。何より叶順子が最初に画面に現れる時の驚くほどの美しさ。金曜日までですよ！

それにしても、この映画の叶順子の登場場面には息を呑んだ。かつて、フィルムセンターで『黒い十人の女』を観た翌日、同じく市川崑の『鍵』を観て、ああ、スターでも美人じゃない人がいるのか、と思ったあの叶順子。監督・田中重雄。

476. 大岡政談妖棋傳　白蝋の仮面＠ヴェーラ

477. 大岡政談妖棋傳　地獄谷の対決＠ヴェーラ

478. 女の一生＠ラピュタ

479. 正々堂々＠ラピュタ

★480. 稲妻＠ラピュタ

稲垣美穂子に驚かされる映画と遭遇した日。監督・大庭秀雄。

481. 色ぼけ欲ぼけ物語＠ヴェーラ

482. 新遊侠伝＠ヴェーラ

483. 江戸一寸の虫＠ヴェーラ

484. 希望のかなた＠ユーロスペース

★485. 湖愁＠ヴェーラ

486. お夏捕物帳通り魔＠ヴェーラ

487. 伝七捕物帳　美女蝙蝠＠ヴェーラ

488. 色の道教えます　夢三夜＠五反田IMAGICA　第1試写室

★489. 裁かれる越前守＠神保町

★490. 古都憂愁　姉いもうと＠角川シネマ新宿

★491. 汚名＠ヴェーラ

492. 山羊座のもとに＠ヴェーラ

★493. 第3逃亡者＠ヴェーラ

494. 地獄花＠角川シネマ新宿

495. 下宿人＠ヴェーラ

496. 疑惑の影＠ヴェーラ

★497. あした晴れるか＠ラピュタ

498. 極楽島物語＠ラピュタ

499. 皆殺しのスキャット＠ラピュタ

500. おじいちゃんはデブゴン＠池袋

★501. 悪魔のいけにえ＠新文芸坐

34年ぶりに観る。前回観たのはグリニッジヴィレッジのホテルの真裏にあった名画座。その劇場ではロッキーホラーショウ他、かつてカルト・ムーヴィーとして扱われていた映画を週に7本、日替わりで夜の10時から上映。観た、という体験だけが残る傑作。

502. ゾンビ＠新文芸坐

★503. ロープ＠ヴェーラ

504. 私は告白する＠ヴェーラ

ところで、都内の名画座によく通う人なら誰でも知っている、というか、みんなお世話になっているはずの「名画座かんぺ」の発行人・のむみちさんのお声掛けで映画ファンの有志が選定し投票している「かんぺ大賞」に、何年か前より自分も参加している。

この「かんぺ大賞」は本当に楽しい催しで、そこには根回しも裏工作も組織票もない。「その年に名画座で上映された」「旧作映画」で「自分が劇場に足を運んで観たもの」ならば、どれでも好きに選ぶことが出来る。

だから、たとえば誰かが成瀬巳喜男の『秋立ちぬ』が好きで毎年どこかで掛かる度に劇場で鑑賞しては毎回、作品賞に選ぶことだって自由なのだが、たいていの人はそれをしない。たいていの人は、その年に初めて観て知って感動したりびっくりしたり涙が出るほど大笑いした映画に投票する。

そうすると成瀬の『秋立ちぬ』だろうと、千葉泰樹の『裸の重役』だろうと、数年前に観ている人には選べない。ことし劇場で初めて観て感動した人だけが、その映画に投票出来る、というルール、ではないな、仕組みというか、仕掛けなのが面白いんですね。

では、もうほとんどの、大概の映画を観てしまった、という人には、もはや投票する権利がない、というか、馬鹿馬鹿しくてそんなことやってられない、ということになるのか、というと、そんなことはけっしてないはずで、この世にはまだまだ「埋もれていた」作品や、「発見された」作家が次から次へと現れる。それにもうひとつ、すべての映画を観尽くしてしまった頃には、かつての新作が旧作になっているし、何より、かつて観たはずの映画もすっかり忘れてしまっている。

さて、去年観たはずの映画さえすっかり忘れているオレの選んだ「かんぺ大賞」は以下の通り。たいていの投票者の皆さんは助演男優賞と助演女優賞を選んでいらっしゃるのだが、その言葉を聞いた途端に三島雅夫と初井言栄の顔しか浮かばない自分には、ちょっと選べそうにない。

作品賞：邦画　並木鏡太郎『魚河岸帝國』

作品賞：洋画　ジャン・ピエール・メルヴィル『賭博師ボブ』

女優賞　佐藤友美『甘い秘密』

男優賞　芥川比呂志『熱愛者』

「風ふたゝび」1952／豊田四郎 © TOHO CO.,LTD.
入場券 800円
伝説の美女、魅惑の独演
昭和の銀幕に輝くヒロイン[第75弾]
原節子
2014年11月23日[日]—2015年1月24日[土] ラピュタ阿佐ケ谷
<御1名様当日1回限り有効> Tel:03-3336-5440

1960年／斉藤正夫 松竹株式会社
伝説の美女、魅惑の独演
昭和の銀幕に輝くヒロイン[第84弾]
鰐淵晴子
2017年2月12日[日]—4月15日[土] ラピュタ阿佐ケ谷
<御一名様当日1回限り有効> Tel:03-3336-5440

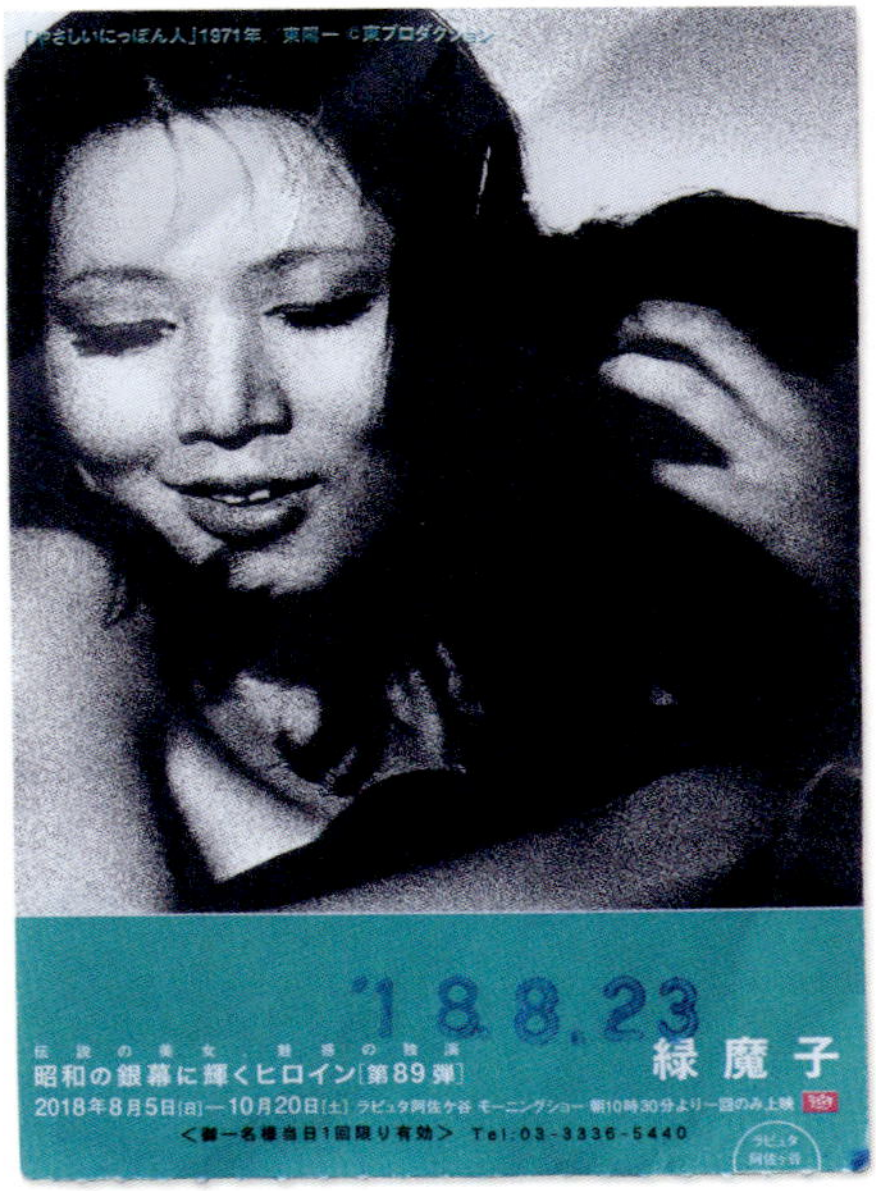
「やさしいにっぽん人」1971年、東陽一
伝説の美女、魅惑の独演
昭和の銀幕に輝くヒロイン[第89弾]
緑魔子
2018年8月5日[日]—10月20日[土] ラピュタ阿佐ケ谷 モーニングショー 朝10時30分より一回のみ上映
<御一名様当日1回限り有効> Tel:03-3336-5440

「充たされた生活」／羽仁進 ©1962 松竹株式会社
入場券 800円
伝説の美女、魅惑の独演
昭和の銀幕に輝くヒロイン[第70弾]
有馬稲子
2013年9月1日[日]—2013年11月9日[土] ラピュタ阿佐ケ谷
<御1名様当日1回限り有効> Tel:03-3336-5440

昭和の銀幕に輝くヒロイン［第96弾］
轟夕起子
2017年8月20日［日］—10月21日［土］ラピュタ阿佐ケ谷

昭和の銀幕に輝くヒロイン［第87弾］
南美川洋子
2017年10月22日［日］—12月30日［土］ラピュタ阿佐ケ谷
＜一名様当日1回限り有効＞ Tel:03-3336-5440

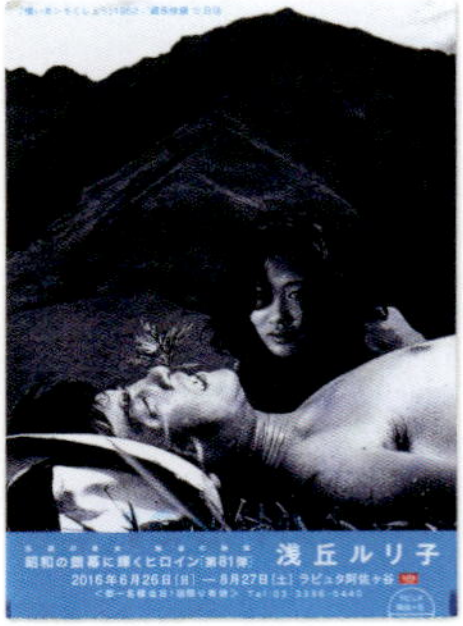
昭和の銀幕に輝くヒロイン［第81弾］
浅丘ルリ子
2016年6月26日［日］—8月27日［土］ラピュタ阿佐ケ谷

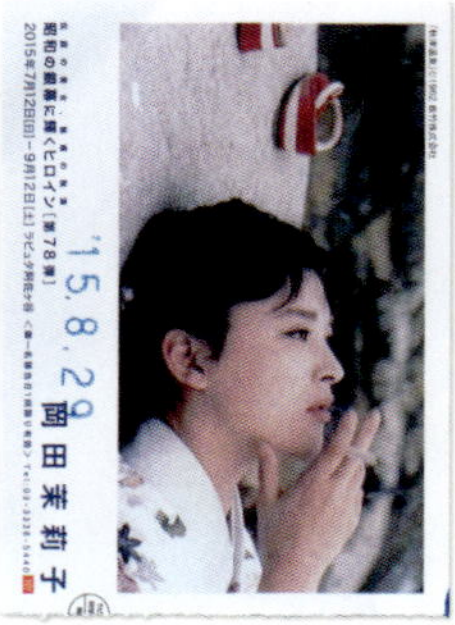
昭和の銀幕に輝くヒロイン［第78弾］
2015年7月12日［日］—9月12日［土］ラピュタ阿佐ケ谷
岡田茉莉子
'15.8.29

わたしたちの芹明香
2014.4.19［Sat］—7.11［Fri］ ラピュタ阿佐ケ谷
14.5.11
入場券

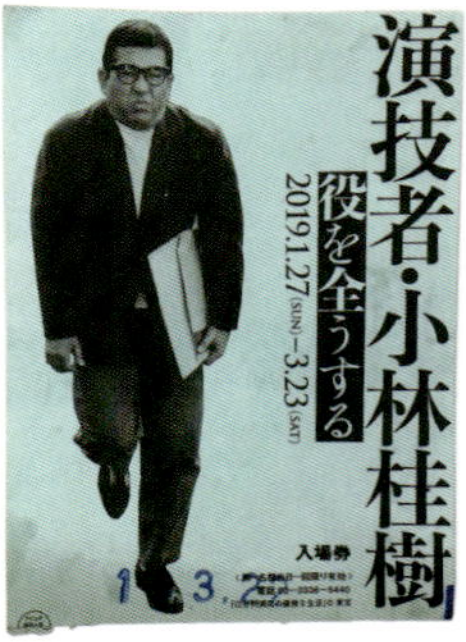
演技者・小林桂樹
役を全うする
2019.1.27（SUN）—3.23（SAT）
入場券

vivid:
日活文芸映画
は弾む
2017.6.18—8.19
LAPUTA ASAGAYA
入場券

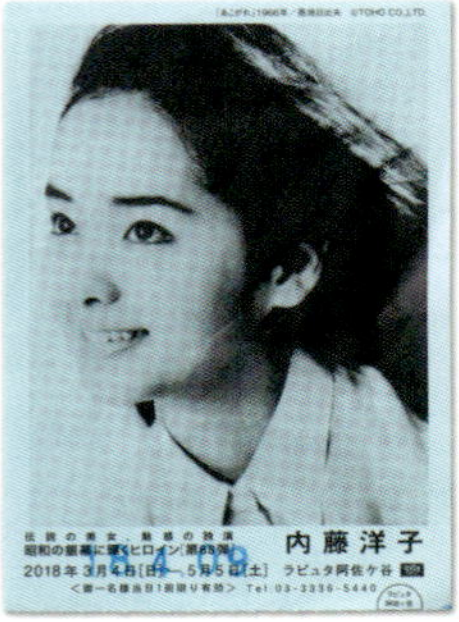
内藤洋子
2018年3月4日［日］—5月5日［土］ラピュタ阿佐ケ谷
＜一名様当日1回限り有効＞ Tel:03-3336-5440

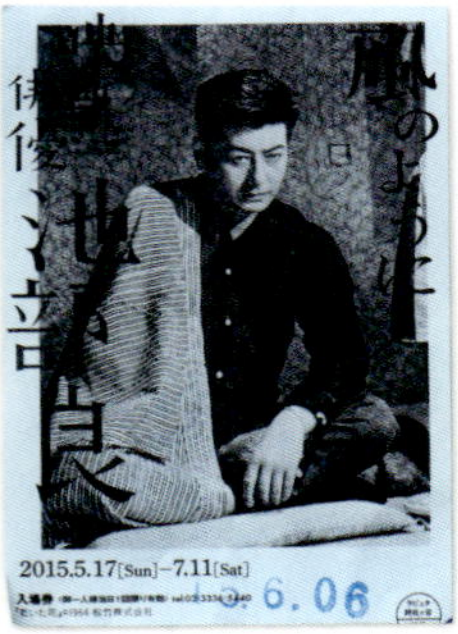
2015.5.17［Sun］—7.11［Sat］
5.6.06
入場券

漢◎佐藤允！
BANG! BANG!
BANG!
2013.7.28Sun—9.21Sat
LAPUTA ASAGAYA
入場券
「手錠をかけろ」©東宝

兵隊やくざ
LAPUTA ASAGAYA MORNING SHOW

日本映画の至宝
加東大介
The Great Actor
11.23［Sun］—2014 1.24［Sat］—2015
入場券

蔵出し！
日活レアもの祭
2013.9.22—11.23 LAPUTA ASAGAYA
入場券

稀代のエンターテイナー！
フランキー
太陽傳
2016.8.14—10.15
入場券

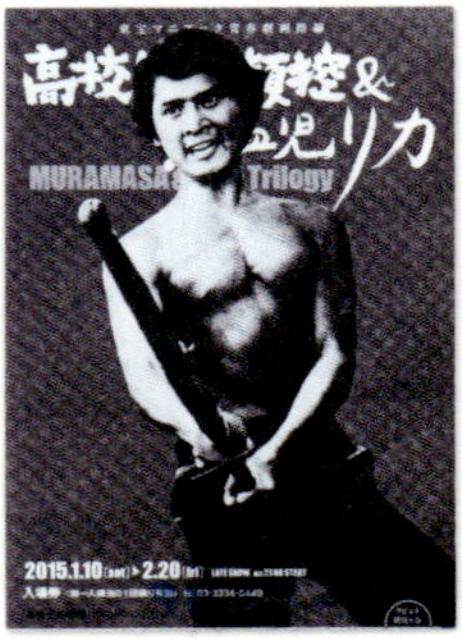
MURAMASA Trilogy
2015.1.10［Sat］▶2.20［Fri］
入場券

LONE
WOLF
AND
CUB
若山富三郎の子連れ狼
LATE SHOW
LAPUTA ASAGAYA
入場券 ＜御1名様当日1回限り有効＞ Tel:03-3336-5440

お茶の間からスクリーンへ!
劇場版のおた・の・し・み
2014.1.5→3.8
LAPUTA ASAGAYA
入場券

松山善三
夫婦で歩んだ人生
高峰秀子
入場券

鉄腕脚本家
高田宏治
2014年4月27日[日]—6月14日[土] ラピュタ阿佐ケ谷
入場券

映画プロデューサー
藤井浩明
大いなる軌跡
入場券 1,200円

ラピュタ阿佐ケ谷
山崎徳次郎の仕事
Tel:03-3336-5440
入場券

ピカレスク スクリーンで味わう〈悪〉の愉しみ
2016.12.18[Sun]–2017.2.18[Sat]
入場券

17.1.28
ピカレスク スクリーンで味わう〈悪〉の愉しみ
2016.12.18[Sun]–2017.2.18[Sat] LAPUTA ASAGAYA
入場券
『かもとねぎ』©TOHO CO.,LTD.

映画のすべてを記録する
白鳥あかね
スクリプター
人生
LAPUTA ASAGAYA
6.15–8.9 2014
入場券

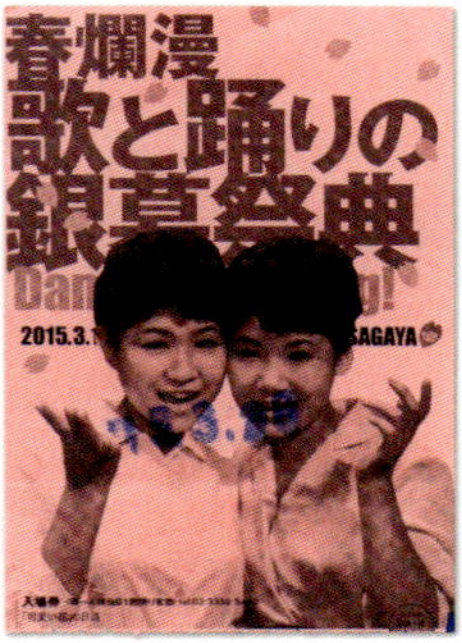
春爛漫
歌と踊りの
銀幕祭典
入場券

ミステリ劇場へ、
ようこそ。2014
入場券

ピカレスク スクリーンで味わう〈悪〉の愉しみ
2016.12.18[Sun]–2017.2.18[Sat] LAPUTA ASAGAYA
入場券

事件記者
BUN-YA SPIRITS
'14.2.10
入場券 ¥800
「事件記者 深夜の目撃者」©日活

コメディ天国
It's 笑 Time!
2017.12.24 SUN
–2018.2.17 SAT
LAPUTA ASAGAYA
入場券

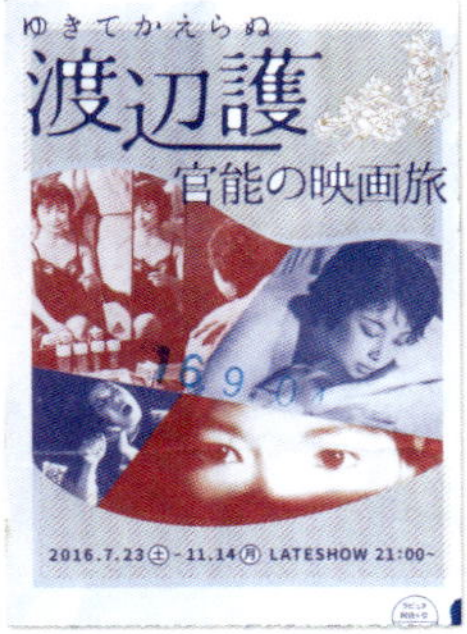
ゆきてかえらぬ
渡辺護
官能の映画旅
2016.7.23(土)–11.14(月) LATESHOW 21:00~

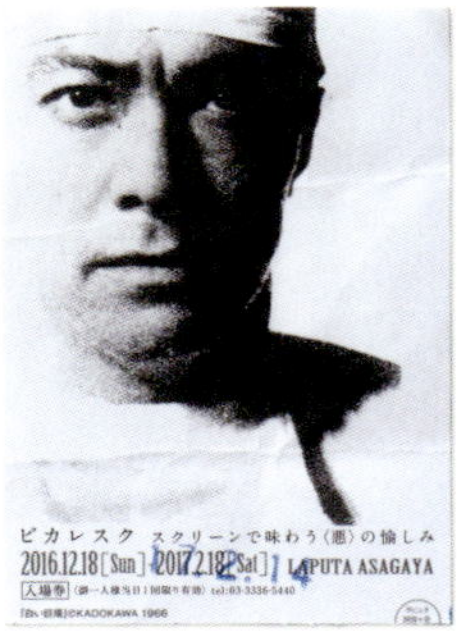
ピカレスク スクリーンで味わう〈悪〉の愉しみ
2016.12.18[Sun]–2017.2.18[Sat] LAPUTA ASAGAYA
入場券
©KADOKAWA 1966

庶民の笑いと日常と
松竹大船撮影所
2014.8.10(日)→9.20(土)
入場券

この数年の間に通った名画座の上映プログラム案内などが捨てられずに集まってしまった。なにか調べものをするときはインターネットに頼るので、もう一度見返すことなどないのだが。

扉の裏に載せたのは新橋文化劇場が閉館する2014年８月のプログラム。この月は第２週、第３週、第４週の二本立てを観に行ったが、ラストショーとなった『タクシー・ドライバー』『デスプルーフ in グラインドハウス』は以前に観ている、という理由で行かなかった。そのことをいまでもすこし後悔している。

ラピュタ阿佐ヶ谷のチケットもデザインが美しいのでいつも捨てずに取ってある。大切にコレクションするつもりなら、入場したあとすぐにファイルか何かに収めるべきだが、いつもついジーンズのポケットに捻じ込んでしまうので、くしゃくしゃになってしまう。この劇場の特集上映はいつもいくつか違う種類のデザインを作っていて、佐藤允やフランキー、加東大介などは８種類くらいデザイン違いがあったはずだが、すべてを集めたかどうかはわからない。

このページの写真は2011年の『イン・ザ・シティ』という雑誌の取材のときに三軒茶屋中央劇場という映画館で撮影したもの。劇場の外壁に大きく飾られていた河童の絵を憶えている人も少なくないはずである。2010年にこの劇場でジャック・ロジエの特集があって、『オルエットの方へ』という長い映画を観た。ほかに短編が掛かったはずなのだが、それは見事に記憶から抜け落ちている。ここも2013年に閉館した。

特集賞 シネマヴェーラ『玉石混淆?!秘宝発掘！新東宝のもっとディープな世界』

監督賞 松山善三『われ一粒の麦なれど』『父と子 続・名もなく貧しく美しく』

特別賞、というか、全く個人的な理由で心を揺さぶられてしまい、もちろん他人にお薦めしたりするつもりなどない極私的作品賞

川頭義郎『伊豆の踊子』

今年もたくさん映画を観たい。劇場の暗闇の中で映画を観ている間だけ、何もかも忘れてしまいたい。

【2018年】

クリスマス・イヴが月曜日だった12月の第四週は、月曜、金曜、土曜とDJの仕事が続いた。とくに金曜は夕刻より横浜・山手のレストラン、そのあとは深夜に渋谷区・富ヶ谷のバー、というスケジュールで、もちろん帰宅は早朝。翌日の土曜は午後の3時近くに目醒めて、そこからDJの準備を始めたので、つまり金曜・土曜はまったく映画を観ることができなかった。

明けて日曜、前日と同じく、やはり午後の3時近くに起床して、さてきょうこそは何か映画を観てやるぞ、と張り切っていたのだが、12月最後の日曜日、シネマヴェーラ渋谷は朝から『モスクワへの密使』『将軍暁に死す』『恐怖のまわり道』『夜の人々』『危険な場所で』『ショックプルーフ』とすでに観てしまった映画ばかりが並んでいる。ちなみに翌日は、と調べてみると、やはり朝から『犯罪王ディリンジャー』『十字砲火』『緑色の髪の少年』『将軍暁に死す』『モルグ街の殺人』というラインナップで、いつもなら最終回となる19時台の回は大晦日ゆえに休映であった。

すると12月27日・水曜日の夕方5時45分に観た『犯罪王ディリンジャー』で今年のシネマヴェーラは終了、ということだったのか。29日の土曜日の夜の回に掛かった西部劇『裸の拍車』を観るのは年明けに持ち越しなのか、と考える。

それにしても昨年はシネマヴェーラにばかり通っていた。シネマヴェーラと阿佐ヶ谷ラピュタ。ここ数年、ずっとそうなのだけれども、もはや映画が好きで通っているのか、それとも劇場でぼんやりと時間を過ごすことが楽しくて通っているのか、よくわからなくなっている。2018年に作らせていただいた大映映画のスチール写真集『いま見ているのが夢なら止めろ、止めて写真に撮れ。』という本の出版記念のトークショウにおける、質疑応答のような時間に「日本映画だけではなく、洋画の特集にも通っているようだが、外国映画も積極的に観ているのか」と尋ねられて、そのときに「名画座に通っているのは惰性からです」と答えた記憶があるのだが、それは正直な気持ちだったはずだ。

ほんとうに映画を好きなら、毎週のように届く試写状を無駄にするべきではないのに。いよいよTVを購入して「時代劇専門チャンネル」や「日本映画専門チャンネル」「チャンネルNECO」あるいは「東映チャンネル」などと契約するほうが良いのに。

だけど、こころはすぐ変わる。というのは寺山修司がカルメン・マキに書いた歌の一節だったか。まだ普通に歩けるうちはなるべく劇場で映画を観ておきたい。もう都内の名画座で掛かるような作品はほぼ観尽くしてしまった、という人もいるけれども、じぶんはお小遣いが許すなら、2回目、2巡目を観るのも悪くはない、と思っている。いそいそと劇場まで出掛けていって、いざ映画が始まるや以前に観た作品だったと気づいたときには誰だって自分の記憶力の貧しさに落胆するものだが、2回目と知っていて鑑賞するのは贅沢なことだ、と考えるようになった。そこに気づかせてくれたのは、この秋の阿佐ヶ谷ラピュタの【もう一度みたいにおこたえします】という特集である。

など、じぶんもたいがいの映画は片端から観てしまったような口をきいているけれど、いや、まだぜんぜん追いつかないのだ。新作映画など、ほぼまったく観ていないに等しい。

けっきょく12月最後の日曜日は目黒の映画館でヒュー・ジャックマン主演のミュージカル二本立てを観た。『グレイテスト・ショーマン』は最高に感動して何度も泣いてしまったが、『レ・ミゼラブル』のほうはスクリーンを観ながら、気持ちは完全に離れていつの間にか目下の懸案事項のことを考えていた。映画館では、それもまた愉しい。

●1月

1. 荒野のガンマン@新文芸坐
2. 顔役と爆弾娘@ラピュタ
3. ミュンヘンの夜行列車@ヴェーラ
4. バルカン超特急@ヴェーラ
5. 情熱と美学：サム・ペキンパーの闘い@新文芸坐

★6. コンボイ@新文芸坐
★7. 戦争のはらわた@新文芸坐
★8. 清水港の名物男 遠州森の石松@神保町
★9. 恋山彦@神保町
10. 間諜最期の日@ヴェーラ
★11. 海外特派員@ヴェーラ
★12. ぽんこつ@ラピュタ
★13. 港祭りに来た男@神保町

※劇場名略称 ヴェーラ＝渋谷シネマヴェーラ／イメフォ＝渋谷イメージフォーラム／パトス＝銀座シネパトス／新橋文化＝新橋文化劇場／品川＝品川プリンスシネマ／ラピュタ＝ラピュタ阿佐ヶ谷／神保町＝神保町シアター／新文芸坐＝池袋新文芸坐

★★パラダイン夫人の恋@ヴェーラ

15. 江戸っ子繁昌記@神保町

16. ふしだらな女@ヴェーラ

17. レベッカ@ヴェーラ

18. 100発100中 黄金の眼@新文芸坐

19. 100発100中@新文芸坐

20. 暗殺者の家@ヴェーラ

21. 逃走迷路@ヴェーラ

22. みな殺しの拳銃@新文芸坐

23. 拳銃（コルト）は俺のパスポート@新文芸坐

24. スミス夫妻@ヴェーラ

25. リッチ・アンド・ストレンジ@ヴェーラ

26. 右門捕物帳 からくり街道@神保町

27. 野獣死すべし 復讐のメカニック@新文芸坐

★28. 野獣狩り@新文芸坐

29. ダウンヒル@ヴェーラ

★30. 月の出の決闘@神保町

　青山杉作という俳優。

31. 決闘高田の馬場@神保町

★32. 花嫁さんは世界一@ラピュタ

　新藤兼人『花嫁さんは世界一』阿佐ヶ谷ラピュタ。

　この映画を観ていてどうしても思い出すのは同じ監督が前年に撮った『悲しみは女だけに』。米国に移民した田中絹代と、移民二世のフランキー堺が、日本に来て俗人たちと交わる聖人？ として描かれる。まさに表裏一体の映画だが、こちらは愛らしい小品。

　脚本家である新藤兼人は全ての場面を中庸に撮る。特別な構図や狙った演出を慎重に避け、まるで脚本だけがあってスタイルなど必要としないかのように。だからラスト、雪村いづみのハイヒールが突然踊る場面で泣かされてしまう。うーん、お見事。やられました。

　それにしてもこういう映画を拾い上げ、ニュープリントでかけてしまう阿佐ヶ谷ラピュタという劇場には気概を感じる。文化というのはこういうこと。

　「映画監督が、結婚した相手の女優をどう使うか」問題。誰か女性の映画研究家の方、書いてくださいませ。新藤兼人は乙羽信子の使い方に照れがある。昨日の須川栄三『野獣死すべし 復讐のメカニック』の真里明美の使い方は良し。大島渚と小山明子も良し。いちばんダメなのは篠田正浩と伊丹十三。

★33. 早春@恵比寿ガーデンシネマ

　これは若い時に観たかった。そう考えたのは、映画の至るところににっかつロマンポルノの記号を発見したから。canがコスモスファクトリーならキャット・スティーヴンスはダッチャ。J.モルダー・ブラウンは風間杜夫。あー、若い時に観たかった。

　絵沢萠子も高橋明も出てきたスコリモフスキ『早春』。

34. 東京市街戦@ヴェーラ

★35. 花を喰う蟲@ヴェーラ

★36. 帰ってきた狼@ヴェーラ

37. 地下街の弾痕@神楽座

38. 初恋三人息子@ラピュタ

★39. 三等兵親分@ラピュタ

40. 「無頼」より 大幹部@ラピュタ

★41. 警視庁物語 血液型の秘密@ラピュタ

42. 雪の渡り鳥@新文芸坐

43. 東京エロス千夜一夜@ヴェーラ

44. 「妻たちの午後は」より 官能の檻@ヴェーラ

45. 紅夜夢@ヴェーラ

★46. 団地妻 昼下りの情事@ヴェーラ

★47. あなたと私の合言葉 さようなら、今日は@新文芸坐

●2月

48. 喜劇 ギャンブル必勝法@ラピュタ

49. 番頭はんと丁稚どん@ラピュタ

　偶然にも主演の大村崑さんが映画を観に来ていて、「名画座かんぺ」にサインを頂戴してしまった。準主役の菅佐原英一という俳優が、風貌も演技もまるで和製ゲイリー・クーパーで印象的だった。

★50. 経営学入門 ネオン太平記@ラピュタ

51. 大幹部 無頼@ラピュタ

★52. 欲望の翼@ル・シネマ

53. 短編集c@ヴェーラ・ぷらすちっく・炭坑・キャメラ探訪 都会の裏側

54. どこかで春が@ヴェーラ

55. 短編集A@ヴェーラ・海に生きる 遠洋底曳漁船の記録・新風土記 北陸

★56. 逃げ去る恋@早稲田松竹

★57. 家庭@早稲田松竹

★58. 警視庁物語 聞き込み@ラピュタ

59. 貴族の階段@新文芸坐

60. 女の教室@新文芸坐

61. 短編集B@ヴェーラ・私たちの新聞・若い村・野を超え山を超え

　『若い村』のナレーション、クレジットはなかったが、たぶん清水元だろう。

62. ・二十歳の恋 フランス篇 アントワーヌとコレット

★★夜霧の恋人たち@早稲田松竹

63. 強虫女と弱虫男@ラピュタ

64. ポルノギャンブル喜劇 大穴中穴へその穴@ラピュタ

65. 夜明け前の子供たち@ヴェーラ

66. そっちやない、こっちや コミュニティケアへの道@ヴェーラ

★67. 何がジェーンに起ったか？@新文芸坐

★★砂漠の流れ者 ケーブル・ホーグのバラード@新文芸坐

69. 短編集E@ヴェーラ・東京裁判 第三輯 眞珠湾奇襲・ビール誕生・室町美術

70. 野獣を消せ@ラピュタ

71. 予兆 散歩する侵略者 劇場版@目黒シネマ

72. 散歩する侵略者@目黒シネマ

73. 短編集D@ヴェーラ・東海の民芸を訪ねて 第1部・富士山頂観測所・おばあさん学級

74. 無頼 殺せ@ラピュタ

★★闇を裂く一発@ヴェーラ

76. 天晴れ一番手柄 青春銭形平次@ラピュタ

77. 夜の牙@ラピュタ

78. 前科・仮釈放@ラピュタ

79. 勝利と敗北@ヴェーラ

80. 一刀斎は背番号6@ヴェーラ

81. ごろつき犬@ヴェーラ

82. 早射ち犬@ヴェーラ

83. 風速七十五米@ヴェーラ
84. 宇宙人、東京に現わる@ヴェーラ

●3月

85. 斬り込み@ラピュタ
★★ スリー・ビルボード@TOHOシネマズ六本木
87. ギミー・デンジャー@早稲田松竹
88. パターソン@早稲田松竹
89. 花実のない森@ヴェーラ
90. あるセックス・ドクターの記録@ヴェーラ
★91. 五瓣の椿@ラピュタ

野村芳太郎『五瓣の椿』ラピュタラピュタ。この監督、岩下志麻、ということでつい減点法になる。何でもモノローグで語ってしまう。ぎこちないクレーン移動。変な照明。減点ばかり、と思えば、映画の嘘を大胆に使う。そもそも長過ぎる、と思ったが、この休憩と第二部の使い方にはびっくり。やられた。

田村高廣、岡田英次、伊藤雄之助、沢村いき雄、谷晃、渡辺篤、永井智雄、千野赫子、高橋とよ、西村晃、小沢昭一、早川保、入川保則、河野秋武、柳沢真一となんだかラピュタで観るのが嬉しい配役。でもなんといっても美しい加藤剛。ラスト、思わず目の淵から滲む涙を拭うと加藤剛も同じ演技をした。

★92. 15時17分、パリ行き@T・JOY品川

驚きの映画。『インヴィクタス』の爽快さが戻ってきた。クリント・イーストウッド、最高！

93. 極道社長@ヴェーラ
94. 三池監獄 兇悪犯@ヴェーラ
★95. 竜二@ヴェーラ
★96. 鉄と鉛@ヴェーラ
★97. お嫁においで@ラピュタ
98. 獄門島 総集編@ラピュタ
★99. 冷血の罠@神保町
100. レイクサイド マーダーケース@神保町
101. さらば映画の友よ インディアン・サマー@ヴェーラ
102. クソ野郎と美しき世界@キノフィルムズ試写室
103. 河内のオッさんの唄@ヴェーラ
104. ピラニア軍団 ダボシャツの天@ヴェーラ
★105. 伊豆の踊子@ラピュタ
106. 土俵物語@神楽座
★107. 新・座頭市物語@神保町
★108. 親不孝通り@神保町
109. 東京の瞳@神保町
★110. 三つの顔@ヴェーラ
111. 密告@ヴェーラ

●4月

★112. 雌が雄を喰い殺す かまきり@ヴェーラ

加東大介が扮するワンマン社長の名前を記憶してしまった。大田黒軍平！ 加東大介、最高の俳優。

★113. 雌が雄を喰い殺す 三匹のかまきり@ヴェーラ
★114. 「空白の起点」より 女は復讐する@ヴェーラ
115. ど根性一代@神保町
★★ 育ちざかり@ラピュタ

この映画に対する評価のほとんどは、三人姉妹の長女を演じた村松英子の美しさに対するもの。

117. 牡丹灯籠@神保町
118. 地獄の波止場@ヴェーラ
119. 大江山酒天童子@神保町
★120. 第三の死角@ヴェーラ
121. 年ごろ@ラピュタ

森谷司郎と出目昌伸を隔てるもの。そこに現在の映画ファンの好み、もしくは興味があるのでは。

★122. 狂った脱獄@ヴェーラ

奇しくも岡田真澄の登場作品を二本続けて鑑賞。大きなスクリーンで観る価値のある岡田真澄の唯一の欠点はときどきE・H・エリックそっくりに見えること。

★123. 麻薬3号@ヴェーラ

古川卓巳『麻薬3号』シネマヴェーラ。南田洋子と恋に落ちた長門裕之は彼女をホテルに投宿させ、仕事に戻る。それを南田が追いかけると、部屋に戻れ、と命ずる長門。一緒に歩きたいのよ。すると、俺は女のそういうところが大嫌いなんだ、と吐き捨てるように言って歩み去る。傑作だと確信した場面。

124. 真っ赤な恋の物語@ヴェーラ
125. 愛河@神保町
126. 悪名一番勝負@神保町
127. 獣の通る道@ヴェーラ
128. 銭形平次捕物控 美人鮫@神保町

映画自体はあまり楽しめなかったが、シャンバロー、という、いわゆる「ボーイズ」が出演して芸を披露していたのが印象に残った。何というか音楽的で、面白いのだ。船越英二が八五郎でボケというか、完全な道化役で面食らった。あまり成功しているとは思えず。

★129. 8時間の恐怖@ヴェーラ
130. 旅はお色気@神楽座
★131. 雑兵物語@神保町
132. 七人の野獣 血の宣言@ヴェーラ
133. わたしを深く埋めて@神保町
134. 都会の叫び@ヴェーラ
135. 失われた時@ヴェーラ
136. マダム・サタン@ヴェーラ
137. 雨@ヴェーラ
★138. 魔の家@ヴェーラ

仕事が終わってから一本だけ観た映画が素晴らしかった。伝奇小

※劇場名略称　ヴェーラ＝渋谷シネマヴェーラ／イメフォ＝渋谷イメージフォーラム／パトス＝銀座シネパトス／新橋文化＝新橋文化劇場／品川＝品川プリンスシネマ／ラピュタ＝ラピュタ阿佐ヶ谷／神保町＝神保町シアター／新文芸坐＝池袋新文芸坐

説の映画化なのか、ホラーなのか、それとも恋愛コメディなのか、いつまでもハッキリしないところが最高！　感想ツイートは概ね不評なのも嬉しい。トゥイギーみたいな美貌のグロリア・スチュアートにうっとり。

139. 恋は雨上がりのように@東宝試写室
140. 快楽@ヴェーラ
141. 第三の男@ヴェーラ
142. 娘ざかり@ラピュタ
143. 暗黒への転落@ヴェーラ
★★　五本の指@ヴェーラ

ジェイムズ・メイスンの魅力にひたすら酔う映画。ジョゼフ・L・マンキウィッツ監督。

145. ジョンソンにはうんざり@ヴェーラ

「ジョンソンにはうんざり」にはうんざり。

●5月

146. ある日わたしは@ラピュタ
147. かあちゃん@神保町
148. ボロ家の春秋@神保町
149. いちごブロンド@ヴェーラ
★150. 我が家の楽園@ヴェーラ
151. ひとり狼@角川シネマ新宿
152. 呪われた城@ヴェーラ
153. レオパルドマン　豹男@ヴェーラ
154. 遊撃戦　第1話「遊撃隊前へ」@ラピュタ
155. 破れ太鼓@神保町
156. 緯度0大作戦@新文芸坐
157. ゴジラ　デジタル・リマスター版@新文芸坐
★158. 片目のジャック@ヴェーラ
159. 犬神屋敷@神楽座
160. 遊撃戦　第3話「日の丸婆さん」@ラピュタ
161. 大当り三色娘@新文芸坐
★162. 嵐を呼ぶ楽団@新文芸坐

井上梅次の真骨頂。

★163. 征服されざる人々@ヴェーラ
164. 戦国野郎@ラピュタ
★★　青葉繁れる@ラピュタ
166. 白い悪魔@ヴェーラ
167. 女房学校@ヴェーラ
168. 宝石泥棒@ヴェーラ
★169. あ、春@神保町
170. 春の夢@ヴェーラ
171. マンハント@目黒シネマ
★172. 三度目の殺人@目黒シネマ
173. 遊撃戦　第7話「老兵は死なず」@ラピュタ
★174. ファーゴ@早稲田松竹
175. はたらく一家@神保町
176. キューポラのある街@神保町
177. 飢える魂@ヴェーラ
178. 続　飢える魂@ヴェーラ
179. 座頭市と用心棒@ラピュタ
★180. 吶喊@ラピュタ
181. 若い東京の屋根の下@神保町
★182. 街燈@ヴェーラ

●6月

★183. 嵐@神保町
184. リオの情熱@ヴェーラ
185. 遊撃戦　第9話「十万元の戦い」@ラピュタ
★186. 羊の木@目黒シネマ
187. 投資令嬢@ヴェーラ
★188. 涙@ヴェーラ
★189. 女のつり橋@ヴェーラ
★190. 女性自身@ヴェーラ
191. 銭ゲバ@神保町
192. 燃える大陸@ヴェーラ
★193. 忘れえぬ慕情@ヴェーラ
194. 若い娘たち@ラピュタ
195. 遊撃戦　第13話「もぐらと太陽」@ラピュタ
196. 感傷夫人@ヴェーラ
197. 旅の重さ@神保町
★198. 昨日と明日の間@ヴェーラ
199. 南十字星は偽らず@ヴェーラ
200. 燃える上海@ヴェーラ
★201. 野戦看護婦@ヴェーラ
★202. 死闘の伝説@ヴェーラ
★203. 白い肌と黄色い隊長@ヴェーラ
★204. 青春前期青い果実@新文芸坐
205. 街の灯@神保町
★206. 泥にまみれて@神楽座
207. 美しい人@ヴェーラ
★208. 背後の人@ヴェーラ
209. 樺太一九四五年夏　氷雪の門@ヴェーラ
210. サチコの幸@神保町
211. 戦場のなでしこ@ヴェーラ
★212. 母なれば女なれば@ヴェーラ
★213. 黒の切り札@ラピュタ

井上梅次『黒の切り札』阿佐ヶ谷ラピュタ。この人の映画でナイトクラブが出てこない作品もあるのだろうか。宇津井健が検事の役の大映映画は何本あるのだろうか。最後までダレることなく楽しんだ。

●7月

214. 大地の子守歌@神保町
215. モンテンルパの夜は更けて@ヴェーラ
216. ゼロの焦点@ヴェーラ
★217. ペン偽らず　暴力の街@ラピュタ

大好きな新聞記者映画。『事件記者』シリーズの原保美も出ている！

★218. どっこい生きてる@ラピュタ
★219. 慾望@ヴェーラ
220. どぶろくの辰@新文芸坐
221. 村八分@ラピュタ
★★　まごころ@神保町

これがいままでに観たこの監督の映画の中で最高傑作なのではないか。いつ、どの映画を観てもそんな感想を抱かせてしまうのが成瀬巳喜男。

223. 青い芽@神保町
★★　思春の泉@神保町
★225. 婚約指輪@新文芸坐
226. 縮図@ラピュタ
227. 末っ子大将@ラピュタ
★228. 女性に関する十二章@ヴェーラ
★229. 青春の海@神保町
230. 山と川のある町@神保町
★231. 結婚期@ヴェーラ
232. 浅草紅團@神楽座
233. 天下泰平@新文芸坐
234. 続　天下泰平@新文芸坐
★235. 朱の花粉@ヴェーラ
236. 風と樹と空と@神保町

松尾昭典『風と樹と空と』神保町シアター。まったく楽しめないまま終わろうとする直前に野呂圭介が身を呈して映画を救う。ようやく水から上がったところをふたたび吉永小百合に沈められてしまう野呂圭介。

★237. 足摺岬@ラピュタ
238. せきれいの曲@ヴェーラ
239. 北白川こども風土記@ラピュタ
240. どぶ@ラピュタ

241. スチャラカ社員@柳ヶ瀬ロイヤル劇場
岐阜OPUSのパーティー翌日。朝から喫茶店のモーニングセット食べて、柳ヶ瀬ロイヤル劇場で前田陽一『スチャラカ社員』を鑑賞。売店にはあたり前田のクラッカー。最高の名画座。OPUSに立ち寄ってメロン大福とアイスコーヒー。佐久間パイセンと小方さんよりレコードを一枚。最高の一日。
★242. 無頼の谷@ヴェーラ
243. 西部魂@ヴェーラ
244. 赤い蕾と白い花@神保町
245. この若さある限り@神保町
246. 丘は花ざかり@神保町
★★ 若い川の流れ@神保町
石原裕次郎が会社を休んで昼から風呂に入っている短い場面。長尺の映画ながら、最初から最後まで多幸感に満ち溢れた、大学生の頃に観ておきたかった傑作。
248. レディ・プレイヤー1@目黒シネマ
249. 石中先生行状記 青春無銭旅行@神保町
250. 若い人@神保町
251. 沖田総司@新文芸坐
★252. 石合戦@ラピュタ
253. 激突！若大将@新文芸坐
254. がんばれ！若大将@新文芸坐

●8月

255. 光る海@神保町
「お前は相変わらず自意識過剰だなあ。身の廻りに不幸なことが起きると、何でも自分のせいだと思い込むんだ」

中平康『光る海』のワンシーン。幼いときに離婚して家を出た父親・宮口精二が娘・吉永小百合と久々に会食したときに言うセリフ。この台詞を書いたのは原作者・石坂洋次郎か。
256. 0093 女王陛下の草刈正雄@新文芸坐
257. 乳房を抱く娘たち@ラピュタ
★258. 誘惑者@新文芸坐
259. 汚れた英雄@新文芸坐
260. あにいもうと@新文芸坐
261. エスパイ@新文芸坐
262. 復活の日@新文芸坐
★263. 戦後派お化け大会@神保町
264. 激怒@ヴェーラ
★265. ブルー・ガーディニア@ヴェーラ
★266. 熱い夜の疼き@ヴェーラ
★267. ハウス・バイ・ザ・リバー@ヴェーラ
★268. 暗黒街の弾痕@ヴェーラ
★★ 真人間@ヴェーラ
去年の『魚河岸帝國』に匹敵する多幸感の映画にぶつかってしまった。乱暴に言うと和田誠さんが好きそうな映画。クリスマス・イヴの夜、犯罪仲間が酒場に集まって始まる場面は映画史上屈指の名場面。誰も言わないがオレが言う！最高にチャーミングな大傑作！
★270. 花札渡世@東映ラボ・テック
監督、成澤昌茂。シネマヴェーラで今秋上映の為の参考映写。この試写室は爆音で最高。以下は印象と連想。

モノクロ・ニュープリントの透明感。劇中で小林千登勢が言う「オール・トーキー」音の映画。刀のぶつかるときの火花。サミュエル・フラー。清順。ギリシャ悲劇。傑作。
271. 草を刈る娘@神保町
272. パディントン@目黒シネマ
273. パディントン2@目黒シネマ
274. ミッション：インポッシブル フォール・アウト@T・JOY品川
★275. 第五福竜丸@ラピュタ
庵野秀明監督にリメイクしてもらいたい映画。
276. みんなわが子@ラピュタ
★277. 人間@ラピュタ
★278. 松川事件@新文芸坐
279. 帝銀事件 死刑囚@新文芸坐
280. ヒロシマ1966@ラピュタ
★281. はなればなれに@ヴェーラ
★282. つかのまの愛人@ヴェーラ
283. 午前零時の出獄@神楽座
★284. まぼろし@ヴェーラ
285. さざなみ@ヴェーラ
286. 新しい遺言@ヴェーラ
★287. 夜の悪女@ラピュタ
★288. 若者たち@ラピュタ
約50年前の日本人は、現代人の何倍もの量の米飯を食べる。このシリーズで印象に残ったことのひとつ。
★289. こころの山脈@ラピュタ
290. ドレイ工場@ラピュタ
291. うず潮@神保町
★292. レッド・スパロー@新文芸坐
293. トレイン・ミッション@新文芸坐
294. ジェラシー@ヴェーラ
★295. パリ、恋人たちの影@ヴェーラ
★296. 柔らかい肌@ヴェーラ
297. 幸福@ヴェーラ
★298. 恋のエチュード@ヴェーラ
299. サイの季節@ヴェーラ
主人の妻に恋してしまう運転手。夫妻が車の外に出た後、後部座席に落ちていた口紅を拾い上げ、匂いを嗅ぎ、やがてバックミラーを覗き込みながら、自らの唇に口紅を引く場面。好きな映画とは言い難いが、忘れようのないシーンだった。
★300. 若者はゆく 続若者たち@ラピュタ
301. 劇映画 沖縄@ラピュタ
302. でんきくらげ@ラピュタ

※劇場名略称 ヴェーラ=渋谷シネマヴェーラ／イメフォ=渋谷イメージフォーラム／パトス=銀座シネパトス／新橋文化=新橋文化劇場／品川=品川プリンスシネマ／ラピュタ=ラピュタ阿佐ヶ谷／神保町=神保町シアター／新文芸坐=池袋新文芸坐

●9月

★303. カメラを止めるな＠
T・JOY品川
304. 未来のミライ＠T・JOY品
川
★305. 契約結婚＠ヴェーラ
306. 帰国 ダモイ＠ヴェーラ
307. 悪魔の囁き＠ヴェーラ
★308. 桃色の超特急＠ヴェーラ

3日ほど出遅れてシネマヴェーラの新東宝祭り。本日は4本。渡辺祐介監督の『契約結婚』『桃色の超特急』大いに楽しむ。スターの出る作品も良いけれど、國方傳や小高まさる、鮎川浩、舟橋元といった顔ぶれが出ているだけで幸せ。小倉一郎がナレーターを務める新東宝70年のPR？ 映画も観た。

309. キューバの恋人＠ラピュタ
310. 若者の旗＠ラピュタ
311. 北海の叛乱＠ヴェーラ
★312. 浅草四人姉妹＠ヴェーラ
313. 風雲七化け峠＠ヴェーラ
314. 波止場の王者＠ヴェーラ
315. 女殺し油地獄＠新文芸坐
★316. 望みなきに非ず＠ヴェーラ

20代で旧い日本映画を見始めた頃、だいたい俳優のイメージは最初に観た作品で決まってしまった。だから木暮実千代は悪女、もしくは妾。それが数を観るようになって次第に朗らかな役、純情な役も多いと知る。そして本日の佐伯清『望みなきに非ず』の彼女は恋愛と人生を天秤にかける未亡人。はまり役！

317. 争う美人姉妹＠ヴェーラ
★318. 虹の谷＠ヴェーラ

こんな映画があったのか、という驚き。

吉村廉・古賀聖人『虹の谷』シネマヴェーラ。新東宝特集、今週のベスト。山本嘉次郎『馬』の二番煎じかと思えば、牛飼い・牛追いだけにまるで西部劇のような展開に。とくに石黒達也ら悪漢たちが船で川を下るシーン、鉄砲堰を開くシーンにはゾクゾクした。まさかの大団円にも驚く。薄田研二がまた最高！

319. 男の世界だ＠ヴェーラ
★320. 娘の中の娘＠ラピュタ
321. でんきくらげ 可愛い悪魔＠
ラピュタ
322. 海の若人＠ラピュタ
323. 恋愛自由型＠ラピュタ
324. 大空の誓い＠ヴェーラ
325. 海豹の王＠ヴェーラ
326. 乾杯！女学生＠ヴェーラ
327. 肉体の野獣＠ヴェーラ
328. 大虐殺＠ヴェーラ
★329. 火砲の響＠神楽座
★330. ちいさこべ＠ラピュタ
331. 松本清張のスリラー 考える
葉＠ラピュタ
332. しびれくらげ＠ラピュタ
333. ・女といふ城 マリの巻・女と
いふ城 夕子の巻＠ヴェーラ
★334. ビッグ・リーガー＠ヴェーラ
★335. 悪徳＠ヴェーラ
336. キッスで殺せ＠ヴェーラ
337. 大地の侍＠ラピュタ
★338. 妄想少女オタク系＠ヴェーラ

シネマヴェーラ。観客が20人に満たないのに、中原さんと曽我部さんがいる。オレもいる。

339. 憐 Ren＠ヴェーラ
340. 草叢＠ヴェーラ
341. 魔法少女を忘れない＠ヴェー
ラ
★342. 夏の娘たち ひめごと＠
ヴェーラ
343. 宙ぶらりん＠ヴェーラ

●10月

★344. 背広の忍者＠ヴェーラ
345. 夜の勲章＠ヴェーラ
346. 悪魔からの勲章＠ヴェーラ
★347. 殺人者＠ヴェーラ
348. 三代の盃＠ヴェーラ
349. 湖の琴＠ラピュタ

中村賀津雄と佐久間良子の恋愛にカモフラージュされた中村鴈治郎の悲恋物語。

★350. 脂のしたたり＠ヴェーラ
351. 女秘密調査員 唇にかけろ＠
ヴェーラ
352. 歩いても歩いても＠新文芸坐
353. 花よりもなほ＠新文芸坐
354. 草の実＠ラピュタ
355. ジャズ娘乾杯＠神保町
356. 黒い誘惑＠ヴェーラ
357. 夜は嘘つき＠ヴェーラ
358. 温泉芸者＠ヴェーラ
★359. 人生劇場 飛車角＠ラピュタ

沢島忠『人生劇場 飛車角』阿佐ヶ谷ラピュタ。以前観ていた、と気づき落胆するも、青成瓢吉の下宿で月形龍之介扮する吉良常と鶴田浩二の飛車角が出会う場面で心踊る。この月形の台詞回し、一挙手一投足のすべてが美しい。歌うように台詞を言う鶴田浩二も。じぶんにとって日本映画屈指の名場面。

360. 人生劇場 続 飛車角＠ラピュ
タ
361. やさしいにっぽん人＠ラピュ
タ
362. 母子像＠ラピュタ
★363. 社長漫遊記＠神保町
364. 太鼓たたいて笛吹いて＠神保
町
★365. 三人の顔役＠ヴェーラ
366. 復讐の牙＠ヴェーラ
367. 座頭市地獄旅＠ヴェーラ
368. 密告者＠ヴェーラ
369. 月と接吻＠神保町
★370. 暁の翼＠ヴェーラ
★371. 泥棒番付＠ヴェーラ
372. 喧嘩屋一代 どでかい奴＠
ヴェーラ
★373. 真昼の罠＠ヴェーラ
★374. 日本妖怪伝 サトリ＠ラピュ
タ
★375. 秘密＠ラピュタ
376. 五番町夕霧楼＠ラピュタ
★377. 花と龍＠ラピュタ
378. 子連れ狼 子を貸し腕貸しつ
かまつる＠ラピュタ
★★★ 玄海遊侠伝 破れかぶれ＠
ヴェーラ
★★ ２００１年宇宙の旅＠
T・JOY品川
381. 今日のいのち＠新文芸坐

森雅之が苦学生の北原三枝に語る言葉。「現代人は物質的な不自由と精神的な不自由のどちらかを選択しなくては生きられないようですな」

★382. 続 花と龍 洞海湾の死斗＠ラ
ピュタ

383. 喜劇 冠婚葬祭入門@神保町
384. 雲の上団五郎一座@神保町
神保町シアター、平日月曜午後2時15分、青柳信雄監督『雲の上団五郎一座』8割を超える入り。さらに自分の両側の席に座った観客は、自分には全く理解できない場面でとにかく笑う。自分には芸能、演劇に関する知識が著しく不足しているのか。スリリングな90分だった。
★385. 天使が俺を追い駈ける@神保町
★386. ど根性物語 図太い奴@ヴェーラ
東野英治郎扮する医師・篠木先生が勝新太郎に負けず劣らずの素晴らしいキャラクター。篠木先生が主人公を叱りつけるセリフ。「全くお前ときたら、自分で飛び込んでみないと水の冷たさがわからないんだ」
★387. 雲右ヱ門とその妻@ヴェーラ
388. ザ・ガードマン 東京用心棒@ヴェーラ
389. 秘録おんな寺@ヴェーラ
390. ザ・ガードマン 東京忍者部隊@ヴェーラ
391. 男は騙される@ヴェーラ
★★ど根性物語 銭の踊り@ヴェーラ
393. オーシャンズ8@目黒シネマ
394. オーシャンズ11@目黒シネマ
目黒シネマで『オーシャンズ8』と『オーシャンズ11』。片やデジタル上映、片や35ミリ・フィルム上映。もうそんなことに何のこだわりも持っていない、と思っていたが、いやー、全然違う。35ミリのゴージャス感。観ていてなぜか新橋文化文化劇場を思い出した。
★395. 剣雲 鳴門しぶき@ヴェーラ
★396. 嘆きの天使@ヴェーラ
★397. リッスン、ダーリン@ヴェーラ
★398. 私を野球に連れてって@ヴェーラ
★399. 踊る海賊@ヴェーラ
街を往く女性たちの誰に対してもニーニャ、と呼びかけて口説こうとするジーン・ケリーの歌の場面。ときどき見かける、火のついた短い咥え煙草をパクリと口の中に入れて、また取り出して見せる、という芸があるけれども、ジーン・ケリーはさらに上手の芸を披露してみせる。咥え煙草で女を抱き寄せるや、すばやく煙草を口の中にパクリと仕舞い、その唇で女にくちづける。キスが終わるとまた煙草を口の中から取り出すのだ。
400. 美人劇場@ヴェーラ
401. シンコペーション@ヴェーラ
402. ハナ子さん@ヴェーラ

●11月

403. 竜虎一代@ラピュタ
404. エリ・エリ・レマ・サバクタニ@ユーロスペース
405. EM エンバーミング@ユーロスペース
406. 月の砂漠@ユーロスペース
407. ・路地へ・赤ずきん@ユーロスペース
408. 野良猫@ラピュタ
★★集団奉行所破り@ラピュタ
長谷川安人『集団奉行所破り』阿佐ヶ谷ラピュタ。また観て、またボロボロに泣いてしまった。軽妙な導入部から始まって、この傑作には人を泣かせるポイントが多過ぎる。悲しいからではなく、人の心を打つから、胸のすく話だから泣いてしまう。もはやハンカチなしには観ることのできない映画。『集団奉行所破り』新文芸坐で観て数年、話もキャストもすっかり忘却。役者も演出も素晴らしいが、何より小国英雄の脚本が素晴らしいと気づく。こんな傑作が普通に週替わり二本立ての一本として作られていたとは。クライマックスの斬り合いの場面ではスロウなギターの曲。次世代の時代劇だったのか。

『集団奉行所破り』本当の傑作とは、けっして「名作」「大作」然としていない。いま日本が世界に送り出すべき映画とは、たとえばこういう作品なのではないか。なんて考えてみたり。それにしても「アンコール特集」とは素晴らしい企画。もう一度観て、さらに楽しめる映画。より感動の深まる映画。
410. グランドショウ 1946年@ヴェーラ
411. 世紀の女王@ヴェーラ
412. 集まれ!仲間たち@ヴェーラ
413. ロバータ@ヴェーラ
414. グッド・オールド・サマータイム@ヴェーラ
415. オズの魔法使い@ヴェーラ
416. まぼろしの市街戦@K's シネマ
417. ジーグフェルド・フォリーズ@ヴェーラ
ジュディ・ガーランドの景。芸能記者たちから次回作についての取材を受けるスター女優、のスケッチ。作者のひとりは、あの『パリの恋人』でファッション誌の女性編集長を演じていたケイ・トンプスン。次回作は、安全ピンを発明したクレマタンド夫人の伝記、という歌。あまり解っていないけれども、聡明なイメージを印象づけたい女優のカリカチュア。そんな題材を、実際のスター女優が演じて、しかも演出は夫のヴィンセント・ミネリ。しかもダンスまで派手に決まった一景となっていることに脱帽する。もう一景、フレッド・アステアとジーン・ケリーのふたりが歌い踊る曲。これが「ある有名な芸能人ふたりに歌っても

※劇場名略称　ヴェーラ＝渋谷シネマヴェーラ／イメフォ＝渋谷イメージフォーラム／パトス＝銀座シネパトス／新橋文化＝新橋文化劇場／品川＝品川プリンスシネマ／ラピュタ＝ラピュタ阿佐ヶ谷／神保町＝神保町シアター／新文芸坐＝池袋新文芸坐

らいたい」と自分が胸の中で長年あたためている曲のアイデアとひどく似ていて驚き、そしてちょっと落胆する。自分の考えるようなアイデアは、20世紀アメリカのショー・ビジネスの世界ではとっくにやってしまったものばかりなのか。

418. 君の名前で僕を呼んで@目黒シネマ
419. 女と男の観覧車@早稲田松竹
420. 仕立て屋の恋@早稲田松竹
421. 夜はいじわる@ラピュタ

水谷良重が山本富士子に言うセリフ。先に好きになった方がプロポーズするのが当然でしょ？

422. 黒幕@ラピュタ
★423. 風流温泉日記@ラピュタ
424. 肉体の反抗@ラピュタ
425. 子連れ狼 冥府魔道@ラピュタ
426. ハリウッド玉手箱@ヴェーラ
427. 世紀の楽団@ヴェーラ
★428. 巴里のアメリカ人@ヴェーラ

挿入歌「アイ・ガット・リズム」の歌詞。リズムがあって、音楽があって、あの娘がいる。他に何が欲しいっていうんだい。ジョージ・ガーシュインも素晴らしいが、アイラ・ガーシュインもまた凄いと思う。

429. ブエノスアイレス@目黒シネマ
★★ 噂の女@神保町
★★ 女が階段を上がる時@神保町
★432. 赤坂の姉妹 夜の肌@神保町

私は全力を尽くした。できるものなら、もっと上手にやってみるがいい。――引用されるチェーホフ「三人姉妹」のセリフ。

433. 聖林ホテル@ヴェーラ

この映画をまだ観ていない、この回を観なければチャンスはない、と思い、思い切ってシネマヴェーラまでタクシーで駆け付ける。都内の名画座に通うようになって、なるべく電車やバスに乗って行く、タクシーは利用しない、と決めているのだが、ときどき、たとえばこのような日には利用してしまう。朝の10時57分、なんとか間に合って、渋谷キノハウス前にタクシーを着けてもらおうとすると目の前に一台、やはりタクシーが停まっていて、乗客が支払いをしている。自分と同じく、いつもの交通手段では間に合わない、と考えた愚かな映画ファンがいる、と思って見ていたら、なんとタクシーより降りてきたのはシネマヴェーラ・内藤由美子支配人だった。そして上映開始直前、なんとか座席に辿り着いたが、いざ映画が始まってみると、これが以前に観ていた作品だった。

434. 恋する惑星@目黒シネマ
435. ボヘミアン・ラプソディ@T・JOY 品川
★436. 悪坊主侠客伝@ヴェーラ

近衛十四郎が盲目の破戒僧に扮する傑作。ライヴァル・東千代之介の「死神」のキャラクターが秀逸。

437. 日本大侠客@ヴェーラ

なんと『玄海遊侠伝 破れかぶれ』と同じストーリー。こちらが先に作られた。

438. 博奕打ち@ヴェーラ
439. 博奕打ち 一匹竜@ヴェーラ
440. トイレット部長@ラピュタ
441. 藤圭子 わが歌のある限り@ラピュタ
442. 子連れ狼 地獄へ行くぞ！大五郎@ラピュタ
443. 与太郎戦記@ラピュタ
★444. ・未練の波止場・星はなんでも知っている@ラピュタ
★445. 危険な関係@新文芸坐

旧作日本映画が大好きな人のためのフランス映画。堀川弘通、鈴木英夫、増村保造、白坂依志夫、たぶん成瀬も、みんなこの映画に影響を受けたに違いない。池部、仲代、芥川比呂志、田宮、川津祐介、さまざまな二枚目をジェラール・フィリップの中に見た。

446. 夜ごとの美女@新文芸坐
447. パルムの僧院@新文芸坐
448. 悪魔の美しさ@新文芸坐
449. 勝負師@新文芸坐
★450. 羽織の大将@ラピュタ
451. ・恋の羊が海いっぱい・夕陽に赤い俺の顔@ラピュタ
★452. モンパルナスの灯@新文芸坐
453. 恐怖の報酬@ヒューマントラストシネマ有楽町

いま、ある映画館で映画を観るのに、その映画館の系列グループの劇場では、いつでも1300円、火曜と金曜は1000円で観ることのできるメンバーズカードを500円余計に払って作ったのだけど。オレは来年の2月からはいつでも1100円のシニア料金で観ることができたのだった。大失敗。

★454. 女渡世人 おたの申します@ヴェーラ
455. 前科者@ヴェーラ
★456. 関東流れ者@ヴェーラ
457. 日本暴力団 殺しの盃@ヴェーラ
458. 博奕打ち 不死身の勝負@ヴェーラ
★459. ある詐話師の物語 猫に鰹節@ラピュタ

いやー、千葉泰樹は人物を絡ませるのが巧いな。この公園の黄色い落葉、『河のほとりで』にもこんな色彩設計があったよな。おお、モブシーンの演出も巧いな、さすが千葉泰樹。と思って観ていた映画は堀川弘通の作品だった。

460. 学生心中@ラピュタ
461. 浅草の鬼@神楽座
★462. 女は夜化粧する@神保町
★463. ただいま零匹@ラピュタ

岡田茉莉子の圧倒的な美しさ。ひと言しかセリフのない細川俊夫。いつもフラッシュ付きのカメラを持ったアカ新聞の記者、小林十九二。カメオ出演の佐田啓二、宮城千賀子。

464. 日本ゲリラ時代@ラピュタ
465. 日本女侠伝 激斗ひめゆり岬@ヴェーラ

●12月

★466. いかさま博奕@ヴェーラ

いまキノハウス一階のエレベー

ターで4階のボタンを押したら急に乗り込んできた男性が、行き先を確認するなり、これからヴェーラで映画を観るのですか、チケットはこれからお買いになるのでしたらコレどうぞ、急に観られなくなったので、と整理番号7番の切符を呉れて立ち去った。せめてお名前を。

★467. 祇園の暗殺者@ヴェーラ
468. 関東やくざ嵐@ヴェーラ
★★ 博奕打ち 総長賭博@ヴェーラ
★470. 博奕打ち いのち札@ヴェーラ
471. 鶏はふたたび鳴く@ラピュタ
★472. 大学の山賊たち@ラピュタ
★473. 青春を返せ@ラピュタ

井田探『青春をかえせ』阿佐ヶ谷ラピュタ。ラストの数分間、自分の後ろの席に座った女性がずっとすすり泣いている。長門裕之が囁くような声で芦川いづみに歌う声を聴いて、オレもすっかりお化粧が崩れてしまった。世界一泣かせるウィスパー・ヴォイス。

★474. クレアのカメラ@早稲田松竹
★475. 正しい日 間違えた日@早稲田松竹

携帯を持たずに外出してしまった。バッテリーが減らなくて済む。高田馬場で映画。ひよこさん曰く「本当に美男美女がひとりも出てこないので、小西さんには不向きかも」というホン・サンス監督作品、初の鑑賞二本立て。いまの自分には小さな棘のように刺さった。参りました。

476. それから@早稲田松竹
477. 夜の浜辺でひとり@早稲田松竹
★478. 悪親分対代貸@ヴェーラ
★479. 約束@新文芸坐
480. 五人の突撃隊@ラピュタ
481. 英語に弱い男 東は東西は西@ラピュタ
482. 任侠列伝 男@ヴェーラ
483. 博徒対テキ屋@ヴェーラ
484. 渡世人列伝@ヴェーラ
★485. 博奕打ち 殴り込み@ヴェーラ
486. 三匹の牝蜂@ラピュタ
★487. 昭和極道史@ヴェーラ
488. 日本女侠伝 侠客芸者@ヴェーラ
★489. 昭和おんな博徒@新文芸坐

この映画の遠藤辰雄がもう最高に素晴らしい。

490. 女組長@新文芸坐
★491. 拳銃を売る男@新文芸坐
★492. 堕ちた天使@ヴェーラ
493. 夜の人々@ヴェーラ
494. 将軍暁に死す@ヴェーラ
495. モスクワへの密使@ヴェーラ
496. モルグ街の殺人@ヴェーラ
★497. 女侠一代@ラピュタ

火野葦平の描く北九州・若松の人夫たち・親分たちの話に必ず登場する女親分・島村ギンを主人公にした話で清川虹子が主演。『玄海遊侠伝 破れかぶれ』では勝新太郎、『日本大侠客』では鶴田浩二、『花と龍』では月形龍之介が演じた吉田磯吉は、本作では三國連太郎。前半は鉄橋工事の場面をはじめ、胸のすくようなロングショットが多く、観ていて爽快だった。ところが中盤、失意のギンが大陸に渡る辺りから、物語は重苦しくなっていく。大陸浪人・森繁久彌の台詞「日露戦争に勝ったとか騒いどるが、こっちに来てみりゃロシアなんてビクともしとらん」。後半、史実を伝えるニュース映像と字幕を観ていたとき、とつぜん「そうか、日本はロシア、中国、そして米英と戦争したのか」といまさらのように気づいて、ため息を漏らしてしまう。無謀過ぎる。勝てるわけがないだろうに。

★498. 駈けだし刑事@ラピュタ
499. 交換日記@ラピュタ
★500. あばずれ@ラピュタ
501. ザ・シークレット・マン@新文芸坐
★★ ペンタゴン・ペーパーズ 最高機密文書@新文芸坐

やはりじぶんは新聞記者たちが登場する映画が好きなのだ。シャツの袖を捲り上げ、タイプを打つ男たち。机にドカリと足を投げ出したり、あるいは机の上に尻を載せる編集キャップ。それを囲む記者たち。封切りのときから観たいと思い、なんとか年末、スクリーンで観ることができた。スピルバーグでいちばん好きな映画、と観た直後なので言ってしまう。

503. 不滅の女@イメフォ
504. 嘘をつく男@イメフォ
★505. 悪の力@ヴェーラ
506. 罠@ヴェーラ
507. 過去を逃れて@ヴェーラ
★508. ショックプルーフ@ヴェーラ
509. アスファルト・ジャングル@ヴェーラ
510. 十字砲火@ヴェーラ
511. 緑色の髪の少年@ヴェーラ
★512. 吹けよ春風@ラピュタ

クリスマス・イヴの夕刻、吉祥寺でDJをする前に『広い天』を観ようと、レコードバッグ二つを抱えて阿佐ヶ谷ラピュタまで行ったら、上映時刻を間違えていた。ひどく落胆したが、3時間近くひまをつぶす術もなく、『吹けよ春風』のチケットを購入する。以前、ラピュタのモーニング・ショー、越路吹雪の特集で観ていたけれども、やはり最高に面白い。越路吹雪と三船敏郎が「黄色いリボン」の替え歌を合唱するところがあまりにも素晴らしくて今回も泣いてしまった。この多幸感。ところでこの作

※劇場名略称　ヴェーラ＝渋谷シネマヴェーラ／イメフォ＝渋谷イメージフォーラム／パトス＝銀座シネパトス／新橋文化＝新橋文化劇場／品川＝品川プリンスシネマ／ラピュタ＝ラピュタ阿佐ヶ谷／神保町＝神保町シアター／新文芸坐＝池袋新文芸坐

品がＤＶＤ化されないことを嘆く映画ファンは多いけれども、それはやはりこの替え歌の所為ではないのだろうか。

513. 沙羅の花の峠@ラピュタ
★514. ウインド・リバー@新文芸坐
515. 女は二度決断する@新文芸坐
★516. ヨーロッパ横断特急@イメフォ
前日にラピュタラピュタで会ったひよこさんが絶賛していた映画。たしかに面白い。なぜかずっと『殺しの烙印』を思い出していた。
517. ザ・スリッツ ヒア・トゥ・ビー・ハード@シネマカリテ
518. 広い天@ラピュタ
★519. 犯罪王ディリンジャー@ヴェーラ
520. レ・ミゼラブル@目黒シネマ
★521. グレイテスト・ショーマン@目黒シネマ
522. 斬、@ユーロスペース

映画館で

むかし訪れたことのある映画館について思い出すと、いつも最初に浮かぶのは東京・大田区の鵜の木というところにあった安楽座、という劇場のことだ。

劇場の外観も、客席の様子も、まったく憶えていない。観客は数えるほどしか入っていなかったはずだ。

上映されていた映画は記憶している。日活ロマンポルノの『ズームアップ　ビニール本の女』という作品だ。当時、毎週買っていた『ぴあ』という雑誌で、この劇場で上映されることを知ってわざわざ足を運んだのだ。

だが映画は退屈な出来だった。自分にとって映画の愉しみとは、暗闇の中で美しい顔、魅力的な容姿、あるいは風変わりで滑稽な外見をじっと見つめることだが、この映画に出ている女優たちは誰ひとりとして魅力的とは言い難かった。

日活ロマンポルノを二本、そしてピンク映画を一本、というプログラムの劇場だった。『ズームアップ　ビニール本の女』を観た後、次に掛かった映画はたしか風間舞子という女優の主演作ではなかったか。これもやはり好みではなくて、たしか途中で席を立ったのだ。客席の後方のドアを開け、通路を左に行って奥のトイレに入った後、客席に戻らずに通路の壁際にあった茶色い革張りのベンチシートに座り、しばらくぼんやりしていた。通路の一角には、ひどく大きな冷房機があって、耳障りな音を立てながら辺り一面を強力に冷やしていた。

　10分ほど座っていただろうか。着ていたスポーツシャツの汗はすっかり乾き、身体も冷えきってしまったので立ち上がり、劇場を出た。夏の日の午後の早い時間。外の景色が真っ白に見えた。

　つい最近、都内の名画座で丸山明宏が主演し、深作欣二が監督した『黒蜥蜴』という映画を観た。

　平日の午後だったが、美輪明宏の知名度のせいか、作品のカルト的な人気に拠るのか、100席近くのシートはほぼ埋まっていた。

　全て自由席であるその劇場で、自分はいつも最前列から数えて3列目、スクリーンに向かって中央よりやや右側の席に座る。無事に好みの座席に座ることができて、後は開幕を待つばかり、というところで、左側の通路を下りてくる若い女性の姿を見かけた。

　その女性に目を奪われたのは、鮮やかな緑色でミニ丈のワンピースがよく似合っていたからであり、ショートヘアに大きな目が魅力的だったからであり、むかし知っていたふたりのガールフレンドにどこか似ていたからだった。

　間もなく彼女は最前列の中央よりやや右側、つまり一列を挟んで自分のちょうど前にあたる座席を選んだ。その劇場の最前列はかなりスクリーンに近く、目が慣れるまでに多少の時間を要することを自分は知っている。女性はこの劇場で映画を観るのは初めてではないか。気が付けば、そんなことを心配している。小柄で、頭の小さな女性は座席に腰を下ろすと、こちらの席からは頭の頂きしか見えなくなってしまう。それでも目は彼女の座席に吸い寄せられている。やがて客席の灯りが消えた。

　映画は予想通りの出来だった。主題歌は映画『シャレード』のテーマによく似ていたし、その主題歌を歌う丸山明宏の歌唱スタイルは淡谷のり子によく似ていた。そして明智小五郎を演じる木村功は杉村春子に似ていると気付いた。

　この映画のいちばんの見どころは、松岡きっこの美しい顔だった。最前列でスクリーンを眺めている若い女性も、それを観るために劇場にやって来たのなら嬉しいと思った。

　やがて映画は終わった。目は再び女性に吸い寄せられる。彼女はとてもゆっくりと帰り仕度をしている。こちらは席を立ち、右側から最前列とスクリーンの間の通路に向かう。女性はようやく立ち上がり、ミニ丈のワンピースの上にベージュ色のトレンチコートを羽織っているところだった。顔を盗み見る勇気はなかった。

　階段を上がって劇場のロビー。若い女性は上がってくる様子がない。壁際のパイプ椅子に座り、映画チラシを眺めるふりをして待っていると、ようやく彼女は姿を現すが、目の前を横切ってロビー奥の女性用トイレに消えてしまう。

　いったん劇場を出たものの、入り口の前で携帯電話を耳に当てながら女性を待った。待つこと数分、ようやく彼女は劇場の外に出てきた。自分の目の前を通り過ぎて、若い女性は劇場の近くの店のショウ・ウインドウを眺めながらゆっくりと歩いている。

　しばらく女性の後ろ姿を盗み見ていたが、やがて小奇麗な書店に入っていくのを見届けたところで、それ以上追いかけるのを諦めた。さようなら。またいつか、どこかの映画館で。

ここ数年、時間の許す限り都内の名画座に通っては古い日本映画を観ることにしていて、それはもちろん暇つぶしというか、お楽しみのために観るわけですから、たとえつまらない映画に当たってしまったとしても、べつに落胆したりするわけではなくて、あーあ、と小さく呟いて席を立ってしまえば忘れてしまうのですが。

それでもときどき贔屓にしている監督の未見作品が掛かるときなどは、やはり他の何よりも最優先のイヴェントとしてスケジュールをやりくりし、前の晩からワクワクしつつ映画館に駆けつける、というのは映画ファンなら誰でも心当たりのある経験だと思いますし、はたしてそれが期待通り、あるいは期待をはるかに上回る素晴らしい作品であったなら、その日は一日中シアワセな気分ですし、もっともっとたくさんの映画を死ぬまでに観ておくぞ、と人は決意をあらたにするわけです。

とはいえ、そのような「贔屓にしていながら未見作品の多い」監督の映画というのは、ご贔屓ゆえに面白くて当然、と過度の期待を抱いてしまい、たとえばそれが鈴木英夫監督の『やぶにらみニッポン』のような出来映えの映画だと、山本直純の音楽だけは『小沢昭一的こころ』を先取りしたアンサンブルで好かった、とか無理やりに長所を見つけようとしたり、およそ映画鑑賞という娯楽には不似合いな労苦を強いられる。

だからほんとうは好きな作家などいっさい持たずに、

A.まだ観たことのない映画なら全て観てみる、

B.たとえ既に観たことのある作品であってもその日のその時間を潰すことができるなら観る、

というようなフラットな態度で映画館に赴くのがいちばんだと思うのですが、さてこれが市川崑の映画となると、ついスクリーンの前で身構えてしまい、あまり無責任に映画を楽しむことができないのは、やはりかつて『黒い十人の女』という作品がリヴァイヴァル上映で予想を超えて大ヒットしてしまったからでしょうか。

あの傑作にして怪作、自分はたまたま観てビックリし、大好きになってしまった一本を自分の友人に観てもらうチャンスになればいい、くらいにしか考えていませんでしたし、いまでもそう思っていますから、その後の市川崑監督に対する評価に対して、べつに責任を感じたりする必要などまったくないのですが、わかっていてもなぜか「面白い映画にしてくれないとオレの立場がないじゃないの」と欽ちゃん、というような気持ちを抱くことがしばしばありまして。

たとえば『わたしの凡てを』とか『トッポジージョのボタン戦争』といった映画を観た日は、エンドマークの後に席を立って、いつものように小さく、あーあ、と呟いたつもりが、ひどく険しい響きになっていて自分でその声に驚いたり。

ああこの居心地の悪い気分はなんだろう、と映画館近くの喫茶店でぼんやり考えてみると、いつもたいていたどり着く答えは、市川崑はときとして自分の才能を過信し過ぎているのではないか、どう考えても良い作品にはなりそうにない企画や脚本に対して、自分が作ったら面白い映画にしまっせ、と、まるでクイズやパズルにでも挑戦するような態度であたる、そんなタイプの映画監督だったのではないか、ということ。

そのタイトルからして「凡」の文字を抱いている『わたしの凡てを』という映画はたぶん、ミス・ユニバース第3位、八頭身美人の伊東絹子さんを準主役に招いたことだけで通ってしまった企画ではないか、という作品でしたが、これは池部良・有馬稲子の主演コンビを持ってしても惨憺たる出来映え。でもきっとプロデューサーから無理やり押しつけられたのではなく、監督自ら立候補したのではないか、と思われるのです。

あるいは『青春怪談』。獅子文六の原作を映画化したこの作品、長らく轟夕起子の名演技に魅了されて、大好きな市川崑映画のひとつだったのですが、この間、シネマヴェーラの新東宝特集の一本として選ばれた阿部豊監督の演出による『青春怪談』を観たら、意外にもそちらの方が好きになってしまいまして。いま調べてみると、なんと公開日は2作品とも同じ1955年4月19日。こういう2社競作、などという企画、市川崑監督なら喜んで手を挙げそうですよね。ちなみに阿部豊監督はあの大谷崎の『細雪』も撮っていますが、これは贔屓目ではなく市川崑版の勝ち、圧勝だと思っています。

51年の『結婚行進曲』52年の『足にさわった女』そして少し時代が下がって57年の『穴』といった一連のコメディはもう最高に素晴らしいのですが、あの「どこを切っても市川崑」というような過剰に才気走った感じに、ときどきトゥー・マッチなものを感じてしまったり。

たとえば、川島雄三、中平康、あるいは鈴木清順、といった強烈なスタイルを持つ監督の、未見だった作品、見逃していた比較的地味な作品などを観たときに感じるのは、いかにもその監督らしい記号やスタイルを見出せなかったことへの不満よりも、むしろ「この人、ふつうに職人的プログラム・ピクチャーも手堅く撮るんだ」という発見の喜びです。

けれども、わが市川崑監督は傑作も凡作も、いまだによくワカラナイ作品も、どれもみごとに市川崑だから。初期の未見作品は知りませんけれど。

もちろん、どんな作品を観ても、まずは監督が楽しみながら作ったのだろう、ということは分かりますし、この旺盛なチャレンジ精神が功を奏した例も数多くあるのは御存知の通り。『新撰組』なんてこの人の他に誰も作ろうとは思わないはず。『ビルマの竪琴』『犬神家』さらにはTV版『黒い十人の女』セルフ・リメイクとか、ふつう巨匠はやらないものです。いや、巨匠という意識はなかったのか。ヴェテラン、という自負はもちろんあったはずですが。

　けれども、映画館近くの喫茶店でコーヒーを飲み終える頃にいつも考えるのは、あーオレもこういうヘンな仕事、勝算のない仕事を喜んで引き受けたりする癖（ヘキ）があったなあ、ということ。唐突に自分のことに引き寄せてしまうなんてミノホドヲワキマエヨ、というお話ですが、なにしろこの文章のお題が、およそ誰も手を挙げそうにない「市川崑の映画に悪口を言ってみる」というもの、お後がよろしいようで。

囁きのジョー

　この映画のことを、かつて自分はまったく知らなかった。20代の前半、自分が映画を観ることに夢中になった時期に、たしかこの映画は一度も名画座で掛かることはなかったし、誰かの口から、あるいは誰かの記述から、この映画の題名を聞くこともなかった。とくに自分の周囲では、この作品を作った斉藤耕一という映画作家の名前が出ることさえほとんどなかったと言っていい。

　そんな自分がこの作品を知ったのは、いきなりサウンドトラック盤の7インチ・シングルを入手したことがきっかけだった。

　もう十年以上も前になるだろうか。月に一度、新宿にあったクラブでDJをしていると、いつも明け方近くに現われるレコード・ディーラーの男がいた。いつも何枚かのレア・アイテムを持っては、微笑を浮かべたままで押し売りを始める。押し売り、という言葉が悪ければ、推し売り、だろうか。それがまたいつも、いかにもこちらが興味を持ちそうなレコードばかりで、どれもまったく安くはないのだが、パーティーも終盤に近い時間、つい勢いで何度か買ってしまうのだった。

　そんな中の一枚に、この映画のサウンドトラック盤EPがあった。もちろんいままでに一度も出会ったことのないレコード。ピストルを手前に投げ出したまま座している、ブラックスーツ姿の中山仁のジャケット写真が素晴らしく、このスリーヴだけでも飛びつきたくなったが、ディーラーの前ではポーカーフェイスを崩すことはできない。

「どうせ高いんでしょ。打ってる曲?」

「まあ、聴いてみてくださいよ」

　そう言ってディーラー氏はCDだったか、アイポッドだったか、小さな音楽プレイヤーのイアフォンを差し出してきた。そこから流れてきたのは、意外にもガットギターをメインに据えたスローテンポでダークなボッサ・ジャズだった。演奏は世良譲と彼のフレンズ、と表記されている。イントロが終わって男女のデュエットによるスキャットが始まると、これは絶対に手に入れなくてはならないレコードだとわかった。

世良譲なんだ、と言うと、すぐにディーラーの男は薄い段ボールの箱から7インチのレコードをもう一枚、取り出してみせた。それは世良譲のグループに笠井紀美子のヴォーカルを立て、ボサ・ノヴァのレパートリーを演奏した4曲入りのコンパクト盤だった。こちらもイアフォンで試聴したが凡庸な出来のレコード。とはいえ、先の7インチはどうしても手に入れたかったので、二枚まとめて買うことにした。

翌日、自宅のターンテーブルで聴き直すと、あらためて素晴らしさに感動した。ヘンリー・マンシーニの「lujon」またの名を「スロー・ホット・ウィンド」という曲を下敷きにしたに違いない、暗く物哀しいメロディ。スキャットで歌う男女のデュエットの、男性の方はたぶん間違いなく岡崎広志。女性の方は、誰だろう、伊集加代子さんか誰か、とぼんやり考えたが、それより何より驚いたのは、このテーマ曲の作曲者が映画監督の斉藤耕一自身のクレジットとなっていたこと。へえ、これはどういう映画なんだ。『囁きのジョー』という映画に興味を抱いたのは、このときだった。

さて、自分は2013年の春から久々に都内の名画座で観て過ごすようになったのだが、いつまでたっても『囁きのジョー』という映画には巡りあうことができなかった。たくさんの旧作日本映画を観ている知人に尋ねても、かなり以前にフィルムセンターで上映されて以来、ここ数年は掛かったことがないらしい。

そんな時、シネマヴェーラ渋谷の開館10周年を記念した「シネマヴェーラ渋谷と愉快な仲間たち」という特集で一週間、六本の映画を選んで上映するという企画のオファーを支配人・内藤由美子さんより頂戴して、そのとき、どうせならまだ観たことのない作品を、ということで大好きな女優・浜美枝の未見作品『砂の香り』と、この『囁きのジョー』をリクエストしたところ、なんと上映可能との返事。奇しくもその二作品はどちらも中山仁の主演ということで、二本立ての上映となった。

セミヌードの浜美枝を大きく使ったポスターに憧れていた『砂の香り』は残念ながら東宝映画とは思えないようなミケランジェロ・アントニオーニもどきの映画で落胆したが、『囁きのジョー』は期待をはるかに上回る傑作だった。

ジャズと映画の接点にある作品を紹介するこの場所で、この斉藤耕一の監督デビュー作を紹介するのは、けっして世良譲と彼のフレンズによるテーマ曲が素晴らしいからでも、渡辺貞夫がカメオ出演を果たしているからでも、笠井紀美子が歌と素晴らしい演技を見せてくれるからでもない。六本木の俳優座劇場の裏手にあると思しきジャズ・クラブのシーンはストーリーの流れの中でも大きな出来事の起こる重要な場面なのだが、それを紹介するためにこの作品を選んだわけではけっしてないのだ。

ジャズを選びし者。ジャズを愛し、ジャズを聴く者、あるいはジャズを演奏することを試みる者は誰も皆、自分は他の連中とは違う、という気持ちをたぶんいまもどこかに抱いている。驕り、とか、高慢なスノビズムのことを揶揄しようというのではない。ジャズを選ぶ者は誰も皆、どこかこの日常に、世間の常識に多少の違和感を感じ、いささか窮屈な人生を歩んでいるのではないか。

前段で言った「ジャズ」はもちろん他の言葉に置き換えることもできる。ロック、ヒップホップ、ダンス、詩作、文学、創作、表現、演劇、古典芸能、アート。

　表現を志す若い人たちはいつも、すでに出来上がってしまっている体系や組織や不文律に対していつも不満を抱き、不平を言う。するとヴェテランたち、あるいは同僚たちは決まって応える。じゃあ、お前がやってみせろよ。

　斉藤耕一の『囁きのジョー』は、その「お前がやってみせろよ」に果敢にも応えてみせたフィルムだった。この作品をこのコラムで取り上げることにした理由はまさにそこにある。

　日活のスティル・カメラマンとして映画界に入った斉藤耕一は、映像的な表現よりも、物語や文学的表現が先に立つ企画ばかりが通ってしまう撮影所の映画に不満を抱き、とうとう持ち家を売り払い、自ら脚本・演出・撮影・音楽を手掛けるこのデビュー作を制作する。

　この映画のあらすじを書いてみても仕方がないだろう。とにかく、いまこの日本から脱出したいと考えている若い男が、そのきっかけのために自分を愛してくれる恋人を知り合いの男に譲り渡してしまう。そこから先は現実の話なのか、主人公の頭の中で起こるファンタジーなのか、何度観てもよくわからない。

　若くて美しい顔の娘と、ふしあわせそうな顔の男の物語。いや、映画の中に現れる男たちは中山仁の演じる主人公のみならず、西村晃も信欣三も金内吉男も皆、ふしあわせそうだ。しかしこの映画を作り始めたとき、きっと斉藤耕一は誰よりもふしあわせそうな顔をしていたことだろう。

　ファッション・モデルの麻生れい子、驚くほどハンサムな中山仁、まるで本当にどこかの御曹司のように映る金内吉男、絵に描いたような粋でいい女の笠井紀美子、ヴァン・ジャケットの石津謙介によるアイヴィ・ルックの衣装、ボサ・ノヴァとジャズ、崖から落ちるロータス。とにかくファッショナブルな記号に溢れた映画だが、後に残るものはやはりブルース。ジョアン・ジルベルトが「ノー・モア・ブルース」と歌ったのと同じ。囁きのジョアン、か。

　映画のラスト。恋人を失い、東京湾から筏でブラジルに脱出しようと試みる中山仁のセリフはたしか次のような言葉だった。

「こうでもしなきゃ始められなかったんだ」

　この映画は斉藤耕一の「ノー・モア・ブルース」だ。

性犯罪法入門

　この映画の存在を知ったのは、いまから10年近く前のことだと思います。当時、大阪で隔月開催のDJイベントをやっていて、オールナイト明け、日曜の午後はいつもレコード屋巡りをしていたのですが、よく行く店のひとつ、心斎橋の鰻谷通りにあったジャズボ・レコードというお店の店内に飾られていたのが、この『性犯罪法入門』のポスターでした。別に邦画のサウンドトラック盤に強い店というわけでもなかったのですが、ブルースやリズム&ブルース、リズム&ブルースに限りなく近いジャズやヴォーカルといった、いわゆる香ばしい匂いのするジャンルの音楽を多く扱った店内には、その強烈なデザインの映画ポスターはたいへん似つかわしかったことを憶えています。もちろん、その頃は映画そのものへの強い興味を抱いたわけではなく、絵本作家でもあった店主・横山犬男さんのセンスを感じるばかりでした。

　その後、2013年に自分は27年ぶりに都内の名画座で映画を観る趣味を再開したのですが、さっそく出会ったのが森一生監督の『秘録おんな蔵』という作品でした。若き田村正和が女衒を演じる素晴らしい映画でしたが、主演の安田道代さん以上に心を奪われたのは、足抜きしようとしたところを見つかり、ひどく責めを受ける「琴糸」という遊女を演じた女優でした。映画館から帰宅して、さっそくデータを探すと「琴糸」を演じていたのは三木本賀代、という知らない名前の女優さん。たぶん主演作とか大きな役柄の映画などはないのだろうな、とフィルモグラフィーを見てみると、なんとその中にあの『性犯罪法入門』があったのです。主な出演者は松岡きっこ、渚まゆみ、三木本賀代。オレの好みのタイプばかりではありませんか！

観たい、観たいと思いながら、はや5年の歳月。都内の名画座で全く掛からず。先日の「おとなの大映祭」にはかなり期待していたのですが、やはりラインナップの中には無し。まあ、どうせ『夜の診察室』みたいな、他愛ない作品なのだろう、とは思いつつも、自分の中に「エロティシズムに対する強い好奇心」短く言うなら「スケベごころ」が残されている内に観たいものだ、と考えておりました。

そこにある朝、シネマヴェーラ渋谷の内藤由美子支配人からメールが届き、この秋、大映女優祭というものが企画されていて、シネマヴェーラでも連動したプログラムを組むのですが、何本か選んでみませんか、という嬉しいお話。昨年の「シネマヴェーラと愉快な仲間たち」という特集でも、ちゃっかり自分の未見作品であった『囁きのジョー』『砂の香り』の二本を掛けてもらっちゃった悦びが忘れられず、今回も真っ先にオファーしてみたのが、この『性犯罪法入門』というわけです。

ところが、内藤支配人からすかさず、当該作品のフィルムなし、とのお返事。すっかり意気消沈してしまったのですが、やはり「自分の中のエロティシズムに対する強い」アレはまだ衰えていないようで、もうひとりの女性・のむみちさんに「おそれながら神楽座で毎月やっていらっしゃるKCDにリクエストしたい作品がございまして」と打診してみた、というのが今回のいきさつです。

角川・五影さん、のむみちさん、ヴェーラ内藤由美子支配人をはじめ皆さまの御尽力でこの作品、この秋渋谷シネマヴェーラに於いても上映される運びとなりました。たとえ凡作でも駄作でもレアな上映、ということでご容赦いただきたいのですが、先月の中川信夫監督の映画があまりにも素晴らしかったからなあ。やっぱりしょうもない映画だったときは、笑ってスルーをお願い致します。もし万が一、面白い映画でしたらぜひSNSでの拡散を。それではひととき、お楽しみください。

旅先で結婚を考えた瞬間。

いまの奥さんと結婚してから、正月休みはほぼ毎年パリで過ごしている。

そう言うと聞こえは良いが、我々夫婦のパリ滞在はじつに慎ましやかなものだ。

キッチンのついたアパート・ホテルに三週間。毎日シーツを取り換えてくれるわけではない。部屋も広くはないし、窓から見える広場の噴水も、もう見飽きてしまった。

積極的に新しいレストランを開拓する、というわけでもない。それは東京にいるときも同じ。冒険して知らない店に入って、居心地の悪い思いをするのが厭なのだ。

毎年泊まっている宿は、その昔は大きな市場があった場所で、その名残りか、旨い肉料理の店や、終夜営業のレストランなどがいくつか在る。

若い頃はそんな店で、いつもタルタル・ステーキを試したけれど、この頃はふたりとも一皿を平らげる自信がない。

そんな我々中年夫婦が、ここ数年よく注文するのはアンドゥイエット。牛の臓物を刻んで腸詰めにしたもの。一見、白ソーセージを網で焼いたように見えるが、ナイフを入れると紛れもない内臓料理。こちらもタルタルに負けず劣らず癖の強い一品だが、口に合うのか、ふたりとも食べ残したことは一度もない。界隈のレストラン三軒の品書きにはどれも、アンドゥイエット、と書かれたその後に、なぜかA.A.A.A.A.、という略号が添えてある。調べてみると、なんと「正調アンドゥイエット協会認定」の証なのだという。そんなに勿体ぶった料理かと思うが、あるいはこれは一種のユーモアの発露か。例えば我が国でも「東都もつ焼き協会公認」などとメニューに書かれていたら、とりあえず、と注文してしまうに違いない。

そしてクスクス。チュニジアの、小麦粉を顆粒状にした、パスタのような穀物のようなものに野菜スープをかけて食べる料理。学生時代の一年間をパリで過ごした奥さんは、もうあまりクスクスを好んではいないようだが、自分は相変わらずこの料理に目がない。「地球の歩き方」といった学生向けの旅行ガイドに掲載されているような店に行っては、腹が膨れるまで食べる。

そんな店ではたいてい定食のコースがあって、まず前菜のチョイス。ブリック、という揚げワンタンに似た料理、または野菜サラダ。我々夫婦はもちろんブリックを選ぶ。

メインはもちろんクスクス。選択はブーレット、という肉団子か、メルゲス、という辛い腸詰め、あるいは鶏肉、羊肉。いろいろな肉の串焼きは少し値段が高くなる。中年夫婦はたいてい肉団子と鶏肉を選んで分け合うことにしている。それにミネラルウォーターか、ロゼのワイン四分の一ボトル。さらにデザートもしくはミントのお茶のチョイス。

夫婦、あるいは家族、グループで食事に行くと、クスクス粒も、野菜スープも人数分がひとつの大きなボウルに入って出てくる。これがちょっとした量で、肉料理を食べ終えるとクスクスも胃の中で膨れ上がってしまうから、残す他はない。むかしはそれが何とも勿体無い、と考えたものだが、彼女と知り合って間もなくチュニジア料理の店を訪れたとき、このボウルは決して空になるまで食べてはいけない、と教えられた。なぜ、と尋ねると、ボウルが空になると店の人間がお替わりを運んでくるから、という。この人は自分より世事に明るい。結婚を考えた瞬間だった。

13年1月1日　午後3時23分
元日。朝から「雅子さまと紀子さま、どっちが好き?」という質問を突付けられた。

1月5日　午後11時50分
「武満徹・自選映画音楽4・恩地日出夫編」を心の名盤に認定。ホントに美しくて懐かしい音楽。理科室の「実験」みたいにぎこちなく実験的というか。フランソワ・ド・ルーベのように、どこかがアマチュアっぽい。昔は日本映画独特のデッドな弦の音が大嫌いだったのだから、自分の耳もすっかり変わった。

1月8日　午後1時31分
佐藤允逝去。去年観た映画の中でも岡本喜八『独立愚連隊西へ』と『どぶ鼠作戦』は最高だった。ヤマちゃんよ、永遠に。

1月13日　午後10時15分
きょう、「シネマヴェーラ」と「ユーロスペース」と「オーディトリアム渋谷」と「映画美学校」が同じ場所にあることをようやく認識した。

1月14日　午後12時53分
誰の写真を見ても、いつかジャケットに使いたい、と考える。思い出す東京の大雪は2008年2月の夜。代官山のカフェで友人たちが選曲していたパーティーに顔を出した日。そのカフェに恋人と来ていた友人。バカラックのコンサートでも会ったが、その後なぜか自殺した。あの夜の雪が忘れられない。

1月18日　午後1時35分
アナログ・レコードのカッティングのデリケートさを痛感している。普段、オリジナルは音圧が違う、とか、国内盤は音が小さい、とか簡単に言うけれど収録時間の長さ、低音域の大きさ、全てが関係してくる。とりわけCDとして発表された音源をアナログに切ることの難しさ。

1月21日　午後5時38分
午後。仕事の打ち合わせの後、映画の試写を観ようとして間違った路線のバスに乗ってしまい、そこから全ての予定が狂った。そういえば、もう二度と試写会も行かない、と決めたのだった。

1月22日　午前10時45分
さいきん面白い夢ばかり観るので、毎晩眠るのが楽しみ。病院で処方して貰った抗生物質の薬を毎晩寝る前に服用しているためらしい。いつも3時間後に一度目が醒める。そこから再び眠ってしまうので、内容はいつも思い出せない。でも日曜に観たアソコがムズムズする夢は最高の快感だった。A感覚?

1月23日　午前0時08分
マイケル・ウィナー追悼。「脱走山脈」がとにかく大好きだった。こんなに面白い映画はない、と思っていた。オリヴァー・リードの面構え。ずっと後になって入手したサントラ盤LPは「GROOVE ROOM」の頃、よく使っていた。

1月26日　午前3時25分
マテオ・ストーンマン氏。想像していたよりもずっと小柄な人だった。刑務所服役中にキューバ音楽と出会った事は読んでいたが、まさかヒスパニックの連中とつるんで二度も手の込んだ窃盗を行い逃走中に高所から飛び降り骨折して逮捕、両手両足を鎖に繋がれ独房に入っていたギャングスターだったとは。

1月30日　午前2時32分
むかし、あるコンサート制作会社の人に、ピチカートがなぜ人気が出ないか解るかい?コンサートに来るお客さんが皆、コレは自分だけしか聴かないタイプの音楽と思って友人や恋人を連れてこないからなんだ、と言われて妙に納得した事があった。ファンレターも業界一少ないよ!と驚かれていたし。

1月30日　午前11時56分
毎日面白い夢を観る、続行中。けさは「I'm gonna make you love me」のPVを撮る夢。友人達が男女に分かれ全員ラグビージャージで歌いながら走ってた。きのうはチャーベくんが大きなアトリエで自分のデザインしたスニーカーや洋服を展示していた夢。欲しい物だらけだった。

2月1日　午前3時05分
「シャブ極道」冒頭の賭場の場面に現れた早乙女愛に付き添う藤田傳の異様な存在感。その早乙女愛に一目惚れして誘拐し逃走する車中、「気狂いピエロ」と同じ構図で必死に口説く役所広司。今までに自分が観た映画の中でも最も爽快な恋の始まりの場面。この爽快さがつまり覚醒剤の爽快感だとは。

2月1日　午前3時13分
「シャブ極道」いままで何の思い入れもなかった早乙女愛という女優がこれほどいい女だったとは。この映画を観た男は絶対にこの女優に恋するはず。登場する人物の誰もが早乙女愛に恋している。その意味で、これは溝口健二や大林なんとかのような女性映画。とにかく、最高に面白かったんだよ。

2月1日　午後2時45分
青磁の皿にフレッシュなマーマレードを塗ったトースト。マグカップのミルクティー。魚のフライをひとつ。家計のことをあれこれ考えながら、あっと言う間に食べ終えペーパータオルで口を拭う。ひと冬の間、ずっと同じセーターを着ている男の遅い朝食。

2月4日　午前0時09分
帰宅。きのう、誕生祝いのメッセージを下さいました皆様、有難うございました。誕生日は映画館をハシゴして、ずっと暗闇の中にいました。やれやれ、54歳になりました。いまだ運気低迷中ですが、あらためましてどうぞよろしく。

2月4日　午前0時11分
自分への誕生祝いはジャクソン・シスターズ「I believe in miracles」UK盤7インチを奮発したのだが、渡辺康成さんからもっと高額でレアなシングルを戴いてしまったので困惑している。自爆テロみたいな贈り物を賜る。

2月4日　午後11時14分
売り切れで買えなかったレコードって、どうしてこんなに狂ったように欲しくなるのか?

2月7日　午前3時00分
2月6日。娘の20回目の誕生日だった。彼女が生まれた日、産院からの帰りに立ち寄って一杯飲んだレストランで独り誕生日を祝う、と以前から決めていた。だがレストランへ行った後、夜は思いがけない展開となる。予定通りの記念日よりも、ずっと上出来の一日。お誕生日おめでとう。

2月7日　午前3時10分
娘が生まれた日の事を思い出している。前日に電気グルーヴ「フラッシュパパメンソール」の編曲打ち合わせで話題に上った「ハナタラシ」のmom'n'dad盤CDを朝から聴いていたら、急に病院へ行くことに。翌日は日曜、午前中から「スウィート・ソウル・レヴュー」シングルのジャケット撮影の日。

2月9日　午後2時51分
「ラグジュアリー歌謡」というディスクガイド本を送って戴く。自分の音楽の好みとは少し異なるが、何より全体のレイアウトが素晴らしい。ジャケットを大きく、全てカラーで見せる配慮。それで価格は2200円。自分がディスクガイド本を作った時の遣り取りを思い出さずにはいられなかった。

2月10日　午前5時04分

けっきょく自分は、メンバーがみんな楽しそうに演奏しているバンドが好きなのです。映画の中のビートルズとか、モンキーズとか。靴のつま先を見てるバンドはダメなのかもしれない。

2月12日　午後8時53分

レイアウトの関係で最初に依頼された文字数と変わってしまうのは仕方がないとして、勝手に改行とか変更してくるのは困ります。その昔、勝手に文章を直して戻されたこともあったけれど。

2月13日　午後11時30分

ボールルームレコードに佐藤理（おさむ）氏のアナログが。2万近い値段。アーバンダンスの成田忍さんから連絡を貰って、佐藤氏と三人で会ったのは87年だったか90年だったか。成田さん、沖山優司さん、寺谷誠一さんでNOT、というグループをやるから歌詞を書いてくれないか、という話だった。

2月14日　午後12時40分

朝からバーブ佐竹のレコードを捜索。無事に買えたので呟くのだが、この人のジャケットを何枚も観ていたら、フォローしているある方を思い出した。イイ顔。入手したのは美人画ジャケだったけれど。

2月17日　午前0時17分

ハワード・ホークス監督『男性の好きなスポーツ man's favorite sport』のタイトルがyoutubeに落ちていないのは残念。予告編はあるけれど、あのタイトルのカッコよさは『パリの恋人』を超えている。むかしテレ東でやったVTRは持ってたなあ。もちろん映画も最高。

2月18日　午前2時07分

盛岡。中古レコード屋が3店もあった。neat レコーズ。アクション・タイム・ヴィジョン。そしてKnowledge。どの店も面白かった。

2月18日　午後2時41分

GSブームの終わり頃に、自分は音楽に夢中になった。オックスの「スワンの涙」のB面を聴いて衝撃を受けたこと。「ヤング720」で早川義夫の長髪を観て衝撃を受けたこと。先週、ビクターのアイドル専門レーベルのニュースを読んで、いろいろ思い出した。

2月18日　午後10時19分

そのアルバムのライナーに、バーブ佐竹は北海道生まれ、と書かれていて驚く。自分の父親の兄である叔父が、大学生時代に参加していたハワイアンバンドにバーブ佐竹がいた、という話をかつて一度だけ聞いたことがあった。アレはもしかしたら本当の話なのか。もちろん確認するつもりなどないけれど。

2月19日　午後6時27分

そういえば、先週NHKの西玄関で、さかなクンが出てくるところを見た。あの被り物に白衣のままで、NHKスタッフと談笑しながら外に出ていった。朗らか、かつ高らかに話すその声が誰かに似ている、と考えていたが、デザイナーの丸山敬太さんと同じ喋り方なのだ、と気付いた。

2月20日　午後3時18分

鍋の中の好きな具材。このところ毎年好みが替わる。前シーズンは白葱と麩の旨さに開眼したが、今年は絶対にえのき茸だな。もう他に何も要らないくらい好き。お麩は何故かランクが下がった。

2月21日　午前1時17分

「ムーンライズ・キングダム」正面からと真横からの構図のフィックスと水平なパンで押し切った作品。人間の俳優を使って撮ったアニメのよう。コンテを完璧に書いて、その通りに撮ったのだろうか。

2月21日　午前1時20分

「ムーンライズ・キングダム」どなたかのRTで小西康晴映画、と書いてあった（名前違うし）が、まあ自分はこういう映画が好きだと思われているのかもしれないな。スタイルにこだわるのは解るが、映画ってそういう頭で考えた演出から溢れるようなエモーションとエロティシズムが必要なんじゃないの？

2月22日　午前1時37分

「アウトロー」悪役のジェイ・コートニー、似てるけどまさか、と思っていたら、やはり日曜日に観た「ダイ・ハード／ラスト・デイ」のブルース・ウィリスの息子役の俳優だった。ロバート・デュヴァルは映画ファンには嬉しいが最適なキャストと言えたかどうか。その点、ヘルツォークは文句なし。

2月22日　午前1時41分

「アウトロー」それにしても自分はよくもこういう中身のないアクション映画ばかり好んで観ているものだ、と我ながら呆れてしまう。もしもこんな映画ばかり女性同伴で観に行ってたら、きっとどんなバカなのだと思われるのだろうな。

2月24日　午前0時36分

「アントニオ・カルロス・ジョビン」月並な伝記映画かと思ったら、全く違った。代表作を本人そして世界中のミュージシャンが演奏する場面をひたすら繋いで見せるのみ。字幕・ナレーション一切なし。だがこの手法が成立するのはけっきょくジョビンのような作曲家だけだと気付いてノックアウトされる。

2月24日　午前0時41分

「アントニオ・カルロス・ジョビン」自分はミーナがTVショウで歌う「イパネマの娘」の場面で泣けてしまった。サミー・デイヴィスJrが「チキチキ」スキャットで歌ったり、作曲家がORFオーケストラと共演する「バラに降る雨」他、見所があまりに多い。とにかくオレの友達は全員、映画館へ。

2月24日　午前0時46分

「アントニオ・カルロス・ジョビン」まだまだ見所あり過ぎて書き足りない。エリス・レジーナとトムが「三月の水」を歌うヴィデオクリップが口パクながらお茶目過ぎる。ミウシャとトムのTVでの共演でベースを弾く黒人のカッコ良過ぎる楽器の持ち方とか。ユーチューブで観ても泣いたりしないでしょ？

2月24日　午前0時59分

しつこいけれど「アントニオ・カルロス・ジョビン」けっきょく20世紀の音楽はなんと素晴らしいのだろう、ということをいま一度思い知らせてくれる映画だった。タキシードと開襟シャツ、つまり芸能と芸術の両方が似合う音楽を作った人。なんちて。シルヴィア・テリスとロジーニャ、ステキだったなあ。

2月25日　午前1時41分

みんなが週末に観た映画の話をしている。コレって何だか素晴らしいことだな。

2月25日　午後2時17分

アカデミー賞ツイートが満載。みんなTVで観ているのか。先週、劇場で二度も観た「ヒッチコック」という映画の「二度もオスカーを取れなかった男」というキャッチフレーズを思い出す。最初に聞いた時、涙腺が烈しく刺激された。映画の方は期待してたのとは違う内容。でも今いちばん観たい映画。

2月25日　午後3時34分

トーストに生姜のコンフィを載せて喰らう。香港の重慶マンションの2階にあるインド料理屋の、回廊にはみ出したテーブルに陣取った男たちがトーストをマサラティーで流し込みながら商売の話をしていた光景が甦った。

2月25日　午後4時00分

「アルゴ」世界中の業界に棲む自称プロデューサー、自称大物、そして大風呂敷を拡げてコケた「撮られなかった映画」に捧げたオスカー、というのなら、おセンチで素敵だ。オレの知っている業界にも、そういう話がいっぱいあったけれど。

2月26日　午前0時45分

「サラリーマン悪党術」小沢昭一追悼特集。開巻から、マネキンにサイケな書体でボディペインティングしたタイトルと「帰ってきたヨッパライ」ばりの変調ヴォイスのテーマソング。アイ高野がゲスト出演。1968年の記号に溢れた映画。それにしても小沢昭一主演のコメディなのにキャストが超豪華で。

2月26日　午前0時50分

「サラリーマン悪党術」黒沢年男のコメディ演技。田中邦衛のプレイボーイ業界人。しかし何と言っても団令子だった。「お姐ちゃん」シリーズとか、クレイジー映画とか、いままで東宝のコメディで抱いていた「まんまる」の「ちんちくりん」という先入観を恥じ入りたくなるほど洗練された美人女優だった。

2月26日　午前1時17分
そして「ああ!馬鹿」。ヒロインの高橋紀子の美しさ。映画ってキレイな女の人と面白い顔の男が出ていれば成立するのではないか、と錯覚した。海外のホラー映画のヒロインになりそうな美女。以前、鈴木啓之さんがいちばん好きな女優と言って挙げたのが彼女の名前ではなかったか。

2月26日　午前1時22分
「ああ!馬鹿」前半はどう考えても「アパートの鍵貸します」の翻案。雨の有楽町を相合傘で歩く小沢と高橋紀子を捉えたショットのオープニングを観て、絶対に泣かせる系、というか松竹東映系のコメディだと思っていたのだが、途中から死体を遺棄するために東京中を彷徨う奇妙なファンタジーに。

2月26日　午前1時28分
「ああ!馬鹿」以前ラジオ番組でも掛けた真鍋理一郎自ら歌うブルージーなテーマ音楽は、タイトル場面では東芝のレーベルのシングル盤としてターンテーブルの上で廻っている。そこに脱がされたパンティが投げられて針飛びする、という最高の演出。ハプニングス・フォー出演。「本牧ブルース」も登場。

2月26日　午後3時31分
きのう観た「ああ!馬鹿」に出演していた高橋長英の白いブリーフ姿が目に焼き付いている。この人と中村嘉葎雄の若いときの顔が判別し難い。その昔TBSで日曜の夜8時に放映していたドラマ「泣いてたまるか」で渥美清と週替わりで主役を務めていたのは中村嘉葎雄の方か。当時は賀津雄だったはず。

2月27日　午前5時49分
2月は映画ばかり観ていたが、1曲だけ新しい曲を作った。いま、その曲を爆音でリピート10回目。ある企業のイメージ音楽。制作費と報酬があまりに少ない代わりに7インチを作ってくれと頼んだらOKが。まもなく発表だが、たぶん完全な非売品。カップリングはみんな大好きなあの曲。また争奪戦かも。

2月27日　午後2時09分
おおたえみりさんから今夜のオンエア曲のリストが届く。素晴らし過ぎて眩暈がする。選ばれた曲の作者であるアーティストの方々は今夜NHK-FMで自分の曲が流れるとは知らないのか。事前に通知される訳でもなく。乗合バスでの事故みたいな選曲。オンエア終了直後にアップされる曲目解説もぜひ。

3月2日　午後6時30分
昨夜、クラブで友人たちが腋毛について語り合っていた。ある人が小学6年生から生えたというと、ある人はそれは早過ぎる自分は高校生だったという。自分も高校生くらいだったと思うが、正直なところ憶えていないのが何とも悔やまれる。

3月3日　午前6時39分
渋谷オルガンバーより帰宅。「ヴェルダッド」大盛況、超満員だった。ラストのB2Bがヤバ過ぎ。MUROくん「かっぱ黄桜」2枚使い。「トンネル天国」2枚使い。延々と♫トンネル抜けて〜、抜けられない闇のトンネル。思わず前園直樹グループ「いとしのマックス」7インチを進呈してしまった。

3月3日　午後5時34分
昨夜の渋谷オルガンバー「ラ・ヴェルダッド」明け方のB2Bの後、クラブ終わりのゆるやかな時間の中でジェイミー・カラム「frontin'」を聴く。何となく、また音楽を作らなくては、という気分に駆られた。そういやこの曲の7、まだ届かない。

3月4日　午後11時26分
「インターミッション」@銀座シネパトス。久々にスゴい作品を観てしまった。コレを観た後なら大抵の映画は愛することが出来る。先日の「ムーンライズ・キングダム」への感想など厳しすぎた。この映画を観た後なら大絶賛したのに。対象への愛さえあれば映画が撮れる訳ではない、と今更ながら理解する。

3月5日　午前2時57分
昨日、ツイッターで加藤紀子さんの結婚と、須藤薫さんの逝去の報せを続けて知る。須藤さんとは「つのる想い」というアルバムを作った。この作品で知り合ったエンジニア・廣瀬修さんとはもう24年も仕事をしている。加藤さんに書いた「いつか王子様が」という曲も廣瀬さんと。人生は回転扉の如し。

3月5日　午前3時37分

自分が手掛けた須藤薫さんのアルバム、タイトルは「テンダー・ラヴ」というのか。このダサい名前はオレが付けたものではない。「つのる想い」はシングルの曲名だった。7インチはわりとレアなのだけど、むかしクボタくんがようやく手に入れた、と嬉しそうに新宿OTOで掛けていたのを思い出す。

3月6日　午前7時09分

映画「アントニオ・カルロス・ジョビン」たしか上映は今週の金曜まで。オレのTL上で観たという人はまだ4人。そういう自分もジョアン・ジルベルトが何度来日しようと、観に行きたいと思ったことはないですが。

3月6日　午後4時19分

今夜中に戻してほしい、というゲラの校正が届く。まず編集部でチェックしていて当然の誤字脱字が目立つ。「買ってましした」とか「アナログレコー」とか、「インデペンデント」とか。そういうの赤入れてから送ってこい。

3月11日　午前0時37分

「赤い鳥逃げた」@銀座シネパトス。若い時、逃げ続けた「ショーケンや桃井かおり、原田芳雄や秋吉久美子の出る」映画をようやく50代で克服。チャーミングな映画だった。樋口康雄の音楽はリズムものは完璧。弦のスコアは手探り感が伝わってきた。でもやはり桃井かおりは永遠に苦手な女優のまま。

3月14日　午前1時18分

「ダークシステム」たった四人の俳優が好演していた。これは自主映画、ということになるのかどうかよく知らないが、少なくとも先週観た大島渚「東京战争戦後秘話」よりは遥かに出来が良かった。中二病、という言葉を使いたくないが、若者特有の独り善がりな感情を主題にしている点でよく似ていた。

3月14日　午前1時22分

「ダークシステム」監督自ら手掛けた音楽はじゅうぶんに素晴らしかったが、もっと使いどころを削ってもよかったのでは。それにしても、自分の知っている人が映画に出ている、というのは、それだけでスリリングなものだった。それどころか上映直前に、その当人からチケットを購入したのだった。

3月14日　午前5時10分

揺れた。ちょうど大島渚「儀式」の武満徹による無調のサウンドトラックを聴いていたから、まるで絵に描いたような不安感だった。

3月16日　午前7時47分

「真夜中の昭和ダンスパーティー」より帰宅。玄関の前で鍵束が無いことに気づきオルガンバーに電話すると、ブースの片隅に落ちていた。またタクシーで往復して、いまに至る。長い夜だった。皆様、今夜も本当に有難うございました。

3月16日　午後4時53分

大学1年の時に二度ライヴを観た野毛ハーレムバンド、というグループがやっていたブレッドの「make it with you」のカヴァーがカッコよくて忘れられない。アレは何か下敷きになっているヴァージョンがあったのか。打ってるカヴァー。もう一度聴きたかったけど解散してしまった。

3月17日　午前11時50分

インドへ行った人から「向こうのカレーは野菜の煮込みという感じ」と聞いていたが、昨夜作った野菜シチューはたしかに香辛料を入れたらカレーだよな、という出来栄えだった。蓮根・人参・蕪・ペコロス・芽キャベツ・ベビーコーン・豆腐・豚肉・ベーコン・料理酒・塩。

3月18日　午前7時31分

今朝は久々にトーストを真っ黒に焦がしてしまった。食パンの耳から小さな黄色い炎が立っていた。誕生日のロウソクのように吹き消し、ナイフで黒いところを丁寧に削って噛るとそれなりに旨い。原稿が書けなくてもう3週間。

3月19日　午前0時42分

ブックオフで買った片岡義男の文庫本を読んで仰天した。「雨の柴又慕情」という短編。外国人だが日本語を話す特派員の女性と小説家、小説家の妹とその友人で普段は女装している大工。台風でホテルに足止めされた4人が部屋で「男はつらいよ」を観て感想を言い合う、という話。こんなの誰にも書けない。

3月19日　午後8時29分
仕事場の火災報知器が突然鳴り出す。慌ててエレヴェーターで地上に降りて様子を窺っていると大家さんが「間違いです。何でもないのに鳴り出した」という。明治通り・渋谷橋から広尾方向への道の桜はもう七分咲き。東京の夜は不思議。

3月20日　午前0時23分
先週のクラブで友人が入手した、と言っていたキリンジ「YOSEGAKI」週が明けて事務所に届いていた。ファンの皆さんや当のご兄弟がどう思うかは知らないが、自分の書いたものはいちおう自分の作品、と言えるので気に入っている。

3月20日　午前8時29分
牡蠣・菜の花・刻んだ油揚・大根おろしの味噌汁。コレ、本当に旨い。いろいろ他の組み合わせを試してみたけど、何故かコレが奇跡のアンサンブル。一年のうちでいま、この季節だけの組み合わせ。

3月20日　午前8時56分
小林カツ代は他の料理研究家が提唱する「ダシは煮立たせない」に異を唱えていて、煮干でも昆布でも花かつおでも煮切ってしまうやり方を推薦している。「現代の食材では、こうしないと味が出ないの」という。初めて読んだとき、ヘエ、と驚いた。

3月22日　午前0時11分
スタンリー・ドーネンの映画を観たことがないヤツに「ツーリスト」の素晴らしさが解るわけはない。

3月29日　午前6時57分
過日。川上登生の名前が出てこなかった。それはまだ良いが、何か適当な名前を言っていた。日に日に老いを感じる。

3月29日　午前7時09分
今週作った曲は、やっぱり昔書いた曲に似ている。けれどももうそのことで悩んだりしなくなった。歌詞は「アクションペインティング」と「大人になりましょう」の路線か。曲はさらにいろんなのに似てる。完全に開き直ってますが、きっと歌う人がオリジナルなイイ曲にしてくれるはず。楽しみにしてる。

3月30日　午後7時24分
レコーディング終了。最高のヴォーカルを有難うございました。メチャメチャ気に入っている曲。高校とか大学の頃の自分に自慢したくなっちゃうような、もしかしたらオレ史上、最高傑作。

3月31日　午後4時57分
目黒ウェストのことを考えながら家でコーヒー。ウェストの求人募集広告では、ウェイトレスは身長160cm以上、大学卒であることが条件だった、とか。むかし友人だった女性に聞いた話。

4月1日　午前2時26分
昨日オルガンバーでロジャー・ニコルズ「don't take your time」を掛けたら、何故CDで掛けてるの、と何人かに尋ねられた。冒頭のピチカートのフレーズがあまりに小さく、LPで掛けるといつもハウリングを起すので新井俊也くんとマスタリングし直した。まだ改善の余地あり。

4月2日　午前9時16分
けさ起きて最初に頭に浮かんだのは日曜に観た映画「クラウド・アトラス」のこと。自分の好みとはかけ離れた作品だったが、意識下に訴える映画ということか。日本のアニメにはよくある話でしょ、という友人の感想を聞いて、あ、「火の鳥」か、と納得した。

4月2日　午前9時26分
先月はとにかく映画を観た。大半が古い日本映画で上映時間が短いという理由もあるが、けっきょく沢山観るには早起きするしかない、という事。早起きして電車で移動すると、一日に5本のハシゴも可能。そして、仕事のアイデアが降りてくるのを部屋で待つくらいなら、劇場に行く方が健康的だと気付いた。

4月5日　午後1時58分
まだ認めたくないのだけれど、花粉症になったみたい。54歳春のデビュー。くそー。

けっきょく花粉症には
ならなかった。

4月6日　午後4時01分
あるバーチャル・アイドルさんがオレの古い曲をカヴァーしてくれているのだが、歌い出しの2小節のメロディを完全に間違えている。その楽曲の著作権を管理している出版社の仕切りなのに。思わず「ざんねーん!!」と叫びたくなっちゃう。

4月7日　午後2時57分
倉多江美好きな人多いんだな。倉多江美と樹村みのり。オレにとって少女マンガはこの二人だけ。後は読んだことがないです。森雅之も、オレにとっては少女マンガ。かも。

4月8日　午前0時58分
そう言えば夕方、六本木TOHOシネマズの売店で列を待っているときに黒田マナブさんにお目に掛かる。アレ、きょうはKatchin'さんのパーティーにご出演では?と尋ねると、DJは遅い時間からなので子供と映画に来ました、という。ちなみに「ヒッチコック」を観に来たのではなかった。

4月8日　午後11時43分
東洋化成でアナログのカッティング。いつもの（梅宮辰夫に似た）手塚さんが本日NGとのこと、初めてのニシヤさんという方が担当。以前は代官山ボンジュール・レコードに勤務とのこと、DJカルチャーに理解ある人だった。とはいえ仕事ぶりはいつもの東洋化成マナーの保守派。カッティングは難しい。

4月9日　午後4時59分
病院にて血液検査。半ば死刑宣告を待つような気持ちで結果を聞くと、「アナタ、いま超サラサラ血液ですよ」と告げられる。医者のこういうひと言って、こんなに気分が好くなるものなのか。これを医学用語で「いい血旅立ち」という。ケーシー高峰のギャグを思い出した。

4月9日　午後10時57分
渋谷シネマヴェーラで月末から「復活!!久保菜穂子」という特集。かつては冴えないお姫様女優としか思っていなかったが、成田三樹夫特集で観た「出獄の盃」「脂のしたたり」という2本の大映・田宮二郎主演作で強く意識した。ときどき小雪に瓜二つに見える。小雪も二十年経ったら好きになるのか。

4月10日　午前10時21分
月曜に行なったカッティング、一日置いてテストカットを聴いてみたら予想以上に良い音。やはりSHUREのカートリッジは安定感というか、七難隠す。どんなに短い7インチの曲もイントロと終わりでは音質が違う。それをそのまま表現することが本当に良いかどうかは解らないと思う。

4月10日　午前10時25分
ちなみに東洋化成でもビクター小鐵ルームでも、ノイマンのカッティングマシンに付随しているトーンアームのカートリッジはDENON。針を下した時の音からしてSHUREとは異なる。そして化成のテクニクスに装着しているのはオルトフォン。もう随分前から針先は国内メーカーの物だとか。

4月10日　午後10時26分
自分はやっぱり当代最高のソングライターだ、と威張りたい気持ちと、サウンドクリエイターとしては完全に時代遅れ、という気持ちがずっと交錯する毎日。曲調もBPMも「昭和ダンスパーティー」ど真ん中の曲、って一般的には完全に終わってますよね。早く審判を降して貰いたい。

4月11日　午前11時47分
神保町シアターそばの「鴻 オオドリー」というスープカレーの店。赤のスープ、黒のスープ、どちらも旨い。黒は銀座「デリー」のカシミールカレーを優しくしたような味。昔の木造家屋をそのまま遺した造り。カレー激戦区で、いま「カーマ」「共栄堂」より好きな店。まだ昼時しか行ったコトないけど。

4月15日　午後12時50分
これから「シュガーマン　奇跡に愛された男」を観に行かれます方は、画面の中に竹中直人を探してください。ウォーリーを探す要領で。

4月15日　午後1時09分
「シュガーマン　奇跡に愛された男」で、ロドリゲスの記事を書いた記者が立てた企画の中のひとつに「ショーン・フィリップスを探す」というのがあった。予告編でも確認出来る。そういえば、この人もA&M。

4月16日　午前3時21分
ここ最近、神保町で映画を観ることが

多いのだが、食事やお茶はともかく、古本などはなるべく見ないようにしている。無駄遣いを卒業したいから。だが昨日は手塚治虫のマンガ本を6冊買ってしまった。「サボテン君」「I・L」「カノン」「山棟蛇」「ばるぼら上・下」しめて1100円。

4月16日　午前3時24分
ひと度、家の外に出ると何か買って帰らずにはいられない、というのは、やはり男だからなのだろうか。園山俊二「ギャートルズ」的な。狩猟民族の血。たぶん先祖はお百姓さんなのだろうけど。

4月16日　午前3時30分
先週金曜に映画を観た帰りはディスクユニオンに寄って「レアグルーヴ・ディスクガイド」を買ってしまった。特典としてソノシートとMOHAWKS「THE CHAMP」のステッカーを貰った。でも買っただけ。まだ未読。「アイデア×電気グルーヴ」も買ったまま未読。

4月17日　午後1時40分
レコーディング・スタジオで初めてタ

ワー嶺脇社長と会った時、「新曲のデモを聴いた時、思わずガッツポーズしてしまった」と仰って下さった。こういう話は20年後に本でも書くか、きょう呟くしかないからな。

4月18日　午前1時21分
映画から帰ってきたら、新曲オンエアされたらしく賑わっていた。賛否両論ですね。でも話題にならないよりずっとイイ。個人的にはフカミマドカさんに褒めてもらったのが嬉しゅうございました。

4月18日　午前11時59分
後期（晩年）の手塚マンガの絵の乱れ、というか、アシスタントの人にお任せしてるあの感じ。マンガに詳しい人は、あの現象を何か特別な用語で言うのだろうか。

4月19日　午後1時04分
コロムビア時代にお世話になった佐藤智則さんがご逝去された。仙台でルースターズの人気に火をつけた宣伝マン。東京でトライアド・レーベルに関わり、ピチカート、イエロー・モンキー、ミッシェルを世に送り出した人。サトちゃん。人気者だった。ケンカもいっぱいしましたが。合掌。

4月22日　午後10時39分
「剣」きょう観る直前まで時代劇映画だと思い込んでいた。タイトルデザインもシンプルにして秀逸。まるで「動く写真集（死語）」のような美しいカットの連続。そして、これはまだ巧く言葉に出来ないのだが、いままで自分が観た中で最も美しくストイックなゲイ・ムーヴィーだった。

4月24日　午後12時43分
藤城清治と東郷健、知らなかった。先日、たまたま銀座教文館の前を通り掛かって、この展覧会を観ようとしたら、ちょうどオープニングパーティーの真っ最中、大混雑で観ることも出来なかった。

4月26日　午前3時05分
京都・苔寺を訪れた父・笠智衆の傍らに座る娘・高峰秀子が庭のホトトギスを見て言うセリフ「あ、ウンコした」。小津安二郎「宗方姉妹」のワンシーン。覚え。素晴らしい作品だった。

4月29日　午後10時04分
高松にてノエルさん×涼子さん結婚披露宴の帰り、思い立って途中下車した神戸で爆死。爆心地は元町・高架下「ダイナマイト」！

5月1日　午前0時21分
レコード屋で買わずにパスしたレコードって、どうして後から欲望と後悔がこんなにも大きく膨れ上がるのか。買わなかったザ・バンド「カーニバル」国内盤7インチに押しつぶされそう。

常盤響さんが買ってきてくれました。

5月1日　午前1時33分
毎日チェックしているレコ屋のサイトで、フランク・ヒントンのアルバムがまだ売れ残っている。試聴は付いていなかったけれど「Love me tonight」の見事なジャズ・カヴァーは「これからの人生。」CDにも収録。オレはプロムナード・レコードで知りました。余計なお世話でごめんね。

5月1日　午前4時51分
ザ・ピーナッツの「手編みの靴下」という曲。聴いてみたら園まりの「逢いたくて逢いたくて」と同じ曲だった。調べてみると、同じ岩谷時子が作詞。筒美京平はこの曲の事を知っていたから「また逢う日まで」をリメイクしたのではないか。

5月1日　午前4時57分
平尾昌晃「アイ・ラヴ・パリス」が素晴らしかった。かまやつひろし「キャラバン」がボビー・ダーリンの編曲を下敷きにしているように、このヴァージョンにも元ネタのような作品があるのだろうか。

5月1日　午前5時03分
ゲルニカ「銀輪は唄う」「マロニエ読本」の7インチ。45回転でマイナス8のピッチにすると、管弦の鳴りが自然で美しく、戸川純のヴォーカルも無理なく響いた。テープスピードをワザと上げていたのか。

5月1日　午後2時04分
レアな7インチ国内盤のジャケを補強・保護するために入れるカードボード、通称「板」。秒殺レコード2号店で扱っているのが好みなのだが、きょう問い合わせたら品切れだった。ディスクユニオンで売ってるのは厚過ぎるし反ってるしダメなんです。因みに大阪「OかX」

のは店名入りのオリジナル。

5月2日　午前10時46分
滝田ゆう「ラララの恋人」小学6年生の時に読んで大好きだったマンガのことを昨夜何故か思い出す。いつでもどこでもベタベタ、イチャイチャしているカップルを描いたセリフのない作品。物凄い多幸感。かつてこのマンガをイメージして「ジョリ・バブリ・ラヴリー」という曲を作った。もう一度読みたい。

5月2日　午後11時29分
きょう観た「ある殺し屋」という映画。絡んできたヤクザをあっさりと倒してしまった市川雷蔵を野川由美子が追い掛けてくるシーンの、背後の通行人の中に団次郎がいた。あんなにカッコ良くて目立つと絶対に重要な役柄なのだと思い込んでしまうよ。

5月6日　午後7時38分
「ラストスタンド」ＦＢＩの手から逃れた麻薬王を田舎町の保安官とポンコツ集団が捕まえる話。兵器オタクの男。ショットガン一発で敵を殺す老婆。銃創で蜂の巣になるスクールバス。呑気なダイナーの客たち。懐かしいアクション映画の記号に溢れていて泣けてきた。これが韓国人監督作、というのに驚く。

5月7日　午後11時55分
大きなターミナルから発車したバス。最初の信号で停まると運転手が振り向き、マイクを通さず「携帯での通話止めて下さーい。他のお客様の御迷惑です」と叫ぶ。見る限り通話していた者はいなかったが、乗客の殆どが携帯を使っており誰も閉じる様子もない。却ってメールを止めるきっかけを失ったのか。

5月8日　午後2時42分
人が勧める名盤ばかり聴いてもレコードは楽しめない。同じように映画も、と思うけれどあまり下らない作品ばかりが続くと観に行く気持ち自体が失せてくる。レコードならつまらないと思った瞬間に針を上げれば良いが、映画館で途中退出するのは意外と難しい。とくに小さな名画座だと出来ないよね。

5月8日　午後2時46分
いままでに途中で席を立った映画は何本かあるけれど、憶えているのはパゾリーニ「ソドムの市」と大根仁「モテキ」。

5月9日　午前1時36分
昨日観た「夜の縄張り」という映画。主人公・田宮二郎が経営する「ワイズメン」というレストランの入口のショウケースの上で「話の特集」誌が販売されていた。いま調べたら1967年の映画。松岡きっこが信じられない程美しかった。こういう作品が残っていると、女優は幸せかも。

5月9日　午前4時03分
レコードもＤＪもこんなに好きなのに、どうしてこんなにＤＪのための準備（レコードを選ぶ・レコードバッグに収める）作業がキライなんだろうか。レコードを運ぶのはもっとキライだけど。

5月10日　午後1時08分
渋谷・東急百貨店本店の1階に昭和40年代の渋谷駅前のミニチュアの模型が陳列、公開されている。東急文化会館。昔の東急東横店。バスロータリー。懐かしいけど、侘しい気持ちにもなった。でも見てみたかったのは東急文化会館の裏手の辺り。

5月12日　午前6時26分
夏八木勲逝去。先月観た加藤泰「骨までしゃぶる」のタイトルには名前の後に（新人）と表記があったはず。角川映画の頃、夏木勲と改名していなかったか。カッコいい俳優だった。

5月13日　午前0時05分
きょうの日曜、福島で、レコードコレクターなら誰でも一度は夢見るような経験をした。うまく書くことが出来るかどうか分からない。どこまで書いてよいのかも判らない。でも書いてみる。長くなるかもしれない。続く。

5月13日　午前0時11分
1．福島でのパーティーに誘われた時から、翌日はリトルバード、というレコード店があるので行きましょう、と誘われていた。ところが直前になって、その店主が地方にＤＪで出張しているので週末は休業、と言われたのだった。でも実はそれほど落胆はせず。自分の目下の好みとは異なる品揃えの筈だから。

5月13日　午前0時16分
2．仕事の関係でいまは福島に住んでいる友人が、土曜のパーティーに行きます、翌日はリトルバードへ？とメールをくれたので、「お休みだそうです」と返信すると郡山ならレゲエとヒップホップの店がある、と言う。残念ながらそれもいまの興味とは違う、美味しい珈琲屋へ連れてってほしい、と返信した。

5月13日　午前0時20分

3．けっきょく目下の自分の好みを要約するなら、7インチ、それも主に国内盤、ということになる。そういう物が揃っているお店は福島には無いのかも、無ければ無いで別にいいや、と思っていた。ここまでが長い前置き。

5月13日　午前0時25分

4．土曜の夜のパーティー。久し振りに会った友人は「7インチ見たいんだったら、明日よかったら、ウチに来てレコード見ませんか？　最近もう所有欲があんまり無いんで」と言うのだ。当然ながら二つ返事で答えた「行きます行きます」。そしてパーティーはいろいろあったものの、終始ウキウキと進行。

5月13日　午前0時29分

5．さて日曜日。出演者の皆さんと美味しいカレーの昼食を食べて、友人宅へ。まだ新しいはずの一軒家に独り住まい。とても清潔に暮らしている。応接間のテーブルの上には7インチの箱が11箱。出されたお茶も飲まずに黙々と掘り始めた。予想通り、いや、予想を超える素晴らしいコレクションだった。

5月13日　午前0時34分

6．どうやら買ったレコードの大半は買ったまま聴いていない様子。そして買い方がいちいち頷ける。この人に興味を持ったら当然コレも買うし、ソレも抜くでしょ、という具合に、レコードを買う人なら真っ当な興味の拡がり方で買っていたのが分かる。抜く、抜く、どんどん抜く。一時間半ひたすら抜いた。

5月13日　午前0時39分

7．例えば「shaft in africa」の国内盤4曲入りEPが二枚続けて。例えば「親指トム」「ふしぎなメルモ」「ガンバの冒険」例えば佐野元春「young blood」7吋。そして今週の「昭和ダンスパーティー」ですぐに掛けたいような歌謡曲盤。さらに。

5月13日　午前0時43分

8．サンドパイパーズ「ある夕食のテーブル」のジャケ付きUK？盤。そして見事なブラジリアンのコレクションの数々。だが「この辺はまだ物欲が残ってるので」ということでほぼ手を付けず。10吋もあるんですか？と尋ねると、処分したけど言いながらも状態の良いのが棚に30枚ほど。一枚抜かせて戴く。

5月13日　午前0時49分

9．この辺で当然ながら気になってくるのが、対価というか代金、お支払いの件。友人は最後まで何も言わないので、コチラも切り出せない。もう自分は全くＤＪしないので、現場で使ってくれるなら、というばかり。ニコニコ、ニタニタしながらも「ある程度の金額を言われても呑もう」と覚悟は決めていた。

5月13日　午前0時54分

10．けっきょく7インチ収納用段ボールケースにぴったりひと箱分のレコを抜き、10吋一枚と、キングの万博実況盤を勧められるままに貰ってしまう。駅の近くの喫茶店でお茶を飲む時に、ようやく「ピチカートワンのアナログ、まだ事務所にありますか？」と言うので「送ります送ります」と二つ返事。

5月13日　午前0時57分

11．新幹線に乗り込む時間。友人はまた機会があったら、今度はＬＰも見て下さい、という。機会はなくとも、抜きに参ります、と言って別れる。抜いたレコは送ってくれる由。そう、これから査定されて請求書が届くかも知れないのだ。そして友人もたぶんこの連投ツイートを読んでいる。お手柔らかに。了

5月13日　午前1時05分

皆さま、長々とお読み下さいましてアリガトございました。コレがいま届いた友人からの答え。＞ＲＴ 無償の愛。ナンチャッテ。

5月13日　午後11時47分

Negicco「アイドルばかり聴かないで」サンプルＣＤと7インチが届く。この7インチは嬉しさもひとしおです。何度も言うけど、コレはロックンロール。チャック・ベリーがいま書くとしたら、例えばこういう曲だと思ってる。だか

らシングル盤で聴いてください。

5月14日　午前1時01分

またレコードの話。「フリーダムのピチカート・ファイヴ」のUSマタドール盤アナログって白のカラー・ヴァイナルだと思い込んでいたのだけれど、じつは透明盤も含め、何種類もの色が存在しているらしい。レディメイド山崎くんはいま7色所有している、と言っていた。昨日教わるまで全く知らなかった。

5月14日　午後12時59分

昨日、映画の本を二冊。白坂依志夫「不眠の森を駆け抜けて」ほぼ時系列編集のエッセイ集。ヴァラエティブックではないが、そういう本が好きな人にお薦め。口絵、スチール多数。500頁を超えるペーパーバックだけど軽量。文章も軽妙。コレで1200円は驚き。発行元はラピュタ。

5月14日　午後1時06分

もう一冊はやはり阿佐ヶ谷ラピュタのロビーで陳列販売されていた「三島由紀夫映画論集成」。自作小説の映画化に対する批評から婦人雑誌での読者との座談会、日記の中の映画への言及まで。白坂本に無くて残念だった映画題名索引も有。但し価格5700円。オレは雨損で半額の中古を入手。ワイズ出版刊。

5月15日　午前3時29分

昨日、つまみ喰いのように聴いたローラ・ニーロの初期のアルバム。一枚目はハーブ・バーンステイン、二枚目はチャーリー・キャレロ、三枚目はジミー・ハスケルが編曲を担当。三人とも最高の仕事をしているのに、誰からも尊敬されてない。彼らの身になって聴くと本当に、本当に頑張っているのが解った。

5月16日　午後1時33分

福島の友人よりレコード118枚届く。届かなかった盤は細野晴臣／絹街道、鈴木慶一／スカンピン、ジャムのEP2枚、スペシャルズ国内盤2枚、EBTGデビュー盤、ペイルファウンテンズの子供ジャケ盤とジャックのEP、ブラジリアン2枚。請求額は無し。この友人はどうやら再婚を企てていた様子。

5月20日　午後2時21分

クラブで「フェイスブック申請していいスか？」と尋ねられて「やってないんで」と断るときの、あの密やかな快感は何なのか。

5月22日　午前5時26分

中学生の時以来、音楽に対する気持ちがいま最も離れてしまっているのが自分でも解る。去年はもっとアレがやりたい、コレがしたい、と意欲があったのに。皆が言うように映画ばかり観ているから？それとも燃え尽きたのか。目下の仕事だけは張り切ってやりたいけれど。でも音楽を愛するふりはしたくない。

5月24日　午前2時53分

木曜。睡眠時間を削って観に行った映画が4本とも期待外れ。何度か寝落ちも。今日のように全て外すと「アッチの方が有馬稲子が出てたから好き」とか少しでも長所を探そうとする貧乏性。観に行かなければ行かないで結局後悔するから、精神衛生上良かったのだ、と自分に言い聞かせている夜。

5月24日　午前11時13分

青山学院の軽音楽サークル「ベターデイズ」の出身者は多い。いまの「GINZA」中島敏子編集長もそうですが。昨日聞いて驚いたのは、オレの同学年でサークルの内でたった一人プログレ狂だったSくんが、いまは栗原類の所属するモデル事務所の代表取締役社長とのこと。彼もオレ同様に浮いてたっけ。

5月25日　午後4時28分

「アイドルばかり聴かないで」と「なんてったってアイドル」を並べて語られるのを散見する。当然ながら意識したけど、秋元康さんはいつも業界インサイダーとしての視点に基づく作風。「聴かないで」は音楽ソフトにいまもお金を落としている側の視点。と中古レコードばかり買っているオレが言う。

5月29日　午前0時54分

何をいまさら、と言わば言え。中村登「古都」を神保町シアターで観て完全にノックアウトされた。全てが美しいけれど、武満徹の音楽の使い方が秀逸。音自体は和楽器を使った無調・ノイズ的なものなのに、登場人物の心にさざ波が立った時だけに音楽が鳴る演出が単純にして明解。音楽家と演出家の幸福な結婚。

5月29日　午前1時15分

わが家の最寄りスーパーマーケット「(大丸)ピーコック」チェーンがイオンに買収されたのは知っていたが、ついに8月末で「ピーコックカード」は無効との告示。商品も「トップヴァリュー」ブランドばかりになってきたし。いっそイオンに名称変更してしまえ。日本中ジャスコとイオンになってしまえ。

5月31日　午後3時38分

細野晴臣さん新作『Heavenly Music』をけっきょくアナログで購入。むかし友人の車の中で繰返し『トロピカル・ダンディ』を聴かされ「この人は歌手としての才能がいちばん大きい」と気付いた。でもアルバムの冒頭はあのバカラック曲以外になかったのか。そこととジャケに違和感が少しだけ。

5月31日　午後6時43分

これから下北沢GARDEN。きょうはいままで掛けるチャンスがなかったガレージとロックンロールのシングルだけプレイする、と自分に言う。

6月3日　午後9時42分

フランソワーズ・アルディ「私の詩集」を聴いている。いつかこういうアルバムを作りたい、と思った直後に、もうこんなアルバムを作れるチャンスは無いだろう、と考えてしまう。だから最近、LPレコードを聴くのを敬遠している。それにしても素晴らしい展開を持つアルバム。

6月5日　午前9時15分

朝から仕事の資料として送られてきたCD-Rをイヤイヤ聴いていたら、とつぜん昔の自作「アロハオエ・ブルース」が流れてきた。コレ、とても気に入っている曲だった。ただし、歌詞の無いヴァージョン。

6月6日　午前7時20分

神保町シアターの川端康成原作の映画特集、けっきょく全て観た。上映前のBGMがヴィブラフォンとピアノ、時にサックスが絡むジャズのインスト(たぶんMJQ)で自分の考える川端モノに近いイメージ。とはいえ透明感ゼロの作品も幾つか。いちばん似合ったのは今週の吉田喜重「女のみづうみ」。

6月7日　午前8時19分

先日呟いた「日本で知らない人はいないであろう著名な芸能人」の方から、ミックスCD-R第二弾が届いてしまった。今回は「JAZZ FOR NIGHT VIEW」というタイトル。聴いてみたら素晴らしい内容で驚く。ジミー・スミスに始まるスムース・ジャズ。タイトルにはもう少しヒネリが必要。

6月10日　午前11時23分

いままでに見た新譜レコードのキャプションでいちばん印象に残っているのは、ZEST渋谷店にクーラ・シェイカーのデビュー盤7吋が入荷したときについていた「山下洋必聴！」というもの。これだけでどういうサウンドか解ったし、買うしかないか、と思った。影響を受けたコメント。

6月10日　午後11時35分

武満徹「いのちぼうにふろう」収録の『日本の映画音楽1962―1977／毎日映画コンクール音楽賞受賞作品集』LP5枚組、無事に捕獲。珍しくビート感のあるタイトル音楽が収録されているのか。音楽といい、映像といい、俳優たちの顔といい、多過ぎる程の情報に目眩のするような二時間だった。

6月11日　午前9時13分

朝から残念な出来栄えのレコードを聴いた。安かったから忘れよう。たとえばザ・バンド「南十字星」や大瀧詠一「GO! GO! NIAGARA」を聴いた時のガッカリ感は一生忘れられない。大瀧さんのは発売日に試聴せずに買ってしまった。自分もまた期待を裏切るような作品を作って来たのかも。

6月17日　午後10時20分

帰り道の坂を上がる途中、見知らぬ男に呼び止められる。道を尋ねているのか、と思えば、財布を落としたので広尾駅から西船橋に帰る電車賃三百円を借りたい、という。けっきょく小銭入れの中の五百円玉を渡して別れる。こういう時、親切にしても断るにしても、心にはやはり何かが残る。それが不快。

6月21日　午前10時10分

今週、早起きして渋谷シネマヴェーラで観た「新・兵隊やくざ 火線」という映画にショックを受けた。中国大陸の前線を彷徨う勝新と田村高廣の話なのに音楽がほぼ全篇「青い影」や「ジュテーム」のようなバロック調インスト。低予算ながら非常に印象的。劇伴の仕事の真っ最中なので頭を殴られる思い。続

6月21日　午前10時19分

「新・兵隊やくざ 火線」この確信犯的な音楽は村井邦彦だが、間違いなくプロデューサー勝新太郎が「任せたから」と言ったはず。演出家の意見を伺っていたら出来ないはずの芸当。「新座頭市物語 折れた杖」は制作・監督・主演全て勝新。村井邦彦の音楽はスローでサスペンスフルなファンクだった。

6月21日　午後8時44分

きのう仕事場で作ったアレンジを部屋で繰返し聴いている。下世話で最高！　歌っているのは、少し前に誰かがオレのＴＬ上で貶してた某アーティストさま。その時はニヤニヤしながら読んでた。曲は80年代後半のヒット曲。これも絶対に7インチを作ってもらわなきゃ。もちろん今夜プレイ致します。

6月25日　午前9時36分

25年くらい欲しかったレコード、きのうスルっと手に入れてしまった。手に入らないレコードなんて無いのかも、と、きょうだけ楽天的に考えてみる。

6月25日　午前10時01分

『顔役』を観てしまった。オレも勝新太郎を崇拝する。この映画のキャスト、スタッフの全てを尊敬する。

6月25日　午後11時19分

ナタリーの「きゃりーぱみゅぱみゅ」論、宇川さんが引き受けたのでしたか。辞退させて戴いた仕事。3曲しか聴いたコトないし。山下達郎さんの時も断ったら菊地成孔さんが引き受けていた。自分が良い仕事をしたかのように錯覚。

6月27日　午後10時38分

大貫憲章さんはいまだにコニシ・コーヨーくん、と呼ぶ。有難いコトです。

6月28日　午後7時56分

先週作って家でヘヴィプレイ、「真夜中のＳＤＰ」でも2回掛けたあの曲、やはりＴＶの演出サイドから「もう少し歌謡曲ふうに」「もう少し下世話に」という註文。昔からずっとこの無益な戦い。戦争はどうして無くならないのかな。ちなみに歌うところのアーティスト側からはバッチリＯＫの返事。

6月28日　午後7時59分

ちなみにその秋のＴＶ特番のサントラ盤ＣＤ、まだ何も作っていないのにジャケットのラフが届く。コレがオレのディスコグラフィで断トツ1位のダサさ。ゴネるべきか。オレには関係ない、とポーカーフェイスを続けるべきか。

6月28日　午後11時37分

ボブ・ドロウ公演。コンサート鑑賞の原稿を頼まれたせいで、サインを頂戴するためのレコードを持っていくのをすっかり忘れた。もう再来日のチャンスは無いかも、と思ったら悲しくなったが、観ている内にあと2回は来るだろう、と楽天的な気分になった。

7月4日　午前2時45分

部屋でレコードを探していたら、たぶん二年くらい前に届いたであろう「ＪＥＴＳＥＴ」の未開封の通販パッケージがあって、開けてみたら別なレコ屋で先週買ったのと同じ7インチが出てきてビックリ。気になるレコードは取り敢えず買ってるんだなあ、オレ。そして買ったコトを忘れてしまう。

7月5日　午後9時08分

「いとほん物語」今週観た方々の感想ツイートを読んでいたら、思い出し泣きしてしまった。京マチ子が眉から上と鼻から下を袖で覆い隠しながら鏡台を覗き込むシーン。また泣いています。

7月13日　午後2時06分
小林信彦「東京のドンキホーテ」所収の「岡本喜八の殺人狂時代はなぜ上映されないのか」読む。原作「飢えた遺産」のさらに原題は「なめくじに聞いてみろ」だったこと。日活の映画の企画として書かれた脚本だったこと。宍戸錠が企画にノッていたこと、など。

7月15日　午前0時29分
TVが無いので観ていないが「半沢直樹」というドラマに（歌手の）りりィが出演している、と近所のカフェの女主人から聞いた。その女主人さんによれば、りりィさんとやはり歌手のシェリーさんは親友で二人の最近の写真を見せてくれた。昨年シェリーさんは脳梗塞を患ったそうだが、美貌は健在だった。

7月15日　午後1時22分
DJ ぷりぷり m·i x CD「昼下がりの夜」を聴いている昼下がり。富岡多恵子から始まる選曲。テクノのフィールドからラウンジミュージックに接近した人、みたいな。でも優しい感じ。昔大好きだったアメリカのおデブのDJを連想するも名前を失念。けっきょくオレはオレの選曲で行くしかない明日。

T-ASK, というDJのコト。

7月16日　午前8時38分
日曜の蔦屋書店での対談のとき、片岡義男さんからレナード・コーエンの最初の二作のカセットテープを頂戴した。どちらもモノクロのジャケなので、まるで海賊盤に見えるけれど新宿のヨドバシカメラ1階で買った、と仰っていた。

7月16日　午後5時46分
ポール・マッカートニーが来日したら、拙作「11のとても悲しい歌」を渡したい。世界中で毎日沢山のCDとか渡されていると思うけれど。そして聴かずに捨てちゃうんだろうけど。まあ、それだけなんだけど。

7月17日　午後1時06分
頂戴したMUROさんのMix CD「DIGGIN' BRUNSWICK」を聴いてしまった。グーの音も出ないほどスゴイ。ノックアウトされた。

7月17日　午後11時29分
「EDEN」ショーパブのゲイ達を巡る人間模様。話題の山本太郎は42歳の雇われマダム。美形のお姉さんを演じるのが元・男闘呼組の高橋和也氏。一度お目に掛かったことがあるのに全く判らず。原作の映画化権を獲得して逝去した原田芳雄に捧ぐ、とのクレジット。美しい中村ゆりに連れられて遠い処へ。

7月17日　午後11時33分
「EDEN」オカマってどうして松田聖子が好きなのかしら、と言って歌われる「赤いスイートピー」に感動。藤田弓子にも感涙。しかし最も感動的なはずの山本太郎が東北弁で母親に電話するシーン、本当に全く聴き取れなかったよ。ぷんぷん丸。

7月20日　午後1時47分
大貫妙子のアルバム、2枚欲しくなった。「都会」から「くすり」に繋ぎたくなった。

7月20日　午後11時51分
7月20日。脳内出血してからちょうど7年。酒を飲まなくなってからちょうど7年。今年も何とか無事に終わるか。

7月21日　午前11時21分
「たとえば憲法第九条は一種の「夢」ですよね。一方で現実を見つめれば世界平和に貢献するためにも憲法を改正すべきだと主張する方もいる。そういう風潮の中で、あくまで夢を追い続ける人物を演じることは象徴的だという気もしますね。」ドン・キホーテを演じる仲代達矢。中公文庫「遺し書き」より。

7月25日　午前9時35分
山田宏一写真集「NOUVELLE VAGUE」送られて来る。以前、平凡社から出た文庫版「友よ映画よ」の解説原稿への礼状が添えられていた。ミミズクの両眼にYとKの字の入った図案の印刷された原稿用紙に驚く程の悪筆の字で書かれていたけれど感激。写真集はもちろん素晴らしい。

8月4日　午後3時08分
誰も「節電」と言わない夏。

8月6日　午前0時19分
週末、好きなレコードを掛けてみんなが踊るのを見て、貰ったギャラで7インチのレコードを買って、きれいな女性と喋ったり。明けて月曜日、午前中から邦画の二本立て名画座を二つハシゴして、吉野家で牛丼を食べて帰宅。人間は自分の想像力の程度にしか幸福を享受出来ない、と知る。なんちてな。

8月7日　午前1時51分
渋谷シネマヴェーラに行く前に「嵯峨野」とかいう名前の立ち食い蕎麦屋に入ったら、宮里卓くんと彼女に遭遇。10年付き合って、いよいよこの秋に結婚する、とのこと。彼らはこれからBUNKAMURAル・シネマで「最後のマイウェイ」を観る、とか。こちらは70年代東映のポルノ二本立て。

8月7日　午前1時58分
渋谷シネマヴェーラで切符を買い、領収書を貰う時、受付の女性から「わたくしの父は「すみや」の井上修一で」と告げられて絶句。かつての「すみや」渋谷東邦生命ビル店にヤン富田さんがマーティン・デニーを買いに、大瀧詠一さんがレーザーディスクを漁りに来る時は必ず店長の井上さんが接客していた。

8月7日　午前2時06分
シネマヴェーラ、お目当ては「東京ディープスロート夫人」。大学生の時、新橋ロマン劇場で観て以来、約30年ぶり。細部は忘れていたが、エロいシーンは驚く程よく憶えていた。でもこの30年の間に、自分はあれ程美しいと思っていた田口久美よりずっと美しい女性を何人も知ってしまったのだった。

8月7日　午前2時17分
昨日今日と自分が観に行った映画館ではちょっとした室田日出男祭り。シネマヴェーラの3本も凄かったが、新文芸坐「にっぽん泥棒物語」の正義漢な新聞記者役がカッコ良かった。日系イタリアン・ハンサムというかミシェル・ピコリの弟みたいな風貌からどうして「怪猫トルコ風呂」支配人に変わったのか。

8月9日　午後10時12分
「その場所に女ありて」とにかく司葉子が素晴らしい。「乱れ雲」を含めて、いままで何となく線の細い女優だとしか思っていなかったけれど、それゆえの素晴らしさ。今年観た鈴木英夫の映画は団令子といい、この司葉子といい、本当に女性を魅力的に撮る。但し「目白三平物語」の望月優子はまた別の魅力。

8月9日　午後10時20分
華奢で姿が良く洋服が似合って、笑顔が魅力的なのを知っているからあまり笑わず、仕事を結婚までの腰掛けだとは考えていないが実はそれ程お給料を貰っていなくてそれでも貧乏臭くなくて、この社会では男には勝てないと何処かで諦めている、つまりオレには絶対手の届かない美しいOLの司葉子。

8月9日　午後11時03分
そういえば今朝の神保町シアターの上映前のBGMはマイルス・デイヴィス「クールの誕生」だった。素晴らしい。

8月11日　午前1時23分
「カランコロン」終わって、「さわやか」で「げんこつハンバーグ　オニオンソース」。やっぱり最高。もうこの先ずっと炭水化物を摂らないというカミヤくんは「おにぎりハンバーグ」ライスなし。「さわやか」でご飯の後、コメダ珈琲店でコーヒーとシロノワールが食べられたら最高なのに、と思った。

8月11日　午前1時31分
今夜、カミヤくんのDJが良かった。まんまと反応してしまった曲はエリック・バードン&WARの「黒く塗れ」だった。そしてカミヤくんが掛けたピチカート「ダーリン・オブ・ディスコティック」の歌詞が胸に突き刺さった。

8月15日　午前3時23分
「創造的生活を営む者の持ち時間は約10年。設計士も芸術家も。」今夜観た映画「風立ちぬ」の中で印象に残ったセリフ。10年なら酒ばかり飲んで過ごしてしまったなあ。

8月18日　午前5時15分
はっぴいえんどが解散してから、大瀧詠一や細野晴臣の関わったレコードは片端からチェックしていた頃があって、ほぼ同時に発売された吉田美奈子「扉の冬」と荒井由実「ひこうき雲」も発売後の最初の日曜に札幌・玉光堂ススキノ店に試聴しに行ったが、結局その日は「扉の冬」だけを購入した。続く

8月18日　午前5時22分
どうして「ひこうき雲」を買わなかっ

この日は南佳孝「摩天楼のヒロイン」も買った記憶。

たか。理由はひとつだけではないのだが、何よりもそのタイトル曲の歌詞の「あの子」という三人称に強い違和感を感じたからだった。シンガー・ソングライターなのに、なぜ「わたし」や「あなた」の歌でないのか。その後、自分は第二・三作だけ発売時に購入した。続く

8月18日　午前5時30分
そして「ひこうき雲」はつい何年か前にDJで使う為に渋谷のレコファンで再発盤を買った。それでも持ち続けた「あの子」への違和感は、この度「風立ちぬ」という映画を観てようやく消えた。作者並びに村井邦彦が40年も前から映画に使われることを予見してこの曲を書き吹き込んだのなら凄いと感じた。

8月22日　午後11時16分
やってしまった。映画館の自販機で買ったペットボトルの水。帰宅して飲みかけを呑もうとしたら、トートバッグの中で蓋が半分緩んでいた。濡れてしまった未読の文庫本と団扇をいま冷蔵庫にしまったところ。読みかけの本は無事だった。

8月24日　午前0時16分
今週惚れた女優。「うなぎ」の清水美砂。「玉割り人ゆき」の潤ますみ。「暖春」の不良BG役・倍賞千恵子。「吸血鬼ゴケミドロ」の佐藤友美。でもダントツで友美。二番手は化粧が派手で意外な一面の千恵子。

8月24日　午前1時57分
そう言えば。池袋・新文芸坐で観た「金環蝕」高橋悦史の義弟役・峰岸徹がトランジスタ・ラジオを付けると流れてくる曲がなんと布施明「100発100中」のイントロ部分だった。なぜ?の嵐。聴き間違えるはずの無い曲なのに。

8月25日　午前6時12分
帰宅。ついにDJ KOCOさんのセットを観た。スゴイ、としか言い様がない。スゴ過ぎて笑える。スキルの凄さに加えてユーモアがある。話したらノエルさん、幸太郎くん、そして川西卓くんと同じく香川県出身。「VOYAGE」で皆なでパーティーしてるのを観たい。オレは観るだけでイイです。

8月25日　午後11時18分
「大江戸性盗伝　女斬り」冒頭の宮下順子と男装の梢ひとみのラヴシーンで、いきなり昔観て仰天した「刺青一代」のクライマックスを思い出す仕掛けがあった。観てのお楽しみ。いや、本当に素晴らしい作品だった。チラシの解説にある「回収されない伏線」ってどういう意味だろう。端正な映画だったけど。

8月26日　午前8時10分
部屋の中で探していた行達也編「喫茶ロック」ディスクガイドが、探すのを止めた途端に見つかる。この本の選盤、本当に素晴らしい。たとえば川村依久子のアルバムについて書かれたものは、たぶんコレだけなのでは。でも薄い色のインクで印刷されたページは老眼鏡を掛けてもほぼ読めない。ざんねーん。

8月29日　午前5時35分
神保町シアターの森光子追悼特集。17本中11本のみ。司葉子主演の3作、中村登の「暖春」「惜春」「爽春」など素晴らしい作品を幾つも観たが、正直に書くなら森光子の芝居が本当に苦手だ。いちばんクサイ芝居は「モンローのような女」。ああいう演技がフィルムの中で永遠に残るということ。

8月29日　午後1時54分
年に何度かある睡眠障害ウィーク。たいてい週末のDJの翌日の夜、眠るのに失敗したまま次の一週間が始まってしまうことから始まる。週の前半は体力に任せて何とかやっていたけれど、けさついに気絶して映画を一本行き損ねた。またすぐに週末がやってくる。

8月30日　午後8時56分
映画を観て、レコード屋でシングル盤をちょっと見て、カレーライス食べて帰る、って幸せだな、と考えていたのだが、「ターンテーブル」が本日全品一枚200円引きセール。真剣に見ていたらカレーの「カーマ」が閉まってしまった。

9月3日　午前1時50分
きょう観た「暗黒街の牙」という映画の冒頭の場面。ナイトクラブでツイスト曲を演奏するバンドのヴォーカルが浜美枝。黒のセーターに七分丈のパンツ。その後の展開での清廉なお嬢様イメージとは別人の、ルーズでパンクな歌い方に戦慄した。ちなみにギターは夏木陽介。優等生風だがじつはジャン

キー。

9月3日　午後1時32分
市川崑「愛人」がDVD化されない理由は、やっぱりナット・キング・コール「プリテンド」が使われているせいなのだろうな。

9月6日　午前6時13分
きのう新文芸坐で観た「飛びっちょ勘太郎」のヒロイン、峯京子という女優があまりにもタイプだったので調べてみると先週観た「奴が殺人者だ」にも出ていた。でもそれらしき登場人物がいたかどうか。いや、映画そのものも殆ど憶えていない。

9月6日　午前6時58分
綺麗な顔の女優、大写しで観るに耐える俳優の出て来ない映画なんて意味が無いと思う。池部良の相撲のシーンを観ながら考えた。

9月6日　午後12時03分
映画評論家の春日太一、という人の本が好きでフォローしていたのだが、約10時間前にこれから書く、と呟いていた8000字の原稿を、5分前に「いま送った」と書いていた。凄い集中力。プロってこういうものか。オレは原稿締め切り無視して二週間目に突入。

9月7日　午後9時51分
京都高島屋の二階でのDJ、無事に終了。非ダンスフロアでのプレイでは自己最高の出来だった。エミリオ・プッチ店前の仮設ブース。ウォークする白人モデル。行き交う買物客。つまりエレヴェイター・ミュージックの実演。その場で選んだ曲が驚く程巧く連鎖していった。中西くんの選曲も素晴らしかった。

9月11日　午後4時46分
昨夜観た「ホワイトハウス・ダウン」最高だった。脚本が秀逸で伏線の回収が素晴らしい。いちばん心躍ったのは、幼い娘が学校の発表会の為に6週間もあるコトを練習したのに、主人公が仕事に追われて発表会を忘れて、という。。もう言えない。ラムゼイ・ルイスみたいな黒人大統領がカッコよかった。

9月11日　午後10時24分
南青山の裏通り。ヘンな所でタクシーを下ろされて途方にくれていたら、二人連れの若い男に声を掛けられる。知らない人?と、ちょっとビビっていたら、「ヒャダインです。お久しぶりです。あ、Negicco お見事でした。また」と笑顔で言われた。東京は夜の7時を少し過ぎた時刻。

9月18日　午後5時30分
渋谷駅。携帯電話の向こうで若い友人が途方に暮れている。どうすることも出来ずに、今度は自分が携帯電話を閉じたまま立ちつくしてしまう。そこに手帳を持った二人連れの中年女性が近づいてきて、サインを下さい、と頼まれる。誰かと間違えたのか、と思ったがサインして「また」と言って別れた。

9月18日　午後5時35分
生きる、ってことはホントにせつないこともある。生きる、ってことは、コンチクショウ、ってこともある。という曲を作った男のサインを求める人。ファンとは有難い、と思う。

9月18日　午後7時16分
きょうの仕事で会った或るロック・ミュージシャンにも「アナログ7インチ、作ってください」と訴えた。「いいねえ」と彼らは即答してくれたけれど、いままで何人ものミュージシャンにそうお願いして、じっさいに作ってくれた人は殆どいない。

9月19日　午後6時23分
映画館そばの中華料理店。たぶん自分と同年代の男性が、中国人の女性店員に「いつもの、アレ」と注文するが、要領を得ず。ほら、アレ、なんて読むの?またやき。。叉焼麺のコト?と声が出そうになった。

9月20日　午後12時44分
復刻版『絵草紙　うろつき夜太』。梱包を開けるとまさかの箱入り。勿体無くてシュリンクを破れない。箱を振ると何やらカタカタ音が。附録の小冊子とカラー・ポスター封入。どうせなら小説のみの単行本版も付けてほしかった。ウソ。全てのグラフィック・デザイナー必見。あらゆるアソビと反則を網羅。

9月20日　午後1時13分
普段からアナログ・オンリーでプレイしているDJによる、CD縛りのイヴェント、ってどうだろうか。もちろんアナログ盤が存在している曲は禁止。そもそも、自分にソレが出来るか。

9月21日　午後12時50分
10月13日、みんなで渋谷ユーロスペース「ブラジル映画祭」でヴィルソン・シモナールの映画を観て、その後は代々木八幡のお店とかで飲み会をしよう、という企てを、昨夜の昭和ダンスパーティーで話しました。

9月22日　午後5時07分
福山、パーティーの翌日のお昼ご飯は、肉丼と関東煮の稲田屋へ。昨日はカジヒデキさんたちも食べに来たらしい。でも店のドアを開けたら、たぶん間違いなく杉作J太郎さんらしき方とその御一行がいて、たじろぐ。肉丼、美味しかったです。

9月22日　午後5時53分
カジヒデキさんのDJ、昨日は初めてブースの真横で見た。ターンテーブルの外周（へり）を触って頭出し、スタートボタンを押しての曲出し。つまりレコードの盤面にいっさい触れないスタイル。ときに間の悪い滑り出しになるけれど、小賢しくカットインするDJ（オレ！）よりずっと伝わるものがあった。

9月23日　午後11時15分
きみはある時、何を見ても何をやっても何事にも感激しなくなった自分に気がつくだろう。そうさきみはムダに年をとりすぎたのさ。
ムッシュが「ゴロワーズを吸ったことがあるかい」を書いたのが、まだ36歳だったことを思い出す度にショックを受ける。

9月24日　午後10時52分
渋谷シネマヴェーラで観た「ひかりごけ」「真昼の暗黒」両作品に出ていた内藤武敏。「ひかりごけ」では制作も兼ね

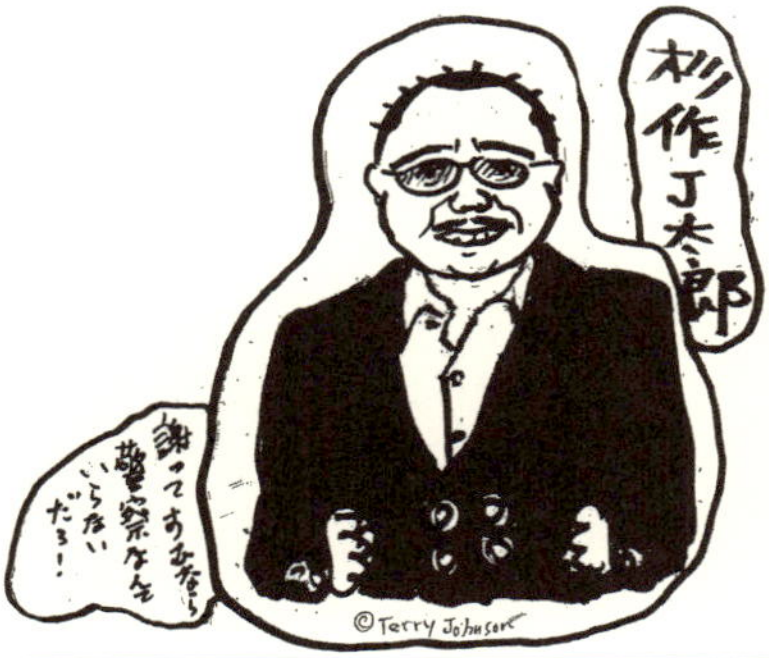

ていた。俳優自ら制作に関わる作品、他にも何本か最近観た。グレゴリー・ペック主演・制作の「大いなる西部」C・テイタムの「ホワイトハウス・ダウン」他にもあったが思い出せない。

9月25日　午後4時18分
森谷司郎「首」＠渋谷シネマヴェーラ。びっくりするほど面白かった。見終わったとき、後ろの席に座っていた人が「最高だよコレ」と笑顔で独り言を言っていた。神山繁の「映画で描かれるナチスの将校」みたいな検事っぷりが素晴らしい。本日あと一回上映。

9月28日　午前4時44分
新宿OTOより帰宅。どうにも鼻水が止まらなくなって、誰にも挨拶せずに相すみません。以前も一度、風邪でアニバーサリーを欠席した前科有り。♫恋の終わりは身体に悪い、という近田春夫さんの歌があったけれど、この季節は苦手なり。

9月29日　午後1時31分
いま引いている風邪はかなりヒドイです。寝ていても起きていても咳が止まらず。病院に行って薬を貰った翌日から、いよいよ酷くなってきた。これでは何も出来ない。映画にも行けない。熱は出ないんだけど。潜伏期間はかなり長いですが、ちょっと気になったら絶対に病院へ行ったほうがいいですよ。

10月3日　午前4時57分
ひと月以上も延ばしていた原稿、ようやく送った。原稿、風邪引き、今週は思うように映画を観ることが出来なかった。

10月4日　午後6時32分
いま家でJACKIE WILSONのレコードを聴いていたら、信じられない曲のカヴァーが入っていた。コンピ『大都会交響楽』に入れ損なった。。オレが選ばなきゃ誰が選ぶ、っていうTONY BRUNOのカヴァー。。クヤシイ。。

10月4日　午後6時36分
今週はもうひとつ、映画館で休憩時間にAkikoさんの「リトル・ミス・ジャズ&ジャイヴ」の中の1曲で、もっとバッチリなアレンジのアイデアを思い付いたのだった。コレからいくつもこういう後悔をするのか。。

10月5日　午後3時30分
贔屓のレコード屋で買う嬉しさ。嫌いになったレコ屋には二度と行かない。ピチカート「世界中でいちばんきれいな女の子」、って、じつは昔大好きだったけど、ある日大嫌いになった店のことを歌った曲だった。

10月10日　午前10時19分
バス乗車中。目の前の席に座っている年配のカップルがずっと手話で会話している。手話だと静か、じゃなくて、こんなに話すことがある二人がうらやましいと思った。

10月12日　午後9時46分
家庭内でサントラのレコードを掘っていたら、TVシリーズ「プレイガール」のテーマ曲が収録されている「東映TVサントラ・ベスト」盤が出てきた。この曲、アナログでは持っていないと思っていたからラッキー。世界でいちばん好きな曲。の、ひとつ。自分の手掛けたリミックス盤もお気に入り。

10月14日　午前5時46分
いま神保町シアターの鈴木清順特集で上映前のBGMに使われているCDがヤバイ。宍戸錠・星ナオミの「63年のダンディ」はキラー。野川由美子「河内カルメン」のハバネラ・ツイストは狂気の音程！「殺しの烙印」の殺し屋の唄も。劇場ロビーでも販売中。

10月16日　午後10時46分
きょう、シネマヴェーラ渋谷で観た「グレイト・フラマリオン」という映画にノックアウトされた。初老の男が美しくて悪い女に狂って破滅する。こういうストーリーが自分はどうしようもなく好き。主演のエーリッヒ・フォン・シュトロハイムが最高だった。

10月17日　午後3時57分
サンマルクカフェのデニブラン、デニッシュがサクサクして美味しい！ソフトクリームも大きくて、シロノワールを超えたか？そんなはずはないと思うので、コメダに行って比較調査してみたい。でもサンマルクカフェ池袋、接客に難あり。

10月19日　午後8時29分
いま東急バスの車内からクボタタケシくんにそっくりなチェックのシャツ、そっくりなキャップで歩いている人の後ろ姿を見かけて、バスが追い抜いたらやはりクボタくんで、車内から手を振ったら気が付いてくれて手を振ってくれた。

10月21日　午後5時40分
とても楽しみにしていた二本立ての映画に向かう途中で、携帯のメールを見たら今夜は別の予定が入っていたと気づく。しかも一度家に戻らなくてはならない。強いストレスを感じているところ。自分が嫌になる。

10月26日　午前1時59分
きょう観た「彩り河」という映画の音楽が秀逸だった。鏑木創の作曲でスキャットコーラス、というと「みな殺しの霊歌」と同じ、というか脚本で加藤泰も参加しているので意図的に同じアイデアなのだろうけど、「霊歌」がスウィングル・シンガーズなら「彩り河」は見事にジャンピン・ジャックだったので。

10月28日　午前8時52分
夏木マリ「決められた以外のせりふ」これは作曲していたときにはまったく意識していなかったけれど、レコーディングの時、リズム録りの真っ最中に、ああ、これは「ワイルドサイドを歩け」なんだ、と気付いた。その事を思い出した朝。

10月29日　午後8時02分
昨夜、家の手前のスーパーでトイレに駆け込み用を済ませたらトイレットペーパーが予備ロール含め全く無し。しかし慌てずバッグから香港製LOTUSブランドの紙ナプキンみたいなティッシュを取り出して事無きを得る。だが入れ違いに中年の男が決死の形相で飛び込んで来た。彼に神の御加護を。続く

10月29日　午後8時07分
しかしオレも余程慌てていたのだろう、きのう映画を観た後で古本屋で買った手塚治虫のマンガ本7冊をそのスーパーマーケットに置き忘れてきた事につい先程気が付き電話すると「昨日のお忘れ物ですねハイございます」と言われた。もしトイレに置き忘れてたら、何ページか破られ

てしまっているかも。

11月1日　午後9時11分

天皇陛下に手紙。コレが園遊会に招かれた若いスポーツ選手とか、かつての大女優とかだったら、ちょっとチャーミングな話なのでは。映画だったら陛下がまたイイ人で片目でウィンクしたりする。侍従がコホンと咳払いして見て見ぬふり。で、翌年から陛下にラヴレター責め。「いいとも」のお土産、的な。

11月3日　午後10時48分

E・L・T・「アクアマリンのままでいて」7インチ、テストプレスを確認。音質は許せる範囲。CDRを聴き過ぎていたから、ちょっとヒズみ過ぎてるかな、と感じたけど、他の国内盤7インチを聴いたら、これがアナログの音だよな、と納得。音は詰まってるけど、悪くないです。御安心ください。

11月4日　午後1時19分

昨夜、神田エクストラウェルトで聴いた福田タケシさんのアニメ7インチセットが本当に素晴らしかった。例えばロンドンからあの人が来日してレアなオリジナル盤シングルだけでプレイする、というのと全く同じ、もしくはそれ以上の驚きと感動があった。とにかく、お金を払って聴くに値するDJ。

11月11日　午前10時05分

映画「素敵な今晩わ」の中で何度も歌われる平岡精二作曲の「野良犬が～」という男性コーラスの曲。ダークダックスの歌った「野良猫」と違って、グッとブルージーで素晴らしかった。

11月11日　午後5時12分

ブギなご乗車おやべください。高田馬場駅ホームの駅員さん、ひどい風邪をひいているらしい。

11月11日　午後9時52分

ある尊敬する若い音楽家のツイートを読んでたら、AKB48みたいな曲を依頼されたから努力して書いている、という。どうして思い切り彼女らしい曲を書かせてあげないのかな。オレは全くのお任せで、とプロデューサーのコニーさんに言われたから「アイドルばかり聴かないで」を書かせてもらった。

11月13日　午後2時39分

昼下がりのラブホ街を抜けて渋谷文化村に向かう信号のところで若者にガン見されたので振り返るとオーデ君だった。映画観てたんだよ、と訊かれてもいないのに弁明するオレもオレだが、これから仕事です、と言う彼も怪し気だった。しかし昼間から映画観てると何もしてないのに後ろめたい。

11月17日　午後3時49分

昼下がりの渋谷ラブホ街。映画館から出た途端、向こうから背の高い男が7インチケースを持って歩いてきた。馬場くんと挨拶して別れた途端、今度はモッズコートの加藤ひさし氏と台湾のバンド、ワンフーと遭遇。悪いコトは出来ない日曜日。

11月18日　午後10時23分

ポール・マッカートニー公演、コレは絶対押さえときたい、というようなコンサートグッズとかあるのかしら。

11月20日　午前2時49分

きょうはロックのコンサートを観ながら久しぶりに音楽のことを考えてしまった。本当に楽しいコンサートだったが、音楽を仕事にしている人はみんな大きな敗北感のようなものを感じただろう。たとえば自分は演奏家でも歌手でもないけれど、編曲家としての自分を全否定されたような気分に陥った。

11月21日　午後1時35分

「散歩する霊柩車」@神保町シアター。いやあ、面白かった。西村晃と渥美清、素晴らし過ぎる。

11月21日　午後4時02分

「ゆうれい船」という映画を観てから、ずっと、大友柳太朗の喋り方が誰かに似ていると思い出せずにいたが、ようやくそれが梶野彰一さんだと気付く。因みに大友柳太朗の容姿はピエール瀧さんに似ていた。

11月22日　午後3時44分

「冷飯とおさんとちゃん」@池袋新文芸坐。真夜中にそっと家出しようとする錦之助に子供たちが優しい言葉を掛ける場面で、場内のオッサンたちが一斉に鼻をすする。こんな場面で泣いちゃうの?と思いつつ、オレも泣いた。オレもオッサンです。

11月25日　午後11時22分
TVの仕事で御一緒した道重さゆみさんの大ファンになってしまった。ずっとモニターを観ながら編曲したメドレーの演奏を聴いていたが、彼女は画面に映る度に、まるでオレだけを見つめているような視線を送ってくる。そんなハズ無いのは承知だが、コレがアイドルに恋をするということか、と思い知る。

11月27日　午前10時26分
ニック・ドレイクの母、モリー・ドレイクのアルバム。アナログ盤のジャケットが素晴らしい。70年代のシンガー・ソングライターのレコードを愛している人が作ったことが解るデザイン。ジョー・ボイドの推薦コメントの入ったステッカーも絶妙な70年代感。カット盤で買いたかった一枚。

11月27日　午後6時41分
「恋するリベラーチェ」、上映の1時間も前に窓口に来たのに、本日分は満席だと。アタマに来た。みんなネットでチケット予約するワケですか。それとも新宿三丁目が近いから?

11月29日　午前0時40分
すっかりさびれたキネカ大森のロビーでツイッターを観て堤清二の死を知る。ピチカートV最初のレコードの録音を終えた翌日の1985年6月18日、この劇場で行われていた加藤泰の特集に行って監督の逝去を貼り紙で知ったのを思い出す。80年代セゾン文化再評価なんて、きょう一日だけにしてほしい。

12月2日　午後3時59分
イメージフォーラムからシネマヴェーラに徒歩で移動中、パルコパート2が取り壊されていることに気付く。先月はオルガンバーに3度も行ったのに。すぐに何か建つのだろうか。

12月3日　午後5時29分
来年から始まるTVドラマの音楽。だめでもともと、と提案したアイデアは残念ながら大人の事情で立ち消えしそう。だが、第2案の「日本人なら誰でも知ってるあの曲」を手掛けることに。リミックスでもカヴァーでも可、ということで検討中。「ウキウキWatching」級に有名曲。武者震いしてます。

12月5日　午後3時56分
バート・バカラックの自伝の帯コメント。とっくに締め切りを過ぎて、きょうがデッドラインなのだが、どうしても書けない。あまりにも、あまりにも素晴らしい一冊。オレが推薦文を書くなんておかしい。みなさん、絶対に買って読んでください。

12月6日　午後3時46分
バカラック自伝。悩みに悩んで朝7時、5案の推薦コメントを書いて送った。どれも似たようなモノだったが、いちばん無難なのが採用されていた。〈サムシング・ビッグ〉な一冊。という惹句は選ばれなかった。

12月10日　午前2時38分
9月の「昭和ダンスパーティー」の夜、長谷川正樹さんが7吋で掛けた「さいだあ・ぶるーす」を聴いたその翌日、福山市でお会いした御本人に尋ねるとストックがあるので送ります、との事。その後ずっと梨の礫だったが先週末、新しいアナログ2枚と共に届いた。かせきさいだぁさん、アリガトございます。

12月10日　午前10時52分
並木橋でタクシーを捕まえようとしていたら、走行中のパトカーに「オラ横断禁止だ、歩行者!」とスピーカーで罵声を浴びせられる。オレのこと?と怯んだ。怖いなー、あの人たち。

12月12日　午前1時52分
ロジャー・ティリスンの逝去。残念。そして今週は何故かボビー・チャールズの「small town talk」が何度も頭を過ぎるのだった。

12月13日　午前9時21分
福岡。天神の「風街」でモーニング。むかし「JUKE」というレコード店で試聴を断られて文句を言ったところ、店主が出てきて謝罪された。その後で連れられて話をしてくれたのがこの喫茶店だった、と気付く。朝8時から開いている好きなタイプの店。チェット・ベイカーが流れている。

12月13日　午後7時22分
スクーターズのパーティー始まりました。常盤さんのオール7インチ・セットが最高すぎる。60年代のティッティ・シェイカーなレコードばっかり！レコードケース丸ごと欲しい！

12月18日　午前10時41分
ドアのチャイムが鳴ったので、宅急便だと思って出るととても可愛い女子大生ふうのふたり組が。聖書教育のご案内、とか。あ、結構です、とドアを閉めてしまったが、ゆっくり話を聞けばよかったかな。これからの人生が変わったかな。

12月18日　午後7時58分
ＣｏＣｏ壱番屋のスープカレーはアリだと思います。

12月22日　午前10時01分
昨夜は夜10時の回の「ゼロ・グラビティ」を３Ｄで。たいていの新しい映画は、もう少し短く、という感想を抱くのだけど、この作品はもっと長く、と思ってしまった。絶対に大きなスクリーンで、いますぐに観るべき。今野雄二がこれを観たらどんな形容詞を用いたか、と考えてしまった。

12月22日　午後11時51分
きょう、レコーディング・スタジオでタイムファイブのメンバーの方々に、自分がいちばん欲しいあの曲の7インチについてお尋ねしたら、デビュー当時からの専属アレンジャーにして第6のメンバー、吉村さんが「持ってますよ、連絡します」と仰る。本当に期待してイイのかな。イイのかな。

12月23日　午後6時20分
いま、前を行く若い女性が車道にチャリンと小銭を落としたのだが、ちょっと躊躇して拾わずに去っていった。女性が建物の中に消えたので、車道に降りて拾ってみると１００円玉なのに、何かが違う。ふちがところどころギザギザしていて、何よりやや薄く、軽い。偽造貨幣か。女性は美人と言えなくもなし。

12月27日　午前2時17分
劇伴の仕事、終了。トラックダウンの前に新橋ロマン劇場へ。「暴行切り裂きジャック」は昔観ていたが完全に忘れてた。「愛欲の罠」が最高だった。団しん也みたいな荒戸源次郎。「ダッチワイフレポート」はひろみ麻耶のファンなので満足。大和屋竺の竺、という文字が顔文字に見えてきた。

12月29日　午後7時02分
東北新幹線ホーム、大混雑。口の周りを安全ピンだらけにした若者も大きなトロリーを引いて帰省。柱に凭れて通話中のＢボーイ風の青年は完全に東北の言葉を話している。よりによって、どうしてこんな日に。でも今夜はお楽しみが待っている、と信じております。

12月31日　午後5時53分
前園直樹グループ「朝」で追悼する。誰か心ある方、心なき人でもいいから、YouTubeにアップしておくんなさい。元旦の朝に聴きたい。

14年1月1日　午前5時35分
ノエル&ギャラガーがまた奇跡を起こした！まさかのキョンキョンとの共演！

1月4日　午後10時59分
きょう、多くの方がＲＴしている弔辞ツイートに、自分はどうしても違和感を感じてしまう。言葉を紡ぐ職業とはいえ、あまりに美辞麗句だからか。独り言。

1月6日　午後11時56分
ニッポン放送の大瀧さん追悼番組。途中で掛かったシュガーベイブ「ダウンタウン」が良かった。ラジオで聴くこの音質が懐かしくて高校時代に戻った気分。「ソングス」とか発売日にレコード買ってたのに、なんでこの音が懐かしいのか。番組途中、ＣＭで流れた女性のフォークっぽい曲も最高に思えた。

1月7日　午前0時04分
リバティベルズ「幸せがほしい」も三木聖子「まちぶせ」も林寛子「カモンベイビー」も、オールナイトニッポンのCMですごくプッシュされていた曲だった。あんなに美味しいところだけ流れたら、絶対ヒットするよな、と思ったけど、ヒットしない曲もあった。

1月7日　午前9時10分

クリス・コナーchris connor の「I miss you so」と「he loves me,he loves me not」という2枚のアルバム、続けて発表されたのだとしたら本当に素晴らしいジャケット・デザインだなあ。でも画像添付しない。「あとは各自で」スピリットで。

1月8日　午後11時59分

年末の忙しかった頃は、一日に短く二回寝ていたのだけど、今週はやけに早寝早起き。もう起きてられない。これでもときどきクラブＤＪなのに。

1月9日　午後4時11分

よくカフェでお店の人が、フランス語やイタリア語でオーダーを厨房に通すヤツ。むかしは何か恥ずかしかったが、最近アレを聴くのが好き。ぐらんで・ちょこらーた・ぷれーご、と美青年が発声するのを聞いて、「とんかつ一代」の加東大介料理長を思い出す。

1月10日　午後2時17分

かつてピチカート・ファイヴ「オフィシャル・ソングブック」を出版した全音楽譜出版のNさんと久し振りに再会。彼の部署で作った本を頂戴してしまった。先生は、あのピチカート楽譜集を多少意識されていた、と聞いて驚く。意外な選曲にも驚くハズ。

1月10日　午後2時27分

全音「筒美京平作品楽譜集」巻頭はジュディ・オング「魅せられて」のスコアシート。噂を超えるキタナサでビックリ！反対に岩谷時子、橋本淳、安井かずみ、松本隆、阿久悠etc. . .と圧倒的な顔ぶれの作詞家の生原稿はどれもきれいな字で感動的！

1月15日　午前10時44分

渋谷駅東口の風景が変わっていた。東急東横店の背中が見えている。

1月15日　午後9時00分

オレはライヴよりレコードが好き。ライヴ至上主義者は、って言ったそばから、ライヴの企画と編曲の仕事が。録音物だろうと消え物だろうとアレンジ仕事は好き。

1月17日　午前1時57分

ロベール・ブレッソン「抵抗」。何がどう良かったかは書かないが、久し振りに映画を観ていて「もし自分が映画を作るなら」ということを考えてしまう作品だった。キュアロン監督が「グラビティ」に影響を与えた映画として挙げていたのには驚いたが、「2001年」を観返さなかった、という話は納得。

1月20日　午後12時31分

いつもカバンにペットボトルの飲み物を入れて持ち歩くのだけど、この半年にキャップの蓋が緩んでいたために水漏れして文庫本をダメにしたことが2回。2回ともクリスタルガイザーという銘柄。今後は買わない方針。

1月24日　午前1時25分

「・ふ・た・り・ぼ・っ・ち・」、古村比呂とコンタが最初にお見合いする喫茶店。中庭があってアレ？と思ったが、店を出て三浦友和と遭遇するシーンと同じロケ場所なら、よく知っているあのレストラン。その昔デートに利用して、その日は残念な休日となった想い出の場所。

2月1日　午前1時39分

春日太一『あかんやつら』。発売前に文春の方におねだりして頂戴していたのに映画観るのが忙しくようやく読了。もちろん面白かったが新書の『勝新』『時代劇は死なず』『仲代』に比べて圧倒的とは思わず。新書の長いヤツ、という読後感。しかし『椿三十郎』ショックというのは凄かったのですね。

2月7日　午後4時32分

スゴイ曲を発見。スティーヴ&イーディの「ハイ、スウィーティー」という曲。

E「ハイ、何かあった？」

S「イエー、ぼくの代理人がレイクタホでの契約に向けて動いてる」

と始まる業界内幕パロディ曲。バカラックの名前も歌詞に登場。楽曲は完璧なソフトロック。歌詞を完璧に聞き取りしたい。

2月11日　午前2時27分
頼まれたライナー原稿は全く書く気にならないけれども、三浦信の新しいアルバムはかなり良いと思う。あくまでDJ／編集者の作品。必要以上にプログラミングに溺れていない。惜しい曲がいくつか。敢えて完璧なアルバムを作ることを先延ばしにしたようにも思える。いや、やはりタイトルが惜しい。

2月13日　午後3時18分
いま駅張りのポスターを見て知ったのだけど、この前の日曜から浜松町の劇団四季の劇場で「壁抜け男」再演している。このミュージカルのルグランの音楽は本当にスゴイ。鍵盤、木管、打楽器の三人だけなのに最高にカラフルなアンサンブル。音楽の仕事している人は刺激になるはず。

2月14日　午前1時54分
きょう、神保町で野口雨情と石川啄木の伝記映画を観た。どちらも本当にダメ人間でびっくり。歴史に名を残したから良かったようなものの。本当に呆れた。

2月17日　午後3時13分
雑誌「フリースタイル」の連載インタヴューのページ、ようやく次回のゲストを決めた後で閃いてしまった。ソニーの河合マイケル氏を呼べばよかったのか。彼が口を開かなければ、けっきょく大瀧詠一さんのことは何も話せないのだ。いつもの連載とは違う趣旨になってしまうけれど。

2月17日　午後10時11分
この冬は一度しか袖を通していないスパニッシュコート。マッセメンシュ高橋さんから頂戴した服。明日から着ようと思う。春が来るまで。

2月21日　午後4時22分
マイケル・フォーチュナティの「ギヴ・ミー・アップ」って、けっこう最高。歌がすごくラフなところがオリジナルの風格。

2月24日　午前7時34分
眠れないまま朝を迎えた。映画館に行くか、もうしばらく眠る努力をするか、いま迷っているところ。映画館で寝るという選択もある。でも満員電車に乗るのは。原稿、短い方は書き終えました。

2月26日　午前2時26分
原稿、書くのよりも校正戻すのが面倒。きょうは昨日観た「上意討ち」の悪妻を演じた女優、大塚道子の命日。すっかり風邪を引いてしまった。体調最悪。以上。

2月28日　午後8時42分
鼠色の法衣を着た住職が、寺の前に停めた大きな四輪駆動のクルマに向かって「まったくメイワクなんだよ」と吐き捨てるように言ってた。ぜんぜん人間が出来てなくて、すこし安心した。

3月4日　午前11時59分
きょう、阿佐ヶ谷に「七人の刑事　終着駅の女」もう一度観に行くかどうか思案中。本当に素晴らしい映画だった。音楽が一切使われていない替わりに、繊細な録音と整音。上野駅でのオールロケ撮影。これから行ける方はぜひ！　きょうまで。

3月6日　午前11時11分
本日、14年前に買ったトレンチコートを初めて着てお出かけ。初めてオリコン1位の報せを聞いた日に、泊まっていたロンドンのホテルの裏手にあったバーバリーの大きな店で記念に、と言い聞かせて購入。似合わなくてずっとクローゼットに仕舞い込んでいた。きょうも似合っていない。

3月9日　午前3時46分
東京以外のクラブに招かれたときは、他のDJの選曲も聴きたいので、たいてい終わりまで居るのだが、きょうは4時までのパーティーなのに我慢できずにホテルに戻った。しきりに話し掛けてくる、ある女性の長い話に耐えられなくなってしまった。「ボサノバカバー」を地で行く人。

3月9日　午後6時09分
READYMADE（既製品、出来合い）とか、BOOT BEATとか、Le grand escroc とか、自分の考えるネーミングは露悪趣味、ってことだな。

3月11日　午前3時18分
最近、物騒な夢ばかり見る。昨日は

渋谷直角さんのマンガのこと。

身体に爆薬を巻きつけられる夢。たったいま見たのは、充電していた携帯電話から白い煙が出て部屋の中が燻っている夢。

3月12日　午前1時46分

そういえばきょう、午後2時過ぎの渋谷スクランブル交差点でクボタタケシさんと遭遇した。いろいろと話すことがあったが、どちらも急いでいて、それじゃ、と別れた。

3月13日　午後1時03分

真夜中の昭和ダンスパーティー記念ステッカー。きょう入稿すればギリギリ間に合うのですが、「昭和」なフォントがなかなか見つからなくて。皆様、ぜひステッカーを受け取ってくださいませ。

3月14日　午後3時26分

本日3月14日を持ちまして、新幹線車内自動販売機の営業を終了させていただきます。車内アナウンスがそう言っている。

3月14日　午後5時23分

中平まみ『ブラックシープ 映画監督「中平康」伝』という本。ブログを縦組みにしたような、やたらと二行アケがある本。ときにはワンセンテンスで。でも、たしかに読みやすい。

3月20日　午前8時47分

「ハッとしてGOOD!」「チャールストンにはまだ早い」などトシちゃんの楽曲を作詞作曲している宮下智がファーイーストファミリーバンドの宮下富実夫の奥さんだという話をむかし細野晴臣さんから聞いたのだが調べても出てこない。妹、って言ったんだっけ？　宮下智と細野さんの対談を読まなくては。

3月21日　午後12時26分

最近、睡眠が細切れで、すぐに目が覚めてしまう。きょうは2時間置き、昨日は1時間・2時間・3時間という具合だった。友人曰く、眠る前にスマートフォンを見ているからでは、とのこと。たしかに心当たりはある。

3月22日　午後4時25分

パーティー翌日、まだ何にも出来ない。疲れて使い物にならない。きのう、吉永祐介くんや三浦信くんと話したのはむかしのオルガンバーみたい、という感慨。あんなにたくさんの人がいて、あんなに飲んでたんだもんな。若くてバカだったんだな。楽しかったけど。

3月24日　午前1時06分

「ウォルト・ディズニーの約束」前半、とにかく「あー厭だ」連発のエマ・トンプソンが痛快。ハリウッドで出迎える運転手も、シャーマン兄弟と共に待ち構える脚本家もデイヴ・ブルーベックみたいな眼鏡をかけてる、と思った矢先、「デイヴ・ディグズ・ディズニー」から「ハイホー」が流れるセンス。

3月25日　午前2時02分

池袋新文芸坐の大きなスクリーンで観た『勝手にしやがれ』の予告篇の素晴らしさ。馬鹿馬鹿しさ。

3月26日　午後11時50分

やりきれないことばっかりだからレコードを聴いている。だけどぼくらは挫けない、泣くのはイヤだ笑っちゃおう。

3月27日　午後5時03分

新文芸坐の幕間。サグーン炒飯を食べていたときに声をかけて下さったあの方に「昭和ダンスパーティー」のステッカーをお渡しするのを忘れた。朝から何も食べずに映画館にいたので、と釈明する。でもサグーン炒飯はもう食べないかも。カレーパンは最高なんだけど。

3月28日　午前1時47分

昨日買った日本のロックバンドのアルバムを聴いている。この素晴らしいジャケット・デザインには、いつかこういう作品を作ろうと決めていたに違いない、志の高さを感じる。楽曲も悪くない。けれども、そのヴォーカリストの声は残念ながら魅力的とは言い難い。全くこの世界は残酷なり。

3月28日　午後2時59分

森崎東「女咲かせます」池袋新文芸坐。左隣りのオッサンがグシュグシュに泣いているのでもらい泣きした。「黄金の七人」を松竹で撮るとこんな感じか。自分は松坂慶子に完璧に恋をした。まだ涙が止まらなくてコーヒーを買いに行けない。

3月31日　午後12時55分
いまごろは終わりの季節。つぶやく言葉は、さようなら。

3月31日　午後5時24分
村野鐵太郎「鬼の詩」ラピュタ阿佐ヶ谷。オレには傑作だった。この映画、封切りのときに観たかった。70年代の、ビルの地下にあって、ドアを開けるともう暗くなっていて、けっこう急な傾斜をそっと降りて席を見つけ、小さなスクリーンで観るような。終わったら珈琲を飲みたいような。

4月1日　午前10時11分
昨夜調べ物をしていて、ミソジニーという言葉にたどり着く。女好きは女性蔑視のひとつ。その代表的な作家が吉行淳之介。女好きとは女嫌いのこと。うーむ。

4月1日　午後5時12分
池袋の喫茶店、隣りの席の男女。どちらも40前後、九州訛りか。男は音楽家、女は音楽ファン？　黒スーツに黒眼鏡の男は研ナオコのバックを務め、スガシカオの後輩で先日の公演に招待されたという。二人の間には履歴書と額面二万の領収書。音楽の個人レッスンの後か？　聞き耳立てている。

4月2日　午前2時32分
池袋新文芸坐で「ラブ・レター」を観て、去年観た山本太郎主演の「EDEN」を思い出した。あの話を森崎東が撮ったら、やっぱり強引に泣かされてしまうんだろうな。新宿芸能社の逆パターンみたいな設定だったし。原田芳雄のプロデュースだったし。

4月3日　午後7時30分
映画の前にユニオンでシングル盤見てたら、隣りにDJ KOCOさんがいて、昭和ダンスパーティーのステッカー渡したら彼の新作CDを戴いてしまった。わらしべ長者。でも映画前のレコ屋で時間つぶし、やめないと破産する。

4月4日　午後1時25分
仕事場近くの、今まで入ったことのなかった店でランチ。この冬何度か作った料理、この店ではボリートミストというのか。隣りの席のイギリス訛りの英語を話す日系人がとにかく早口で、1分間に8回くらい fuckin' という。いま fuckin' と言ったまま会話が途切れた。

4月4日　午後7時08分
いま届いたthe fire eatersの「move over」カヴァー7インチを聴いて渚ようこwithヘアーのあの曲はジャニス・ジョプリンのこの曲を下敷きにしてるんだ、と解った。いま頃になって、やっと気づいた。どれもサイコー。

4月6日　午後6時58分
♫ハチ公バスがわんわんわん。という歌を最後部座席に座っている子供が歌っていて、涙腺を直撃している。

4月7日　午後5時05分
近所のカフェに入ったら、アントニオ・カルロス・ジョビンの「雨に咲く花」が流れている。珍しいので、カフェの女主人にCDのジャケットを見せてもらったら、その曲は入っていない。聴き違いか。たしかに聴いたのに。

4月8日　午後6時27分
あくびを咬み殺しながら退屈な映画を観終わると、その間に欲しかったレコードが売り切れていた。映画の評価は退屈な、から、最悪な、にランクが下がった。

4月9日　午後5時14分
DJは基本的に二枚組のレコードを敬遠します。ミュージシャンでアナログを作る方はお知りおきを。

4月10日　午前5時15分
昨日のDOMMUNEで話題をさらっていたDJ SASUKEさん、という方。プレイは見逃したけれど、川西卓くんが絶賛していたので興味を持ちアカウントを探すと、既にこちらにフォローリクエストが来ていた。直接お目にかかった方以外はフォローOKしないのだけど、いつかお会いしたく候。

4月10日　午後11時47分
今まで観た中で最も悪い音響。ヴィオラとチェロはちゃんと聴き取れず。いまどき歌にディレイ。あまり動きのない弦のスコア。60年代の曲にエレピとシンセ入れるな。何よりクラシックパーカッションが不在。ラストもいつもの「雨に濡れても」。でもやはり作曲家自身の歌と今夜初演という曲が良かった。

4月11日　午前0時09分
ジョン・パガーノという男性歌手、観る度に好きになる。リトル・アンソニーとジョージ・マイケルを結ぶ線の上にいる人。最初に来たとき、エイジさんがあの歌手キライ、と言っていたのを思い出す。

4月11日　午前5時03分
福山雅治×猪瀬直樹＝タケカワユキヒデ。←ポール・マッカートニー来日サイトの著名人コメントページの写真を見て。

4月11日　午前5時23分
編曲の仕事で久々に悩み中。原稿も途中で投げ出したまま。今週は映画もあまり観ていない。まあ仕方ないか。王貞治は打撃不振の時、深夜も素振りをしたけれど、ハンク・アーロンはスランプの時に遊び回った、という話はむかし「GO　GO　ナイアガラ」で聞いたはず。

4月11日　午前9時39分
昨日のコンサートで鴨宮諒さんをお見かけした。自分と違って若い頃の面影そのままの紳士に見えた。声は掛けず。たしか最後にお見かけしたのも1989年のディオンヌ・ワーウィックとバート・バカラックの公演の会場だった。

4月12日　午後5時17分
きみといる限り、世界でいちばん、東京っていい街かも。ずっとそう思ってました。平林伸一さん、さようなら。

4月17日　午前7時51分
1987年暮れ、芝浦インクスティックでのライヴでパーカッション奏者として会ったのが大儀見元さんだった。誰の紹介だったか、自分はその名を知らなかったが演奏家の間では既に有名だった。その直後、彼は海外に行ってしまう。佐々木さん、鴨宮さんとも最後の演奏だった。

4月22日　午後7時08分
週末の夜、携帯が鳴って画面を見ると叔母の名前。電話に出るとその叔母が亡くなった、という弟からの報せだった。中学生で札幌に戻るまでの養母。家の近所のイタリア料理店で独り、ビールを一杯飲んだところで心肺停止したということ。そう聞くだけなら、幸福な臨終と考えることも出来る。

4月22日　午後7時08分
わがままで世間知らずな人だった。優しくしたい、と思うこともあったが、ひととき一緒にいるとそんな気持ちは消えた。近親者のみ、告別式のみの葬儀。世の中には多くの人に愛された人間もいれば、自ら人付き合いを拒む人間もいる。人それぞれ、ということだけは理解出来るようになった。

4月22日　午後7時08分
生涯独身。他人の子を育て、老母と病身の姉を看取った。晩年は酒を飲むことが楽しみだったらしい。けっきょく自分はあまり彼女に優しくすることが出来なかった。とはいえ、幸せとか、不幸せとか、それは他人が見てとやかく言うことではない。彼女には彼女の人生があった、ということ。合掌。

4月23日　午前8時37分
須川栄三「日本人のへそ」ラピュタ阿佐ヶ谷。まるで映画で観る「話の特集」だった。黒田征太郎描くタイトル文字。緑魔子。美輪明宏。草野大悟。熊倉一雄。ハナ肇。三谷昇。なべおさみがダスティン・ホフマンのハリー・ケラーマンに見えた。

4月24日　午後11時05分
朝から阿佐ヶ谷で映画を三本観て劇場を出たところで北沢夏音さんに呼び止められる。喫茶店で楽しくも微妙に噛み合わない会話を、気が付けば4時間。主に最近の物故者の話。あの作詞家の話などはせず。けっきょく共に劇場に戻ってレイトショウを観て、いま帰宅。松山猛の言葉を借りるなら、不思議な日。

4月25日　午後12時39分
男女間の享楽的な雰囲気を醸し出し、性風俗の秩序を乱す恐れがある踊り。まず思い浮かべるのはタンゴ。ブエノスアイレス警察の制服の腕章と、ダンサーの黒いハイヒール。人をポエムに誘う判決。

4月25日　午後4時50分
きょうの判決で、大阪のクラブが一斉に「ダンス禁止」の張り紙を破り捨てるパフォーマンスとかあったら映画みたいだな、と思う。連合軍の凱旋パレード。

4月27日　午前8時49分
昨夜のDJ、最高に楽しかった。MUROくんのいる前でMUROくんのレコードを2枚も掛けるのだから、ウケないハズはない。むかし誰も知らない7インチばかり回して終わったチバくんのセットから交替して一曲目にミッシェルの「CISCO」を掛けてその場を戴いてしまった夜を思い出した。

4月28日　午前8時47分
きのう熊本で友人達と立ち寄ったカフェ「ONE DROP」の御主人。みんながハナカさんと呼ぶので、すっかり田中さんだと思い込んでいたが、名刺を戴いたら花香さん、という名前。花の香りで花香さん。今まで会った最も美しい苗字の一つ。下の名前は竜也。花と竜です藤純子です、と笑っていた。

4月28日　午前10時50分
平成のシュガーベイブ、あっぷるぱい。いい加減、名前を記憶したい。

4月28日　午後7時16分
「忍者狩り」ラピュタ阿佐ヶ谷。ドライというかセックというか、こんなにも情緒的な場面を排除した映画、他に思い出せない。襖を開けると傭兵として雇われた浪人、近衛十四郎・佐藤慶・山城新伍・河原崎長一郎が揃って登場する場面に痺れた。楽器の音を逆回転再生した音楽。音楽の無い場面の緊張感。

4月28日　午後9時30分
パーティーに出掛ける前のレコードを選ぶ時間に、やはりあの人の不在を思い出す。彼が御機嫌で踊ってくれた曲、あるいは彼から頂戴した盤が、自分のレコードバッグにはあまりにも多く残されている。THERE'S ALWAYS SOMETHING THERE TO REMIND ME

4月30日　午後7時16分
「白昼の襲撃」渋谷シネマヴェーラ。「スネイクヒップ」のシングル盤を買ってから44年、ようやく鑑賞。日野皓正クインテットの演奏はほんの少しテンポの遅い別テイク。稲葉国光のエレクトリックベースはオレと同じメタリックブルー。ミスチルのディレクター稲葉さんの御父君。全編通して最高の音楽。

5月2日　午前4時10分
自宅のレコード棚で長年探していた山下達郎『SPACY』をようやく発見。このレコードのB面2曲目からの「言えなかった言葉を」「朝のような夕暮れ」「きぬずれ」の流れ。このアーティストのソロ作品の中では別格と言えるほど好き。ああ、むかし聴き過ぎて針飛びしてる。メンテしなきゃ。

5月3日　午後2時17分
先日の高円寺UFOクラブで鈴木やすしさんが選曲していたので久々に聴く「オデッセイ&オラクル」むかしはただうっとり聴いていたけれど、いまはこの名盤が徹底的に切り詰めたバジェットで作られたことがわかる。録音スタジオ入りする前に完璧に書かれたアレンジ。ペット・サウンズの逆を行く傑作。

5月6日　午前10時57分
やりたくないけれど、お金になるから、という理由で引き受けてしまった仕事の直後に、必ず厄災が起きる法則。だいたい仕事の報酬と同じ額の損失で差し引きゼロ。いや、病気とか人の死に直面したのだから、マイナスは計り知れない。でも、そういう仕事を断れないときもあるのだ。

5月7日　午前4時55分
「ダイナマイトどんどん」渋谷シネマヴェーラ。昔観ているのに全く憶えていず呆れつつも楽しんだ。五社の俳優入り乱れてのオールスター喜劇。桜町弘子の登場場面では何故か涙が。「北国の帝王」「ロンゲストヤード」「特攻大作戦」など、監督か脚本家、制作の誰か絶対あの監督の映画を意識してたはず。

5月9日　午後3時55分
JR高架下の映画館。きょうからの上映はレディース・シートもあり、と謳っていたけれど、場内はいつにも増してヨボヨボのシニアばかり。この劇場では隣席の人が携帯を見ても腹を立てたりしないが、さすがに映画を観ながら爪をパチンぱちんと切るのはやめてくれ。

5月9日　午後11時19分
いま「クレールの膝」という映画のことを思い出していた。オッサン？が少女に対して距離を縮めていく過程を、じっくりと時間をかけて描いた笑っちゃうような傑作。ああいうのをミニマリズム、というのか、ブレッソンの「抵抗」に似ていると、いま気付いた。じっくり主義。とにかく、もう一回観たい。

5月10日　午前0時01分
むかし京都メトロのパーティー明けに、皆でなか卯に行くことになって、オレが酔っ払ってJBのマネして「なかうっ！」ってシャウト連発してロマンチカの林さんに呆れられたことをハッキリ憶えてる、ってことは酔ってなかったのか。「ナカウっ！」の「カ」を極端に高くシャウトするとジェイムズな感じ。

5月10日　午後12時46分
「むかしの歌」神保町シアター。石田民三監督。演出補に市川崑の名が。へえ、と思って観ていたが、まるで市川崑としか思えぬ記号に溢れる画面。花井蘭子は後の「愛人」の有馬稲子や「おとうと」の岸恵子であり、藤尾純は尾棹一浩であり石坂浩二だった。またしても唐突なエンドマークに涙。傑作。

5月10日　午後8時54分
「まごころ」神保町シアター。成瀬巳喜男監督作。むかし千石の三百人劇場で行われた大きな特集の時、これは掛かったのだろうか。人生で大きな失敗をする前にこの映画を観ていたら、と考える。素晴らしい映画だったが観てからずっと気持ちが沈んだ。悦ちゃんは美少女過ぎて疚しい気持ちになっちゃん。

5月12日　午後5時59分
フィルムセンターでは、学習院大学の学生に学割をしない。学習院大学の学生は入場無料、とのこと。きょう、学習院大学の学生の方から教わった話。

これが川勝徳重くん。

5月14日　午後9時13分
「東京マダムと大阪夫人」池袋新文芸坐。全然期待しないで観に行ったら、高橋貞二と北原三枝の出る最高の映画だった。高橋貞二、どうしてお前がそんなにモテる？

5月15日　午前1時59分
ニール・セダカの「hot and sultry nights」という曲。とあるレコードショップの試聴音源で知る。完全に「みずいろの雨」だった。

5月19日　午後2時30分
神戸のホテルを10時にチェックアウトして、あんちゃんとコーヒーを飲み、新神戸から新幹線。午後2時半の新文芸坐になんとか間に合った。久しぶりに古市コータローくんに遭遇。

5月20日　午前1時27分
深夜のコンビニでAMAZONから届いたLPを受け取る。すぐにジャケットが見たくて梱包を開け、剥き出しでLPを片手に抱えて短い夜の散歩。裸でレコードを携えて歩くなら、やはりLPがいい。キース・リチャーズに呼び止められたミック・ジャガーの気分。高校生の頃のようにときめいたので呟く。

5月20日　午前1時31分
ちなみに届いたレコードはネッド・ドヒニーの二枚組。なんで最近のアナログは二枚組重量盤ばかりなのか。ジャケの背も分厚くなるから、レーザーディスクみたいなデザインになる。いろいろ難癖を付けたくなるけれど、音楽はやはり素晴らしいので許す。

5月26日　午後10時41分
先日、法事の帰りに寄った中華街の食材店で探していた干豆腐（かんとうふ）を入手。台湾料理屋で食べた唐辛子炒めを見よう見まねで作ってみたら、思わぬ失敗をしてしまった。しかし、コツは分かった。蝦子麺、蚕卵麺と同様に干豆腐もカルディで取り扱ってくれないかな。ついでに亀ゼリーも。

5月31日　午前0時33分
「in the city」最新号の高木完さんのページ、ますます力の入った連載に。ヤン富田、ピエール・アンリ、草月ホール、一柳慧、勅使河原宏、「WILD STYLE」。ちょっと北沢夏音さんや草森紳一のクイックジャパン連載を思い出した。自筆イラストも90年代のバアフアウトふう。

5月31日　午前3時23分
ゲイリー・マクファーランドの『ソフト・サンバ・ストリングス』は1966年。アントニオ・カルロス・ジョビンの『ウェイヴ』は1967年。前者のB面は間違いなく後者に影響を与えている。いや、クリード・テイラーが気軽に「こんな感じで一枚作らないか」と提案したのかも。覚え書き。

6月4日　午前10時34分
バスや電車に乗る度に、イアフォンから漏れる音を不快に思う。この不愉快から逃れるためには自分もイアフォンで耳を塞ぐしかないのか。本当に不愉快。

6月4日　午後1時41分
「初笑いびっくり武士道」渋谷シネマヴェーラ。不覚にも落涙。自分は山本周五郎の原作を映画化したものが好きなのだ、と気付く。そして多くの映画人から山本周五郎は愛されている、とも。強いばかりが男じゃないと、いつか教えてくれた人。冨田勲のシンセサイザーを使った音楽も素晴らしかった。

6月6日　午前0時11分
ずっと欲しかった7インチをフランスのレコード屋で発見、意外なほど安値だったが送料はそれなりに高いので、店の7インチ在庫をすべてチェック、結局8枚オーダーした。翌日フランスから返信があって、いちばんお目当ての盤のみ売り切れ、との事。まんまと釣られてしまった馬鹿な日本人コレクター。

6月6日　午後5時37分
いままで何人もの方から薦められたレコード。あいさとう氏が、ぜひ聴いてください、と貸して下さったこともある。だが、ずっとピンと来なかったそのレコード、ついに入手してしまった。やはり自分には良さが解らず。それが分かっただけでも手に入れた価値があった。

堀内美樹のアルバム。

6月9日　午後12時37分
「白と黒」池袋新文芸坐。大傑作。ノックアウトされた。朝早く起きて本当に良かった。こんな映画を観るために名画座に通っているのだ。武満徹の音楽も素晴らし過ぎる。

6月11日　午前0時21分
この間の、ちょっと納得のいかなかったレコーディング、やはりディレクターが勝手にマスタリングして、こちらには事後報告。それでも売れなかったらオレのせいになっちゃうのか。忘れましょう、この仕事。

6月18日　午後10時13分
「二・二六事件 脱出」シネマヴェーラ渋谷。こんなに面白い映画があったなんて。これは日本版「ホワイトハウス・ダウン」なのでは。唯一の不満は千葉真一の登場場面が少ないこと。今週は小林恒夫という監督にノックアウトされた。

6月19日　午後12時02分
HMVの大型アナログ専門店のニュースを読んで最初にイメージしたのは、イギリスによくある、エサ箱の中にジャケットだけがあって盤はカウンターの後ろにあるシステム。アレ、ジャケがへにゃへにゃしてサクサクしにくいんだよな、なんて思い出してしまった。

6月20日　午後5時53分
先月戴いたフジロック久（仮）というバンドのアルバムが素晴らしかった。特にB面は3曲とも好きになった。バンドやろうぜ、という曲は、誰かドラムスを乗っけたトラックを作ってほしい。とにかく今夜良いタイミングで掛けたい。スリーファンキーズ「若いみそらで」と続けて掛けられたら最高なのだけど。

6月23日　午前0時24分
TL上に「快盗ルビイ」を観てきた方々の感想が隣り合わせに並んでいて、みな絶賛している。きょうは諦めていたのだけど、むかし封切りで観た時は誰も褒めていなかったし、自分も期待が大き過ぎてあまりピンと来なかった。そういえば「生徒諸君！」も封切りで観たのを思い出した。札幌東映だったか。

6月26日　午後7時00分

いちばん欲しかったレコードを手に入れてしまった。知らない人ではなくて、友人から買うことが出来たのがよかった。あとは余生。とか考えていたらすぐに老け込むんだろうな。じゅうぶん老けてますが。

6月27日　午後7時50分

昨夜の「爆クラ」合唱特集。ホステス役の湯山玲子さんの話が面白かった。お父様の話をはじめ、数多くの作家の話を披露して下さった。自分が合唱にハマるきっかけとなった「わかれ」という曲の作詩者、蓬莱泰三の名前を挙げると「チコタン」の作者と即答してくれた。

6月27日　午後7時57分

もうひとつ。昨夜は約10年ぶりに横町慶子さんにお目にかかった。児童合唱の話から、かしぶち哲郎氏の「砂丘」という曲の話が出たのだが、横町さんは「リラのホテル」という作品にコーラスで参加した、と話して下さった。そして彼女が患ったのは脳梗塞だったと知る。

7月2日　午後3時50分

カフェで憂鬱そうな顔の二人の男がＳＥＸの回数の話をしている。自分は二週間に一度。自分は月に一度。すると隣りの男が嬉しそうな顔で、自分は三年に一度、と言う。でもあなたはずいぶん幸せそうな顔をしている。ええ、三年に一度、それが今夜なんです。先週観た「ポンヌフの恋人」の中の小話の覚書。

7月2日　午後6時50分

「かも」神保町シアター。自分はきょうの今日まで梅宮辰夫という俳優がどうして現在まで知名度を誇っているのかもうひとつ理解出来なかったのだが、この映画を観て解った。頭の中のモノローグが最高。もちろん緑魔子も素晴らしい。原知佐子も最高。痺れた。

7月4日　午後2時57分

いまジャケットのラフ案15種類が送られてきて15時までに選んでほしい、というので、残念ながら気に入ったものはひとつもなかった、と返信。自分はいままで、本当に素晴らしいデザイナーの方々と仕事してきたんだな、と痛感した。

7月4日　午後9時21分

先日、川西卓くんと話していてＤＪ嶋瀬陽子がいかに素晴らしいかという話題でひとしきり盛り上がる。彼曰く、自分の知っているＢ ＧＩＲＬの筆頭とか。そんな嶋瀬陽子と川西卓のＢ2Ｂがたぶん聴ける「大都会交響楽」は今夜、渋谷ＯＴＯで。ついでに言うとＤＪ渡辺康成もスゴいのです。

7月10日　午後8時41分

池袋新文芸坐で「日本の夜と霧」。観終わって劇場のエレヴェーターを降りると向かい側の風俗の無料案内所から、かつて自分の作った曲が流れてくる。ベイビーベイビーベイビー、いますぐ。徹底的な自己批判を迫られている気分になった。

7月17日　午後6時42分

「ノックは無用」渋谷シネマヴェーラ。初めて観た。今日のきょうまでマリリン・モンロー主演のお色気コメディだと思い込んでいた。身を捩るようなサイコ・サスペンス。身体が硬直した。

7月19日　午後7時31分

中学3年のとき、クラスでいちばん目立たない感じのヤツがとつぜん週の半ばから翌週の月曜まで学校を休んで、また何事もなかったように学校に出てきたことがあった。後からそいつが南沙織の北海道巡業全てを追いかけていたことを知った。自分は高校2年まで南沙織に興味がなかった。

7月21日　午前0時54分

病気してから八年。禁酒して八年経った。

7月22日　午前0時25分

「おいＸＸＸ、よく聞け。デモに行く奴らなんて、みんな豚だ。豚は身体をこすり合わせて汗をかくのが好きだからな。」篠田正浩『乾いた湖』の中の三上真一郎のセリフ。寺山修司によるダイアローグ。ＸＸＸは脚の不自由な学生に向けて言った言葉。これは強烈すぎて忘れなかった。

7月22日　午前9時41分
シネマヴェーラで掛かる外国の無声映画はいつも伴奏音楽に聴き入ってしまう。歌のないランディ・ニューマン、のような。昨日の「野人の勇」はピアノ・ヴァイオリン・クラリネットのアンサンブル。作曲のアンソニー&ナサニエル・カプランとはあの人のこと？ ヴァイオリンはリチャード・グリーンだった。

7月22日　午後11時22分
「日曜日が待ち遠しい」新橋文化劇場。封切時に観て以来二度目だが、こんなに楽しい映画だったとは。去年から名画座で沢山観た主に邦画のサスペンスコメディの記憶が、この映画をより一層魅力的にしているのか。そしてファニー・アルダンという女優の魅力が、現在の自分にはよく解る。堪能した。

7月28日　午後11時50分
何か企画を、と言われ、どうせ通るワケない、と思いつつ、どうせなら思い切り独り善がりなアイデアを提出したら、いや先方は大ウケ大ノリ、と言われちょっとその気になったのに、それから音沙汰ないままひと月。よくあること、と忘れてもうひと月経った今日、何やら大幅に予算縮小されて連絡が来た。

7月30日　午前2時37分
きのう気になって試聴したレコード。持っているような気がして買わなかったが、自分が持っているのは別のレーベルから出た盤だと判り、きのうの店に電話をして取り置きを頼んだ。だが今夜、けっきょく件のレコードを部屋の中で発見した。ジョニー・ジャニスというジャズ歌手。いま聴いている。

7月30日　午後11時48分
週末で閉館となる劇場で５００円アンコール上映を観る。入口で切符を渡すと記念品のクリアファイルをくれた。ところがガラ空きの客席は冷房が強烈、シャツの第一ボタンを留め、手ぬぐいを首に巻いても寒い。けっきょく貰ったクリアファイルに紙を挟み、シャツの下に入れ胸に当てて暖を取った。

8月2日　午前7時15分
岩村学「テオレマ」。DJ嶋瀬陽子さんに押し付けるように進呈したレコード。このアルバムはもっと多くの人に聴かれ、評価されるべきだ。

8月3日　午後5時40分
渋谷。映画を観てから、お目当てのレコードを探しに宇田川町へ。きのう開店の店にはないだろう、と考えてレコファンへ。すぐには見つけられず10分ほど探して、きのう山中くんが選曲していた「ウエディング・ベル」を無事に購入。むかし身の毛がよだつほど苦手な曲だったのだけど。

8月5日　午前0時49分
荒井晴彦「身も心も」ラピュタ阿佐ヶ谷。かたせ梨乃の美しさにノックアウトされた。ずっと住んでいる現在のアパートの同じ敷地内のマンションに、かつて彼女は住んでいて、ときどきお見かけした。この映画を観ていたなら絶対に声をかけてサインを頂戴したはず。

8月9日　午後11時57分
川島雄三「箱根山」神保町シアター。次々と画面に現れる豪華キャストに驚く内に映画は終わるのだけど、観終わって何時間も経ってから主人公・加山雄三の孤独に泣けてくる。まるで地球に落ちてきた男。昔好きだった樹村みのりの「わたしの宇宙人」というタイトルを連想した。父親がドイツ兵という役柄。

8月10日　午前2時00分
おヒョイこと藤村俊二が胃の全摘出手術をしたのが何時のことか、正確な年齢を調べているが不明。だが五十三歳の時に肺気腫を患ってから病気のデパート状態というのだから、１987年以降か。既にアフロヘアの振付師よりも白髪の老人のイメージの方が圧倒的にポピュラーだということ。

8月10日　午前10時58分
いま上映待ちの劇場で「おもいでの夏」の次に、あまりにも素晴らしい音楽が流れてきてどうにも堪らずに受付で曲名を尋ねると「ネヴァー・セイ・ネヴァー・アゲイン」だった。

山中くんが選曲していたのはPUFFYによるカヴァーだと後日、判明。

ルグラン偉大なり。

8月11日　午後9時21分

清水宏「按摩と女」ラピュタ阿佐ヶ谷。なんとチャーミングな傑作。ついフランスの映画をいろいろと連想してしまう夏のヴァカンスもの。この素晴らしい映画を8月半ばの一週間に掛けるという粋な計らいに拍手。やはり按摩シネマには傑作が多いのかな。

8月12日　午前2時44分

一枚のアルバムを制作するチャンスをもらった。売れそうにない企画だが幸運にもゴーサインが出た。ところが目の前にもっとやりたいアイデアが降りてきた。こちらの方がずっと売れそうな企画。この新しいアイデアの方を作ったら、最初の売れそうにない企画はもう作る機会は永遠にないかも。悩んでいる。

8月15日　午前0時57分

きのうDOMMUNEに行ったら宇川直宏さんが「ふなっしーの買物わっしょい」をしつこいくらい激賞して下さった。海童はじめがお気に入りだから、だとは思うのだけど、本来ふなっしー、って万人受けするゆるキャラなんかじゃなくて、宇川さん好みのトラッシュというかスプーキーなアレなのかも。

8月15日　午後4時22分

元フォノグラム洋楽でシン・リジィとか10CCとかランナウェイズに素晴らしい邦題を付けてた北澤孝さんて、久保田麻琴と夕焼け楽団の「たそがれのメイクラブカンパニー」でクラリネット吹いてた人と同一人物だった、と今週知った。八代亜紀さんのレコーディングに毎回来て下さった面白い大人のひと。

8月21日　午前0時19分

深作欣二「狼と豚と人間」池袋新文芸坐。情事の後、部屋でレコードを聴く高倉健と中原早苗。女が弄ぶのはマイルス・デイヴィス「ラウンド・ミッドナイト」日本コロムビアが独自にデザインした本邦初発売盤のスリーヴ。最も好きなジャケ。だがターンテーブルに寄るとレーベルはビリー・ヴォーン。残念。

8月21日　午前0時34分

DJワナビーの人がよく読んでいるあの雑誌からN&Gに取材依頼が。遅っ。でもあの雑誌、クラブミュージックやレコードコレクターのための専門誌ではなくて、実はDJ周辺機器をメインにしたオーディオ誌。広告を見ると判る。なんでオレに取材が来ないの？と思ってる方、そういうワケですから。

8月22日　午後7時14分

川島雄三「こんな私じゃなかったに」ラピュタ阿佐ヶ谷。いろいろ素晴らしい作品。昼は大学の研究室勤務、夜は神楽坂の芸者の水原真知子、夜の方が圧倒的に美しいところが巨匠の本領。日守新一の浮世離れ。山村聰の日本のオジサマぶり。新人・川喜田雄二の清々しさ。映画初出演の桂小金治もフレッシュ。

8月24日　午後4時56分

きのうの明け方、皆で一曲ずつ選曲したときに、細田さんが「連載小説」を掛けたら、水谷くんがいちばん好きな曲だと言ってくれた。そして今朝、カドピさんが同僚から預かった、と手渡してくれたファンレターにも同じ曲のことが書かれていた。自分でも昔から好きな曲で嬉しかったがすこし戸惑う。

8月25日　午後5時32分

映画の幕間に新宿DUG。たしかドリー・パートンが書き、B・J・トーマスが歌った「HERE YOU COME AGAIN」という大好きな曲を下品なテナー・サックスでカヴァーしているものが流れてきて驚く。ソニー・ロリンズのライヴDVDと知って納得。

8月25日　午後10時49分

きょう新宿のMUJIだったかH&Mだったかから出てきた大学生の男子二人が大声で、それって「昭和」の曲でしょ?と笑っていたのを聞いて、彼らの「昭和」というのが、自分にとっての「戦前」「明治」「大正」「19世紀」のような古色蒼然たる時代をイメージさせる言葉なのだ、とようやく理解した。

8月26日　午後11時11分

オレの手抜き料理史上の最高傑作が

今夜生まれたかも。命名「冷やし猫」。限りなく冷や汁ライクな、しかし限りなく手抜き料理の猫まんま冷製。

8月28日　午後3時14分
きのう山手線の新宿駅で下車、中央線に乗り換えようとしたら次が中野行きだったので快速に乗ろうとホームの階段に向かうところで若い女性に名前を呼ばれた。一瞬判らなかったが川西卓くんのガールフレンドだった。ああ、こんにちは、としか答えられないまま階段を降りた。映画に遅れそうだったので。

8月30日　午後7時59分
家で使っていたカートリッジがいよいよ調子悪くなって、例のＮＯＥＬさんご愛用の白いカートリッジに替えてみた。積年の鼻詰まりが治ったような気持ち良さ。

8月30日　午後8時29分
だけど耳というのは本当に贅沢に出来ていて、どんなオーディオ機材をグレードアップしても、フレッシュに聞こえるのはほんの僅かの間。いまはすっかり、これが当たり前みたいな音で鳴っている。

9月2日　午後12時43分
映画館で最前列を指定すると見上げるお席になりますが、と言われる。以前、ドトールコーヒーでエスプレッソを注文すると「こちらのカップにごく少量のコーヒーとなりますが」とよく言われたことを思い出す。

9月7日　午前7時48分
今週、家でカーティス、サム、フレッドの三人時代のジ・インプレッションズのアルバムを3枚聴いた。いずれも弟のせいで手許から消えたコレクションの買い直し。ひとつのアーティストの作品をまとめて聴くのは映画の特集上映のように楽しいし発見がある。日本人には絶対真似の出来ない音楽の一つ。

9月7日　午前8時00分
ジ・インプレッションズの「YOUNG MOD'S FORGOTTEN STORIES」というアルバムは30才より前に聴いてほしいレコードのひとつ。音楽家の方は是非に。もう一枚、「WE'RE A WINNER」というアルバム。新しいカートリッジで聴いたら音響的にも最高だった。

9月7日　午前9時37分
映画館でどうしようもなく退屈な映画を観ているとき。真夜中のクラブで全く好みではない音楽が流れている上に、話し相手もいないとき。そもそも話す話題もないとき。誰かにつまらない話を延々と聞かされているとき。つまりそれが生きている、と感じるとき。

9月7日　午後10時48分
雷蔵祭、昼過ぎにチケットカウンターに行ったら1時も3時半も完売。今週の映画鑑賞プランが大きく崩れた。最初の計画通り渋谷に向かうんだった、と後悔。地下鉄新宿三丁目駅の片隅で競馬新聞を読むように眼鏡をかけて「名画座かんぺ」を仔細にチェックする五十代の男。

9月10日　午後10時47分
中村登「三婆」渋谷シネマヴェーラ。娘に家を追い出され再び上京してからの有島一郎の顔が自分の父親にあまりにも似ていて、なんだか身につまされた。そしてオレは声以外は全く父親に似ていない。見事に母親似のおっさん。

9月15日　午前1時08分
きのう、富山でのトーク・イヴェントの中で初めて知った知識。ボニー・ピンクとは信藤三雄氏の命名、ということ。色の名前が入っていると印象が強いはず、という理由。

9月16日　午後9時13分
帰宅すると札幌の母親から封書が届いていた。子供のとき通った港区立神応小学校が閉校。お別れ会の通知が封入されていた。母もこの学校に通った。弟も、従兄弟も、母親の兄弟も、皆なここに通った。母親は欠礼するとのこと。自分も。

9月19日　午前0時21分
成瀬巳喜男「コタンの口笛」新文芸坐。三百人劇場の回顧上映で観て以来30年ぶり。そのときのフィルムには、東宝マークの前に文部省、ＰＴＡほかの推薦・奨励のクレジットが映されたことを記憶している。見終わった後でこんなに救いのない話が文部省推薦か、と呆れたが、本日のフィルムには欠落。

9月19日　午前0時59分
きょう聞いた話。池袋新文芸坐の入っているパチンコ店「マルハン」創業者と映画監督・内田吐夢は昵懇の仲だったそうで、監督亡き後、映画界のために一助を担いたい、と文芸坐と組んだという。ふーむ、本当ならば良い話。

9月19日　午後3時09分
成瀬巳喜男「ひき逃げ」「女の中にいる他人」池袋新文芸坐。以前、この2作を観たのはやはり池袋文芸地下だったが、この二本立てだったかどうかは記憶が怪しい。とはいえ初めて観るように感動した。傑作という他ないし、映画とはこんなに素晴らしいものなのか、と手放しで言いたくなった。

9月21日　午後7時53分
鈴木英夫「その場所に女ありて」神保町シアター。この映画に堪らなく魅力を感じてしまうのは、これがハードボイルド小説のような主人公が描かれているからだ、と納得した。二度目を観ていっそう感動した。きょうの劇場は啜り泣く観客が多かった。

9月23日　午後10時01分
先週の金曜から日曜にかけて4本の司葉子出演作を観たのだが、きのうも思いがけず司葉子に遭遇してときめく。中平康「その壁を砕け」で長門裕之が渡辺美佐子を実家の酒屋まで訪ねる場面、清酒のポスターに美しい女優の肖像が。銘柄は見落としたが「司牡丹」だったりしないか。

9月24日　午後4時04分
トリュフォー映画祭のパンフレットに寄せた山田宏一の文章が素晴らしい。それは次のようにはじまる。
「自分もたのしみ、できれば他人もたのしませること」をモットーに、フランソワ・トリュフォーは映画をつくりつづけた。
やはり自分の仕事のことを考えてしまった。楽しんでいるかどうか。

9月25日　午後1時44分
高輪でいちばん有名かもしれない豆大福の松島屋さんの店頭に秋山祐徳太子の個展の告知が二つも貼ってあった。何か近しい関係なのか。ちなみに高松宮様のご贔屓だった松島屋さんの二代目店主はリーゼントヘアの渡邉さんの小学校の同級生。

9月25日　午後8時32分
また食いしん坊ツイート。たしかミズモトアキラさんレシピの〈卵・塩・ごま油?の卵かけご飯〉に、スーパーで売っている独キューネ社のフライドオニオンをトッピング。コレ、最高にクリスピーで美味し過ぎます。マコーミックのベーコンビッツ、あるいは砕いたポテトチップスでも試してみたい。

9月25日　午後9時47分
映画「ストップ・メイキング・センス」のことを最初に聞いたのは、長門芳郎さんと話していたときだった。ご覧になったばかりだったのか興奮気味な口調だった。ファーストのA面1曲目が大好きでした、と言うと、グリニッジヴィレッジの音だよね、と言っていた。映画の公開が待ち遠しくて堪らなかった。

9月26日　午後8時33分
ヤフオクでジャニス・ジョプリンというかビッグ・ブラザー&ホールディング・カンパニーの「ふたりだけで」7インチ落札。この曲が7インチ化されているのは日本だけ? 何より平林伸一さんクラシック、いつも嬉しそうにこのEPを掛けていて、いつか欲しいと思ってた。現在、もう一枚出品されている。

9月29日　午後11時14分
ジョン・フォード「静かなる男」シネマート新宿。こんなに大らかで爽やかで、美しくて愉快で痛快な映画の楽しさに溢れた映画があるなんて。ジョン・ウェインがこれほどの美丈夫だったとは。悲しい場面など皆無なのに泣きっぱなしだった。ぜひ大きなスクリーンで観ることをお勧めします。

9月29日　午後11時20分
少し前、あるサイトに、一見何の共通点もないように思えるジャック・タチと北野武の間にチャールズ・チャップリンを置くと、という話を書いた。きょうは小津安二郎と黒澤明の間にジョン・フォードを置くと、ということをずっと考えていた。

9月30日　午後6時07分

クリント・イーストウッド「ジャージー・ボーイズ」品川プリンスシネマ。いい映画だとは思うがノレないまま。だがエンディングのミュージカルシーン、高利貸しも死んだ娘もクリストファー・ウォーケンも一緒に踊る場面で泣く。それにしても、ノレなかったことにショックを受けている。

9月30日　午後9時10分

「舞妓はレディ」ラストは「ジャージー・ボーイズ」と同じく出演者全員が踊るミュージカル演出。同じ日に観ることが出来てよかった。川島雄三のことを考えながら観ていたら、先日観た「夜の流れ」と同じ場面も。好きな映画。

10月1日　午後6時35分

きょうから10月。なのに、いま夕飯の仕度しながら聴こうと選んだＣＤがまさかのクリスマス・アルバム。キッチンは一気に年末ムードに包まれた。アニタ・カー・シンガーズは最高。

10月2日　午後11時52分

今週観た二つの邦画に登場した台所のふきんが「ふきん」と藍色の文字で染め抜かれているあのデザインのものだった。外国のデパートで買ったクロスとか使ってるのが何となくイヤになる。ちなみに「舞妓はレディ」と「拳銃よさらば」。平田昭彦と島崎雪子の夫婦のモダンな住まいにアレがよかった。ふ。

10月3日　午前3時15分

深夜にやっぱり「ジャージー・ボーイズ」のことを考えてしまう。香山リカの感想ツイートが自分の意見と似ていて何とも言えない気持ちになった。誰だっていちばん好感を持つキャラクターはボブ・ゴーディオだよな。そして最高傑作とか言っている人は「センチメンタル・アドベンチャー」を観てるのかな。

10月4日　午前8時00分

ＤＪ鈴木雅尭さんより松江で山下達郎「マニアックツアー」を観た話を伺う。抽選に当たったのが松江のみとのこと。上には上がいて、フランクフルトからこの演奏会を観るためだけに来た人もいたとか。とはいえ「朝のような夕暮れ」も「きぬずれ」もやらなかったそうで。レコードで聴けば良いのか。

10月4日　午後8時05分

更新しました、というツイートを見てサイトを開き、最初に目に飛び込んできた一枚を試聴してカートに入れたら、〈ただいま品切れ中〉、と出た。瞬殺の瞬間。まるで居合抜き。試聴しているようでは遅かったのか。

10月5日　午後1時55分

原稿書きしながらダン・ペンとスプーナー・オールダムの作品集コンピを聴く。自分も三連のバラードを書いてみたくなった。むかし大嫌いだったビート。但し「ゴナ・テイク・ア・ミラクル」を除く。原稿の手が止まって30分。

10月6日　午前4時58分

「ケープタウン」という映画を観て以来、十数年ぶりのレゲエブーム。映画の中で流れていた訳ではないが、ゲットーの危険な空気を思い出すとレゲエとヒップホップ。西ロンドンの街角で強烈な低音を出していた小型スピーカー。とりあえず「100% dynamite」シリーズを聴いて復習。いや復讐。

10月9日　午前0時26分

佐分利信「夜の鴎」シネマヴェーラ。音楽に耳を奪われた。橋の上で男女が語らう時に必ず登場するハープ（とギター）の透明感のある音楽。東京・木場の材木屋、葬儀屋といった設定や、佐野周二への恋に狂う番頭の娘など、「時間ですよ」「寺内貫太郎一家」など久世光彦ドラマを連想した。田中澄江脚本。

10月9日　午前2時02分

名画座でお見かけする有名人。オレにとってはハシモトさんではなくて柄本さんだな。いつもお一人、最前列の左側。レコード屋でレコードを探すミュージシャンみたいなカッコよさ。最前列右側のブラック師匠は別格。

10月10日　午後10時40分
市川崑「足にさわった女」ラピュタ阿佐ヶ谷。とにかく池部良の動きが圧倒的。通常の倍のテンポで飛んだり跳ねたり走ったり。無声映画のドタバタ喜劇的という以上の、振付師でも付いているのか、というようなアクション。そしてキャラクターの何もかもが「満員電車」の川口浩と兄弟のように似ていた。

10月15日　午前0時11分
映画を観た後、打ち合わせ一件。気が付けば、あるアーティストとその制作チームの批判ばかり口にしていた。本当のプロに発注する度量も無い、とか何とか。帰宅してから、自分もかつてのバンド時代に他の作家に楽曲発注する度量があったか、と反省した。せっかくの映画の余韻も消えた。

10月15日　午前9時26分
ロバート・ロッセン「ハスラー」池袋新文芸坐。パイパー・ローリー演じるミス・サラ・パッカードに涙する。「この三日間で世界が変わった。彼氏が出来たって大声で叫びたいくらいよ」と笑わずに呟く女。利口で愚かで、酒に溺れていて、脚の悪い不幸な女。映画の中でしか存在し得ない、夢の女。ポエム。

10月15日　午後4時57分
ラピュタ阿佐ヶ谷、いよいよ次回は加東大介特集。ラインナップを眺めながら、クリスマスも正月も映画を観ているだろう自分のことを考える。

10月17日　午前3時04分
佐分利信特集、「帰郷」も最高だったけれど、「戸田家の兄妹」も素晴らしかった。約30年ぶりに観たが、案外憶えていた。お茶目なギャグをやる作家と映画史上の傑作を作る監督の両方が同居する映画。冒頭の家族写真を撮る場面が素晴らしい。そこから佐分利が天津へ発つまでの、いくつもの省略。

10月20日　午後1時50分
米子のレコード店「サージェント・ペパーズ」。名前の通りのビートルズ専門店だが、床に置いた7インチの箱が見切れないほどの量。LPもじっくり探せばいろいろ出てきそう。いつかもう一度訪れたい店。

10月20日　午後6時41分
山手線の車内で40代半ばと思しき女性が吊革に掴まって読書している。それは松浦弥太郎「地球はいつも旅先だった」という本で、書名が判ったのはカバーが掛かっていなかったから。図書館で借りたのか、本の背の下にカタカナで「マツ」と書いたラベルが貼られていた。自分の本の書名を省みる時間。

10月21日　午後3時48分
渋谷駅前スクランブル交差点の液晶ヴィジョン。道重最後のモーニング娘。のCMを凝視する小西康陽。なんか女の子が汗を流して一生懸命踊る映像は好みと違うかも。全盛期は一度だけじゃない。ですって。

10月22日　午後6時40分
先週のパーティーに来てくれた宮里卓くんが沢渡朔のポストカードをくれた。お、少女アリス。と言ったら、いま未発表のプリントを含む写真展をやっているのだけど、例の事件以降大っぴらに宣伝出来なくなって困っているらしい、とのこと。イヤな時代になりました、ともっともらしいことを言う。

10月22日　午後11時39分
きょうのシネマヴェーラ「自由学校」「春を待つ人々」の二本立て、大いに堪能した。それに比べて池袋新文芸坐の時代劇特集、いままでのところあまり楽しめていないのはなぜか。チャンバラになると反射的に眠くなってしまう。「座頭市物語」は最高だったけれど。

10月23日　午後1時24分
地下鉄半蔵門線の車内で以前お世話になった世田谷文学館の方とばったり。来年2月に世田谷美術館で東宝砧撮影所の大きな回顧展を行うとのこと。信藤さんに宣伝美術をオファーした、とか。楽しみ。

10月24日　午後7時25分
23年も前に自分が作った曲をピアノで弾いてみて、そのデリケートなコード進行にショックを受けている。こんなにきれいな曲を、これからもうけっきょく「黒い瞳」も「ハヴァナギラ」も「カリンカ」もやらずに済んだ。市川紗椰さんのCD。

一度書いてみせるなんて絶対に無理。いまはただ神様に感謝するのみ。

10月26日　午後10時25分
佐分利信「心に花の咲く日まで」シネマヴェーラ。失業中の芥川比呂志と淡島千景の夫婦のラブラブ芝居が観る者を幸せにする。いまや全く内容を憶えていないけれど、むかし観た「エドゥアールとカロリーヌ」というおままごと風映画を観たときのような幸福感。隣家の杉村春子と仲谷昇カップルにも爆笑。

10月27日　午前0時21分
八代亜紀さんのアルバムの時に、自分の不得意な短調のメロディの編曲ばかり手掛けてアレルギーを克服出来たかと思ったが、やはり苦手なものは苦手。なのにまたマイナーキーの編曲オファーが。「ハバナギラ」「カリンカ」「黒い瞳」と並ぶ苦手有名曲。打ち合わせの方向次第では辞退させて戴きたく。

10月27日　午後6時57分
牧口雄二「女獄門帳 引き裂かれた尼僧」新文芸坐。こういう映画を楽しんで観るセンスが自分には欠けている。あーつまんない、と思って観ていたら、やはり尼寺が炎上して終わった。

10月28日　午前4時25分
眠れない。朝から身につまされるような映画を観て、とても退屈な映画を観て、あまり後味の良くない打ち合わせを一つ、仕方がないけれど残念なニュースを一つ聞いて、寝床でいま作っている物のことを考えていたら眠れなくなった。何故かわからないが躁転した。どんどんアイデアが湧いてきて眠れない。

10月31日　午後2時37分
「榛地和・装幀展」神保町・東京堂書店ショーウィンドウ。榛地和は編集者・藤田三男の別名。美しい編集者自装本の数々。アルバム「戦争に反対する唯一の手段は。」のとき、会社からこの人に連絡を取った。タイトルは許諾が降りたが、吉田健一の肖像写真の使用は叶わず。この小説家の代理人だった。

10月31日　午後7時31分
映画を観るつもりで山手線の渋谷駅で降車、ハチ公口から出ようとしたが、今夜の渋谷はオレみたいなオッさんが来てはいけない街になっていた。でも日本のハロウィン、面白いな。スイっと波に乗る日本人。なんというか、素晴らしい。

11月3日　午後3時17分
槇みちる「若いってすばらしい」の7吋は中古盤屋で千円以内で買う、と心に決めていた。先週、ついに800円で発見。ポーカーフェイスも上達した。

11月5日　午前0時27分
きょうはラピュタ阿佐ヶ谷で「姿なき目撃者」「人間狩り」「恐怖の時間」「新宿25時 殺すまで追え」の四本。1時からの「ある関係」は先週観ただけれど、この5本のラインナップ、全て良かったのでは。何より思いがけず美しい田村奈巳を観ることが出来たから幸せ。セリフはなかったけれど。

11月5日　午後5時05分
高田馬場タイム。東京ぼん太、ハイ植木等です、財津一郎・流浪のなんとか、など帯付きLPがズラリ並んで、え、と思ったら日曜日にセールがあったらしい。水谷良重がテディ・ランダッツォ作「hurt so bad」を日本語カヴァーしたLPを試聴して買わず。第3、第5日曜日にも開催される模様。

タイム、とは中古レコード店のこと。二〇一八年に閉店。

11月7日　午後7時24分
歴代好きだった女性はみな異口同音に、サングラス掛けると大内順子に似てるって言われる、と言っていた。むかし古本屋で立ち読みした彼女の自伝を手に入れたい。そのときは交通事故の部分だけ読んだ。その本屋で買わなかったのは、なぜかべらぼうな値段だったから。

11月10日　午前1時24分
土曜日。深夜に仕事場から帰宅したのだが、その日作業していた音楽のせいで眠れず、日曜朝9時にようやく就寝。初めてのアルバムを作った28歳のとき、深夜3時頃に帰宅しても興奮で眠れず、それでも翌日午後1時からのスタジオに行かなくてはならず、そこから毎日の飲酒が始まったことを思い出した。

11月10日　午前1時30分

他の人にはどう聞こえるのかは判らないが、自分にとって自分の作詞作曲した音楽は強烈にエモーショナルなのだ。あまりに濃密だからこそ、薄味にしようと腐心しているのだ。

11月10日　午後2時51分

きのうの夜、劇場で「ＮＯ ＭＯＲＥ映画泥棒」の新作を観た。相変わらずダサい。お金をかけて有名な監督や俳優を起用したら話題になるのに。

11月11日　午前10時09分

取り掛かっている仕事の途中で、ビートルズのことが気になって、好きな曲を選んでＣＤＲにしてもらった。レーベルに題名を書いておかないと判らなくなるので、とりあえず付けた名前は「BEATLES MY BEST」。真夜中に聴いたら興奮して眠れず。55歳にもなって敗北感を味わう。アホか。

11月11日　午前10時09分

大半がポール・マッカートニーの曲で、ジョン・レノンの曲もいくつか。ジョージ・ハリスンの作品は選ばず。ジョンの初期作品は遠慮がない感じだが、後期の作品は優しくシンプルで、また萎縮している。ジョンやジョージ、あるいは同時代の音楽家のことをしばし思う。天才と同じ時代に生きた人々。

11月11日　午前10時31分

ああ、ジョン・レノンの「ビコーズ」を入れるべきだった。むかしは全く響かなかった曲。いまは素晴らしいと感じる。

11月11日　午後5時20分

「ＢＯＯＫ５」名画座イシュー、ようやくすべての記事を読む。やはり鼎談のページが素晴らしく楽しかった。その直後、ラピュタ阿佐ヶ谷で隣りの席に座った方から挨拶される。寒空はだかさんだった。「つむじ風」の環三千世のことをお話しすればよかった。

11月11日　午後11時39分

仕事場近くの、真夜中過ぎまで開いていて値札の無い物全て５００円の古着屋。そういやきょう着てるツイードのチロリアン風ジャケットもここで買ったんだよハズカシイなー、と考えながら店内を見ていたら、全く同じジャケットの色違いがあってびっくり。９５０円だったので購入。

11月12日　午前4時51分

寒空はだかさんの衝撃。いつも映画館でお姿を見かけて、たぶん大学講師とか映画史研究家といった肩書の人だと思い込んでいた。オレ同様、時間の自由がある職業。阿佐ヶ谷の劇場ではブラック師匠と仲良く話し込んでいたが芸人さんとは思いもよらず。

11月14日　午前2時23分

きょう教えてもらって知った「レッドブル・ミュージック・アカデミー」というサイトに掲載のピチカート・ファイヴについての記事。たまに信じられないようなコトが書いてあって驚愕、そして大爆笑。大分県宇佐市のこととか、初めて聞いたし。

11月19日　午前5時07分
きのう。朝10時半の映画を観て劇場を出たところで映画スターの死を知る。その俳優を横浜の遊び場で見た話をいつも嬉しそうに話してくれたあの人のことをまた思い出して寂しい気持ちになった。

11月19日　午前5時39分
一本だけなら最初に観た任侠映画でもある「日本侠客伝 刃（ドス）」。殴り込みの場面、刃を持つ主人公は無言だが胸筋だけがピクピクと動いている。主人公を追って走り出す十朱幸代の頬もプルプルと動く。映画ってこういうものか、と思った瞬間。もう一本なら今年観た「二・二六事件脱出」傑作。

11月19日　午後12時58分
片山明彦逝去。先週、神保町シアターで「二人の銀座」を観た後、寒空はだか氏とその名前を話題にしたばかり。じつは、いろいろな映画でよく見かけるこの俳優の名前を最近ようやく覚えたところだった。あの方はいつも屈託のある役どころで、と仰る寒空さんの語り口はやはり芸人という印象を抱いた。

11月20日　午前8時57分
コレ持っていない、と思って最近入手した何枚かのレコードが部屋の中から出てきた。安くない盤も何枚か。困惑したのは、それらをきちんと聴いた形跡があること。例のジャストサイズのレコード袋に入れ替えてある。買ったことも聴いたことも忘れている、ということ。

11月25日　午前8時55分
ここ数年、山中貞雄の映画が掛かる度に、むかし観たからいいやまた今度、とパスしている。きょうも朝から観に行くつもりだったのに、他の名画座で掛かっている映画が今日までと知り予定変更。DVDなんて買っても絶対に観ないし。またいつか。こんなふうに過ぎていくのなら。という歌を思い出す。

11月27日　午後12時47分
たった2通のメールを書くのに何杯のミルクティーを飲むんだろう。正しい「労働者の」紅茶の淹れ方は、マグカップに直接ティーバッグを入れて薬缶から熱湯を注ぎ、冷蔵庫からミルクを出して注ぐ。それ以外の作法は不可。これをやる度にポートベローロードの中古レコード屋の主人を思い出す。

11月27日　午後3時11分
表参道の新しいスターバックスで藤原ヒロシ氏のライヴ後にDJ。いつものように敏いとうとハッピー&ブルーとか安西マリアとか讃岐裕子とかチェッカーズとか横浜銀蝿とか掛けたい衝動。いや、大人だからそんなことしない。でもドレスコードはブライトな服、とか言われると何かやらかしたくなる。け。

11月28日　午後4時27分
「病院で死ぬということ」目黒シネマ。いまこのタイミングで観ることができてよかった。岸部一徳を最大限魅力的に見せる演出。市川準の作品は「トキワ荘」以外はあまり好きになれないものばかりだが、こういう映画を好きなファンもいるということ。でも目黒シネマの料金は高過ぎないか。

11月29日　午後8時16分
青山EVER「あまいものナイト」DJ終了。♫呼ばれて行ったクラブは、もうクラブじゃなかった。ターンテーブルにカートリッジ無し。マネージャーがPA担当者に尋ねると、カートリッジって何ですか?との返事。けっきょくオールCDで35分。45分出来なかったが盛り上げたので許してもらった。

11月30日　午後9時24分
ラーメン居酒屋さんでのDJ終了。なんか最高でした。「サザエさん一家」に始まり持ち時間をオーヴァーしてようやくラーメンにありつく。食べ終わると握手を求めるお客様が次々やってきて、ありがとうございます、とお辞儀をしたらマフラーの裾をラーメンのスープに浸してしまった愉快なサザエさん俺。

12月1日　午前0時17分
松林宗恵「社長三代記」ラピュタ阿佐ヶ谷。初代社長が河村黎吉。写真

藤原ヒロシ
マヨネーズもドレッシングも嫌いなんですよ
©Terry Johnson

だけの出演かと思ったら雪村いずみ撮影の8ミリ映画に登場。緩いテンポのジャズで開巻するのだが、全編その走らないテンポの演出。スリルもサスペンスもないのに何とも言えない幸福感。なぜかノーマン・タウログの名前を連想した。

12月1日　午後6時53分

五社英雄「三匹の侍」新文芸坐。藤原釜足から音楽から冒頭より全編に渡って黒澤明な記号が溢れんばかり。でも最高に面白い、言わばヤング黒澤明。平幹二朗は仲代達矢そっくり。でも主役はミフネの偽物ではなく見事に丹波哲郎。主演自らプロデューサーとして名を連ねていた。桑野みゆきも美し過ぎる。

12月2日　午前10時33分

昨夜は音楽プロデューサー松林天平氏と。和田アキ子さんや深田恭子さんの仕事を作って下さった方。前日にお父様の映画を観て感動した、と伝えると、自分も子供の頃に「社長」シリーズを見せられ閉口したが大人になって良さが解ったと言う。美貌の都、ってダメな映画の司葉子が最高にキレイ、とのこと。

12月2日　午後2時35分

「ストックホルムでワルツを」ヒューマントラストシネマ有楽町。自分にとっての傑作。いまから友だち全員に電話して絶対に観なよ、と言いたいくらいの。かつて「ビヨンド the シー」というボビー・ダーリンの映画を観た帰り道にムーズヴィルのエイジさんに電話してしまったことをいま思い出している。

12月2日　午後4時39分

モニカ・ゼッテルンドって、ワルツ・フォー・デビーとスウェーデンの言葉の響き、それにブロンドの美貌から透明感のある美人歌手、という印象だったがどっこい江利チエミと笠置シズ子と越路吹雪を混ぜたような人生を生きた人だった。それを高峰秀子か森光子演じる林芙美子の小説のヒロインの如く描く。

12月2日　午後4時57分

「ストックホルムでワルツを」ひとつ時代考証がアレ?と思ったのは「私は好奇心の強い女」のヴィルゴット・シェーマン監督と出会ったその日にカップルとなる件り。映画ではその後に63年のユーロヴィジョン・コンテストのエピソードが来る。日本であの映画が紹介されたのは１９６０年代終わりだった。

12月3日　午前11時52分

きのう映画を観ていて考えたのは、成功した音楽家や芸人のほとんどが私生活で不幸を抱えたり、転落しているということ。逆に穏やかな人生を送る人は芸術家として大成しなかったのかも。いまスーパースターとして押しも押されもしない人たちも本当は、と考えてみる。

12月4日　午後2時34分

昨夜のクラブで、吉永祐介くんから究極の7インチの話を聞いてしまった。川西卓くんもその話を知っていた。たぶんそれに手を出したら、コレクター人生の残りはそれに費やされるのだろう。でも心の何処かで、ルールとかモラル云々を持ち出して咎めている自分がいる。一枚４０００円の究極の7インチ。

12月5日　午後1時22分

コンゴの「サプール」を取材したＮＨＫの番組を観て思い出したのは名古屋のモッド・パーティーを主宰していたSくんのこと。サプールは相手を尊敬し、武器を持たず戦争を回避する。いっぽうモッドはSくん曰く褒め殺しの文化。ダサいベルトを見ても、お、興味深いデザインですな、と褒める。戦争放棄。

12月6日　午前7時42分

「大都会交響楽」大盛況の内に終了しました。多くのパーティーを、様々な形でクローズしたけれど「昭和ＤＰ」とこの「大都会交響楽」は忘れられないものになりました。最高のＤＪ、川西卓くん、馬場正道くん、嶋瀬陽子さん、渡辺康成くんに感謝。落合さんはじめＯＴＯの皆さまにも。そしてお客様にも。

12月6日　午後2時56分

昨夜の覚え。ティンパンアレイ「she's gone」＞鈴木茂「100ワットの恋人」＞大貫妙子「くすりをたくさん」＞そして山下達郎の曲を何か。「今日はなんだか」だったっけ。これで5分足らず。天才・川西卓の完璧な繋ぎ。20代最後のＤＪセット。

12月8日　午前10時02分

渋谷実「大根と人参」神保町シアター。富士山マークより先に小津安二郎記念映画、とクレジットが出る。小津ゆかりの映画スターが絢爛豪華に登場するが、本家「007」シリーズに対する「カジノロワイヤル」みたいな「小津スプーフ」にして笠智衆版「自由学校」。笠智衆の身体の動きが実にヘン。

12月9日　午前1時46分

フジロック久、最高だった。お客様たちの顔がキラキラ輝いていた。ステージ袖の女性スタッフの顔までキラキラしていたのを見てしまった。本当にこのバンドが好きでたまらない、という表情。もちろんオレも大好きだけど、いずれもっとたくさんの人々に愛されるバンドになっていると思う。お疲れ様でした。

12月9日　午前1時54分

オレがどうしてフジロック久を好きなのか、ステージを観ながら自分で分析してみた。1．マイナーキーの曲がない。2．歌詞カードを見なくとも自然に耳に入ってくる言葉。3．演奏も編曲も観客の心を掴むことも巧みなのに、どこかアマチュアっぽさを感じさせるところ。4．自分の音楽との間にある距離。

12月11日　午後12時28分

夢中になれるものがあると、本当にステキな人生。

12月11日　午後4時28分

「インターステラー」デラックスな大作映画として楽しんだ。昔ならゲイリー・クーパーやスティーヴ・マックイーンが演じるようなヒーロー。違うかな。配役が素晴らしい。マット・デイモン最高。マイケル・ケインとアン・ハサウェイも。「コンタクト」という映画を思い出したので新橋文化で観たかった。

12月12日　午前11時51分

新大阪。新幹線搭乗口構内のイートインの道頓堀・今井で親子丼と小きつね饂飩セット。こんなに急いで食べたのは初めて。親子丼は飲み物になった。

12月12日　午後2時42分

帰宅。移動は新幹線、レコードバッグは宅急便任せ。ごく小さなクラブで好きなレコードだけを掛けるＤＪを2セット、終電の頃には終了。大好きな友人たちに会うことが出来て、宿泊はわりと新しいビジネスホテル。なのに、どうしてこんなに疲れているのか。もう若くない、ということ。

12月15日　午後11時32分

きょう観た映画。久々に修行というしかない140分だった。きのう「ゴーン・ガール」がその長さだと知ってパスしたというのに。今年観た映画の中でも「清洲会議」と争うほどの。エンドマークが出た途端、自分の左側の座席で観ていた人が「失敗作」とはっきり言ったのを聞いてしまった。

12月17日　午後4時39分

久松静児「南の島に雪が降る」ラピュタ阿佐ヶ谷。劇場内のオッサンおばさんの涙を絞った。日本人て本当にダサくて貧しくて泥臭いけれど、これはそういう日本人の作った厭戦映画にしてバックステージ物の傑作。うまく言えない素晴らしさ。まだ目が涙で腫れ上がっている。

12月21日　午後11時53分

昨夜、高知のクラブ「ＯＮＺＯ」でのパーティー、最高だった。このお店、しばらく前からクラブ営業は土曜のみ、平日は夜7時〜11時は寿司屋として営業している。その寿司の旨さに仰天した。ＤＪセットのある飲食店、あるいはクラブが経営する飲食店など時々あるが、この店は何というか別次元。続く

12月21日　午後11時55分

続き。昨夜のクラブ「ONZO」、いっぽうサウンドシステムも自分にはひじょうに良い音だった。ドラムンベースを掛けた時の風が吹くような重低音。何よりお客様の反応が素晴らしく、自分もあと何年かDJとしてやっていけそうな気がしましたね。このお店、いずれ東京のDJの間でも評判になるのでは。

12月23日　午後1時50分
オルガンバー第3金曜のパーティー以外は全てアウェイ。

12月23日　午後2時13分
昨夜のパーティー「URASUJI」のスタッフと自分を繋いで下さった方からメールを頂戴する。「昨日はお疲れ様でした。昨日、チバさんが小西さんに会えなくて残念がってたそうです。小西さんを探してたんですって。」本当なら有難い。アウェイもまた良し。ニートビーツにもサイン貰いたかった。

12月26日　午前0時11分
シネマヴェーラ最終回を観て劇場を出たところでホテル街の路地から大きな声で小西さーん、と呼び止められる。酔って上機嫌の中年男3人。警戒しながら顔を向けると中原昌也さんだった。こちらユーロスペースのホウジョウさん、こちら今度アレクセイ・ゲルマンの映画をやる○○さん、と紹介される。続く

12月26日　午前0時11分
続き。アレクセイ・ゲルマンなら今年二本観ましたよ。「道中の点検」と、もう一本長くてヘンな映画、ほらイメージフォーラム祭りでやったヤツ、というと、「神様はつらい」ご覧になったんですか、それが今度「神々のたそがれ」という題名に変更してウチがやるんです、と○○さんがいう。続く。

12月26日　午前0時11分
すると中原くんが「In the city」の連載、アレはズルいですよ、アレ読むと自分の原稿を書く気がしなくなる、という。褒められているのか馬鹿にされたのか判断出来ず。それにしても中原くんほど偶然に遭遇する回数の多い人もいない。渋谷で2度、三田で2度、恵比寿駅ホームで1度。

12月26日　午後5時22分
井上梅次「雌が雄を喰い殺す かまきり」ラピュタ阿佐ヶ谷。「かんぺ大賞」を選んだ翌日のご褒美みたいな傑作にして、これは松竹の「黒い十人の女」になっていたかもしれない一本？最高に面白くて、ちょっと惜しい。田中春男の登場が嬉しい驚き。もしかして岡田茉莉子が美しい最後の作品？

12月28日　午後3時05分
最近いちばん驚いたのは、群馬・永井食堂のもつ煮込がアマゾンで買えると知ったこと。ただし注文して6日〜8日後の発送。永井食堂ホームページでも年内は25日で販売終了。ざんねーん。

12月31日　午後5時36分
渋谷シネマヴェーラで映画を一本。今年の観納め。キノハウス一階でTさんと「かんぺ大賞」の話をした後、ひとりで東急本店の永坂更科へ。客は老夫婦ばかり。相席の老夫婦は注文した後は全く会話がない。ようやく男が口を開いて言ったのは「ジジイババアばっかりだな」年越し蕎麦とは良い習慣なり。

15年1月3日　午前3時18分
薄いちり紙に、油性ペンで細かい文字を書く。不思議と滲まないが、破れてしまうのを心配していた。わが初夢。

1月4日　午前2時34分
ハワード・ホークス「脱出」シネマヴェーラ。スリを働くローレン・バコールを見咎め近づくハンフリー・ボガード。この男女の接近のパターンは堂々と「リオブラボー」のジョン・ウェインとアンジー・ディキンスンの時にも使われていたと氣付いて驚き呆れた。夢のような22歳の女。夢のように粋な映画。

1月4日　午後2時04分
英国のサウンズ・オーケストラルのアルバムを聴いている。ドラムスとベースのフレーズまで全て総譜に書いてあるのかと疑う程に、けっしてスウィングしないように演奏するピアノ・トリオとストリングス。この

素晴らしさを140字で伝えようと考えているうちに片面が終わってしまった。

1月5日　午後2時59分
新年より携帯電話のトラブル続く。一昨日は映画館を出てすぐポケットに携帯が無いことに気づき劇場に戻ると受付に届けられていた。そしてたったいま、映画館を出てポケットから取り出した携帯を舗道に叩きつけ表面が粉々に。厄落とし。

1月9日　午前1時59分
仕事の資料で「吉幾三のおもちゃ箱」というCDを聴いている。どの曲もアイディアと芸があって飽きさせない。吉幾三って日本のレイ・スティーヴンスみたいな存在なのだろうか。

1月10日　午前7時45分
川崎徹広「陽のあたる椅子」ラピュタ阿佐ヶ谷。「悪の階段」も一瞬翳む程にノックアウトされた。いままでに観た白川由美の出演作の中で断然ベスト。美女が物語を引っ張るいちばん好きなタイプの映画。「その場所に女ありて」激似な池野成のMJQ風バロック旋律。もうひとつの「黒い画集」東宝の底力。

1月10日　午後4時41分
「for once in my life」だけで何曲連続DJ出来るかな。スティーヴィー、バディ・ファイト、「1969」って題名の2枚組盤、ドク・セヴリンセン、ジミー・マクグリフ、サミィ・デイヴィスJr、ポール・アンカ。コレだけ？ 最後は和田アキ子の「生きる」で〆。

1月13日　午前5時25分
「窓ガラスの水滴が美しいのは、それが最も抵抗の少ない道を辿って流れて行くからだ。ところが人間はそうじゃない」映画「天才スピヴェット」の主人公のモノローグ。どこかさびしい、悪くない映画だった。

1月14日　午後1時24分
仕事が滞ったまま。このままでは発売日に間に合うことはないだろう。現実に向き合いたくないので、きょうも朝から神保町シアター。第1回の上映は観客15人。マキノ、内田吐夢、こんなに素晴らしいプログラムなのに、と思ったら一週間間違えていた。今週は東千代之介＆美空ひばり。

1月14日　午後4時15分
昨日観た「高校生無頼控」いちばん驚いたのは、上映前に劇場スタッフが唱える前口上で江崎実生監督の名前が「えざきみお」と読むと知ったこと。きょう神保町シアターで驚いたのは東千代之介の学歴が暁星学園～東京芸大だったこと。それにしても「かんざし小判」の千代之介のテンションの高さよ。

1月14日　午後9時01分
神保町のディスクユニオンに行ったら「GROOVE」誌の編集長が7インチを掘っていた。なんでも会社が神保町に移転したとのこと。DJ周辺機器の広告で成り立っている雑誌。山本周五郎原作の映画を観たところなので、応援しようという気持ちになっている。

1月15日　午前3時18分
「レコードコレクターズ」誌2月号を読んでいたら、「NIPPON GIRLS」コンピの監修者シーラ・バーゲルのインタビュー記事の中にオレの名前が出てきてビックリ。彼女とは池の上「こあん」での「昭和ダンスパーティー」で初めて会ったんだよ！

1月16日　午後10時25分
きょうの午後、電話があって吉幾三の「俺はぜったいプレスリー」のリミックスをやらせてもらえるチャンス到来、と小躍りしたのだが、たった今それが見送りになった、との連絡が。東京さ行くだ、ばかりリミックスしてるヤツらに聞かせてやりたかった。ま、パイレートなら誰にでも出来ますけど。

1月17日　午前8時46分
昨夜オルガンバーでDJ下山氏と再会。かつて福富幸宏氏の推薦で「ピチカート・ファイヴTYO」というベスト盤に収録する「CDJ」という曲のリミックスを依頼したが、機材の不調で明け方近くまで待っても音が出ず。諦めてスタジオを出て数時間後、阪神大震災が。その日からちょうど20年。奇なり。

1月17日　午後4時50分

鈴木雅尭a・k・a・スーさんとヌールでレコードのコンディションについて喧々諤々の遣り取り。レコード屋さんなら一発で見破るかもしれない感じの。大のオトナが。でも楽しいのよ。

1月19日　午前7時37分
男性には二つのタイプがある、という話。あなたってモテるでしょう、と尋ねると「うん、モテるよ」と答える人と「全然モテない」という人。ところが、本当にモテている人はその質問に対して決まって「たまにね」あるいは「ときどきは」と返すのだそう。この話を聞かせてくれた女性の観察眼に脱帽した。

1月22日　午前8時41分
朝からフラワー・メグの「ささやき・ためいき・もだえ」を聴く。このアルバム、さる方が手放すというときにLPを譲り受けたまま聴いていなかったが、意外なほど充実した内容で驚く。耳の良いディレクターがいたのか。言い訳すると「ベッドにばかりいるの」という曲ではあまり心の針が振れなかった。

1月22日　午後6時38分
内田吐夢「恋や恋なすな恋」神保町シアター。自分は全くノレず睡魔と闘いながら観たが、終映後ある年配の女性が劇場スタッフにいかにこの映画が傑作かを力説していた。文楽の引用を始め、教養の有無が問われる作品なのか。舞台からアニメまで。ゴダール、ジャ・ジャンクー、北野武の名前を連想。

1月22日　午後6時49分
文楽とか清元とか浄瑠璃とか、自分はまったく古典の知識がない。昨日観た「マダム・サタン」がバレエの「こうもり」という演目と同じ話だというのは解ったけれども。

1月22日　午後9時13分
神保町シアター最終回の開場を待っていたら、見知らぬ男性に声を掛けられる。ファンです、と握手を求められ恐縮です、というと、実はネギオタでもありまして、と笑う。じゃあ今週はお忙しかったでしょう、というと、都内のは全て参加しました、とのこと。そして美空ひばりの映画を鑑賞。たぶんいい人。

1月24日　午前11時25分
曽我部恵一「My friend Keiichi」音楽も素晴らしいけれど、録音、ミックス、マスタリング、カッティングにノックアウトされた。

1月24日　午後7時35分
沖縄の晩餐。島らっきょう、レバニラ、ソーキそば他を平らげ、シーハシーハしながら国際通りでタクシーを拾うところで、女性に声を掛けられる。なんと大学時代のサークルの一年後輩、当時はオレなど見向きもしなかったほど人気者だった美女、の現在。今夜のパーティーに誘ったが、きっと君は来ない。

1月27日　午前10時23分
調剤薬局の待ち時間。天井の小さなスピーカーからビョークの歌が流れる。「ダンサー・イン・ザ・ダーク」の歌だ、と思って先日観たラース・フォン・トリアーの映画のことを考える。するとラジオのアナウンサーが新作アルバムからの曲と告げる。この人の歌はどれも同じ。もちろん賛辞のつもりで言う。

1月29日　午後9時33分
毎日毎日、次から次へと代案を求められる仕事。楽しむしかないのだけれど。楽しいです。

1月30日　午後1時55分
東京の雪景色の写真を見るとまたレコードを作りたくなる。良い写真が撮れた方、もっと見せてくださいませ。

1月31日　午後6時37分
アントン・コービン「誰よりも狙われた男」新文芸坐。亡命者と弁護士のカップルが主人公のスパイに追われてハンブルクの街のナイトクラブに逃げ込むと、フロアではDAFの「ダー・ムッソリーニ」が爆音で流れている。ほんの一瞬の場面だが、やりたかったんだろうなコレが。

2月2日　午後9時52分
先週観た「ストライク・アップ・ザ・バンド」という映画で傷心のジュディ・ガーランドが歌う「私には誰もいない」という曲。ロミオにはジュリエットが、アントニーにはクレオパトラが、なのに私には誰もいない。何組ものカップルの名前を挙げていく中、アバークロンビーにはフィッチが、という歌詞が。

2月4日　午後11時40分

地下鉄の駅から坂を上って帰宅。前を歩く年配の男性がほろ酔いなのかやけにゆっくりと歩いているので後ろから追い越そうとしたそのとき、か細い声で♪アイ・キャント・ストップ・ザ・ロンリネス、と歌っているのを聴いてしまい自分も悲しみが止まらなくなった。

2月11日　午後3時19分

夢に細野晴臣さんが現われた。知り合いのカフェ。相棒のDJが来ないので今夜はギターを弾いて歌おうと考えていたとき、細野さんが店のソファで寝ていたのでこんにちは、と挨拶する。ピアノ弾き語りで二曲、京都のことを歌ってくれた。これから自分のやりたい音楽だった。けっきょく自分は歌わず。

2月11日　午後3時27分

ちなみに、夢に現われた細野晴臣さんは現在の姿ではなく、たぶん70年代半ば頃の年齢だが、短髪で白いシャツを着ていた。

2月12日　午後2時29分

留守中のカワカミくん宅に侵入する夢。春の夕刻。畳の部屋。引っ越しが近いのか、部屋の中は殺風景。ギターのソフトケースのポケットに新刊の小説本。戻ってくる時間だから出て行こうと歩き出すと、釣糸?が脚にまとわりついて取れない。往生している内に、これは夢なんだと諦めて目を醒ます。

2月12日　午後6時02分

「POPEYE」最新号、平野太呂さんの連載ページに写っているオレの写真が爽やか過ぎてヘン。仕事場もキレイ過ぎてヘン。でも有難うございました。

2月14日　午前2時30分

都内某所から帰宅したらポケットに鍵がない。某所にまだ残っていた友人に電話をしたらやはり鍵は落ちていた。これから取りに行って、また帰ってくる。タクシー三往復。今夜ヤフオクで見送ったあのレコードが買えたかも。

2月15日　午前5時40分

「イエイエ3周年記念パーティー」高円寺ONE、超満員で素晴らしい一夜だった。一時は空気が薄く感じた程。若いお客様ばかりだが、皆さんフレンドリー。DJのメンバーがプレイする曲はほとんど知っているレコードばかりだけど、やはりオッサンDJが掛けるよりずっとフレッシュ。感謝ばかりの夜。

2月17日　午後4時09分

「恋と太陽とギャング」池袋新文芸坐。はじめて石井輝男にノックアウトされた。三原葉子にもはじめて魅力を感じた。江原真二郎のイヤな笑い方。曽根晴美の面構え。丹波哲郎の酷薄さ。ところで新文芸坐のアナウンスで高倉健特集に通っているお客様の中に置き引きがいるかもしれません、と言っている。

2月24日　午後12時41分

マキノ雅弘「侠骨一代」新文芸坐。健さんが小料理屋の娼妓・藤純子と出会う場面以降、ほぼ泣きっぱなしになって最後には泣き疲れてしまった。観客を話に惹きつける腕力。ラストの対決場面が妙にあっさりしていることにも驚く。牛乳を飲む藤純子の美しさ。

2月27日　午前3時44分

アレンジャーにとって、最初のリスナーは歌手の方です。歌手を喜ばせ、歌手をノセる、歌手に対するサーヴィスごころがない編曲家にはそのうち仕事も来なくなるはず。

3月7日　午後5時42分

昨日のパーティー、時間差はあったけれど、渡辺康成・嶋瀬陽子・川西卓・馬場正道そして自分と「大都会交響楽」のDJ五人が揃った第一金曜だった。いまでも東京で最高のメンバーだったと思っている。またいつか一緒にやりたい。

3月15日　午後7時07分

もう4日も映画館に行っていない。今週は阿佐ヶ谷も池袋も神保町も渋谷も観たい映画が目白押しなのに、ずっと武蔵小山にへばりついていなきゃならない。

3月15日　午後8時39分
武蔵小山のスタジオに、U社のディレクターSさんが陣中見舞いに来てくださる。差し入れは神戸屋キッチンのメロンパンと、神保町シアターと渋谷シネマヴェーラの次回プログラム。そう言えば、先週の日曜日も神保町シアターでSさんとはお会いしたのだっけ。

3月16日　午前2時23分
静岡のレコードショップで入手した「ロスト・レノン・テープス」volume 5を聴いている。このシリーズでジョンの素晴らしさを発見した、と言っても良いほど好きなシリーズなのだけど、これ本当にジョンなの?っていうトラックが続いている。。

3月16日　午後7時58分
スタジオ入りの前に池袋で映画二本。スタジオでトラックダウン1曲終えて、渋谷で映画最終回。終わったら、再びスタジオへ。心の平静のためには、これで良いと考える。

3月17日　午後4時12分
「黒蜥蜴」を観た後、金子國義の訃報を知る。

3月19日　午後11時33分
世界でいちばん好きな人のいるバンドのライヴ、間に合ってしまった。ふだん他人のライヴを観に行かないのは、観ている間ずっと心の中でダメ出ししている自分がイヤだから。でも完全に贔屓目なのだろうけど、きょうは嫌いなところがひとつもなかった。

3月19日　午後11時33分
どこにでもいる、普通の、まっすぐで真面目で素直なギター2、ベース、ドラムスの四人編成のバンドだった。次の曲は「晴れた日には学校を休め」というMCを聞いて、何て素晴らしいタイトル、と感激したが、曲が終わった受けのMCを聞いたら「晴れた日には学校を休んで」だった。

3月19日　午後11時34分
ライヴ終了後、物販で缶バッジを買い求め、駅前のスクランブル交差点で信号待ちしていると歓びが込み上げて泣きそうになる。世界でいちばん好きな人が、その人なりのささやかなポジションを、ささやかでも確実に見つけたのを見た。がっかりすることばかりの毎日だけど、きょうは人生最高の日になった。

3月19日　午後11時39分
それにしても、まっすぐで真面目で素直な音楽をやっている若いバンドを見ながら、若い時の自分は本当にただのヘンなヤツだったのだな、と理解した。ユニーク、唯一無二、早過ぎたセンス、なんていうのではなくて、ただのヘンなヤツ。

3月20日　午後11時06分
第3金曜日。毎月、オレはこの日を待ちに待っている。いま目の前にある仕事のストレスに押し潰されそうだけど、今夜は楽しく過ごしたい。イヤなことは明日からです。

3月21日　午後9時03分
きょう一緒に仕事している福富幸宏さんから教わったセブンイレブンの「金のおにぎり」。現在おにぎりセール中で通常190円が150円なので買ってみたら本当に美味しい、というので試してみました。ヤバイ。海苔が違う。ご飯ふわふわ。明太子大きくて美味しい。セール中に鮭にもトライする。

3月23日　午後2時13分
レコード会社の担当者とやり合っていたら、久々にトーストを真っ黒に焦がした。焦げた部分をナイフでこそげ落とす行為には何か呼び名があるのか。

3月24日　午後5時56分
神代辰巳「棒の哀しみ」シネマヴェーラ。ノックアウトされた。19時20分の回、間に合う方はぜひ。

3月24日　午後6時04分
石田民三「花ちりぬ」と神代辰巳「棒の哀しみ」の金魚。てめえが生きられるのは、その中だけだ。裁縫しながら独り言を言う奥田瑛二。ノックアウトされた。

3月29日　午後7時19分

いま本田路津子さんに匹敵する歌手。元祖・ミスター「喫茶ロック」の方に訊いても答えてくれなかった。神はいつも沈黙したまま。でもステージではたくさん喋るらしい。

3月29日　午後11時16分

友人の結婚披露パーティーへ。知り合いばかりだと思っていたが、一緒に写真撮っていいですか？と何人かの方から頼まれる。その度に、フェイスブックにアップしないでくださいね、「ゴーン・ガール」ご覧になりましたよね、というのだが、そもそもあの映画を観た人なら写真撮って、なんて言わないかも。

3月31日　午後6時00分

ずっと仕事で悩んでいた件、ディレクターとマネージャーと話しているうちに光が見えた。独りで考えていても降りてこないアイデアというのもある。そして答えはすぐ近くにあった。まだ問題解決、というわけではないけれど、なんとかなるだろう。

4月1日　午後12時54分

渋谷・東急本店7階ジュンク堂書店の通路に設置されている椅子に座って若杉実「渋谷系」を一心不乱に読んでいる若者。目の前を小西康陽が通っても当然気づかない。いや、そんな奴をリアルに見たところで得るものはない、と思っているのか。それは正しい。先週の出来事。

4月2日　午後11時19分

田中重雄「密告者」神保町シアター。友人の書斎で一眼レフのカメラを開けてフィルムを抜き取り、大急ぎで新しいフィルムの箱を開けてカメラに装填する産業スパイ・田宮二郎。これをワンショットで見せる82分の映画。スリル満点。

4月6日　午後1時53分

「逃亡と掟」シネマヴェーラ。まさかのフィルム巻の順番ミス。回想から現在へ行きつ戻りつ、なんと大胆な編集と思ったが、そんなはずもなく。でも音楽も、妙に素人くさい演出も、日本のゲンズブールことアンディの醸す雰囲気もフランスのギャング映画、はっきり言うと「ピアニストを撃て」を連想。

4月7日　午前10時14分

自分が通学した港区立神應小学校と三か月だけ通学した港区立朝日中学校が統合して一貫校になっていた。いまバスで学校の前を通ったら、きょうが入学式だった。白金の丘学園、という名前だったか。

4月7日　午後3時15分

ようやく分かった。早起きしたから眠くなるのではなくて、譜面書きしていると眠くなるのだ。

4月8日　午後12時11分

今年の4月はまだ寒くて春が来てない。というフレーズ、ときどき褒めてくれる人がいるけれど、別に何も言っていないのに含みがあるように響くのがよいのか。俳句みたいな。このフレーズを、というか自分の書いた歌詞を最初に面と向かって褒めてくれたのはファントムギフトのサリー久保田くんだった。

4月10日　午後12時58分

松林宗恵「風流温泉日記」ラピュタ阿佐ヶ谷。またしてもこの監督が幸福な気分を与えてくれた。温泉宿＝グランドホテル形式で好きな俳優ばかりが登場。ひとつひとつは月並みなエピソードなのに語り口の巧みさで朝から泣かされたり笑ったり。団令子の美しさ。さらに環三千世が出ていて得した気分。

4月10日　午後2時41分

今月は音楽の仕事をしているが、きょうは朝から映画を観ている。どうして三十代や四十代にこれができなかったのか、と思ったが、あの頃は酒ばかり飲んでいたのだから仕方がない。

4月10日　午後6時00分

渋谷シネマヴェーラのロビーで永田一直さんと久しぶりに会う。ロビーに飾られた安藤昇のレコードジャケットを提供している、とのこと。

4月10日　午後9時42分

どうして毎年、レコードストアデイはオレたちの第3金曜日オルガンバーのパーティーの翌日なんだろう。ちょっとイラっとする。

4月11日　午前6時08分

オルガンバーより帰宅。近年にないほどの大盛況だった。いちばん面白かったのは、FPM田中知之さん、吉永祐介くん、櫻井喜次郎くん、さらに遊びに来た和ラダイスガラージ永田一直さん、ノエルさんの五人がカウンターの前に並んだとき。山脈というか、ラシュモア山の大統領たちを連想した。

4月14日　午後6時33分
東急本店地下のキャピタルコーヒー。マイルドブレンドを注文したら、煮詰まった苦いコーヒーが。勇気を出して、コレ本当にマイルドブレンドですか、と女性店員に尋ねるとコーヒーメイカーで作り置きしたもの、という。もう結構、と言うとドリッパーで新しく淹れてくれた。よほど苦い顔をしていたのか。

4月17日　午前10時47分
起床。愛川欽也さん。NHK-FM「これからの人生」年末恒例の大リクエスト大会のパーソナリティーを担当して下さった。お世話になりました。ロバくんのときから大好きでした。お疲れ様でした。

4月23日　午後1時22分
頭が冴えているときの自分と、いまみたいにボンヤリしているときの自分。自分でも呆れるほどの落差。ただのボンクラ。ある日スイッチを入れてもまったく動かなくなる安物の電気カミソリ。

4月24日　午後11時58分
千葉泰樹「裸の重役」ラピュタ阿佐ヶ谷。最近、安藤昇と高倉健の映画ばかりだったので、なんだかじわっと来た。草笛光子・星由里子・団令子、それに東郷晴子、登場する女性たちがみな天使天女。森繁が真夜中に目が醒め会社に行く場面の音楽（團伊玖磨）が完璧に50年代のハリウッド映画。大傑作。

4月26日　午前1時06分
今夜の新宿be-wave「酒とロック」、最高に楽しかった。お客様を楽しませたと思うし、自分も楽しんだ。オレは当分、DJを辞めたりしない。DJを、あるいは音楽の仕事を辞めるのは自分が楽しくなった時だ。

4月26日　午後10時36分
5月のDJスケジュールを確認して、小さく悲鳴を上げた。いまやっている仕事がようやく終わって、また映画ばかり観に行くことが出来ると思ったのに。いっそ全てのパーティーに同じレコードバッグで行ってしまおうかと考える。

4月28日　午後8時46分
きょう映画館で若い友人に会ったら、漫画家のアシスタントになったので最近ぜんぜん映画を観られない、と言っていた。山田さん、という漫画家の、背景を書く仕事。会ったその日に頼まれて入ることになった、とか。そういうものかもしれない。

5月3日　午後7時04分
二週間。心の傷というのは簡単に癒えるものではない、ということ。火曜の午後、新幹線に乗るために歩いていた品川駅の構内で、再び残念な話を思い出し、腹立ちまぎれに「fuck」と呟いたつもりがひどく大きな声で響きわたって慌てた。

5月5日　午前4時16分

深夜4時、昨夜のオルガンバー「CRAZEE GOLDMINE」の楽しさを思い出し、歓びに打ち震えている。自分の大好きな曲が他の誰かにも愛されている、ということを目の当たりにする幸福。チャック・ベリーからチェアメン・オブ・ザ・ボードまで。ロックンロールって最高。そしてお客様は神様。

5月8日　午後2時11分
恩地日出夫「素晴らしい悪女」ラピュタ阿佐ヶ谷。最高、と言えないのが残念だが、それでも90分間あちこちへ振り回され続けて全く退屈せず。美術とカメラが見事。武満徹のテーマ曲は「他人の顔」で前田美波里が歌う曲と同じか。何よりも、最高にかっこ悪い久保明が最高にカッコ良くて大好きになった。

5月11日　午前5時01分
全然眠れない。きょうも映画を諦めなくてはならないのか。

5月11日　午後12時22分
左耳の耳朶が痒い。気がつけば触っている。強いストレスによるものか、と気づいた。最初の結婚のときにも首に大きな炎症があったっけ。イヤなものはイヤだと言わなきゃ。悩んでみても始まらないものは早いところ諦めなくちゃ。

5月13日　午前0時03分
須川栄三「青春白書 大人には分らない」ラピュタ阿佐ヶ谷。他愛ない青春ものだが夏木陽介がドラムス、眼鏡の佐藤允がピアノ、佐原健二がベース、江原達怡がアルトサックスというジャズコンボなのが最高。団令子はその専属歌手。吹き替え担当の見事なハスキー・ヴォイスは誰？ バンド映画の傑作。

5月14日　午後4時50分
ポール・トーマス・アンダースン「インヒアレント・ヴァイス」で悪の組織の代理人である弁護士が探偵に言い放つ「家賃を払っている人間に、私は最初から敬意など持たない」。最近観た映画の中の、ひどく印象に残ったセリフ、その1。

5月14日　午後4時50分
山本薩夫「スパイ」で中谷一郎が自分の子を身籠った小川眞由美に言い放つセリフ「オレは妊娠している女は全部嫌いだ」最近観た映画の中の、ひどく印象に残ったセリフ、その2。

5月16日　午後11時58分
きょう誰かがＲＴしていて聴いたｃｅｒｏの「summer soul」という曲のことが一日中、頭から離れない。曲やメロディ、歌詞やサウンドが頭から離れないのではなくて。ああいう曲を書いて受け入れられること。自分も若い時にああいう曲を書きたかったこと。アナログが欲しい。7でも12でも。

5月19日　午後12時06分
新幹線広島駅ホームに馬鹿でかいスーツケース。ＳＭＡと大きく抜かれ、その下に小さくＲＣＭの文字。いちばん下にRAMEN CURRY MUSICとあって、ああ奥田民生のツアースタッフかと気づく。すると柱の陰から御当人が。グリーン車8号車ホームではカープの選手がファンに囲まれていた。続

5月19日　午後12時07分
奥田民生さんはオレのことなど憶えていないだろう。しかし去年の、けみお、のデビュー曲は彼の作で自分が編曲した、と思い出す。ソニー時代の共通のディレクターの消息を知りたい、などと考えながら品川駅に到着。自分の後から改札を出たロックスターは誰にも気づかれることなく雑踏の中に消えた。

5月20日　午前0時28分
クリント・イーストウッド「ミスティック・リバー」早稲田松竹。自分の好きなイーストウッド。「ジャージー・ボーイズ」も「アメリカン・スナイパー」も期待していたものとは違った。乱暴に言うと松本清張みたいなストーリー。ショーン・ペンが大野智に似ていた。歳をとったらあんな風に渋くなるのか。

5月20日　午後4時13分
田中徳三「悪名」神保町シアター。何度観てもパーフェクトな映画。コックファイトから始まって、勝ち負けで全てのストーリーが前へ前へと動いていく。今回は宮川一夫のカメラにノックアウトされた。どうでもいいけど「男一匹ガキ大将」と「高校生無頼控」って「悪名」が下敷きだったんですね。

5月21日　午後9時01分
澤田幸弘「反逆のメロディー」シネマヴェーラ。自分は名画座に出没する笑い屋さんたちが苦手だが、きょうは自分が笑い屋になり下がる。チョッパーに跨った蛾次郎。ギターを弾きフォークを歌う蛾次郎。ダイナマイトを投げて大暴れ、案の定捕まってダンプカーに轢かれ死ぬ蛾次郎。むはは、と笑った。

5月22日　午前10時07分
いま新宿駅から中央線快速に乗り込んだのだが、自分の左側で電車を待っていた女性は到着した電車が止まるやドアも開かない内から車内を覗き込む。座りたいのかな、と思っていたらドアが開き、その女性はドアのすぐ傍の網棚に置いてあった白く大きめなトートバッグを掴むやホームの階段へ。?麻薬取引?

5月22日　午後2時04分
映画や音楽を採点するなんてことは

ぜったいに出来ない。けさ「女体」という映画を観ながら、なぜかずっとそのことを考えていた。

5月29日　午後3時24分

きのうアレンジの参考用に久しぶりに聴いた、おおたえみりさんの「うでの毛」という曲、やっぱり傑作。こんな3リズムのシンプル過ぎるオケで仕事したと言えるのか、と思っていたがコレしかない、というサウンドになっていた。歌詞と曲が最高。おおたさんのドラムス最高。自分用に7インチ作るの決定。

6月3日　午前8時26分

たった800字の原稿が書けなくて夜明かし。きょうの映画スケジュールは変更。

6月6日　午後6時42分

千葉泰樹「好人物の夫婦」ラピュタ阿佐ヶ谷。自分はけっして品行方正ではないと普段から言う夫。祖母の看病で妻が長く留守にしている間に、若い女中は妊娠してしまう。こんなシンプルな話なのに、ヒッチコックの映画のような調子で見せる50分。隣の年配の男性、ほぼ全編寝ていた。あーもったいない。

6月7日　午後10時19分

週末、雨の金曜夜、まだ人のいない時間のクラブで大きな音で聴いて驚いたのが、大瀧詠一「空飛ぶくじら」のクラリネット・アンサンブル。とにかく音が良いのにびっくり。大迫力。ヴォーカルもワイルド。キング・ベルウッド盤の7インチ。

6月9日　午前0時01分

沖島勲「ニュー・ジャック・アンド・ヴェティ モダン夫婦生活讀本」ラピュタ阿佐ヶ谷。自分はピンク映画に明るくないが、69年でこんなにイッちゃっていたのか。赤塚、筒井、山上たつひこよりずっと早い漫画。80分があっという間。シネスコで16ｍｍ。コレは観ておいて良かった。

6月10日　午前0時02分

デイヴィッド・エイアー「フューリー」新文芸坐。久々に大学の頃の友人たちと映画の話をしたくなるような一本だった。「アメリカン・スナイパー」よりずっと好き。でも少しユーモアが足りないのが残念。兵士たちが軽口を叩くことのできる状況にいなかったのではなくて、制作者に余裕がなかったのでは。

6月12日　午後9時48分

セブンイレブンのおにぎりを食べながら山本富士子の映画を観てさめざめと泣いたおっさんは山手線と都営三田線を乗り継いで帰宅。これからエプロンして代官山でＤＪ。いつも心に川崎敬三を。

6月15日　午後10時45分

きょうは仕事で観ること適わず。もう「いとはん物語」という文字を見ただけで涙が出てしまう。カレーのことを考えると鼻の頭に汗をかくように。

6月16日　午前0時16分

昨晩会った方が不意に、いま右の耳でキーンと耳鳴りがしたという。大丈夫ですか、と尋ねると、どうも地震の予兆らしい、という。えっ、と慌てていると、いや直ぐではなくてこれから、という。具体的にいうと右耳で高い音は千葉方面、左耳で低い音は福島方面、と言っていた。３１１の前日も、以下略。

6月16日　午後9時49分

神保町シアターで最終回を観て、目の前の餃子屋で焼きそば。隣席の酔客二人が、何がオシャレ古本屋だよ、トークショーとかやっちゃうのな、あの店オレ1分で出てきた、カウンターにハヤカワミステリとか並べちゃって自己満足、とか言っているのが耳に入って楽しいが食事が不味い。あ、いま帰った。

6月16日　午後9時56分

向かいの席では宇多田ヒカルと矢井田瞳と氣志團のポジの色味の話、ａｖｅｘの入稿の話などを大声で話す二人組。東京っていい街だな。浜崎あゆみの話に変わったが、オレが席を立つ。

6月17日　午後6時44分

トニーノ・ヴァレリー「ミスター・ノーボディ」シネマヴェーラ。素晴らしいのひと言。いままで観た最もチャーミングなスローモーションとストップモーション。いま先人へのリスペクト云々言いたい人は観るべき映画デス。それにしてもエンニオ・モリコーネって本当にワン＆オンリーな天才。来れ最終回！

6月21日　午後1時44分

きのう渋谷で映画を観る前にセブンイレブンに立ち寄るところで曽我部恵一さんに会う。先週2度目。サングラスしてらしたがギターと体型で判った。挨拶していたら往来のタクシー車窓から「小西さん！」の声。曽我部さんが「あ、ケラさん」と呟いて判った。こちらは24年ぶり。やついフェス？出演前か。

6月22日　午前0時03分

稲川淳二氏に参加して戴いた星野みちるさんの新曲、歌詞に「日焼け止めとサングラスとスパム広告」という1行があるのだが、完成・納品して3日で早くもレイバンから攻撃された。以前、怖い話の録音を手掛けたエンジニアH氏は、録音終了直後にスピーカーから白煙が上がったのに慄きお祓いしたという。

6月22日　午後2時38分

豊田四郎「女の四季」ラピュタ阿佐ヶ谷。散々苦しめられた若山セツ子は、悪業の果てに住む家を追われた杉村春子をそれでも心配する。だが老婆は、あたしなら大丈夫さ、生きてたらまた会おうぜ、と笑う。この4月5月、自分の周囲に起きた心配事に対して言われたのか、と錯覚した。もう心配などしない。

6月22日　午後3時35分

先日、某中古盤屋店主が、あるお笑いコンビの片割れが店に来て小一時間レコードを見た挙句、なんとヒグソンズとアイ・スタート・カウンティングのＥＰを買って帰ったという話をしてくれた。それ立派なマニア、と皆んなで大笑いしたが、誰が何を買ったなどという個人情報を漏らすのは日常茶飯事なのか？

6月26日　午後2時23分

何故かいま、自分の中で１９７０、71、72年くらいのイギリスのロックのブームが来ている。ビートルズが解散した後。ザ・バンドやＣＳＮＹに影響を受けた人たちの音楽。ビートルズの影響から抜けられない人たちの音楽。

6月26日　午後2時28分

１９７０、71、72年くらいの「ａｎａｎ」のバックナンバーをダラダラ読みたい。白黒ページの音楽記事、映画紹介、レコードレヴュー、タレントやモデル、新人ミュージシャンのゴシップみたいな短い記事。松山猛や今野雄二が書いていた埋め草原稿。

6月26日　午後4時21分

きのう東京ステーションギャラリーで鴨居玲回顧展を見てきた。図録を読んで驚いたのは誕生日が自分と同じ2月3日だった。57歳で自死。

6月30日　午前1時59分

昨日と今日、家の中に死蔵していた3枚のレコードを初めて聴いた。それぞれ１９７８年に新宿のディスクユニオン、１９７９年に札幌のレコーズレコーズ？１９９２年？に大阪のディスクＪＪで買った、いずれも英国のシンガーソングライター系のアルバム。どれも良かった。売らずに持っていて良かった。

7月1日　午前0時43分

シャルリ・エブド事件もイスラム国の事件も、個人的にはあの一件も、まだこの半年。

7月4日　午後3時21分

大きめのお碗にご飯を軽く。賽の目に切った豆腐半丁をご飯の上に。その上にしらす干しを。茗荷があれば、刻んで少しだけ。さらにごま油とナンプラーをそろりと垂らして食べる。夏の手抜きご飯。

7月7日　午後12時44分

シネマヴェーラ「酔っぱらい天国」素晴らしかった。渋谷実ってこういう映画しか作れないということか。プリント状態劣悪。今回が最後かも、って、本当にそんな感じだった。

7月7日　午後3時20分

シネマヴェーラで一本だけを観て出るつもりだったが「酔っぱらい天国」があまりに良かったので渋谷実の見方が変わるかも、と昨年観た「悪女の季節」も観た。やっぱり好きになれない映画。岡田茉莉子は美しさの絶頂期だったけれど、ラストは似合わないスイングトップを着たまま火山?に飲み込まれる。

7月8日　午前8時52分

たまたまAMAZONを見てたら清流出版というところの本が軒並みバーゲンブックとして安売りされていたので虫明亜呂無の「仮面の女と愛の輪廻」を買った。「女の足指と電話機」は持っているはずだが出てこない。こちらはバーゲンになっていなかった。

7月8日　午後6時23分

伊丹十三氏はヤング・リッチ・アンド・ハンサムズというチームのメンバーである。ピンクのぺらぺらのユニフォームに、英語でチーム名が染めだしてある。若くて、金持で美男というのは、オチャラカな名前としてはしゃれているが、実際にメンバーの人たちが若くて、金持そうで、これはまちがいなく（続く

7月8日　午後6時23分

美男たちばかりだったのは滑稽だった。（中略）そのハンサムズには、これまた豪華に着飾った良家の子女たちがよりそい、午前三時になると、近くの深夜営業のレストランに車をのりつけて食事をともにする。なんとなく、侘びしい光景なのだが、これも伊丹十三氏の好きな表現でいえば、（続く

7月8日　午後6時23分

彼らは心にひだの多い青年男女たちなのである。「深夜のボーリング場から」虫明亜呂無

7月9日　午後5時44分

きょうは安藤忠雄の検索ばかりしてしまう。面白くて。以前読んだ「安藤忠雄 光の教会」という本では、光の教会の十字に切った窓を思いつくまで、会って話したい、というクライアントから、やはり逃げて逃げて逃げ回っている様子が描写されていた。

7月9日　午後9時30分

サンボマスターの山口さんという方が、自分のアルバムをずいぶんと褒めてくださる。とても光栄に思いますが、サンボマスターって一曲しか聴いたことがない。自分のやっていたラジオ番組の年末リクエスト特集で一曲だけ掛けた記憶。スローできれいなロックだった。

7月11日　午後2時07分

マイケル・マッサー逝去。黒いロジャー・ニコルズ。この人のように綺麗なメロディの歌を作って、誰かに歌ってもらいたかった。今夜のために、これからバディ・グレコの「タッチ・ミー・イン・ザ・モーニング」の入ったアルバムを探す。和製マッサーな中尾ミエ「片想い」と麻生よう子「逃避行」も探す。

7月11日　午後2時49分

昨夜「最高殊勲夫人」を鑑賞後、どうしてもとんかつが食べたくなる。「王ろじ」はラストオーダーの時間を過ぎていると思い、久々にとんかつ茶漬けの「すずや」に向かうとビルごと消えていた！仕方なく歌舞伎町「にいむら」。ご飯とキャベツの量が多過ぎて残してしまった。トークショーは不義理御容赦。

7月12日　午後11時25分

【わたくしの提案】造形的には、この間、取り壊してしまった国立競技場の完璧なレプリカ。でも機能的には最新型で環境に優しくて、完全バリアフリー。屋根はないけどエアカーテンとかで雨を遮断。←無理ですか？というか雨が降ったら順延すればいいじゃん。どうですかマサルくん。

7月13日　午後9時21分

今年に入ってたしか初めての映画5本鑑賞デイ。どの映画も面白かったし、寝落ちも全く無し。でもいま帰りのバスの車内でどっと疲れが。

7月13日　午後10時54分

ラピュタ阿佐ヶ谷のモーニングで堀川弘通「あすなろ物語」。観終わって席を立った時に、客席の初老の紳士が突然、本日はご鑑賞ありがとうございました、と話し始める。幼年時代の久保（山内）賢、高校時代の久保明に挟まれ中学時代を演じた鹿島信哉という人だった。60年ぶりの鑑賞。涙ぐんでいた。

7月14日　午前9時33分

花札とトランプを売っていた会社。運

を「天に任せる」というのは良いネーミングだが、もちろん糸井重里が考えたのではない。

7月14日　午後10時41分
かつて、まだ毎晩浴びるほど大酒していた頃、家でスパークリングワインを飲みながら、気まぐれに送られてきたサンプル盤のアナログを聴いていたらあまりに素晴らしくて二枚組すべて聴き通し、あろうことかA4判の紙にいかに感動したかを書き殴り、版元のレーベルにファックスを送ったことがある。続く

7月14日　午後10時42分
自分で買ったレコードも全てを聴き通すことができないのに、送られてきたサンプル盤などほぼ全く聴くことがないから、これはよほどの完成度だったか、よほど酔っていたのか。しかしその後レーベルからもアーティストからも当然返信無し。SUSUMU YOKOTA「1999」というアルバム。合掌。

7月15日　午前1時43分
きょうは雑誌の取材で小泉今日子さんと会った。彼女は自分より年下だが、会うといつも緊張する。大ファンだったのと、歌手として尊敬しているのと、業界の先輩という気持ちと。でもご当人はいつもマイペース。それでいてさりげなく気を使ってくださる。誰かに似ていると思ったら、ムッシュだった。

7月15日　午前1時54分
きょう会ったもう一人、チャーベくんの新しいバンドが衝撃のカッコ良さだった。なんと女性ヴォーカルと女性ギタリストをフロントに立てたロカビリーのバンド。でチャーベくんがサイドギター、タイチさんがスタンディングのドラマー。フレッシュな内に何かリリースしてほしい。日本語の歌詞を書きたい。

7月15日　午前9時41分
星野みちるさんのスタッフより事務所に連絡あり。「夏なんだし」のPVの中で肖像写真を使いたい旨。何だろう楽しみ、と思ったら「男の子だって、おっさんになるの」という歌詞のところで使われるとのこと。先日のレイバン攻撃に続いて自分の書いた曲に復讐される。

7月17日　午後5時43分
今週観た映画の中でいちばん面白かったのは「殴り込み艦隊」ラピュタ阿佐ヶ谷。主演は高倉健だけど、何だかアメリカの映画みたいな。ヴェーラでやる映画史上の傑作みたいな。島津昇一という監督で助監督が深作欣二。田崎潤はオマー・シャリフより素晴らしい。関山耕司も大活躍。久保菜穂子も出ている。

7月18日　午後5時20分
黄桜。千福。日本盛。富翁。大関。忠勇。菊正宗。月桂冠。キンシ正宗。栄誉冠。会津誉。沢の鶴。富貴。富久娘。多聞。白鹿。白鷹。白雪。小学生の頃、テレビのCMや街の看板で見た清酒の銘柄。まだまだあるはず。伴淳三郎が「母ちゃん、一杯やっか?」と言うのは伏見の神聖、というメーカー。調べ物。

7月19日　午後3時23分
静岡のパーティー、自分のセット1回目。DJブースがかなり低いテーブルで、持ち時間60分なのにどうにも背中と腰が痛くなってきて45分でリタイア。もう年齢的にDJを引退しなきゃいけないのだろうか。きょうはこのあと、もう1回ありますが。。

7月23日　午前0時38分
増村保造「動脈列島」シネマヴェーラ。自分はいままでこの監督のことを誤解していたのかも。悲しい、とか切ない映画ではないのに途中から感激して泣きっぱなしに。何が素晴らしいって犯罪心理研究所の一室を離れない田宮二郎と五人の刑事たち。そしてあっと驚く梶芽衣子の登場。新幹線大爆破より好き。

7月31日　午後10時49分
ポール・マッカートニーの一連のデラックス・エディションは本当に素晴らしいと思う。元のオリジナル盤に対しても、その作品をずっと愛していたリスナーに対しても理解と尊敬がある。って、ポールのも、いつも頂戴するばかりなのですが。

8月1日　午後6時59分
丸山誠治「山鳩」ラピュタ阿佐ヶ谷。なぜかジョン・フォードの映画を思

い出していた。森繁と田中春男の将棋シーン。岡田茉莉子と佐原健二のキスシーン。左ト全。沢村いき雄。女心の分からない森繁。娘の懐妊を告げる清川虹子。三好栄子。出産と鉄道事故。すべて最高。ノックアウトされまくった。

8月2日　午後7時47分
星野みちるさん、何が素晴らしいって、あんな感じの方なのに読譜力は完璧っていうところです。たぶんどんな曲を書いてもサラッと歌ってくれるはず。

8月3日　午後2時43分
ロジャー・ニコルズ＆ザ・スモール・サークル・オブ・フレンズ「OUR DAY WILL COME」のストリングスって何人編成なんだろう。小編成に聞こえるけど、トレモロだけ偉くゴージャス。ダビングしてるのか。

8月3日　午後3時24分
シラ・ブラック逝去。きのう、この人のダブってたアルバムを売却して1200円の査定が返ってきて、寝る前に「わたくしの二十世紀」を作っていた時の参考資料音源に入っていた「アクロス・ザ・ユニヴァース」を聴いていた。好きなレコードがたくさんある。

8月6日　午前1時35分
今井正「砂糖菓子が壊れるとき」角川シネマ新宿。映画の楽しみのひとつに、キャスティングの妙、というものがあるのではないか。本作の原知佐子、藤巻潤、津川雅彦、成瀬昌彦らは本当にハマり役。売れない女優から若尾文子扮するモンローのような女のマネージャーに転身する原知佐子のハマりっぷり！

8月6日　午前1時46分
「砂糖菓子が壊れるとき」自分にとって映画の楽しみのもうひとつは大胆な省略。例えば山中貞雄の省略が驚きやユーモアを生むものだとしたら、この映画における省略は、観客の皆さんも当然ご承知のはずですから、という容赦なく突き放すような趣き。この意地悪な感触は脚本家の個性か、監督のものか。

8月9日　午後1時29分
CDのリリースを前提として作られたアルバムを2枚組のアナログに仕立てた時の片面の短さに慣れない。片面3曲とか許せない。レコードに針を降ろした後、やかんでお湯を沸かし一杯立てのコーヒーを淹れて、飲み終わってコーヒーのことを忘れる。LPの片面の長さはそのくらいでなくてはいけない。

8月10日　午前0時35分
先週、「CREA」誌の音楽ページ連載の件で文春の編集者と顔合わせ。「火花」がかつての「マディソン郡の橋」に次ぐ売上げで社内が浮き足立っている、という話。この好機に文春も名画座を、と提案する。だが実現したらやはり二階は「紀尾井町花月」になるのか。

8月10日　午後12時38分
昨日初めて、ラピュタ阿佐ヶ谷の補助席に座った。90分に満たない映画だったがお尻が痛くなった。映画が素晴らしかったので、何とか我慢できた。いや、退屈な映画なら満席にはならないのか。

8月11日　午前2時01分
シュガーベイブ40周年が話題になっているが、彼らがジングルを担当した文化放送「電リク'76」のCMでいつも流れていた♫飛んでけ、飛んでけ、私の中の弱虫・泣き虫、小麦色の肌、汗かいて〇〇〇な空に見せてやれ、〇〇〇したらリボンシトロン、という歌を誰か憶えていませんか？

8月11日　午前2時03分
歌っていたのは、たぶん林寛子。曲は何となく昔から樋口康雄では、と思っていた。

8月11日　午後12時58分
神保町の古い喫茶店。紺の着物に袴、カンカン帽の若い男性が革のトランクから森鷗外の復刻本とパイプ煙草を取り出してカレーライスを待っている。パイプ咥えて気取っているところにランチセットのミニサラダが運ばれてきた。

8月17日　午前11時43分
映画館のチケットカウンターで納得のいかないことがあった。きょう一日、この劇場にいるというのに不愉快な気持ちが頭の中を支配していて、とても楽しめそうにない。じっさいカッと頭に血が上ったので、いま顔がボウッとしている。どうか、この不快感を払拭してくれる程楽しい映画であってくれ。

8月17日　午後1時49分

映画館に戻ると劇場のスタッフが声を掛けてきて、先程の納得のいかない件、やはり係員の側に誤りがあった、として返金される。「他のお客様にもお断りしています」と言ってたくせに。しかし溝口「歌麿をめぐる五人の女」は素晴らしかった。不快感はまだ身体感覚として残っているが。

8月18日　午後4時54分

「あなたは本当に可哀想な人だわ。万事が演技なのよ。でも一度も大当たりが取れない人よ。」ジュディ・ガーランドがジーン・ケリーに言う科白が自分に突き刺さった。バズビー・バークリー「フォー・ミー・アンド・マイ・ギャル」シネマヴェーラ。

8月20日　午前1時27分

覚え。きょう新文芸坐で観た「きけわだつみの声」の信欣三扮する仏文科助教授の最後の授業の場面。「哲学とは死と親しむ学問である、とモンテーニュは言っています」という科白。ネットで調べると「哲学の勉強は死ぬことの準備」と書かれている文章が出てくる。

8月20日　午後9時38分

ジョン・フォード「アパッチ砦」シネマヴェーラ。合衆国政府によって庇護された悪徳商人がいる限り、保留区には戻らない、というインディアン。平和的な交渉をしたジョン・ウェインを解任して戦線布告し戦死するヘンリー・フォンダ。80代のクリント・イーストウッドはこの映画を観直せ。傑作。

8月21日　午前11時52分

本日でデビュー30周年のバンド、今年で40周年のバンドなど話題だが、昨年とあるバンドの50周年記念アルバムの件を相談された。即座に「タイトル、NO NO BOYSはどうですか」と打診したが、現在は人気司会者のリードヴォーカル氏から「ソレどうなのよ」と否定された由。業界与太話。

8月21日　午後3時15分

東西線の同じ車両に貧乏ゆすりのどうしようもなくひどいヤツがいて、目の前に座ってしまったので席を移動した。しかしその男のことをつい見てしまう。エッフェル塔のレストランを愛用する作家のことを思い出す。パリ市内でエッフェル塔を見ないで食事の出来る場所。

8月23日　午後6時46分

先週は映画館で長谷川一夫や大河内傳次郎、それに片岡千恵蔵の出る作品を観た。彼ら大スターの特徴ある科白廻しを、自分は子供の頃にTVの演芸番組で観た桜井長一郎の声帯模写で知った。実際にスターが喋る映画を観た後、その声帯模写の芸を観ると声は全く似せていず、語り口を真似ていたのだと知る。

8月27日　午後6時10分

神保町・古書センター9階の富士レコードでLP2枚。領収書をください、と伝えると、店員が横書きの領収書の帳面を縦に置いて文字を90度倒して器用に綺麗に書いてよこした。上様の上の字などは見惚れてしまった。

8月27日　午後6時46分

どう見ても自分より年上の女性お二人が、劇場前の待ち合い席の椅子に座って『ラブ＆マーシー』を絶賛している。片方の女性は、いまの回で3度目、と言っている。そんなに素晴らしい映画なのか。

9月1日　午後10時33分

友人の家で聴いて気に入ってしまったIONの「Archive LP」というポータブルプレイヤーを買ってしまった。内蔵のスピーカーは柔らかい音。低音はあまり出ないので静かな音楽に向いている。安いし、片面が終わると回転止まるし、言う事なし。

9月4日　午後4時02分

集中豪雨。この後、16時から18時の間に代引きの荷物の配達がまとめてやってくる。レコードが25枚？とお二ューのレコードバッグがひとつ。俺の借金、全部でなんぼや。

9月8日　午後5時39分
いま魚藍坂を歩いて上っていたら、通りの向こう側をモーター付ローラースケートですいすいと上っていく人を見た。なんという未来！　オレが欲しかったのはアレなんだし。ペイル・ファウンテンズの「REACH」の歌詞がアタマをよぎった。he's wiser than the other side

9月9日　午後11時17分
池袋新文芸坐で本日4本目の映画を観終えたところでひよこレコード？　永友さんと遇う。二日連続の遭遇。そのままサンシャインシネマに付いて行きレイトショーを観て、たったいま山手線でお別れした。雨に降られたが楽しい1日だった。

9月11日　午後1時36分
目的地まで輸送出来ずに賞味期限切れとなってしまうコンビニのおにぎりや食品をトラックドライバーの判断で被災者に無料で提供する、という美談と、震災直後にどこそこの広告ボードの照明を消せ、と毎日騒ぎ立てていた節電ヒステリーの人のことをけさ思い出した。

9月13日　午前1時52分
シャワー浴びながらヒゲを剃って浴室を出たら携帯が鳴って、きのう連絡したが出演時間が早まって12時20分からなのですが、と言われたのが12時6分。タクシーで会場に着いてブースに入ったのが12時30分。既にNOELさんがプレイしていた。1時20分に高木完さんと交替していま帰宅。

9月16日　午後12時38分
くしゃくしゃ、っとした素材の白いシャツ。首に暗い色のストール。バーバリーチェック柄のパンツ。ここまでは曖昧な記憶。はっきり憶えているのは目に鮮やかなロイヤルブルーのVANSのスニーカー。甲田益也子さん。昨日のリハーサル。

9月16日　午後6時48分
中川信夫「毒婦高橋お伝」ラピュタ阿佐ヶ谷。何か凄い映画を観た、という感想。ヴェーラ「映画史上の名作」に組まれるべきクラシック。「ハネムーンキラーズ」meets泉鏡花。ジェットコースターの石井輝男。どれも違うか。とにかく主演の若杉嘉津子が最高に素晴らしい美女だった。美女と犯罪。

9月18日　午後6時58分
完成した「スマイル」を聴いてビーチ・ボーイズ神話から解き放たれた。映画「ラヴ＆マーシー」を観て「ペット・サウンズ」の呪縛から目が醒めた。

9月24日　午後1時48分
一昨日、ビルボードライブの控え室でシンガーソングライターのノラオンナさんとご挨拶、「なんとかロマンチック」アナログを頂戴する。LPの存在を知った時点で売り切れていた一枚。エキスプレスやベルウッド、エレックなど1970年代のフォークの名盤を連想するアルバム。サイン貰えばよかった。

9月25日　午前1時51分
夕飯はデリーのカレーソースで。時折クラブに来てくれる友人が音楽をやっていると知り、聴かせてよ、と頼むと翌月、CDRと共に二箱のカレーソースをくれた。そりゃ喜んで聴くよね。何ともチャーミングな気配り。そんな彼らしい優しさと線の細さが音楽にも現れていたのだけれど。

9月27日　午前11時55分
MOCKY「KEY CHANGE」。傑作。アナログを買えて本当にラッキー。あの人のあのアルバムや、あの人のアレよりずっと素晴らしい、とか言いたくなってしまうけど、控えましょう。でも言いたくなる。プリンスの「パレード」の静かな曲ばかり集めたような、とか。

9月29日　午後7時54分
いま渋谷シネマヴェーラで行なわれている黒沢清監督特集を観て、哀川翔という俳優のファンだと自覚した。どこが好きなのかいまだに分からないのだけど、とにかくもっと観てみたい。きょうは「勝手にしやがれ!!」シリーズの黄金計画、強奪計画という二本を観た。

10月3日　午後10時24分

むかし「ナイアガラムーン」と「トロピカルダンディ」が出た直後に「ライトミュージック」誌でそれぞれが影響を受けたアルバムを20枚ほど紹介するページがあって、その中で唯一今まで未聴だったビージーズの1stをユーチューブでフル試聴したのだが、正直ピンと来なかった。買って聴くべきか。

10月7日　午後12時28分
暗闇の中で観客の誰もが「早く終わってくれ」と祈りながら観る映画。観客の心がいま、ひとつになる。

10月7日　午後5時06分
黒沢清「タイムスリップ」テレビ作品、シネマヴェーラ。たった5分くらいだけど、最高にくだらなくて素晴らしいジョークみたいな短編。ホントにくだらないの。ユーチューブで観る面白動画みたいなモノを劇場で観るのは楽しい。本日あと一回?

10月7日　午後11時31分
先週金曜日の頭バー、最後までずっと踊っていたスペイン人の若いカップルがいたのを思い出す。我らが山中一司くんのことを、この男こそパーティーだ、と言ってた気の良い二人。最後に二人が異口同音に「ニナ・シモーヌを掛けてくれ」とリクエストしたのに応えられず。ニーナ・シモン。次回は必ず。

10月11日　午後12時31分
むかし、ホテルのBGMで、知っている旋律の初めて聴くアレンジのヴァージョンが耳に引っかかり、それがハース・マーティネスのオールトゥギャザー・アローンだと気付いて驚いた。マンドリンがメロディを奏でるニューエイジ風の編曲。名盤の誉れ高い二枚のアルバムは自分の好みではなかった。

10月13日　午前10時45分
渋谷駅ホームで非常停止信号。いま乗っている電車とホームの間に「お客様が挟まったので救護活動を行なっております」というアナウンス。そのわりにのんびりした雰囲気。発車した。その間、2分くらいか。

10月14日　午後4時27分
映画が始まって、コレ前に観たヤツだった、と気付いたときにソワソワしたりガッカリしたりしない修行。思いきりつまらなかったヤツは意外と題名を憶えているものです。

10月18日　午前4時51分
プロムナード・レコードで買い直したジョン・サイモンのセカンド「Journey」。聴く度に1970年代前半の渋谷や新宿、下北沢や自由が丘の昼間の空気を感じる。けっしてウッドストックやグリニッジヴィレッジではなく。最初に買ったのは中学三年の春休み。決定的な影響を受けたアルバム。

10月19日　午前11時19分
きのう品川から乗車した新幹線のぞみ号では車内販売のコーヒーが一杯320円。いま乗っている山陽新幹線のぞみ号では一杯260円。さらに「見せるだけクーポン・コーヒー50円割引」のチケットをくれた。

10月20日　午前0時19分
寒空はだか「秋風のモンド」シアター711。素晴らしいスタンダップコミック、一時間半。むかしTVの音楽番組で観たケニー・ランキン、あるいは林巻子さんとロマンチカを知った時のような、自分はこういう人になりたかった、という気分を堪能。

10月20日　午後12時36分
細野晴臣「ろっかばいまいべいびい」を外国語で歌っているヴァージョンが流れている喫茶店。音量が小さくて何処の言語か聴き取れず。イライラするほど音程が悪い。

10月24日　午前0時38分
いま、ふとオルガンバーのフライヤーを見て思ったのだけど、自分の周辺のDJはもう今時、名前の後ろに（ナントカ）みたいな肩書というか所属みたいなのを付けないのだな。ただ本名だけ。そういや地方のパーティーでは英語のDJネームが多い。まあ、NOEL & GALLAGHER とかいるけど。

10月29日　午前11時58分
トーストにヌテラを塗りて喰へといふお告げあり、吾けさ従へり

10月29日　午後1時52分

七週間に一度の散髪。店内でずっと「シャカタクみたいな」サンバ・ハウスが流れていて、つらい。自分は理髪師と会話せず雑誌も読まないので、音楽が嫌でも耳に入ってくる。そのうえ、本日は他に客がいない。

11月2日　午後5時26分
瑞穂春海「ある女の場合」ラピュタ阿佐ヶ谷。司葉子が出るという以外に何の期待もしていなかった映画だが、ノックアウトされた。前半は柳永二郎の独壇場。後半は予想もしない展開が。山田真二も、観ている間どうしても名前が思い出せなかった若原雅夫も最高。名画座で映画を観る歓びに打ち震えた。

11月3日　午前2時15分
ムッシュの食べ物ツイート、復活していて嬉しい。

11月4日　午前1時40分
本日は念願の渋谷シネマヴェーラ〜タコベルという回遊コース。映画はまあまあだったが、タコベルのタコスはやはり美味しくて大満足。それにしても、なんであんな場所に、と思ったが、外国人観光客にはジャストなロケーションなのかも。

11月4日　午後7時49分
三隅研次「なみだ川」神保町シアター。原作が山本周五郎で原題が「おたふく物語」。この時点で「いとはん物語」を連想したが、やはりタイトルの如く目から涙の川が。かつて全員悪人という惹句があったが、この映画は全員善人。安部徹も、悪役・戸浦六宏さえも憎めない悪役。まだ木曜金曜に上映あり!

11月4日　午後7時59分
「なみだ川」藤村志保・若柳菊姉妹の心優しさ美しさと同じくらい素晴らしいのが、細川俊之の圧倒的な美男ぶり。この俳優の顔を眺めるためにある映画。鼻の右側の大きなほくろは、綺麗過ぎて安っぽく映らぬように神様が施したアクセントか。でも正直に書くと最初は細川俊夫が出るのだと思っていた。

11月4日　午後8時06分
「なみだ川」しかし最初に涙腺が緩んだのは、他でもない安部徹が藤村志保に自分の囲い者になってくれ、と打ち明け、思わず彼女に抱きつくも拒まれて叫ぶようにいう「俺はあんたに首っ丈なんだ!」という台詞。45歳を過ぎた男はここでワッと泣くことになっている。

11月5日　午後7時58分
ＣＭ音楽の打ち合わせ。ＣＦプロデューサーから参考音源としてプレゼンされた曲は、かつてＤＪする度に掛けまくっていた曲だった。お勉強していらっしゃる。

11月8日　午後10時57分
きょう、自分の出番の後にプレイしたＤＪの方が素晴らしかった。好い感じのジャズファンクやラテンジャズを1曲丸ごと、最後まで掛けるスタイル。でも次の曲への繋ぎは鮮やか。音楽をよく聴き込んだ人のプレイ。コバさんという方。ＤＪ ＪＩＮさんといつも一緒にやっていらっしゃる方だと聞いた。

11月12日　午前2時16分
どうでもいいけど、オレがロジャー・ニコルズ&ザ・スモール・サークル・オブ・フレンズを知ったのは『ゴー・ゴー・ナイアガラ』という番組ですよ、と書いておく。曲は「kinda wasted without you」でした。

11月13日　午前10時11分
来週金曜日のＴＢＳラジオはゲストパーソナリティが柴田聡子さん。収録に立ち会ったディレクターから、柴田さん札幌出身で高校のときの先生が小西さんの同級生だと言ってました、という話を聞いた。

11月15日　午後8時47分
DE DE MOUSEさんの12インチにサインを頂戴した。いわゆるテクノというか、打ち込みと電子音と波形編集の音楽を作る人で、これほど個性的でチャーミングなミュージシャンがいるなんて、先月ライブを観るまで知らなかった。小さなプラネタリウム、小さなディズニーランド。

11月16日　午後5時11分
伊集院さんのラジオ「今週ＴＳＵＴＡＹＡでコレ借りよ」?のコーナーに出演した。オレの推薦作品は残念ながら「ノレなかった」とのこと。撃沈。でも面白かった。芳賀ゆい、についても驚きの事実を知った。オンエアは来年1月の予定。

11月17日　午後7時25分

アパートの敷地に入ったら、奥から男性にも女性にも見えるシルエットの人が近づいてくる。カーリーヘア、緑色の半袖ポロシャツ。アメリカの女性留学生かな、と思ったら突然、自分の前で立ち止まり日本語で挨拶してくる。「どうも、ご無沙汰しております」ストレンジデイズ岩本晃一郎さんだった。

11月18日　午後2時02分

ここ二、三年でいちばんよく行く蕎麦屋は神田錦町更科。温かい蕎麦が旨い季節になった。きょうは毎度ありがとうございます、と言われた。誰にでも言うのかも。

11月19日　午後3時32分

島耕二「いつか来た道」ラピュタ阿佐ヶ谷。異色の音楽映画。不謹慎は承知ながら、とにかく主人公の少年の風貌から目を離すことが出来ない。普段から映画を観る悦びとは美男美女、喜劇的容貌の人物を舐め回すように鑑賞出来ることだと考えているのだが、この映画は。兄妹それぞれの演奏場面も強烈。

11月20日　午後4時13分

丸山誠治「男ありて」ラピュタ阿佐ヶ谷。野球を題材にした映画は「東京の孤独」「打撃王」に続き今年3本目だが、コレがいちばん好きかも。後半はとにかく泣かせにかかるのだが、三船敏郎が藤木悠を嗜めて「野球なんて監督の言う通りに動いてりゃ良いんだ」という場面で自分の涙腺は突如決壊する。

11月20日　午後10時00分

先週末のパーティーでクイックなセットをやった後、ジャケに戻し忘れたシングル盤が6枚。その内の1枚は失くしたら2度と手に入れられないだろう物だった。幸いなことに主催者が持ち帰って保管していたのだが、すぐ連絡してくれたら良かったのに。結局は自己責任。結論、レアな物は現場に持ち込むな。

11月22日　午後5時46分

恵比寿ガーデンホールの藤井隆さんとTOFUBEATSさんのコンサート、出演終了。客入れ時間のDJだと思い違いして普段掛けないクラフトワークとかを持ってきてしまった。舞台袖で早見優さんとご挨拶。akikoさんの「リトル・ミス・ジャズ＆ジャイヴ」を愛聴して下さって、天にも昇る心地。

11月25日　午前7時10分

「死にざま」という言葉ならあるが「生きざま」という言葉などない、という有識者の意見をかつてよく目にしたのだが、昨日ラピュタ阿佐ヶ谷で観た木下恵介「二人で歩いた幾春秋」という映画で紹介される短歌の中にはその言葉があった。「生き態」と表記していた。

11月26日　午前0時22分

そう言えば、東京の名画座では宇津井健の追悼特集というのをどこも組まなかったな、と思い出した夜。

12月2日　午前11時52分

いま乗車したタクシーの中で流れていたラジオ。落ち着いた話し方の女性アナウンサーが普通に受験生のお便りなどを紹介し、男性のコメンテイターが合いの手を入れていたが、その男性が「パブリックイメージ」何とか、と曲紹介する語尾が聴き取れず。そうしたら本当にPILが流れて驚く。NHKだった。

12月3日　午後2時10分

ラジオの生放送本番がある日に映画を観に行く背徳感。まだレコード揃ってないのに。永六輔とか宇多丸さんとかはもはや日常茶飯事なんだろうな。

12月7日　午後6時16分

先週末、頭バーのスタッフの方に紹介された米国SLOVENLYレーベルの代表・ピーターから事務所にメールが届く。ココナッツディスクで買ったという寺内タケシ関連のEPを見て、思わず持参していた「レッツゴーブガルー」を進呈した。本当にクールだったよ、とのこと。われ日本の面目を護れり。

12月8日　午後11時18分

このところ、毎日のように選曲、選

太陽の花」をプレゼントしたはず。

盤の仕事に追われている。ディスクガイド本の選盤、ラジオの選曲、コンピ?のための選曲、年間ベストディスク選盤、雑誌連載ページのための選曲。終わると週末のDJのレコード選び。どんなにレコードが好きでも仕事となると楽しくはない。選盤ブルーカラー。選盤工。

12月12日　午前11時48分
1993年に「ボサノヴァ2001」を作っていた時、男性コーラス入れなきゃ、っていう話になって誰かうまい人知らない?って訊いたら小山田圭吾さんが、ひとり知ってるオザワってヤツ、と言ってた。まあコーラスとソロの歌唱は違うかもだけど。

12月15日　午後4時35分
神保町まで来て、きょうの名画座スケジュールを全く勘違いしていることに気づいた。痛恨。あした、千葉泰樹と堀川弘通のどちらかを諦めなくてはならない。痛恨。ああ大失敗した。

12月24日　午後12時25分
12月24日は「Gonna Take A Miracle」を聴く日。

12月31日　午前1時20分
今年最後の水曜日に、2011年12月のNHKFM「これからの人生」大リクエスト大会を聴いている。番組の冒頭で愛川欽也さんがオレの名前を言う。知り合いからのリクエストはどれもみな最高の選曲。年末感。

12月31日　午前11時22分
けさは「これからの人生」NHKFM・2012年12月の大リクエスト大会を聴いている。愛川欽也さんフォーエヴァー。

16年1月12日　午後2時52分
ラピュタ阿佐ヶ谷のロビーで寒空はだかさんにご挨拶。ちょうどBGMで「東京タワーの歌」が流れていたのでお話を伺うと、なんとアナログ7インチが存在するという。帰宅後、調べたら熊本のレコードショップに残っていたので早速購入した。いつかサインを頂戴するつもり。

1月24日　午前1時18分
アメリカ買い付け中、大雪で足止めされている大阪ナイトビート・レコードの藤井Jamesさんのツイートがきょう1日ずっと気になっている。何か声を掛けたいけど、携帯バッテリーをムダに消費してもいけないし。ハードな買い付け。頑張ってくださいませ。

1月26日　午前0時07分
レンズ豆とソーセージの煮込。今迄でいちばん旨く出来た。豆は水から煮て、煮汁は捨てて豆は洗う。セロリは豆に似た大きさに刻む。蕪とペコロスと芽キャベツ。白ワイン。オリーブ油。塩・胡椒。出来上がりにマスタードを付けたり溶かしたり。次回はもっと外皮の薄いソーセージにしよう。

1月26日　午後3時02分
2B、3Bの鉛筆で顔を黒くする夢。黒塗りの顔の下はサラリーマン風のスーツ姿。顔が黒いですよ、と田島貴男さんに言われる。彼も同じ服装。最近、おかしな夢ばかり見るが、書き留めないとやはり忘れてしまう。

1月27日　午前4時16分
きょうのヤフオク、気がついたら終了していて、とんでもない値段になっていた。きのう見た時の5倍の金額。やれやれ、ふられてバンザイ、とか思っていたら落札したのは自分だった。

1月28日　午前0時10分
中学時代、高田渡や「風街ろまん」から日本のフォークやロックに傾倒して読んでいた音楽誌のひとつ「季刊フォークリポート」の中に短い情報や消息を集めた頁があって、高田馬場の「タイム」という店はいつも「ゆでめん」が半額くらいで買える、とあり、初めて行ったら本当に安く買えた73年の記憶。

2月2日　午前2時38分
土曜のオルガンバーでレコードにサインしてほしい、と声をかけてきた男性。山形から来たとのこと。お仕事ですか、と尋ねると、日曜の水木しげる先生のお別れ会に参列する、という。「のんのんばあとオレ」が好き、というので自分は子供のとき「テレビくん」という漫画を読んで好きになった、と答えた。

2月2日　午後8時44分

清水宏「もぐら横丁」、映画館の場面。「七つの大罪」のスクリーン画面から切り返すと客席の島崎雪子と片桐余四郎の会話。お腹が鳴ったの聞こえた？さっきから何度も。お昼を食べ忘れたの。出ようか？終わるまで我慢するわ。このシーンを切り出して、映画館でのマナー広告を作ったら良いと思った。

2月6日　午後10時53分

新文芸坐に飾ってあった「青春の殺人者」ポスター。まったく同じデザインだが、タイトル文字が青のものと赤のもの、二種類が並べて飾られていた。オレ、どうして写真を撮らなかったのか。武田さん、お願いします。

2月10日　午後11時56分

若杉光夫「七人の刑事　終着駅の女」ラピュタ阿佐ヶ谷。二年ぶりの再見だが、いよいよこの素晴らしい映画を好きになってしまった。ふだん話の合う自分の知り合い全員に絶対観なきゃ、と薦めたくなってしまうような、そんな作品。

2月10日　午後11時59分

「七人の刑事　終着駅の女」映画を好きな人がふだん脚本、撮影、照明、美術、音楽、衣裳、編集について語ることはあっても、いつもつい忘れてしまう録音とミキシングについて目を、いや耳を開かされる作品。音楽が使われない替わりに、整音、というクレジットがあって、担当しているのは渡辺宙明。

2月12日　午前11時27分

渋谷ユーロスペースのノーザンライツフェスティバル、11時半の回に来てみたら、カジヒデキさんと曽我部恵一さんに会った。東京は狭い。

2月12日　午後11時41分

「ビートルズ」ユーロスペース。主人公が憧れの女の子を海辺に誘う場面。彼女はポータブルプレイヤーと1枚のシングル盤を持参して主人公に感想を求める。歌詞を聴いて、という彼女。それがレナード・コーエンの「スザンヌ」のピクチャースリーヴ盤だった。チャーミングな細部に溢れた青春映画。

2月13日　午後5時08分

「今週はオリジナルラブばっかり聴くんですよ。とにかくみんな掛けてる。」渋谷オルガンバー・宮川大仏店長から昨夜聞いた。ちょうどBOXセットのデザインを担当した吉永祐介さんが3曲連続プレイしていた。現場の声でした。

2月14日　午前8時50分

レナード・コーエンの「スザンヌ」という曲。昨日観たロバート・ゼメキス「ザ・ウォーク」で主人公が恋人と出会う場面で、彼女がギターを弾いて歌っていたのがやはりこの曲だった。日本人が抱いているイメージよりずっとポピュラーな曲だったのか。

2月16日　午後7時06分

大島渚「Kyoto, My Mother's Place」シネマヴェーラ。とても美しいドキュメンタリーだった。市川崑「京」よりもずっと素晴らしい。昨日観た「小川プロ訪問記」のときも感じたけれども、大島渚って色っぽい。坂本龍一よりもデイヴィッド・ボウイよりも。

2月18日　午前10時24分
アマゾンでニック・ドレイクの「a treasury」というアナログ盤LPを買ったら素晴らしくて、しばらくそればかり聴いていた。どういうコンピなのか、と思ったら何のことはない、生前の3作品からのベスト盤だったが、こんなに端正な音楽家だったのか、と驚く。

2月18日　午前10時29分
あらためてウィキペディアでニック・ドレイクについて読むと生前はあまり評価されず、と書いてあるのだが、レコードのセールスも1万5千枚程度、と書いてあった。それくらい売れてたらいいんじゃない、と現代の売れないミュージシャンなら考えるのではないか、この数字。

2月21日　午前0時18分
本日の現場。一緒に写真を撮らせていただいてもよいですか、と丁寧にお願いされたので、こちらも丁寧にお断りします、と応えた。

2月22日　午後3時35分
渋谷東急デパート本店1階。エルメスはじめ世界のブランドショップが並ぶ中、店内放送で舟木一夫の「銭形平次」が流れている。いい感じ。

2月24日　午前0時54分
ラピュタ阿佐ヶ谷で観た井上金太郎「月夜鴉」が思いがけず素晴らしかった。主演の飯塚敏子という女優の声と台詞回しが魅力的かつ、聴き覚えのあるイントネーション。誰に似ているんだろう、と考えて思い当たったのが栗島すみ子と「河内山宗俊」の女房役の女優。昔の女性はあんな話し方だったのか。

2月24日　午前9時25分
寿司屋とは旨いものを少しずつ包丁で切って出す店。今朝起きた時に最初に考えたこと。なぜか大発見のように思えた。

2月26日　午後6時22分
映画の上映時間までの暇潰しに中古レコード店で散財。最近、お前なんでソレ買ったの?というレコードを必ず何枚か買っている。ぜったい聴かないのに。今日は中山美穂の「WAKUWAKUさせて」とか。お前なんでソレ買ったの?

2月27日　午前2時40分
ずっと頭を離れないフレーズがあって、どうもむかし自分が作ったデモの曲らしい。またしばらくして、それはピチカート・ファイヴで一度オクラにして、けっきょく後で正式にレコーディングした「秘密の花園」という曲だと気付いた。あと何年かしたら自分の書いた曲も全て忘れてしまうのか。

3月2日　午後12時52分
先週末、「恩地孝四郎展」を観に竹橋の国立近代美術館へ。そのエキシビションは期待はずれだったが同時開催のMOMATコレクションは充実していた。中村研一という画家の「B29」に衝撃を受ける。また小泉癸巳男という人の絵を観た時に、わたせせいぞう、の絵はいつか再評価されるだろうと思った。

3月3日　午後4時13分
1970年代前半の盤を選曲して、休憩に日清食品のカップヌードル。様々な技術革新や小さな変更を繰り返しているはずだが、自分の舌には中学生のときと全く変わらぬ味。いっぽう1970年代のレコードはいま聴くとかなり印象が異なるものが多い。世に出した曲も永遠に微調整できたら、と思うべな。

3月4日　午前3時36分
檀一雄。石本美由起。鴨居玲。品田雄吉。大伴昌司。ジョニー・ギター・ワトソン。小沢さとる。ドリー・ファンク・ジュニア。ギターの杉本喜代志さん。福本清三。ヒサクニヒコ。ジョニー・シンバル。ポール・オースター。喜多嶋修。川合俊一さんは一時期、同じマンションの住人。田亀源五郎。2月3日。

3月4日　午後2時42分
食パンにとろけるスライスチーズと薄切りハムを挟んでバウルーに入れて焼いたホットサンド。調味料とかソースなど一切使ったことはないのに、出来上がったサンドイッチを食べるとなぜかウースターソースの味を感じる。不思議。

3月7日　午前0時25分

モヒカン師匠より頂戴した大阪十三・きやす、の「みたらし団子」旨い。餅米って脳にサッと糖が回るから多幸感が高い？ハッピー成分。慶事に餅を食べるのはそういう理由らしい。

3月8日　午後3時24分
伊藤大輔「この首一万石」新文芸坐。同じ監督の「下郎の首」のリメイク作。その作品は1984年12月24日、クリスマスイヴに銀座並木座で観た。なぜ憶えているかといえば、独りで映画を観て帰宅すると自室に高浪慶太郎さん、鴨宮諒さん、佐々木麻美子さんが待っていて、その夜にバンドを結成した。

3月10日　午後1時22分
ビートルズのメンバーたちの言葉ｂｏｔをフォローしているけれど、とくにジョージ・マーティンについて言及してはいなくて、ああｂｏｔなんだな、とあらためて思った。

3月11日　午後7時08分
映画の上映までの時間つぶしに入ったケーキとコーヒーの店。入店してから30分以上経つが、ＢＧＭがジャクスン・ファイヴの「アイル・ビー・ゼア」の一曲だけ。むかしから何度か名前が変わっているが、たぶん同じ経営者。歌舞伎の名場面を水彩で描いた絵を額装して飾っている、そういうケーキ屋。

3月13日　午後5時42分
なべおさみ「やくざと芸能界」新幹線品川駅の書店で文庫本を買って読了。昔だったら「なべおさみ・吹けば飛ぶよな半生記」みたいなタイトルで出たはずのタレント本だった。このタイトルで出した編集者ｏｒ出版プロデューサーの頭の良さ。

3月14日　午後2時42分
きのう京都駅で。発車まで10分あるから、と土産物売り場で冷蔵ケースのお漬物を品定めしていると、レジの女性に「ハイハイ、アリガトねー！」と朗らかな大声を掛けて品物と釣り銭を受け取るオッさんがいた。昔はこういう人よくいたよな、と顔を上げたらＣＫＢ横山剣さんだった。お疲れ様でした。

3月15日　午前8時50分
千葉泰樹「生きている画像」ラピュタ阿佐ヶ谷。日本映画ならではの傑作にして、いま東京の名画座で映画を観ている人たちにとってのオールスター映画。劇場でお会いした寒空はだかさんによれば、来月のシネマヴェーラではデジタル上映とのこと。観ることが出来てラッキーでした。大河内傳次郎バンザイ。

3月21日　午後10時28分
ＴＢＳラジオの朝の新番組で「おバカでちょっとレア、誰が聴いても笑える」レコードを紹介してほしい、という出演依頼。断ってしまった。自分は「おバカな」レコードって、そう言えば買ったことがないと思った。

3月25日　午後3時08分
大曽根辰保「鶴八鶴次郎」ラピュタ阿佐ヶ谷。成瀬巳喜男版の方が素晴らしいのは分かっているけれど、観ている間ずっと目が潤んでしまった。芸人は貧乏暮らしなのが当たり前じゃねえか。多々良純扮する佐平の言葉に目が覚めた。淡島千景が素晴らしい。高田浩吉の馬鹿な男とひたすら優しい山村聰に泣く。

3月28日　午後4時41分
沢島忠「おかしな奴」ラピュタ阿佐ヶ谷。大傑作。感想をうまくまとめる事が出来ないけれど、この映画をいまの新宿ピカデリーやバルト9のような、現在の封切り作品が並ぶ劇場に掛けてみたい、ぶつけてみたい、と思いながら観ていた。もうひとつ。この映画に佐藤慶をキャスティングした人に敬礼。

3月28日　午後4時47分
いまラピュタ阿佐ヶ谷でやっている「芸に生きる 映画を彩る芸能・芸術」という特集、まるで自分のためにやっているのか、と錯覚する。それくらい身につまされる映画ばかり。自分はＤＪというのも芸人の一種だと思っております

3月31日　午後11時09分
ある仕事の余禄で吉田美奈子「恋は流星」7インチ・アナログの白レーベル、テストプレス盤を貰っちゃった。渋っていた仕事もアナログを貰うと機嫌良くなって引き受けてしまう。現金なオレ。

4月5日　午後1時00分
先週、神保町シアター近くのＤＡＩＳＯで買った大判のスカーフが気に入ってずっと首に巻いているのだけど、つい誰かに「コレ、ＤＡＩＳＯで３００円だったの」と言いたくなってしまうのがタマニキズなり。

4月15日　午後2時07分
このひと月、トイレに入る度に読んでいるスーさんの本「ＲＥＣＯＲＤ　ＨＯＵＲ」の中で大誤植？発見。ニヤリ、と笑っちゃうタイプのヤツ。もしかして狙って書いてるのかしら。

4月20日　午後7時08分
餃子屋で飲んでいる四人。壁を背にして座るのはスーツにネクタイ姿で少し偉そうに語るサラリーマン。隣りはやや年配のジャケットにノータイの男。向かい側は白いシャツにジーンズ姿の30代前半。グレーのスーツにタイでおべっか使う若いサラリーマン。だが会計の時、四人が割り勘だったのに驚いた。

4月22日　午前0時23分
ひとつの店で大量にレコードを抜いた時に必ずやらかしてしまう「買ったつもりが買ってなかった」という失敗。東京に戻って2日目に気づいてしまった。あの日、買わないことにしたレコードの山の中に置き忘れてしまったと思うと悔しい。思い出せるモノはまだ探せるから良いのだけど。

4月25日　午後5時48分
いま喫茶店の向かい側の席で話している女性二人。橋田壽賀子のドラマみたいな、義理の嫁や母親の悪口、家庭の問題あれこれを次から次へと話しているのだが、片方の女性はどうやらパキスタン人。「去年は私の作ったカレーをあの人の子供たちが何杯もお代わりしてくれたのに、今年はあのバカ嫁が」とか。

4月26日　午後5時41分
前田満州夫「人間に賭けるな」ラピュタ阿佐ヶ谷。2年前に観たが千葉泰樹のついでに、と再見したら前回以上にノックアウトされた。劇中の藤村有弘と同じく、映画のぜんたいが渡辺美佐子という女優に恋をしてしまう。もちろん観客も。そしてこれはつまり「ゴロワーズを吸ったことがあるかい」の映画。

4月28日　午後1時56分
秋庭豊とアローナイツの「港です女です涙です」って山口洋子の作詞だとさっき知った。やはり言葉のセンスが違う。誰にも似ていない作詞家。

5月7日　午後1時39分
谷岡ヤスジ「メッタメタガキ道講座」は少年マガジン連載開始から読んでいる。その直前、秋竜山・南千寿？と3人による読み切り競作も。谷岡ヤスジのことを天才だと思ったのはマンガの中に出てくる赤ん坊の名前が「バブ夫」だったとき。

5月10日　午後2時06分
「名画座かんぺ」のむみちさんからプレゼントして戴いた「抹茶あずきチョコ」、美味しくてビックリ。なんとＫａｌｄｉブランド。抹茶あずき蝶子。きょうはオレのバレンタインデイなり。

5月14日　午前11時58分
そう言えば。ラピュタ阿佐ヶ谷で「事件記者」シリーズを観た後、こんどトークイヴェントに出演させていただくお店「夜のひるね」に行った。３００円均一の中古ＬＰレコード、かなり良いものが入っていた。ゲイリー・マクファーランドとワルター・ワンダレイのヴァーヴ盤を買いました。ジャケはＧ＋。

5月14日　午後9時58分
岡沢章さんのフェンダージャズベースの背面には、神戸製鋼ＨＣのステッカーが貼られていて、かなり味を出していた。自分の楽器のことは棚に上げて。

5月18日　午後3時34分
成瀬巳喜男「芝居道」池袋新文芸坐。泣いた。もっと人生の早い時期に観たかった。伊井友三郎、という俳優の名を知った。古川緑波の素晴らしさ。

5月19日　午後3時33分
ずいぶん前に頼まれたものの、まだ締め切りは先だと思って忘れていた仕事のことが、音楽ニュースの記事で出ていた。まだ手をつけてもいない仕事。あの件でしたら他の方にお願いしてしまいました、というならそれでも全然構わないけど。

5月19日　午後8時14分

きのう突然の啓示があって、さだまさし「関白宣言」を渋谷レコファンに買いに行ったが、入り口の100円コーナーには「関白」「防人」「親父の」は無くて、他のはだいたい落ちていた。仕方なく店内の仕切り板のところをチェックしたが、やはり在庫なし。結局ネット代引きで購入。何だか損した気分。

5月26日　午前1時07分

きのうから譜面と歌詞カードと首っ引き、紙と鉛筆を持って近所のカフェを渡り歩き、家ではyoutubeを流したり止めたりして、あーだこーだぶつぶつと文句を言いながら訳詞の作業。でもよくよく考えてみたら、子供の頃からいちばん好きかもしれない曲の訳詞をしてるわけで。オレは幸せな男。

5月27日　午後4時10分

オレの人生のオールタイムベスト1であるアルバムの、全12曲中最も人気のない曲が7インチ化されていることを知って、しかもそれが決して安くない価格だったので、一週間ほど考えた挙句にやはり購入した。人生は一度きりだもん。でもコレが今年の最大の収穫だとしたら悲しい。。

5月28日　午前2時06分

かなり初期の自分のバンドのアルバムを聴いている。苦行なり。これも仕事のうち。できるなら、今後は二度と聴かずに済ませたい。

5月30日　午後4時37分

シネマヴェーラ渋谷に来たら、幕間の館内BGMに「わたくしの二十世紀」が流れている。恥ずかしい。。

6月2日　午後10時08分

降旗康男「裏切りの暗黒街」ラピュタ阿佐ヶ谷。全く期待せず観たがツッコミどころ、というか魅力的な記号に溢れた一本。68年の渋谷と原宿の風景。鶴田浩二の部屋のラヴァライト。ココいごかねえぞ、と江戸弁のケン・サンダース。待田京介が覚醒している時の照明。戸川昌子。高宮敬二。自害する鶴田。

6月4日　午後7時54分

シネマヴェーラ渋谷「囁きのジョー」「砂の香り」鑑賞&トークショウ、無事に終了。「囁き」良い映画でホッとした。キノハウスめちゃ混み、と思ったらユーロスペースで佐村河内さん舞台挨拶だったらしい。とはいえ、こちらのトークショウも満席、立ち見。ホッと安堵。皆さま、ありがとうございました。

6月6日　午後4時09分

週末から「囁きのジョー」のことで頭がいっぱいになっている。笠井紀美子の音程の素晴らしさ。麻生れい子の声の美しさ。彼女が書く置き手紙の文字にも感激した。中山仁と富士眞奈美の寝物語。ブログにいろいろ書いたけれど、感想はただひとこと、チャーミングな映画で良かった。明日も絶対に観に行く。

6月7日　午後9時13分

「囁きのジョー」ラストシーン、麻生れい子を抱きかかえての中山仁のモノローグ、4回観てようやく記憶す。「わかってるよ、でもそんなんじゃないんだ。そんなんじゃない。何にもわかっちゃいない。。とにかくこうでもしなきゃ、始められねえんだ」これは斉藤耕一のステートメントだ。メモ取ってない、

6月8日　午後4時21分

偶然あった友人と映画「囁きのジョー」の話など。映画の中で世良譲や笠井紀美子、渡辺貞夫らが夜ごと演奏していた会員制クラブ「Mac's Hall」のあった港区六本木4丁目8-8がいまどうなっているかをグーグルアースで検索してもらったらSMマニアの店「セビアン」が入っていた。

6月14日　午前8時32分

きのう東劇で「あいつばかりが何故もてる」を観たので感想ツイートを検索したが誰も渥美清映画祭の話をしてない。出てくるのは黒柳徹子のドラマのことばかり。べつに傑作ではなかったけれど、ほとんどすべて銀座界隈のロケで撮影されている映画を東劇で観るのは楽しかった。雨も降ってガラガラだった。

6月15日　午後2時31分
松江哲明「ライブテープ」シネマヴェーラ渋谷。ノックアウトされた。この先、もう誰もこのアイデアで作ることは出来ないのだからズルい。前野健太という人と音楽を好きになってしまうし、吉祥寺を行き交う人々がみなビューティフルに見えてくる。年を経るほど評価が高まるに違いない傑作。

6月17日　午前0時12分
帰宅すると部屋の中で何かゴーっという得体の知れない音がしていて、はたしてその元凶はターンテーブルで回ったままのレコードで、針がレーベルの上をトレースしていた。針を上げるのを忘れてしまうほど引っかかるところのなかったそれは今年出たベン・ワットのソロ作品。空回り。いや、1曲良かった。

7月1日　午後2時44分
頻にして残だが糖ではない。いまのところ。大病して10年目、心配なり。

7月2日　午後6時01分
ノエル&ギャラガー、いま鹿児島のホテルに投宿。ホテルの隣りに行列の出来ているお店があって、出迎えてくれたハマダくんという役所広司似の青年に尋ねるとローラも取材で食べに来たという「しろくま」の店。どのタイミングで行けばよいのか。ロックンロール。

7月4日　午後11時23分
本日はラピュタ阿佐ヶ谷と池袋新文芸坐で東宝映画を4本。鈴木英夫、千葉泰樹、杉江敏男、谷口千吉。どれも面白かったけれど杉江敏男がぶっちぎりで本日のチャンプ。「三十六人の乗客」犯人に刑事が飛びかかり雪山の崖から滑り落ちる場面でぐにょ～んとスチールギターがグリッサンドする音楽に参った。

7月4日　午後11時56分
本日、映画4本鑑賞の後で「カップルズ」「ベリッシマ」のアナログ盤ジャケット打ち合わせ、たぶんコレが最後。帰り際、マネージャーからこの夏、とある音楽フェスにピチカート・ファイヴでの参加、出演の依頼がある、との話を聞いた。そのバンドは解散しているので、と伝えた。

7月5日　午後5時34分
西村潔「死ぬにはまだ早い」池袋新文芸坐。最後に登場する「誰よりもツイてる男」があの人！出演者クレジットに出ていたっけ？見逃したのだろうか。でも嬉しいサプライズでした。今日の今日まで、どうしてこの俳優は人気があったのだろう、と思っていた高橋幸治、無表情フェイスの魅力が爆発！

7月6日　午前2時56分
いま久しぶりに作っている曲、いままで自分ではあまり作ったことのないタイプの曲調。サビにオーギュメントのコードを使っていて、あのねのね、の「ネコにゃんにゃんにゃん」に似た傾向の歌詞を持っている。言ってみれば新境地。

7月6日　午後1時59分
きのう観た映画の中で、黒沢年男扮する立て篭り犯人が人質に向かって舌を出す、いわゆる「アカンベー」の仕草をしてみせたのが印象的だった。日本人はいつからこのポーズをやらなくなったのか。ローリングストーンズのトレイドマークはちょっとセクシュアルな意味を含んでいるようだし。

7月10日　午後2時10分
ある雑誌に連載中？の、ミュージシャンが「オレの」１００枚のレコードを選ぶ記事。単行本化にあたって自分にも依頼が来る。自分は以前に学研で２００枚のアルバムを選ぶ本を作らせて戴いたので、１００枚のシングル盤で参加。何度選び直しても、いつも数枚入れたいレコードが心の中でくすぶっている。

7月10日　午後3時02分
いま投票に行って、候補者の名前のうちの漢字二文字を間違えて書いてしまった。ここまで老いぼれてしまったのか。。

7月10日　午後3時13分
下北沢のレコード屋さん、だそうです。。
（お知らせ）
他店では選挙割などをやっているみたいですが、ハードコアな当店は割引のようなヌルいことはせずに、選挙に行っていない人にはレコードを売らないことにしました。つきましては投票証明書を必ず持参の上でご来店下さい。

7月12日　午後12時56分
もりばやしみほさんがデビュー時に永六輔さんのオフィスに預けられたのは、彼女のお母様がＴＢＳラジオ「誰かとどこかで」の「七円の唄」の常連投稿者で、知己のある永さんに娘を託した、とか。「南京玉すだれ」まで習わされた、ともりばやしさん。去年沖縄で伺ったこのお話、ご本人に書いて戴きたい。

7月12日　午後2時23分
シネマヴェーラ到着、次の開場待ち。ロビーに飾られているポスターがどれも本当に素晴らしい。「その場所に女ありて」「わが闘争」「人間に賭けるな」「花影」「丼池」盗まれていたらオレの仕業です。うそぴょ〜ん。

7月14日　午後2時22分
きのう、ある映画館で何も訊かれずにシニアと認定された。２００円得したけれど、嬉しくはなかった。

7月14日　午後9時22分
きのうハイファイレコードストアの入り口付近でばったりＤＪ ＮＯＲＩさんと遭遇。小西さん北海道ですよね、ぼく登別で、と始まって札幌に出てＤＪになる話を少しだけ伺った。あの楽しい話を録音して、時代ごとのキーとなる曲を挿入、音楽と喋りのミックスＣＤを作れないかな。ラジオ番組でも良いか。

7月19日　午後9時14分
いくつか残念なことがあった運気低迷日。神保町シアターで観た「いのちの朝」という映画が思いがけず素晴らしかったことが救い。

7月19日　午後10時37分
阿部豊「いのちの朝」神保町シアター。若くて清純で美貌の女優を主演にしたつまりアイドル映画だが、そうかこの手があったか、という一作。ヴェーラの「映画史上の名作」で掛かりそうな頑迷な父と愛情深い娘のよくある話なのに劇場内のあちこちから啜り泣く声。オレももらい泣き。フィルムで再見希望。

7月21日　午後10時36分
作詞作曲の仕事をしてきて、いままでいちばん悩ましい問題を突きつけられている。喪黒福造だの墓場鬼太郎だのバカボンのパパみたいなキャラクターが何か社会福祉のＰＲに使われるような感じ？　マンガの中ではぜったい言わないようなセリフを言わされて。キャラクター商売と割り切るなら何でもアリか？

7月24日　午後3時20分
きのうの「レッツゴー・や〜んぐ」というパーティーで観た少林兄弟というバンド。いっぺんに大ファンになってしまった。自分はダディ竹千代と東京おとぼけＣＡＴＳや誰カバなどが好きになれなかったけど、このバンドは最高。リードヴォーカルが無駄に美形。くだらなさ、という名のたからもの。

7月25日　午後4時03分
住んでいるアパートから通りに出て正面にあった家が取り壊されている。きのうまであったはずの、きのうまで毎日見ていたはずの家がどんな建物だったか、どうしても思い出せない。そういうものかもしれないが、なんだか残念。

7月26日　午前11時16分
仕事週間。仕事場で作業するとき、最近はＣｏｃｏ壱番屋を利用することが多いのだけど、ドトールのソフトロック、カフェエクセルシオールの70's ソウルと同じく、このカレー屋ではイージーなジャズばかり掛かる。とくにアート・ヴァン・ダムとの遭遇率は異常に高い。わりといろいろな曲が。

7月30日　午後3時30分
昨夜ラピュタ阿佐ヶ谷で観た「兄貴の恋人」がアタマの中を占領している。傑作でも名作でもないのにこれほど余韻の深い映画もない。子供の頃、大人が観ていたＴＶのドラマみたいな、他愛もない結婚話。けっきょく自分は子供の頃に戻りたいのか。加山雄三がとにかく最高。そして藤本真澄好みの美女たち。

7月30日　午後5時18分

白川由美はまさに「裸の重役」の草笛光子そのものでしたね。同じストーリーを酒井和歌子の方から見たのが「二人の息子」だったり成瀬巳喜男の映画だったりするのでしょうか。年配女優も好かったですね。ロミ・山田以外は。

7月31日　午後4時41分
先週は水曜、木曜、土曜と同じ店でミラノ・サンドのA、B、Cを順番に食べた。どれも美味しいけど、やはりいちばん旨いのはA。いまのミラノ・サンドってパンが美味しいと思う。

7月31日　午後10時11分
庵野秀明「シン・ゴジラ」IMAXシアター品川。傑作。コレは早く観ちゃいましょう。

8月5日　午後10時45分
帰宅。全粒粉の食パンにマスタード、腿ハム、サンチュ、ビアソーセージ、スライスチーズ、またサンチュ、またビアソーセージ、それにマヨネーズを薄く塗った食パンという構造のサンドウィッチ。航空会社のラウンジにあるサンドウィッチと同じ味がする。これからもうひと仕事。

8月7日　午後9時51分
ピチカートの「さ・え・らジャポン」というアルバム、「ポケモン言えるかな」の次はパルコ「グランバザール」のCM曲のカヴァーだったんだよな。ゴジラも入れておけば良かった。でもオレはゴジラのリミックス盤にも参加させてもらったから三冠王。パルコ、2001年はお世話になりました。井上順。

8月12日　午後12時12分
誰も節電とか言わない夏。

8月18日　午前10時26分
きのう、シネマヴェーラで「ドクター・ジャック」鑑賞。チャップリンもキートンもマルクス兄弟も良いけれど、ハロルド・ロイドの素晴らしさは他に比べようもない。軽快、愉快、痛快。快さのエンターテインメント。フレッド・アステアやジーン・ケリーの映画に通じる多幸感。もっと観たい。

8月21日　午後11時56分
本日でデビュー31周年。って、いま教えていただいて思い出しました。発売日は渋谷と新宿のディスクユニオン、そして新宿の帝都無線のレコード売り場の棚をチェックしに行った。ワカゲの鬼太郎。

8月23日　午前7時58分
寝る前の食欲を朝に持ち越して喰う、朝の夜食。揖保乃糸を茹で、白だしの汁にお中元で貰った味付海苔をありったけ入れたにゅうめん。小さな長方形のセロファンに包装された味付海苔なんてこの世から絶滅せよ。マリオの髭。独裁者の髭。

8月27日　午前1時39分
気持ちがささくれ立っている。ある方が自分の曲をカヴァーしたいというので許諾したのだが、いちばん慎重に取り扱ってほしい言葉のイントネーションに関して一箇所、残念なことに無神経であった。そしてそのことを指摘する自分のメールがかなり強い言葉になってしまった。大人になりましょうよ、オレ。

8月28日　午後9時29分
この間、愚痴をこぼした楽曲のカヴァーの件でついに正面衝突。ここから先は代理人、つまり双方のマネージャーを通じて事務的に処理する他ない。相手は自分より圧倒的にネームヴァリューのある方。でもオレの作った曲だからさ。「おふくろさん」問題のときの川内康範みたいな偏屈ジジイな立場のオレ。

9月2日　午後1時27分
頭の中で「ありがとう」が流れている。水前寺清子ではなくて、小坂忠の歌った曲。この先、自分は四年毎にこの夏のことを思い出すに違いない。

9月4日　午後11時36分
ラピュタ阿佐ヶ谷で「日本セックス縦断 東日本篇」。観ている間、ずっと気になっていたのは黒木和雄の「日本の悪霊」とどちらが先に撮影されていたか、ということ。いま調べたら「悪霊」が1970年公開で「縦断」が71年。群馬県の高崎や渋川の町並みに見入ってしまう映画。どちらも素晴らしい。

9月14日　午前1時19分
佐伯幸三「幽霊繁盛記」ラピュタ阿佐ヶ谷。今回の特集は、未見の作品を観れば観るほどフランキー堺への評価が下がってしまい楽しめなかったけれども、この作品は面白かった。落語の「死神」の翻案。死神役の有島一郎が完全に主役を喰っている。

9月16日　午後3時27分
和田アキ子さんに書いた「真夏の夜の23時」という曲、当時どうしてもデモテープを作る環境がなくてメロ譜と歌詞のみ先方に渡したら、福島邦子さんのピアノ弾き語りのデモ音源が作られていて感動した記憶。たしかコードが1箇所違っていたけど。

9月17日　午後2時36分
きのう選曲した「シン・ゴジラ」サントラCDのM29。「組織結成」のリズム・ヴァージョン長尺版。つまりエヴァンゲリオンの流用曲。やっぱり皆んな喰いついてきますね。

9月21日　午後2時39分
一夜にして大評判になっている「電話・睡眠・音楽」の作者、川勝徳重さんから、推薦文への礼状メールが。なんといま、プラハにいらっしゃるそうです。

9月23日　午後6時39分
長谷川安人「集団奉行所破り」新文芸坐。暫定的今年のベストワン。名画座で映画を観ていてよかった。

9月27日　午前10時49分
ドナルド・トランプという人、むかしは映画「華麗なる賭け」のスティーヴ・マックイーン扮するトーマス・クラウン氏みたいな独身貴族をイメージしていた。

9月28日　午前1時43分
35歳より前に「のびしろ」という言葉は聞いたことがなかった。いまも聞くと強い違和感を感じるし、自分ではたぶん死ぬまで使わないはず。ちなみに、のりしろ、は子供の頃から使っていた。

9月29日　午後2時26分
和田嘉訓「脱出」シネマヴェーラ。なんと主演のフラワー・メグさんご本人の為の、トークショーに向けての参考試写だった。いわゆる「往年の女優」的なガッカリ感ゼロの美貌に驚く。美しいヌード場面もたっぷり、彼女を観る為の映画。意外やピート・マックＪｒは黒い柳沢慎吾だった。

10月1日　午後1時19分
真夜中の街角に女性を含む若い俳優が5人。ある重要な場面の撮影だが、ヒロインの感情が読み取れずに撮影が中断している。じゃあ、いっそ2つの演出プランの両方を試そう。周囲には撮影チームはおろか演出家もいない。けれども俳優たちは生き生きとしている。ヒロインの名前はカオルコさん。奇妙な夢。

10月3日　午前0時46分
フランキー堺が生きていたら、「クッキングパパ」を演じてほしかった。

10月4日　午後10時20分
ディズニーの曲ばかりを掛けるＤＪイベントへの出演依頼。このパーティー、集客に悩んでいてこれが最後かもしれないので、という嬉しくも切ないオファー。集客に悩む最大の理由は、大っぴらにディズニーと謳ったりキャラクターをフライヤーに使えないから、とあって困惑。大好きだからやってるのにね。

10月6日　午前9時50分
広々として、真っ白なベッドルームから身支度して出かけようとするとき、振り返って思う。この部屋をずっと維持するためにあと何枚のアルバムを作るつもりなのか、と考える。短くて奇妙な夢。あと何枚のアルバム、と考えているところが現実からズレている。身の程を知れ、という啓示か。

10月13日　午後4時01分
打ち合わせの前に恵比寿「こづち」でハムエッグ定食と肉豆腐。食べ終わって会計するタイミングで小西さん、と話し掛けられて、顔を上げたらクジラ荘の店主の女性。なんかハズカシかった。

10月13日　午後10時23分
内田裕也さんの曲は「いま、ボブ・ディランは何を考えているか」で、ムッシュの方は「ボブ・ディランはいま、何を考えているか」なのか。

10月14日　午前2時36分
荒井由実のセカンドアルバム「ミスリム」のオープニングを飾る「生まれた街で」という曲。ぜったいエルトン・ジョンの4枚目「マッドマン・アクロス・ザ・ウォーター」の1曲目「タイニー・ダンサー」を下敷きにしている。展開が同じ。間奏が同じ。どちらも名曲だから素晴らしい。昔から確信していた。

10月15日　午後12時25分
きのうからフランソワーズ・アルディ「さよならを教えて」のことを考えている。三木聖子、石川ひとみの「まちぶせ」は下敷きが透けて見えないようにリズムアレンジに「ビー・マイ・ベイビー」を援用している。敢えて「さよならを教えて」のアレンジに戻した「まちぶせ」を誰かに作ってもらいたい。

10月15日　午後3時58分
ディランの報道以来、なぜか頭の中で流れるのは「idiot wind」という曲。もっと有名な歌があるのに、なぜかコレばっかり。

10月18日　午後7時11分
小林正樹「日本の青春」ユーロスペース。うまく感想がまだ書けないけれど、とにかく好きとしか言い様がない。藤田まこと。三島雅夫。黒沢年雄と酒井和歌子。奈良岡朋子。花澤徳衛。新珠三千代。菅貫太郎。武満徹。何より小林正樹。優しさの映画。涙が止まらない。

10月18日　午後11時14分
とつぜん入った仕事。今年で活動休止するアーティストの、記念品的なアナログ盤のジャケットデザイン、というかディレクション。嬉しいオファーなのだけど、自分の嫌いな、いや苦手な見開きジャケ。そして締め切りまでの時間が短過ぎて。ギャラも提示されていないし。でも絶対引き受けるんだけど。

10月20日　午前11時53分
いま台所でいろんな物が揺れ始めて地震か、と気づいたが、肝心の自分の身体は全く揺れを感知しなくて、そのことに不安を感じた。

10月20日　午後1時06分
むかしプリンストンでたくさんレコードを買った時に、一緒に行った人がお店の人に段ボール箱をもらおうとして「ドゥ・ユー・ハブ・ダンボール?」と言っていたのをとつぜん思い出してニヤニヤした。ダンボール、の英語ふう発音。そういうオレはカードボードボックスは思い出したが咄嗟に構文できず。

10月21日　午前0時16分
スーパーで買ったモツ煮込み。ご飯を炊き、茹で卵も作って、さあイタダキマス、と熱々のレトルトパウチを開けたら中から小分けにされた「もつ鍋スープの素」4包と「トッピング」4包が温められて出てきた。なにコレ、と瞬間的に頭に血が上ったが、パッケージには「もつ鍋」とだけ書かれていた。落胆。

11月1日　午前8時33分
冷蔵庫の中で、瓶詰めの海苔の佃煮とブルーベリージャムは、あまり仲の良くない兄弟を連想させる。冷えきった関係。

11月11日　午後11時04分
以前、人に借りて読んだ三上寛の自伝に、歌手としてデビュー間もない頃になぜかりりィと共同生活していた話が出てきた。あんな綺麗な女だったが、なぜかあいつとは男女の関係にはならなかった、と書かれていた。一年間、と書いていたか、二年間だったか失念した。

11月16日　午後11時01分
ボビー・スコット「from eden to canaan」というレコード。昔から大好きで94年にCD化の時にライナーを書いたが、この20年の間にこの音楽家に対する認識が大きく変わり昨年の復刻の時に加筆。ところが昨日、家で別なレコードを聴いていてまた新たな発見が。日暮れて道遠し。

11月17日　午後9時36分
約20年近く使っていたメールアドレスが今週いっぱいで使えなくなる、と事務所より連絡あり。新しいメールアドレスを知ってる人は知っているはずだし、電話番号はそのままだし、知り合いはだいたいココで連絡つくから、別にアナウンスしなくてよいかも。レコ屋のポイントだけが心配。

11月21日　午後3時22分
原稿を途中まで書いて、アレこの話以前にも書いたかも、それも同じ媒体に、と気になって筆が止まってしまった。そんなこと構わず何度でも書くのが正解なのだけど。休憩。

11月21日　午後7時41分
ヴィットリオ・デ・シーカ「ミラノの奇蹟」シネマヴェーラ。ようやく観ることが出来たが、これほど面白い映画とは。その後の邦画をはじめ、多くの作品に影響を与えたであろうモチーフが満載。かつてあるミュージシャンが好きな映画として挙げていた一本。日本語吹き替えもチャーミング。題名で損している？

11月22日　午後5時40分
デパ地下で曽我部恵一さんと遭遇、ご挨拶。けっして派手でも奇抜でもないけれど、ロックミュージシャンと言われたら、たしかに、と、うなずくしかないような着こなしだった。

11月30日　午後10時45分
去年の暮にNegiccoの事務所の方からお歳暮でサトウの切り餅を頂戴して食べたら、いま切り餅ってこんなに美味しいのか、と驚く程。特に新製品？の「いっぽん」というスティックタイプのものは激ウマで、新潟限定なのか近所のスーパーで見つからず残念だったが、最近買えるようになった。嬉しい。

12月1日　午後7時47分
中平康「若くて、悪くて、凄いこいつら」神保町シアター。いままでに観た日活の映画の中でいちばん矢作俊彦の小説を連想させるものだった。具体的には「マイク・ハマーに伝言」。あの大学の仲間たちが1970年代を迎えたら、という設定で書いた小説？原作は柴田錬三郎だし宍戸錠も出ていないけれど。

12月3日　午後6時37分
朝本さん。「ゲンズブール・トリビュート」収録の「海・セックス、そして太陽」でオルガンを弾いて戴いた。そのときダビング中も終わった後も「オレってダメだなぁ」と口癖のように言っていたことをずっと憶えている。全然ダメじゃないのに。三宿WEBの誕生会にDJでお招き戴いたのも楽しい思い出。

朝本浩文さん、

12月8日　午後2時30分
電車の中で、子供を二人連れたお母さんが、幼稚園くらいの長男に対して低い声で小言を言っているのだが、そのスピードが素晴らしい。ラジオの過払い金のCMナレーションみたいな速度。その上、滑舌が抜群で全く噛まない。何より決して声を荒げない。全身黒い服装、ショートヘア、美人と言えば美人の。

12月8日　午後10時32分
ちりめん山椒のお茶漬け。この美味しさを海外の人に理解してもらえるのだろうか。その反対に、海外にも国外の人には紹介することのない料理とか音楽とか、当然あるのだろう。なんちてな。

12月9日　午前4時09分
先週のこの時間、オルガンバー「ブルー・カフェ」で鈴木雅尭さんとB2Bをしていたら橋本徹・吉本宏のご両人が女性を連れて遊びに来た。自分がどこかに書いた原稿を吉本くんが褒めてくれたのは嬉しかったが曲の頭出しの最中で焦る。「ドント・テイク・ユア・タイム」7インチ掛けたらフロア大爆発。笑

12月13日　午後9時59分
きょう、たぶん30年以上使っている銀行キャッシュカードの暗証番号をとつぜん度忘れしてひとときパニックに陥った。大学時代に居候していた叔母の家の電話番号、下4桁。その後使っていた電話番号も下4桁の最初の数字がみな同じ数。もともと血圧高めなので、頭が真っ白になると身の危険を感じる。

12月15日　午後10時56分
豊田四郎「千曲川絶唱」新文芸坐。まだ涙が止まらない。田旗浩一さんにお薦めされなかったら絶対にパスしていた。タイトルからして、着物を着た星由里子が北大路欣也と悲恋を経て身投げするような話だと思い込んでいたし。まして難病ものと知っていたら絶対に観なかった。日本が世界に誇る大傑作。

12月22日　午後3時10分
スタンピード。牛が暴走する映画と豚が暴走する映画を観た。同じ日に続けて観なくてよかった。昨日は牛に烙印する映画と、女性に刻印をのこす映画とを二本立てで観てしまった。

12月22日　午後11時11分
いま、タクシーが拾えなくて夜11時からのＤＪの出番に間に合わなかったのだけど、これからクラブに入って、何も音が流れていないままみんなが白い目で待っていたらどうしようか。不貞腐れた子供の謝罪みたいに、大声で「ごめん・なさい！」と言ったりするのか。

12月24日　午後1時10分
普段からポール・マッカートニーとジョン・レノンをつい比較して考えてしまう。若い頃から贔屓はポールなのだけど、12月に入って東京の街角で聴くクリスマス・ソングは圧倒的に「ハッピー・Ｘマス」。いっぽう「ワンダフル・クリスマス」は自分がＤＪで掛けた時だけ。どうやら年末はジョンが優勢。

12月26日　午後7時14分
作曲家としての自分にとって、チャート1位を記録した唯一の曲は「慎吾ママのおはロック」だった。香取慎吾さんはじめ、ＳＭＡＰの皆さんとは沢山の楽しい仕事をさせて戴いた。もう感謝の気持ちを直接伝えることは出来ないけれど、お疲れ様でした。飯島さんにも感謝。ＴＶは観てないです、スミマセン。

12月28日　午後10時45分
きょうの午後、渋谷駅の近くを歩いていたら、向こうから携帯電話で通話しながら歩いてきた二十代半ばくらいの女性が、電話を耳から離しマイクのように口許に運び、さらに口許からやや離すと突如「てめーが言うんじゃねーよばかやろう」と叫んだ。そのシャウトの終わりくらいで自分は彼女とすれ違った。

12月31日　午前0時17分
「殺しって、黙ってやらなきゃ出来ないそうよ。そして最初のチャンスで口説けない女は口説けないの」たぶんいままでに観た映画の中で最高の南田洋子。蔵原惟繕「地獄の曲り角」ラピュタ阿佐ヶ谷。

17年1月2日　午前9時06分
きのう日本映画専門チャンネルで岡本喜八「殺人狂時代」。主人公が団令子の勧めで牧師に似た服装に着替える場面の、洋服屋・二瓶正也が、後半、富士山麓の演習に参加している自衛隊員としてもう一度出てくる場面でいつも戸惑ってしまう。団令子のことが判ると納得出来るが、やはり納得出来ない。

1月3日　午前11時05分
いま、トニー・モトーラのレコードを聴いていて、流れてきた「スカボロー・フェア」をなんとなくビートルズ・ナンバーだと思って聴いていた。自分にはそういう、ひどく大雑把なところがある。それでいままで生きてきた。

1月6日　午後12時40分
元日の午後、微睡の中で見た短い夢、その1。ラピュタ阿佐ヶ谷で、それでは整理番号順に、とチケットを切られると、その先は森の小径。団栗や枯葉を踏みながら50メートル程先にある小屋まで歩く爽やかな夢。その2、シネマヴェーラ渋谷でいつもの奥のドアから入るとスクリーンが無くて劇場の最後列。

1月6日　午後9時40分
同じ車内で小学校低学年の姉妹が声を揃え歌っている曲に聴き覚えがあって、耳を傾けていた。間も無くそれが星野源「ＳＵＮ」だと気付いた。

1月11日　午前10時12分
ある下町のフェスティバルで沢田研二氏と逢う夢。ご挨拶しようと楽屋に行くと彼は泣いている。ＳＮＳを教えてくれ、というので彼のｉＰａｄを操作しようとするが腕枕して昼寝していたため手が痺れて操作出来ず往生する。さいきん夢に会ったことのない有名人が登場するのはなぜか。

1月15日　午後8時11分
午後、美容院で散髪と白髪染め。さっきまでオレの髪をシャンプーしていた若い美容師が、隣りの女性客と会話中。

「クラブですか?・行かないっすね、人が多いし音がうるさいし。自分はジャズバーとかですね。」
黙って会話を聞いている鏡の中のオレは、頭にサランラップを巻いて不愉快な顔をしている。

1月17日　午後1時13分
昨夜、ある場所である方からムッシュの近況を伺った。この正月は森山良子さんのところで過ごしたこと。お酒もすこし、とのこと。

1月17日　午後10時07分
奥田民生さんと岸谷香さん司会のパーティー。野宮真貴さんやパフィーのお二人、久米大作さんと久保田早紀さんご夫妻ともご挨拶。葡萄畑、笹路正徳トリオ、ユニコーン、岸谷香バンドのライヴ。ソニー制作ＯＢの方々。やっぱり自分はソニーをやめて正解。ふだんクラブで会うバカな連中が恋しくなった。

1月22日　午後4時11分
きのうホットバタードクラブで高嶋政宏さんとご挨拶。共通の知り合いが多いのにようやく、というアレ。今まで会った人の中で最もよく喋る方。ユウザロック以上。家のレコード棚はジャズのみ、ロック禁止。いかに自分がパンクロックを愛していたか。「ボルシー」のベースの石田さんの弟が同級生で。。

1月22日　午後4時11分
そして二番目に訊きたかった桜井鉄太郎さんとどうして知り合ったか。なんのことはない、「ピカソからレッドシューズという毎晩のクラビングの内にいつの間にか仲良くなって、この（ホットバタードクラブの、ジャズブラザーズの）ヤマさんとももう三十年近いし」いちばん訊きたかった話は内緒。

1月23日　午後4時14分
稲垣浩「太夫さんより 女体は哀しく」神保町シアター。傑作。谷晃と東郷晴子の夫婦夜鳴きそば。平田昭彦と伊藤久弥の殴り合い。浪花千栄子と田中絹代の掛け合い。扇千景も環三千世も眼福。物干し台から見えるガスタンク。美しいセットもあって、京都を舞台にした「天井桟敷の人々」という趣。

1月25日　午後5時17分
新宿からバスに乗って帰宅、のつもりが目黒で映画を観たくなり天現寺橋でバスを乗り換え、時間があるので目黒でうどんを食べ、駅ビルの書店で本を2冊購入、コンビニでペットボトルの温かい焙じ茶を買って劇場にたどり着くとプログラムも上映時間も違う番組。気が動転してけっきょくタクシーで帰宅。

1月26日　午後10時40分
早稲田松竹で大混雑の中、篠田正浩「沈黙」を観た後、ラピュタ阿佐ヶ谷で石井輝男「大悪党作戦」。断然、石井輝男！いろいろ破綻の多いストーリー運びだが、それさえ「沈黙」の退屈さに比べたら。まさに口直し。

1月27日　午前11時33分
レコ屋に「女体」というＬＰが出ている。この間観た増村保造ｘ浅丘ルリ子×林光の映画サントラか、あの「白浜ブルース」超えのブレイクビーツ曲か！と思わず身構えた。だがこちらは嵯峨三智子のナレ入り軽音楽盤。主演作「裸体」のサントラでもない。

1月27日　午後11時01分
市川崑「東北の神武たち」シネマヴェーラ。冒頭、神武たちがずらりと横に並ぶ場面。ぜったいにどこかで観たような画だ、と考えていたが、何のことはない「黒い十人の女」の、女たちが砂丘のような場所で男を取り囲む幻想のシーンに似ていた。あの有名なスチール写真の場面。佐藤允の猿の惑星っぷり。

1月30日　午後3時30分
雑誌の取材である人気ロック・ミュージシャンと対談することになった。自分はその方の曲、シングル2枚しか知らないんですけど大丈夫ですか？と編集者に尋ねると、むしろ相手の方が質問するような構成なのでＯＫです、とのこと。明日はサインを貰いたいので、これから部屋でシングル盤を探す。

2月6日　午後9時14分
他に客のいない店でレコードを見ていたのだが、店頭ＢＧＭがひどく気になる。女性ヴォーカルによる「神田川」「ワインレッドの心」。山下達郎「クリスマスイヴ」のカヴァーが流れたところで堪らなくなりレジカウンターの初老の店員に尋ねると、ニヤリと笑って坂本冬美のCDを見せられた。この敗北感。

2月9日　午後3時41分

「博多っ子純情」の作者、長谷川法世先生は曽根中生監督による映画化作品を概ね気に入っているが、ヒロインの松本ちえこの髪型がツインテールでなかったことだけが残念、次回、映画もしくはドラマ化するならツインテールだけは守ってほしい旨。きょう、仕事先で聞いた話。

2月22日　午前6時32分

きのうは朝から病院で早起きしたので、夜も早寝。けさも午前4時に起床。先日、馬場正道さんが教えてくれた佐藤允彦の「スウィンギン・ポエム」を聴くのにちょうど良い時間。入手したLPには新婚当時の佐藤と中山千夏夫妻がTVドラマ「お荷物小荷物」の共演者・南風洋子に宛てた署名が入っていた。

2月24日　午後3時42分

稲垣浩「或る剣豪の生涯」新文芸坐。三船敏郎のシラノ。長台詞の道化役を一生懸命に演じる三船。悪態吐くのは達者なのに、愛を語るのは全く拙い美男・宝田明。なによりも恋人に愛の言葉を求める司葉子。分かっているが、やっぱり泣いた。ところで、鼻の大きなメイクのミフネは黒沢年雄に瓜二つ。

2月25日　午後3時35分

きのう神保町にある大型書店の店頭でエプロン姿の男性が、
「本日、村上春樹先生四年振りの新作、騎士団長殺しの発売日です。ぜひこの機会にお求めください」
と大きな声でアナウンスしていたのを村上春樹先生は御存知か。

2月25日　午後5時15分

けさ、ワクワクするような夢を見たので書き残してみると全く面白くない。要するにバンドの打ち上げで焼肉屋に来たらPAと舞台照明があって演奏しようと準備する夢。鍵盤が中田くんで、なぜか古いR&Bの曲に詳しくて驚いたり。みんなに知らせようと部屋を出て靴が見つからず、そこで目覚めた。

3月2日　午前4時23分

世界でいちばん尊敬する人。ありがとうございました。

3月2日　午前4時44分

二週間ほど前、夢の中でわりと長い時間お目にかかった。どこかのリハーサル・スタジオ。堺さんと井上堯之さんがいた。堯之さんはパイプ椅子に座りギターを抱えていた。御大はスタインバーガー。あ、コレは夢なんだ、とすぐ気づく夢。起きてからスパイダースじゃなくてソンフィルトルか、と思った記憶。

3月2日　午前5時13分

「音楽が死んだ日」という歌詞を思い出した。ドン・マクリーンの「american pie」だ。

3月2日　午前5時21分

以前ロンドンにご一緒したとき、ロケバスの中でとつぜんARGENTの「hold your head up」を歌い出して、コレはどう訳すんですか、と尋ねられた。そのときうまく答えられなかったが、この間シネマヴェーラで映画を見ていたらボギーが「胸を張って生きろ」みたいにいう台詞だった。

3月2日　午後10時42分

帰宅の前に高輪魚藍坂「お水はいっさい出しません」のカレー屋で夕食。ロンドンでムッシュが東京の旨いカレー屋として挙げた店。引越したらすぐ近所だった。引越し翌日、次にムッシュと共に、そして今夜、たぶんもう二度と行かないはず。

3月2日　午後10時54分

魚藍坂のカレー屋、きょうもやっぱり他に客がいなかった。いつものように店を開けていて、肉も野菜も全くカケラもない、にんにく味の強いソースだけのカレーと玄米ごはんは安定の素っ気なさ。不味いとは言わないが1500円は高い。ブリティッシュ・カレー、という謳い文句がお好きだったのか。

3月5日　午後6時07分

散髪。鏡の中、光の加減で自分の頭が透けて見え、そう言えば、とあの人のニット帽の下の髪型のことを連想する。チベットの高僧のように徳の高い人がオレたちに合わせて、ジョージ・ベンションとかダラサとか言ってたのかも。何を見てもいつの間にかムッシュのことを考えている週末。

3月7日　午後10時28分

きょう、映画の上映まで25分あるから、と入ったカレー屋。食券を買って中に入ると、当店は注文を受けてから調製しますので、お時間がかかることがございます、の貼り紙。カレーなら3分で食べ終わる、と待っていたが、けっきょくサーヴされず。券売機に千円札を吸い込まれただけ。人生修行の店。

3月8日　午後8時20分

祝・ジャック・ドゥミ「ロシュフォールの恋人たち」50周年。１９６７年のきょう。そう言えば来年はロジャー・ニコルズ＆ザ・スモール・サークル・オブ・フレンズのアルバム発売50周年。

3月10日　午後5時16分

松山善三「われ一粒の麦なれど」ラピュタ阿佐ヶ谷。小林桂樹が上司の田中春男に叱責されているのをアーチのある窓の外から無言で映す短いショット。森谷司郎「兄貴の恋人」にも似たような加山雄三の後ろ姿の場面があった。60年代東宝映画の洗練。フィルム欠落・コマ飛びがなんとも惜しまれる傑作。

3月16日　午後6時20分

瑞穂春海「すれすれ」神保町シアター。評判は悪いが自分は楽しんだ。川口浩が中村伸郎の床屋に頭を刈ってもらい、父親とその愛人の話を聞くシーン。やはり吉行淳之介原作の日活映画「砂の上の植物群」と全く同じで面白い。昔の週刊誌を読むような俗な楽しさ。何より川崎敬三が嬉しい役どころ。

3月17日　午前0時22分

きょうの打ち合わせ、いまどき珍しく景気の良い話、おいしい話、嬉しい話ばかり聞いた。まあ話半分に聞くが。いちばん嬉しかったのはピチカートの7インチを佐々木麻美子さんに送ったら「可愛い！」と言ってサンプルもっと貰えないか、と言ってた話。わたし「ベリッシマ」も大好きなんです、とのこと。

3月17日　午後1時07分

北海道新聞から頼まれて１２００字の追悼文を書いた。大好きな人のこと。10日ほど悩みに悩んで、ようやく書き終えて原稿を送った朝。いま目を醒ますと「ありがとうございました」のメール。自分の書いたものを読み返したらまた泣けてきた。やっぱりコレは苦手な仕事だ。さようなら。

3月17日　午後5時12分

きのうの真夜中、悩みに悩んだ原稿をようやく書き出すときに掛けた武満徹の映画音楽集のレコード。気がついたらまだターンテーブルの上で廻っていた。

3月20日　午後4時16分

市川崑「花ひらく」ラピュタ阿佐ヶ谷。睡眠時間を削って駆けつけたが凡作。主人公の女友達の住むアトリエは隣りが精神病院で夜ごと患者たちの叫ぶ声がする、という設定がいかにも市川崑。若い自主映画の作家がやりそうなアイデアをいい歳になっても続けた人。それを許し巨匠に育てた日本映画の豪胆さ。

3月22日　午後3時30分

市川崑「こころ」神保町シアター。死を決意した森雅之が女中の奈良岡朋子に暇をやると返事をせずにふわりと笑うあの演出。そしてラスト、完、の文字が出る呼吸。市川崑らしい記号に溢れた映画。けれどもそれ以上にヴィニ・ライリーやトレイシー・ソーン、ペイル・ファウンテンズをなぜか連想する傑作。

3月22日　午後11時39分

池袋新文芸坐の松方弘樹特集、19時の回に駆け込むと、ちょうど劇場から出てきた古市コータローさんと遭遇。お互い手を挙げて挨拶。と、そのとき大事なことを思い出し、振り返って、先日はおめでとうございます！と伝えると朗らかに握手してくれた。なんだか颯爽としていたのは松方弘樹の余韻か。

3月24日　午後1時00分

池広一夫と小池一夫。名前が似ているとは思っていたけれど、昨日観た「眠狂四郎卍斬り」はなんだか小池一夫原作の劇画のような表現が随所に。布団の上でしがみつく裸の女を抱いたまま跳躍して槍から逃げる場面とか、整列した十人の刺客が狂四郎に挑む場面とか。ダミーオスカーとかなんとかみたいな。

3月29日　午前9時45分
高知空港でDJキタさんから「かんざし」という菓子をお土産に頂戴した。「ひよこ」に似た菓子だが箱の中にひとつ、長い棒をかんざしに見立てた飴が入っているのが趣向か。
「土佐の高知の播磨屋橋で坊さん簪買うを見た」
恋愛やエロティシズムに対する表現として自分の理想に近いのはこの戯れ唄だ。

4月3日　午後12時57分
ラピュタ阿佐ヶ谷に大村崑さん再びご来館。これから上映の「戦場に流れる歌」をご鑑賞。これにもちょっとだけ出ているとのこと。思わず舞い上がってしまう。

4月3日　午後6時33分
松山善三「戦場に流れる歌」ラピュタ阿佐ヶ谷。強烈な主人公を作らぬ演出は裏目に出たが、東宝の助演男優陣の個性を存分に楽しめた。何より台詞のない藤山陽子の素晴らしさ。一瞬だけ司葉子も浜美枝も星由里子も白川由美も敵わぬほど東宝最高の女優となった。彼女の登場場面が終わった後の長さ退屈さ。

4月5日　午前10時46分
台所で蕎麦を茹でるのにぼんやり考え事をしていて、うっかり乾麺を束ねている薄いリボンを外さずに鍋の中に入れてしまった。慌てて火を止めリボンを外すが、既に熱湯の中にあった蕎麦は解れない。ほんの些細な失敗なのに修復の出来ぬこと。取り返しのつかないこと。まあ、蕎麦がきと思って食べたけど。

4月5日　午後10時08分
今度見つけて買おうと思っていたBUZZのデビューLPを部屋の中で発見。ウェディング・ベル・ソング、という曲の歌詞を読むと「僕等の先生でもあり兄貴分でもある高橋信之さんが、天下の美女小林啓子さんを娶った。その結婚式の為に作った」とある。ケンとメリーと恋人中心世界とライディーン。

4月6日　午前11時53分
加川良のレコードは最初の二枚だけ持っている。教訓、のシングル盤も。ライヴは中学生のときに一度だけ観た。自分はこの歌手の熱心なファンになれなかった。何を聴いても高田渡と較べていたと思う。これからファンになってみたい。

4月6日　午後2時38分
松山善三「父と子 続・名もなく貧しく美しく」ラピュタ阿佐ヶ谷。北大路欣也という若いスターを魅力的に見せることに於いて完璧な映画。なんて書いたが内藤洋子が登場する場面以降、ほぼ泣きっぱなし。加東大介。船村徹の音楽。何よりクリーニング屋の夫婦。続編の方が圧倒的に素晴らしい、珍しい例。

4月7日　午後12時34分
とあるコンピレイションの選曲のために「レディメイドのモダン・チョキチョキズ」を聴いた。かつて自分が選曲と編集を施したアルバムだが聴くのはマスタリングルーム以来、初めて。うわ、コレめっちゃ名盤、と衝撃を受けながら聴くが、全17曲の8曲目くらいから失速して終了。でも名盤なのかも。

4月11日　午後3時00分
このところ名画座に行く度、帰りにディスクユニオンに寄って7インチを漁ってしまう。毎回、大豊作の店、小方さんにだけ教えちゃいました。。映画を観て、ディスクユニオン行って、ラーメン食べて、って大学生の頃と全く変わらない生活。さすがにラーメンは食べなくなったけど。

4月14日　午前0時27分
今週、映画を観に行くのに山手線に乗るといきなりドアの前でユキさんに挨拶されて驚く。こんな偶然もあるのか、とその日は楽しく別れた。ところが今日、やはりバスを待っていたらバス停前のマンション入口にユキさんが。向こうはオレに気づかず、ずっとスマホを弄っているのをニヤニヤしながら（続く。

4月14日　午前0時27分

続き）不意に時計を見てマンションの中に入っていった。ちょうどバスも到着、座席に着いてすぐユキさんに「いま魚藍坂下のバス停の前にいたでしょ」とDMすると、いま品川です、という返事。もし自分が見たのが別人なら、誰よりもユキさんに見せてあげたかった。いまでも別人とは信じられない。

4月21日　午後3時50分

いつも政治家の汚職や舌禍事件を見聞きするたび、自分ならせめて任期中だけでも清廉潔白でありたい、それくらいのことが出来なくてどうする、と考える。レコードストアデイで欲しいものだけ、毎年知り合いに頼み込んで確保しようと画策するわたくしではございますが。

4月25日　午後9時19分

鈴木清順「暗黒の旅券」新文芸坐。冒頭、上野駅の場面で岡田真澄の声がE．H．エリックそっくりで、やはり兄弟って似るんだな、と感心していたら、ラスト近くの銃撃シーンで手錠を嵌められたまま撃たれたのはE．H．エリックその人。観客にはバレないと思ったのか!? 既に最終回が始まったので記す。

4月26日　午後11時42分

相米慎二「東京上空いらっしゃいませ」神保町シアター。満席。多くの人が絶賛する程の傑作とは思わず。ただ、牧瀬里穂が中井貴一にプレゼントする、抱えきれない程のかすみ草に一輪だけ薔薇、の花束。このアイデアは脚本家のものか。花束にかすみ草は入れない派だが、これはチャーミングで涙が零れた。

4月28日　午前4時34分

数年前、作曲家の平井夏美さんから、ぼくたちみたいな仕事はお呼びが掛かる限りやらなきゃならないの、だから引退っていうのはないの、と言われたのを思い出す。それはそうかもしれないが、営業品目の内のいくつかは店じまいしたいかも。自分より若い人がやればいい。

5月1日　午後5時36分

明日は午後からスパイダースのラスト?ライヴ。自分は行かないのですが、心の中でお別れを言うことにします。いや、まだお別れしない。まだしばらく出来ないかも。

5月3日　午後4時44分

丸山誠治「慕情の人」ラピュタ阿佐ヶ谷。映画が始まって間もなく、あることに気づいてからこの作品が強烈なポーノグラフィにしか見えなくなった。ヒロインを苛め抜くのは冷たい美貌の白川由美。心の動揺を隠そうと作る原節子の笑顔。この先、彼女の主演作を全く別の角度から観直すことになるのか。

5月4日　午前0時35分

次のDJのためにレコードを選び、レコードバッグを入れ替え、BPM順に並び替える作業をしている間はBGMで音楽を流したり聴いたり出来ない、というジレンマ。

5月10日　午後3時59分

「TR-808のキックの音ってとにかく太いんですよ。他の全てをマスキングしちゃうくらい」という言葉を自分が最初に聞いたのはヒップホップのアーティストからでもテクノの人からでもなくて、レコーディングエンジニアの吉田保さんから。

5月13日　午前4時05分

仕事で起きたひどく腹の立つことを思い出して眠れなくなった。で、いまヤフオクに200ページ近く出品しているレコード屋のページを見ている。先程の心の嵐はおさまったけれど、明日観ようと考えていた映画は諦める。

5月15日　午後10時45分

トリュフォー「終電車」新文芸坐。ナチを題材にした映画特集、他の作品を観る予定はないがこの一本を観ていまなぜこの特集なのか、薄馬鹿な自分も理解した。戦時下であろうとも美しい女性とその脚線美を至上のものと崇拝する映画監督。ジェラール・ドゥパルデューを国民的俳優にするレストランの場面。

5月16日　午後1時29分

「イップ・マン 継承」。新文芸坐で「序

章」「葉問」観ておいてよかった。でも最新作が最高、前作を知らなくとも楽しめる。明治時代を舞台にした東映の任侠映画を連想する。マキノ、則文、山下耕作みたいな世界。東映はこの方向に行くべきだった。

5月22日　午前11時26分

いまバスが時間通りに到着しなくて少し苛立っていたら、自分の前に並んでいた年配の女性が「バスっていうのは発着時間に遅れるのは構わないけれど、発着時間より早く出てしまってはいけない決まりなんですってね」と教えてくださった。知らなかった。

5月24日　午後5時50分

禁断ドーナツ。覚え。

5月25日　午前7時30分

キス
キス
キス
#このタグをみた人は好きな天ぷらを答える

5月25日　午後11時26分

カールが好きじゃないので、販売休止は全然構わないけど、「それにつけてもおやつはカール」というコマソンは大好き。オレが作りたかった歌詞とメロディ。名作。

5月26日　午後7時13分

1970年頃の明治製菓のお菓子、一度すべて復活してもらいたい。いちばん食べたいのはチョコバーの赤いパッケージのヤツ。和田誠パッケージのチョコロンも。

6月2日　午後3時19分

きのう、仕事で誰でも知っている洋楽曲の訳詞を書いた。簡単と言えば簡単、クリエイティヴと言えば言えなくもない、だが奇妙な達成感のある、面白い仕事。塗り絵を真剣にやるような。こういう仕事ばかりだと楽しいだろうな。お金にはならないだろうけど。漣健児や、みナみカズみ、のやっていた仕事。

6月4日　午前7時16分

人間、気の持ちようで不安にもシアワセにもなるのかな。いま準備している仕事、不安で今週はなかなか寝付けなかったけど、さっき考えていたら急に光が見えてきた。いまは興奮してやはり眠れない。

6月6日　午後7時31分

堀川弘通「すずかけの散歩道」ラピュタ阿佐ヶ谷。オールスターで浮わついていて、これぞ東宝の娯楽映画。ホテルのバーラウンジで司葉子と森雅之が踊り、一旦腰掛けたとき司葉子が愛の告白をした途端、森雅之が立ち上がり再び二人で踊る場面のエレガントなこと。傑作でも名作でもないけど最高の映画!

6月12日　午前11時40分

いま病院で診察待ち。土曜のトークショーが終わり、駅前のマクドナルドに友人たちといたときは喋っていたが、池袋のクラブに入った途端、声が出なくなった。風邪と咳をロキソニンで騙し騙し、二週間働き詰めに働いたせいか。このジェシー高見山のような声ではスタジオの仕事がままならない。困った。

6月12日　午後3時50分

ジェシー高見山です。ご心配くださいました皆さま、たいへん恐縮です。いまは高見山から森進一まで回復しました。夜にはもうすこし良くなると思います。御礼まで。

6月15日　午前0時13分

先週末のトークショーのときに、冨田勲の「きょうの料理」テーマ曲は「スウェディッシュ・ラプソディ」のイタダキ、という話をしたが、むかしTBSで放映していた「ただいま11人」のテーマはベルト・ケンプフェルトの「ビッグ・ビルドアップ」の改作だといま気づいた。作曲は冬木透なのか。

6月15日　午前10時21分

今週ずっとポータブル・プレイヤーにジェイムズ・テイラーのファーストを載せたまま。毎朝、聴きながら身支度して、片面が終わらぬうちに出掛けてしまう。こんなに好きなレコードはない。自分の作った音楽は後の世に残ったりしないが、このアルバムをオレが大好きだったことは憶えていてほしいかも。

6月21日　午前9時12分

パリのどこかのアニエス b. で買い物。店内は薄暗くて全くアニエスらしくないが、品揃えはどれも可愛い。店内では若い女の子たちが何かむずかしい話題で言い争いしている。帽子3つとスウェーター3着が欲しくなり、試着したスウェーターを脱ごうとして身体が硬直してしまい、そこで目が醒めた。

6月22日　午前0時38分
どうして1枚のレコードのことで、こんなに一喜一憂するのだろう。自分は音楽家でも音楽ファンでもなくて、ただのレコードコレクターなのかも。もっとはっきり言えば、ただの欲張りかもしれない。

6月22日　午後8時35分
いま関わっているアルバム、本日でリズム録り、無事に終了。でもコレでホッとしてはいけない。まだこの先、何が起きるかわからない。この4週間、毎日「きょうを乗り越えれば…」と思っていたような。

6月24日　午後1時06分
友人のお世話になってばかりいる。きのうは時間が作れたので深夜に上馬場さんより頂戴した「男性の好きなスポーツ」のDVDを鑑賞。その昔、テレビ東京のお昼の映画劇場からダビングしたVHSの画質とはケタ違いの美しさ。それにしてもヘンな映画。

6月24日　午後11時04分
鈴木英夫「危険な英雄」新文芸坐。「日蝕の夏」に続き今月2本目の石原慎太郎主演作。プロデューサー金子正且、脚本の須川栄三、監督の鈴木、そして東宝の俳優やスタッフにはこの主演した作家がどういう人物なのか見えていたはず。そんなキャスティング。この映画がTVで流れていたら、と妄想した。

6月26日　午前1時21分
米子「カクバンタワージャンボリー」打ち上げを中座し宿に戻る。いまや音楽関係のイベントは常に自分が最年長、若い方々が何かと気遣ってくださる。最後に打ち上げに戻ってきた片想いのメンバーの皆さんや角張くんとも挨拶、入手出来ずにいた「愛しいね」の7インチも送って下さる由。役得！ビバ敬老！

6月26日　午前9時40分
起床。バンクシーの正体はマッシヴ・アタックのメンバーということは、マッシヴ・アタックのジャケットもいずれバンクシーの作品として評価されるのか。起きてすぐに考えたこと。

6月28日　午前10時29分
ラピュタ阿佐ヶ谷のモーニングショーに来たら梓みちよの知らない曲ばかりが流れているのだが、コレもしかして倍賞美津子が歌っているのか、といま気づいた。いま平岡精二「爪」のカヴァーが。

6月28日　午後12時40分
森崎東「黒木太郎の愛と冒険」ラピュタ阿佐ヶ谷。観終わって15分後。いまの時点で人生のベスト・ムーヴィー。こんなに素晴らしい映画をいままで観ていなかったオレのバカ。アンドこの映画をもう観てしまったオレの残りの人生のつまらなさ。いま中央線快速の中で涙が出て困っている。

6月29日　午前0時03分

約2500字の映画についての原稿を書くのに3日費やす。友だちとの映画についての馬鹿話はあんなに楽しいのに、なぜ原稿書きは苦痛なのか。なんと言っても自分の曖昧な記憶力と格闘しなくてはならないのがつらい。毎日、映画についての文章を書いている人はすごい。たぶん骨身を削っているのだろう。

6月29日　午前9時50分

大阪。DJ前に独りで食事するため、高い階段の3階のカフェのようなうどん屋に入るとフロア主任が元江崎グリコと自己紹介する。オーダー後、向かい側の席の女性のサラダうどんをつまみ食いする自分。トイレで小用しようとすると男性スタッフが手を添えるので断る。そのトイレで米国軍人と会話。夢。

6月29日　午後12時22分

仕事場そばのCoCo壱番屋。先月末に福富幸宏さんと譜面制作していた二週間、仕事中に食事すると眠くなるので帰りに行こうと話すも、いつも閉店後でありつけず。きのうようやくスタジオ作業の後に行ったら店員がトッピングのナスをほうれん草と間違える。オレの一か月を返せ、と思いながら完食。

6月30日　午後6時00分

よく利用する喫茶店に年配の女性が三人。14歳の将棋チャンプの話からいろいろ経て、いまSMAPの話。どうやら熱狂的な香取慎吾さんのファン三人。おはロック作ったのオレですよー。なんちて。

7月2日　午前0時15分

どこかの街でライヴをやった後、JFKに戻ってきたときに到着ロビーに向かう途中で、キミたちはピチカート・ファイヴか、と男に声を掛けられて、それがB-52'sファンクラブの会長だったのが心の勲章。たしか日曜の午後だった。

7月4日　午後10時14分

先週末はとつぜん自分たちの前から去った車寅次郎さんのことばかり考えていた。友人知人もずいぶん紹介したつもりだったが、今となってはそれが良かったのかどうか。どうせしばらくしたらまたひょっこり帰ってくるよ、という友人の言葉が救い。自分はフーテンの寅さんにはなれない、と学習した。

7月6日　午後5時49分

この間、拓郎の「雪」は「chega de saudade」だ、と廣瀬大輔さんが呟いたのに対して、即座に「同意しかねる」と返した自分だが、さっきリトル・ビーヴァー「パーティー・ダウン」はウェスの「夢のカリフォルニア」を弾いているうちに出来た曲だ、と確信。さあ困った。

7月7日　午後3時15分

入浴した後、汗が引くのを待っているときにアタマの中でフランクチキンズの「お風呂に入った!」というフレーズがよく再現される。不思議と入浴中に思い出すことはない。

7月11日　午後9時19分

土曜日、京都・魚棚「Lounge NAMI」でkenくんとのB2Bの時間にBUZZ「ケンとメリー」をプレイしたのだけど、あのときどうして「あたし、メリー」ってボケることができなかったのか。いまになって悔やんでいる。

7月19日　午後7時15分

自分がくも膜下出血で倒れたのは7月19日というか7月20日未明。やはり47歳のときだった。

7月20日　午後11時08分

いまレコーディングスタジオでトラックダウンの仕事そっちのけ、ある方のお話を聞いた。トワエモワ『インUSA』、赤い鳥、オフコース『おさらば』、ROW『失われたもの達』、ミカバンド、『ゴロワーズ』。全部その方の制作。その人こそ本を書いて出すべきなのに。でも辛い話は書いてくれなそう。

7月20日　午後11時53分

覚え。その方が東芝入社早々に担当した『トワエモワ・インUSA』制作秘話。名編曲家・東海林修氏がLAに移住した途端、仕事が激減したのを見かねて東芝の渥美ディレクターが託した企画。「ヘッドアレンジの時代に移った。スコアが書けるよりもギブソン、マーチン、フェンダーの違いが判る人」

7月24日　午後2時45分
野村孝「無頼無法の徒 さぶ」ラピュタ阿佐ヶ谷。タイトルを挟んで前後、同じ俯瞰のカメラで始まる主役二人の同じ場面。それ以降、物語の中で俯瞰のショットが来る度に身構えてしまう。なぜかジョン・フォードの英国もの?の映画を観るような感覚。俳優・小林旭の巧さ。小林を使う野村孝の巧さ。傑作。

7月29日　午後5時43分
誘拐、の「かい」の字が書けなかった。考えてみると、かつて一度も書いたことのない文字。いちおう憶えたけど、次に書く機会が巡ってきたとき、書けるかどうか。

8月1日　午後12時58分
以前、名画座でよくお目にかかったEさんが秋から地方の大学へ編入、明日で東京を離れるのできょうは皆で神保町の劇場へ行こうと誘われる。自分は他に観たい映画があって「かんぺ」をチェックするが、お目当の劇場の欄が見つからない。ふとEさんを見ると月丘夢路になっていた。けさ見た夢。

8月1日　午後10時59分
オットー・プレミンジャー「ローラ殺人事件」ヴェーラ。美しいデイヴィッド・ラスキンの主題曲。主人公の死んだ部屋のプレイヤーに載ったレコードに刑事が針を載せると再び主題曲が流れ、許嫁者が彼女の好きだった曲、と話す。それがフランク・プウルセルの演奏で大好きな「ローラ」その曲だと気づく。

8月8日　午後10時07分
ヘッドフォンを被り、ユーチューブでE・W&F「セプテンバー」リミックスを片っ端から聴く修行。大沢伸一氏とダニー・クリヴィットのが好みというか、自分の聴きたい音だった。いや、オリジナルが完璧。ギターのトラック3本は全部ストラト?パーイヤ、のレッテルのところのトロンボーンが効いている。

8月8日　午後10時34分
語尾に「ぃやーう」と付けるだけでモーリス・ホワイトになる。むかし、ダンスマンさんのライヴMCでやってた。
「今晩は!ダンスマンだ、ぃやーう」

8月12日　午後6時21分
夜のバス。すぐ前の座席で、二十代の娘?が何か言うと、その母が激しく言い返す。そんな病院、信用できるか!的な口調。しばらくして静かになったので見ると、母が子供の使う自由帳に何か書いている。内容は不明ながらびっしり書かれたその字を見て背筋が凍った。降りる時に盗み見た娘の表情なき顔。

8月16日　午前6時42分
先週末にイマジカBSで観た「ゴングなき戦い」という映画が、なんと二十代の頃に友人と「いつか観たい」と熱望していたジョン・ヒューストンの「fat city」だった。期待を上回る傑作、と言いたいが、話が膨らむ前に終わった印象。とはいえ撮影、画質がまさに70年代、ニュー・シネマの画。

8月16日　午前6時43分
そして昨日観た「アスファルト・ジャングル」もジョン・ヒューストン。こちらは白黒・スタンダード、まさに映画のお手本のような構図の連続。「fat city」とこの映画では、まるで「黒薔薇昇天」と「かぶりつき人生」。若い時の職人は老いて融通無碍となる?変わらないのは敗者への優しさか。

8月18日　午前11時22分
今回のアルバムの「黒い花びら」と「男と女のお話」は、かつて前園直樹グループでやっていた編曲を踏襲したもの。前園直樹グループの音楽は、自分にとって大きな財産だと考えている。

8月21日　午前11時22分
アルベルト・ジャコメッティ展。国立新美術館。彫塑で感心した作品が殆どなかった。正直に言うと見所は矢内原伊作を素描した作品を集めた一角のみ。そこにも肝心の彫塑は展示なし。なんだか入場料が高く感じられたのよ。

8月22日　午後5時36分
そう言えば。「ブルータス」誌の「とんかつ」特集に、池の上「こあん」が紹介されていた。俳優・柄本時生さんが、とんかつ茶漬けをお勧めしていた。

8月25日　午後2時15分
佐々木麻美子さんの所蔵していたアルバムから、初期ピチカートの素ん晴らしい写真が何枚も見つかった！この写真をアナログLPのジャケットに、と胸が躍るのだが、そうすると音源の方も未発売作品を揃えたくなる。それには時間と予算が足りない？うーむ、困った。

8月28日　午後2時55分
きのう、新文芸坐の藤田敏八特集、初日。トークショーを避けて行った午後4時過ぎ、ロビーには秋吉久美子さんその人が。姿勢の良い人。自分も当時かぐや姫が嫌いで観なかった口だが「赤ちょうちん」はぜったいに清順「悲愁物語」に影響を与えている。そして、かぐや姫の「妹よ」が名曲だと知った夜。

8月29日　午後10時00分
菅井一郎「泥だらけの青春」ラピュタ阿佐ヶ谷。あの俳優の監督第一作。タイトルバック、監督の椅子に「SUGAI」と書いたイラストと数多の助演ゲストの列記を観て凡作かも、と思ったが大好物の映画界を描く映画だった。三島雅夫、石黒三郎、加東大介らの重役陣が最高。役者たちの日頃の観察眼よ。

9月1日　午前11時08分
昨日の新文芸坐、永島敏行さんと白鳥あかねさんの舞台挨拶、十分間のトークショーが楽しかった。エキゾチックな風貌に加え、聞き取れても意味がわからない、何喋ってるかわからない↓パキスタンの王子様↓パキさん、だったのか。アンソニー・パーキンス、トニパキから来た仇名だと思っていた。

9月1日　午前11時12分
藤田敏八の浮世離れしたエピソード、永島敏行さんが夜食にカップヌードルを作ろうとしたら、監督がオレが作ってやる、というのでお願いすると、三分間お湯を注いでた、という話で場内大爆笑。

9月5日　午前10時14分
きのう観た「青春デンデケデケデケ」、エンドクレジットの助監督の列記の中に、金山巧一郎、の名前を発見。あの日活宣伝部の方だろうか。

9月5日　午後2時50分
電車の中、向かい側の座席に座る若い女性のかぶっている黒いアポロキャップに刺繍されたメッセージ。「you're making me HATE YOU」

9月7日　午後12時18分
1．部屋の中で、買ってから何年も聴いていなかったLPレコードを聴く。
2．一曲だけ最高の曲を発見する。
3．ネットで探すとピクチャースリーヴ付き7インチを発見、買う。
4．LPは処分。
金銭的にはかなり損しているのに、なんだか生産的、創造的行為に感じられる錯覚。というか暇人。

9月13日　午前0時27分
帰宅。家のすぐ近くの交差点で、帰路の最後の信号を左折するとき、タクシーがガードレールにぶつかってしまい、左のドアに凭れていたので強い衝撃を受ける。降りて、ドアを見るとほんのすこし凹んだだけ。心的ショックのほうがずっと大きい。このストレスをなんとしようか。

9月14日　午後3時45分
12月から角川シネマ新宿で始まる「大映女優祭」、連動企画のラピュタ「南美川洋子」、ヴェーラ「小西康陽とシネマヴェーラによる」、神保町シアター「大映文芸映画」、新文芸座「女優祭」、全てのラインナップをひと足先に見せてもらった。ヴェーラ内藤支配人のセレクトが群を抜いてマニアック！

9月19日　午後10時30分
帯盛迪彦『性犯罪法入門』神楽座。この映画、たぶん最初は「ダイヤモンドと女たち」「指輪ロンド」みたいな題名で撮っていたのを、上層部から「もっとエログロに」と一喝されて、無理やり佐賀潜の名前を加えたのでは。自分にとってはヴェーラの試写。軽くて笑えて無内容で、ひとまずホッと安堵した。

9月20日　午後8時09分
自分も近い時期に曲を作る仕事をしてきたので、安室奈美恵さんには自分の作品を歌ってもらいたい、と考えたことはあった。歌手のレモンさんに歌っていただいた「歌姫」という曲は作っている過程でコレは安室ちゃんのイメージだ、と気づいた曲。ちなみに彼女のいちばんチャーミングところは、下の名前。

9月20日　午後8時47分
八代亜紀さんアナログ。今回のは音質も曲順も納得のいく物になりました。CDとは異なる曲順。片面ごとの趣向の違いを堪能していただけるはずです。さらに前回のアナログではデザインの都合上叶わなかった「帯」付き。もちろん、CDも満足のいく曲順、内容ですが。アナログ買って、オレとハイタッチ。

9月21日　午後5時34分
ある女性歌手のアルバムで、好きなクリスマスソングの日本語詞を書いた。プロデューサーの人に、冬にちなんだ曲を集めたアルバム、と言われたので、こんなのはどう、と二曲の選曲のアイデアを話したら、二曲とも収録されていた。アイデア、というのはタダじゃないと思うのだけど。訴訟でも起こすか。

9月24日　午後10時25分
吉村公三郎「甘い秘密」シネマヴェーラ。けっして他人にお薦めするような名作ではないけれど、最も好きなタイプの映画だった。女優の美貌が物語を牽引する映画。佐藤友美の絶妙な二級品の美貌。90年代のラウンジDJが好みそうな安いボサ。書き尽くせぬ程の記号。今年の「かんぺ大賞」暫定的ベスト。

9月24日　午後10時49分
「甘い秘密」編集のリズムなのか、アフレコの音質のせいなのか、全編ちょっと奇妙な雰囲気。観ていて二本の映画を連想した。沖島勲「ニュー・ジャック＆ベティー」と若松孝二「天使の恍惚」。いま調べたら「天使の恍惚」の助監督は沖島勲だった。

9月24日　午後10時53分
「甘い秘密」数年前の安藤昇特集で掛かった松竹の作品はどれもアフレコの音質が奇妙で、まるで外国映画の日本語吹き替え版を観ているようだった記憶。きょうの映画もそれを思い出した。何かがヘンな感覚。

9月27日　午後2時17分
はしだのりひことクライマックス「花嫁」珍しくレコーディングに作詞の北山修と、何故かはしだの旧友、岡林信康が見学に来ていた。作詞した北山がいるのに、はしだが自分の弟の書いた歌詞で歌いたいと言い出し、新田ディレクターは一度だけその歌詞でのリハーサルを許してしまった。続く。

9月27日　午後2時17分
続き。はしだは「この歌詞の方がええのに」と主張して、新田ディレクターは困惑。助言を求めるつもりで北山修の方を振り向くと、北山は泣いている。そこにとつぜん、調整卓の裏のソファに寝そべって気配を消していた岡林信康が「はしやん、やめとけ。新田さんにまかせたら」と一喝。語られざる音楽史。

9月28日　午後7時25分
神代辰巳「離婚しない女」神保町シアター。素っ気ないようで観客に最高のサーヴィスを提供する監督。まるで小津映画の笠智衆の如く監督の要求に従う萩原健一。寅さん映画に飽きた女優を喜ばせるために作ったのならプロデューサーも最高の仕事。悲しくもないのに涙が止まらない、マイベスト神代映画。

9月29日　午後11時17分
吉村公三郎「象を喰った連中」シネマヴェーラ。愛妻家と恐妻家の中間を行く阿部（安倍）徹。老けメイクの神田隆。研究室の3人が自棄酒する店の溝口健二「歌麿を巡る五人の女」ポスター。胸にUCLAみたいな文字で「DAIGAKU」とロゴをあしらった原保美のセーター。象より大きな原保美の鼻。

9月30日　午後1時21分
小西康陽と松岡きっこ。昨日から何度も見入ってしまうイラスト。この美貌の女優、映画のスクリーンに登場するや思わず目を吸い寄せられるが、台詞を喋る度に魅力が色褪せていく不思議。「11PM」の司会は素晴らしい話術で、頭の良い人なのだろうに。

9月30日　午後5時11分
野口博志「拳銃無頼帖　抜き射ちの竜」神保町シアター。全く期待していなかったが楽しんだ。相手に先に拳銃を抜かせてから肩を撃ち抜く程の早撃ち赤木圭一郎。どれくらい早いかというと、宍戸錠との対決の場面で、なぜか目が痒くなって擦っていたら、その瞬間に宍戸錠の拳銃ははじかれていた。

10月2日　午後9時47分
須永辰緒さん「この間、藤原ヒロシと猪野さんのライヴを観て」
小西「オレも以前、ヒロシさんが「ライク・ア・ヴァージン」歌うの観て絶句しました」
須永「いや、あれは昔、クラブDという店でヒロシがあの曲の2枚使いをやって皆が驚いた。そういう逸話を知らないと」
週末のクラブでの馬鹿話。

10月4日　午後11時17分
帰宅。まだ物事を整理する余裕がない。
本日、仕事で法政・稲増龍夫教授と対談。初対面なので、そのゼミ出身のビートたけし君に同席を願う。すると稲増教授も現在の教え子である女子とそのお母さんに声を掛けるので対談の後に食事を、とのお誘い。そのお母さんとは佐々木麻美子さん。何て事かしら!

10月4日　午後11時17分
ピチカート・ファイヴの初代ヴォーカル佐々木さんとは、1987年12月のインクスティック芝浦でのライヴ以来、30年ぶり。最近の女性はみなそうだが、当時とまるで変わっていない。しかも隣りにはお嬢様が。あまりにも年月が経っていて、積もる話も多過ぎたが、その上澄みだけを伺った。

10月4日　午後11時17分
佐々木麻美子さん、とにかく面白い話ばかりだったが、自分にとっていちばん興味深いのは、やはり松竹の音楽プロデューサーとしての仕事の話。奥山和由氏と知己があって入社、最初の仕事が北野武「その男、凶暴につき」と村上龍「ラッフルズホテル」2本まとめて一千万円で、と丸投げされた話。続く。

10月4日　午後11時17分
続き。オールラッシュの時に、北野武監督が、これ音楽いらねーや、と言い出して、慌てて奥山氏に報告すると、単館上映じゃないんだから監督を説得しろ、と言われて、サティのグノシェンヌを敷いて監督に見せたら、今回はおねーちゃんの顔を立てるか、と納得してもらえた、という話。

10月4日　午後11時17分
佐々木麻美子さんの松竹時代の話、そして佐々木さんとも仲良しでいまも大活躍中の東宝音楽出版、北原明子さんの話は誰か映画と音楽に詳しい人に長いインタビューをまとめてもらいたい。彼女たちの記憶が消えないうちに。たとえば、Y監督は高学歴の人間としか口をきかない、という話とか!

10月4日　午後11時18分
しかし、自分にとっていちばん印象的だった話は、1987年12月、ソニー側からヴォーカルのメンバーチェンジを示唆されて、それを承諾したことを佐々木さんに伝えたのは、当時のマネージャーで、自分の最初の配偶者だった杉村純子さんだったという事実。強い後悔や得心や複雑な気持ちが襲ってきた。

10月4日　午後11時18分
ところで稲増教授のゼミは大変な人気の難関。だが娘さんは自己紹介の欄に、母はピチカート・ファイヴのメンバーでした、と書き、教授はその1行だけ読んで取った、と笑う。就職活動でも、お母さんがピチカート・

ファイヴと松竹にいた、というのは絶対使え、と言っていた。それならオレも使いたい。

10月5日　午後2時35分
ジョン・レノンの「オー・マイ・ラヴ」という曲がすごい。「ラヴ」「ジェラス・ガイ」という2曲も。ビートルズ時代も「ジュリア」があるがここまでイノセントな作風は恋人の影響か。「オー・ヨーコ」は行き過ぎだが「イマジン」もその路線か。いま頃、なに寝言いってるの、と笑われるかもしれないが。

10月5日　午後4時43分
レコードの日に発売の「月曜日のユカ」サントラＬＰ、どうしてＣＤと異なるジャケット・デザインに変更したのか。こっちの方がずっと良いのに。でも「ピチカートマニア」のアナログもＣＤと同じ方が良かったのに、と思っている人はいるはず。

10月12日　午後6時59分
閉店時間に近い恵比寿「こづち」で遅い昼飯。客も減ってがらんとした店内で独り食べていたら、常連ふうのお客さんが入ってきて、店のおばちゃんに「あら久しぶり！」とか挨拶されている。黒のジャージの上下を着たユウ・ザ・ロックみたいな風貌のおじさん、と思ったら「小西さん！」と。ご本人だった。

10月15日　午前10時24分
広村芳子という美貌？の女優。最初に目を奪われた中村登「日も月も」は台詞無し。蔵原惟繕「われらの時代」はひと言のみ。中村登「夜の片鱗」もひと言。去年観た瀬川昌治「続・図々しい奴」は台詞多め、シャワーシーンも。そして昨日の「胎動期 私たちは天使じゃない」。昨日はオレの広村芳子記念日。

10月15日　午後10時58分
いまＤＪ終了。いつものオフコース「言葉にできない」→「さよなら」のつなぎ。その次の曲のアタマが出せずに結局「さよなら」の2番のサビまで。Ａメロに耐え切れず、コレべつに好きな曲じゃない、と言ったら、セット終了後にあるＤＪの方が「わたしの叔父です」と小田和正さんの写真を見せてくれた。

10月23日　午前9時12分
並木鏡太郎「魚河岸帝国」シネマヴェーラ。ここ数年でいちばん大笑いした。開巻、田崎潤が山村聰と出会う築地市場の場面が、まるで「天井桟敷の人々」や「望郷」みたいな楽しさ美しさ。勝鬨橋を飛び越えるオート三輪。「寺内貫太郎一家」の久世光彦と向田邦子は絶対この映画を観ていたはず。大傑作！

10月24日　午前11時17分
細野晴臣さんの新作を聴かせてもらう。二枚組で、乱暴に言うと一枚目は「泰安洋行」のＢ面の世界、二枚目は「トロピカル・ダンディ」のＢ面の世界。ラストの曲は「ａｙａのバラード」を連想する美しいインストゥルメンタル。歌手としてはいよいよ軽みを増している。音楽家の音楽。

10月25日　午後1時44分
きのうのトーク・イヴェント、メインゲストの大貫妙子さんとご挨拶。というより、向こうから声を掛けて下さる。かつては気軽に話しかけることができないイメージの人だったが、きのうは打って変って楽しいお姉さまだった。ああ、7インチにサインを頂戴するチャンスだったのに、躊躇して持参せず。

10月28日　午前0時06分
本日、新型の「名画座の迷惑な客」に遭遇。その劇場ではいつも前から三列目に座るが、そこに知る人ぞ知る買物カートを引いた老女がいたので二列目に。するとスーツ姿・小太りの若者が最前列中央の席に鞄を置いて、座ると思うと座らず立ったまま、すでに着席している客を凝視しているのだ。続く。

10月28日　午前0時06分
承前。自分の目の前に立つその男、もしかしたらピン芸人が舞台度胸をつけるために練習しているのか、と思ったが、幕間に流れるＢＧＭでタイガースが掛かると「コレ、誰が歌ってんだー？」と呂律の怪しい口調で言い、ああ頭のネジが緩んだ人か、と察する。上映中もかなりの大声で独り言を呟いていた。続

10月28日　午前0時07分

承前。ところが次の回もその男は最前列に立ち、観客を凝視している。この回、自分はいつもの三列目。するとその男が、自分と同じ列で左側に座る老人・老女を含む四人連れの客を見るなり、大声で「あっ！サクラヒロコさんですね！」と叫び、大袈裟に鞄を探り、汚いノートにサインをねだるのだ。続く。

10月28日　午前0時07分
承前。サインを頼まれた老女は、あなたはなぜわたしを知っているの、と男に尋ね返す。すると男は呂律怪しき大声で「自分もウルトラマン世代ですから！」と答える。さらに老人に「あなたも俳優さんですか？」と訊くと、はい次の映画に出演している西条です、という。西条康彦さんと桜井浩子さんだった。

10月28日　午前0時11分
承前。上映後、劇場の階段を上りながら桜井浩子さんは西条康彦さんに「西条さん、完璧に青春スタアね！」と冷やかし、西条さんは「54年も前だから」と答える。階段を上ると、ロビーにはノートを開いた男が待っていた。連投ツイート、失礼致しました。

10月31日　午後8時39分
篠田正浩「山の讃歌 燃ゆる若者たち」新文芸坐。なぜか泣きに泣いてしまった。ずっと篠田正浩も岩下志麻も松竹映画も自分の好みとは合わない、と思っていたが、それは好きであることの裏返しか。岩下志麻の出演する場面がみな素晴らしい。そして庶民の自由と優しさの象徴・倍賞千恵子。優しさの映画。

11月3日　午後5時57分
ムッシュ「ソーロング20世紀」7インチが好評、ということでリリースを持ちかけたらゴーサインが出て、いま制作中。この年末で活動休止、というこのタイミングを逃すと二度と作るチャンスは巡ってこない、と思いまして。ジャケなどまだ拡散しないでね。オレは自分の欲しいモノを作る。

11月4日　午後7時30分
シネマヴェーラ渋谷、朝から駆けつけて渚まゆみさんトークショウを拝見。レコードにサインを頂戴しました。それにしてもこの「わたし半人前」、浜口庫之助が美人の若い奥さんに自選フェイバリット曲ばかりを歌わせる、という作曲家としては夢のアルバム、なんだな、と気づく。

11月5日　午後1時41分
新東宝・今期ベスト5、相乗りします。『魚河岸帝國』勝鬨橋！『明日はどっちだ』島崎雪子！『背広さんスカートさん』日比野恵子！今回の出演作すべて最高！『少女妻 恐るべき十六才』例えば『かも』『ダニ』『ネオンくらげ』みたいな映画の先を行く傑作。5位は『人生選手』『剣聖』『胎動期』

11月12日　午前11時54分
ジャン・ピエール・メルヴィル「いぬ」角川シネマ新宿。こちらは話がムズカシく「仁義」ほど楽しめず。観ながら小津を連想する。小津映画の人物が娘の嫁ぎ先を心配し、昼には知り合いと鰻を食べるように、メルヴィル映画の人物はみなトレンチコートを着て、夜は踊り子のいるクラブに顔を出す。

11月12日　午後4時28分
ジャン・ピエール・メルヴィル「賭博師ボブ」角川シネマ新宿。こんなに素晴らしい、こんなに面白い映画だったとは。植草甚一がイノダのコーヒーを「飲むとおかわりしようと考えるが、飲み終わると満足してしまう」と言っていたが、そんな映画。でもやっぱり東映のギャング映画に似ているんだよ。

11月13日　午後11時57分
八代亜紀@ブルーノート東京、隣りのテーブルにまるで吉田豪さんみたいな服装のお兄さんがいるな、と思ったらご本人だった。失礼致しました。

11月15日　午前8時09分
森一生「秘録おんな蔵」シネマヴェーラ。五年ぶりの再見。菅井一郎が安田道代に言うセリフ「小夏、今夜はわしの湯たんぽになっておくれ」。大映の安田道代って全然キレイじゃないのに結婚した後は驚くほど美しい。やはり業界人の目は鋭い。そして本作の三木本賀代はやはり最高！に美しいと思うのだが。

11月15日　午後3時04分
あるレコード会社で、作曲家や編曲家、ミュージシャンのアンソロジーやボックスセットを制作しているディレクターの方と話す。作家本人が選曲すると代表曲が外されて地味になる傾向。たしかに。作家の側とすれば解り過ぎるほど解るが、商売にならなければ次を出せないのだし。懐メロ商売も楽じゃない。

11月15日　午後6時32分
シネマヴェーラ、いつもの最前列の席に座ると、背後から女性が近づいてきて「雪の降る街に」すごいです、震えが来た、と囁く。見上げると遠藤倫子さんだった。にわかに期待が昂まる。傑作を予告する女。

11月15日　午後8時14分
村野鐵太郎「雪の降る街に」シネマヴェーラ。先日の新東宝「人生選手」「新遊侠傳」など名画座で野球映画特集を組むならぜひ。それ以上に「キス・マイ・ステラ・ダラス」のメロドラマ特集に加えたい一本。雪山の「狂った果実」。冬の「草原の輝き」。突然現れて兄弟を不幸にする女。

11月15日　午後8時19分
ヴェーラで上映の「雪の降る街に」、どうやら激レア作品だったらしく、弟役の高原巧という俳優は出演作わずか三本、九州から娘さんが映画を観にやってきた、と内藤由美子支配人より教えて戴く。

11月16日　午後11時21分
そんなバカな、という話ですが、「さらば恋人」の歌詞にはモデルとなった女性がいて、それは浅丘ルリ子さんなのだ、と。つかの間の京都旅行のアテンド役を引き受けた北山修博士が恋をした、と元エキスプレスの新田さんが教えてくれたのですが、こればかりはとても信じ難く。

11月20日　午前1時52分
鈴木英夫「西城家の饗宴」シネマヴェーラ。あまりに不思議な映画で忘れられなくなった。小津なら二時間掛けて語る三條美紀の結婚話が早々と片付くと、今度は金銭の話。ピアノをあっさり売るところで、これは所謂メタ映画なのか、と考えてしまう。大好きな大映の脇役、花布辰男が29歳の好人物で登場！

11月20日　午前2時02分
ＣＳ放送で「動物と子供たちの詩」40年ぶりに鑑賞。たぶん40年前にＴＶで観たのと同じ吹き替え。こんなにヘンな映画だったか、と驚きながらも、バッファローの群れが走り出す場面ではやはり感動した。オレってヒューマニストだったのかも。

11月20日　午後6時28分
きのう観た「裏階段」という映画で田宮二郎扮するピアニストが自作の「火の鳥」という曲を歌う場面。声量はないが、それでも丁寧に歌うその歌いぶりは、まさしくコンポーザーズ・ヴォイス。井上梅次がなぜ映画の中でショービジネスの世界に拘るのかは知らないが、音楽に深く淫した人なのだろうか。

11月21日　午後1時22分
年末に刊行されるニルソンの評伝のゲラ、１２０ページ目を読んでいる。ジョンとポールから電話を貰う有名なエピソード。この二人が興奮して電話をかけたレコードがやはり、というか当然というか「パンディモニアム・シャドウ・ショウ」だったことに落涙。翻訳はもちろん奥田祐士さん。フライング呟き。

11月24日　午後4時08分
二年前に行なったライヴのリハーサル音源を譜面制作の参考に聴いている。ヴォーカルの人、つまりオレのピッチが全ての曲で見事にフラットしていて、自分がレコードを作るなら、たぶんクビにするはず。でも新しいヴォーカリストを雇うのは難しいし、オレもピッチを正確に歌うつもりもない。開き直り。

11月25日　午後7時15分
いま渋谷ＣＯＣＯＯＮの「渋谷系」パーティー、すこし早く着いたので他のＤＪの方々の選曲を聴き中。非常に勉強になる。みんなが考えている渋谷系ってこういう感じだったのか。90年代に「この感じ」が見えていたらオレはもっとお金持ちになっていたかも。当時のオレは自分の屈託だけで曲を書いてた。

11月26日　午前10時56分
木村恵吾「歌麿をめぐる五人の女」ヴェーラ。大映には同じ木村恵吾の「瘋癲老人日記」市川崑「鍵」増村「刺青」みたいなエロ絡み文芸大作という路線があった、と知る。比較はしないが溝口健二版が大傑作だったので、こちらも観た。あれは「賭博師ボブ」に匹敵するアウトローの映画と、いまだから言う。

11月26日　午後11時16分
本日はユーロスペースでアキ・カウリスマキの選ぶフィンランド映画を3本。「労働者の日記」はエルマンノ・オルミ「婚約者たち」のリメイクか、と疑うほど共通点の多い作品。「ドリーとラプシー」は90年作だが、まるで70年代前半の松竹映画。犬塚弘と財津一郎を足したようなマティ・ペロンパー。

11月28日　午後12時33分
きのうの午後、時間が空いたので病院に行ったら、今晩から鼻と喉がひどくなりますよ、と天気予報のようなことを告げられて、深夜、予報は見事に的中した。今年の風邪は劇症。

11月28日　午後5時16分
映画の上映時間まで喫茶店で仕事しながら暇つぶし。アイドルみたいな二人組の女の子とお茶している大学生の男子がとつぜん店員の女性と馴れ馴れしく会話している。ケーキを食べて話し込んでいる二人組の年配の女性が、とつぜんマティ・ペロンパーの名前やユジク阿佐ヶ谷という単語を言う。これが東京。

11月29日　午後6時08分
ユーロスペースで「白いトナカイ」。満月の夜、色欲に飢えた人妻は魔女となって村人たちに襲いかかる!って まさかの新東宝映画っぷりに唖然!村の男たちが魔女の化身・白いトナカイを討つために槍を鋳鉄する場面は「英才・曲谷守平」のクレジットを思い出さずには観ることが出来ず。下村健さま必見!

12月3日　午前2時08分
帰宅。風邪がぶり返した?きょうはライヴと軽い打ち上げの後にシネマヴェーラで映画を一本。かつてやっていたバンドが北関東の都市でコンサートをやった後、宿泊せずにバスで帰宅したものの、その頃ちょうど家人が海外旅行中だったので、ひとり目黒シネマのオールナイトで「ヘカテ」を観た記憶が蘇る。

12月3日　午後4時26分
品川駅、新幹線ホーム。この季節に襟ぐりの大きく開いたどこかの民族衣装ふうの丈長のワンピース一枚でトロリーを引いている女性。寒くないのか、と思って見たら知っている人によく似ている。だがその女性は先年、亡くなったことを思い出して寒気がした。

12月4日　午後5時25分
大阪・戻り日。カフェ・オランジュリーで昼食。エシレバター・ケーキが絶品!食後、オレンジレコーズ近藤社長のベンツでナカ2号店へ。面白いレコードを譲って戴く。店を出るとき横目で一芳亭をチラリ。満腹なので次の機会に、と我慢して歩くと後ろから末廣さんが!レコ屋で焼売のお土産を戴く幸福。

12月5日　午前1時57分
監督・丸山誠治とあったから未見、と思い込んでいた「女房族は訴える」は数年前に観ていた。だが発見もあった。佐野周二と瑳峨三智子が待合で受け取りのことでひと悶着する場面の瑳峨の横顔が、あまりにも山田五十鈴に似ている。彼女が執拗に美容整形を繰り返すようになったきっかけを垣間見たような。

12月7日　午後9時07分
むかしパリで見つけた古着のチロリアン・ジャケット。東京に戻ってさっそく着て出かけたら汗をかいてしまうほど暖かくて、それ以来袖を通さずにクローゼットに眠っていた。きょう、たぶん27年ぶりに着たのだが、べつに汗をかくほどではなく。オレも寒がりになったし。この冬はときどき着ようかと。

12月11日　午後1時25分
昨夜のラジオ。先週は風邪で調子が悪かったせいもあるけれど、自分の声がますます低くなっていてショックだった。もはやケヴィン・エアーズの域。

12月12日　午前4時48分
月曜早朝にラジオでサニーデイサービス「クリスマス」リミックスを聴いて、なんか全然良くない、やっぱりオレはもうダメだな、と思ったが、届いたばかりの7インチを自分の部屋で聴いたらそこまで悪くなかった。小箱のクラブで、朝方近くにようやく出番の回ってくる全てのＤＪに捧げる一曲。

12月12日　午前5時14分
「東京の街に雪が降る日、ふたりの恋は終わった」って、映画のタイトルとか主題歌に使われたりしないだろうか。忠臣蔵の話とか、二・二六事件の話とか。

12月12日　午後1時19分
郵便受けに重みのある封筒。実家から来年の暦が送られてくる。母親の手紙に来年90歳なので補聴器を買ってほしい、とある。そして父親が文芸サークルで小説を書き始めた、としてそのコピーが同封され、感想を聞かせてください、とあった。なんと官能小説。でも、いつかこういうのを書くと思ってた。

12月15日　午前0時29分
そう言えば。田中重雄「献身」でも、川崎敬三と叶順子が借りていた都内のアパートの部屋の壁に「凱旋門をビュッフェふうに描いた」絵の額があった。田旗浩一さんから南美川洋子特集の上映作品でも見かけた、という報告があったので、いまのところ5作品に登場。かんぺ大賞の「使い回し」大賞を贈りたい。

12月17日　午前11時43分
昨日のシネマヴェーラの二本立て。「新遊侠伝」はスカッと楽しい娯楽映画のお手本。斎藤武市ってこんなにＡ級だったか。「江戸一寸の虫」は娯楽映画としては失敗例だが、心に何か残る。安保闘争・学生運動・ニューシネマに先駆けるアンチヒーロー。職人芸と忘れ難い失敗作、作家ならどちらを目指すか。

12月18日　午後5時35分
今夜いちばん掛けたかったレコード、またしても玄関先に置いてきてしまった。この間「72」という曲のマスタリングに行ったらロビーで偶然、約20年ぶりに会った某レコード・ディレクター氏からのギフト。この十年来欲しくて探していた、皆様ご存知のサンプル盤。サンタクロースの存在を信じた瞬間。

12月23日　午前1時55分
新宿ロフト、名物イヴェント「ＵＲＡＳＵＪＩ」より帰宅。親切な若者のカーで送り迎えして戴く。楽屋は大混雑、怒髪天・増子さん、あご髭真っ白なチバユウスケさん、チャーベくんとご挨拶。オレのＤＪ、良い感じに盛り上げたが最後、絶対失敗しちゃいけないつなぎを大失敗。無念というより大笑い。撃沈。

12月28日　午前1時14分
下北沢ＴＨＲＥＥより帰宅。素晴らしいライヴ三本立て。フルート・トランペット・トロンボーンのアンサンブルが美しい「なつやすみバンド」、まるで変わらないセンスが最高なニール＆イライザ。でもきょうライヴを観てすっかり大ファンになってしまったのはＥＭＣ。サインを貰ってしまいました。最高！

12月29日　午前0時23分
年末ＤＪ営業より帰宅。ＤＪは全然受けなかったが、それで良し。自分が紹介しトラック出しした今夜のスペシャルゲスト・細川ふみえさん。信じられないほどお美しかった。昔から女性には点数が甘いオレだが、今までに実物を見た中では森丘祥子さんと並ぶ美しさ。もはや美貌のフリーズドライ。

12月29日　午後8時09分
トビー・フーパー「悪魔のいけにえ」新文芸坐。34年ぶりに観る。前回観たのはグリニッジヴィレッジのホテルの真裏にあった名画座。その劇場ではロッキーホラーショウ他、かつてカルト・ムーヴィーとして扱われていた映画を週に7本、日替わりで夜の10時から上映。観た、という体験だけが残る傑作。

18年1月6日　午前4時07分
冬休みに入って、一年の緊張の糸が緩んだ途端、風邪を引いたり寝込んだり。小さい時からの習い。小学生の頃、クリスマスの翌日から蕁麻疹になったときはけっきょく冬休みの間ずっと遊べず。今年は1月5日に例の糸が切れ、常温のスポーツドリンクを傍にひとり床に臥す。

1月9日　午後6時23分
マキノ雅弘「港祭りに来た男」神保町シアター。衝撃の銃弾。「俺たちに明日はない」「ガントレット」の前にこの映画があったとは。七夕の恋人たちを永遠に結ぶ祝砲。伊澤一郎、千原しのぶ、水島道太郎と好きな俳優ばかり。ラストまで踊り続ける衝撃の映画。恐るべし映画の神様。

1月9日　午後11時29分
アルフレッド・ヒッチコック「パラダイン夫人の恋」シネマヴェーラ。いつもの娯楽作品として評価が低いのも理解出来るが、自分は途中より製作者側からの個人的メッセージを受信した。妻が夫に激昂してセルズニックに書かせた脚本?それをポーカーフェイスで仕上げる夫。狐と狸と。映画監督の為の映画。

1月10日　午前11時50分
オフィス街のランチタイム。こんな21世紀の今でも、昼飯時だけは昭和30年代の時間の流れになるような錯覚。サラリーマンの高倉健と三田佳子が街角から現れそうな日。

1月10日　午後8時01分
帰宅したら炊飯器にきのうの御飯が一杯ぶんだけ残っていて、さっとお茶漬けを食べられる幸せ。

1月21日　午前0時13分
イエジー・スコリモフスキ「早春」恵比寿ガーデンシネマ。若い時に観たかった。そう考えたのは、映画の至るところににっかつロマンポルノの記号を発見したから。ｃａｎがコスモスファクトリーならキャット・スティーヴンスはダッチャ。Ｊ．モルダー・ブラウンは風間杜夫。あー、若い時に観たかった。

1月23日　午前6時27分
札幌・薄野にあった生家の印刷屋の店。なぜか小料理屋のカウンターになっていて平林さん広田さん常盤響さんが。久々の帰省なのでレコ屋に、と自分は一輪車で狸小路を上がる。一丁目に二軒。最初の店はロックの新譜ばかり。その先の中古屋の前で、あ、小西、と呼び捨てする知り合いに遭遇。今朝の夢。

2月3日　午後11時56分
95歳の誕生日を祝っていただきました。ありがとうございます。

2月6日　午前9時19分
二か月ぶりの病院で診察待ち。隣りの産婦人科で呼ばれるのを待っているカップル。革ジャンにニット帽、サングラスの若い男はこんなに朝早く起きたことがないのに、という顔で座っている。どう見ても歳上の女性はどこか嬉しそうにしている。彼氏の方は何が不安なのだろうか。

2月6日　午後6時02分
フランソワ・トリュフォー「逃げ去る恋」早稲田松竹。ノックアウトされてしまった。コレはオレのためにある映画だ。
それにしてもアラン・スーションのテーマソング「逃げ去る恋」はまるで日本のフォークみたいな曲。喜多条忠の作詞、瀬尾一三の編曲、パナム・レーベルより発売、みたいな。

2月7日　午前11時32分
「警視庁物語 聞き込み」ラピュタ阿佐ヶ谷。なんでこんなに面白いのか!この面白さで上映時間52分!花澤徳栄がポーカーフェイスをパーカーフェイスと言い間違えるギャグのところで、劇場の暗闇の中にいる人々の心がまとめて鷲掴みにされる快感!

2月8日　午前10時50分
ＪＲ阿佐ヶ谷駅高架下の「Ｂｅａｎｓ」で再オープンしたパン屋「vie de france」。ここのサイフォンで淹れたコーヒーがフレッシュで美味い。べつにどうってことはないけど、コーヒーってこういう味だよな、と納得する。ラピュタ阿佐ヶ谷に行くとつい寄ってしまう。安いし。

2月13日　午後1時12分
先月亡くなったあの人の話。けっきょく葬儀にも行かず、追悼番組への出演依頼も断ってしまった、と話したら、生前最後の3か月の間にクレジットカードで１００万円分ものレコードを買っていた、という話を教わる。痛快。喝采。あの世で敬礼したい。

2月15日　午後1時46分

エスプレッソには角砂糖、と国際カフェ連合とかで決めてほしい。理由はありませんけど、スティックシュガーはイヤだ。

2月18日　午前0時59分

「日曜の午後、外野席で退屈な試合を観てた」というオレがむかし書いた歌詞そのものの場面がクライマックスになっている映画。男ばかりの物語なのに浜田ゆう子、笠原玲子と女優がみな美しい。大映なのにライフルと樋浦勉の登場で東宝・須川栄三のニューアクションを思い出す傑作「闇を裂く一発」。

2月18日　午前8時17分

先週、頂戴した「はっぴいえんど」サードアルバム、45回転2枚組アナログ復刻盤。レコード自体はともかくディスクユニオン限定の付録、発売当時のプレスキット復刻版が素晴らしい。中でも細野晴臣氏の文章。単行本に収録済みかもしれないが、和文タイプを打った文字で読むと凄い説得力。

2月26日　午後2時25分

ちょっと寝坊して本日の仕事は1時間遅くしてもらう。1年前に買ったまま放置していた新しいデザートブーツをおろす日。サンドベージュにクラークス靴店・発祥の地サマーセットの市街図プリント。1年前だけどおニューでハズかしい。

2月27日　午前10時25分

ムッシュかまやつさんの夢を見た。新高輪プリンスホテル「飛天の間」のステージに黒のタキシードで現れて、一曲歌って挨拶したら、そのまま大広間後方、天井のシャンデリアに向かってジェット噴射で飛んでいった。満場の拍手喝采。目が覚めて、ムッシュはもういないんだ、と思い出す。

2月27日　午前11時17分

日曜に作ってきのう仮歌を録音した新しい曲。気に入ってしまって何度も繰り返し聴いている。まだ依頼先からＯＫをもらったわけではないが、これはもう直す気がしない。いま、自分の音楽は歌詞が9割、曲とアレンジで1割。それで良いはずはないのだが、もうすこしやってみるつもり。

2月28日　午後4時09分

都内にたくさん店を出しているとんかつ屋。渋谷の店は夕方5時までランチメニューを頼むことができる。当然ながらお昼の時間は混んでいるが、午後3時を過ぎるとお一人様の客ばかり。この時間のこの雰囲気が、誰かさんの言うところのアーバン・ブルース。誰かさんの言うハードボイルド。

3月4日　午前1時26分

マーティン・マクドナー「スリー・ビルボード」TOHOシネマズ六本木。かつて映画を観る歓びを教えてくれたスターで俳優のあの人。最近はダメなミュージカルとか作って、ご高齢なら仕方ないかと思ったが、この映画に後継者を見た。とつぜん「サンダーボルト」を思い出すラスト。監督の名を覚えた。

3月6日　午後5時09分

いくつかの路線が乗り合わせるバス停留所で、自分が乗りたい行先ではないバスがきて、自分の目の前に停まる。そのとき、バスの運転手がこちらをちらりと見て作る、あ、乗らないのね、という表情は世界共通。先月、ほんの数日だけ行った香港で気づいたこと。

3月8日　午前1時14分

むかし海外旅行に行く度に蚤の市で集めた灰皿のコレクション。数年前にフリマに出して大半を手放したが、いちばん気に入って残していた二つの灰皿を、いま台所で落として割ってしまった。二つとも「散歩と雑学が好きだった」の本に写真がある物。これで憑き物が落ちた?まさか、まだまだ全然そんな。

3月9日　午後2時04分

お世話になっているレコードショップが20周年。以前にもアニバーサリーの記念に非売品でオムニバス、ココでしか聴けないトラック満載のアナログ12インチを制作していて、今回はお声がかかった。でも何を作ったら良いか悩みに悩む。自分で歌おうか、と考えて書いた歌詞はボツにした。

JET SETのポイントを貯めた
ことがあるかい
そうさ、レコードを買うと貯まって
いくヤツさ
そうさたくさん貯めなくてはダメ
だ
使うきれないくらい貯めてくほど
君はいつか使ってやろうと思うだろ
う

君はある日、ポイントで交換でき
るグッズに
何一つ欲しいものがないと気が付く
だろう
そうさ君はムダにポイントを貯め
過ぎたのさ
できることならポイントなんてい
らないから
その分値段を引いてもらいたいと
思うだろう

3月12日　午後5時18分
女性誌のファッション・ページ、それもあまりトンガってないモードの写真に文章を添える仕事を頂戴した。ヌードグラビアにポエムを書くのが憧れの職業だったので嬉しいのだけど、やっぱりちょっと、いや、かなり恥ずかしいわ、コレ。

3月16日　午前5時26分
今週はスタジオで全くスタイルの異なる3つの曲を制作した。ひとつはあるスポーツのチームの応援歌の編曲。次はある映画のエンディングテーマの作詞作曲。もうひとつはあるレコード店のノベルティ用アナログの為のトラック制作。どの曲もなんとか自分の納得のいくものになったが、かなり消耗した。（続

3月16日　午前5時26分
承前）スポーツのチームの応援歌は、よく知っている人からのオファーで気軽に引き受け、誰が聴いてもオレのトラックだと判るような音楽に仕上げたが、途中からそのファンや観客、社会的影響力の大きさに気づいてひどく悩み、慎重になった。とはいえ、けっきょく出来上がりは変わらないが。（続く

3月16日　午前5時27分
承前）映画のエンディング・テーマの曲は、ピチカート・ワンの「日曜日」という曲のような作品を、という監督からの注文。その通りにピアノ伴奏と歌だけ。だが、歌詞は監督からあるヒントを貰って、するするとひと筆書きの如くできた。タイトルは「地球最後の日」。この歌詞は以前、星野みちるさん（続

3月16日　午前5時27分
承前）星野みちるさんの曲のオファーを受けて制作する日、ラピュタ阿佐ヶ谷で「妖星ゴラス」を観て感動し、映画にインスパイアされた曲を、とトライしてうまく書けなかったもの。それで別アイデアとして作ったのが「夏なんだし」だった。思わぬところであの時のアイデアが使えて溜飲を下げた。（続

3月16日　午前5時27分
承前）そしてレコード店のノベルティ12インチ用のトラックは、いまどきDJ初心者、あるいは中学生でも作らないだろう、という無邪気なカットアップ。スポーツチームの応援歌が職人としての、映画のエンディング・テーマがソングライターとしての作品から、これは只のレコード好きによるお遊び。（続

3月16日　午前5時27分
承前）でも、職人として、作家として、そして只のファンとして、この三様の異なる立場からモノを作るのは面白いといえば面白い。まさか一週間にこの三つをやることになるとは予想していなかったが。いやはや、お疲れさん、と自分に言う。そして今夜はパーティーでDJだ。

3月20日　午後2時41分
ブラックサンダー・グラノラ。久々に箱買いしたお菓子。総理大臣になった気分。

3月21日　午前0時01分
本日の東スポ一面「元SMAP映画異常事態」?上映中止?と慌てたら公開ひと月前でまだ未完成、という記事。あした完成試写だし、本当に宣伝の巧い人たち。先週のバズフィードの記事もヤフーでオレの名前がトレンド入り、いま一緒に仕事している人が小西さん文春砲に撃たれたか、と心配したほど。

3月28日　午後12時42分
この一週間くらい、毎日欲しかったレコードが見つかる。さらに毎日欲しいレコードが出てくる。恐ろしいくらい。もうすぐ死ぬのかな。

3月28日　午後7時16分
鈴木雅之さんのニックネーム「マーチン」は、まさゆき、から来たのではなく、アストン・マーティンが由来。子供の頃からクルマ好きでジェイムズ・ボンドのファンだったので付いた渾名。60歳になったらアストン・マーティンに乗る、という夢を2年前に実現させたそうで。本日仕入れた豆知識。

4月5日　午後11時26分
森谷司郎「育ちざかり」ラピュタ阿佐ヶ谷。地味なアイドル映画。地味な小津安二郎トリビュート。地味ながらジワっとくる王道の東宝映画。「放課後」を観た人ならラスト前のテニスコートでレモンを齧る無音のショットに泣くはず。日本のバーバラ・スティール?な村松英子の美貌にノックアウトされた。

4月9日　午前1時59分
真夜中にツイート。先週の金曜から封切りになった「クソ野郎と美しき世界」という映画のエンディングの曲を書いたのだが、それが目下のところ自分の作った曲の中でも最高傑作とまでは言わぬものの、少なくとも新しい段階に進んだ、と言える作品になっていて、自分としてはとても嬉しい。（続

4月9日　午前1時59分
続）その曲は稲垣吾郎さんと草彅剛さんによって歌われたが、とくに稲垣さんの歌唱は素晴らしく、もし彼と組んでアルバムを一枚作るなら、後々まで長く聴いてもらえる作品になる、と確信した。さらにこの新曲「地球最後の日」は死ぬまでに作るつもりのアルバムに入れるべき曲だったと後日、気付く。（続

4月9日　午前1時59分
続）ところで、先々週の3月最後の土曜日に、かつて自分の最初の妻だった女性が永眠した。彼女はぼくに「これは恋ではない」「日曜日の印象」「恋のテレビジョン・エイジ」「ＣＤＪ」「悲しい歌」など数多の曲を作るきっかけを与えてくれた女性だった。けれども自分は（続

4月9日　午前1時59分
続）たとえ彼女がいなくとも、いまもこうして「これぞ自分」という曲を作っている。どうしようもなく愚かで自堕落な自分をなんとか奮い立たせることといったら、もはやこんな身贔屓しかない。なんとか鬱にならないように、きょうもこうして「オマエの曲は最高だ」と自画自賛しているのだ。（続

4月9日　午前2時00分
続）結婚して離婚までした、大好きだが大嫌いだった人。二月の終わりにとつぜん電話をくれたとき、会話をはじめて2分と経たぬうちに25年前と全く同じように激しく言い争いになったときはさすがに苦笑した。あたしと結婚して離婚したから、いまのあなたは幸せになれたのよ。彼女の冥福を祈る。（了

4月9日　午後9時55分
はじめて夢にビートたけしが登場。大勢の人間が囚人服姿で庭に座っている中で、ねえ兄さん、ちょっと話そう、と自分を手招きする。あんた不動産持ってるかい?いざというときに大事だよ。そういって立ち上がり、ちょっと身体を動かしてくる、と言って白く高い塀の前でジャンプ。それを遠くから観た夢。

4月10日　午後9時17分
大好きな、34歳年下の女の子とデートした。いままではいつも母親同伴だったから、二人きりというのは初めてだったかも。およそオレとはかけ離れた、まじめで素直な女の子。でもオレも子供の頃はマジメだったから、将来のことはわからない。とはいえ、生涯の思い出となる一日をありがとう。またぜひ。

パパと踊ろう

アストラッド・ジルベルトの「ママと歌おう」という曲は、当時5歳ぐらいの彼女の実の息子とデュエットしているのでこの邦題が付けられている。プロの歌手とはとても思えないほど不安定なヴォーカルで「イパネマの娘」を歌い、一躍その名を世界に知らしめた彼女だが、ここでの幼い共演者の歌声は更にたどたどしく、そして可愛い。

「パパと踊ろうよ」という曲もあった。フランスの男性歌手、アンドレ・クラヴォーが歌ったシャンソンで、日本でも芦野宏ほか幾人かの歌手がこれを取り上げた。可愛らしいワルツの曲調で、たぶんまだ若いパパが愛らしい娘に歌いかけている、という設定だろう。

どちらの曲も、ぼくは国内盤の7インチで持っている。いずれも何年か前に仕事で出掛けた地方都市の中古レコード店で見つけて買った記憶がある。そう、自分の娘が小さかった頃は、まだどちらのレコードも手に入れていなかったはずだ。

彼女がまだ幼稚園に上がる前のことだ。仕事と称して、自分の部屋でレコードを聴いていると、ときどき娘が部屋に入ってくることがあった。そんなときは聴いていたレコードをジャケットに戻し、折り紙や小さな動物のお人形をターンテーブルの上に載せ、まずは33回転、つぎに45回転で廻して見せると、彼女はいつも喜んだ。

つい何日か前、ぼくの娘は20歳の誕生日を迎えた。自分はまったく良い父親ではなかった。それでも彼女は立派に成人してくれた。

先のことはまだ誰にも判らない。このぼくという人間でさえ、20歳ぐらいまでは立派な息子だったような気もするのだ。どうか彼女には、正直に自分らしい人生を生きてもらいたい。親を困らせるな、と言いたいところだが、困ったことになったら、「知らないよ」と言うしかない。こちらも自分らしい人生をまっとうしようとして、毎日じたばたとしている。

つ・か・ん・と。

むかしよく足を運んだとんかつ屋で久しぶりにご飯を食べた。約二十五年ぶりか。最初の結婚をしていたころは、住んでいたところが近かったこともあって、月に一度は訪れていたのではないか。

とても美味しいし、値段もけっして高くはない。なのに、どうして遠ざかってしまったかと言えば、その店はいつも本当に混雑していて、日曜の夜にでも行こうものなら、最低でも六十分は待たされてしまう、という理由からだった。

あるとき、どんな店のどんな料理だろうと、かれこれ六十分も待たされたなら、まず美味しいと思って食べるはずだ、と気づいてしまった。以来、その店だけではなく、行列を作るような飲食店はすべて敬遠することにしたのだ。

ところが、どういう気まぐれか、すこし前のある日曜の午後、その店の暖簾を久々にくぐった。夕方の営業が始まった直後の、四時すこし過ぎ。この時間なら待つこともないだろう、と思っていたが、一階の大きな白木のカウンターはすでに六割が埋まっていた。

いちばん奥の壁側のカウンターに座り、注文を済ませてから店内をうかがうと、ビールを飲む客はいるものの、まだ料理が運ばれている者はない。注文を聞いてから、じっくり丁寧にとんかつを揚げている。かつて、あれほど待たされた理由がすこしわかった。

あのころ、どんなに長い行列ができても客の順番と注文をけっして間違えることのなかった、年配の小柄の女性がいたことを思い出していると、常連らしい隣席の男性が店員と交わす会話から、数年前に引退したことを知った。

食事を終えて、あらためて店の暖簾を振り返ると、戦前の名残りか、「とんかつ」の四文字は右から左へと染め抜いてある。「つ・か・ん・と」。かつて結婚した女性は、この店をとても贔屓にしていたことを思い出した。

『わたくしのビートルズ』というタイトルは、ピチカート・ワンのセカンド・アルバムのために用意していたものだ。

２０１３年のポール・マッカートニー来日公演を観て、じぶんは大きな衝撃を受けた。つぎに引用するのはコンサート鑑賞の直後、『フリースタイル』という雑誌の「One Two Three」というコラムに書いた感想である。

●ポール・マッカートニー東京公演　＠東京ドーム（２０１３年11月19日）

招待席で観たポール・マッカートニー東京公演だが、大いに楽しみ、同時に大きな敗北感を味わった。ビートルズというのは、スモール・コンボではとても表現しきれないスケールの音楽を作るようになってライヴ活動を辞めた、と認識していたのだが、この夜のセットでは「ミスター・カイト」も『アビー・ロード』Ｂ面のメドレーも「ジェット」も「死ぬのは奴らだ」も五人だけで再現していた。子供の頃に憧れ、音楽を志すきっかけとなったアーティストがいまも健在どころか、この人には永遠に敵わない、と言わせてしまう残酷。音楽なんて仕事にするんじゃなかった。

２０１５年に制作したピチカート・ワンのセカンド・アルバムは、過去に書いた楽曲の中からいまも大切にしている作品を選んで吹き込み直したレコードで、つまり、わたくしのビートルズ、というのは30数年、見よう見まねで音楽を作ってきて、ようやくこのくらい、という気持ちを込めて付けた言葉だった。

ところがアルバムの完成も近いある日、ユニヴァーサル・ミュージックの斎藤嘉久ディレクターから、このタイトルでは会社としてゴー・サインを出せない、という判断がくだった、と聞かされる。その週末、無い知恵を絞って何十ものアルバム・タイトルを考案したのだが、これというものは降りてこない。もうあきらめた、とベッドで横になったときに降ってきたのが『わたくしの二十世紀』という言葉だった。

だから、この本のタイトルは音楽の仕事で使い損ねたアイデアのリヴェンジ、ではなくて、ただの流用である。強いていうなら、この本における「ビートルズ」とは、ムッシュかまやつ氏の追悼記事のおしまいの辺りに書いた、20世紀の半ば以降にあらわれたあたらしい価値観の象徴、のようなもの、だろうか。いや、やはりそれはこじつけだ。

２０１７年に朝日新聞社の小梶嗣さんと朝日新聞出版の須田剛さんが、若い編集者の牧野輝也さんを伴い、食事に誘い出してくださって、この本は作られることになった。小梶さんと須田さんとの「ＹＭＯ体制」でつくった『ぼくは散歩と雑学が好きだった。』には幸福な思い出しかない。だから、今回も楽しい本になるだろう、と考えていた。

ところでその夜、そこにいた誰もがなぜか、こんどの本はこの前の『ぼくは散歩と雑学が好きだった。』よりはだいぶ文字量の少ない本になるだろう、と考えていた。国書刊行会で片岡義男さんとの本を作っていただいたし、相変わらず原稿用紙5枚を越す長さの文章は不得意であるし。

そこでじぶんがまっさきに話したアイデアは西村ツチカさんのマンガを掲載したい、というもの。ほら、植草甚一の『知らない本や本屋を捜したり読んだり』の佐々木マキのアレみたいな。あるとき、渋谷オルガンバーで川勝徳重さんが紹介してくださった西村さんのことをじぶんはとんでもない才能の持ち主だと思っていて、いつか仕事をしたい、でもこのさき音楽の仕事でなにかお願いするのは難しいだろうな、と思っていたところだった。だからこの本の編集作業の手始めは、西村ツチカさんに原稿を依頼することだったはずだ。

ところが、小梶さん・牧野さんから台割り表やゲラが届けられる度に、あの原稿も入れたい、この文章も外したくない、とオーダーしているうちに、じぶんはこの十一年間の間に途方もない量の文章を書いていることがわかってきた。ここからはとくに太い文字で組んでほしいくらいなのだが、じぶんの手許にはいますぐもう一冊のヴァラエティ・ブックを編むことができるほどの単行本未掲載原稿がまだ残っている。

とはいえ、もうこの先、こんなに立派な単行本を作ってもらうチャンスなど巡ってこないだろう。ここに収めたものは、そう考えて選んだものばかり。結婚式の案内よりも葬式の通知の方が多くなって、いまは待合室でじぶんの名前を呼ばれるのを待っている人間が、ひまつぶしに読むための肩のこらない内容の本。それにしてはページ数を増やしすぎてしまった。

　アカデミー賞などの授賞式でよく見た、やたらと沢山の人に謝意を伝えるスピーチ、のようになるのは避けたいが、この本も多くの方々の協力によって作られた。吉永祐介さん、行達也さん、タワーレコードの皆さま、ジミー益子さん、松本俊之さん、湯村輝彦さん、ｅｎａさん、遠藤倫子さん、のむみちさん、朝倉史明さん、前園直樹さん、けいすけくん、信藤三雄さん、鈴木優子さん、ケイダッシュ大野豊和さん、堀口麻由美さん、長谷川町子美術館さま、和田誠事務所さま、ありがとうございました。

　ここに掲載された原稿の数々をオファーしてくださった編集者の方々にも感謝している。とくに名前を記しておきたいのは『YEBISU STYLE』編集部の西野入智紗さんと東海林美佳さん。いつもありがとうございます。そして『SKYWARD』編集部の井上京子さん、丸子司さんにも。いつも文字表記のことでやりあっておりましたね。ありがとうございます。

　いちばんご苦労をお掛けしたはずのデザイナー・三ッ間菖子さん。文字起こしをしてくださった横田聖樹さん。原稿を集めてくれたレディメイド山崎弘崇、またしても同じ写真を貸してもらうことになったレディメイド長谷部千彩にも感謝する。

　この本が最初の予定通りに出ていれば、奥付に発行者としてクレジットされるはずだった須田剛さんは、ことし3月末日で書籍本部長を退かれた。ざんね～ん、というほかはないけれども、本書の帯のおなじみ「パイプのけむり」惹句は須田さんの置き土産である。

　そしてあらためて、小梶嗣さんと牧野輝也さんに感謝する。たとえば、ツイッターを日記として掲載しよう、というアイデアは小梶さんが言い出したものであり、膨大なツイートの中から選んでくれたのも小梶さんである。また「三月の最後の土曜日に」という文章は牧野さんが『一冊の本』という雑誌の編集者として依頼してくださったものだ。この本はおふたりのプロデュース作品であることは間違いない。プロデュース印税なら渡さないが。

　そういえば、じぶんの過去のツイートをダウンロードするやり方、というものを見つけ出し、じっさいダウンロードしてくれた友人のことを思い出した。些細なことでしばらく疎遠になってしまい、このページにも名前など載せないのだが、本ができたら届けるか、送りつけるかしたいと考えている。

　またいつか、どこかでお目にかかる機会がありましたなら。

2019年3月

マーク・ターンブルのファースト・アルバムA面をくりかえし聴きながら。　小西康陽レナード・コーエンの偽日記から。

「レナード・コーエンを騙る男。」「カウボーイ・ハットを被った男。」「終戦記念日。」「白い一日。」「何か取り返しのつかないこと」「居合の達人。」「『マディソン郡の橋』という映画で。」／イン・ザ・シティ「レナード・コーエンの偽日記から。」／BEAMS／2011.11.1～2015.12.16「死ぬ準備」／未発表

ムッシュ、倫敦。

「ムッシュかまやつとごきげんロンドン。」／Gulliver No.53／マガジンハウス／1992.7.9「テーブルにひとびんのワイン。」／YEBISU STYLE「散歩のとき何か聴きたくなって」／恵比寿ガーデンプレイス／2008.11.25「ムッシュかまやつさんを悼む」／北海道新聞夕刊／北海道新聞社／2017.3.24「ソー・ロング20世紀」「スクランブルド・エッグ」／YEBISU STYLE「散歩のとき何か聴きたくなって」／恵比寿ガーデンプレイス／2017.9.20,2011.6.15

「対談　はじめての、こにしやすはる。小西康陽×けいすけ君」／アットニフティ・ムークス／ニフティ／2007.12.19

真夜中のターンテーブル
「タクシーを拾って、何処かへ行こうよ。」「ご自由にお持ちください。」／『タクシーを拾って、何処かに行こうよ。レディメイドのDJクロニクル　1998-2004』／SHIBUYA PUBLISHING & BOOKSELLERS／2014.10.12「真夜中のターンテーブル」／ハニカム・ブログ／ハニカム／2014.3.21

「WHEN I'M 60 西村ツチカ」／描き下ろし

サザエさん三題
「サザエさんのフライヤー」／『タクシーを拾って、何処かに行こうよ。レディメイドのDJクロニクル1998-2004』／SHIBUYA PUBLISHING & BOOKSELLERS／2014.10.12「正月休みに実家で『サザエさん』を読むこと。」／フイナム・ブログ／ライノ／2011.12.31「初期のサザエさん」／トラベシア／鈴木並木／2018.6

軽い読み物など。

「おはようございます。こんにちは。こんばんは。」columbia＊readymade／web／2008.5.8～11.26「また遇う日まで。」／ブルータス／マガジンハウス／2008.9.1「軽い読み物など。」（「近況など。」改題）「もしもあの世に行けたら。」「what are you doing this week end?」「低血圧。貝殻を売る商売。終わりの季節。」「魔法使いのことなど。」「眼鏡の弦。」「台風は去った。」「晩年のマーロン・ブランド。」「飛び上がって喜ぶほどの素晴らしい出来事。」「公園の一角で行われている詰め将棋に、いつの間にか人だかりが出来る。」「窓に明りがともる。」／フイナム・ブログ／ライノ／2011.1.7～1.29「私が東京都知事になったら。」「スペイン風のコート」「教訓」／ハニカム・ブログ／ハニカム／2014.2.8～3.6

「対談『名画座に居る』という快楽　小西康陽×遠藤倫子」／BOOK5／トマソン社／2014.10

映画メモ　2013-2018
「2013」「2014」「2015」／ハニカム・ブログ／ハニカム／2014.1.3～2016.1.2「2016」「2017」「2018」／メモランダム／M5・レディメイド・エンタテイメント／2017.1.8～2019.1.4

「映画館で」／中馬聰写真集『映画館』／リトル・モア／2015.4.27
「無題」／市川崑の60年代レア作品「青春」をフィルムで観てから、「黒い十人の女」の頃の話もしてしまう会特製Zine／朝日新聞社／2017.7.14「囁きのジョー」／ARBAN-mag／web／2018.2.14「性犯罪法入門」（「KCD性犯罪法入門」改題）／『KADOKAWA CINEMA DIG vol.6』／2017.9.19

「旅先で結婚を考えた瞬間。」／四季の味／ニュー・サイエンス／2008 winter

「パパと踊ろう」「つ・か・ん・と。」／YEBISU STYLE「散歩のとき何か聴きたくなって」／恵比寿ガーデンプレイス／2013.3.15,2018.9.15

カバー袖
「まだ何も書かれていないページ。」／YEBISU STYLE「散歩のとき何か聴きたくなって」／恵比寿ガーデンプレイス／2010.3.15

写真・図版提供
アマナ（表紙、p.122）／ケイ・ダッシュ（p.159）／長谷川町子美術館（p.191）／のむみち（p.266）

初出一覧

「漫画の描き方」／H BEAUTY&YOUTH Minami-Aoyamaカタログ／ユナイテッドアローズ／2016 SPRING「三月の最後の土曜日に」／一冊の本／朝日新聞出版／2018.5

わたくしのビートルズ
「ビートルズ　私のベスト20。」／レコード・コレクターズ11月増刊ビートルズ名曲ベスト100／ミュージック・マガジン社／2008.10.14「ポール・マッカートニーは、20世紀以降の音楽家として理想的な人」／WEBマガジンe-daysアビイ・ロードの歩き方／エキサイト／2010.3「初めて作った『ビートルズ・マイ・ベスト』」／大人たちのメンズノンノ／集英社／2015.9.29

小西康陽のコント。

「レノン＝マッカートニー。」「深夜料金。」「東京27時。」「お名前をフルネームで頂戴出来ますか。」「優しい人ばかりの国。」「シロップ漬けのチェリー。」／フリースタイル「小西康陽のコント。」／フリースタイル／2007.6.30～2012.1.10「そのとき、酒場のドアが開いて」／BIRD／講談社／2013.9

「恋愛を人生の総てと考える人々」／『戀愛譚　東郷青児文筆選集』／創元社／2018.3.13

面白おかしく生きてきたけれど。
「朝からカフェを渡り歩いた。」「バターナイフでバターを塗る。」「子供たちには解らない。」「カメラと万年筆を手に入れてしまったら。」「死者たち。」「いまのところ、まだ。」「ドーナツ・ショップのウェイトレス。」「ゴールデン・ハーヴェスト。」「祈る。」「夜桜を見に行く。」「短い旅から戻ってきた。」「ブルックリン、ブロンクス、そしてクイーンズ。」「あいうえ・うしうし・まみむめ・もー」「悲しいうわさ。」「新しい天体。」「この季節でしたら」「サウンド・オブ・サイレンス。」「仮装パーティー」「ゲゲゲの鬼太郎」（「ゲゲゲのガーデンプレイス」改題）「裸電球の灯りの下で」「大人だけが聴くことを許される」「私は独りで泣きます。」「女優降臨」「宇宙人」（「波の砕ける音で」改題）「午前中の時間割り」「シャガールの絵」（「楽器にまつわる話」改題）「半裸のミュータント」「ラウンジ・アウト」（「ゆったりと身体を揺すりながら」改題）「あなたのふざけたポーズ」「カリイプルストと鯛茶漬け」「エレベーターを降りたところに。」「眩しくて短い夏の物語」「夜のアルバム、夜のつづき。」「坂道のピアノ」「微速度撮影による植物の。」／YEBISU STYLE「散歩のとき何か聴きたくなって」／恵比寿ガーデンプレイス／2008.6.15～2018.7.1 「クリスマス・ソングを聴く日」／CREA／文藝春秋／2016.1「みんなの機内食」（「1960年代、東京—札幌。忘れられないサンドウィッチ。」改題」／みんなの機内食／翔泳社／2012.6.2「悪筆のはなし。」／月刊大東書道／大東文化大学書道研究所／2009.12「歌手・石原裕次郎 わたくしの選ぶ5曲」／別冊宝島 石原裕次郎 太陽の男／宝島社／2017.8「ロジャー・ニコルズ ライナー原稿・追記」／『ロジャー・ニコルズ&ザ・スモール・サークル・オブ・フレンズ～スペシャル・7インチ・ボックス』／ユニバーサルミュージック／2017.11「名指揮者ヘルベルト・フォン・カラヤンは。」／『冬の本』／夏葉社／2012.12「目を瞑る」／フリースタイル／2016.12「ふうるす。」「小指の思い出。ではなくて。」「死んでしまう。」／うたとことば。／前園直樹グループ／2008.12～2009.6「メロディメイカーについて」／音盤時代 音響遊び メロディ道／フィルムアート社／2012.4「一九七〇年代の音楽について考えていたら、音楽雑誌のことばかりを思い出した。」／en-taxi／扶桑社／2011 winter「スローなブギに似ていた」／風待茶房／松本隆オフィシャルHP／2008.3.3「7インチで欲しい細野晴臣さん楽曲。」／音楽ナタリー「僕の細野さん、私の晴臣さん」／ナターシャ／2018.8.24「『風街ろまん』の冒頭二曲」／レコード・コレクターズ「特集　追悼大滝詠一1969～1979」／ミュージック・マガジン社／2014.3「白いアルバム」「ただ音楽として美しい」「海辺の叙景」「さようならになった日」「旅する音楽家たち」「箱に収められた一枚の地図」「屋根・ホットドッグ・似顔絵」「地球に落ちてきた男」「遠い日の少年」「黒焦げトーストとブラック・コーヒー」「いくつものロマンス」「原石のような歌」「汲めども尽きぬもの」／『SKYWARD』旅する音楽／日本航空／2016.10～2018.4
「我輩はカモである。」／三浦信CD『je suis snob』ライナーノーツ／comedy tonight／2010.11.3
「ピエロ・ウミリアーニ／禁じられた欲望」／アナログLP『ピエロ・ウミリアーニ　PIERO UMILIANI／禁じられた欲望 I PIACERI PROIBITI』／THINK! RECORDS／2008.10.24「川勝徳重さん」／『電話・睡眠・音楽』／リイド社／2018.9.26
「時が僕に与えられたら。」／2016年のリラックス。／マガジンハウス／2016.2.25「紳士とは」／フリーペーパー『GANZO TIMES VOL.2』／AJIOKA／2016

女の子には名前がある。

「舌出し天使」「北国の少女」「NICE GIRLS DON' T STAY FOR BREAKFAST」「バンプー・ガール」「チェルシー・ガール」「モデル・エイジェント」「帽子掛けと、椅子と、テーブル。」「給油所にて。」「マドモワゼル・ブルース」「私の小さな宝石よ。」「人形の家。」「マリー・アントワネット・イェイェ。」「くちびるを盗む。」「遊園地と、輪舞と。」（「遊園地と輪舞（ロンド）と。」改題）「魔法使いの弟子。」「ストーン・フォックス・チェイス。」「水のないプール。」「空欄のままで結構です。」／MACPOWER「女の子には名前がある。」／アスキー・メディアワークス／2006.1～2007.10

わたくしのビートルズ
小西康陽のコラム 1992-2019

発行日　二〇一九年四月三十日　第一刷発行

著者　小西康陽

アートディレクション　著者
カバー写真　長谷部千彩
本文写真　吉永祐介（P.6～7）
　　　　　信藤三雄（口絵の小西康陽）
イラスト　湯村輝彦（P.315～399）
　　　　　ジミー益子（表・裏見返し、P.2～3）ｅｎａ（P.114～115）
コミック　西村ツチカ
ブックデザイン　三ッ間菖子

発行者　三宮博信
発行所　朝日新聞出版
〒一〇四-八〇一一　東京都中央区築地五-三-二
電話〇三-五五四一-八八三二（編集）
〇三-五五四〇-七七九三（販売）
印刷製本　大日本印刷株式会社

ISBN 978-4-02-251593-3
定価はカバーに記してあります。
落丁、乱丁の場合は弊社業務部（電話〇三-五五四〇-七八〇〇）へ
ご連絡ください。送料弊社負担にてお取り替えいたします。

小西康陽（こにし・やすはる）
一九五九年二月三日札幌生まれ。作編曲家。

AROMA DELICIOUS